Keen · Das Rittertum

Maurice Keen

Das Rittertum

Artemis Verlag

Aus dem Englischen übertragen von Harald Ehrhardt
Titel der englischen Originalausgabe: *Chivalry*
© 1984 by Yale University Press
New Haven and London

Die Deutsche Bibliothek – CIP-Einheitsaufnahme

Keen, Maurice:
Das Rittertum / Maurice Keen. Aus dem Englischen von Harald Ehrhardt. –
Neuausg. – Düsseldorf; Zürich: Artemis und Winkler, 1999
ISBN 3-7608-1216-3

Neuausgabe 1999
© der deutschen Übersetzung 1987 Artemis Verlag Zürich und München
© ppb-Ausgabe 1999, bibliographisch ergänzte Neuauflage,
Artemis & Winkler Verlag, Düsseldorf und Zürich
Alle Rechte, einschließlich derjenigen des auszugsweisen Abdrucks sowie
der fotomechanischen und elektronischen Wiedergabe, vorbehalten.
Umschlagmotiv: Zwei Ritter, nach Albrecht Altdorfers »Alexanderschlacht«
Foto Blauel, Artothek
Umschlaggestaltung: Meike Harms
Gesamtherstellung: Pustet, Regensburg
ISBN 3-7608-1216-3

Inhaltsverzeichnis

1. KAPITEL
Einführung: Der Begriff Rittertum 7

2. KAPITEL
Die weltlichen Ursprünge des Rittertums 33

3. KAPITEL
Rittertum, Kirche und Kreuzzüge 71

4. KAPITEL
Die Zeremonie der Schwertleite und des Ritterschlags 101

5. KAPITEL
Die Entstehung des Turniers 129

6. KAPITEL
Die historische Mythologie des Rittertums 157

7. KAPITEL
Wappen und Herolde 191

8. KAPITEL
Der Begriff Adel 219

9. KAPITEL
Wappen, Adel und Ehre 247

10. KAPITEL
Die weltlichen Ritterorden 273

11. KAPITEL
Prunk, Turniere und Gelöbnisse 305

12. KAPITEL
Rittertum und Krieg 335

13. KAPITEL
Ausblick 363

ANHANG

Anmerkungen 387

Abkürzungen 387

Bibliographie 424

Register 439

Verzeichnis der Abbildungen 448

I. KAPITEL

Einführung: der Begriff Rittertum

»DAS ZEITALTER DES Rittertums ist dahin: das der Sophisten, Krämer und Pfennigfuchser hat obsiegt, jetzt ist die Herrlichkeit Europas für immer erloschen.«[1] Es war die prekäre Lage Marie Antoinettes, die Edmund Burke zu diesem empörten Aufschrei veranlaßte – und in der Tat erscheint es auf den ersten Blick angemessen, das Ende der Ritterzeit mit dem Ende des *ancien régime* gleichzusetzen. Meist jedoch, scheint mir, wird man der Ansicht sein, daß die Zeit der Ritter schon um einiges vor 1791 vorüber war. Fragt man nämlich nach der eigentlichen Epoche des Rittertums, so wird man doch allgemein dazu neigen, sie im Mittelalter anzusiedeln – und nicht an der Schwelle zur Neuzeit –, also irgendwann zwischen dem Jahr 1100 und dem Anfang des 16. Jahrhunderts, zwischen dem Aufbruch zum ersten Kreuzzug und der Reformation, zwischen der Entstehung des Rolandslieds und dem Tod Bayards, in der Zeit, als auf dem Teppich von Bayeux vom Triumph der normannischen Reiterei berichtet wurde bis zum Triumph der Artillerie. Aber gab es denn jemals ein wirkliches Zeitalter des Rittertums, auch zu jener Zeit? War Rittertum jemals mehr als ein schöner Schein, war es womöglich eher eine Sache der Konvention als ein gesellschaftlicher Faktor von Bedeutung – von der »Herrlichkeit Europas« ganz zu schweigen? Und wenn das Rittertum jemals mehr war als eine Sache der Äußerlichkeiten und der Dichtung, was war es dann? Das sind die Fragen, die in diesem Buch untersucht werden sollen, und sie sind gewiß nicht leicht zu beantworten.

Das Wort »Rittertum« regt die Einbildungskraft an, beschwört vor dem geistigen Auge Bilder herauf: vom Ritter in voller Rüstung, vielleicht mit dem roten Kreuz des Kreuzfahrers auf dem Umhang, von kriegerischen Abenteuern in fremden Ländern, von Burgen mit hohen Türmen und von schönen Frauen, die darin wohnten. Aber eben aus diesem Grunde ist es auch ein Wort, das sich der Definition entzieht. So kann man etwa innerhalb enger Grenzen definieren, was mit dem Wort »Ritter«, dem *chevalier* im Französischen, gemeint ist: Es bezeichnet einen Mann von aristokratischem Stand und möglicherweise adligen Vorfahren, der in der Lage ist, sich mit einem Streitroß und den Waffen eines schweren Berittenen auszurüsten, wenn man ihn dazu aufforderte und der durch ein bestimmtes Ritual zu dem gemacht wurde, was er ist: zu einem Ritter – ein Mann, der den »Ritterschlag« erhalten hatte. »Rittertum«, »Ritterschaft«, die Abstrakta von »Ritter«, sie sind nicht leicht zu fassen. Es sind Wörter, die im Mittelalter in verschiedenen Bedeutungen gebraucht wurden, in vielfältigen Schattierungen bei den verschiedenen Autoren und in ganz unterschiedlichen Zusammenhängen. Insbesondere in frühen Texten bedeuten sie bisweilen nichts anderes als ein Trupp schwerbewaffneter Reiter, also eine Vielzahl von Rittern *(chevaliers).*[2] Manchmal spricht man von der Ritterschaft als einem Orden, so als sei Rittertum mit religiösen Orden vergleichbar; manchmal ist die Rede von einem Stand, von einer sozialen Klasse – einer Kriegerkaste, deren militärische Aufgabe es nach Auskunft der mittelalterlichen Autoren war, *patria* und Kirche zu verteidigen. Verschiedentlich wird das Wort als Sammelbegriff für bestimmte Werte gebraucht, die diesem Orden oder Stand eigentümlich sind. Das Rittertum kann nicht losgelöst von der kriegerischen Welt des ritterlichen Kämpfers zu Pferd gesehen werden, es läßt sich auch nicht von Aristokratie trennen, denn Ritter waren in der Regel von hoher Abkunft, und erst ab Mitte des 12. Jahrhunderts hat »Rittertum« häufig einen ethischen und religiösen Klang. Aber es bleibt ein Wort, das sich der Definition entzieht, in seinen Bezügen ist es eher vage als präzis. Wenn es nun darum geht, einen Weg zur Entscheidung darüber zu finden, ob das Rittertum in der Periode zwischen 1100 und rund 1500 ein sozialer Faktor von Bedeutung war, müssen

8

zunächst Quellen ausfindig gemacht werden, die einigermaßen ausführlich Rechenschaft darüber ablegen, was »Rittertum« (»Ritterschaft« etc.) bedeuten könnte oder sollte, zumal es sich nicht kurz und bündig in eine Wörterbuchdefinition pressen läßt.

Zu unserer Orientierung in dieser Frage bieten sich vielfältige und unterschiedliche Quellen an. Die augenfälligsten sind – unter anderen – die mittelalterlichen höfischen Romane, deren Autoren und Redaktoren nicht müde wurden zu erklären, daß in den Geschichten ihrer Helden Beispiele wahren und mustergültigen Rittertums vorgeführt würden. »In diesem Buch werdet ihr von angenehmen und der Erinnerung würdigen Dingen hören, zum Lobpreis der *noblesse* und der Ritterlichkeit und zur Erbauung und zum Vorbild für alle Menschen, insonderheit für solche, deren Wille es ist, mit Waffen die höchsten Ehren zu gewinnen.«[3] So lautet die Einleitung zum 1488 erschienenen Lancelot-Roman. Und wirklich können uns die Romane ganz konkret ein Stück des Weges zur Definition der schwer faßbaren ethischen Seite des Rittertums weiterhelfen. Schon in einer sehr frühen Phase läßt sich beobachten, daß die Romanautoren üblicherweise bestimmte Eigenschaften miteinander verbinden, die sie offensichtlich als die klassischen Tugenden eines vollkommenen Ritters ansahen: *prouesse* (Tapferkeit), *loyauté* (Vasallentreue), *largesse* (Freigebigkeit), *courtoisie* (höfisches Wesen, Höfischkeit) und *franchise* (die gelassene und freie Haltung als sichtbares Zeugnis einer Verbindung von hoher Geburt und Tugend).[4] Die Zusammenstellung dieser ritterlichen Eigenschaften erfolgte bereits in den Romanen des Chrétien de Troyes (geschrieben zwischen ca. 1165 und ca. 1185), und von da an bis hin zum Ausgang des Mittelalters bleibt dieser Tugendkatalog das unveränderliche Merkmal ritterlicher Würde.

Für den Historiker ergibt sich dabei allerdings die Schwierigkeit, wie er diese stereotyp verwendeten ritterlichen Qualitäten mit seinen Absichten in Einklang bringen kann. Wie soll er ein aus der Sphäre der Fiktion und der Phantasie stammendes Modell mit der Wirklichkeit in Beziehung setzen, was ja eigentlich seine Aufgabe ist? Jede Seite dieser Romane zieht ihn unaufhaltsam in Welten, die mit Geschichtsschreibung nichts zu tun haben: wo mit leichter Hand Siege gegen eine schier unglaubliche Übermacht errungen werden, wo Flüsse fließen, die nur mit Brücken aus Glas oder aus Schwertklingen überwunden werden können, wo ein Reiter in unermeßlichen Wäldern auf eine Einsiedelei stößt, in der während der Messe die Passion Christi sichtbar wiedererlebt wird – oder auf eine fragenstellende Bestie.[5] Die Erzähler von Ritterromanen verhehlen keineswegs, daß ihr Erzählgegenstand »über-mäßig« ist. Der über ihre verwunschenen Auen hinwegfahrende Windhauch bläst die nüchternen Begrenzungen der Bühne beiseite, auf der sich das tatsächliche Leben abspielt. Ein Ritterideal, das man sich in literarischen Werken zusammensucht, die in vielem eigentlich den Anschein einer Weltflucht-Literatur haben, wird kaum ein vielversprechendes Arbeitsmodell sein, mit dem ein Sozialhistoriker etwas Nennenswertes anfangen kann.

Wir werden dennoch oft zu den höfischen Romanen zurückkehren müssen, vorläufig aber ist ihr Aussagewert allzu deutlich dem Verdacht ausgesetzt, daß Rittertum – außerhalb der Literatur – wahrhaftig nichts anderes gewesen war als schöner Schein, eine Sache der Form, der Worte und Zeremonien, um Leuten von vornehmer Herkunft die Möglichkeit zu bieten, die Grausamkeit des Lebens leichter zu ertragen, indem sie ihre Handlungen mit dem schimmernden Glanz der Ritterromane verbrämten. Zahlreiche Historiker, unter ihnen der große Huizinga, dessen »Herbst des Mittelalters« zur klassischen Darstellung des spätmittelalterlichen Rittertums geworden ist, haben das in der Tat behauptet.[6] Die in der spätmittelalterlichen höfischen Kultur vorherrschende Neigung zur Nachahmung, die im 15. Jahrhundert zur Aufführung von Turnieren in arturianischen Kostümen führte und – nach dem Vorbild der Artusromane – zur Einführung von Handlungen und Zeremonien bei offiziellen Feierlichkeiten, waren geeignet, dieser Argumentation Gewicht zu verleihen. Stimmte ich mit dieser Sicht überein, wäre es nicht mehr nötig, dieses Buch zu schreiben. Nun läßt sich diese Ansicht nicht einfach abtun – es bedeutet lediglich, daß wir, jetzt zu Beginn des Buches, das literarische Modell vom überlegenen, heldenmütigen Ritter nicht als Grundlage einer Definition akzeptieren können – zumal in einer Untersuchung über die soziale Bedeutung des Rittertums.

Eine andere Quellengruppe ist weit weniger als die höfische Romanliteratur dem Vorwurf ausgesetzt, in einer Welt der Illusion verwurzelt zu sein: Sie beschränkt sich darauf, die Stellung des Menschen in der realen Welt zu erklären. Die großen Kirchenmänner des Mittelalters äußerten sich in ihren Abhandlungen über Regierungskunst und über die rechte Ordnung der christlichen Gesellschaft und auch in ihren Predigten häufig darüber, wie sich Ritter im wirklichen Leben betragen sollten, und insbesondere über die Rolle der Ritterschaft in der christlichen Welt. Von großer Bedeutung in diesem Zusammenhang waren die Schriften derjenigen Autoren, die sich mit den drei Ordnungen oder Ständen der christlichen Gesellschaft befaßten: dem Klerus, dessen Aufgabe es war, mit Gebet und geistlichen Diensten die spirituellen Bedürfnisse der Menschen zu befriedigen, den Kriegern, deren Aufgabe es war, mit dem Schwert die Gerechtigkeit aufrechtzuerhalten, die Schwachen zu schützen und die Kirche zu verteidigen, und den Bauern, durch deren Mühsal das Land bebaut wird und die mit dieser Arbeit ihre eigenen leiblichen Bedürfnisse und die der beiden anderen Stände befriedigen sollten.[7] Diese Idee der dreifach gegliederten Gesellschaft erscheint lange bevor ein Wort wie »Rittertum« geprägt war. König Alfred verleiht ihr klaren Ausdruck in seiner um 890 angefertigten Übersetzung des Boethius, ihre Ursprünge sind jedoch zweifellos älter.[8] An diesem Punkt zeigt sich, daß die Idee selbst für eine Suche nach der Definition von »Rittertum« nur begrenzt brauchbar ist, denn die Vorstellung des Kriegers als eines besonderen Standes mit speziellen Funktionen geht, mit geringer zeitlicher Verschiebung, dem Gebrauch des Wortes »Rittertum« voraus. Noch im 11. Jahrhundert benutzten Schriftsteller wie Adalbero von Laon und Gerhard von Cambrai bei der Diskussion der dreigliedrigen Gesellschaft lieber Wörter, die eher mit »Krieger« als mit »Ritter« übersetzt werden, wie etwa *bellatores* oder *pugnatores*, wenn sie die weltliche Kriegerklasse meinen – Wörter also, die keine sonderliche ritterliche Färbung haben.[9] Ein anderer, in unserem Zusammenhang womöglich noch wichtigerer Aspekt ist geeignet, die Verwertbarkeit jener Idee von der besonderen Aufgabe des Kriegers noch weiter einzuschränken: Als die Vorstellung von der dreigliedrigen Ordnung der Gesellschaft zu einem Allgemeinplatz von Gesellschaftskommentaren wurde, stand sie wohl niemals – auch nicht in frühmittelalterlicher Zeit – im Einklang mit den jeweiligen sozialen Gegebenheiten. Sie repräsentiert eine idealtypische Vision, eher hilfreich für die Zeitgenossen, die aktuelle Mißstände in der Gesellschaft bewerten und bekämpfen wollten, als für den Historiker, der die Dinge so erfassen möchte, wie sie damals wirklich waren.

Dennoch ist es natürlich eine wichtige Idee, die – wie wir sehen werden – maßgeblichen Anteil an einer Eingrenzung des Begriffs Rittertum hatte. Ihre Wirkung ist deutlich im *Livre des manières* auszumachen, der ersten systematischen Abhandlung über das Rittertum, geschrieben um 1170 in der Volkssprache (der Sprache der Ritter) von Etienne de Fougères, Bischof von Lisieux. Die Dreiteilung der Gesellschaft lieferte die Grundlage für sein Werk, und für ihn war bezeichnenderweise der Kriegerstand ganz einfach die *chevalerie*, die »Ritterschaft«. Weil er diese Identifikation für selbstverständlich hielt, führt seine Behandlung des Rittertums über die Frage seiner Funktionen hinaus und berührt die soziale und rituelle Welt des Rittertums. So betont er beispielsweise die Beziehung zwischen dem sozialen Status des Ritters und seiner Herkunft (er mußte ein freier Mann sein, *de franche mère né* »von freier Mutter geboren«) oder verweist auf den Eid, den der Ritter bei der Schwertleite und der feierlichen Verleihung der Ritterwürde abzulegen hatte. Etiennes Definition von Rittertum als einem »Orden« läßt nur ahnen, daß bei diesem wichtigen Wort noch einiges über einen Ritterkult, vielleicht über eine eigenständige Ritterkultur mitschwingt – allerdings finden sich nur Andeutungen in diese Richtung, nicht mehr.

Seine ausführliche Kritik an den schlechten Eigenschaften der Ritter seiner Zeit enthüllt sein eigentliches Anliegen: Es geht ihm nicht so sehr darum, was Rittertum eigentlich sein soll, sondern was es nicht ist. Sein Buch zeigt zudem, daß der amtlich-kirchliche Ansatz für eine Definition von Rittertum nur bedingt verwendbar ist. Als ein treuer Mann der Kirche sieht er es als die Aufgabe des Ritters an, der starke rechte Arm der Kirche zu sein, der die Gebote der hohen kirchlichen Autoritäten durchzusetzen hat, ohne allzu viele Fragen zu stellen.[10] Ob die Mehrzahl der Ritter ihre Pflichten tatsächlich als so eng begrenzt ansah, darf wohl zu Recht angezweifelt werden.

Aufgrund ihrer weitgehend kirchlichen Sicht der Dinge tendierten geistliche Autoren in der Regel dazu, das Ritterwesen im Rahmen geistlicher Prioritäten zu beschreiben und Maximen aufzustellen, die die meisten Ritter entweder nicht in vollem Umfang verstanden oder bei denen sie sich berechtigt fühlten, sie zu ignorieren. Das wird besonders deutlich bei den großen klerikalen Protagonisten der kirchlichen Reformbewegung des 11. und 12. Jahrhunderts. Bonizo von Sutri beispielsweise hat in seinem *Liber de vita Christiana* (ca. 1090) viel Interessantes über die Aufgabe des Kriegers in der christlichen Gesellschaft zu sagen, seine diesbezüglichen gregorianischen Vorbehalte aber geben sich bei der Bemerkung zu erkennen: »Wenn Könige, Magnaten und Ritter nicht aufgerufen wären, *Schismatiker und Häretiker und Exkommunizierte zu verfolgen*..., dann wäre der gesamte Kriegerstand in der christlichen Gemeinschaft überflüssig.«[11] In seinem *De laude novae militiae* stellt der hl. Bernhard die kraftlosdekadente weltliche Ritterschaft den Rittern des Templerordens, »die sich nicht in Gold und Silber kleiden, sondern innerlich mit dem Glauben und äußerlich mit dem Harnisch, um damit Schrecken – und nicht Habsucht – in die Herzen der Feinde zu pflanzen«.[12] Für ihn ist der Kreuzfahrer im Grunde der eigentliche Vertreter wahren Rittertums, und ganz besonders der Kreuzfahrer, der allein von religiösem Eifer getrieben ist: »Ihr, die ihr *aus vollem Herzen* bekannt habt.« Auch unter den Kreuzfahrern gab es sicherlich nur wenige, die der hl. Bernhard als wahre Ritter hätte gelten lassen können. Wir beginnen zu erkennen, daß die hohe kirchliche Auffassung vom Ritterwesen – ähnlich wie die der Romane – für eine Definition von Rittertum nur begrenzt brauchbar ist, weil sie letztlich einen allzu idealistischen Zuschnitt hat.

Während die Romane ein Lebensideal anbieten, das von einem Übermaß an Pracht und Herrlichkeit bestimmt ist, erscheint die Realität in diesem kirchlichen Ritterbild schäbig und niedrig, da sie mit einem unerreichbaren Maß an weihevoller Hingabe konfrontiert wird.

Das bedeutet nun keineswegs, daß die Vorstellungen der Ritterschaft von ihrer Aufgabe und ihrem Platz in der Gesellschaft nicht doch von den Ansichten kirchlicher Autoritäten nachhaltig beeinflußt worden wären. Eine Einwirkung dieser Art hat in jedem Falle stattgefunden. Klerikale Gelehrsamkeit weitete den Blick für die Bedeutung des Rittertums und formulierte den Lehrsatz, daß *chevalerie* (Ritterschaft) ohne *clergie* (Wissenschaft) wertlos sei – vielmehr bildeten beide die Grundpfeiler der Gesellschaft.[13] Johannes von Salisburys Lehre, das Rittertum sei ein von Gott eingesetzter Beruf und kraft eigenen Rechts für das Wohl der Menschen zuständig[14], hatte gewiß eine dauerhafte, wenn auch eher indirekte Wirkung: Sein klares und elegantes Latein war für Nichtkleriker nur schwer verständlich, so daß seine Ideen erst allmählich in weltliche Kreise eindrangen. Gleichwohl lassen sich Reflexe seiner und anderer, verwandter Ideen im Verhalten dieser Kreise wiedererkennen, etwa bei seinem Preislied auf die Disziplin der Römer und die harten Übungen ihrer kriegerischen Jugend im *Policraticus* oder auch in der späteren Begeisterung für die sog. »Bücher der Ritterschaft«, die sich als Übersetzungen des spätrömischen Autors für militärische Taktik und Ausbildung, Vegetius, herausstellen.[15] Volkssprachliche didaktische Werke, wie Thomasin von Zerclaires große Abhandlung über die Tugenden im aktiven Leben (*Der wälsche Gast*, 1216) hatten größere unmittelbare Wirkung. Besonders dieses Werk, dessen Lehrstoff weitgehend aus der Schulgelehrsamkeit stammt, aber in größerem Umfang auch Exempla über tugendhaftes Verhalten aus den Ritterromanen heranzog, wurde in Kreisen der Ritterschaft bis ins ausgehende Spätmittelalter gelesen.[16] Ohne klerikale Gelehrsamkeit wäre das Rittertum wohl kaum mehr als ein unkultiviertes, nur in Einzelfällen überragendes erbliches Berufskriegertum gewesen.

Den hier angesprochenen Problemen nachzugehen, würde indessen weit von unserem vorläufigen Ziel ablenken: von der Suche nach einem Arbeitsmodell zur Frage, was Rittertum einst bedeutete. Hier bietet sich nun eine dritte Quellengruppe an: die zahlreich überlieferten, eher theoretischen Abhandlungen über das Ritterwesen. Sie sind keineswegs unberührt vom Einfluß der Romanliteratur und von kirchlichen Perspektiven, unterliegen aber durchaus eigenen Traditionen. Die Abhandlungen dienten vornehmlich der Unterweisung in ritterlicher Lebensführung und waren in der Volkssprache abgefaßt, die auch weniger Gebildeten, wie gerade den Rittern, zugänglich war. Die meisten dieser Traktate neigen dazu, ein allzu glänzendes und erhabenes Bild zu zeichnen, und ein Gutteil wurde von Autoren verfaßt, die eigennützige Zwecke verfolgten. Einige sind ausgesprochen romantisch, und viele verwenden lediglich die Allgemeinplätze der Geistlichkeit und der Moraltheologie über ritterliche Lebensführung. Manche indessen machen den Versuch, Rittertum als eine Lebensführung nach eigenen Gesetzen zu beschreiben und bieten hierfür ihre Lehren an. Wir wollen uns zunächst mit drei Werken befassen, die der letzten Gruppe angehören: mit der anonymen Dichtung *Ordene de chevalerie*, dem *Libre del ordre de cavayleria* des großen Mystikers Ramón Lull aus Mallorca, und dem *Libre de chevalerie* des Geoffroy de Charny, einem französischen Ritter des 14. Jahrhunderts. Alle drei Werke gehören einer Periode an, in der die Ideen der großen gregorianischen Kirchenreformer bereits in den breiten Strom mittelalterlicher Kultur integriert waren. Um so erstaunlicher ist es, daß diese Werke kaum davon berührt sind.

*

Es ist nicht bekannt, wer den *Ordene de chevalerie* schrieb und wann sie genau entstanden sind, sie stammen aber ohne Zweifel aus Nordfrankreich und wurden vermutlich vor 1250 gedichtet.[17] Sie erlangten große Popularität, und man bezog sich noch Ende des 15. Jahrhunderts auf die Autorität dieser Dichtung. Die *Ordene* sind in zahlreichen Abschriften überliefert und erscheinen häufig zusammen mit anderem, für ritterliche Leser interessantem Material: einmal mit einer Abhandlung über die Jagd und einer Turnierordnung, ein andermal in Begleitung eines Pilgerführers ins Heilige Land und einem Bericht des Patriarchen von Jerusalem über die Verhältnisse in Outremer (den Kreuzfahrerstaaten), dann wieder in Verbindung mit einem kleinen anonymen Gedicht, das Jesus mit einem Ritter vergleicht, und einigen Ausführungen über die Falknerei.[18] Auch zirkulierte eine kurzgefaßte Prosaversion, die ähnlich populär war wie die Originaldichtung. Die Rahmenhandlung des Werkes erzählt, wie Hugo, Graf von Tiberias, während einer Schlacht von Sultan Saladin gefangengenommen wird, der aus Respekt vor seiner Tapferkeit verspricht, Hugo freizulassen, wenn er bereit sei, ihm einen ungewöhnlichen und seltsamen Wunsch zu erfüllen. Hugo sollte dem Sultan zeigen, auf welche Weise nach Christenrecht Ritter gemacht würden. Konfrontiert mit der Alternative einer hohen Lösegeldforderung, willigte Hugo schließlich ein, aus seinem Gegner in gebührender Form einen Ritter zu machen. Das Gedicht konzentriert sich auf dieses Ritual und erklärt bei jedem Schritt den Symbolgehalt der Zeremonie.

Hugo kämmte zuerst Saladins Bart und Haupthaar und setzte ihn dann in ein Bad: Dies ist das Bad der Höfischkeit und Mildtätigkeit, sagte er, und soll dich an die Kindstaufe erinnern, denn du mußt so frei von Sünde daraus hervorgehen wie das kleine Kind aus dem Taufbecken. Dann brachte er ihn in ein schönes Bett: Das bedeutet den Frieden des Paradieses, nach dem jeder Ritter durch seine ritterliche Tugend streben soll. Nachdem er Saladin aufgeholfen hatte, kleidete er ihn in ein weißes Gewand, um die Reinheit des Körpers anzuzeigen; über das Gewand warf er einen scharlachroten Umhang, um ihn an die Pflicht des Ritters zu erinnern, wenn nötig sein Blut für den Schutz der Kirche Gottes zu vergießen. Sodann zog er ihm braune Strümpfe über, um auf die Erde hinzuweisen, in der er an seinem Ende liegen werde, und ihn zu ermahnen, sich im Leben auf den Tod vorzubereiten. Danach umwand er Saladins Hüften mit einem weißen Gürtel, der Keuschheit bedeutete und ihn ermahnen sollte, die Lust in den Lenden zurückzuhalten. Als nächstes schnallte er ihm goldene Sporen an – sie bedeuteten, daß der Ritter so schnell wie ein angesporntes Schlachtroß den Geboten Gottes folgen soll. Zuletzt gürtete er ihn mit dem Schwert, dessen zwei Schneiden dem neuen Ritter anzeigen sollten, daß Gerechtigkeit und Treue zusammengehen müssen und es die Aufgabe des Ritters sei, die Armen vor übermächtigen Unterdrückern zu schützen. Jetzt hätte eigentlich noch die *collée* folgen müssen, ein leichter Schlag mit der Hand von dem, der den Ritter gegürtet hatte, davor aber schrak Hugo, als Gefangener Saladins, zurück – seinen Herrn durfte er nicht schlagen. Er legte ihm aber vier Gebote auf, die ein Ritter ein ganzes Leben lang zu befolgen hatte: er darf mit keinem falschen Gerichtsurteil einverstanden sein, noch sich an irgendeiner Art von Verrat beteiligen; er muß alle Frauen und Jungfrauen ehren und bereit sein, ihnen nach allen Kräften beizustehen; jeden Tag soll er, wenn möglich, eine Messe hören und jeden Freitag fasten in Erinnerung an die Leiden Christi.[19]

Der *Ordene de chevalerie* sind ein äußerst interessantes Gedicht. Die Tatsache, daß es Saladin ist, den Hugo durch die einzelnen Phasen der Initiation zum Rittertum führt, zeigt, wie groß der Abstand von diesem Stück – trotz Einbettung in den Kontext der Kreuzzüge – zur militanten Kreuzzugsbegeisterung eines Bernhard von Clairvaux ist. Obwohl das Ritual einen ausgesprochen christlichen Anstrich hat und Rittertum als ein Heilsweg zum Frieden des Paradieses beschrieben wird, erscheint der Ritterschlag selbst als ein ganz und gar weltliches Verfahren, das weder einen Priester, noch einen Altar benötigt. Die Betonung der körperlichen Disziplin, der sich ein Ritter unterziehen soll, erinnert ein wenig an die Härte der Römer, von der Johannes von Salisbury sprach – die Geisteshaltung des Gedichts orientiert sich aber eher an der Ritterideologie höfischer Romane. Zwei ihrer klassischen ritterlichen Tugenden – Treue und Höfischkeit – werden ausdrücklich betont, Kraft und Tapferkeit werden vorausgesetzt (Saladin wurde auf Hugo aufmerksam, weil dieser ein tapferer Mann, ein *preudhomme*, war). Zum Schluß thematisiert das Gedicht auch die *largesse*, die Freigebigkeit: Saladin läßt Hugo ziehen und zahlt das Lösegeld aus seiner Privatschatulle. Von den vier Geboten spielen die beiden ersten – der Ritter soll falsches Urteil und Verrat vermeiden und die Frauen ehren und unterstützen – auf zwei klassische Themen romantischer Prosa an. Dennoch, was wir hier hören, ist Wirklichkeit, nicht Fiktion: Wir wissen, daß sich zahllose Männer solchen Ritualen unterzogen, um Ritter zu werden, und die Popularität des *Ordene* unterstreicht, daß die Symbolik der Riten allgemein verstanden wurden. Diese Dichtung führt anschaulich vor Augen, was man damals unter Rittertum verstand.

*

Der Dichter des *Ordene* ist nicht bekannt. Dagegen haben wir bessere Informationen über Ramón Lull, den Autor unserer zweiten Abhandlung über Rittertum.[20] Sein Vater war ein Gefolgsmann König Jaimes von Aragón (genannt »der Eroberer«) und hatte sich an der Vertreibung der Sarazenen aus Mallorca beteiligt. Er wurde dafür mit Gütern in der Umgebung von Palma belohnt, die er seinem Sohn vererbte. Der junge Ramón trat früh in königliche Dienste. Er wurde Gefolgsmann und später Seneschall von Jaime, dem jüngeren Sohn Jaimes des Eroberers und designierten Königs von Mallorca. In seiner Jugend glänzte Ramón durch ritterliche Fertigkeiten, schrieb Lieder nach Art der Troubadours und führte, so scheint es, ein recht liederliches Leben. Er heiratete, war aber ein untreuer Ehegatte:»Die Schönheit der Frauen, o Herr, war Plage und Drangsal für meine Augen«, sollte er später ausrufen.[21] Dann, eines Tages, als er mit den Versen eines neuen Liebesliedes für die gerade aktuelle Dame seines Herzens kämpfte, schaute er auf und sah zu seiner Rechten »den Herrgott Jesus am Kreuz hängen«.[22] Er ließ von seiner Dichtung ab und legte sich zur Ruhe. Aber eine Woche später, als er wiederum mit demselben Gedicht rang, hatte er die Vision erneut. Nach drei weiteren Heimsuchungen ergab er sich schließlich den Forderungen, die ihm diese hartnäckige Erscheinung stellte und ließ von seinem gewohnten Lebensweg ab. Das war im Jahre 1263. Die ihm gestellte Aufgabe war nicht mehr und nicht weniger als die Bekehrung des Islam zum Christentum. Er versenkte sich in das Studium des Lateinischen und des Arabischen, und 1276 begann er im Franziskanerkolleg zu Miramar, das wohl auf seine Anregung hin von seinem Freund Jaime von Mallorca gegründet worden war, zu lehren. Der Rest seines Lebens ist die Geschichte endloser Reisen: Er weilte unter den Gelehrten von Paris, Montpellier und an weiter entfernten Stätten der Gelehrsamkeit; es ist auch die Geschichte einer fruchtbaren schriftstellerischen Tätigkeit, mit der er eine vollständige, bislang wenig bekannte Philosophie erfassen wollte. Es gipfelte in seinem Märtyrertod im nordafrikanischen Bougie (1316), wo er von Moslems, die er zu bekehren versuchte, zu Tode gesteinigt wurde. Er war da über achtzig Jahre alt.

Lulls *Libre del ordre de cavayleria* entstand ohne Zweifel, nachdem er sich von seiner früheren Lebensführung losgesagt hatte, und trägt viele Zeichen seiner Bekehrung. Textinterne Gründe lassen darauf schließen, daß das Buch vor der Gründung des Kollegiums in Miramar geschrieben wurde.[23] Es ist ein weitschweifiges Werk und enthält auf seinen Wegen und Umwegen mehr, als man in einer kurzen Zusammenfassung berichten kann. Wie der *Ordene de chevalerie* beginnt es mit einer Rahmengeschichte. Ein Knappe reitet auf dem Weg zum Königshof, wo er zum Ritter geschlagen werden soll, durch einen Wald, verirrt sich und kommt zur Zelle eines betagten Eremiten, der sich nach einem kriegerischen Leben als Ritter in die Wälder zurückgezogen hat, um seine letzten Tage in frommer Einkehr zu verbringen. Er erfährt von der Absicht des Knappen, entdeckt aber, daß dieser über seine Pflichten als zukünftiger Ritter erstaunlich wenig zu sagen weiß. Der Eremit beginnt daher, aus einem Büchlein vorzulesen, das von der Bedeutung des Rittertums handelt. Zuletzt schenkt er dem Knappen das Buch, damit er es am Königshof allen anderen zeige, die zum Ritter gemacht werden sollen.

Das Büchlein ist – wie nicht anders zu erwarten – Ramón Lulls eigenes Werk.

Das Werk beginnt mit einem Bericht über die Ursprünge des Rittertums: Als nach dem Sündenfall des Menschen Krieg und Verbrechen in die Welt kamen und diese in große Unruhe versetzten, wurden die Ritter dazu eingesetzt, das Volk in Schranken zu halten und es zu verteidigen. Ein Mann unter tausend *(ex mille electus)*, »der treueste, stärkste und der von edelstem Mut« wurde zum Ritter *(miles)* erwählt.[24] Dieser Mann war mit einem Pferd, »dem edelsten aller Tiere«, versehen und der besten Bewaffnung, die verfügbar war. Man gab ihm einen Knappen zu seinen Diensten, und das gemeine Volk war ihm untertan und bestellte das Feld, um ihn und seine Pferde zu unterhalten. Von diesen Anfängen an, sagt Lull, bestand das Rittertum ohne Unterbrechung bis in seine Zeit, und es ist die Pflicht eines jeden Ritters, seinen Sohn von Kindesbeinen an für die Aufgaben zu erziehen, deretwegen das Rittertum ursprünglich geschaffen worden war. Das sollte nicht allein die Ausbildung in Reitkunst und Waffenhandwerk betreffen, denn Rittertum bedeute mehr als nur dies. Seine moralischen Grundsätze und seine Wissenschaft sollten in Büchern niedergeschrieben werden, damit in den Schulen Unterweisungen im Ritterwesen erteilt werden könnten – wie ja auch Geistliche in Schulen unterrichtet werden.[25] Dieser skizzenhafte Entwurf von Kriegerkollegien als Exerzierfeld eines kriegerischen Ethos ist eine Vision, die des Förderers von Missionskollegien, wie dem in Miramar, würdig war. Solche Kriegerkollegien wurden erst in der Frührenaissance, rund zweieinhalb Jahrhunderte später, in die Tat umgesetzt.

Da es solche Schulen nicht gibt, sind Bücher die beste Antwort, und Lull fährt fort, die Pflichten eines Ritters im einzelnen zu beschreiben. Seine vornehmste Pflicht ist es, den Glauben Christi gegen die Ungläubigen zu verteidigen – das wird ihm Ehre in dieser und in der anderen Welt einbringen (hier spricht der Sohn des Kreuzfahrers). Außerdem muß er seinen weltlichen Herrn verteidigen und die Schwachen, die Frauen, die Witwen und Waisen beschützen. Er soll stets seinen Körper üben, durch Jagd auf allerlei wilde Tiere, den Hirsch, den Eber, den Wolf und auch durch Teilnahme an Tjosten und Turnieren. Im Dienste des Königs soll er über die Leute zu Gericht sitzen und ihre Arbeiten überwachen, und überhaupt sollten die Könige ihre Richter und Vögte und andere weltliche Amtsträger aus dem Kreis der Ritterschaft heranziehen. Der Ritter muß bereit sein, von seiner Burg aus die Landstraßen zu schützen und Räuber und Missetäter zu verfolgen.[26] Er muß sich darüber hinaus in den Tugenden schulen, die für die Erfüllung solcher Pflichten notwendig sind – in Weisheit, Nächstenliebe, Treue und vor allem in Mut, »denn Rittertum wohnt an keinem Ort so gerne wie in der *noblesse* des Mutes«.[27] Vor allen Dingen muß er Ehre hochschätzen und Stolz, dagegen Meineid, Müßiggang, Wollust und insbesondere Verrat meiden (bemerkenswert ist die archaische Abfolge in Lulls Konzeption des Hochverrats: Ermordung des Lehnsherrn – Beilager mit seiner Gemahlin – Übergabe seiner Burg an den Gegner)[28]. Am Ende seines Buches führt Lull aus, zu welcher Art von Persönlichkeit ein Ritter gehört, der von diesen Eigenschaften geformt wurde: Er wird ein Mann von höfischer Art sein, der vornehm gekleidet ist und ein gastfreies Haus im Rahmen seiner Mittel und Möglichkeiten führt.[29] Treue und Wahrheitsliebe, körperliche Tüchtigkeit, Freigebigkeit und Bescheidenheit sind Charaktereigenschaften, die von ihm erwartet werden können.

Ein zentrales Kapitel beschreibt die Prüfungen, denen sich jeder nach Ritterwürden strebender Knappe unterwerfen soll, um sicherzugehen, daß er die richtigen Voraussetzungen dazu mitbringt.[30] Er muß körperlich gewandt sein und alt genug, um den Anforderungen als Ritter zu genügen. Er sollte von edler Herkunft sein und genügend Reichtum besitzen, seinen Rang zu untermauern. Der Examinator sollte auch nach seiner Lebensweise fragen und auf alle Zeichen der für jedes Rittertum unerläßlichen Tapferkeit und adligen Gesinnung achten und sich davon überzeugen, daß der Kandidat unbescholten ist. Er sollte nachforschen, welche Gründe den Knappen bewegten, Ritter zu werden, denn aus falschen Beweggründen die Ritterwürde erlangen zu wollen – etwa zum eigenen Vorteil und aus Ehrgeiz – ist genauso verwerflich wie Ämterkauf bei der Geistlichkeit. Hatte der Knappe nun alle Prüfungen zur Zufriedenheit absolviert, soll er die Erlaubnis erhalten, offiziell in den Ritterstand erhoben zu werden, möglichst an einem der hohen kirchlichen Feiertage Pfingsten, Weihnachten oder Ostern. Am Vorabend seiner Aufnahme in die Ritterschaft soll er die Beichte ablegen und die Nacht in Gebet und Einkehr durchwachen. Am folgenden Tag soll er gemeinsam mit den anderen Anwärtern die Messe hören, und in der Predigt sollten die Bedeutung der Zehn Gebote und der Sieben Sakramente erläutert werden. Sodann erhält der Knappe von einem Ritter vor dem Altar die äußeren Zeichen der Ritterwürde. Lull fährt fort, ausführlich die symbolische Bedeutung der Waffen und Harnischteile zu erklären, die dem Ritter übergeben werden (der Symbolismus des Schwertes und der Sporen entspricht genau dem des *Ordene de chevalerie*). Das Werk schließt mit einer eingehenden Abhandlung über die Laster und Tugenden und ihre Rolle im Leben des Ritters und einer kurzen Erörterung darüber, welche Ehrerbietung alle Menschen der Ritterschaft schuldig sind.

Lulls *Libre del ordre de cavalayria* war außerordentlich erfolgreich. Es wurde ins Französische und Kastilische übersetzt, ins Mittelschottische von Sir Gilbert of the Haye und ins Englische von Caxton, drei Editionen der französischen Version wurden im frühen 16. Jahrhundert gedruckt.[31] Das Buch wurde (außerhalb Deutschlands) zur klassischen Abhandlung über das Rittertum, und wir sollten deshalb sehr genau die hervorstechenden Züge des hier gezeichneten Ritterbildes beachten. Es ist, wie von Lull kaum anders zu erwarten war, etwas deutlicher kirchlich orientiert als der *Ordene de chevalerie*. Der neue Ritter empfängt seine Ritterwürde in der Kirche, und dem Autor des Buches ist daran gelegen, daß er über die wichtigsten Punkte seines Glaubens und der Natur christlicher Tugenden unterrichtet wird. Der Geist der Kreuzzüge ist in mehr als einer Passage zu spüren. Wir sollten uns aber davor hüten, diesen Aspekt in Lulls Abhandlung allzusehr zu betonen. Er legt Wert auf eine Harmonie zwischen Ritterschaft und Priesterstand, aber er scheint sie doch als unabhängig in ihrer jeweiligen Sphäre zu betrachten. Sein Bericht über den Ursprung des Rittertums verläuft in gänzlich säkularen Bahnen. Er fordert die Ritter dazu auf, sich in Tjosten und Turnieren – die von der Kirche verboten waren – zu üben. Darüber hinaus ist Rittertum bei ihm aufs engste mit weltlicher Herrschaft verbunden: Sein Ritter ist nicht nur ein Krieger von adliger Geburt, sondern auch Herr über Menschen, und ein Gutteil seiner Pflichten hat etwas mit der Aufrechterhaltung von Recht und Gesetz zu tun. Lull unterstreicht nachdrücklich, wie wichtig es für einen Ritter ist, auf Disziplin des Körpers und der Seele zu achten – ein immer wieder auftauchendes Motiv, wie wir jetzt sehen –, aber es soll auch Erholung von der strengen Disziplin geben, Zeit für Jagd und andere sportliche Übungen, und Lull erwartet von dem Ritter, daß er begütert ist, vornehm gekleidet und ein großes Haus führt. Und wiederum erscheint hier derselbe Kanon ritterlicher Eigenschaften, wie er uns zuerst in den höfischen Romanen begegnet. Dieser Katalog ist wohl kaum von der theologischen Tugendlehre unmittelbar abgeleitet, auch wenn er natürlich – in Lulls Augen – mit ihr in Einklang gebracht werden konnte: Höfischkeit, Treue, Tapferkeit, Freigebigkeit, Freimütigkeit.

Lulls religiöse Prägung hinterläßt in dem Buch sichtbare Spuren, gleichermaßen aber auch – wenn nicht gar nachhaltiger – seine eigenen Erfahrungen als Ritter. Einige Passagen legen in der Tat nahe, daß der *Lanzelotroman* eine wichtige Quelle gewesen sein könnte.[32] Der Verweis auf Alexanders Freigebigkeit als Beispiel für *largesse* deutet darauf hin, daß er möglicherweise den *Alexanderroman* und den darin enthaltenen Rat des Aristoteles an den König kannte, durch Freigebigkeit loyale Gefolgschaft zu gewinnen. Ohne Zweifel war Ramón Lull in weltlicher Literatur wohlbewandert, als er noch im Troubadourstil Gedichte verfertigte. Das hilft zu erklären, warum sein zutiefst christliches Ritterbild frei von allen klerikalen Untertönen ist und in seinen Konturen humanistisch und ausgesprochen weltlich. Es kann kein Zweifel darüber herrschen, daß Lull in dieser Hinsicht im Einklang mit der Auffassung ritterlicher Kreise stand.

*

Lull wußte einiges über Rittertum aus seinen Jugendjahren – Geoffroy de Charny indessen, der Autor der dritten Abhandlung, lebte und starb in Waffen. Als Herr von Pierre Perthuis, Montfort, Savoisy und Licey leistete er zuerst 1337 Heeresdienst in der Gascogne, 1340 verteidigte er Tournai gegen die Engländer und 1341 stand er in der Bretagne im Dienst von Johann, dem Herzog der Normandie und Kronprinzen von Frankreich. 1347 gehörte er zu den Teilnehmern des erfolglosen Kreuzzuges unter der Leitung von Humbert, des letzten unabhängigen Dauphins von Vienne. 1349 führte er eine Schar Franzosen an, die versuchten, Calais im Handstreich zu nehmen. Wie sie dabei von Eduard III. und Walter Manny zurückgeworfen wurden, wird ausführlich in der Chronik Froissarts beschrieben. Als Herzog Johann, sein ehemaliger Befehlshaber, den französischen Thron bestieg, trat Geoffroy erneut in den Vordergrund. Er war mit ziemlicher Sicherheit Mitglied des Sternordens, den Johann der Gute in Konkurrenz zum neugeschaffenen Hosenbandorden seines englischen Rivalen Eduard III. gegründet hatte, und im Jahre 1355 wurde er zum Träger der französischen Königsstandarte, der sagenumwobenen Oriflamme von St. Denis, auserkoren. In Verteidigung der Standarte fiel er 1356 in der Schlacht des Poitiers.[33]

Geoffroy de Charny war nicht nur der Autor von einem, sondern von drei Werken über das Rittertum. Obwohl sie nach unterschiedlichen Gesichtspunkten aufgebaut sind, gleichen sie sich thematisch. Das eine spricht in Form eines Fragenkatalogs *(Questions)* verschiedene Probleme des Ritterwesens an. Die Fragen sind in drei Gruppen zusammengefaßt: die eine betrifft die Tjost (den ritterlichen Zweikampf innerhalb der Schranken), die andere das Turnier (das Aufeinandertreffen zwischen ganzen Rittergruppen), die dritte schließlich den Krieg. Leider sind keine Antworten auf diese Fragen überliefert – vielleicht sind sie auch niemals beantwortet worden.

Die beiden anderen Werke sind als *Livre* und *Livre de chevalerie* des Geoffroy de Charny bekannt; das erstere ist in Versen, das letzere in Prosa abgefaßt, inhaltlich aber sind sie nahezu identisch, und es wird die gleiche Abfolge wie in den *Questions* eingehalten, von der Tjost über das Turnier bis hin zum Krieg. Gerade im versifizierten Werk zeigt sich deutlicher als sonst der Humor des Autors, mit seinen Warnungen vor den Turbulenzen, Unbequemlichkeiten, Fehlschlägen, auf die sich ein werdender Ritter gefaßt machen muß – einschließlich solcher schmachvoller Mißgeschicke wie die Seekrankheit, offenbar ständige Begleiterin auf Kreuzzügen. Das Prosawerk ist länger, glatter und wurde vermutlich auch später verfaßt. Wenn die versifizierte Version nach Geoffroys Seekrankheit während des Kreuzzugs von 1347 geschrieben wurde, was möglich erscheint, dann gehört die Prosaversion in die frühen 1350er Jahre, wie wohl auch die *Questions*. Mit dem Prosawerk wollen wir uns in erster Linie beschäftigen.[34]

In allen drei Werken geht es Charny um heikle Punkte in der Skala ritterlicher Ehren und Leistungen. Sein Motto lautet:»Nur wer mehr leistet, ist der Würdigere.«[35] Junge Männer in Waffen, die sich in der Tjost hervortun, verdienen Lob, aber diejenigen, die in einem Turnier an erster Stelle stehen, verdienen ein noch größeres Lob. Es fällt auf, daß er durchgängig von bewaffneten Männern spricht und nicht nur von Rittern allein. Für ihn schließt Rittertum auch den Personenkreis ein, der nicht formell zum Ritter geschlagen wurde. Diese Gruppe nun muß ihrerseits hinter denen zurückstehen, die im Krieg Ehren errungen haben, denn Krieg wiegt schwerer, ist ehrenvoller »und übertrifft alle anderen Arten des Kampfes«.[36] Wer sich in seinem eigenen Land im Krieg ausgezeichnet hat, dem gebührt Ehre, aber noch ehrenvoller sind die Männer, die in »entfernten und fremden Ländern« Kriegsdienste leisteten und sich dort einen Namen machten.[37] Als die Besten von allen können jedoch nur solche Vertreter der Ritterschaft bezeichnet werden, bei denen eine Steigerung ehrenvoller Taten zu beobachten ist: die in ihrer Jugend gerne Geschichten von Waffentaten hörten, die sich,

sobald sie das rechte Alter erreicht hatten, für die Tjost rüsteten und
ohne zu zögern in das »großartige Geschäft des Krieges« eintraten;
Männer, die ihr Handwerk mit Eifer betrieben und durch Erfahrungen lernten, befestigte Plätze durch Belagerung und Bestürmung
einzunehmen und die in fernen Gegenden Abenteuer bestanden hatten.[38] Aber ebenso wie die Taten müssen die Motive betrachtet werden. Jene armen Gefährten, die aus Beutegier immer wieder nach
vorne stürmen, verdienen zwar Lob, jedoch weniger als die großen
Männer, die sich an die Spitze setzen zur Ehre ihres Namens.[39] Irdischer Ruhm ist für Charny von hohem Wert, genauso wie Ehrgeiz,
denn niemand sollte sich mit dem begnügen, was er erreicht hat.
Deswegen, meint Geoffroy, ist es gut für einen Mann in Waffen, aus
Liebe zu handeln, denn er wird nach um so höherem Ruhm streben,
wenn dies zur Ehre seiner Dame gereicht.[40] Was muß sie empfinden,
wenn der Mann ihres Herzens den Saal betritt und alle Ritter, Herren und Knappen sich danach drängen, ihn wegen seines Ruhms zu
ehren – dann weiß sie im Inneren, daß seine Liebe nur ihr gilt. Ver-
schwiegenheit allerdings ist wichtig: Der treue Liebende hält seine
Liebe geheim und posaunt seine Eroberung nicht hinaus. Die
Freude an seiner Liebe wird durch Loyalität noch vermehrt und
ebenso die Gewißheit, ihrer würdig zu sein.

Geoffroy de Charnys Auffassung vom Rittertum hat einen ausgesprochen menschlichen Zuschnitt und bezieht wohl daher ihren
Reiz. Tanz und Gesang sind gut für junge Menschen – Geoffroy
schätzt eine eher heitere Sinnesart: Du sollst dich nicht von den
Schlägen, die du erhältst, zu Boden werfen lassen – einige werden
dich auf jeden Fall treffen. Du mußt deinen Körper beherrschen und
stets einsatzbereit halten, wenn dir aber ein guter Wein vorgesetzt
wird, brauchst du ihn nicht zu verschmähen, du mußt dich nur in
Mäßigung üben; auch ist es nützlich, den Erzählungen erfahrener
Kämpen über Kriegszüge in fernen Ländern zuzuhören. – Bei allem
läßt sich jedoch nicht verkennen, wie nachhaltig christlich-religiöse
Gefühle sein Bild vom Rittertum geprägt haben. Die Guten, Auf-
rechten und Tapferen sind *preux*, die an vielen Orten ihren Helden-

mut bewiesen haben und zu hohen Ehren gelangt sind, sind *soulverain preux*, aber die *plus soulverain preux* verdienen diese Bezeichnung, weil sie in ihrer Weisheit allen Ruhm und Erfolg auf die Gnade Gottes und der Jungfrau zurückführen. Wer nur auf seine eigene Kraft vertraut, so Geoffroy, wird letztlich verloren sein, wie die Geschichten von Absalom, Samson und Julius Cäsar zeigen. Sucht man indessen nach dem vollkommenen Vorbild ritterlicher Tugenden, dann blicke man auf Judas Makkabäus, den jüdischen Helden des Alten Testaments. Er war *preux* und *hardi*, edel, aber nicht stolz, immer ehrenhaft, ein großer Kämpfer, der in Waffen für die Sache Gottes starb. Wer mit diesem hervorragenden Ritter vergleichbar ist, wird auf Erden Ruhm erlangen und im Paradies Frieden.[41] Angesichts dieses doppelten Endes wird Rittertum zu einer christlichen Disziplin, die auf das höchste Ziel des Menschen gerichtet ist: auf die Erlösung.

Es liegt Geoffroy daran, Parallelen zwischen dem Orden des Rittertums und einem religiösen Orden zu betonen. Kein religiöser Orden verlangt eine größere Härte als ritterliche Lebensweise, und die glaubensstrenge Beachtung religiöser Dinge ist für den Ritter ebenso notwendig wie für den Geistlichen, denn es gibt keinen Orden, bei dem Seele und Leib zugleich so zielstrebig auf die Stunde des Todes vorbereitet werden. Rittertum ist ein Weg zur Erlösung: Wer die Waffen für eine gerechte Sache ergreift, wird seine Seele retten, sei es für die Sache des Gefolgsherrn, für die Verteidigung der Schwachen, zur Rettung seiner eigenen Ehre und seines Erbes oder um gegen die Ungläubigen zu kämpfen.[42] Hier nimmt Geoffroy den Ausruf Jean de Bueils, eines französischen Hauptmanns in den späteren Kriegen gegen die Engländer, vorweg: »Wir armen Kriegsleute werden unsere Seelen genauso gut mit Waffen retten, als lebten wir in stiller Einkehr von einem Fastengericht aus Wurzeln!«[43] Die letzten Worte seines Buches sind eine Mischung aus Gebet und Schlachtruf: »Bete für den, der dieses Buch schrieb: Charny! Charny!«

Geoffroys Beschreibung des Rituals bei der Schwertleite und ihres

Symbolismus ist unmittelbar aus der *Ordene de chevalerie* entnommen.[44] In einigen Punkten, etwa bei seinem Bericht über den Ursprung von Herrschaft und Rittertum und über das richtige Verhalten von Königen, die ihre Amtsträger aus den Reihen der Ritterschaft wählen, steht er Ramón Lull nahe, dessen Schriften er höchstwahrscheinlich gelesen hat. Das von Geoffroy entworfene Ritterbild ähnelt in der Substanz dem der beiden älteren Werke, obwohl sich der Ton seines Buches in manchem deutlich von diesen unterscheidet. In dreierlei Hinsicht hebt sich sein Bericht von den anderen beiden Werken ab und geht sogar noch über sie hinaus: Bemerkenswert ist zunächst die Einbeziehung nicht nur der Ritterschaft im engeren Sinne, sondern des gesamten Kriegerstandes innerhalb der ritterlichen Ordnung. Dies eröffnet Existenzmöglichkeiten für den Knappen, den »armen Kriegsknecht«, wie für den eigentlichen Ritter. Das steht durchaus im Einklang mit gesellschaftlichen Entwicklungen im 14. Jahrhundert. Immer weniger Männer bemühten sich darum, formell zum Ritter geschlagen zu werden,[45] – aber es verlieh der professionellen Seite des Rittertums ein zusätzliches Gewicht. Ein weiterer Aspekt ist die Behandlung der Frauen im Kontext ritterlich-höfischen Lebens und der Liebe als einer menschlichen Leidenschaft, die auf die ehrgeizigen Bestrebungen des ritterlich-kriegerischen Menschen eine läuternde Wirkung haben kann, sofern sie in rechter Weise beherrscht wird. Der »Frauendienst« der höfischen Literatur erscheint hier ohne die üblichen Übertreibungen und in einer Form, die noch heute seine Bedeutung für menschliche Aktivität und menschliches Streben nachvollziehbar macht. Ein Letztes betrifft die Dynamik, die über Geoffroys Rangfolge bei Beweisen von Tapferkeit und Stärke in das Wertesystem ritterlicher Pflichten Einzug hält. Rittertum bedeutet so ein ständiges Streben, einmal Erreichtes zu verbessern und sich niemals mit etwas zu bescheiden. Es geht hier indessen nicht allein um moralische Fragen: Geoffroys Methode, Tapferkeit zu beurteilen, ist fest an den Erscheinungsformen dieser Welt verankert. Er bezieht sich zwar auch, wie wir gesehen haben, auf eine innere Welt, aber die von ihm vorgeschlagenen

Merkmale ritterlicher Leistungen sind äußerlich-materielle Akte, wie auch das Ansehen, das mit ihnen verknüpft ist. Geoffroys Werk ist somit eine Art Musterbuch zur Identifikation von Personen, die sich auf dem Gebiet ritterlicher Tugenden hervorgetan haben, ohne allzusehr auf ihre nur schwer überprüfbaren subjektiven Beweggründe eingehen zu müssen: Eine solche Person muß an Tjosten und Turnieren teilgenommen haben, an Kriegen nicht nur im eigenen Land, sondern auch in der Fremde, muß Waffendienste für seinen Herrn nachweisen können und Fahrten übers Meer auf der Suche nach Abenteuer und Ruhm. Die Betonung der *lointaines voyages*, der weiten Fahrten, ist ein weiteres analoges Bild zwischen der realen Welt und der Welt der Romane, in der Ritter ständig die Grenzen der Zivilisation überschreiten und in die grenzenlosen Wälder eindringen, immer auf der Suche nach Abenteuern – ein analoges Bild, wie gesagt, aus dem die Übertreibungen der erzählerischen Fiktion getilgt wurden. Insgesamt also führt uns Geoffroys Werk ein gutes Stück vorwärts auf der Suche nach dem Sinn des Wortes »Rittertum«. Wir sehen jetzt deutlicher, welche ritterlichen Handlungen und Bewährungsproben beachtet werden müssen, um ihre Rolle als wirksame soziale Kraft beurteilen zu können. – Wir erwarteten von dem Träger der Oriflamme, ein guter Führer zu sein – er hat uns nicht enttäuscht.

*

Zwischen der Mitte des 14. Jahrhunderts, als Geoffroy de Charny schrieb, und dem Anfang des 16. Jahrhunderts entstanden zahlreiche Einzelschriften über das Ritterwesen und auch Sammelschriften, die solche Abhandlungen enthielten. Insgesamt tragen sie kaum Neues zu dem Bild bei, das die drei Werke, die wir uns etwas näher angeschaut haben, entwerfen. In seinem *Ritterspiegel* (ca. 1410) gibt Johannes Roth eine Reihe symbolischer Interpretationen des Schwertleiterituals, die sich weder bei Lull noch in der *Ordene* finden, und er befaßt sich eingehend mit der Hierarchie aristokratischer Ränge, von den fürstlichen Häusern abwärts, die in Deutschland ritterlichen Würden offenstanden (der sog. deutsche *Heerschild*) – in seiner ganzen Geisteshaltung ist sein umfängliches Werk jedoch von durchaus konventioneller Machart.[46] Ghillebert de Lannoy in seiner *Instruction d'un jeune prince* und der Autor des *Enseignement de la vraye noblesse* (zwei voneinander abhängige Werke aus der 1. Hälfte des 15. Jahrhunderts) zeigen, daß ihnen der *Ordene* bekannt waren. Beide bezogen sich ausführlich auf Lull.[47] Wie Roth und auch ihr Zeitgenosse, der weitgereiste kastilische Ritter Diego de Valera, Verfasser des *Traictée de noblesse*,[48] enthielten ihre Arbeiten eine gründliche und inhaltsreiche Erörterung über den Ursprung und die Bedeutung der Wappenschilde, ein Thema, das fortan unweigerlich in jeder ernsthaften Auseinandersetzung mit dem Ritterwesen zu finden sein wird. Außerdem hatten sie, wie auch Valera, einiges über das kriegerische Vorbild der Römer zu sagen, die hier als Muster wahren Rittertums hingestellt wurden. Diese Betonung des klassischen Beispiels untermauerte die Auffassung vom Rittertum als einer grundsätzlich weltlichen Institution und ist so ein typisches Merkmal für die spätmittelalterliche Behandlung des Gegenstandes. Überhaupt wird damit eine deutliche und direkte Verbindung zwischen Rittertum, adliger Lebensführung und vornehmer Abstammung hergestellt und – als begleitender Umstand – die Ausweitung des Ritterstandes unter Einbeziehung der gesamten kriegerischen und potentiell waffenfähigen Aristokratie: des niederen und hohen Adels, der einfachen Kriegsleute genauso wie der Ritter selbst.

In diesen späten Werken sind neue Gedanken weit weniger ausgeprägt als die eigentlich gängigen Themen. Wir treffen auf die gleichen Berichte über den Ursprung des Ritterwesens wie sie bei Ramón Lull erscheinen. Rittertum wird auch hier immer wieder mit der Kunst des Regierens in Verbindung gesetzt – und es zeigt sich, daß »Bücher über den Ritterstand« und »Fürstenspiegel« nahestehende literarische Gattungen sind. Die Auflistung ritterlicher Pflichten, wie Verteidigung der Kirche und des gemeinen Volkes (eine Abfolge, bei der man im Laufe der Zeit immer häufiger zur

Umstellung neigte), Schutz der Witwen und Waisen und ständige Waffenübungen, wirkt durch dauernde Wiederholungen abgenutzt.

Geoffroy de Charny hätte wohl von ganzem Herzen dem Ratschlag Ghilleberts de Lannoy an seinen Sohn zugestimmt, sich kriegerischer Übungen zu befleißigen, auf Turniere zu gehen und die Geschichten der alten Helden zu studieren.[49] Auch die Eigenschaften der Männer, deren Gesellschaft der junge Lannoy suchen soll, haben den gewohnten Zuschnitt: es sind die Guten, Gebildeten und Höfischen, die Tapferen und Heldenhaften *(bons, saiges et courtois, preux et vaillants)*.[50] Die allgemeine Auffassung über die Grundzüge ritterlicher Qualitäten scheint sich im großen und ganzen unverändert vom Ende des 12. Jahrhunderts bis zum Ende des 15. Jahrhunderts gehalten zu haben. Innerhalb dieses Zeitraums haben die Untersuchungen zu unserem Thema, von den Quellen her gesehen, ein gewisses einheitliches Fundament.

Am Anfang dieses Kapitels begaben wir uns auf die Suche nach einer Definition von »Rittertum« und mußten erkennen, daß sich ein so schillernder und unpräziser Begriff kaum im Rahmen klar umrissener Bedeutungsgrenzen festlegen läßt. Jetzt sind wir eher in der Lage, Vorschläge für eine Definition zu machen, die zunächst einmal als Arbeitshypothesen gelten können.

Auf der Grundlage dieser Abhandlungen ließe sich Rittertum als ein Ethos beschreiben, bei dem kriegerische, aristokratische und christliche Elemente miteinander verschmolzen sind. »Verschmolzen« deswegen, weil diese Verbindung etwas Neues und Umfassendes zu sein scheint, das nach eigenen Gesetzen funktioniert, zum anderen, weil es kaum gelingen wird, die Einzelelemente vollständig voneinander zu trennen. Je nach Kontext kann ein Aspekt stärker hervortreten, Einwirkungen von anderer Seite werden sich aber kaum ausschließen lassen. Hinzu kommt, daß keines dieser Teilelemente in sich von einfacher Struktur wäre: Der militärische Aspekt des Rittertums ist eng mit der Reitkunst verknüpft, einer kostspieligen Fertigkeit, die eigentlich nur der Erbe eines ausreichenden Vermögens erwerben konnte. Der aristokratische Aspekt ist nicht nur eine Sache der Geburt, er ist verbunden mit Konzeptionen über die Funktion des Ritterwesens und mit einem Tugendkatalog, der besagt, daß Aristokratie nicht allein eine Frage der Abstammung, sondern auch eine Frage der Würde ist. Der christliche Aspekt zeigt sich überraschenderweise frei von kirchlichen Dogmen und Prioritäten. So wie es in den Abhandlungen beschrieben wird, ist Rittertum eine Lebensform, bei der die drei eben erwähnten Komponenten die wichtigste Rolle spielen: die militärische, die adlige und die religiöse. Merkmal einer Lebensform ist indessen ihre Komplexität als quasi lebendiger Organismus. – Vorläufig sind nur Ansätze einer Definition greifbar, und vieles bleibt noch zu untersuchen.

2. KAPITEL

Die weltlichen Ursprünge des Rittertums

GEOFFROY DE CHARNY präsentiert in seinem *Livre de chevalerie* das
Modell eines ritterlichen Menschen, wie er auch im wirklichen Leben auftreten könnte, ohne daß wir uns um Fragen der persönlichen
Motivation kümmern müßten, die ja von historischen Quellen meist
unbefriedigend beantwortet werden. Die Suche nach Männern dieses Schlages wird nicht vergeblich sein, und wir werden entdecken,
daß die Autoren, die von diesen Männern literarische Porträts
zeichneten, eine klare Vorstellung von einem konventionellen Modell des *preux chevalier* hatten, mit dem die Umrisse ihres Bildes über-
einstimmen sollten.

Wenden wir uns einem Beispiel zu. In den Jahren 1394 bis 1395
vertrieb sich Thomas III., Marquis von Saluzzo, die langen Stunden
seiner Gefangenschaft in den Händen des Erzfeindes seiner Familie,
des Grafen von Savoyen, mit der Niederschrift einer umfänglichen
allegorischen Dichtung, die er den *Chevalier errant* nannte.[1] Im Verlauf der Geschichte gelangt sein umherwandernder Ritter (ohne
Zweifel Thomas selbst in einem Traumland seiner Phantasie) an
den Hof der Frau Fortuna, wo sich – als ihre Bittsteller – eine Reihe
berühmter Zeitgenossen häuslich niedergelassen hatten. Der Marquis beschreibt einen nach dem anderen. Die meisten erfahren eine
eher kritische Bewertung – wie beispielsweise Wenceslas, König der
Römer, der als ein weichlicher Mann mittleren Alters geschildert
wird mit der Vorliebe, den Vormittag im Bett zu verbringen, und einer aufkommenden Neigung zum Wein, die später sein Verderben
werden sollte. Nur einige wenige schneiden etwas besser ab – unter
ihnen ein junger Ritter von etwa dreißig Jahren, *bel et joli et amoureux:*

der Mailänder *condottiero* Galeas von Mantua. Dieser junge Mann, erzählt Thomas, empfing zuerst seine Waffen bei der Belagerung von Saluzzo, wo er tapfer kämpfte und verwundet wurde. Später tat er sich auf einem Turnier in Fossano gegen einen deutschen Ritter hervor, der damit geprahlt hatte, an jedem Ebenbürtigen, der sich ihm zum Zweikampf stelle, große Waffentaten zu vollbringen. Für Galeas war dies das erste von vielen ähnlichen Abenteuern, die er »*par amours*, für eine geliebte Dame von edler Schönheit«[2] bestand. Galeas zog umher und beteiligte sich an den Kriegen der Franzosen gegen die Engländer. An dem Tag, als er im Einzelkampf einen englischen Hauptmann, der schon viele Franzosen besiegt hatte, vom Pferde stieß, wurde er zum Ritter geschlagen. Er überquerte auf einer Pilgerfahrt das Große Meer (das Mittelmeer), besuchte das Katherinenkloster auf dem Sinai und begab sich eine Zeitlang in die Dienste des Königs von Zypern. Danach kämpfte er auf Seiten des Königs von Frankreich gegen den Herzog von Juliers, zog nach Deutschland und kämpfte unter dem Banner des ungarischen Königs gegen die Türken. »Wisse, bei jeder Waffenprobe, die ihm bevorsteht, wirst du ihn bereit finden: Wenn er lange genug lebt, wird er zu denen gehören, die wegen ihrer ritterlichen Tugenden mit Herrn Tristan von Lyonesse oder mit Herrn Palamedes zu vergleichen sind.«[3] Diese abschließenden Worte verdeutlichen, wie bewußt Thomas die Karriere seines Helden mit einem literarischen Vorbild in Beziehung setzte und so Galeas einen Platz unter den *soulverain preux* zuweisen konnte – unter den Männern, die nach Geoffroy de Charny in Turnier und Krieg immer größere Stärke gewinnen, die unerschütterlich lieben und in ferne Länder ziehen auf der Suche nach Erprobung in Kampf und Krieg.

Auffällig bei diesem Modell, das Thomas von Saluzzo zur Beschreibung der Karriere des Galeas anwendete, ist, daß es schon vor seiner Zeit überliefert war und auch schon lange vor der Zeit Geoffroys de Charny. Wie wir sehen werden, war es bereits vor der Entstehungszeit des *Ordene de chevalerie* überliefert und geht zumindest ins ausgehende 12. Jahrhundert zurück, als Etienne de Fougères über das Ritterwesen schrieb. Etwa zu dessen Lebzeiten begann ein junger Mann namens Arnold, Sohn und Erbe des Grafen Balduin von Guînes, seine ritterliche Laufbahn. Die Konturen seiner Karriere, so wie sie Lambert von Ardres, der Chronist der Familie, überliefert, haben nahezu den gleichen Zuschnitt wie die der Karriere des Galeas von Mantua in Thomas von Saluzzos Beschreibung.[4] Es fehlen allenfalls die für das späte 14. Jahrhundert typischen blumigen Züge – ansonsten sind die Unterschiede im Ton und im Ablauf der wichtigen Ereignisse gering.

Arnold von Ardres wurde um 1160 geboren. Als Kind gab man ihn in die Obhut Philipps von Flandern, »damit er in rechter Weise aufwachse und im Ritterdienst unterwiesen werde«.[5] Philipp war reich, ein Kreuzzugsveteran und Mäzen höfischer Dichtung, dessen *largesse* Chrétien de Troyes in seinem *Perceval*[6] rühmte, und an seinem Hof befand sich Arnold unter der Blüte des jungen flandrischen Adels. Dort, erzählt Lambert, fiel er auf »durch sein gutes Aussehen und durch seinen Wagemut bei allen kriegerischen Übungen«.[7] Als er 1181 das Alter zur Erhebung in den Ritterstand erreicht hatte, lud sein Vater zu Pfingsten eine große Gesellschaft an seinen eigenen Hof, und Arnold wurde zusammen mit seinen vier besten Freunden zum Ritter geschlagen. Nach Beendigung der Zeremonie tauchte Arnold, frisch als Ritter gewandet, in die Menge der Diener, Spielleute und Gaukler und überschüttete sie mit Geldgeschenken.[8] Danach hielt es ihn nicht länger zu Hause, er war entschlossen, nach rechter Manier seinen Einstand als Ritter zu geben. »Er wollte nicht in seinem eigenen Land in Müßiggang und ohne kriegerische Zerstreuung verharren, sondern entschied sich dazu, in die Ferne zu reisen auf der Suche nach Turnieren und Ruhm, um so in Ungebundenheit zu leben und weltlichen Ruhm zu erlangen.«[9] Er verliebte sich in Ida, Gräfin von Boulogne, eine Dame von lockerer Moral (und beträchtlichem Erbe), die bereits die Erfahrung zweier unglücklicher Ehen hinter sich hatte. Viele heimliche Liebesbotschaften gingen zwischen ihnen hin und her. Als sie von einem anderen Konkurrenten um ihre Gunst und Güter mit roher Gewalt davongeschleppt wurde, schwor Arnold, ihr zur Hilfe zu eilen, und geriet zu seinem Unglück in die Hände seines Rivalen – ein Zwischenspiel, das ihn ein wenig zur Besinnung kommen ließ. Als er nach Zahlung eines Lösegeldes wieder nach Hause zurückkehrte, versprach er, sich der Führung seines Vaters anzuvertrauen. Er begleitete ihn auf seinen Kriegszügen und nahm die Braut, die ihm sein Vater ausgesucht hatte: Beatrice, die Erbin von Bourbourg eine kluge, schöne und gebildete Frau, wie Lambert urteilte. Als Herr von Ardres führte er mit ihr ein standesgemäßes Leben. Wir hören, daß es ihm besondere Freude bereitete, von alten und neuen Helden zu hören, von Roland und Olivier, von Artus und der Eroberung Antiochias durch die Kreuzfahrer. Eine der lebendigsten Schilderungen des Chronisten handelt vom jungen Arnold und seinen Gefährten, die sich in einer stürmischen Winternacht um ein prasselndes Feuer versammelt hatten und Walter von Kleve bedrängten, die Geschichte von der Gründung Ardres und den Ursprüngen seiner Herrscherfamilie zu erzählen.[10]

Lamberts Beschreibung der Jugendzeit Arnolds von Ardres steht nicht isoliert da. Ganz ähnlich in ihren charakteristischen Zügen präsentiert sich die frühe Karriere Wilhelms des Marschalls (Guillaume le Maréchal, William the Marshal), so wie sie der aus dem Spielmannmilieu stammende Autor der *Histoire de Guillaume le Maréchal* gestaltet hat.[11] Wilhelm ist wahrscheinlich nicht von so glücklicher Geburt gewesen wie Arnold. Er war nicht der Erbe eines Grafen, sondern der vierte Sohn von Johann (John) Fitzgilbert, einem englischen Baron, der trotz einflußreicher Verwandtschaft nur von mittlerem Rang war. Als Knabe wurde Wilhelm in den Haushalt von Johanns Vetter, dem Grafen von Tankarville, gegeben, einem mächtigen Herren aus dem unteren Seinegebiet und eifrigen Turnierkämpen. Im Jahre 1167, als Wilhelm um die 18 Jahre alt war, wurde er von dem Grafen am Vorabend des Gefechtes bei Drincourt gegen den Grafen von Flandern zum Ritter geschlagen und zeichnete sich am folgenden Tag im Kampf vor allen anderen aus. Im selben Jahr besuchte er zweimal Turniere im Gefolge des Grafen und konnte sich dabei einen guten Namen machen. Wegen seines beherzten Auftretens während des Poitou-Feldzuges ein Jahr später wurde Eleonore von Aquitanien, die Gemahlin König Heinrichs II., auf ihn aufmerksam. Durch ihre Gunst wurde 1169 die kriegerische Ausbildung ihres Sohnes Heinrich, des jungen Königs und Erben ihres Mannes, in die Hände Wilhelms gelegt.

Dies war ein erster und entscheidender Erfolg und bedeutete für Wilhelm den Zutritt zu einem der angesehensten ritterlichen Kreise seiner Zeit. Seine neue Aufgabe hatte ihre Gefahren; als führende Persönlichkeit unter den Rittern am Hof des jungen Königs Heinrich war er wohl nicht unbeteiligt an der Revolte des jungen Königs gegen seinen Vater im Jahre 1173. Genaues wissen wir jedoch darüber nicht. Seine Rolle als Lehrmeister ritterlicher Kenntnisse hatte aber auch Vorteile. Der Autor seiner Geschichte zeigt ihn als Anführer der Ritter Heinrichs bei einigen Turnieren in Nordfrankreich (unter anderem auch als Gast Philipps von Flandern, dem Herrn Arnolds von Ardres). Wilhelms Erfolge bei solchen Unternehmungen mehrten seinen Ruf als Ritter, während Pferde und Gefangene seinen Reichtum mehrten. Als er sich 1182 mit dem jungen Heinrich und seinem Vater überwarf (es gab Gerüchte über eine Affäre zwischen Wilhelm und Königin Margarethe von Frankreich), war seine Tapferkeit bereits so bekannt, daß ihm sowohl der Graf von Flandern, als auch der Herzog von Burgund Ländereien und Pensionen anboten, damit er in ihre Dienste träte.[12] Seine Ungnade beim Hause Anjou währte jedoch nur kurz, und er brauchte sich nicht nach neuen Herren umzusehen. Als der junge Heinrich auf Burg Martel an der Dordogne starb, hatte Wilhelm seine Gunst bereits wiedererlangt, und er war es, der das unerfüllte Kreuzzugsgelübde des jungen Königs einlöste, indem er selbst ins Heilige Land zog. Dort, sagt ein Biograph, vollbrachte er gegen die Sarazenen in einem Jahr mehr aufsehenerregende Waffentaten, als andere Männer in sieben Jahren.[13]

Die Einzelheiten der weiteren Laufbahn Wilhelms sollen uns hier nicht beschäftigen. Nach seiner Rückkehr aus dem Heiligen Land

37

trat er in die Dienste des Königs von England. Diese Stellung ermöglichte ihm die Heirat mit Isabel de Clare, der Erbin des Earl-
tums Pembroke. Unter Richard Löwenherz und Johann Ohneland
spielte er in der hohen Politik eine bedeutende Rolle und fungierte
bis zu seinem Tod 1219 als eigentlicher Reichsregent in der Vor-
mundschaftsregierung des minderjährigen Königs Heinrich III. *(rec-
tor regis et regni)*. Genug ist gesagt, um zu zeigen, wie sehr Wilhelms
frühe Geschichte der des Arnold von Ardres ähnelt und wie gut sich
beide in Geoffroy de Charnys späteres Modell einfügen. Wenn ein
Ritter jemals nach Geoffroys Prinzip ritterlicher Tapferkeit – »der
mehr erreichte, ist der Würdigere« – lebte, dann war es sicherlich
Wilhelm der Marschall. Die beiden Berichte über ritterliche Karrieren des ausgehenden 12. Jahrhunderts lassen deutlich erkennen,
daß bereits damals ein Muster ritterlicher Lebensführung mit eigenen ausgeprägten Stilzügen vorhanden war: eine abenteuerliche Jugend, Ausbildung beim Turnier für das »große Geschäft des Krieges«, die Abkehr vom Müßiggang zu Hause und die Suche nach Ritterdienst an möglichst weit entfernten Orten – all das gilt jetzt schon
als unerläßlich für einen geziemenden Einstieg in eine ritterliche
Laufbahn. Treue und Tapferkeit, Kühnheit und *courtoisie* (»Höfischkeit«) sind Tugenden, die vom Biographen Wilhelms genauso betont werden wie von späteren Autoren. Es sind Tugenden, die unwillkürlich mit ritterlichem Leben und nicht allein mit ritterlicher
Fiktion assoziiert werden.

Das höfische Element im Ritterbild des 12. Jahrhunderts verdient
besondere Beachtung. In einem weiteren Sinne umfaßt *courtoisie* alle
höfischen Sitten und Verhaltensweisen, und es ist augenfällig, wie
sehr die Welt Wilhelms eine Welt des Hofes und gleichzeitig eine
Welt des Feldlagers ist. Er erzielte seine ersten entscheidenden Erfolge, als er das Augenmerk Eleonores von Aquitanien, der berühmten Gönnerin der Troubadours, auf sich lenkte. Das große Turnier
von Pleurs bei Epernay, an dem er 1177 teilnahm, wurde unter den
Auspizien Heinrichs von Champagne abgehalten[14]; auf Anregung
von Heinrichs Gemahlin Maria, der Tochter Eleonores, verfaßte

Chrétien de Troyes die Geschichte von Lanzelot, und Andreas Capellanus machte sie zur Richterin in den Liebesurteilen seiner *De arte honeste amandi*.[15] Wie wir gesehen haben, weilte Wilhelm auch als Gast am Hofe Philipps von Flandern, einem weiteren großen Förderer des Ritterwesens und der höfischen Literatur. In Wilhelms Biographie ist wahrhaftig nicht viel vom amourösen Aspekt höfischen Lebens zu finden, auch wenn die Gräfin von Joigni und ihre Damen mit den Rittern sangen und tanzten, als er auf dem Turnier zu Joigni eintraf und ihn beobachtete, wie er als erster einen Gegner vom Pferd stieß.[16] Lambert von Ardres dagegen führt vor, daß sein Held sehr wohl das höfische Spiel der Liebe mit Gräfin Ida zu spielen wußte. Pracht und Farbigkeit höfischen Lebens werden von beiden Autoren ausführlich in Szene gesetzt: Bei Lambert in seinem Bericht über die Festlichkeiten aus Anlaß von Arnolds Erhebung in den Ritterstand, beim Biographen Wilhelms, als er von der reichen Ausstattung der zum Turnier von Pleurs ziehenden Ritter erzählt und von den prächtigen Pferden, die man eigens in Spanien und Sizilien erworben hatte. Größere Herren als die Grafen von Guines oder der Champagne zeigten sich noch verschwenderischer: So scheint Friedrich Barbarossa zur Unterbringung seiner zahlreichen Gäste anläßlich der feierlichen Schwertleite seiner beiden Söhne im Jahre 1184 und der sich anschließenden Turniere, vor den Toren von Mainz eine ganze Stadt aus Zelten und Pavillons errichtet zu haben.[17] Heinrich von Veldeke verglich in seiner *Eneit* diese Szenerie mit dem großen Hochzeitsfest von Lavinia und Aeneas in Vergils Epos: »Ich habe nie von einem solchen Fest gehört, außer diesem in Mainz, als Kaiser Friedrich seine Söhne zu Rittern schlug.«[18]

Feste und Turniere und der Glanz der Fürstenhöfe zogen Leute von unterschiedlicher regionaler und gesellschaftlicher Herkunft an: Arnold von Ardres war der Sohn eines Grafen, Erbe eines alten Namens und Vermögens; der junge Heinrich, Gefolgsherr Wilhelms des Marschalls, war als Thronerbe ein noch mächtigerer Mann als Arnold. Wilhelm selbst war zunächst ein junger Mann ohne Landbesitz und mußte sich erst sein Vermögen erwerben, ähnlich wie jene »armen Gefährten«, die Geoffroy in die Bruderschaft der Ritter einbezieht und dabei auf ihre Beutegier verweist. Wilhelm trat in diese ritterliche Gesellschaft unter vergleichbaren Bedingungen ein. Sicherlich gab es viele, die mittelloser waren als er – von geringerer Abkunft und schlechteren Möglichkeiten –, unter ihnen junge *chevaliers errans* (»Fahrende Ritter«), die von Turnier zu Turnier zogen auf der Suche nach Ruhm und Gewinn, so wie sie der Biograph Wilhelms beschreibt. Arme Ritter ohne Erbe, oder allenfalls von sehr geringem Vermögen, dominierten auch bei den Troubadours, die sich in den Schutz solcher vornehmer Damen wie Eleonore von Aquitanien begaben. Wenn Lambert erzählt, wie Arnold von Ardres in der Menge der Sänger, Knappen und Gaukler mit vollen Händen Geld verteilt, dann erinnert diese Szene daran, daß es keine höfische Welt ohne Schmarotzer geben konnte. Das waren keineswegs nur Kriegsleute, darunter befanden sich Geistliche und Spielleute, aber auch Gelehrte. Es war eine höfisch-kultivierte, aber in Hinblick auf Vermögen und Herkunft eine äußerst vielgestaltige Gesellschaft.

In seiner Beschreibung des Hofhalts von Hugo von Chester, einem Mitstreiter Wilhelms des Eroberers, schildert Ordericus Vitalis eine Gesellschaft, die in vieler Hinsicht derjenigen gleicht, in der Arnold von Ardres und Wilhelm der Marschall aufgewachsen sind. Ordericus berichtet, daß Hugo ein Liebhaber weltlicher Prachtentfaltung gewesen sei, ein verschwenderischer Mann mit einer Vorliebe für »Lieder und Spiele und Pferde und ähnliche Nichtigkeiten«.[19] Immer hatte er eine große Anzahl junger Männer unterschiedlichen Standes um sich versammelt, auch Ritter und gelehrte Leute. Unter letzteren war ein gewisser Gerold, der ihnen alles über die Taten des Mauritius, Georg, Demetrius und anderer Soldatenheiliger erzählte und der die Geschichten von Wilhelm Court-Nez kannte – jenem Grafen von Orange, welcher der Held eines ganzen Zyklus epischer *chansons* war. Im Gegensatz zu Lambert beschreibt Ordericus hier allerdings Verhältnisse, die über hundert Jahre zurückliegen. Die Welt Arnolds von Ardres und Wilhelms des Marschalls ist nicht über Nacht entstanden. Wenn wir verstehen wollen, wie sich diese ritterlich-aristokratische Lebensweise entwickelte und wie sich ihre Verhaltensnormen herausbildeten, müssen wir mehr als anderthalb Jahrhunderte zurückgehen und von da an den Gang der Dinge beobachten. Dabei sollen in erster Linie die militärischen, sozialen und literarischen Entwicklungen verfolgt werden.

*

Das 11. Jahrhundert war eine wichtige Epoche der mittelalterlichen Militärgeschichte und insbesondere der Kavallerietaktik. Die Einführung des Steigbügels (eine Erfindung des Ostens) in Europa hat seit dem frühen 8. Jahrhundert die Bedeutung der Reiterei beträchtlich gesteigert. Steigbügel gaben dem bewaffneten Krieger eine weitaus größere Sattelfestigkeit und ermöglichten eine bessere Führung des Pferdes. Es scheint aber, daß sich erst im 11. Jahrhundert, als Ergebnis weiterer technischer Neuerungen, eine Taktik entwikkelte, bei der ein Angriff der schweren Reiter mit eingelegter Lanze (das heißt: mit fest unter die rechte Achselhöhle geklemmter, auf den Feind gerichteter Lanze) zum richtigen Zeitpunkt den Ausgang der Schlacht entscheiden konnte. Nach anderen Auffassungen soll es sich bei dieser Taktik bereits um eine frühere, mit der Einführung des Steigbügels parallelen Erscheinung gehandelt haben. Es deutet aber doch vieles darauf hin, daß erst in der Zeit nach 1000, vielleicht erst gegen Ende des 11. Jahrhunderts, diese Kampfweise – lange Zeit die klassische Taktik mittelalterlicher Kriegführung – zum ersten Mal angewendet wurde.[20]

Ohne Steigbügel wäre ein Sturmangriff mit eingelegter Lanze nicht möglich gewesen, aber auch Speer und Sattel waren von Bedeutung. In der Regel wurde ein Speer auf vier verschiedene Arten eingesetzt. In der Haltung »unter dem Arm«, bei der der Speer mit ausgestreckter rechter Hand am Schwerpunkt gehalten wird, um so von unten her einen Stoß zu versetzen; in der Haltung »über dem Arm«, bei der der Speer mit angewinkeltem erhobenem Arm geführt wird und schließlich als Wurfgeschoß zur Bekämpfung des Gegners aus nächster Nähe. Für all diese Zwecke brauchte man einen verhältnismäßig leichten Speer, der um den Schwerpunkt herum gehalten wurde. Ganz anders sieht die vierte Einsatzmöglichkeit aus: Der Speer (resp. die Lanze) wird von dem berittenen Kämpfer fest unter die rechte Achselhöhle geklemmt, damit sie ruhig liegt, die rechte Hand greift den Schaft hinter dem Schwerpunkt, der linke Arm bleibt frei für Zügel und Schild. Pferd, Reiter und Lanze bilden so eine konzentriert zusammenwirkende Einheit, die den Kämpfer gleichsam zu einem »menschlichen Geschoß« werden läßt. Eine derart bewaffnete Reitertruppe konnte dem massierten Feind einen regelrechten Hammerschlag versetzen, dessen Wirkung von der Dynamik des Angriffs und der Wucht des Aufpralls abhing. Dies war der gefürchtete Reiterangriff der »Franken«, des Kreuzzugsheeres: »Ein Franke zu Pferd kann ein Loch in die Mauern von Babylon rennen«, wie es ein Zeitgenosse ausdrückte.[21] Um mit einem solchen Manöver überhaupt eine Wirkung zu erzielen, brauchte man eine schwere Lanze, eine leichte wäre beim Aufprall einfach zersplittert. Auch fand man heraus, daß der auf diese Weise kämpfende Reiter die Lanze um einiges hinter dem Schwerpunkt greifen, sie aber dennoch gerade halten konnte. Damit wurde es möglich, eine längere Lanze zu benutzen – ein ausgesprochener Vorteil bei der beschriebenen Angriffstaktik.

Ikonographische Zeugnisse weisen auf die 2. Hälfte des 11. Jahrhunderts als Schlüsselperiode für diese neue Kavallerietaktik. Auf Handschriftenilluminationen des 9. und 10. Jahrhunderts wird der Speer immer nur in den ersten drei erwähnten Positionen gehalten, niemals in der vierten. Diese letztere wird zwar in ein oder zwei Handschriften des 11. Jahrhunderts abgebildet, wie beispielsweise in der Admont-Bibel von ca. 1080, der mit Abstand wichtigste ikonographische Beleg dieser Anwendungsweise ist jedoch der Teppich von Bayeux, ebenfalls aus der Zeit um 1080.[22] Auf ihm sind Krieger abgebildet, die den Speer in allen vier erwähnten Arten benutzen. Die meisten führen den Speer in der Haltung »über dem Arm« oder schleudern ihn, oder bereiten sich zum Schleudern vor. Andere tragen den Speer in Ruhestellung, vermutlich in Vorbereitung eines Angriffs mit eingelegter Lanze. Drei Ritter, die sich zu Beginn der Schlacht bei Hastings für den Angriff mit eingelegter Lanze fertig machen, tragen deutlich schwerere Lanzen als die übrigen Mitkämpfer, dazu mit herabhängenden Wimpeln, die sie sicherlich aus der Wurfbahn getragen hätten, wenn man sie, wie die anderen Kämpfer, hätte schleudern wollen. Auch bei den Sattelbögen der Reiter von Bayeux scheint im Vergleich zu früheren Bildzeugnissen eine Entwicklung erkennbar zu sein. Da Abbildungen von angreifenden Rittern mit eingelegter Lanze rund dreißig Jahre nach Vollendung des Teppichs von Bayeux ganz üblich wurden, liegt der Schluß nahe, daß dieser Wandteppich einen wichtigen Augenblick in der Entwicklung der neuen Waffen festgehalten hat: die Phase nämlich, als diese Waffentechnik unmittelbar vor ihrer allgemeinen Verbreitung stand.

Mittelalterliche Bildzeugnisse können allerdings irreführend sein. Die Künstler hatten die Gewohnheit, ältere Vorbilder zu kopieren, so daß das Studium von Illustrationen leicht zu einer späteren Datierung technischer Neuerungen führen kann. In unserem Falle jedoch können die auf der Grundlage von Bildzeugnissen gezogenen Schlüsse durch literarische Zeugnisse gestützt werden. Als die neue Lanzenhaltung im Kampf Mann gegen Mann angewendet wurde, mußte der Aufprall zur Folge haben, daß entweder beide Lanzen zersplitterten oder daß ein Reiter seine Lanze in den Körper des anderen trieb (wobei seine Lanze sicherlich ebenfalls zerbrach) oder daß einer von beiden aus dem Sattel geworfen wurde. Dies sind die typischen Wirkungen eines Reiterkampfes in den zahllosen Schilderungen von Turnieren und Einzelkämpfen in den Ritterromanen des 12. Jahrhunderts. Die erste Beschreibung eines Reitergefechts, in der solche Wirkungen wiederholt als Folgen eines Aufeinandertreffens einzelner Kämpfer dargestellt werden, ist die Oxford-Version der *Chanson de Roland*, das auf die Zeit zwischen 1100 und 1130 datiert wird. Gaufredus Malaterra, der um 1100 schrieb, erzählt, wie Serlo, einer der Brüder Hauteville, einen bretonischen

Ritter bezwingt, der eine ganze Reihe normannischer Herausforderer bei der Belagerung von Tillières um 1040 besiegt hatte.[23] Das ist freilich kein zuverlässiges Zeugnis für eine so frühe Zeit, wohl aber ein gutes Zeugnis für Gaufredus' eigene Zeit, die nahe an der Entstehungszeit der *Chanson de Roland* liegt. In den Kämpfen des ungefähr gleichzeitig stattfindenden ersten Kreuzzugs entschied häufig gerade der Reiterangriff über den Sieg der Kreuzritter. Anna Komnene spricht von dem »nicht zu widerstehenden Schlag des Fränkischen Angriffs«. Einer der Nachteile dieser Taktik war, daß er beim ersten Mal gelingen mußte, denn die »Franken« hatten nicht gelernt, sich schnell genug für einen zweiten Anritt zu formieren, wenn der erste mißglückt war.[24] Da frühere Belege über den Reiterangriff und das Abwerfen des Gegners fehlen, deutet alles darauf hin, daß die neue Kampfweise in der 2. Hälfte des 11. Jahrhunderts entstanden ist.

Die Reitertaktik war nicht die einzige Neuentwicklung auf dem Gebiet der Kriegskunst – anderes, etwa die Fortschritte im Burgenbau oder in der Belagerungstechnik, waren ähnlich wichtig, wenn nicht gar wichtiger. Aus unserem Blickwinkel ist jedoch die neue Kavallerietaktik von besonderer Bedeutung, denn weder war sie noch konnte sie eine rein militärische Errungenschaft sein. Von den Kämpfern wurden ganz neuartige Fähigkeiten und Übungen in der Handhabung der Waffen verlangt, und in einem Zeitalter ohne stehende Heere und ohne institutionalisiertes militärisches Training mußte dies soziale Folgen haben. Es kann kaum ein Zufall sein, daß wir von Turnieren erst gegen Ende des 11. und zu Beginn des 12. Jahrhunderts hören – Anlässe also, die einem Spielmann wie dem Autor der *Histoire de Guillaume le Maréchal* die schier unerschöpfliche Gelegenheit boten zu beschreiben, wie geschickt die jeweiligen Helden ihre Gegner aus dem Sattel warfen. Das Turnier war in dieser frühen Periode eine Art allgemeine offene Schlägerei für Gruppen bewaffneter Krieger, es war der geeignete Trainingsplatz für die neuen Techniken. Gleichzeitig waren Turniere, wie schon gesagt, bedeutende höfische und soziale Ereignisse. Die dazugehörigen Risiken waren physischer, durchaus aber auch ökonomischer Art, denn ein unterlegener Kämpfer konnte gefangengenommen werden, sein Pferd verlieren und mußte unter Umständen eine Lösegeldsumme bezahlen. In jedem Falle bedeutete die neue Kampfweise eine Erhöhung der Ausrüstungskosten. Ein Kettenhemd wurde für den Ritter doppelt wichtig als Schutz gegen den Lanzenstoß eines angreifenden Gegners. Er brauchte ein gutes Pferd und außerdem Ersatzpferde, und er brauchte jemanden, der ihm half, sie zu versorgen und einsatzfertig zu machen.[25] Die meisten Ritter mußten zunächst für ihre Ausrüstung selbst sorgen. Ein Kämpfer zu Pferd zu sein setzte entweder ein ansehnliches Vermögen oder eine ansehnliche Protektion voraus. Für den angehenden Ritter wurden deswegen Zusammenschlüsse der adligen Standesgenossen immer wichtiger.

Zeitgenössische Quellen des 11. Jahrhunderts erzählen uns leider nur recht wenig über Ausbildung und Ausrüstung ritterlicher Kämpfer. Hinsichtlich der Ausbildung war die Erziehung im Haushalt eines höher gestellten Herrn offensichtlich ein wichtiger Faktor und überdies eine seit langer Zeit geübte Praxis. Schon Hrabanus Maurus, der im 9. Jahrhundert lebte, erzählt, wie Jünglinge in Adelsfamilien gegeben wurden, um dort in körperlicher Härte aufzuwachsen und die Kunst des Reitens und des Reiterkampfes zu erlernen.[26] Auch Wilhelm der Marschall und Arnold von Ardres wuchsen ja an solchen Herrenhöfen auf. Viele Herren unterhielten an ihren Höfen eine regelrechte Rittertruppe, deren Mitglieder ohne Zweifel ihren Anteil an der Ausbildung angehender Ritter hatten. Solche zum Hofhalt gehörigen Ritter wurden auf Kosten des Herrn bewaffnet und mit Pferden versehen, und sicherlich konnte dieser auch einen in seiner Gunst stehenden jungen Mann mit Waffen und Pferd ausstatten. War der Vater dieses Günstlings vermögend, mußte er natürlich die Kosten tragen. Ein mitteloser junger Mann konnte da in ernsthafte Schwierigkeiten geraten: Bei seinem ersten Kampf in Drincourt verlor Wilhelm der Marschall sein Pferd, und er konnte es erst wieder durch ein mittelmäßiges Reitpferd ersetzen, nachdem er seinen Mantel, in dem er tags zuvor zum Ritter geschlagen worden war, verpfändete. In den kriegerischen *chansons de geste* wird immer wieder geschildert, wie die Kämpfer eifrig dabei sind, während der Schlacht Pferde zu erbeuten, und es darf nicht überraschen, daß sich in den Augen loyaler Gefolgsleute die gepriesene *largesse* eines Anführers gerade in Waffen- und Pferdegeschenken ausdrückte.

Es hat den Anschein, daß die hier skizzierten waffen- und kampftechnischen Entwicklungen dazu führen mußten, ein Gefühl der Zusammengehörigkeit unter denen entstehen zu lassen, die sich – auf welche Weise auch immer – eine Reiterausrüstung hatten verschaffen können. Ihre Fertigkeit und ihre Ausbildung unterschied sie von anderen. Bindungen durch Erziehung sind immer eine starke soziale Kraft und ganz besonders in diesem Falle, wo Ausbildung und Heranwachsen in einer Pflegefamilie so eng miteinander verknüpft waren. Die Erziehung in einem anderen Haushalt trug außerdem dazu bei, unter den Beteiligten einen gemeinsamen Lebensstil entstehen zu lassen. So gelang es vielen durch Beobachtung ihres Lehrmeisters, durch Üben ihrer Pferde und durch Lernen aus Erfahrung in untergeordneten Dienststellungen und endlich durch ihre eigene Initiative, sich den Weg in die ritterliche Welt zu bahnen, sobald sich Gelegenheit dazu bot. Aber bereits jede neue Veränderung, etwa ein schwererer und damit besser schützender Harnisch und ein kräftigeres und damit teureres Pferd erschwerten den sozialen Aufstieg. Neue Kampftaktiken und verbesserte Ausrüstungen verstärkten jedesmal eine Betonung des Aristokratischen bei der Aufnahme in den Ritterstand und schärften das Bewußtsein von der Existenz eines gemeinsamen Bandes, das alle umschloß, die mit Fug danach streben konnten, in Kriege und auf Turniere zu reiten. Dieses Band heißt »Rittertum«.

*

Ursprünglich bedeutete das lateinische Wort *miles* (Plural: *milites*), das Autoren wie Lambert von Ardres gewöhnlich zur Bezeichnung von »Ritter« verwenden, nichts anderes als »berufsmäßiger Soldat«.

Ein geeigneter Weg, sich den sozialen Entwicklungen zu nähern, die deutlich parallel zu den militärischen liefen, ist die Beobachtung gewisser Bedeutungsveränderungen und Akzentverschiebungen im Gebrauch des Wortes *miles* während des 11. und 12. Jahrhunderts. Zunächst wird *miles* in einer gegenüber dem klassischen Latein eingeschränkten Bedeutung verwendet: Es bezeichnet jetzt in erster Linie den berittenen Kriegsmann. Diese Bedeutung findet sich einige Male bei Richer zu Beginn des 11. Jahrhunderts. Die Darstellungen des 1. Kreuzzuges vom Ende des 11. Jahrhunderts unterscheiden durchgängig die *milites* von den Fußsoldaten.[27] Weiterhin werden die *milites* wegen ihrer kriegerischen Funktionen von anderen Teilen der Gesellschaft abgesetzt: auf der einen Seite vom Klerus, auf der anderen Seite vom *imbelle vulgus*, dem gemeinen Volk und insbesondere den Bauern. Dieser Gebrauch von *miles* ist besonders häufig in Texten zum »Gottesfrieden« *(Treuga Dei)* belegt.[28] (Es handelt sich dabei um vornehmlich kirchliche Gesetzgebungsakte, die von Regionalkonzilien mit dem Ziel verkündet und verbreitet wurden, den Frieden aufrechtzuerhalten und die nichtkämpfenden Bevölkerungsteile vor kriegerischen Übergriffen zu schützen. Friedensbrüche wurden durch Kirchenstrafen geahndet, aber auch durch das Eingreifen loyaler Ritter, die auf kirchliche Weisung hin handelten. Die üblicherweise angewendeten Gottesfriedensgesetze verboten jegliche kriegerische Handlungen von Freitag bis Montag sowie an kirchlichen Feiertagen und garantierten den Nichtkombattanten – Priestern, Kaufleuten, Bauern – Schonung und Unversehrtheit im Kriegsfalle.) Schließlich erscheint *miles* in dieser Periode zunehmend in Urkunden, vor allem in den Zeugenlisten, und bezeichnet da den sozialen Stand einer Person. Am Anfang diente das Wort dazu, zwischen Männern von eher bescheidenem Vermögen und größeren, dem Adel zugehörigen Herren, etwa Grafen und Burgherren, zu unterscheiden. Später aber, und hier besonders im Frankreich des frühen 12. Jahrhunderts, bezeichnen sich diese Herren selbst ausdrücklich als *miles*.[29] Der Grund für diese Ausweitung des Wortgebrauchs als Titel ist wohl darin zu suchen, daß die beiden Gruppen, die niedere Ritterschaft (vorher häufig als *vassi* oder »Vasallen« bezeichnet) und der höhere Adel (die Lehnsherren der Vasallen), im Rahmen eines sozialen, nicht aber unbedingt wirtschaftlichen Ausgleichungsprozesses näher aneinanderrückten und daß das Wort *miles* selbst immer mehr mit »Würde« und »Ehrenhaftigkeit« assoziiert wurde. Als Personenbezeichnung hat das Wort sozusagen einen sozialen Aufstieg erlebt.[30]

In Hinblick auf die neuen Kampftechniken zu Pferde bedarf die erste Verwendungsart von *miles* in der Bedeutung »berittener Krieger« keines besonderen Kommentars, wohl aber die beiden anderen. Es scheint, daß zwischen ihnen eine Verbindung besteht, denn in beiden Fällen geht es darum, die *milites* von anderen Personengruppen zu unterscheiden. Die entsprechenden Differenzierungsmerkmale in den Konzilsstatuten, die Land- und Gottesfrieden verkündeten, sind rein funktionaler Art. Sie gleichen den Differenzierungen, die von kirchlichen Autoren wie Adalbero von Laon und Gerard von Cambrai zwischen den drei Ständen der christlichen Gesellschaft – dem Klerus, dem Kriegerstand, den Bauern – vorgenommen werden. Obgleich diese Autoren andere Wörter als *miles* zur Bezeichnung des Kriegers verwenden, haben doch ihre Aussagen mit den Konzilsstatuten eines gemeinsam: In beiden hat die Unterscheidung zwischen Kriegern und Bauern nicht allein funktionalen, sondern auch sozialen Charakter. In den Statuten wird die weltliche Aristokratie in den Kriegerstand mit einbezogen[31] – denn letzlich waren es ja die Kriege des Adels, die den Frieden bedrohten und die französische Kirche dort zum Eingreifen zwangen, wo sich königliche Autorität als unzureichend herausstellte. Folgerichtig sprach Adalbero von Laon dem Adel die Führungsrolle innerhalb des Kriegerstandes zu, dessen Aufgabe es bekanntermaßen war, die Kirche und die Armen zu beschützen.[32] In den Diplomen wird meist vorausgesetzt, daß Unterscheidungen zwischen *milites* und anderen Personen eine Frage des sozialen Status ist. In den französischen Diplomen kommen die Zeugenattestierungen der *milites* immer im Anschluß an die des eigentlichen Adels, stehen aber noch vor den Atte-

Vermutlich erst im 11. Jh. entwickelte sich eine Taktik, bei der Angriffe schwerer Reiter mit eingelegter Lanze zum richtigen Zeitpunkt den Ausgang der Schlacht entscheiden konnten (S. 41ff.).

Eine mit Lanzen bewaffnete Reitertruppe konnte dem massierten Feind einen regelrechten »Hammerschlag« versetzen (S. 41).

Die gebräuchlichsten Methoden die Lanze im Kampf einzusetzen waren sie mit angewinkeltem erhobenen Arm oder unter dem Arm mit ausgestreckter rechter Hand am Schwerpunkt zu halten sowie sie als Wurfspeer zu benützen (S. 41 ff.)

stierungen freier Männer geringeren Standes als die *milites* selbst. Ein Zeichen ihres sozialen Status um die Mitte des 11. Jahrhunderts scheint ihre Befreiung von Abgaben an den Grund- und Lehnsherrn gewesen zu sein.[33] Somit erscheint die Ritterschaft in diesen frühen französischen Urkunden als eine Art Kleinadel, dessen Kriegsdienst Voraussetzungen für die Freistellung von anderen lästigen Leistungen an die jeweiligen Grundherrn war – eine »Freiheit«, die sie vor dem Bauernstand auszeichnete. Wie wir gesehen haben, nimmt der höhere Adel den gleichen Titel wie der niedere Adel an, so daß sich die Unterschiede zwischen beiden ausgleichen, freilich nicht auf wirtschaftlicher Ebene – dort sind sie weit voneinander entfernt –, sondern im Lebensstil und im Führen des Titels. So umfaßt »Adel«, der für Adalbero nur aus den Großen bestand, die über militärische Ressourcen verfügten, nun auch die Ritterschaft allgemein, die Lull später als einen »adeligen« Stand bezeichnen sollte.

Bis jetzt haben wir nur über Wörter, über Wortschatzprobleme gesprochen. Die reale Antriebskraft, die die beiden Pole der aristokratischen Gesellschaft in Frankreich des 11. Jahrhundert aufeinanderzubewegte, war ihre gegenseitige Abhängigkeit. Viele der großen Territorialherren, deren hochadlige Herkunft sich bis in die Karolingerzeit zurückverfolgen läßt[34], brauchten die Dienste des Kleinadels für ihre endlosen Kriege gegeneinander: In solchen Kämpfen etwa wie zwischen den Häusern Blois und Anjou um die Herrschaft der Touraine oder zwischen den Normannen und den Capetingern um das Vexin. Sie brauchten sie auch, um die mächtigen Burggrafen in ihrem eigenen Herrschaftbereich zu kontrollieren, sowie räuberische Barone, wie den unbändigen Thomas von Marle, den Ludwig II. erst nach langen Kämpfen bezwingen konnte.[35] In derlei Auseinandersetzungen dienten die Ritter dem Herren als eine Art Elitetruppe und – womöglich noch wichtiger – als Führungsgruppe, der er verantwortliche Aufgaben bei der Bemannung von Burgen und bei Belagerungen übertragen konnte. Gelang es solchen Fürsten, ihren Territorialbesitz zu sichern oder ihren Herrschaftsbereich auszuweiten, stieg ihr Bedarf an Gefolgsleuten, und ihr wachsender Reichtum konnte dazu eingesetzt werden, die Vorteile und das hohe Prestige eines Dienstes bei ihnen zu betonen. Im Gegenzug hatten sie den Rittern für ihre Dienstleistungen einiges zu bieten: Entlohnungen in Form von Waffen, Geld oder Ländereien, oder auch die Vermittlung einer einträglichen Heirat, oder weitgehende Sicherheit in der Nutzung ihrer Güter und unter Umständen die Garantie ihrer Privilegien und ihres Vermögens im Wettbewerb um wirtschaftliche Vorteile mit wohlhabenden Stadtbürgern und reichen Bauern. Die wirtschaftliche Unsicherheit der niederen Ritterschaft förderte ihre Wertschätzung herrschaftlicher Entlohnungen. Hieraus entspringt auch die hohe Wertschätzung der Freigebigkeit und die freudige Genugtuung darüber, wenn sie großzügig und öffentlich praktiziert wurde – wie die höfische Literatur lebhaft zu berichten weiß: In den *chansons de geste* gewinnen Wilhelm von Orange und Garin le Loherain die Dienste mittelloser Ritter, indem sie großzügige Geschenke versprechen[36]; im *Alexanderroman* des 12. Jahrhunderts erklärt Aristoteles dem jungen König wortreich, wie die *largesse* die Herzen der Menschen erobert und ihm verläßliche Dienstleistungen einbringt[37], und König Artus wird in den frühen Romanen als ein Muster von Freigebigkeit dargestellt: »Er ehrte die Reichen als seine Gefährten und die Armen wegen ihres Wertes und ihrer Tapferkeit, doch so, daß seine eigene Ehre in dieser Welt und in den Augen Gottes vermehrt wurde.«[38] Zielscheibe der Verachtung und des Spotts sind in den *chansons* dagegen die geizigen Herren und auch solche, die Leute von niederer Geburt und mangelnden Kenntnissen in den wahren Gepflogenheiten des Herrendienstes fördern – wie etwa Darius im *Alexanderroman*.[39] Hier gibt die Literatur sehr genau die Verhältnisse der realen ritterlichen Gesellschaft wieder, in der junge, ledige Männer, unverheiratete nachgeborene Söhne mit nichts als ihrem Schwert, ihrem guten Namen und einer Erziehung zum Kriegsabenteuer als Kapital den Hauptteil der Gesellschaft an den großen Adelshöfen ausmachten. Für solche in ungesicherten sozialen Bedingungen lebende Männer hatte der Herrendienst eine mächtige psychologische und wirtschaftliche Anziehungskraft, denn sie hatten Anteil an Stand und Reputation der Adelsfamilien, denen sie dienten. Eine der literarischen Funktionen von König Artus Tafelrunde war es zweifellos, die Gleichrangigkeit aller hier versammelten Ritter – ob von hoher oder niedriger Geburt – ins Bild zu setzen, nachdem sie sich einmal, durch Tapferkeit oder Loyalität, das Recht auf einen Platz erworben hatten.

*

Der gleiche Typus des jungen, ambitionierten, karrierefreudigen Mannes am Rande der aristokratischen Gesellschaft findet sich in der Liebesdichtung der südfranzösischen Troubadours. Einige freilich gehörten dem Hochadel an, wie der Begründer der Troubadourdichtung, Herzog Wilhelm IX. von Aquitanien, dessen Schild mit dem Bildnis seiner Dame geschmückt war, denn – so wird berichtet –, »es war sein Wille, sie so in die Schlacht zu tragen, wie sie ihn zu ihrem Lager geleitet hatte«.[40] Aber die meisten, bei weitem die meisten waren, in den Worten Bezzolas: »soudoiers et sirvents, guerroiers de fortune, promenant de château en château une vie aventureuse et libre« (es waren Söldner und Dienstleute, Glücksritter, die von Burg zu Burg zogen und ein abenteuerliches, freies Leben führten).[41] In den Gedichten solcher Männer hatte die Anbetung einer vornehmen Dame, vielleicht der Gemahlin eines Grafen oder Barons, mehr als nur erotische Dimensionen. Nahm sie die Liebesbekundungen ihres Bewunderers an (das bedeutete allein die Einwilligung in ihren Liebesdienst und nicht den Zugang zu ihrem Bett), so war dies das *laisser passer* in die reiche, sichere Welt des Hofes, dessen Herrin sie war. Die höfische Literatur der Troubadours umfaßte somit das Ethos des Liebesdienstes für eine Dame und – substantiell damit vergleichbar – das Ethos des treuen Dienstes für einen Herren. Bezeichnend ist, daß die Sprache der Troubadours vom juristischen Fachvokabular des Lehns- und Hofrechts gänzlich unberührt geblieben ist. Natürlich bestand ein Unterschied zwischen Liebesdienst und Lehensdienst, es gab aber auch Gemeinsamkeiten. Diese ganz nach innen gerichtete Troubadourlyrik strebte danach, die mächtige Kraft einer auf weiblichen Gunstbeweisen beruhenden Leidenschaft auszudrücken, eine Kraft, die als Quelle aller guten Eigenschaften einer dem Frauendienst verpflichteten Person gedeutet wurde. »Es gibt nichts Gutes in der Welt und keine Höfischkeit«, sagt Andreas Capellanus, »das nicht von der Liebe als ihrem Urquell herstammt.«[42] Im Rahmen höfischer Liebe bedeutete die Anerkennung durch eine Dame eine neuartige, weltlich ausgerichtete und in psychologischer Hinsicht ausschlaggebende Bestätigung der säkularen Konventionen eines höfischen und martialischen Sittenkodex. In einer Rede vor der Schlacht ruft der Willehalm des Wolfram von Eschenbach seinen Rittern zu: »Zwei Belohnungen erwarten uns – das Himmelreich und die Anerkennung edler Frauen!«[43]

Zugleich verlieh diese Liebesethik der höfischen Liebe einen Stempel sozialer Exklusivität. Daß es gerade den ärmeren Rittern bewußt war, wie sehr sie die Anerkennung ihres Liebesdienstes brauchten, zeigt sich in der häufig von den Troubadours wiederholten Behauptung, nur der arme Ritter verstünde sich auf die wahre *courtoisie*, die wahre Höfischkeit: Die reichen suchen in der Liebe lediglich Befriedigung ihrer Begierden, der arme dagegen unterzieht sich mühevoller Aufgaben, die seine Gefühle veredeln und sie mit einem besonderen – höfischen – Wert ausstatten.[44] Vielleicht noch mehr als die Autoren des Nordens waren die Troubadours darauf aus, den Geiz der Fürsten anzuprangern und ihre Freigebigkeit zu preisen. Der südfranzösische Ritter Bertrand de Born erklärte, er werde niemals seine Zeit für einen Herrn verschwenden, der nicht bereit sei, seine Güter zu verpfänden, um reichlich Belohnungen austeilen zu können[45], und das erste Gebot des Liebesgottes in der Abhandlung des Andreas Capellanus lautet, den Geiz zu meiden wie die Pest.[46] Gleichzeitig stellte die höfische Liebe ein Dienstideal dar, das auch ein vornehmer Herr akzeptieren konnte, ohne sich dabei zu erniedrigen. Wie die nordfranzösischen *chansons de geste* oder die Romane legt auch die Troubadourdichtung beredt Zeugnis über eine gesellschaftliche Dynamik ab, die im 12. Jahrhundert den höheren Adel und das schlechter gestellte ritterliche Berufskriegertum aneinanderrücken ließ. »Höfisch« im engeren Sinne ist diese Entwicklung insofern, als es gerade die Höfe und Herrensitze der Großen waren, an denen diese beiden Gesellschaftsgruppen aufeinandertrafen.

Die größeren Fürstenhöfe im Frankreich des 12. Jahrhunderts spielten somit eine entscheidende Rolle bei der endgültigen Herausbildung ritterlich-höfischer Sitten und Ideologien, wie sie dann später in den Werken Lulls und Charnys oder in den Karrieren eines Arnold von Ardres oder Wilhelm des Marschalls verarbeitet sind. Den Fürstenhöfen fiel diese Rolle deswegen zu, weil sie Sammelpunkte von Angehörigen verschiedener aristokratischer Gesellschaftsschichten waren und Zentren einer säkularen literarischen Kultur. Hier traf sich das Publikum, für das die *chansons de geste* und die frühen Artusromane geschrieben wurden. Dabei sollte nicht übersehen werden, daß gerade die *chansons* eine recht gelehrte Literaturform sind. Ihre Autoren waren nicht, wie man lange Zeit unterstellte, halbgebildete Spielleute, die populären Erzählstoff reproduzierten. Ihr Versbau ist vielmehr von Formelementen der lateinischen Dichtung geprägt, und viele der Autoren waren ohne Zweifel Geistliche mit lateinischer Bildung.[47] Manche Autoren der frühen Romane wiesen eine noch größere Gelehrsamkeit auf: Sie hatten weitgehende Kenntnisse der klassischen Literatur, die gerade in den Schulen mit besonderem Eifer studiert wurde, und orientierten sich vornehmlich an Vergil und Ovid. Es ist kein Zufall, daß sich Chrétien de Troyes (der sich mit Ovid eingehend befaßt hatte) auf Macrobius beruft, wenn er das prächtige, mit Emblemen aus der Arithmetik, Geometrie, Astronomie und Musik verzierte Gewand beschreibt, das Erec am Hofe Artus trug[48], denn Macrobius war für die zeitgenössische Schulgelehrsamkeit eine der Hauptquellen für das Studium der klassischen Philosophie. An anderer Stelle betont Chrétien geradezu emphatisch die innere Verbindung zwischen Rittertum und Gelehrsamkeit. Bildung wurde bei höfischen Autoren hochgeschätzt, denn ihre Mäzene und wohl auch deren Gefolge waren häufig ebenfalls gebildete Leute – und keineswegs immer nur grobschlächtige soldatische Philister. In dem enkomiastischen Bild, das Johannes von Marmoutier von Gottfried dem Schönen von Anjou entwirft, geht es ihm darum, den Fürsten nicht nur als großen militärischen Führer und Liebhaber von Ritterwesen und Turnieren darzustellen, sondern auch als einen gebildeten Fürsten, der Belagerungen nach den Lehren des Vegetius durchführte und ein Kenner der volkssprachlichen Dichtung war.[49] Auch sollte nicht vergessen werden, daß Abaelard der Sohn eines armen bretonischen Ritters war, dem die Ausbildung seiner Kinder, sowohl in den Wissenschaften als auch in der Kriegskunst, sehr am Herzen lag.[50] Ritter und Geistliche hatten dieselben sozialen Wurzeln und verstanden die Welt des anderen häufig besser, als es bisweilen zuträglich war.

Neben den Dichtungen der *chansons* und der Romane erweist sich noch eine andere Literaturform – die dynastische Geschichtsschreibung – als Ausdruck der neuen höfischen Gelehrsamkeit. Sie trug wesentlich dazu bei, ritterlicher Lebens- und Geisteshaltung eine klassische Form zu verleihen. In diesen Familiengeschichten beschreibt der Autor die Taten von Mitgliedern aus dem Geschlecht seines Mäzens.[51] Die Geschichten von Wace, von Benoît de Ste. Maure, von Lambert von Ardres, von Johannes von Marmoutier gehören, bei allen Unterschieden, zu dieser Gattung. Allerdings ist sie keine gänzlich neue Erscheinung innerhalb der historiographischen Literatur: Vorläufer ist beispielsweise der im 10. Jahrhundert geschriebene Bericht Widukinds über die Ursprünge des sächsischen Königshauses.[52] Neu daran ist, daß auch Adelsfamilien ohne oder mit nur weitläufigen verwandtschaftlichen Beziehungen zu einem Königsgeschlecht auf diese Weise gefeiert werden. Darüber hinaus sind die Familiengeschichten des 12. Jahrhunderts Literaturerzeugnisse aus der Feder eines neuen Historikertyps. Geschichtsschreibung war über Jahrhunderte hin Domäne der Klöster, deren Chroniken natürlicherweise die Vorstellungen und Interessen bestimmter Ordenshäuser widerspiegelten. Die Autoren der Familienchroniken dagegen sind häufig Weltgeistliche oder Kapläne, die dem Hofhalt des Herren angehören, über dessen Familie sie schreiben. Damit bekamen ihre Geschichtswerke eine neue Perspektive: Sie waren weniger an den von ihrem Patron und seinen Vorfahren gespendeten Almosen oder gestifteten Kirchen interessiert, sondern vielmehr an seiner Abstammung und seinen Taten, die ihn berühmt gemacht hatten – in anderen Worten: sie behandelten ritterliche Themen.

Offenbar waren die genealogischen Beziehungen, über die ein Herrschaftsanspruch hergeleitet werden konnte, für diese Autoren ein entscheidender Punkt. In der Regel wurde dabei die väterliche Linie hervorgehoben, obwohl auch alle besonders ehrenvollen und territorial bedeutsamen, durch Heirat geknüpften Verbindungen gewissenhaft aufgeführt werden. Der gewöhnlich vom territorialen Kernbesitz oder der Hauptburg hergeleitete Beiname der Familie war Ausdruck des Zusammenhalts innerhalb des Geschlechts (später wird der Name mit dem Familienwappen, dem äußeren und sichtbaren Symbol familiärer Einheit, zusammengehen). Es ist aufschlußreich zu beobachten, daß auch der Chronist eines vergleichsweise bescheidenen Adelsgeschlechts, wie Lambert von Wattrelos, der im späten 12. Jahrhundert schrieb und dessen Familie der niederen Ritterschaft Flanderns angehörte, diejenigen Männer des Geschlechts herausstellt, die *milites*, »Ritter«, waren.[53] Hier zeigt sich die formelle Verbindung zwischen Abstammung und Rittertum im Verlauf der Formierung, ein Vorgriff auf die spätere Rechtsdoktrin, nach der jeder aus der Ritterschaft ausgeschlossen wurde, der nicht wenigstens einen Ritter unter seinen Vorfahren nachweisen konnte. Noch interessanter erscheint, wie sich die Familienchronisten aus der Affäre zogen, wenn ihnen genaue genealogische Informationen fehlten. Immer wieder führen sie die Wurzeln des Stammbaums auf eine mythische Jesse-Figur zurück, auf einen Gründervater aus heroischer Vorzeit, an dessen Ruhm das gesamte Geschlecht Anteil hat. Auf diese Weise führt Lambert von Ardres die Ursprünge von Arnolds Familie auf einen gewissen Sifridus zurück, der die Tochter eines flandrischen Grafen verführt hatte (die Familie wird somit von Anfang an mit einem vornehmeren Geschlecht zusammengebracht); in der Geschichte der Grafen von Angoulême wird der karolingische Held Wilhelm Taillefer als Gründer des gräflichen Hauses angesehen; die Dynastie der Grafen von Anjou führt man auf Tortulfus, einen Helden aus der Zeit Karls des Kühnen zurück, der die Tochter des Herzogs von Burgund heiratete. Dieser Tortulfus wird als ein in allen Kriegskünsten versierter Mann geschildert, als abgehärtet gegen alle Unbilden des Krieges und absolut furchtlos. Er fürchtete allein, seine Ehre zu verlieren.»Hiermit«, so wird gesagt,»adelte er sich selbst und seine Nachkommen.«[54] Die Verbindung zwischen den Taten der Vorväter und der Würde und Ehre eines Geschlechts läßt sich kaum besser ausdrücken – und hier liegt überhaupt der besondere Beitrag dieser Literaturgattung zur Ideologie des Rittertums.

Indem die Familienhistoriker eine Beziehung zwischen der Genealogie eines Adelshauses und dem heroischen Zeitalter der *chansons de geste* herstellen, bewirkten sie nicht allein eine emotionale Anknüpfung an diese Vergangenheit, sondern überführten deren Bedeutung in die Gegenwart. Ein solcher Zusammenhang verlieh nicht nur dem Herren ein besonderes Prestige, sondern auch seiner Gefolgschaft, denn es galt als ehrenvoll, dem zu dienen, dessen Geschlecht durch die Taten der Vorväter berühmt geworden war. Loyaler Dienst bedeutete Teilhabe am Ruhm. Für die höfische Gesellschaft betonten die genealogische Literatur und die epischen *chansons* eindringlich, wie sehr die Tugenden des loyalen Dienstes und großmütigen Herrschertums der *chansons* auch für die Gegenwart bedeutsam waren. In gleicher Weise geriet die heroische Vergangenheit in den volkssprachlichen Reimchroniken, die mit den *chansons* eng verwandt sind, zu einer historischen Folie für die Gegenwart: Wollte man einen Mann wegen seiner Tapferkeit loben, konnte man ihn nun einen wahren»Roland« oder»Olivier« im Kampf nennen. In den Romanen über Artus, die die gleiche Historizität beanspruchten wie die Romane über Karl den Großen, wird

eine andere Dimension des Modells vom idealen Ritter angespro-
chen: die *courtoisie* – sie verlangt das einer verfeinerten und gebildeten Gesellschaft angemessene höfische Betragen.

Möglicherweise das am meisten ins Auge fallende Merkmal rit-
terlich-französischer Kultur des 12. Jahrhunderts ist die rasche Verbreitung der Werte und Muster ritterlicher Lebensweise weit über
die Grenzen Frankreichs hinaus. Ein wichtiger Grund hierfür liegt
ohne Zweifel in der Herausbildung einer erstaunlich weitgespannten Diaspora französischen Ritterwesens im ausgehenden 11. und
12. Jahrhundert. Normannische Ritter eroberten England, Süditalien und Sizilien; sie kämpften, unterstützt von Rittern aus anderen
Teilen Frankreichs, an herausragender Stelle gegen die Mauren in
Spanien und spielten schließlich – um einiges dramatischer – eine
führende Rolle beim Ersten Kreuzzug ins Heilige Land. Wo immer
sie hinkamen, brachten sie ihre Sitten, ihre Kultur und ihre Geschichten mit. Aber die von ihnen gepflegte Erzählkunst, die Werte
und Haltungen, beschränkten sich nicht nur auf Länder mit französischer Oberherrschaft und französischer Kultur, sondern breiteten
sich weiter aus – nicht zuletzt deswegen, weil das 12. Jahrhundert
mit seiner offenen Gesellschaft eine große Zeit des Reisens war. Ritter von den Grenzen des Kaiserreiches kamen nach Frankreich, um
an Turnieren teilzunehmen. Ritter aus Flandern überquerten die
See, um Dienste beim englischen König zu nehmen, so wie einige
Verwandte Lamberts von Wattrelos zur Zeit König Heinrichs 1.[55]
Während der Kreuzzüge kämpften Seite an Seite Streiter aus allen
Teilen Europas. Die jungen Geistlichen des 12. Jahrhunderts waren
nicht weniger auf Reisen angewiesen als die Ritter, und auch ihre
Wanderungen trugen dazu bei, die Kultur der Höfe und der Schulen
international zu verbreiten. Die ritterlichen Haltungen und Werte
verbreiteten sich aber auch deswegen, weil die Themen der französischen Literatur Bestrebungen sozialer Gruppen in Gesellschaften
außerhalb Frankreichs ansprachen, die eine der französischen Ritterschaft vergleichbare Stellung innehatten. Sie unterlagen jedoch
anderen historischen Bedingungen. Wir wollen nun diesen Abriß

der sozialen und militärischen Grundlagen des Rittertums mit einem Blick auf Beispiele für den Einfluß der französischen Ritterkultur im Deutschen Reich und in Italien ergänzen.

*

Während im 10. und auch noch im 11. Jahrhundert die französische
Monarchie auf einem Tiefpunkt angelangt war, erlebte das deutsche
Kaisertum eine Phase der Stärke. Es konnte verhindern, daß die
Herzöge der sogenannten »Stammherzogtümer« (Sachsen, Bayern,
Schwaben und Franken) ihre lokale Herrschaft in der Weise konso-
lidierten, wie es die französischen Herzöge und Grafen vermochten.
Die Stärke des Kaisertums beruhte auf der Kontrolle der Reichskir-
che mit ihrem umfangreichen Territorialbesitz und auf der effekti-
ven Herrschaft, die die aufeinanderfolgenden Kaiser auf ihrem Ei-
gengut ausübten. Um aber diesen Familienbesitz wirksam zu ver-
walten, brauchten die Kaiser, genauso wie die Bischöfe und Äbte,
verläßliche Dienstleute. In diesem Zusammenhang hören wir zum
ersten Mal von *ministeriales*, den »unfreien Dienstleuten«, die die
Vorfahren der Burgvögte und kleinen Ritter späterer Zeiten waren.
Sie treten im Reich zunächst als eine privilegierte Gruppe unter den
Unfreien auf, deren Aufgaben eng mit Diensten im Haushalt ihrer
kirchlichen oder weltlichen Herren verbunden waren. Die Kennzeichen ihrer Unfreiheit lagen klar zutage: Sie durften ihr Land nur an
Ministerialen aus dem Herrschaftsbereich veräußern, dem sie selbst
angehörten, Lehnsland aus einer anderen Herrschaft durften sie nur
nach Erlaubnis ihres Herrn empfangen, und auch heiraten konnten
sie nur nach Einwilligung ihres Lehnsherrn. Solche Beschränkungen erinnern an die französische und englische Leibeigenschaft. Die
Rechte und Privilegien der Ministerialen wurden, wie bei anderen
Leibeigenen, durch das Gutsrecht der jeweiligen Herrschaft definiert; außerhalb dieses Bereiches hatten sie keinen Anteil am Gemeinen Recht. Sie unterschieden sich in ihren Rechten und Privilegien durchaus von den freien Vasallen in Frankreich. Dennoch ist
der Ausdruck »unfreie Dienstleute« in gewisser Beziehung irrefüh-

rend. Ihre Obliegenheiten hatten nichts mit untergeordneten Diensten im landläufigen Sinn zu tun, vielmehr erfüllten sie Aufgaben im Herrenhaus, bei der Verwaltung der Güter und in der Heerfolge. Die Hauptämter im Hofhalt des Herrn, wie Kämmerer, Mundschenk und Marschall, waren in der Regel ihnen vorbehalten.[56] Ihre Rechte auf eigenes Land wurden um die Mitte des 11. Jahrhunderts fast überall als erblich anerkannt. Im Rahmen ihrer angestammten Herrschaften bildeten die Ministerialen, obwohl sie Eigenleute waren, eine mächtige und privilegierte Gruppe innerhalb der Unfreien.

Gerade ihr unfreier Status war der Schlüssel zu ihrer Macht und ihrer Sonderstellung: Wegen ihrer Abhängigkeit von ihrem Herrn und wegen ihrer engen familiären Bindung an ihn und seinen Haushalt ergab es sich ganz von selbst, daß er bei der Bemannung von Burgen oder der Durchsetzung seiner Gerichtsbarkeit auf sie zurückgriff, und wegen ihrer allgemeinen militärischen Dienstverpflichtung stellten sie die Kerntruppe seiner Militärmacht. Die Folge war, daß sich viele Ministerialen eine starke Stellung verschaffen konnten. In den Wirren des Bürgerkriegs in Deutschland, der sich im ausgehenden 11. Jahrhundert am Streit zwischen Kaisertum und Papsttum um die Investitur entzündete, ergab sich für die Ministerialen die günstige Gelegenheit, überall ihre Position zu festigen. In den Turbulenzen dieser Zeit war ihr Einfluß häufig das einzige verläßliche und kontinuierliche Herrschaftselement (dies vornehmlich im kaiserlichen Hausgut unter Konrad III).[57] Ihre Herren waren nun offenkundig genauso abhängig von ihnen wie die Ministerialen von ihren Herren, und ihre Dienstleistungen waren so wertvoll, daß eine strengere Eingrenzung ihrer Stellung nicht mehr möglich war. Erfolgreiche Ministerialen gingen dazu über, auch von anderen als ihren eigenen Lehnsherren Lehnsgüter zu übernehmen, auf die sie einen Lehnseid – Ausdruck des freien Besitzrechts – ablegten. Auf diese Weise verwischte sich der Unterschied zwischen ihnen und dem niederen Adel, den »Edelfreien«. Werner von Bolanden, ein Ministeriale Friedrich Barbarossas, hielt bei seinem Tod Lehnsland von nicht weniger als sechsundvierzig Lehnsherren in seinem Besitz und hatte somit einen geradezu fürstlichen Landbesitz angesammelt.[58] Sein Erfolg war allerdings die Ausnahme: Die meisten Ministerialen strebten eine weitaus bescheidenere, aber dafür gesicherte Position an. In einem Land, in dem freier Grundbesitz, freies Eigen, Merkmal des Adels war, bedeutete der Erwerb von Lehnsland den entscheidenden Schritt zum Aufstieg der Ministerialen in den Adelsstand, dessen Hierarchie vom Lehnsrecht definiert wurde.[59]

Unter diesen Umständen kann es nicht überraschen, daß sich bei den Ministerialen deutliche Hinweise auf ein Bewußtsein ihrer eigenen sozialen Identität und vom Prestige ihrer Dienststellung und ihrer Privilegien finden. So zeigten sie etwa die Fähigkeit zu gemeinsamem Handeln: In den 1140er Jahren hören wir, daß Ministerialen ohne Einberufung durch ihre Herren Versammlungen *(colloquia)* abhielten und dort auch zu Gericht saßen; 1159 schließen sich die Ministerialen von Utrecht zur Aufrechterhaltung ihrer Privilegien zusammen.[60] Die Chronik der Abtei Ebersheimmünster liefert in den 1160er Jahren einen anschaulichen Hinweis auf das Selbstbewußtsein und die sozialen Ambitionen der Ministerialen: Als Julius Cäsar die Germanen seiner Botmäßigkeit unterworfen hatte, machte er ihre Fürsten zu Senatoren und die niederen Ritter (gemeint sind die *ministeriales*) zu römischen Bürgern. Cäsar ermahnt die Fürsten, ihren Dienstleuten gute Herren zu sein, ihnen hohe Ämter zu geben, sie zu schützen und sie mit Lehnsgütern zu belohnen.[61] Deutlich wird hier ein Unterschied zwischen Ministerialität und Hochadel gemacht. In Deutschland hielt sich diese Unterscheidung zwischen altem Adel (»frei geboren«) und Dienstadel (»Ritter«) noch lange, nachdem letzterer den erblichen Adelsstand längst erreicht hatte. Die Geschichte des Chronisten will sagen, daß sich die Ministerialen von vornherein von Leuten geringeren Standes (frei oder unfrei) abhoben, daß sie genauso zur »Römischen« Welt gehörten wie die höheren Adelsleute, mit denen sie lange so eng, aber formal gesehen auf niedrigerer Stufe, verbunden waren. Der deutsche Adel bleibt, wie aus der Rechtsliteratur des 13. Jahrhunderts hervorgeht, in eigentümlicher Weise gegliedert. Ein Herzog, der sein Land unmittelbar vom Kaiser empfangen hatte, stand in seinen Privilegien und seiner Würde höher (in der sog. »Heerschild«-Hierarchie) als der Graf, der von einem Herzog belehnt war. Unter den Grafen standen die »Dienstherren«, von denen viele ministerialen Ursprungs waren. Deren Lehnsleute rangierten formal noch eine Stufe tiefer. Aber wie in Frankreich waren ab dem 12. Jahrhundert der Hoch- und Niederadel gleichermaßen berechtigt, sich *milites* zu nennen. Der Aufstieg der Ministerialen in die höfisch-kriegerische Aristokratie gleicht in etwa dem der niederen französischen Ritterschaft, auch wenn sich dieser Aufstieg etwas später vollzogen hatte. So führen Ministerialen beispielsweise den Titel *miles* beim Attestieren von Urkunden; sie werden sich ihrer ritterlichen Abkunft bewußt, indem man sie *de militari progenie* oder *de militari sanguine* – »von ritterlicher Abkunft« oder »von ritterlichem Blut« bezeichnet.[62] Wie in Frankreich sehen wir sie an den Höfen des Hochadels versammelt, zusammen mit Förderern der Literatur, wie Heinrich der Löwe von Sachsen und Landgraf Hermann von Thüringen, ganz zu schweigen vom großen Barbarossa selbst. Rechtlich gesehen war es der Besitz von Lehnsgut, der die Ministerialen in die unteren Ränge der Heerschild-Hierarchie aufsteigen ließ. »Ritter« (das Äquivalent zum französischen *chevalier*) bedeutet in der Rechtsliteratur: ein Mitglied der niederen Aristokratie, die als außerhalb der höheren Ränge des Adels stehend definiert wird. Das Nomen »Ritter« und das davon abgeleitete Adjektiv »ritterlich« wird in den Abhandlungen zur Ethik oder in den Romanen jedoch keineswegs in dieser eingeschränkten Bedeutung verwendet, vielmehr beziehen sich diese Wörter auf die gesamte Adelsgesellschaft. Sogar von Barbarossa konnte zum Preis seiner Tapferkeit gesagt werden, er habe »wie ein Ritter« gekämpft.[63] Wie in Frankreich schloß ein starkes gemeinsames Band die niederen und höheren Teile des Adels enger zusammen: Es war die Kultur des Rittertums, an dem alle ihren Anteil hatten.

Eilhart von Olberg, der Autor des deutschen *Tristan*, Walther von der Vogelweide, der bedeutendste der frühen Minnesänger, und Wolfram von Eschenbach, Verfasser der ersten deutschen Version der Gralsgeschichte, sie alle entstammten dem Ministerialenmilieu. Nach allem, was wir gehört haben, ist es nun nicht verwunderlich, daß die Ministerialen und ihresgleichen den französischen Ritterkult enthusiastisch begrüßten. Die Welt der deutschen Ministerialen war, wie die der französischen Ritter, eine Welt des Hofes und der Heerfahrt. Für beide bedeutete Herrendienst eine wichtige Lebensmöglichkeit, und für beide war die Großzügigkeit des Herrn das äußere und sichtbare Zeichen des gerechten Lohns. Die Ministerialen erkannten in ihrer Ritterwürde und in ihren ritterlichen Gepflogenheiten, daß ihr Dienst ein adelnder Dienst war. Kultur, Ethos und Ideologie des französischen Rittertums stimmten genau mit ihren Bestrebungen überein. Folgerichtig übernehmen die deutschen Minnesänger die Themen provenzalischer Troubadours in ihre Lyrik. Andere Autoren wie Hartmann von Aue und Wolfram von Eschenbach benutzten und erweiterten französische Vorlagen bei der Abfassung ihrer ersten deutschen Artusdichtungen. Und obwohl das karolingische Zeitalter ein Bestandteil der deutschen wie der französischen Geschichte war, ist der Einfluß französischer Vorbilder auch in den deutschen Versionen der Karlsdichtung deutlich erkennbar. Frankreich war überhaupt für die Deutschen das eigentliche Land des Rittertums – *das rehten ritterschefte lant.*[64] Dies ist mehr als nur oberflächliche literarische Entlehnung durch Autoren eines Landes, dem es an einer einheimischen und volkssprachlichen Literaturtradition von vergleichbarem Niveau fehlte. Es ist etwas gänzlich anderes: Es handelt sich um die tiefgehende Durchdringung der deutschen Adelsgesellschaft mit Ideen und Werten, die zum ersten Mal in der französischen Literatur Ausdruck gefunden hatten.

Das heißt nun nicht, daß die deutsche Ritterschaft lediglich ein Spiegelbild der französischen gewesen wäre. Deutschland hatte eigene einheimische Traditionen und feierte den Ruhm eigener ritterlicher Heldengestalten, wie Dietrich von Bern, Heinrich den Vogler und den kaiserlichen Heiligen Heinrich II. Auch in Spanien, wo lange Zeit durch Romanerzählungen überlieferte französische Ideen gewirkt hatten, gab es einheimische Helden, wie beispielsweise den Cid Campeador. Die Rituale des Ritterschlags unterschieden sich in den deutschen Ländern in wichtigen Einzelheiten von der französischen Praxis, ebenso die Turnierregeln und die rechtliche Überprüfung der Adelszugehörigkeit. Es sollte betont werden, daß Vorstellungen vom Rittertum in Deutschland erst unter französischem Einfluß festere Konturen gewannen und daß die deutschen Modebegriffe *ritterschaft* und *êre* erst unter Einwirkung der französischen Begriffe *chevalerie* und *honeur* feste Gestalt annahmen – genauso wie die deutschen Ideale der *manheit, milte, zuht* und *trowve* in den französischen Idealen *prouesse, largesse, courtoisie* und *loyauté* eine direkte Entsprechung haben. Daraus folgt, daß die Konzeption des Rittertums in diesen beiden Ländern (und auch andernorts) so ähnlich waren, daß man die Ideologie des Rittertums als eine durchaus internationale Erscheinung ansehen kann – trotz der unterschiedlichen politischen und wirtschaftlichen Interessen der deutschen und französischen Aristokratie und Ritterschaft.

*

Die italienischen Verhältnisse haben Berührungspunkte mit den deutschen, unterscheiden sich aber doch grundsätzlich von ihnen.[65] Der am meisten ins Auge fallende Unterschied liegt darin, daß der italienische Adel – im Gegensatz zum deutschen und französischen – in vielen Regionen hauptsächlich in Städten ansässig war. Deswegen wird häufig behauptet, das Ritterwesen habe in Italien niemals richtig Wurzeln schlagen können, und überdies sei ritterliches Ethos dem bürgerlichen Patriziat ganz und gar wesensfremd gewesen. Dessen wirtschaftliche Dominanz zeige, daß Kaufleute, Händler und Bankiers die führende Schicht der nord- und mittelitalienischen Städte ausgemacht hätten. Das ist indessen eine irrige Ansicht. Die Männer, die die Dinge in den italienischen Städten des 12. und 13. Jahrhunderts (und auch später) kontrollierten, waren keine Bürger im modernen Sinne:»Die italienischen Städte blieben letztlich, trotz ihrer Größe und wirtschaftlichen Komplexität, in unterschiedlichem Ausmaß Gemeinwesen von Landbesitzern. Die im 11. und 12. Jahrhundert gegründeten Stadtgemeinden und *universitates* waren nicht Gründungen von Kaufleuten, sondern von Landbesitzern. Viele städtische Einwanderer waren, oder wurden, Grundbesitzer, und Landbesitz zu erwerben gehörte zu den vornehmlichen Bestrebungen aller städtischen Bevölkerungsgruppen.«[66] Natürlich waren im 11., 12. und auch noch im 13. Jahrhundert die besseren Schichten der städtischen Einwanderer eine sehr gemischte Gesellschaft. Sie bestand aus Leuten, die in den ländlichen Gemeinden als Anwälte oder Notare – aber auch auf so zweifelhafte Weise wie durch Geldverleih – zu Grundbesitz gekommen waren und nun hofften, in den Städten noch reichere Gewinne zu erzielen. All diese Leute, die herrschaftlich-adligen Familien und diejenigen mit weniger edlen Vorfahren, wurden in mehr oder minder starkem Maße in das städtische Wirtschaftsleben einbezogen. Ihre Verbindung mit der ländlichen Umgebung der Stadt blieb dennoch bestehen. Die meisten hatten Landbesitz außerhalb der Stadt und innerhalb der Mauern, und in der Regel wurden die Wirtschaftsprofite in Grundbesitz angelegt. Es existierte somit keine scharfe Trennungslinie in bezug auf Geisteshaltung und Interessen zwischen landbesitzenden Familien mit aristokratischem Hintergrund und einer »plutokratischen Bourgeoisie«, deren Vermögen auf Handel und Kommerz beruhte. Hinsichtlich ihrer Wertvorstellungen hatten beide Gruppen mehr Berührungspunkte mit der traditionellen Aristokratie als mit einem aufstrebenden Bürgertum.

Diese soziale Entwicklung hat die Silhouetten zahlreicher italienischer Städte geprägt. Das Florenz des 13. Jahrhunderts muß, wie P. Lesner formulierte, den Anblick eines »Waldes von Türmen, dichter zusammengedrängt als die Schlote einer modernen Industriestadt« geboten haben.[67] Noch nachhaltiger davon geprägt ist die Familienüberlieferung der florentinischen Turmgesellschaften, die Klagelieder der Geschlechtervendetta – eine charakteristische Erscheinungsform in der Geschichte führender Stadtfamilien.

z elegant armatis cupiet noīe famoso pretuo
intitulari. Et rapido equox cursu ad illū tendent·

in īglorie de somm̄ querim̄ et p̄p̄ e
rat ut euadēt inueniunt pontem confra
ctm̄ tñ sure ħabant. Unde plurimi ī flume

*f dem Turnier von Mon-
uth (?) 1233 stößt Richard
arshal Balduin von Guis-
vom Pferd (S. 42).*

Es̄ luire de mouftre lour̄ et
cōmenaīnent du p̄p̄s
de deues ᴪ Et est la cd
mōte des ħaulx et nobles p̄ers

*r Schwanenritter kommt
Kämpfer der Herzogin
Bouillon und ihrer Toch-
Beatrice zu einem gericht-
en Zweikampf gegen den
rzog von Sachsen nach
jmegen in die Kaiserpfalz
93).*

Der sterbende Roland erschlägt mit seinem Horn einen Sarazenen.

Hinzu tritt, etwa in den Äußerungen Dantes, der offenkundige Stolz darüber, daß die eigenen Vorfahren Ritter oder Kreuzfahrer gewesen waren. Die Erinnerung an kriegerische Auszeichnung war auch in Italien lebendig – und das aus gutem Grund. In dem Bemühen, zunächst die bischöfliche Kontrolle abzuschütteln und später die Vorherrschaft des deutschen Kaiserreiches einzudämmen, und nicht zuletzt auch in ihren ständigen Kriegen untereinander waren die italienischen Kommunen gezwungen, sich auf ihre eigenen militärischen Kräfte zu verlassen. Erst im 14. Jahrhundert wurde Italien zum klassischen Kriegsschauplatz für fremde Söldnerheere (dies jedoch nur partiell und für eine begrenzte Periode). Ähnlich wie der Adel des nördlichen Europa mußten die italienischen Städte in der Lage sein, eigene Vasallen und ihre eigene Kriegsmacht aufzubieten, mit einer eigenen rittermäßig bewaffneten und ausgerüsteten Reiterei. Sie waren dabei auf die wohlhabenden Familien angewiesen, die sich das notwendige Waffentraining und die Ausrüstung leisten konnten. Bis zu einem gewissen Grad konnte man natürlich auch auf die Aufgebote des im *contado* (dem städtischen Umland) ansässigen Feudaladels zurückgreifen und ihn in Sold nehmen (es gab ja immer noch einen Landadel, der gewöhnlich seine Abhängigkeit von einer Stadtregierung akzeptiert hatte). Nach Villani waren im Guelfenheer, das 1288 gegen Arezzo zog, zweihundertfünfzig Reiter, die von den »guelfischen Grafen von Giudi, Mainardo da Susinana, Filipuccio von Jesi, dem Marquis Malaspina, dem Richter von Gallura, den Grafen Alberti und anderen kleinen Baronen der Toskana« aufgeboten worden waren.[68] Aber auch schon vorher hatten sich die Stadtbewohner ritterlicher Dienste bedient. Otto von Freising berichtete um die Mitte des 12. Jahrhunderts, daß die italienischen Städte »nicht davor zurückschrecken – um nicht der Möglichkeiten verlustig zu gehen, ihre Nachbarn zu unterwerfen –, auch jungen Männern niederer Herkunft den Rittergürtel und die Würdezeichen zu verleihen und sogar an Arbeiter mit nur geringer, mechanischer Handwerkskunst, die sonst von Leuten mit angesehenem und ehrenvollem Gewerbe wie die Pest gemieden werden«.[69]

Der Genueser Chronist Caffaro erzählt, daß die Konsuln im Jahre 1173 »trotz der damit verbundenen Mühen und Kosten mehr als hundert Männer aus Genua und von außerhalb zu Rittern gemacht haben«.[70] 1211 ernannte dieselbe Stadt für den Feldzug gegen die Malaspina zweihundert Männer zu Rittern. Villani teilt mit, daß es 1285 in Florenz dreihundert Ritter mit offiziellem Ritterschlag gegeben habe.[71] Ähnlich war die Situation in der Lombardei. Die Männer, die im 12. Jahrhundert die lombardischen Städte zum Sieg über den deutschen Kaiser geführt hatten, entstammten größtenteils dem Kreis der Stadtbevölkerung, den die Chronisten als *milites* bezeichneten. Eine Personengruppe folglich, die sich selbst »Ritter« nannte und zu Pferde kämpfte.

Auf der »großen und ehrenvollen Hofversammlung der lombardischen Edlen und seiner Freunde«, die Azzo VIII. von Este 1294 in Ferrara abhielt, empfing er aus der Hand Ghirardo da Camminos, des Herrn von Trevisa, den Ritterschlag und schlug sodann mit eigener Hand zweiundfünfzig Männer zu Rittern.[72] Der Chronist überliefert anläßlich dieses Ereignisses eine genuine ritterliche Zeremonie, die zeigt, daß dem städtischen Italien des 13. Jahrhunderts der Geist des Rittertums keineswegs fremd war. Der *Ordene de chevalerie* und seine Deutung des Ritterschlagsritus waren in Italien wohlbekannt, und die Ritter in den Städten hatten sich beim Ritterschlag ähnlichen Ritualen unterzogen wie ihre nördlichen Standesgenossen.[73] Damit verbunden war die gleiche elitär-kriegerische Haltung. Der in den 1260er Jahren schreibende Rolandino von Parma erzählt, wie sich Tisolino da Camposampiero, von seinen Feinden auf dem Schlachtfeld umzingelt, nur einem Manne ritterlichen Blutes ergeben wollte: »Als dort keiner zu finden war, töteten sie zuerst sein gutes Schlachtroß, und dann, o Jammer, wurde er selbst erschlagen.«[74] Als der gerade zum Ritter geschlagene Enrico da Pagani im Kampf getötet wurde, bemerkte sein Vater lediglich: »Es kümmert mich nicht, denn mein Sohn war ein Ritter und fiel im Kampf wie ein Mann.«[75] Das kriegerische Element der städtischen Gesellschaften brauchte eine unterstützende, ihre eigenen Werke bestätigende

Ethik genauso wie die Adelsgesellschaften nördlich der Alpen – und eben diese Funktion erfüllten Ritterideologie und Ritterwesen für die Italiener, die Deutschen und die Franzosen.

Es ist daher kaum verwunderlich, daß die in Frankreich entstandene höfisch-ritterliche Literatur in Italien mit der gleichen Bereitschaft übernommen und bearbeitet wurde wie in Deutschland. Der Einfluß der Troubadourlyrik macht sich schon sehr früh geltend. Seit den 1170er Jahren wissen wir von Italienern, die auf Provenzalisch dichteten – und bereits hundert Jahre später konnte Dante die acht Zeilen Okzitanisch, die er dem Troubadour Arnaut Daniel in den Mund gelegt hatte, fehlerfrei übersetzen.[76] Noch zu Dantes Zeiten war Provenzalisch an vielen italienischen Fürstenhöfen die eigentliche Dichtersprache. Ohne Zweifel trug Karl von Anjou als Führer der Guelfenpartei im späten 13. Jahrhundert zur Intensivierung des französichen Einflusses bei. Viele seiner Ritter kamen aus der Provence – und auch Dante focht bei Campaldino unter Armaury von Narbonne mit seinem Schlachtruf *»Nerbona cavaliere!«*[77] Der provenzalische Einfluß zeigt sich indessen schon viel früher. Bereits um 1200 hielten sich die Troubadours gerne an den Höfen der Marquis von Montferrat und Saluzzo auf, und um etwa die gleiche Zeit wurde dem provenzalischen Troubadour Raimbaut de Vaqueiras zu Montferrat ein herzlicher Empfang bereitet.[78] Ganz offensichtlich machte Thomasin von Zerclaire gegen Ende des 12. Jahrhunderts am Hof des Patriarchen von Aquilea mit der französischen Ritterkultur Bekanntschaft, die er in seiner großen, später in Deutschland geschriebenen didaktischen Dichtung *Der wälsche Gast* verarbeitete. Die Italiener übernahmen auch die Erzählstoffe von König Artus und Karl dem Großen und machten sie zu ihren eigenen. Der Artus-Stoff war in Italien bereits im frühen 12. Jahrhundert bekannt, wie das berühmte Archivoltenfries an der Kathedrale zu Modena beweist – und etwa zur gleichen Zeit auch die Geschichten der Helden Karls des Großen. Allerdings ist erst gegen Ende des 13. Jahrhunderts belegt, daß auch Italiener eigene Versionen dieser literarischen Überlieferungen verfaßten: Es beginnt mit der Artus-

Sammlung des Rusticiano da Pisa und den *Gesta Francor,* der italienischen Fassung der Karlsgeschichte. Andere Belege bezeugen, wie sehr die Italiener damals diese Geschichten als ihre eigenen ansahen. Folgore di San Gimigniano fand es ganz natürlich, seine Waffengefährten als Mitstreiter der großen Helden französischer Ritterdichtung zu beschreiben:»Wenn nötig, würden sie mit der Lanze in der Hand nach Camelot reiten.«[79] Und der paduanische Richter Giovanni da Nono berichtete von den Cattanei von Limena, sie glaubten, von einem der Ritter des Paladins Renaud de Montauban abzustammen, und von den da Ronchi wird erzählt, daß ihr Ahnherr der Desiderius gewesen sei,»den König Karl der Große sieben Jahre lang belagerte«. Seine eigene Familie – so war da Nono überzeugt – stamme dagegen von Roland ab.[80] Die Beispiele zeigen, wie tief die französischen Rittererzählungen in Italien Wurzeln geschlagen hatten und weisen auch auf die italienischen Parallelen zu den mythischen Rittergenealogien hin, die die französischen Familienhistoriker so häufig für ihre Auftraggeber herzustellen hatten.

Der frühe französische Einfluß auf das italienische Ritterwesen hinterließ deutliche Spuren. Die ersten italienischen Autoren, die sich mit ritterlichen Themen befaßten, schrieben – wie gesagt – nahezu ausschließlich auf französisch oder provenzalisch, und der italienische ritterlich-höfische Wortschatz ist vom Französischen abgeleitet: so etwa die Lehnwörter *cavalleria, dama* und *torneamento.* Allerdings ging der Einfluß nicht nur in eine Richtung. Wie wir sehen werden, griffen die Franzosen später auf die von italienischen Rechtsgelehrten aufgestellten Modelle einer rechtlichen Definition des Adels zurück, und übertrugen sie getreu in ihre Handbücher des Ritterwesens. Der Spott der Franzosen und Deutschen über die italienischen Städter hatte offensichtlich bewirkt, die Aufmerksamkeit der Italiener auf dieses Problem zu konzentrieren.

Die rasche und universelle Verbreitung von zuerst auf französisch abgefaßten Literaturstoffen und die Art und Weise, in der französische Vorstellungen die deutschen und italienischen Ideen von Rittertum prägten, läßt sich, wenigstens zum Teil, mit jener »Diaspora« französischen Ritterwesens im 11. und 12. Jahrhundert erklären, von der schon gesprochen wurde. Ganz gewiß hing es auch mit der führenden Rolle französischer Adliger und Ritter beim Ersten Kreuzzug zusammen und – wohl eher zufällig – mit dem Umstand, daß die Helden der *chansons de geste* und der frühen Artusromane die ersten Reiterhelden des Mittelalters waren – gleichsam eine Art Musterreiterei. Keiner dieser Faktoren würde aber irgendwie zu Buche schlagen, wäre da nicht der wahrhaft internationale Charakter der Aristokratie, der weltlichen und kirchlichen Kultur des 11. und 12. Jahrhunderts. Der kosmopolitische Zuschnitt des gewaltigen Reiches, das der historische Karl der Große rund zweihundert Jahre vorher regierte, bedeutete für die Franzosen, Deutschen, Italiener und Spanier Teilhabe an einem gemeinsamen Erbe, das tiefe Spuren hinterlassen hatte – trotz aller Zersplitterung durch die Einfälle der Wikinger, Ungarn und Sarazenen im ausgehenden 9. Jahrhundert. Das ist der Grund, warum beispielsweise eine große Abtei wie Cluny während dieser Epoche in allen Regionen ihre Wirkung geltend machen konnte und warum weltliche Ideen und Ideale sich in erstaunlich kurzer Zeit in alle Winkel dieser Welt ausbreiten konnten. Ein weiterer wichtiger Faktor ist die enge Zusammenarbeit von Kirche und weltlichem Adel. Aber mit dem internationalen Charakter dieser nach den Wirren der Invasionszeit entstandenen Gesellschaft allein ließen sich noch nicht Kreuzzüge und Rittertum erklären, dann wäre auch die höfische Liebeslyrik der Troubadours wohl höchstens die literarische Eskapade einer vergessenen und provinziellen Geschichtsepoche gewesen – und nicht ein europäisches Kulturphänomen.

Das Ritterwesen entstand in Frankreich, erhielt aber seine endgültige Gestalt erst in einem europäischen Umfeld. Es gewann Verbreitung als fundamentales Ethos einer Kriegerschaft, die auf der einen Seite durch ihr kriegerisches Können als berittene Kämpfer legitimiert waren, auf der anderen Seite durch eine Kombination von Standesstolz und Diensttradition. Vom alten germanischen Kriegerethos unterschieden sie sich zum Teil durch ein neuartiges Elitedenken aufgrund ihrer Reiterkampftechnik, zum Teil durch eine neugewonnene weltlich-kulturelle Freiheit, dokumentiert in der Flut genealogischer Familiengeschichtsschreibung und vom weltlichen Konzept höfischer Liebe bei den Troubadours. Dazu gehört auch die virtuose Handhabung des weltlichen Gewohnheitsrechts bei vielen Autoren der *chansons* und der frühen Romane. Irgendwann um die Mitte des 12. Jahrhunderts schufen veränderte soziale und kulturelle Kräfte – neue Kampftechniken, ein neues Standesvokabular, neue Literaturthemen – eine neuartige soziale Erscheinung – den »Ritter« – und eine neuartige Existenzform – das »Rittertum«. In dem um die Mitte des 12. Jahrhunderts geschriebenen provenzalischen Epos *Girart* tritt uns dieser Ritter entgegen:

Falcon hatte sich in die Schlachtordnung eingereiht, mit schöner Rüstung und auf einem wohlgeübtem Roß, schnell, stolz und erprobt, und er war aufs beste bewaffnet... Und als der König ihn erblickte, hielt er an und begab sich an die Seite des Grafen von Auvergne und sprach zu den Franzosen: »Ihr Herren, schaut auf den besten Ritter, den ihr je gesehen... Er ist tapfer, höfisch und geschickt, vornehm und von edler Abkunft und wortgewandt, wohlerfahren in Jagd und Falknerei, er versteht sich aufs Schach- und Brettspiel, auf Spielen und Würfeln. Und sein Reichtum wurde niemals jemandem verweigert, jeder hat, soviel er braucht... Und er zögerte niemals, ehrenhafte Taten zu vollbringen. Inbrünstig liebt er Gott und die Dreifaltigkeit. Und seit dem Tag seiner Geburt gehörte er niemals einem Gericht an, an dem etwas Falsches getan oder verhandelt wurde, ohne daß er Einspruch erhoben hätte. Und immer schätzte er gute Ritterart, er ehrte die Armen und Niedergedrückten und richtete jeden nach seinem Wert.«[81]

Hier haben wir das Idealbild eines Ritters, entworfen nach demselben Modell wie bei Arnold von Ardres oder Wilhelm dem Marschall. Seine Beschreibung berührt eine ganze Reihe von Themen, die in diesem Kapitel behandelt wurden: kriegerisches Können im Sattel, gute Abstammung, Freigebigkeit und höfische Bildung. Auffällig ist die Betonung des Weltlichen, auch wenn eher beiläufig auf Falcons Liebe zu Gott und zur Dreifaltigkeit hingewiesen wird. Wenn es sich bei dieser Darstellung um einen verläßlichen Leitfaden handelt, dann betrat der höfische Ritter die Bühne der Geschichte als eine ausgesprochen weltliche Figur.

3. KAPITEL

Rittertum, Kirche und Kreuzzüge

BISLANG KONZENTRIERTE SICH unser Suchen nach den Ursprüngen des Rittertums fast ausschließlich auf die kriegerischen und aristokratischen Aspekte ritterlicher Lebensweise. Indessen gab es ja in den bereits erwähnten Abhandlungen einen dritten Aspekt, der aufs engste mit den beiden anderen verwoben war: den religiösen und christlichen. Die gesamte Darstellung des Ritterwesens bei Lull und Charny ist davon durchdrungen. Es ist nunmehr an der Zeit, genauer auf die spezifisch christlichen Qualitäten des Rittertums einzugehen und auf die Stellung des Religiösen in dieser Ethik für weltlich ausgerichtete Menschen.

Die Untersuchung des Themenkomplexes wird einige Probleme verursachen, insbesondere für die Periode, in der sich ritterliche Ideen und Ideale bis zu der Form herausbilden, wie sie uns dann bei Wilhelm dem Marschall und Arnold von Ardres entgegentreten – und auch noch lange Zeit später behalten werden –, also ungefähr von der Mitte des 10. Jahrhunderts bis zum Beginn des 13. Jahrhunderts. Die zweite Hälfte dieser Entwicklungsphase war bekanntlich das große Zeitalter der Kreuzzüge – markiert durch den Aufruf zum Ersten Kreuzzug in Clermont 1095, von der Eroberung Jerusalems und der Gründung eines christlichen Königreiches der »Franken« in Syrien.

Die historischen Darstellungen über die christliche Haltung der Ritter und die Haltung des Christentums gegenüber kriegerischen Aktivitäten in dieser Zeit orientierten sich bevorzugt an der Geschichte der Kreuzzüge und an der Entstehung des Kreuzzugsgedankens – und dies ganz zu Recht, denn die Einwirkung der Kreuzzüge auf die mittelalterliche Zivilisation, ja auf die europäische Zivilisation über das Mittelalter hinaus, war tiefgehend und kaum abschätzbar. Indessen, Kreuzzüge und Rittertum sind nicht dasselbe. Wie wir gesehen haben, bestand Rittertum aus einer ganzen Reihe kriegerischer und aristokratischer Aktivitäten, die nicht notwendigerweise etwas mit Kreuzzügen zu tun hatten. Im Umfeld der Kreuzzüge entstand vielmehr ein gewaltiges kirchliches, kanonisches und theologisches Lehrgebäude, dessen Gipfelpunkt der Ablaß war, die formelle, auf päpstliche Autorität gegründete Vergebung der Sünden für alle, die an einem Kreuzzug teilgenommen hatten.[1] Mit einem vergleichbaren System von Kirchenrecht und Kirchenlehre war das Rittertum nicht umgeben. Der Einfluß der Kreuzzugsideologie auf die Ethik des Rittertums – zumal in dessen Entstehungszeit – war ganz gewiß nachhaltig, aber bei der Suche nach den Anfängen des religiösen Elements im Rittertum müssen wir uns davor hüten, beides zu vermischen.

Die zentrale Frage ist, inwieweit die neuen Ideen des 9. und 10. Jahrhunderts, aus denen die Kreuzzüge geboren wurden, auch für die besondere christliche Seite des Rittertums verantwortlich zu machen sind. Meist wird die Frage bejaht, aber es gibt – wie wir sehen werden – Gründe dafür, solche Argumente in mancher Hinsicht als überzogen anzusehen. Der geeignete Weg zur Erfassung dieses Problems dürfte über die genaue Untersuchung der Ideen führen, die die Kreuzzüge veranlaßten und die die Kreuzzüge ihrerseits auslösten. Danach können wir uns den Zeugnissen zuwenden, die uns zeigen werden, daß noch anderes eine Rolle spielte.

*

Ein für die Geschichte des Rittertums wichtiger Aspekt des Kreuzzugsgedankens ist, auf welche Weise dieser die Respräsentanten der Kirche und insbesondere des Reformpapsttums des späten 11. Jahrhunderts in Einklang mit dem Krieg und seiner Stellung in der Gesellschaft brachte. Der Kreuzzugsaufruf Papst Urbans II. 1095 setzte den Schlußpunkt hinter eine lange Entwicklungsperiode in der kirchlichen Meinungsbildung zu diesen Fragen.[2] Auf diesem Gebiet hatte es schon immer eine Spannung zwischen den pazifistischen und militanten Strömungen jüdisch-christlicher Tradition gegeben. Die Spannung ist in der Bibel selbst spürbar. Das Alte Testament zeigt Jahwe meist als den Gott des Krieges, während das Neue Testament von der Ankunft des Friedensfürsten spricht, der predigte, daß den Sanftmütigen die Erde gehöre, und der Petrus befahl, das Schwert in der Scheide zu lassen. In der Urkirche war die pazifistische Tradition stark: Origenes, einer der frühen Kirchenväter, stand nicht allein in der Verurteilung der brutalen Gewalt römischer Kriegführung als Verletzung der christlichen Nächstenliebe. Nach der Bekehrung Konstantins mußte diese Position revidiert werden, denn jetzt wurden römische Kriege von einem christlichen Kaiser zur Verteidigung eines Reiches geführt, das dabei war, in weiten Teilen christlich zu werden. Augustinus legte gegen Ende der Kaiserzeit den Grund für die spätere mittelalterlich-christliche Theorie vom gerechten Krieg. Kriege seien gerechtfertigt, so lehrte er, wenn eine Stadt oder ein Volk mit Vorsatz den Frieden gebrochen habe und sich weigerte, das durch ihre eigenen Leute verursachte Unrecht wiedergutzumachen. Er argumentierte auch, daß gute Absichten – etwa begangene Sünden zu bestrafen oder Sünder wieder in den Schoß der Kirche zurückzuführen – ebenfalls die Anwendung von Gewalt rechtfertigen konnten.[3] Auch wenn sich diese Ideen als fruchtbar erwiesen und die Dogmen der Kreuzfahrerzeit in etwa vorwegnahmen, so war die Sicht Augustinus doch nicht zu einer systematischen und abgerundeten Abhandlung über das Problem des Krieges gediehen. Das frühe Mittelalter erbte somit einen Grundstock an recht ambivalenten Ideen zur Rechtfertigung des Krieges, zu seiner Ablehnung und zur gesellschaftlichen Rolle des Kriegers.

In den Jahrhunderten nach dem Zusammenbruch des Römischen Reiches behielt die pazifistische Tradition in der Westkirche ihre starke Stellung. Angesichts des monastischen Einflusses auf diese Kirche war es nur natürlich, daß sich die Dinge so verhielten.

Die Idee der Weltflucht betonte unausweichlich den Gegensatz zwischen der *militia Christi*, dem wahren klösterlichen Dienst für Gott, und der *militia secularis*, den Unternehmungen weltlicher Kriegsleute, deren von irdischer Leidenschaft und Gier angestachelte Fehden die Gewalt zu einem festen Bestandteil der außerklösterlichen Welt werden ließen. Die Stärke der pazifistischen Tradition spiegelt sich zu dieser Zeit in der Literatur der Bußbücher wieder, die bis zur Mitte des 11. Jahrhunderts einen mächtigen Einfluß auf das Kirchenrecht ausübten. Ohne Bedenken respektierten die Bußbücher die allgemeingültige Aussagekraft des sechsten Gebots: »Du sollst nicht töten.« Die meisten Bußkataloge verhängten eine Vierzigtagsbuße für das Töten im Krieg.[4] Aber während in dieser Periode der Pazifismis unangefochten zu sein schien, gab es doch Theologen, die – wie Augustinus – auf die militante Tradition des Alten Testaments verwiesen und zu einer gegensätzlichen Auffassung neigten. Die Bedrohung der Kirchen und Kleriker durch die Vorstöße immer neuer Barbarenvölker in die Länder des alten Reiches leistete diesen Gedanken Vorschub, besonders, als das Karolingerreich gegen Ende des 9. Jahrhunderts von allen Seiten von heidnischen Feinden bedrängt schien: von Wikingern im Norden, Ungarn im Westen, von Moslems in Süditalien, in Spanien und an allen Küsten des Mittelmeers. Im Laufe der Zeit begann sich also die Waage kirchlichen Denkens in Richtung auf eine Befürwortung des Kriegerischen zu neigen, bis schließlich der Kreuzzugsablaß die Lehren der Bußbücher ins Gegenteil verkehrte: »Wer diese Fahrt unternimmt, dem soll Nachlaß all seiner Sünden gewährt werden«[5], versprach Papst Urban in Clermont. In diesem neuen Befreiungskrieg um die Heiligen Stätten zu kämpfen und zu töten bedeutete nicht, sich Bußen aufzuladen, sondern sich von ihnen zu befreien.

Im Rahmen dieses Wechsels kirchlicher Positionen, deren Umrisse hier in aller Kürze skizziert wurden, haben viele Historiker die Entwicklung des Rittergedankens als eine christliche Berufung zu erklären versucht. Sie werten die Kriege gegen die Heiden unter den Karolingern und Ottonen nicht zu Unrecht als Auslöser jener kirchlichen Meinungsveränderungen, denn schließlich führten die heidnischen Invasionen dem Klerus deutlich vor Augen, daß ihre körperliche Unversehrtheit letztlich vom ritterlichen Kriegerstand abhing. Die Idee eines Kreuzzugsablasses ist bereits ansatzweise im Hilferuf Papst Leos IV. von 853 anläßlich der Bedrohung Roms durch die Sarazenen erkennbar: »Wer in diesem Kampf fällt, dem wird das Himmelreich nicht versagt bleiben, denn der Allmächtige weiß, daß er für die Wahrheit unseres Glaubens starb, für die Rettung der *patria* und die Verteidigung des Christentums.«[6] Noch beredter bezeugen liturgische Texte das wachsende Bewußtsein von christlichen Zielsetzungen in der Kriegführung. So finden sich in den Meßbüchern des 10. Jahrhunderts spezielle Gebete zur Segnung von Fahnen, die einmal in einem Feldzug gegen die Heiden vorangeführt werden sollten: »Segne und heilige dieses Banner, das zum Schutze der Heiligen Kirche der feindlichen Raserei entgegengetragen wird, auf daß die Gläubigen und die Verteidiger des Volks Gottes, die ihm folgen, den Triumph und den Sieg über den Feind in Deinem Namen und durch die Kraft des Kreuzes davontragen mögen.«[7] Ein liturgischer Mustertext für die Weihe eines Kriegerschwertes, von vielen als Vorläufer des späteren Ritterschlagrituals gedeutet, ist ungefähr zur gleichen Zeit belegt.[8] Und in eben dieser Invasionsperiode lassen sich im Westen die Anfänge einer Verehrung von Kriegerheiligen, besonders des heiligen Michael als Anführer der Himmlischen Heerscharen, erkennen. Das von den deutschen Königen Heinrich dem Vogler und Otto I. gegen die Ungarn mitgeführte Banner trug das Bild des Erzengels, und der große Sieg über die Ungarn auf dem Lechfeld 955 wurde seiner Hilfe zugeschrieben.[9] Oft wurde nach einem Sieg eine Dankesmesse zu Ehren des hl. Michael gelesen. Der Kult des hl. Georg scheint sich erst in der 2. Hälfte des 11. Jahrhunderts, am Vorabend der Kreuzzüge, verbreitet zu haben.[10] Eine seiner frühesten Erwähnungen im Westen als Schutzpatron der Krieger findet sich in dem Bericht des Gaufredus Malaterra: Dort erscheint er 1063 bei Cerami auf wunderbare Weise, hoch auf seinem Schimmel, um den Normannen ge-

75

gen die Sarazenen beizustehen.[11] Sein Ruf war vermutlich von aus byzantinischen Diensten heimkehrenden Söldnern verbreitet worden, denn im Osten wurde sein Kult schon seit geraumer Zeit mit den Kriegen gegen die Heiden verknüpft. Diese Verbindung zu den Heidenkriegen ist einer ganzen Reihe kanonischer, liturgischer und hagiologischer Entwicklungen gemeinsam.

Neben den Kriegen gegen die Heiden machen die Historiker noch einen anderen Faktor für jenen Wechsel in der kirchlichen Einstellung zum Krieg verantwortlich: Es ist das wachsende Engagement der Kirche bei der Gewährleistung von Friede und Ordnung in der Christenheit angesichts einer desolaten königlichen Regierungsgewalt, die im Chaos der Invasionen des 9. Jahrhunderts solche Aufgaben häufig nicht mehr erfüllen konnte. Eine besondere Bedeutung wird der kirchlichen Gesetzgebung zugemessen, die bestrebt war, den sogenannten »Gottesfrieden« durchzusetzen. Es scheint, daß die kirchliche Hierarchie hier zum ersten Mal eine wichtige und nachhaltige Initiative zu einer Regulierung und Begrenzung kriegerischer Handlungen unternommen hat, und es scheint ihr damit gelungen zu sein, über den Kopf der formal legitimierten weltlichen Autoritäten hinweg mit der Ritterschaft direkt in Verbindung zu treten. Die Gottesfriedensbewegung hatte eine beharrende und eine dynamische Seite, denn die Friedenskonzilien wollten nicht nur Gewalt begrenzen.[12] So versammelte der Bischof von Le Puy ein Heer um sich und zwang die Teile der Ritterschaft, die eine Annahme der Konzilsbeschlüsse von Le Puy (990) verweigert hatten, ihre Befolgung eidlich zu bekräftigen. Bischof Aimo von Bourges setzte die Beschlüsse seines Konzils von 1038 auf die gleiche Weise durch.[13] Von hier aus ist es nur noch ein kleiner Schritt bis zur Zusammenfassung kriegerischer Energien für einen richtigen Krieg, den die Kirche gutheißen und selbst leiten konnte – wie eben die Kreuzzüge. Die Verbindung der Ideenstränge zeigt sich deutlich in Clermont, wo 1095 Papst Urban II. auf demselben Konzil den Kreuzzug predigte und gleichzeitig den Gottesfrieden proklamierte, den er in der ganzen Römischen Christenheit zu befolgen gebot.[14] Noch andere Anzeichen deuten darauf hin, daß sich die Kirche im 11. Jahrhundert mehr und mehr darum kümmerte, kriegerische Aktivitäten zu leiten, zu zügeln und ihnen eine bestimmte Richtung zu geben. Als die Pisaner eine Expedition zur Wiedereroberung Sardiniens von den Moslems vorbereiteten, übergab ihnen der Papst das Banner des hl. Petrus als Kriegsstandarte und stellte so die Unternehmung gewissermaßen unter seinen Schutz; Robert Guiscard bekam von Papst Alexander II. ein ähnliches Banner, um es in seinem Eroberungskrieg gegen das arabische Sizilien voranzutragen.[15] Papst Gregor VII. ging noch weiter. Zu Beginn seines Pontifikats hegte er Pläne, sich selbst an die Spitze eines Heeres zu stellen, um Jerusalem und den Christen des Ostens zu Hilfe zu eilen. Der große Streit um die Investitur, der zwischen ihm und Kaiser Heinrich IV. ausbrach, machte diese Idee zunichte, er zögerte aber nicht, in dieser neuen Auseinandersetzung die weltliche Ritterschaft aufzurufen, dem Stellvertreter des Apostels Petrus – sozusagen als gute Christenpflicht – zu Hilfe zu eilen.[16] Sein Schüler Anselm von Lucca rechtfertigte solche kriegerischen Aktionen unter Berufung auf Augustinus als »seligmachende Verfolgung« *(beata persecutio)*, die für die Reinigung der Kirche unerläßlich seien.[17] Ein anderer seiner Apologeten, Bonizo von Sutri, ließ keinen Zweifel daran, daß die Kirche das Recht zu direkten militärischen Aktionen habe: Kleriker, so schrieb er, sollten sich am Blutvergießen nicht beteiligen, das bedeute aber nicht, daß die Gläubigen und besonders die Könige, Fürsten und Ritter nicht aufgerufen sein sollten, Schismatiker, Häretiker und Exkommunizierte mit ihren Waffen zu verfolgen. Wenn sie sich dazu nicht bereitfänden, sei der Kriegerstand in der christlichen Legion überflüssig.[18] Hier wird explizit die Ritterschaft als eine in kirchlichen Diensten stehende Standesgruppe mit einer christlichen Berufung aufgefaßt, und es bedeutet sicher kaum eine Veränderung in der Sichtweise Bonizos, wenn man Heiden und Moslems in eine Reihe mit den schismatischen und häretischen Widersachern der Kirche stellt, gegen die das Schwert des Ritters verdienstvollerweise gezogen werden soll. Gregors Pläne für einen Heerzug nach Jerusalem und sein Ablaßversprechen für alle, die gegen den Kaiser und für die Sache des hl. Petrus kämpften – die *militia Sancti Petri,* wie er sie gelegentlich nannte –, bringen uns der Kreuzzugsidee außerordentlich nahe.[19]

In der Kreuzzugspredigt und der Kreuzzugspropaganda entsteht das Bild von der christlichen Sendung des Rittertums in voller Deutlichkeit. Der Kreuzzug wird als positive Veränderung ritterlicher Lebensführung dargestellt:»Laß nun alle, die bisher Räuber waren, jetzt Soldaten Christi sein... laß nun alle, die sich bisher für ein paar Silberstücke verdingt haben, jetzt eine ewigliche Belohnung erhalten«, sagte Urban II.[20]»In unserer Zeit«, schrieb Guibert de Nogent,»hat uns Gott einen Heiligen Krieg gegeben, damit die Ritter und die haltlose Menge, die sich nach Art der alten Heiden in gegenseitigen Metzeleien erging, nunmehr einen neuen Weg zur Erlösung finden können: sie sind aufgerufen, jetzt die Gnade Gottes nach ihrer gewohnten Art und gemäß ihren eigenen Verpflichtungen anzustreben und sind nun nicht mehr gezwungen, als Mönch in vollkommener Abkehr von der Welt die Erlösung zu suchen.«[21] Die Propaganda für den Ersten Kreuzzug hielt natürlich noch anderes bereit als dieses immer wiederkehrende Motiv einer neuen, sich nunmehr eröffnenden Möglichkeit für einstmals weltlich gesinnte und gottlose Menschen. Da war noch der mächtige Appell an die Idee der Pilgerfahrt, und der biblische Widerhall eines Aufrufs zur Jerusalemfahrt erweckte alle Arten von apokalyptischen Hoffnungen und Impulsen. Für ein Rittertum, das als christliche Berufung aufgefaßt wurde, war diese dem Kriegerstand zugesprochene Stellung und Zielsetzung durchaus einleuchtend. In der Entwicklung christlicher Theorien vom Krieg markiert der Kreuzzugsaufruf eine entscheidende Etappe: Er bestätigte die Tendenz zur Militanz, die sich über eine lange Periode hin immer mehr verstärkt hatte.

Die Frage ist nun, ob der Aufruf zum Kreuzzug auch einen Angelpunkt in der Geschichte des Rittertums darstellt. Die Antwort darauf liegt keineswegs klar zutage. Die am Anfang des Kapitels ausgesprochene Warnung, vor einer Vermischung des Kreuzzugsgedankens mit der Idee des christlichen Rittertums auf der Hut zu sein, wird an dieser Stelle relevant. Schließlich handelt es sich nur um eine besondere Form kriegerischer Tätigkeit, nicht um die ganze Bandbreite weltlich-ritterlicher Betätigung, die durch die Kreuzzüge in einen neuen Rahmen christlicher Berufung gestellt wurde. Teilweise ist der dem Ritter eröffnete Weg zur Erlösung zweifellos allein eine rhetorische Floskel, aber sie wird immer wieder und mit Nachdruck verwendet, und ihre Bedeutung liegt auf der Hand. Baudry de Dol formuliert das sehr genau in der Aufforderung,»den Gürtel weltlicher Ritterschaft abzulegen« zugunsten des Kreuzzugs.[22] Der hl. Bernhard meint dasselbe in seinem *De laude novae militiae templi*, wenn er die christliche Hingabe der Templer, die»reinen Sinnes für den höchsten und wahren König« kämpfen, der Niedertracht weltlichen Rittertums gegenüberstellt.[23] Ein neuer Heilsweg ist den Rittern eröffnet, aber er ist schmal und ungewohnt und verläuft anders als die üblichen Wege des Rittertums.

Im Rückblick hat die Haltung der Kirche eine bedeutende Veränderung durchgemacht und dabei den Geist der Bußbücher – die kompromißlose Verdammung des Tötens im Krieg – hinter sich gelassen. Wir beginnen zu erkennen, daß sich diese Veränderung in einem ausgesprochen klerikal-kirchlichen Ideenrahmen vollzogen hat. Die bischöfliche Militärinitiative bei der Durchsetzung des Gottesfriedens und Gregors Berufung auf eine *militia Sancti Petri* weisen auf eine Ritterschaft, die dazu ausersehen sein soll, der starke rechte Arm der Priesterschaft zu sein, ihrer unmittelbaren Befehlsgewalt jedoch unterworfen. In der klerikalen Kreuzzugspropaganda ist es dieser Aspekt, der den Rittern jenen»neuen Weg« eröffnet. Die neuen militärischen Orden – die Templer, die Johanniter, die deutschen und spanischen Ritterorden – gerieten im Kontext der Kreuzzüge zu diesem starken rechten Arm einer militanten Kirche. Ihre Organisation, ihre Regularien des täglichen Lebens zeigen eine wirkliche Verschmelzung kirchlicher (und nicht allein christlicher) und kriegerischer Ideale. Die auf dem Konzil von Troyes 1128 gewährten Regeln der Templer banden die Tempelritter an die asketi-

79

schen Gehorsams- und Keuschheitspflichten und zu einer am Klosterleben orientierten Observanz.[24] Sie wurden von allen säkularen Gefolgschaftsverpflichtungen befreit und den Autoritäten des Ordens, dem Großmeister oder dem Kapitel, unterstellt, die ihrerseits gegenüber höheren kirchlichen Autoritäten weisungsgebunden waren. Die Regel traf auch Vorkehrungen für die Organisation des Ordens und konstituierte ein militärisches Reglement, das die Templer, und auch die Johanniter, deren Regeln sich am Templerorden orientierten, zu den Elitetruppen des christlichen Syrien machten. Die Ordensregel der Templer und ähnlicher Ritterorden markierte einen fühlbaren Unterschied zwischen ihnen und der übrigen Ritterschaft. Allerdings basierte die Regel auf ausgesprochen monastischen Ideen und war viel zu sehr in die leidenschaftliche Auseinandersetzung zwischen Papst und Kaiser einbezogen, als daß sie – selbst in abgeschwächter Form – für die Ritterschaft als ganzes ein attraktives Angebot hätte sein können. Ihre ausschließliche Hingabe an ein religiöses Ordensleben trennte sie von vielem: von der höfischen Welt, dem Liebeskult der Troubadours, von der neuen säkularen Ritterkonzeption der Romanliteratur und von den Turnieren. Auf diesen Gebieten entstanden schließlich die modernen, dynamischen Ideen des 12. Jahrhunderts. Das Beispiel der Ritterorden trug jedoch zweifellos zur Verbreitung des Gedankens bei, die Ritterschaft könne auch als ein Orden mit weiterreichenden Verpflichtungen als den rein lehensrechtlichen aufgefaßt werden. Insgesamt aber waren die in den Regeln enthaltenen Anforderungen so hochgesteckt, daß sie kaum einen nennenswerten Einfluß auf die Ritterschaft allgemein ausüben konnten – und das gleiche galt für die Lehren Gregors VII. und seiner Apologeten.

Das eigentlich Neue an der Kirchenlehre zum Ausgang des 11. Jahrhunderts war nicht ihre Sanktionierung des Waffendienstes (hier rannte die Kirchenführung mit ihren Predigten ohnehin offene Türen ein), sondern ihr Anspruch auf das Recht, militärische Energien und Aktivitäten zu leiten und zu lenken. Bezeichnenderweise bewirkte zwar der Kreuzzugsaufruf eine sofortige und erstaunlich einmütige positive Reaktion, nicht aber der kirchliche Führungsanspruch. Die Aufforderung, das Heilige Land zu befreien, spielte auf bereits fest verwurzelte Vorstellungen an, während der besagte kirchliche Anspruch noch keineswegs über eine solide Basis verfügte. Kirchliche Riten wie die Weihe von Fahnen und Schwertern und der Kult von Soldatenheiligen trugen dazu bei, den Rittern auf dem Wege über Symbole und Riten zu bedeuten, daß sie als Christen ihre Berufung unter christlichen Vorzeichen sehen sollten. In der Vorstellungswelt der Ritterschaft hatten Jerusalem und die Verteidigung der Heiligen Stätten durch Kreuzzüge einen besonders hohen Stellenwert. Die christlichen Elemente im Rittertum gehen auf Ursprünge zurück, die weit vor der kirchlichen Reformbewegung des 11. Jahrhunderts liegen, und sind überhaupt auf einem ganz anderen Gebiet zu suchen.

*

Bisher folgten wir in unserer Untersuchung meist kirchlichen Quellen und fanden heraus, daß ihre begrenzte Aussagekraft häufig mit ihrer allzu kirchlich-klerikalen Ausrichtung zusammenhing. Ein Blick auf eher weltliches und von ritterlicher Denkweise geprägtes Material wird geeignet sein, unsere Perspektive zu erweitern und unser bisheriges Bild entscheidend zu ändern.

Die ersten Literaturzeugnisse, die mit Fug und Recht »ritterlich« genannt werden können, sind die *chansons de geste,* und hier sind es besonders die Heidenkriege Karls des Großen – jene Kriege, die erste Veränderungen in der kirchlichen Haltung gegenüber dem Krieg bewirkt hatten –, die erneut das Bild beherrschen. Von Anfang an bezeugen sie den tiefgreifenden christlichen Einfluß auf das Ritterwesen. Der Krieg in der *Chanson de Roland* ist nicht nur ein irdischer Kampf: Der Erzengel Gabriel selbst wacht an der Seite des schlafenden Karl und steht ihm in seinem gewaltigen Kampf gegen den Emir bei. Gabriel ist auch an Rolands Seite in seiner Todesstunde und hört sein Gebet: »Vater, der du Lazarus erhoben und Daniel aus der Löwengrube errettet hast, rette meine Seele vor Gefahr und

Verzweiflung und vergib mir meine Sünden.«[25] Die Gebete im *Guillaume d'Orange* sind noch wortreicher im Ausdruck religiöser Gefühle, so bei Viviens bitterer Selbstanklage, zur Jungfrau Maria gebetet zu haben, damit sie ihn vor dem Tode rette:»Wahrhaftig, das war ein törichter Gedanke, mich vor dem Tode retten zu wollen, wo es doch der Herrgott selbst verweigerte, als er am Kreuze litt, uns von unserem Todfeind zu erlösen.«[26] In einer ergreifenden Szene aus demselben Lied kniet Guillaume neben dem sterbenden Vivien und will ihm mit der geweihten Hostie die Beichte abnehmen und hört, wie Vivien seinen Glauben bekennt:»Ich weiß gewiß, daß Gott Leben und Wahrheit ist und zu seinem Volk kam, um es zu erretten. Er wurde in Bethlehem von der Jungfrau geboren und ließ sich selbst ans Kreuz heften und wurde von der Lanze des Longinus durchbohrt, so daß Blut und Wasser aus seiner Seite flossen.«[27] Hier, im Angesicht des heroischen Kampfes gegen die Heiden begegnen wir den starken religiösen Gefühlen des wahrhaft christlichen Kämpfers. Wir erkennen zudem, daß sie sich ihrer Rolle als Kämpfer für das Christentum vollkommen bewußt sind. Sie sind Soldaten ihrer irdischen Herren. Das Beispiel Christi am Kreuz ist Antrieb für ihre Tapferkeit – tapfer zu kämpfen ist ihre Pflicht in dieser Welt. Sie sind »christliche Soldaten«, weil sie Christen und gleichzeitig Ritter sind, und nicht wegen irgendeines besonderen Auftrages der kirchlichen Obrigkeiten.

Was hier zutage tritt, nannte der deutsche Historiker Waas »Ritterfrömmigkeit«.[28] Die *chansons de geste* vermitteln davon einen ersten unmittelbaren Eindruck und übernehmen diese spezielle Art ritterlicher Frömmigkeit bereits selbstverständlich und durchaus nicht als neue Erscheinung, wie es die *chansons de geste* selbst am Ende des 11. Jahrhunderts sind. Die»Ritterfrömmigkeit« spiegelt offenkundig priesterliche Lehren wider und verdankt vieles den Klöstern, mit denen die weltliche Aristokratie – das Publikum der *chansons* – so enge Beziehungen hatte. Die weltlichen Adeligen statteten die Klöster mit Landbesitz aus, waren ihre Rechtsvertreter nach außen hin und zogen in dieser Eigenschaft auch häufig in den Kampf. Ihre Namen wurden in den Sterbeverzeichnissen der Klöster aufgeführt, um in die Gebete der Mönche einbezogen zu werden, und sie erscheinen auch in den *libri memoriales*, die auf den Altar gelegt wurden, um an der Fürbitte der Mönche Anteil zu haben. Für die meisten Adelsfamilien war in dieser frühen Phase das in der Nachbarschaft gelegene Kloster eine weitaus wichtigere religiöse Institution, als es der Papst im fernen Rom war oder jemals hätte sein können. Die Klöster wiederum waren in die kriegerischen Aktivitäten und das geistige Leben des Adels einbezogen, und das blieb lange so. Im burgundischen Kloster Cluny mit der großartigsten und vornehmsten Kirche der damaligen Christenheit, das die Geschichte des Adels besonders nachhaltig beeinflußte, wurde bezeichnenderweise zum ersten Mal die Vita eines Heiligen geschrieben, der einen Teil seines Lebens als »Kämpfer für die Sache Gottes« zugebracht hatte: Odo von Clunys Leben des hl. Geraldus (Géraud) von Aurillac.[29] Radulph Glaber erzählt von einer Gruppe burgundischer Ritter, die auf ihrem Weg nach Spanien dem hl. Odilo von Cluny alle im spanischen Krieg gewonnene Beute an Gold und Silber versprachen. Die Beute wurde dann auch später der Kirche übergeben.[30] Das war tätige ritterliche Frömmigkeit: Die Kriegstrophäen wurden dem großen Regionalkloster als Opfer dargebracht. Die Pracht des kluniazensischen Meßrituals, des Mönchsornats, der Zeremonien mußte den Adel außerordentlich beeindrucken und wirkte sich vermutlich auch auf dessen Begeisterung für reiche Roben und Rituale aus, deutlich sichtbar in den Artusromanen und in den Bestrebungen des Adels, mit prächtigen Ritualen das tägliche Leben an ihren Höfen zu bereichern. Dennoch wird monastischer Einfluß allein das Wesen der Ritterfrömmigkeit im 11. und 12. Jahrhundert wohl nicht erklären können. Das kontemplative Weltfluchtideal, die Suche nach Frieden hinter Klostermauern wirkte sich – so wie sie uns in den *chansons* begegnet – wohl nur in geringem Maß auf sie aus. Es ist vielmehr die Frömmigkeit aktiver Menschen, denen es keinerlei Gewissensbisse bereitete, als tätige Kriegsleute vor das Angesicht Gottes zu treten.

Gewisse Passagen und Ereignisse in den *chansons de geste* legen nahe, daß wir die Ursprünge ritterlicher Frömmigkeit noch weit vor dem Zeitalter Clunys zu suchen haben, genauso wie wir auch bei den Anfängen ihres weltlichen Ethos weiter zurückgehen müssen. In den *chansons* sind solche ausgesprochen ritterlichen Tugenden wie Freigebigkeit, Tapferkeit und Treue bereits etablierte Formen adligen Verhaltens. Diese weltlichen Eigenschaften – oder zumindest solche, die ihnen nahestehen – sind bereits Merkmale des Helden in der älteren germanischen, den *chansons* vorausgehenden Literatur, und deren Wurzeln reichen bis in vorchristliche Zeit zurück. Freigebigkeit, Treue und Mut sind auch die Haupttugenden der Kriegergefolgschaften, wie sie im angelsächsischen *Beowulf*-Epos (geschrieben möglicherweise bereits im 8. Jahrhundert) geschildert werden.[31] Auch hier gilt die Jugendzeit als eine Probephase, in der sich der junge Krieger im Dienst fremder Herren und weit entfernt von zu Hause zu bewähren sucht. Davon handelt der erste Teil des Epos: der junge Beowulf begibt sich in die Dienste König Hrothgars und befreit sein Land vom Ungeheuer Grendel und dessen riesenhafter Mutter. Als der erprobte Held im Triumph zurückkehrt, sieht sein Gefolgsherr und Verwandter Hygelac die Zeit für gekommen, ihn mit Ländereien zu belohnen und ihm Hrethels Schwert zu übergeben. Das Thema der Heldenprobe erscheint auch in der deutschen lateinischen Epik, etwa im *Ruodlieb* und *Waltharius*[32], und es ist noch später ein unablässig wiederholtes Thema der höfischen Romane: Immer wieder treffen wir auf die Figur des jungen Ritters, der von zu Hause (oder vom Artushof) fortzieht, um sich in gefährlichen Abenteuern zu bewähren. Gewiß, *Beowulf* hat nichts mit dem Kampf gegen die Heiden zu tun. Hier sind die Gegner Ungeheuer und Drachen, und das Epos, obwohl in christlicher Zeit verfaßt, gibt vor, Begebenheiten aus vorchristlicher Zeit zu schildern.[33] Das heißt jedoch nicht, daß man zur Zeit der Entstehung des *Beowulf* heroische Tugenden und christliche Lehre als etwas Grundverschiedenes angesehen hätte. Das Gegenteil wird der Fall gewesen sein.

Das wird offenkundig am Beispiel der christlichen germanischen

Dichtung. Ihre Wertmaßstäbe sind die gleichen wie die der weltlichen Dichtung, sie sind geradezu austauschbar. Der altsächsische *Heliand* beschreibt Gott und die Apostel als eine um ihren vornehmen Anführer versammelte Kriegerschar. Die angelsächsische *Genesis* überhöht Abrahams Krieg gegen die Elamiter: »Dann hörte ich, daß Helden des Nachts in die Schlacht zogen, Krachen der Schilde und der Speere erhob sich im Lager ... Abraham gab Kampf als Lösegeld für den Neffen, nicht gewundenes Gold: Der Herr des Himmels traf sie, um ihm zu helfen.«[34] Die Sprache der Bibel wird hier direkt in die Sprache weltlicher Heldenepik übersetzt, und religiöse Tugenden und heroische Tugenden fließen ineinander. Wenn wir lesen, daß der Herr dreinschlug, um Abraham zu helfen, dann verstehen wir auch die Gründe, warum die deutschen Könige Heinrich und Otto auf ihren Bannern das Bildnis des Erzengels Michael trugen, des Anführers der Himmlischen Heerscharen. Es symbolisierte in ihren Augen, daß ihr eigener Krieg gegen die Heiden einem anderen Krieg – Michaels Kampf mit den Mächten der Finsternis – entspricht und ihn widerspiegelt, verknüpft mit der Hoffnung, daß er ihnen ebenfalls zur Hilfe eilen werde. Es ist auch kein Zufall, daß in den späteren Liturgien der Schwert- und Fahnenweihe das Beispiel des Gottesstreiters Abraham beschworen wird, zusammen mit anderen alttestamentarischen Helden der jüdischen Kriege, mit Gideon, David und Makkabäus.[35] Heilige Schwerter, daran sollte erinnert werden – haben eine Geschichte, die sich weit in die vorchristliche Zeit verfolgen läßt. Rolands Schwert Durendaal hat sein Gegenstück im Schwert Miming des *Waldhere,* welches von Weland (Wieland), dem großen Schmied des germanischen Pantheon, geschmiedet wurde[36], und die Reliquien in der Parierstange Durendaals (ein Zahn des hl. Petrus, ein Haar des hl. Dionysius, ein Stück vom Gewand der Jungfrau Maria) haben ihre Entsprechung in altnordischen Beschreibungen des magischen »Lebenssteins«, der im Knauf heidnischer Schwerter steckte.[37]

Wenn wir ritterliche Frömmigkeit der Kreuzzugsepoche verstehen wollen, müssen wir diese gegenseitige Durchdringung biblischer und heroischer Traditionen in der Zeit nach der Annahme des Christentums durch die germanischen Völker berücksichtigen. Nur so wird verständlich, warum die Frömmigkeit der Helden in den *chansons de geste* so fest in einer aktiven, nicht-kontemplativen Tradition verankert ist. Es darf nicht vergessen werden, daß die traditionellen Tugenden der kriegerischen Aristokratie in der gerade bekehrten germanischen Welt auch die Haltung von Priestern, Mönchen und Laien beeinflußten. Alcuin tadelte Mönche, die sich an profaner Dichtung erfreuten, aber die *Beowulf*-Handschrift wurde in einem Kloster aufbewahrt und vermutlich auch in einem Kloster geschrieben.[38] Der Mönch Widukind von Corvey sah nichts Schlechtes darin, an den Ruhm und die Taten Hathaguts, eines heidnischen sächsischen Heerführers, zu erinnern, und die Beschreibung liudolfingischer Fehden seiner eigenen Zeit haben vieles vom Geist des *Beowulf* oder des *Hildebrandlieds*.[39] Die hohen Kirchenführer, Bischöfe und Äbte, waren selbst nahezu ausschließlich Männer adligen Geblüts und entstammten denselben Familien, die in Kriegen (ob gegen die Heiden oder gegeneinander) eine führende Rolle spielten. So war es nur natürlich, daß Widukind, ein Mann der Kirche und Verwandter der Liudolfinger, so und nicht anders schrieb.

Klöster waren häufig Zentren der kriegerischen und religiösen Traditionen des Volkes und Zentren des Familienkults fürstlicher Kriegshelden. Beda Venerabilis berichtet, daß König Oswalds purpurnes und goldenes Banner über seinem Grab in der Kirche von Bardney aus dem 7. Jahrhundert, einer Stiftung seiner Nichte, Königin Osthryd von Mercien, aufgehängt war.[40] So kommt es nicht von ungefähr, daß wir von einem an die Kirche von Gellone geknüpften Kult Wilhelms von Orange hören, die er selbst gegründet hatte und wo er sein Leben als Mönch beschloß; die Kirche von Juliet in Brioude zeigte stolz seinen Schild. Die Kirchen von St. Honorat des Aliscamps und von Notre Dames des Martres Tolosans stritten um die Ehre, Grablege Viviens zu sein, und die Kirchen von Vienne und St. Jean des Sordes behaupteten beide, Erzbischof Turpin habe bei ihnen seine letzte Ruhestätte gefunden.[41] Dieser Heldenkult der Heidenkämpfer aus den *chansons de geste* ist ein deutlicher Beleg für die Art und Weise, in der die beiden Ziele des aktiven ritterlichen Lebens – Ruhm in dieser Welt und Erlösung im Jenseits – in die Frömmigkeit des 11. Jahrhunderts einbezogen wurden.

Beide Ziele parallel zu verfolgen, war ein Kernpunkt des Rittertums, etwas ganz Wesentliches: Es ist ein sicheres Zeichen dafür, daß die »Ritterfrömmigkeit« – die Einbindung des Ritters in die Pflichten eines Christenmenschen – eher auf die alte, einst autonome, christlich durchsetzte heroische Moral zurückgeht als auf spätere kirchliche Forderungen. Ruhm war gleichermaßen der höchste Lohn des germanischen Kriegers wie der ritterlichen Tapferkeit. »Du hast es so weit gebracht, daß dein Ruhm für immer bestehen wird«: das sagte Hrothgar zu Beowulf, nachdem er Grendel erschlagen hatte.[42] Als Roland bei Roncesvalles im Sterben lag, wandte er sein Gesicht den Heiden zu, »denn er war froh, daß sie sagen konnten, er sei als Eroberer gefallen«.[43] »Gleich hier wollen wir unsere Kräfte messen«, rief Bamborough zu Beaumanoir, als sie den Platz für den Kampf der Dreißig (1350) abgesteckt hatten, »und streng dich an, damit die Leute später davon erzählen – in Hallen, Palästen, auf den Märkten und überall in der Welt.«[44] Was mehr kann ein Ritter verlangen, fragt Geoffroy de Charny, als was Judas Makkabäus, der Gottesstreiter, erreichte: Ruhm in dieser Welt und Erlösung im Jenseits?[45] Gerade wegen dieses uralten Wunsches nach Lob und Anerkennung konnten weder Predigt noch Kirchenlehre das Kriegerische aus dem Ritterideal eliminieren. Schon Tacitus bemerkte, als er von der Kampfeslust der Germanen schrieb: »Ruhm gewinnt man am leichtesten in Gefahren.«[46] Von Anfang an hatte Kriegerisches und Christliches als doppeltes Erbe der Frühzeit einen festen Platz im Konzept des Rittertums.

Die gleiche Verknüpfung christlicher Motive mit heroischen und profanen findet sich als ein charakteristischer Zug in den Kreuzzugsschilderungen der höfisch-ritterlichen Prosa und der Versdichtungen. Ein gutes Beispiel ist Villehardouins Bericht über den Vierten Kreuzzug. Der christlichen Devotion an den Kreuzzug ist er sich vollkommen bewußt: Seine Kreuzfahrer sind Pilger, ihr Ziel ist es, »die Schmach zu rächen, die unser Herr erlitten hat und, so Gott will, Jerusalem wiederzuerobern.«[47] Aber sein Bericht – eine Prosachronik – spricht die Sprache der epischen *chansons de geste,* und sein ganzes Verständnis gilt den klassischen ritterlichen Eigenschaften der Kämpfer. Zum Beispiel »Treue«: »Gott verhüte, daß man mir jemals vorwirft, vom Schlachtfeld geflohen zu sein und meinen Kaiser verraten zu haben«, ruft der verwundete Louis de Béthune aus.[48] Oder »Freigebigkeit«: »Der Marquis (von Montferrat) war einer der am höchsten geachteten Ritter in der ganzen Welt ... denn keiner verteilte so mit offenen Händen und war großzügiger als er.«[49] Und natürlich pries Villehardouin in besonderem Maße persönliche Tapferkeit, die er an zahllosen Beispielen herausstellte. Die Worte des venezianischen Dogen geben noch einmal den Grundton seiner Chronik wieder: »Ihr Herren, ihr seid verbunden mit den besten und tapfersten Männern der Welt und dem gewaltigsten Unternehmen, das jemals durchgeführt wurde.«[50] Der Kreuzzug erscheint als ein großes Ritterabenteuer, bei dem der Dienst für Gott und das Streben nach irdischem Ruhm und Lohn so eng miteinander verwoben sind, daß es wenig sinnvoll sein dürfte, die einzelnen Elemente trennen zu wollen.

Wir haben gesehen, wie fest die Vorstellung von der Jugend als Bewährungszeit im germanischen Heldenethos verwurzelt ist. Der Kreuzzug bot nun die Möglichkeit, auch diesen Aspekt heroischer Ethik in einen spezifisch christlichen Kontext einzubeziehen. »Blind ist der, der nicht einmal im Leben eine Fahrt zum Entsatz Gottes unternimmt und leichtfertig das Lob der Welt verliert«[51], so schrieb der Kreuzzugsdichter Theobald von Champagne. Hier wird der Kreuzzug zum Element eines Handlungskanons, der für diese jugendliche Bewährungszeit quasi rituellen Charakter hat: das Alter für Turniere, für die Hingabe im Dienst einer geliebten Frau – und für den Kreuzzug. Unter diesem rein religiösen Gesichtspunkt bedeutet der Kreuzzug im obigen System den höchsten Beweis ritterli-

cher Qualitäten, er ist aber von Anfang an zu fest in einen komple-
xen ritterlichen Zusammenhang eingebunden, als daß das Profane,
Höfische und Heroische auf der einen Seite und das Religiöse auf der
anderen Seite getrennt betrachtet werden könnten. »Dort (in Syrien) sollen die Ritter, die höheren und die niederen, ritterliche Taten vollbringen«, schrieb Conon de Béthune am Vorabend des Dritten Kreuzzugs. »So soll ein Mann das Paradies und die Ehre gewinnen und Lob und Preis seiner Geliebten.« Sein Zeitgenosse Guy, châtelain (»Kastellan«) von Coucy, äußerte da seine erotischen Vorstellungen schon etwas offener: »Möge Gott mich zu diesen Ehren erheben, daß ich sie, bei der mein ganzes Herz und all meine Gedanken
weilen, einmal nackt in meinen Armen halte, bevor ich übers Meer
ins Heilige Land fahre.«[52] Baudouin de Condé, der im ausgehenden
13. Jahrhundert, bereits am Ende der Kreuzzugsära, schrieb, ist weniger erotisch eingestellt, dafür aber systematischer und kriegerischer. Ein Jüngling soll alles geben, wenn er mit den Turnieren beginnt, Herz, Seele und Vermögen. Will er aber als vollkommener
Ritter gelten, dann soll er mit den Turnieren aufhören und das
Kreuz nehmen, weil sich niemand ein *preudhomme* nennen darf, dessen Schwert nicht einmal einen Schlag gegen die Feinde Gottes geführt hat. Sein *Dit dou Baceller* resümiert: »So ziemt es sich für den
jungen Mann, Stufe für Stufe voranzuschreiten in Tugend und Tapferkeit.«[53] Die Idee eines allmählichen Fortschreitens bis hin zur
höchsten Tapferkeit – ein zentraler Gedanke in Geoffroy de Charnys
Abhandlung über Rittertum – nimmt in diesem Gedicht bereits Gestalt an.

Kirchenrituale und Kirchenrecht trugen wesentlich zur Akzentuierung des Kreuzzugs innerhalb der ritterlichen Werteskala bei.
Der Kreuzfahrer legte sein Gelübde in Gegenwart eines Priesters ab,
auf seinen Mantel nähte er das Kreuzemblem. Es diente – wie der
Pilgerstab – als Symbol seiner privilegierten Stellung unter dem
Schutz des Kirchenrechts, das ihm bestimmte Vorteile gewährte
(von denen einige, wie die Freistellung von gerichtlicher Schulden-
eintreibung, nichts mit ritterlichen Werten zu tun hatten). In den

Augen der Ritterschaft erlangte Jerusalem eine Bedeutung, die keine andere Stadt der Welt hatte, und die Eroberung dieser Stadt eröffnete ganz neue Horizonte: Die Chance der Teilnahme an einem Krieg, der sich substantiell von anderen Kriegen unterschied. Aber die Worte Theobalds von Champagne: »Blind ist der, der nicht einmal im Leben eine Fahrt zum Entsatz Gottes unternimmt«, verdeutlichen, daß er anders dachte als im Rahmen des ursprünglichen kirchlichen Ideals von der vollkommenen Hingabe an den Heiligen Krieg. Er dachte nicht daran, sein ganzes Leben im Heiligen Land zu verbringen wie die ersten Templer und die Fürsten und Ritter, die sich in Outremer niederließen (und die immer zu wenige waren, um ihre Eroberungen zu verteidigen). Vielmehr dachte er dabei an eine Reise, bei der man hoffen konnte, wieder zurückzukehren. Dies war die gängige Einstellung der meisten Ritter, die nach dem Triumph des Ersten Kreuzzugs und den ersten christlichen Niederlassungen nach Palästina gingen oder zumindest die Absicht hatten, nach dorthin aufzubrechen. Es war eine Konzeption, die der »Ritterfrömmigkeit« eine weitere Dimension hinzufügte, eine dramatische und psychologisch mächtige Ergänzung noch dazu. Indessen verstärkte der Kreuzzugsgedanke lediglich die dicke christliche Kruste über den alten heroischen Werten (und auch über den neuen höfischen) und setzte nicht – wie viele Kirchenmänner hofften – etwas ganz anderes an ihre Stelle.

*

Das gleiche bekannte Thema einer gegenseitigen Durchdringung christlicher und weltlicher Werte findet sich auch in einigen wichtigen Beiträgen der Kreuzzugsepoche zur, wie wir es nennen wollen, literarischen Mythologie des Rittertums. Es handelt sich dabei vornehmlich um zwei Werkgruppen: einmal um die Geschichte des *Chevalier au Cygne*, des »Schwanenritters«, der romantisierten literarischen Verarbeitung des Ersten Kreuzzugs, und um die Gruppe der Artusromane, die mit der Suche nach dem Heiligen Gral zu tun haben. Eine kurze Betrachtung ihres Erzählgegenstandes und ihrer

Erzählweise soll helfen, unser bisher gewonnenes Bild von der religiösen Mentalität des Rittertums zu erweitern. Beide illustrieren, wie weltliche aristokratische Ideale – heroische und höfische –, die nichts mit kirchlicher Ideologie zu tun hatten, auch in einer noch so schwach ausgeprägten Atmosphäre kirchlicher Bedingungen, für das Rittertum grundlegend waren. Bezeichnenderweise nehmen beide Werkgruppen gegen Ende des 12. Jahrhunderts und zu Beginn des 13. Jahrhunderts endgültige Gestalt an, in eben der Periode, als sich – wie wir im letzten Kapitel gesehen haben – soziale und militärische Erscheinungen in rein weltlicher Form als Strukturen ritterlicher Lebensweise konstituierten. Diese Epoche war auch die Blütezeit der Kreuzzüge.

Von den Erzählungen, die im *Chevalier au Cygne* zusammengefaßt sind, ist die *Chanson d'Antioche* die älteste, sie kursierte anfangs als eigenständige Dichtung.[54] In der überlieferten Form ist die *Chanson d'Antioche* das Werk Greindors von Douai, der kurz vor 1200 schrieb. Sie geht indessen auf ein älteres Gedicht Richards des Pilgers zurück, der möglicherweise Augenzeuge des Ersten Kreuzzugs gewesen ist und dessen Schilderung mit den Berichten der verläßlichsten Chronisten dieser Zeit übereinstimmt. Die *Chanson d'Antioche* liefert eine im großen und ganzen zuverlässige Geschichte des Kreuzzugs bis zur Eroberung Antiochias 1098. Der Bericht unterscheidet sich stilistisch von den lateinischen Chroniken der Expedition: Gespräche und Streitigkeiten der Anführer erscheinen in direkter Rede, und Akte persönlichen Heldentums werden stärker betont, grundsätzlich läßt sich das Werk aber als Reimchronik bezeichnen. Greindor von Douai bearbeitete außerdem die *Chanson de Jerusalem* und führt damit die Geschichte des Kreuzzugs bis zur Eroberung Jerusalems und zur Schlacht von Askalon (1099) weiter. Dieses Werk ist von gänzlich anderer Machart. Der Autor war sicherlich kein Augenzeuge der Ereignisse und bediente sich auch keiner zuverlässigen Chronik. Wie das frühere Werk Richards des Pilgers bringt diese *chanson* gehäuft Schlachtenschilderungen und Einzelheiten individueller kriegerischer Taten, im Grunde ist der Inhalt jedoch eine auf historischen Quellen basierende Fiktion und nicht Geschichtsüberlieferung. Das tut der dramatischen Präsentation des Stoffes jedoch keinerlei Abbruch. Prächtige Geschichten sind darin überliefert, etwa die, wie es Cornumarant, dem Sohn des ungetreuen Königs Cordabas gelang, durch den Belagerungsring des Kreuzfahrerheeres um Jerusalem zu schlüpfen. Von den gegenüberliegenden Bergen aus gab er den eingeschlossenen durch ein Hornsignal zu verstehen, daß ihm der Durchbruch geglückt sei und er Hilfe holen werde. Ein andermal wird er von Balduin von Edessa in der Wüste überrascht und kann auf seinem schnellen Pferd Plantamor entfliehen. Hier findet sich auch die Geschichte von den wundersamen Ereignissen bei der Wahl eines Königs durch die Anführer des Kreuzfahrerheeres, die sie so deuteten, daß Gottes Wahl auf Gottfried von Lothringen als erstem »Advokaten des Heiligen Grabes« gefallen war.[55] Er und Cornumarant, der heldenhafte Moslem, sind die zentralen Figuren der Dichtung, die mehr von einer *chanson de geste* als von einer Reimchronik hat.

Bald nach dem Tode Greindors wurde ein dritter Erzählstrang in diese Überlieferung eingefügt: die Geschichte von Gottfrieds Abstammung (die entsprechende Legende zirkulierte bereits, wie aus anderen Quellen hervorgeht, gegen Ende des 12. Jahrhunderts). Die Grundzüge der Geschichte klingen vertraut: In einem Walde verirrt, legt sich Lothar, Sohn eines Königs Philipp, nahe einer Quelle zum Schlaf nieder. Er wird von der schönen Elioxe geweckt, deren väterliches Schloß sich in der Nähe befindet; als er sie erblickt, verliebt er sich augenblicklich in sie und bietet ihr seine Hand an.[56] Sie willigt ein, seine Frau zu werden, warnt ihn aber, denn dies werde ihr Leben kosten: Sie wird ihm einen Sohn gebären, von dem das Geschlecht der späteren Eroberer Jerusalems entstammen werde. Sie selbst fände bei der Geburt den Tod. Und so geschieht es. Während er auf Heerfahrt ist, schenkt sie sieben Kindern, sechs Jungen und einem Mädchen, das Leben, stirbt aber im Kindbett. Jedes Kind hatte bei seiner Geburt ein goldenes Kettchen um den Hals. Die alte Königin, die Großmutter der Kinder, haßte Elioxe und blickte nun mit Mißtrauen und Bosheit auf die Kinder. Sie befiehlt, die Kinder im Walde auszusetzen und erzählt Lothar bei seiner Rückkehr, seine Gemahlin habe ein Monster geboren und sei dabei gestorben. In den Wäldern waren die Kinder inzwischen von einem armen Einsiedler gerettet worden. Das kommt der Königin zu Ohren und sie sendet einen Diener aus mit dem Auftrag, die goldenen Kettchen der Kinder zu stehlen. Es gelingt ihm, die der sechs Jungen an sich zu bringen. Sie verwandeln sich sofort in Schwäne und fliegen über die Wälder davon. Das verlassene Mädchen wandert umher, sie zu suchen, bis sie schließlich an ihres Vaters Palast kommt und erkannt wird. Die Brüder findet man an einem nahegelegenen See, und sie erhalten ihre menschliche Gestalt wieder, sobald man ihnen die Goldkettchen umlegt – nur einer nicht, dessen Kette verlorengegangen war. Vier der Brüder scheiden jetzt aus der Geschichte aus, der fünfte, der Schwanenritter fährt, nachdem er Ritter geworden war, in einer von seinem Schwanenbruder gezogenen Barke davon. Nach vierzig Tagen kommen sie zur kaiserlichen Pfalz Nijmegen. Hier tritt der Schwanenritter als Kämpfer der Herzogin von Bouillon und ihrer Tochter Beatrice gegen den Herzog von Sachsen auf, der ihr Erbe gefordert hatte. In einem gerichtlichen Zweikampf erschlägt er den Herzog und heiratet Beatrice. Als sie ihm die verbotene Frage nach seiner Herkunft stellt, erscheint der Schwan mit der Barke und führt den in Trauer gehüllten Schwanenritter für immer davon. Aber Beatrice hat noch ihre Tochter Ida. Zur gegebenen Zeit heiratet sie den Grafen Eustachius von Boulogne und schenkt ihm drei Söhne, Eustachius, Balduin und Gottfried. So wurde das Familienmärchen, besser als *Lohengrin* bekannt, als Erweiterung an den das Lied Richards des Pilgers umgebenden Geschichtenzyklus angehängt. Seine Bedeutung innerhalb des Zyklus liegt auf der Hand: Es zeichnet die Linie des zukünftigen Eroberers aus, indem man sie mit wundersamen und prophetischen Ereignissen in Verbindung bringt.

In den Legenden, die in den Kreuzzugszyklus *Chevalier au Cygne* inkorporiert sind, werden religiöse und weltliche Themen miteinander verknüpft. Die Episode von der Weissagung des gekreuzigten Christus an den guten Dieb in der *Chanson d'Antioche* soll zeigen, welche Absichten Gott mit dem Kreuzzug verfolgt, allerdings in Worten, die an weltliche Blutrache erinnern:»Freund, zur rechten Zeit wird ein Volk von jenseits des Meeres kommen und Rache für diesen Tod üben. Kein Heide wird mehr zurückbleiben, von hier bis zum äußersten Osten.«[57] Die märchenhafte Legende vom Erscheinen des Schwanenritters in Nijmegen wird in dem neuen Zusammenhang zu einem Zeichen des Himmels. Die übernatürlichen Dinge enthüllen göttliche Absichten, jedoch im Rahmen einer Geschichte, die von weltlichen und aristokratisch-genealogischen Konzeptionen geprägt ist und bei der die entscheidenden Ereignisse – das Zusammentreffen zwischen Elioxe und Lothar, die Beschützerrolle des Schwanenritters gegenüber Beatrice und ihrer Mutter – eine höfisch-amouröse Färbung haben. Dabei scheint beabsichtigt zu sein, die Geschichte von der Befreiung der Heiligen Stätten – der Kern der Erzählung – mit Elementen des weltlichen Ritterethos zu durchsetzen.

Innerhalb der Artuslegenden spielt die Gralssuche fast eine gegenteilige Rolle. Eingezwängt – im Rahmen des volkssprachlichen Artus-Zyklus – zwischen dem *Lanzelot*-Roman und dem Schlußdrama *Mort Artu*, überschwemmt die Gralsgeschichte die Erzählungen von den Rittern der Tafelrunde geradezu mit religiöser Bedeutsamkeit. Die beiden Geschichten weisen noch, wie wir sehen, andere Analogien auf, insbesondere in der Behandlung des genealogischen Aspekts, und wie zu erwarten, finden sich in der Grallegende deutliche Anspielungen auf die Kreuzzüge. Im *Parzival* des Wolfram von Eschenbach wird die Gralsburg Munsalvaesche von Tempelrittern bewacht[58], und der Prolog zum französischen *Perlesvaus*-Roman bekennt, es sei die Absicht,»durch Schrift und Zeugnis die Wahrheit zu verkünden, wie Ritter und würdige Männer bereitwillig Mühen und Härten erlitten, damit das Gesetz Christi gepriesen werde«. Den stolzen Nachweis von Parzivals edler Abkunft stützt der Autor darauf, daß sein Vater und dessen Brüder»im Dienste des heiligen

Propheten kämpfend fielen, der das Gesetz durch seinen Tod und seine Kreuzigung erneuerte«.[59] Überdies liefern die Gral-Romane besonders augenfällige Beispiele für das Nebeneinander der Themen Krieg und Frömmigkeit.

Wir wollen uns die Geschichte etwas genauer ansehen: Zwei Erzählstränge konstituieren die Gralslegende. Der eine wird repräsentiert vom unvollendeten *Perceval* des Chrétien de Troyes und dem darauf fußenden, aber zum Abschluß gebrachten *Parzival* Wolframs von Eschenbach. Der Kern der Erzählung geht wohl auf einen keltischen Heldenmythos vom Horn oder der Schüssel des Überflusses zurück (wobei die Überlieferung in ihren dichterischen Ausformungen bereits von christlichen Elementen überlagert ist). Der andere Erzählstrang ist zuerst in Robert de Borons Roman *Joseph von Arimathias* greifbar und geht letztlich auf das *Nikodemusevangelium* zurück, eine neutestamentarische apokryphe Schrift des 4. Jahrhunderts.[60] Robert erzählt, wie Joseph, den er den »guten Ritter« nennt, nicht nur den Leichnam Christi von Pilatus erhält, sondern auch den beim letzten Abendmahl benutzten Kelch. Joseph wird von den Juden gefangengesetzt, kommt aber mit Hilfe des auferstandenen Christus auf wunderbare Weise wieder frei (dies aus dem *Nikodemusevangelium*). Christus übergibt Joseph den Kelch (dies wohl ein auf Robert oder eine dritte Quelle zurückgehender Zusatz). Später werden Joseph, sein Schwager Bron, der reiche Fischer, und ihre Gefährten auf ihrer Wanderschaft vom Gral gespeist (die Themen von der Schüssel des Überflusses und der eucharistischen Speise gehen hier ineinander über). Am Ende der Erzählung brechen Bron und sein Sohn Alain nach Westen auf und erwarten in den Tälern von Avalon einen Sproß ihres Geschlechts, der der neue Hüter des Grals werden soll. Im *Didot Perceval* und im *Perlesvaus* (beides Schöpfungen des frühen 13. Jahrhunderts) werden die keltischen und christlich-apokryphen Elemente kombiniert. Perceval, Alains Sohn und Ritter der Tafelrunde, erhält den Auftrag, den Gral zu suchen: Er heilt den kranken Fischerkönig und übernimmt sein Erbe als neuer Hüter des Grals.[61] In der klassischen Version der Geschichte, wie sie in der

Queste del Saint Gral (der in den volkssprachlichen Zyklus inkorporierten Version) überliefert ist, ist nicht Perceval, sondern Lanzelots Sohn mit Elaine, Galahad, die zentrale Figur. Auch er entstammt Josephs Geschlecht. Er wächst bei seiner Mutter auf und wird von einem mit weißem Gewand bekleideten Greis in Artus' Halle geführt und besteht die Prüfung des *Siege Perilous*. Er ist es, der in Begleitung von Perceval und Bohort den Auftrag zur Gralssuche erhält, und sie begeben sich zusammen auf die Burg des Kranken Königs, wo sich der Gral befindet. Während der Messe des Bischofs Josephé, des Sohnes Josephs von Arimathias, steigt der gekreuzigte Christus vom Gral auf und ministriert beim Meßopfer. Galahad nimmt die Lanze des Longinus und heilt den kranken König mit Hilfe des heruntertropfenden Blutes. Nachdem er mit eigenen Augen das Mysterium des Heiligen Kelches gesehen hat, stirbt Galahad später im Lande Sarras in Verzückung, und der Gral verschwindet aus der Welt. Ein Jahr später folgt ihm Perceval ins Grab, Bohort kehrt alleine zurück und erzählt die Geschichte.

Der Hauptunterschied zwischen den Geschichten, in denen Parzival die Hauptfigur ist, und der *Queste*, in der Galahad die Rolle des Gralsritters übernimmt, besteht darin, daß in den ersteren kriegerische Abenteuer einen breiten Raum einnehmen, während in den letzteren die religiöse Allegorie genauer herausgearbeitet ist und das Theologische offener zutage liegt. Beziehungen zwischen der Doktrin in der *Queste* und der mythischen Doktrin eines hl. Bernhard, zusammen mit kleineren Details (wie etwa die an den Habit der Weißen Mönche erinnernden Gewänder der Weißen Männer) verraten, daß diese Legende zisterziensischen Ursprungs ist.[62] Ritterliches Abenteuer und religiöse Fixierung sind entscheidende Punkte in beiden Versionen der Geschichte. Beide räumen den Abenteuern anderer Ritter außer Galahad und Perceval breiten Raum ein, insbesondere den Taten des Lanzelot und Gawain, und benutzen ihre Unvollkommenheit, um die Vollkommenheit der Gralsritter herauszustellen. In beiden Versionen ist jedoch nicht die Absicht erkennbar, eine so scharfe Zweiteilung zwischen der Verworfenheit

96

weltlichen Rittertums und der Religiosität der wahren christlichen Ritterschaft zu konstruieren, wie es Bernhard von Clairvaux tut. Es geht wohl eher darum, zwischen verschiedenen ritterlichen Tugendgraden zu unterscheiden, ähnlich wie Baudouin de Condé und Geoffroy de Charny versuchten, Rangstufen in ritterlicher Tugend und Leistung herauszuarbeiten. Lanzelot mag durch die ehebrecherische Liebe zu Guinevere befleckt sein, er ist aber dennoch ein großer christlicher Ritter und darf in der *Queste* einen flüchtigen Blick auf den Gral werfen, darf ihn aber nicht vollständig sehen. Seine Kriege gegen den Heidenkönig Madaglan von Oriande im *Perlesvaus* preisen das Kreuzzugsideal. Die Bedeutung der Gralslegende liegt nicht in der Kontrastierung von weltlichem und religiösem Rittertum, vielmehr in der Art und Weise, wie sie uns mit Hilfe kriegerischer Abenteuer noch über all dies hinausführt. Die beschriebene Suche gilt nicht nur dem Gral als Objekt, sondern dem, was er symbolisiert: der eucharistischen Gnade und der ekstatischen Vereinigung mit Gott. Das herausragende Merkmal der die Gralssuche umgebenden Geschichten ist, daß diese geistigen Dinge als letztes Ziel und Belohnung für eine ritterliche Elite dargestellt werden: Die Vorstellungen vom Fahrenden Ritter auf der Suche nach Abenteuern und die Suche nach Einheit mit Gott fließen hier zusammen. Nach der zweifellos richtigen Ansicht Frappiers wird in den Gral-Erzählungen nicht so sehr das Ideal eines Rittertums im Dienste der Religion präsentiert, sondern Rittertum als religiöser Dienst.[63] Hierin liegt nun ihr besonderer Wert für den an ritterlicher Geisteshaltung interessierten Historiker. In dieser Textgruppe wurde »Ritterfrömmigkeit« in ein religiöses Exerzitium übertragen, das in mystischer Wahrheitsschau kulminierte.

Die kirchlichen Autoritäten begegneten der Gralsgeschichte mit steter Vorsicht, man akzeptierte sie nicht, lehnte sie aber auch nicht ab, sondern beließ das Ganze im Reich der Legende. Diese Zurückhaltung ist nicht verwunderlich. Trotz der tiefen Religiosität der Gralsgeschichte ist ihr doch eine ganz unklerikale Haltung eigen. Die Gralsliturgie vollzieht sich nicht in einer Kathedrale, sondern in der Halle einer Herrscherburg. Im *Perlesvaus* erringt Perceval sein Erbe vom König auf Burg Mortal nicht durch Gebet, sondern mit Waffen und Angriff und restituiert auf diese Weise den Gralsdienst. Unter den Geistlichen dieser Geschichten begegnen uns meist Eremiten, deren Leben geradezu im Gegensatz zur Welt der organisierten kirchlichen Hierarchie verläuft, und es stellt sich heraus, daß die meisten von ihnen dem Ruf des Rittertums gefolgt waren, bevor sie im Herbst ihres Lebens die Kraft, Waffen zu tragen, schwinden sahen. Der »gute Ritter« Joseph von Arimathias bekommt seinen Auftrag nicht von den Aposteln des Evangeliums, die nach mittelalterlicher Auffassung die Priesterschaft präfigurierten, sondern unmittelbar von Christus selbst. Darüber hinaus wird das Amt Josephs und seiner Nachkommen als Hüter des Grals ganz im Rahmen weltlich-genealogischer Vorstellungen behandelt. In gewisser Hinsicht ist die gesamte Gralsgeschichte die Geschichte eines Rittergeschlechts, wie auch die Schwanenrittergeschichte die Geschichte eines Geschlechts ist, in beiden Fällen eines Geschlechts, das von Gott erwählt wurde, eine bestimmte Mission zu erfüllen.

Hier wirkt eine bemerkenswerte Konzeption, die eine Verbindung herzustellen sucht zwischen einem kontemplativen Mystizismus und dem hyperaktiven Abenteuerleben des Mannes in Waffen, des Fahrenden Ritters. Eine solche Konzeption war möglicherweise eine natürliche, wenn auch etwas radikale Weiterentwicklung der weit zurückliegenden, in einem Heroic Age wirksamen Analogie des irdischen Waffengangs zwischen Christen und Heiden (oder, auf das Alte Testament bezogen, zwischen Israel und seinen Feinden) und dem übernatürlichen Ringen zwischen den Mächten des Guten und des Bösen. Die Idee fand letztlich keinen Platz in einer zusammenhängenden mystischen Theologie. Das schmälerte aber keineswegs ihre Bedeutung: Dem durchschnittlichen ritterlichen Publikum blieben die radikaleren Seiten ihres Sinngehaltes ohnehin meist verborgen.

Für den Historiker, der ritterlichem Denken nachspürt, liegt die Bedeutung der Gralsgeschichten und auch der Schwanenrittergeschichte darin, daß sie sehr genau die Überzeugung der christlichen Ritterschaft von der Gottgefälligkeit ihrer Lebensweise widerspiegeln und ihre Gewißheit, daß der Ritterstand direkt von Gott eingesetzt wurde. Die Gral-Erzählungen sind in diesem Zusammenhang besonders wichtig, denn gerade die vielen Nebenabenteuer, die ihre Seiten füllen, machen uns klar, daß diese Ideen nicht in erster Linie auf den begrenzten Kreuzzugskomplex, sondern auf die gesamte Bandbreite ritterlicher Aktivitäten als gleichwertige Leistungen abzielen: der loyale Dienst für einen würdigen Herrn oder eine geliebte Dame, die Unterstützung der Unterdrückten, die Mühsal des Fahrenden Ritters auf seinen Reisen, auch die Prüfungen bei Tjost und Turnier, genauso wie die Verteidigung der Heiligen Stätten. Diese christlichen Rittergeschichten sind Ritterroman und religiöse Erzählung in einem. Wir verstehen die Geisteshaltung jetzt besser, die hinter dem selbstbewußten Ausruf des Kreuzzugsdichters Aymer de Pegulhan steht: »Seht, ohne auf unsere reichen Gewänder, auf unsere Stellung im Leben und alles, was gefällt und entzückt, verzichten zu müssen, können wir hier unten Ehre erringen und Freude im Paradies.«[64] Aymer will sagen, daß es nicht notwendig sei, zu versuchen, das Streben nach weltlichen Ehren und den Dienst als nicht gottgefällig hinzustellen, sondern daß das Ritterleben – bei aller Gewalttätigkeit und allem aristokratischen Prunk – auf seine eigene Weise ein Weg zur Erlösung ist. Die hier entwickelte Idee bezieht sich vornehmlich darauf, daß erst das Königtum geleisteten Diensten religiösen Wert verleiht, und nicht auf irgendeine Vorstellung, nach der die Ritterschaft im Dienst der Priesterschaft steht. Das wäre charakteristisch für eine Auffassung vom Rittertum als christlicher Berufung gewesen. Vielmehr war die hier beschriebene Haltung die Frucht einer Vereinigung zwischen germanisch-heroischen Tugenden und der militanten Tradition des Alten Testaments und entsprang kaum den späteren Entwicklungen kirchlichen Denkens. Es war eine Auffassung mit einer königlichen und nicht mit einer klerikalen Genealogie.

4. KAPITEL

Die Zeremonie der Schwertleite und des Ritterschlags

EIN WICHTIGER ASPEKT des frühen Ritterwesens wurde bisher noch nicht behandelt: die Zeremonie der Schwertleite. Diese Zeremonie erfährt in der *Ordene* und bei Ramón Lull ja eine sehr eingehende Behandlung. Sie erklären dabei im Detail den christlichen Symbolgehalt eines jeden Schrittes in diesem Ritual: Das Bad erinnert an die Taufe und bedeutet Reinigung von den Sünden, der weiße Gürtel bedeutet Keuschheit, mit der die Lenden des jungen Ritters umgeben werden, das Schwert mit seinen scharfen Schneiden erinnert ihn an die Pflicht, die Schwachen zu schützen und die Gerechtigkeit aufrechtzuerhalten. Bei solchen Interpretationen des Rituals darf es nicht überraschen, daß die Zeremonie gewöhnlich als eine religiöse angesehen wurde, als äußeres und sichtbares Zeichen für die neue Richtung, die die Reformkirche des 11. und 12. Jahrhunderts der weltlichen Ritterschaft weisen wollte. Léon Gautier, der große französische Historiker, der sich im 19. Jahrhundert mit der Geschichte des Rittertums befaßte, behandelte die Zeremonie, als sei sie das achte Sakrament der Kirche.[1] Es erscheint mir wichtig – nicht zuletzt auch angesichts der Thesen im letzten Kapitel –, der Frage nachzugehen, inwieweit diese Ansicht gerechtfertigt ist. Dürfen wir die ritterliche Schwertleite wirklich das achte Sakrament nennen, oder sind die religiösen Züge weniger dramatisch ausgeprägt – vielleicht sind sie nur ein Zeichen der Verflechtung christlicher Ideen mit germanischer Praxis und somit lediglich eine andere Seite derselben, im vorigen Kapitel angedeuteten Geschichte?

Gewiß, es gibt Anzeichen, daß hier wiederum mindestens zwei Traditionsstränge wirksam sind. Welcher Art sie sind, läßt sich wohl am besten durch ein Beispiel erklären. Es hilft zu verdeutlichen, warum das – wenigstens auf den ersten Blick – ursprünglich Trennende dieser beiden Traditionen für den Historiker ein Problem darstellt. Wenden wir uns zunächst der wohl ältesten Beschreibung einer ritterlichen Promotion in einer erzählenden historischen Quelle zu. Es handelt sich um den Bericht des Johannes von Marmoutier über die Schwertleite Gottfrieds des Schönen von Anjou 1128 in Rouen, am Vorabend seiner Hochzeit mit Matilda, der Tochter König Heinrichs I. von England. Zunächst nahm der junge Mann ein rituelles Bad, sodann wurde er mit einer Tunika aus Goldstoff und einem purpurnen Überwurf bekleidet und vor den König geführt. Goldene Sporen wurden an seine Fersen geheftet, um seinen Hals hängte man einen mit Löwen bemalten Schild und vom König wurde er mit einem – wie es hieß – von Wieland geschmiedeten Schwert gegürtet. All das erinnert an die Beschreibungen bei Lull und in der *Ordene*. Zusammen mit Gottfried wurden dreißig junge Männer zu Rittern gemacht, und König Heinrich verteilte an sie Pferde und Waffen als Geschenke. Eine Woche der Festlichkeiten und Turniere folgte zur Feier des großen Ereignisses.[2]

Der Bericht erwähnt weder eine Kirche noch Kleriker, die sich in irgendeiner Weise an der Zeremonie beteiligt hätten (der Klerus erscheint übrigens auch nicht in der *Ordene de Chevalerie*). Nehmen wir indessen das Pontificale Romanum vom Anfang des 14. Jahrhunderts, so wird eine andere Seite des Bildes sichtbar, denn hier haben wir eine liturgische Ritterschlagsordnung für die Peterskirche, die in ihren Ritualen der weltlichen Zeremonie zwar ähnelt, bei der aber der Klerus die Hauptrolle spielt: Am Abend vor seiner Erhebung in den Ritterstand wird der Aspirant in Rosenwasser gebadet und durchwacht danach eine Nacht in der Kirche. Am nächsten Morgen hört er die Messe, Antiphone werden gesungen, und anschließend tritt er vor den Priester oder Prior, der Priester versetzt ihm die *collée* (oder *paumée*: ein leichter Schlag mit der Hand) und erfleht im Gebet den Segen Gottes für sein Leben als Ritter.[3] Ein auf dem Altar liegendes Schwert wird gereicht. Der Priester segnet es und gürtet den

Aspiranten damit. Danach heftet einer der anwesenden Adeligen goldene Sporen an seine Fersen – in dieser Ritterschlagsordnung ist dies die einzige zeremonielle Handlung, die von einem Laien ausgeführt wird. Ein anderes kirchliches Ritterschlagsritual ist gegen Ende des 13. Jahrhunderts im Pontificale des Wilhelm Durandus von Mende überliefert. Auch hier ist es der Priester, der den Aspiranten mit dem Schwert gürtet, ihm seine Pflichten einschärft und ihm die *collée* versetzt.[4] Die Ähnlichkeit mit der Schilderung des Johannes von Marmoutier ist hier freilich nicht so stark und deutlich ausgeprägt wie beim Pontificale Romanum, wenn auch augenfällig genug. Einwirkungen von seiten älterer kirchlicher Texte sind ebenfalls wichtig: Durandus Gebet beim Schwertsegen geht unmittelbar auf das Mainzer Pontifikale aus der Mitte des 10. Jahrhunderts zurück[5], das somit wesentlich älter ist als der Bericht des Johannes von Marmoutier über die Zeremonie in Rouen von 1128, jedoch nicht unbedingt etwas mit einer Schwertleite zu tun haben muß. Es ist deswegen Vorsicht geboten, vorschnelle Schlüsse aus Beziehungen zwischen verschiedenen, bei Johannes oder in den Pontifikalen beschriebenen Zeremonien zu ziehen, etwa in der Weise, daß irgendwann zwischen 1128 und dem Ende des 13. Jahrhunderts der rein weltliche Ritus des Johannes von Marmoutier »klerikalisiert« worden wäre. Vielmehr haben wir es wohl mit zwei Traditionssträngen, einem kirchlichen und einem weltlichen, zu tun. Daß es eine Beziehung zwischen ihnen gibt, ist unzweifelhaft. Unser Problem ist nun herauszufinden, wie diese Beziehung beschaffen ist, und wenn möglich zu entscheiden, welche Form die aussagekräftigsten Einblicke in die Konzeption des Rittertums erlaubt – die der Pontifikale, die noch am ehesten Berührungspunkte mit Gautiers Ansicht vom »achten Sakrament« haben, oder die dieser Auffassung entgegengesetzte des Johannes von Marmoutier.

Da es schwierig sein dürfte, ihre Beziehung einfach als Ableitung des einen vom anderen zu beschreiben, erscheint es ratsam, zunächst einmal Ursprung und Entwicklung des rein weltlichen Rituals nachzuzeichnen und danach die kirchliche Version zu untersuchen.

So machen wir uns nun auf den Weg, den weltlichen Traditionsstrang zurückzuverfolgen, und nehmen gleich den Bericht des Johannes von Marmoutier über die Schwertleite Gottfrieds von Anjou noch einmal genauer in Augenschein: Wie wir hörten, verteilte da König Heinrich I. Geschenke und Waffen an die jungen Männer, die zusammen mit Gottfried zum Ritter gemacht wurden. Mit dem einfachen Satz »er gab ihm Waffen« wird in älteren Texten häufig die Verleihung der Ritterwürde umschrieben. So legt Ordericus Vitalis Wilhelm dem Eroberer die bittere Klage über seinen rebellischen Sohn Robert in den Mund, er habe ihm die jungen Männer abspenstig gemacht, »die ich erzogen habe und denen ich die Ritterwaffen gab«.[6] An anderer Stelle erzählt er, wie Robert von Grantmesnil bei Wilhelm, als dieser noch Herzog der Normandie war, fünf Jahre lang als Knappe diente: »Dann bewaffnete ihn der Herzog mit Ehren, und da er jetzt Ritter geworden war, belohnte er ihn mit reichen Geschenken.«[7] Die hier angedeutete mögliche Zeremonie – die Übergabe der Waffen an den jungen Krieger – hat sehr alte Wurzeln. Paulus Diaconus berichtet, es sei bei den frühen Langobardenkönigen üblich gewesen, ihre Söhne an den Hof eines anderen Fürsten zu schicken, damit sie von ihm erzogen und auch bewaffnet würden.[8] Im *Beowulf* erzählt Wiglaf, wie der Held die in seine Gefolgschaft aufgenommenen Krieger mit Waffen ausstattete, mit Helmen, Brünnen und Schwertern.[9] Diese Hinweise führen uns in eine Periode weit vor der Ritterzeit, die Wurzeln reichen jedoch noch weiter zurück. In der *Germania* schreibt Tacitus, daß die Übergabe der Waffen die Volljährigkeit eines jungen Mannes markiert habe. »Wenn diese Zeit herangekommen ist, übergibt einer der Häuptlinge oder der Vater oder ein Verwandter dem jungen Krieger Schild und Speer in der öffentlichen Versammlung. Das ist für den Germanen, was bei uns die Toga ist, die erste Ehrung der jungen Männer.«[10] Bei der Suche nach den frühesten Vorläufern der zeremoniellen Waffenübergabe geraten wir so in die barbarische germanische Welt des ersten nachchristlichen Jahrhunderts.

Die altgermanische Zeremonie der Waffenübergabe und die Ritterschlagszeremonie sollten nicht allzu eng zusammengebracht werden, dennoch scheint eine Verbindung zu bestehen.[11] Das französische Wort *adouber*, (engl. *to dub*), bedeutet in den frühen Belegen häufig nichts anderes, als einen Mann mit Kriegswaffen auszustatten.[12] Es wird aber auch im Sinne von »zum Ritter machen« schon sehr früh gebraucht und nimmt im Laufe der Zeit vollständig diese Bedeutung an. Darüber hinaus wird die »Übergabe der Waffen« – dies wohl die ursprüngliche Bedeutung von *adouber* – in den vor-ritterzeitlichen Texten gewöhnlich mit bestimmten Ereignissen verknüpft, entweder mit dem Zeitpunkt der Volljährigkeit oder bei der Aufnahme in ein Kriegergefolge, wie bei Tacitus oder im *Beowulf*. Im 12. und frühen 13. Jahrhundert wurde die Aufnahme in die Ritterschaft ebenfalls meist erst dann gewährt, wenn der junge Mann die Volljährigkeit erreicht hatte, in ein militärisches Gefolge oder in einen Kreis von Vasallen aufgenommen wurde. So ist aus dem 12. Jahrhundert überliefert, wie Friedrich, der Sohn des verstorbenen Pfalzgrafen von Sachsen, unter Aufsicht eines Grafen Ludwig erzogen wurde, »bis zu der Zeit, als man ihn mit Waffen gürtete.« Graf Raimund Berengar von Barcelona bestimmte in seinem Testament, daß sein jüngerer Sohn Peter unter der Obhut seines älteren Sohnes Raimund bleiben solle, »bis Peter volljährig geworden ist und zum Ritter gemacht werden kann«.[13] Ghislebert von Mons erwähnt, daß im Anjou minderjährige Erben, deren Landbesitz unter vormundschaftlicher Verwaltung stand, dann zum Ritter gemacht wurden, sobald sie sich in den Schutz ihres Lehnsherrn begaben – danach konnten sie ihr Erbe antreten.[14] Hier kommt, neben der Volljährigkeit, die Aufnahme in einen Lehnsverband ins Bild. Von diesem Punkt aus gibt es durchaus Verbindungen zur Huldigungszeremonie, bei der sich der Vasall eidlich verpflichtete, seinem Lehnsherrn (neben anderen Dingen) Heerfolgedienste zu leisten. Ursprünglich bedeutete das Wort »Vasall« überhaupt nur »Kampfgefährte«, Mitglied eines Kriegergefolges, der sich Grund und Boden als Lohn für seinen Dienst erhoffen konnte, dessen aber keineswegs sicher war. In einigen frühen Texten werden daher *vassus* und *miles* in identischen Bedeutungszusammenhängen verwendet.[15] Als Wilhelm vom Orange in den *chansons* »die abgerissenen jungen Knappen« auffordert, an seinem Feldzug nach Spanien teilzunehmen und ihnen reiche Belohnung und die Ritterwürde verspricht[16] – hat er da nun Ritter oder Vasallen angeworben? Es ist ganz ausgeschlossen, eine definitive Antwort darauf zu geben – die Unterschiede sind in diesem Zusammenhang zu gering. Seine Handlung dagegen ist eindeutig: Er warb junge Männer für sein Kriegsgefolge und versprach ihnen Waffen. Waffenübergabe und Ritterstatus stehen somit allgemein in enger Verbindung mit Volljährigkeit und der Aufnahme in ein Gefolge, und scheinen auch mit der Idee der Vasallität verbunden zu sein. Beides hat aber auch etwas mit Status zu tun. Aus karolingischen Texten geht hervor, daß der Besitz von »Vollwaffen« den Vasallen vor den normalen freien Lehnsleuten auszeichnete, die meist nur Speer und Schild besaßen.[17] Die Vollwaffen (oder ein Gegenwert) mußten beim Tod des Vasallen dem Lehnsherrn als »Heergewäte« wieder zurückgegeben werden, damit der Herr sie wieder einem anderen »übergeben« konnte. Die Feinheiten in der Unterscheidung lassen sich vielleicht eher mit Begriffen des Amtes und der Stellung als mit sozialen und erbrechtlichen Begriffen erfassen – im Mittelalter gehörten jedoch alle drei eng zusammen. Vasallität und der Besitz von Lehns- oder Vasallengütern neigten zur Erblichkeit, und die Aufnahme in ein militärisches Gefolge konnte ohne weiteres den Weg zu einem sozialen Aufstieg eröffnen. Nach Ordericus Vitalis belohnte der englische König Heinrich I. »seine jungen Männer und besonders die Ritter, die in ihrem Dienst treu alle Mühen ertragen hatten«, eingeschlossen »die Frauen und Töchter derer, die mit ihren Gefolgsherren gefallen waren und erhöhte sie in seiner Großzügigkeit so, wie sie es niemals zu hoffen gewagt hatten«.[18] Wir erinnern uns hier, mit welcher Sorgfalt der Familienhistoriker Lambert von Wattrelos alle die aus der väterlichen Linie hervorhebt, die Ritter waren, aber auch alle Ehrungen und Auszeichnungen vermerkt, die über die mütterliche Linie in sein Geschlecht eingebracht wurden.[19] Erst im 12. Jahrundert, in den Assi-

sen Rogers ɪɪ. von Sizilien und zwei Konstitutionen Friedrich Barbarossas, wird davon gesprochen, daß ein Anwärter auf die Ritterwürde in der Lage sein muß, Ritter unter seinen Verwandten zu benennen.[20] Die Verkoppelung von Rittertum und der damit eng verbundenen Vasallität mit Abstammung und erbrechtlichem Status
kann ins 11. Jahrhundert zurückverfolgt werden. Um die Mitte dieses Jahrhunderts hören wir, daß sich der Abt von Bourgueil eines armen jungen Mannes aus der Touraine namens Girard Borrel erbarmte und ihn bei sich aufzog, damit er ein Ritter würde, »denn er
war eines Ritters Sohn, Nachkomme einer langen Reihe adliger
Männer«.[21]

Im frühen Mittelalter konnte der Stand eines Mannes zum Teil
von seiner Abstammung her beurteilt werden, möglicherweise noch
wichtiger war aber der Rang seines Gefolgsherrn. Es ist eine bekannte Tatsache, daß die Aufnahme in ein germanisches Kriegergefolge zwischen dem Gefolgsherrn und seinem Gefolgsmann eine ver-
wandtschaftsähnliche Verbindung konstituierte. Der Gefolgsmann
unterstützte seinen Gefolgsherrn in dessen Fehden, als sei er sein eigener Verwandter. Umgekehrt stand der Herr bei den Fehden seiner Gefolgsleute für sie ein und forderte von ihren Totschlägern für
sie eine Mannbuße, die dem Wert seines, nicht ihres Standes entsprach – wiederum als seien sie Mitglieder seines Geschlechts. Ähnlichen Verhältnissen begegnen wir im Ritterwesen zwischen dem
mit Waffen ausgestatteten Mann und dem, der ihm die Waffen
übergab. »Ich halte kein Land Kaiser Karls in meinem Besitz«, sagt
Renaud de Montauban in den *chansons*.[22] »Nein«, erwidert Ogier,
»aber erinnere dich, daß er es war, der dich als Ritter bewaffnete.«
Hier haben wir die gleiche Vorstellung, daß die Verleihung der Ritterwürde durch einen Herrn von Rang den Empfänger mit der Ehre
und Würde des Herrn in Beziehung setzt. Das erklärt die Sorge vieler ritterlicher Anwärter in den Romanen, die Ritterwürde aus der
Hand des Königs Artus oder einer seiner großen Ritter, etwa Lanzelots, zu empfangen. Das betrifft aber nicht nur die Romanliteratur:
Heinrich ɪɪ. von England wendet sich wegen des Ritterschlags an

den König von Schottland[23], und der hl. Bernhard schreibt Briefe an den byzantinischen Kaiser Manuel Komnenos und teilt ihm mit, daß er Heinrich, den Sohn des Grafen von Champagne, zu ihm sende, damit ihn der Kaiser selbst als Ritter Christi mit dem Schwert gürte.[24] Die Auffassung des 12. Jahrhunderts von einer Ehre, der man durch Zuordnung teilhaftig wird, ist sehr hübsch in den Worten des deutschen Dichters und Ministerialen Milo von Sevelingen enthalten: *das wurde werdens wirdet mir* – die Wertschätzung des Würdigen gibt mir Wert.[25] Die alten Wurzeln dieser Idee bezeugt, wie schon gesagt, bereits Paulus Diaconus: Damals pflegten die langobardischen Könige ihre Söhne zur Erziehung an die Höfe großer ausländischer Fürsten zu geben, damit sie von ihnen die Waffen erhielten und ihrerseits mit der Ehre und Würde eines mächtigen ausländischen Herrn verbunden wären.[26]

Die Bedeutung der Waffenübergabe und die Idee der Teilhabe an der Ehre fließen in den Berichten über kollektive Erhebungen in den Ritterstand zusammen, die vom Anfang des 12. Jahrhunderts an üblich zu werden beginnen. Von Ladislas von Polen wird gesagt, daß er 1099, nach siegreicher Heimkehr von einem Feldzug, an Mariä Himmelfahrt ein großes Fest veranstaltete und seinen Sohn Boleslav zum Ritter machte – aber nicht ihn allein, sagt die Chronik, »denn aus Liebe zu dem jungen Mann und um ihn zu ehren, verlieh er die Waffen an eine Schar junger Männer seines Alters«.[27] Dreißig seiner Gefährten erhielten zusammen mit Gottfried dem Schönen die Ritterwürde, berichtet Johannes von Marmoutier, und Roger von Sizilien machte 1135 zu Ehren seiner beiden Söhne vierzig andere junge Männer gleichzeitig mit ihnen zu Rittern.[28] Im ausgehenden 12. Jahrhundert und später sind Belege kollektiver Erhebungen in den Ritterstand überaus zahlreich, besonders in literarischen Quellen. Es handelte sich dabei nicht nur um eine Weiterentwicklung des Rituals, sondern eröffnete Möglichkeiten, dem festen Zusammenhalt durch gemeinsame Erziehung im selben Haushalt mit prunkvollen und beeindruckenden Zeremonien feierlichen Ausdruck zu verleihen. Gleichzeitig konnte so der Grundstock für das zukünftige

Kriegergefolge des jungen Erben gelegt werden. Solche Massenpromotionen waren von Natur aus große Ereignisse und sind auch ein Zeichen dafür, daß die Zeremonien der Waffenverleihung in dieser Zeit immer reicher und vielfältiger wurden. Sie sollen hier den anderen Ritualen, die Johannes von Marmoutier erwähnt, an die Seite gestellt werden, dem bemalten Schild und dem rituellen Bad.

Noch ein anderer interessanter Aspekt spielt bei den kollektiven Rittererhebungen eine Rolle. Die meisten frühen Belege über Schwertleiten beziehen sich auf hochadelige Herren und ihre Söhne. Wenn wir nun in dieser frühen Zeit von weniger hochgestellten Männern hören, sie seien »zu Rittern gemacht« worden, können wir nicht sicher sein, ob wir uns dabei eine wie auch immer geartete Zeremonie vorzustellen haben, oder ob sich dieser Hinweis lediglich auf die öffentliche Präsentation der notwendigen Waffenausrüstung bezieht (oder vielleicht nur auf das vorschriftsmäßig bewaffnete Erscheinen der Anwärter in der entsprechenden Schar). Ohne Zweifel waren auch die jungen Leute bei solchen Massenpromotionen von guter Familie und hatten zusammen mit dem ebenfalls zum Ritter erhobenen Fürstensohn am selben Hof die gleiche Erziehung genossen. Gleichwohl ist erkennbar, daß sich die höfische Gesellschaft auszuweiten begann und daß sich – wie wir in einem früheren Kapitel gesehen haben – höhere und niedere Ränge der Aristokratie im Ritterdienst einander annäherten. Die Berichte geben überdies Hinweise darauf, daß die Zeremonien im Vergleich zur lapidaren Waffenübergabe um einiges ausgefeilter und differenzierter wurden und geographisch wie sozial eine weitere Verbreitung erfuhren. Der zeremonielle Ritterschlag faßte als Modeerscheinung zu verschiedenen Zeiten und an verschiedenen Orten Fuß, und bisweilen ist dafür sogar ein bestimmter Grund erkennbar. In Brabant beispielsweise beginnt der Adel den Titel »Ritter« (miles) genau zu der Zeit anzunehmen, als die Ritter der Templer- und Hospaliterorden dort anfangen, Land zu erwerben.[29] Der wichtigste Faktor aber war zweifellos, daß man sich an den Höfen immer um die neueste Mode bemühte, um nicht hinter den anderen zurückzustehen. Zwischen den

Adelshöfen des 12. Jahrhunderts war ein ständiges Kommen und Gehen von Boten, Abenteurern, Spielleuten und eigenen Leuten auf der Suche nach Patronage für ritterliche oder schulische Ausbildung, und Berichte von großartigen Zeremonien in der Wirklichkeit oder in der Literatur nährten den Nachahmungstrieb. Wenn wir im 12. Jahrhundert die Welt der ritterlichen Massenpromotion, der ausgeklügelten Zeremonie und der verfeinerten und prunkvollen höfischen Literatur betreten – und die dunkle Zeit des Gefolgschaftskriegertums hinter uns lassen –, macht sich auch eine klarere Unterscheidung zwischen Rittertum und Vasallität geltend. Wir können beobachten, wie die beiden Äste in zwei verschiedene Richtungen vom alten Stamm wegwachsen. Hören wir jetzt von einem Vasallen, so erwarten wir, auch von seinem Lehnsgut zu hören, dem Landbesitz, mit dem man ihn ausgestattet hatte, und immer seltener begegnet uns der landlose und unbehauste Vasall als Figur des herrschaftlichen militärischen Haushalts. Die Pflichten eines Vasallen sind nun fester umrissen und spezieller und sind entschiedener mit dem Besitz eines Lehnsgutes oder mehrerer Lehnsgüter verbunden, auf die sich seine besonderen Lehnsverpflichtungen gegenüber dem Lehnsherrn beziehen. So wie diese Entwicklungen der Vasallität zur Klärung der besonderen Vasallenpflichten beitragen, so werden auch die allgemeineren und universellen Pflichten des Rittertums, das im Rahmen eines anderen Ritus als der Huldigung und mit größerem zeremoniellem Aufwand als die alte Waffenübergabe verliehen wird, deutlicher hervorgehoben. Die Bezeichnung der Ritterschaft als »Orden« wird üblich. Etienne de Fougères schreibt vom »Orden« des Rittertums, ebenso Chrétien de Troyes: Als Gornemant Parzival zum Ritter schlägt, läßt er ihn am »höchsten Orden, den Gott gewollt und geboten hat«, teilnehmen.[30] Und die ihm erteilten Anweisungen – seinen Gegner zu schonen, wenn er um Gnade bittet, verschwiegen zu sein, Frauen in Not zu helfen, in die Kirche zu gehen und zu beten – haben allgemeine und nicht spezielle Bezüge. Wie andere zeitgenössische Belege zeigen, sind dabei jedoch keineswegs die traditionellen und spezifischen Assoziationen mit Rittertum fallengelassen worden – etwa die Volljährigkeit bei der Schwertleite, die ritterlichen Dienstpflichten dem Herrn gegenüber, wenn nötig sein Leben für ihn zu lassen, die Fähigkeit, als schwerbewaffneter Reiter für ihn zu kämpfen. Seine Pflichten ihm selbst und anderen gegenüber haben eine neue Wende bekommen. Gerade der Ausdruck »Orden« der Ritterschaft impliziert umfassendere Pflichten als sie jemals beim Eintritt in eine Kriegergefolgschaft gefordert wurden.

»Das Wort Orden erklärt sich selbst: Es bedeutet, daß die Mitglieder des Ordens nach seinen Regeln leben müssen.«[31] Dies der Kommentar einer spätmittelalterlichen Abhandlung über Rittertum. Natürlich besaß die Ritterschaft niemals eine festgelegte Regel wie die Mönchsorden oder die Templer. Dennoch sprechen Johannes von Salisbury und Helinandus von Froidmont im 12. Jahrhundert von einem Gelübde, das der Ritter bei seinem Ritterschlag ablegen solle[32], und spätere Texte überliefern ganze Kataloge mit zu beeidenden Pflichten der Ritterschaft.[33] Darüber hinaus hat das Wort »Orden«, besonders wenn es in Verbindung mit allgemeinen Pflichten gebraucht wird, einen ausgesprochen kirchlichen Klang. Es erinnert an die im 11. Jahrhundert vorgenommene Unterscheidung zwischen den drei Ständen und ihren Aufgaben in der christlichen Gesellschaft, wie sie etwa bei den kirchlichen Autoren Adalbero von Laon und Gerard von Cambrai zu finden sind. – Bisher hatten alle Bezüge, die Licht auf die Ursprünge des Rittertums werfen konnten – Übergabe der Waffen, Vasallität, Rang und Abstammung, Teilhabe an der Ehre des Gefolgsherrn – einen durchaus weltlichen Charakter. Es ist jetzt an der Zeit, etwas näher die kirchlichen Einflüsse zu betrachten, deren Bedeutung für die Zeremonien der Schwertleite aus den Liturgien des Pontificale Romanum und Wilhelm Durandus hervorgeht.

*

Es ist keineswegs sicher, daß der Ritus einer Schwertsegnung im Mainzer Pontifikale des 10. Jahrhunderts – der »Urtext« für alle Liturgien der Schwertleite – ursprünglich überhaupt etwas mit dieser ritterlichen Zeremonie zu tun hatte. Die frühen Pontifikale und Sakramentare enthalten Segnungen für alle möglichen Gegenstände des täglichen Gebrauchs, und es gibt keinen Grund anzunehmen, daß die Segnung eines Schwertes – ein durchaus alltäglicher Gebrauchsgegenstand im 10. Jahrhundert – sich grundsätzlich von diesen unterschied. Indessen wird klar, in welchem Kontext der Mainzer Ritus steht: Den Hintergrund bildet die Ära der heidnischen Invasionen, die Kämpfe gegen die Wikinger, Sarazenen und Ungarn der nachkarolingischen Zeit. Das bezeugt die Kernpassage des Segens: »Segne dieses Schwert... so daß es ein Schutz für die Kirchen, Witwen und Waisen und alle Diener Gottes sei vor der Raserei der Heiden.«[34] Der Ritus gehört somit in eine Zeit, als die Kirche ums Überleben zu kämpfen schien und wo wir von ähnlichen Ritualen hören, von Banner- und Heersegnungen, von neuen Dankgebeten für einen Sieg. Es darf nicht überraschen, daß in diesen Zeiten die Krieger, deren Rolle mit den alttestamentarischen Helden und Heerführern Israels verglichen wurde, den Segen der Kirche für ihre Waffen einholten oder daß Priester bereit waren, solche Segen zu erteilen.

Eines der besonders auffälligen Merkmale beim Ritus des Schwertsegens ist die direkte Verbindung zu Krönungsriten, da die entsprechenden Formulare meist nebeneinander stehen. Im Grunde ist diese Verbindung nicht überraschend, weil die Könige dieser Epoche die Hauptanführer in den Kriegen gegen die Heiden waren. Von Bedeutung ist, daß die frühesten Erwähnungen von Krönungszeremonien älter als der Mainzer Ritus sind. Noch wichtiger ist der Umstand, daß nicht nur die Ermahnung, Witwen und Waisen zu schützen, sowie die Schwertsegnung beiden Riten gemeinsam sind, sondern daß auch die Gebete für den Sieg, die in frühen Texten Gottes Segen für den König erflehen, in späteren Texten den nämlichen Segen in denselben Worten für die Ritterschaft ins-

Ausschnitt aus dem Teppich von Bayeux: Die Waffenübergabe war gewöhnlich mit dem Beginn der Volljährigkeit und der Aufnahme in ein Kriegergefolge verknüpft (S. 104 f.).

Erst ab Mitte des 13. Jh. findet die Zeremonie des Ritterschlags am Tage vor der Schlacht auf freiem Feld statt (S. 124 f.).

Turniere des 12. Jh. waren wohl kaum von richtigen Schlachten zu unterscheiden (S. 132).

Kaiser Sigismund vollzieht den Ritterschlag Rom.

Galahad wird in der Kirche zum Ritter geschlagen (S. 101 ff.).

Im Kriegswesen wurden von früh an die versch densten Insignien als Erkennungszeichen auf e Schlachtfeld eingesetzt (S. 191 ff.).

gesamt erbitten.[35] Es gibt noch andere Berührungspunkte zwischen beiden Riten. Das Gürten des Ritteranwärters mit seinem Schwert war gewiß ein zentrales Element im weltlichen Schwertleitezeremoniell, älter und grundlegender als der in Deutschland lange Zeit gänzlich unbekannte Schlag mit der Hand oder mit dem Schwert (die *collée* oder *paumée*), und es behält seine zentrale Stellung in den Ritualen der späteren Pontifikale, wie dem des Wilhelm Durandus. Die frühesten Hinweise jedoch auf eine detaillierte und ausgebildete Gürtungszeremonie – die mehr ist als die reine Übergabe der Waffen – betreffen nicht Ritter, sondern Könige. So wird berichtet, daß Karl der Große 791 Ludwig den Frommen mit einem Schwert gürtete, als er ihn zum König von Aquitanien machte, und Ludwig tat das gleiche, als er 838 Karl den Kühnen zum König erhob.[36] In der Folgezeit war die Gürtung mit dem Schwert Bestandteil des liturgischen Krönungsritus. Die Liturgie der Schwertleite scheint so eine ganze Reihe von Anknüpfungspunkten an den Krönungsritus gehabt zu haben.

Die Verknüpfung ist in mancher Hinsicht ganz natürlich. In der Frühzeit war das Königtum in den Augen der meisten wohl eher eine herausgehobene Rangstellung als ein herausgehobenes Amt – der höchste Rang in der Hierarchie des weltlichen Adels, der Herzöge, Markgrafen, Grafen und andere Magnaten umfaßte. Königswürde brachte auch Amtsgewalt mit sich, und diese wurde durch die Gürtung symbolisiert. Alle Gewalt kam von Gott, und das Schwert der Gerechtigkeit verdiente Gottes Segen, ob es sich nun in der Hand des Königs oder eines anderen Fürsten befand. So nannten sich viele Grafen des 11. Jahrhunderts »Grafen von Gottes Gnaden«, eine sonst rein königliche Formel. Es ist zudem bezeichnend, daß ein Großteil der frühen Belege des Ritterschlags mit Schwertgürtung gerade hochadelige Herren oder ihre Söhne betrifft, wie etwa Grafen, die – wenn auch im kleineren Rahmen – eine der königlichen Gerichtsbarkeit vergleichbare Kompetenz hatten. Es ist in der Tat nicht ausgemacht, daß der Mainzer Ritus (oder andere verwandte Texte aus der Rheingegend) für die Schwertsegnung eines jeden beliebigen Ritters gedacht war; es ist eher wahrscheinlich, daß er ursprünglich nur dann angewendet wurde, wenn das Schwert in die Hände eines hochadligen Herrn gelegt werden sollte, und daß erst eine spätere Zeit den Segen auch auf Männer geringeren Standes ausweitete. Flori hat überzeugend argumentiert, daß die alte Zeremonie der Waffenübergabe erst dann mit dem Aufnahmeritus in die Ritterschaft gleichzusetzen ist, wenn sie auch ein Gürtungsritual enthält. Die Folge ist, daß die bislang mit der Übertragung einer Amtsgewalt assoziierte Gürtung (so etwa im Krönungsritual) jetzt Zeichen der Aufnahme in eine höhere Standesgruppe – eben die Ritterschaft – wurde.[37] Die Tatsache, daß das 11. Jahrhundert eine Weiterentwicklung in der Kavallerietaktik erlebte und daß in der Folge die Berittenen ein immer wichtigeres und zahlreicheres Element in den sich ebenfalls ausweitenden militärischen Gefolgschaften darstellten, erklärt, warum einfachere Leute in so großer Zahl danach strebten, im Rahmen einer vorher nur den Großen vorbehaltenen Zeremonie mit dem Schwert gegürtet zu werden. Das mußte Folgen für den Stellenwert der Zeremonie haben. Im Zusammenhang mit solchen Entwicklungen erinnert das Mainzer Pontifikale mit seinem Schwertsegenritual daran, daß Rittertum – auch noch später, als Angehörige des niederen Adels in feierlicher Zeremonie mit dem Schwert gegürtet wurden – niemals seine Beziehung zu Herrschaft und zu obrigkeitlichen Funktionen verloren hat. Ramón sagt ausdrücklich: »Um all die Völker, die auf der Welt sind, zu regieren, ist es Gottes Wille, daß es viele Ritter gibt.«[38] Ebenso wie der auffällige Standesunterschied zwischen König und Ritter in einer hierarchischen und kriegerisch orientierten Welt in erster Linie als ein Unterschied im Rang gesehen werden kann, so konnte auch der Unterschied in der Funktion zunächst einmal lediglich graduell gesehen werden. Eine Analogie zwischen den Ritualen ihrer Initiation braucht daher nicht zu überraschen.

Der uns interessierende Hauptaspekt dieser Analogie zwischen Krönung und Schwertleite ist die Frage, auf welche Weise die Übergabe der Waffen – ähnlich wie die Krönung ein ursprünglich weltliches Ereignis – mit einem kirchlichen Ritual assoziiert wurde. Der erste Beleg eines Kirchenrituals bei einer Königsweihe ist die Krönung Pippins als König der Franken im Jahr 753. Natürlich verlief vor Pippin die Königserhebung als rein weltliches, zumindest nichtchristliches Ritual, das früher den vom Volk erwählten Anführer dazu ermächtigte, als König zu agieren.[39] Noch am Ende des 10. Jahrhunderts konnte Widukind in seiner Beschreibung der Krönung Ottos I. zwischen einer weltlichen Einsetzungszeremonie, die im *atrium* des Eingangsbereiches der Kirche stattfand, und der folgenden kirchlichen Krönungszeremonie unterscheiden.[40] Hier haben wir die beiden Traditionsstränge in der Geschichte der Krönungszeremonie, die dann später zu einem einzigen Ritual verschmolzen wurden. Genauso erscheinen auch zwei Stränge in der Geschichte der ritterlichen Schwertleite: Der eine führt auf die altgermanische Sitte der Waffenübergabe zurück und ist ursprünglich weltlich, der andere führt zurück auf die Segnung des Schwertes und ist kirchlichen Ursprungs. Die Liturgien im Pontifikale des Wilhelm Durandus und im Pontificale Romanum vereinigen sich, indem der Zeremonie christliche und religiöse wie auch weltliche und soziale Bedeutungen verliehen werden.

Zwischen der Geschichte des Krönungsrituals und der Geschichte der Schwertleite gibt es natürlich große Unterschiede. Der Kirche war es gelungen, für sich und ihre Riten eine regelrechte Monopolstellung, eine Schlüsselrolle, bei der Königserhebung zu verschaffen. Wie wir im folgenden sehen werden, gelang es ihr nie, ein vergleichbares Monopol bei den jeweiligen Etappen einer Erhebung in den Ritterstand zu erreichen.

Daß es während des 11. und 12. Jahrhunderts in der kirchlichen Hierarchie Kräfte gab, die eine solche Monopolstellung der Kirche gerne gesehen hätten, ist offenkundig. Vom Standpunkt kirchlicher Autoritäten bedeuteten die Entlehnungen aus dem Ritual der Königserhebung, wie es der große deutsche Historiker Erdmann formulierte, »eine Übertragung der ethischen Konzeptionen, die die Kirche allein dem Herrscher zugewiesen hatte, auf die einzelnen

Ritter«.[41] Wir können eine vergleichbare Übertragung in der Diskussion des 11. Jahrhunderts über die Funktionen der drei Stände in der christlichen Gesellschaft beobachten: Es ist da die Pflicht des Kriegers, die Leute zu verteidigen und den Frieden zu gewährleisten – und dies ist auch die Pflicht, die dem König in der Krönungsordnung zugewiesen wird. In der Gottesfriedensgesetzgebung versuchte die Kirche ebenfalls, den Rittern Eide aufzuerlegen, deren Zweck es war, den Frieden zu wahren und kriegerische Gewalt zu verhindern. In der gregorianischen Periode beabsichtigten zumindest die extremen Vertreter des kirchlichen Machtanspruchs alle weltliche Amtsgewalt – und nicht allein die königliche – kirchlicher Autorität zu unterstellen und wollten alle mit Amt und Gewalt assoziierten ethischen Bezüge mit Verpflichtungen gegenüber der Kirche verbunden wissen. Bekanntlich hatte Gregor VII. nicht gezögert, die Ritterschaft über die Köpfe weltlicher Herrscher hinweg aufzurufen, als *militia Sancti Petri* dem Stellvertreter Petri zur Hilfe zu kommen.[42] Der Kreuzzugsaufruf Urbans II. war eine Aufforderung an die gesamte Ritterschaft, einen neuen Weg zum Dienst für Gott und die Kirche zu gehen. Sein Ruf richtete sich an die Ritterschaft unmittelbar, und er erkannte zwischen ihm als Stellvertreter Petri und der Ritterschaft keinerlei Mittler an. Potentiell konnte die Liturgie der Schwertleite eindringlich diese vornehmste Aufgabe des Rittertums gegenüber der Kirche und ihrer Autorität symbolisieren. Der Ritus im Pontificale Romanum ist ein Echo auf die Worte Gregors VII: Es wird dafür gebetet, daß der neue Ritter ein guter Ritter Gottes und des heiligen Petrus sein möge.[43] Es gab also offensichtlich Gründe genug, warum der Kirche daran gelegen sein mußte, die Ritterschlagszeremonie mit einem kirchlichen Ritus zu verbinden, ihn unerläßlich zu machen – und eine zentrale Rolle bei der Zeremonie zu beanspruchen.

Es ist aus diesem Grunde wichtig zu betonen, daß diese Ziele niemals erreicht wurden, daß die Kirche zu keiner Zeit bei der Schwertleite eine ähnliche Monopolstellung besaß wie bei der Königskrönung. Letztendlich haben die Zeugnisse der Pontifikale – obgleich wichtige Quellen für kirchliche Intentionen gegenüber dem Rittertum – nur eine periphäre Bedeutung für die Geschichte der ritterlichen Promotion. Es gibt durchaus historische Berichte, nach denen Vertreter der Kirche die zentrale Zeremonie der Umgürtung eines Ritters mit dem Schwert durchführten, aber fast alle beziehen sich auf Fürstbischöfe, die ja auch weltliche Herrschaftsfunktionen innehatten.[44] Die wohl wichtigste Ausnahme ist die Schwertleite von Amaury, dem Sohn Simons de Montfort, Führer des Albigenserkreuzzugs in Castelnaudry am Johannistag 1214. Auf Ersuchen des Grafen wurde der junge Mann vom Bischof von Orléans während einer Messe in einem Zelt vor der nach einem Sturm zerstörten Stadt mit dem Schwert gegürtet. Die außergewöhnliche Natur dieser Zeremonie ergibt sich aus den Worten des Chronisten Pierre de Vaux de Cernay:»Eine neue und in der Ritterschaft noch nicht gesehene Sitte.«[45] Es handelte sich offensichtlich um die Abweichung von einer Norm, und die ungewöhnlich starke kirchliche Färbung geht wohl auf das Bemühen Simons zurück, als Anführer des Albigenserkreuzzuges öffentlich die Rolle zu betonen, die er und das Haus Montfort als Parteigänger der Kirche im Languedoc der Katharer zu spielen gedachten. Auch wenn andere Quellen des 13. Jahrhunderts unablässig von Ritterschlagszeremonien in Kirchen berichten und auch Massenpromotionen in Kirchen stattfanden oder an hohen kirchlichen Feiertagen, zeigen die Berichte tatsächlich – insbesondere wenn sie in die Einzelheiten gehen –, daß es immer ein Laie war, der dem Aspiranten die Zeichen seiner Ritterwürde verlieh. Sogar noch im 13. Jahrhundert, als der Ritterschlag häufiger als zu jeder anderen Zeit in Kirchen vollzogen wurde, gibt es genauso viele Berichte über Ritterschlagszeremonien außerhalb der Kirche, wie Berichte über Zeremonien in den Kirchen.

Daß es sich wirklich so verhielt und daß sich trotz kirchlichen Einflusses die notwendige Verbindung zwischen kirchlichem Ritual und Ritterschlag nicht entwickeln konnte, darf aus einem einfachen Grund nicht überraschen: Es gab einfach zu viele Ritter. Es war eine Sache, feierliche Zeremonien anläßlich so großer Ereignisse wie einer Königskrönung oder der Bewaffnung eines Fürstensohnes abzuhalten, eine andere, sie zu verknüpfen mit dem Beginn der kriegerischen Laufbahn zahlreicher junger Männer, die von ihrem Vermögen und ihrem Einfluß her nur wenig Gewicht hatten. Das wäre vielleicht kein Hindernis gewesen, hätte man die Ritter allgemein davon überzeugt, daß Kirchenrituale für die Erhebung in den Ritterstand unbedingt notwendig seien – aber sie waren es nicht, und es ist auch leicht einzusehen, warum: Das Rittertum war noch überreich an Elementen, die nichts oder fast nichts mit Religiösem zu tun hatten. Das betrifft beispielsweise das Erreichen der Volljährigkeit, den Besitz von Kriegswaffen, den adligen Stand und die Abstammung. Außerdem hatte die Kriegerschicht, wie wir im letzten Kapitel gesehen haben, längst vor Gregor VII. ihre Stellung gegenüber dem Christentum definiert, und ihre diesbezüglichen Vorstellungen waren bereits zu festgefügt, als daß sie zwanglos mit dem ausgesprochen christlichen und andersartigen Modell der gregorianischen Reformer hätten in Einklang gebrachte werden können. Die »amtlichen« Pflichten des Kriegers – Schutz der Kirche, Verteidigung der Schwachen, Aufrechterhaltung des Rechts – waren vor undenklichen Zeiten im Rahmen höherer königlicher und fürstlicher Autorität aufgegangen, an die die Kriegerschicht mit Eiden – häufig auf die Bibel oder Reliquien – gebunden war. In praktischer und rechtlicher Hinsicht war es außerordentlich schwierig, weitere Verpflichtungen einzugehen, da sie vermutlich die bereits eingegangenen Verpflichtungen zunichte gemacht hätten, und in psychologischer Hinsicht mußte es noch härter sein, die engen Bindungen zwischen einem Ritter und seinem Lehnsherrn zu modifizieren, der ihn ja häufig selbst mit dem Ritterschwert gegürtet hatte. Roland sieht sich in der *Chanson de Roland* nicht als Soldat der Kirche, sondern als Soldat Kaiser Karls – Christus ist sein himmlischer Herr, aber sein Kriegsherr gegen die Sarazenen ist Karl, der das Schwert Durendaal in seine Hände gelegt hatte.[46] Im *Kaiserrecht* liegen die Ursprünge des Rittertums bei den treuen Dienstleuten des Kaisers, die ihm gegen seine Widersacher zu Hilfe eilen.[47] Loyaler Herrendienst war in der germanischen

Welt, aus der die Zeremonie der Schwertleite letztlich hervorging, ein zu fest verwurzeltes Ideal, als daß andere mögliche Verpflichtungen seine Priorität hätten herausfordern können. Kirchliche Zeremonien und theologische Lehren konnten die Vorstellungen von Umfang und Bedeutung ritterlicher Funktionen erweitern und veredeln und konnten den ursprünglichen Sonderinteressen ein gewisses Maß allgemeingültiger Pflichten beigeben. Es gelang ihnen jedoch niemals – auch nicht zur Zeit der Kreuzzüge – die Grundlagen des weltlichen Loyalitätsprinzips zu erschüttern. Noch weniger gelang es ihnen, die weltliche Autorität von ihrer Hauptrolle bei der Ritterschlagszeremonie zu verdrängen.

Das heißt nun nicht, daß wir uns gänzlich von der Vorstellung freimachen sollen, das mittelalterliche Rittertum sei, in seinen eigenen Augen, eine grundsätzlich christliche Institution gewesen oder daß wir die Entwicklung der Liturgien im Zusammenhang mit der Erhebung in den Ritterstand als bedeutungslos ansehen sollten. Die Tatsache, daß der Ritterschlag häufig in Kirchen stattfand, erweckte überall den Eindruck, Rittertum sei eine christliche Berufung mit weitgehend christlicher Glaubenshaltung und Moral, ob die Erhebung in den Ritterstand nun in einer Kirche erfolgte oder nicht. Unter kirchlichem Einfluß etablierte sich der Kreuzzug, die kriegerische Pilgerfahrt, als höchster Anspruch der ritterlichen Tugenden Tapferkeit und Beharrlichkeit. Theologische Lehre definierte Rittertum als einen Orden mit einer Lebensregel, wie sie jedem Orden eigen war, und unterwies den Ritter, daß er sein eigenes Amt als christliche Verpflichtung ansehen sollte. Wenn wir vom christlichen Traditionsstrang im Rittertum sprechen, dann ist es etwas, das seinen Ausdruck im Rahmen weltlicher Ideologie und weltlicher Zeremonie gefunden hat und das theologische Lehren höchstens modifizieren, nicht aber verändern konnten. Daran erinnert die zentrale Rolle von Laien bei der ritterlichen Promotion, und es erinnert auch an die Unabhängigkeit des Rittertums nicht von religiösen Werten, wohl aber von klerikalen Vormachtansprüchen.

Der französische Historiker Ritter trifft den Kern der Sache, wenn er schreibt, daß die Voraussetzungen des Rittertums weniger mit der rein kirchlichen Perspektive Gregors VII. oder Bernhards gemein hatten, als vielmehr mit der Sichtweise der Verfechter kaiserlicher Herrschaft, in der die beiden großen Mächte, die universellen weltlichen und kirchlichen Autoritäten, jede in ihrem jeweiligen Machtbereich, für die Sache Gottes tätig waren[48] – in Harmonie, nicht in Unterwerfung unter eine der Mächte. Es waren nämlich die eifrigen Verfechter königlicher und besonders kaiserlicher Gewalt, die unter den Gebildeten zuerst die Idee von der gottgefälligen Rolle des Rittertums verbreitet hatten und damit ein Modell erstellten, von dem solche »Urtexte« wie der alte Schwertsegnungsritus ihre Konzeption vom Rittertum herleiten. Selbst die Vorstellung von der Kriegerschicht als einem der drei Stände in der chistlichen Gesellschaft – jenes Element kirchlicher Lehre, das am meisten zur Veränderung der alten heroischen Ideologie vom Waffendienst für einen bestimmten Herrn beigetragen hatte, sieht bei ihrem ersten Auftauchen (in König Alfreds Boethiusübersetzung und in einem etwas späteren fränkischen Text),[49] keine Vermittlerrolle für den Klerus zwischen Gott und Kriegerstand vor. Spätere Autoren sehen keinen Grund, an diesem Bild etwas zu ändern. Der Orden der Ritterschaft, sagt Chrétien de Troyes, ist der höchste Orden, der nach Gottes Wille geschaffen wurde[50] – er spricht nicht von der kirchlichen Einsetzung ritterlicher Pflichten, sondern unterstellt, daß sie unmittelbar von Gott kommen. Alle Ritter sollen dem Kaiser und den Königen und Baronen, die unter ihm stehen, gehorsam sein, sagt Ramón Lull und gibt so – ein wenig distanziert – die imperiale Tradition wieder.[51] Er sagt nichts vom Gehorsam gegenüber dem Stellvertreter Petri. Von Anfang an bleibt das Rittertum, auch wenn es bisweilen als Orden aufgefaßt wird, seinen weltlichen Ursprüngen treu – und seine apostolische Nachfolge wird durch weltliches Handauflegen perpetuiert.

*

Im späteren Mittelalter ist die Entwicklung einer Reihe weiterer Spielarten der Ritterschlagszeremonie überliefert. Sie sind kaum dazu geeignet, die der Zeremonie zugrunde liegenden Konzeptionen, soweit wir sie bisher nachgezeichnet haben, in einem anderen Licht erscheinen zu lassen. Wenn Änderungen eingetreten sind, dann hauptsächlich wegen der seit dem 13. Jahrhundert rückläufigen Anzahl von Männern, die sich zum Ritter machen ließen. Dieses Thema soll uns in einem späteren Kapitel beschäftigen. Einige neue Entwicklungen sind jedoch von Interesse, und ein kurzer Überblick kann dazu beitragen, die Umrisse der Probleme, mit denen wir uns bereits befaßt haben, abzurunden.

In zahlreichen frühen Texten fiel das Bestreben angehender Ritter auf, ihren Ritterschlag aus der Hand eines besonders vornehmen und berühmten Herrn zu erhalten. Im ausgehenden Mittelalter galt es als noch höhere Auszeichnung, wenn man den Ritterschlag aus der Hand eines Ritters empfing, der sich wegen seiner Tapferkeit und seiner herausragenden Taten einen Namen gemacht hatte. Peter Suchenwirt feierte in Versform, wie sein Held Adalbert III. von Österreich auf dem Kreuzzug von dem Kreuzzugsveteranen Graf Hermann zum Ritter geschlagen wurde[52]; und Ghillebert de Lannoy erzählt seinem Sohn voller Stolz, wie er während eines Feldzugs in Polen von dem deutschen Ritter Ruffe von Pallen den Ritterschlag erhielt.[53] Franz I. bestand darauf, die Ritterwürde von dem als *Chevalier sans reproche* bekannten Bayart zu empfangen.[54] Man war davon überzeugt, daß beide Teile von einer solchen Beziehung Ehre hätten. Diese Auffassung illustriert Zuraras Geschichte vom Ritterschlag Suerio da Costas auf einer der Expeditionen Heinrichs des Seefahrers nach Westafrika. Er legte Wert darauf, die Ritterehren aus der Hand seines Gefährten Alvaro de Freitas zu empfangen, »denn er kannte ihn als solchen Ritter, daß seine eigene Ritterwürde über jeden Zweifel erhaben sein mußte«. Der Chronist fährt fort: »Dieser vornehme Mann wurde zum Ritter gemacht... und ich glaube gewiß, daß Alvaro de Freitas, obwohl er ein edler Ritter war und es sich begeben hatte, daß er auch andere als ihn zum Ritter schlug, noch niemals mit seinem Schwert das Haupt eines so vornehmen Mannes berührt hat, und er ist nicht weniger geehrt worden, daß Suerio da Costa nachsuchte, von seiner Hand zum Ritter gemacht zu werden, wenn ihm ehrenhafte Könige und edle Fürsten dasselbe angetragen hätten.«[55] Diese Geschichten zeigen, wie sehr sich die Ritterschaft im ausgehenden Mittelalter bewußt war, eine – wie ich es nenne – apostolische Nachfolge zu haben, und sie illustrieren ein Vertrauen in ihre eigene unabhängige Ethik.

Andere suchten ihren Ritterschlag zu Zeitpunkten oder an Orten zu erhalten, die ihrer Ritterwürde einen bestimmten Akzent verleihen konnten. Während ihrer Krönungsaufenthalte in Rom vollzogen die Kaiser Karl iv., Sigismund und Friedrich iii. häufig am Tiberufer Ritterschlagszeremonien: »Auf der Brücke über den Tiber entfaltete der Kaiser die Banner des Reiches und des Heiligen Georg, und unter ihnen schlug er viele zu Rittern«, heißt es in der *Romfahrt* des Sigismund.[56] Bei dieser Begebenheit nutzte man teilweise die Assoziation von Rittertum und Reich mit dem Ruhm des alten Rom, dessen Ritterschaft einst die Welt erobert hatte. Ähnliche Ideen spielten wohl auch bei dem von Cola di Rienzo ersonnenen Ritual für seinen eigenen Ritterschlag eine Rolle[57] (wobei er sich mehr auf den Ruhm der Republik als des Reiches bezog). Diejenigen, die in England ihre Ritterwürde zu bestimmten feierlichen Gelegenheiten im Rahmen eines besonderen Rituals erhalten hatten (das in verschiedenen Handschriften des 15. Jahrhunderts überliefert ist)[58], wurden als »Knights of the Bath« ausgezeichnet. Man sagte auch, sie seien in den »Order of the Bath«, den »Bath-Orden«, aufgenommen worden – es war dies kein institutionalisierter, kooperativer Orden wie etwa der Hosenbandorden oder der Burgundische Orden vom Goldenen Vlies, aber der Anspruch zeigt doch, daß dabei ein gewisses Zusammengehörigkeitsgefühl unter denen existierte, die auf diese Weise in den Ritterstand getreten waren.

Die im ausgehenden Mittelalter auf einer Pilgerfahrt zum Heiligen Grab in Jerusalem ihre Ritterwürde erhalten hatten, wurden ebenfalls als Mitglied eines »Ordens« bezeichnet.[59] An diesem Ort,

der das Leiden Christi, aber auch den Triumph des Ersten Kreuzzugs gesehen hatte, zum Ritter geschlagen zu werden, bedeutete
zweifellos eine starke religiöse Motivation. Bis ins 15. Jahrhundert
hinein, als Papst Alexander VI. dem Guardian der Jerusalemer
Franziskanerkirche das Privileg des Ritterschlags am Heiligen Grab
verlieh, scheint die Zeremonie ausschließlich von Laien vorgenommen worden zu sein. Deswegen kann diese im 14. Jahrhundert entstandene Ritterschlagsmode nicht mit dem kirchlichen Ritus der
Pontifikale zusammengebracht werden. Die Praxis scheint besonders unter der deutschen Ritterschaft populär gewesen zu sein, und
ein Teil ihrer Anziehungskraft mag darin gelegen haben, daß ein
»freier« Reichsritter bei dieser Art des Ritterschlags die Unterwerfung unter einen fürstlichen Lehnsherrn vermeiden konnte. Auf
deutschen Rittergräbern ist bisweilen das Wappen des Königreichs
Jerusalem abgebildet und soll wohl darauf hinweisen, daß der Ritter
seinen Ritterschlag am Heiligen Grab erhielt, oder doch zumindest,
daß er dort hingepilgert war und sich jetzt mit Fug und Recht Ritter
vom »Orden des Heiligen Grabes« nennen durfte.[60] Auf diese Weise
zu einem Ritterschlag zu kommen, kann auch von literarischen
Zeugnissen angeregt worden sein: In der *Chanson d'Antioche* aus dem
12. Jahrhundert ist eine Szene mit Ritterschlag am Heiligen Grab
überliefert[61] – ein gutes Beispiel übrigens, daß Literatur bei der Verbreitung ritterlicher Sitten und Riten eine bedeutende Rolle spielen
konnte. Literarische Beschreibungen von Ritterschlagszeremonien
in Kirchen förderten mit ziemlicher Sicherheit die Verbreitung dieser Praxis im 12. und 13. Jahrhundert mehr als irgendein liturgischer Text.

Einige spätmittelalterliche Quellen nennen drei hauptsächliche
Anlässe für die Erhebung in den Ritterstand.[62] Der Ritterschlag
kann gegeben werden, heißt es darin, wenn der Kaiser oder ein König einen feierlichen Hoftag hält oder bei seiner Krönung. Meist findet die Zeremonie in der Kirche statt, nach dem Bad und der Nacht-
wache, und der Fürst selbst »oder einer der Herren, der selbst Ritter
ist«, gürtet den Anwärter mit dem Schwert. Das ist der erste in den

Texten erwähnte Anlaß – und er paßt gut in unser Bild von der feierlichen Ritterschlagszeremonie während des Romaufenthalts der deutschen Kaiser oder als die englischen Könige den »Knights of the Bath« den Ritterschlag gaben. Der zweite Anlaß ist die Pilgerfahrt zum Heiligen Grab, deren Praxis wir bis zu den Anfängen zurückverfolgt haben. Die dritte, von allen Quellen genannte Gelegenheit für einen Ritterschlag ist der Tag vor einer Schlacht oder dem Sturm auf eine Stadt, an dem die Männer zu Rittern gemacht werden sollen, »damit sich ihre Stärke und ihre Tugend vermehren«. Von der 2. Hälfte des 13. Jahrhunderts an wird dies die übliche Gelegenheit für einen Ritterschlag. Wir hören beispielsweise von Ottokar von Böhmen, der am Vorabend einer Schlacht gegen die Ungarn 1260 in seinem Kriegsgefolge eine Massenpromotion vornahm[63], und wir hören von Simon de Montfort (der Jüngere, Earl of Leicester), der den jungen Earl of Gloucester und einige andere junge Adelige am Vorabend der Schlacht von Lewes (1264) zu Rittern machte.[64] Es handelte sich dabei nicht um eine neue Erscheinungsform, und obwohl frühere Belege selten sind, führen sie uns doch bis ins 11. Jahrhundert zurück: Robert vom Bellême wurde von Wilhelm dem Eroberer bei der Belagerung von Fresnai de Vicomte im Jahre 1073 zum Ritter gegürtet.[65] Im Heiligen Land wurden vor der Schlacht von Ramleh 1101 eine Reihe von Männern zu Rittern gemacht, und Ordericus Vitalis berichtet, daß Cicely, die Gemahlin Tancreds von Antiochia, Gervase Brito, Haimo, Vicomte von Dol »und andere Knappen« 1119 am Vorabend der Schlacht zu Rittern machte.[66] Im 14. und 15. Jahrhundert gehörte die Ritterschlagszeremonie zur gewohnten Erscheinung vor einer Schlacht, und die Seiten der Chroniken – wie die des Froissart – sind folglich mit Hinweisen auf solche Zeremonien gefüllt.

In einigen Fällen erfahren wir, wie die am Vorabend einer Schlacht zum Ritter geschlagenen jungen Ritter von denen instruiert wurden, die sie zu Rittern gemacht hatten. Zwei solcher Beschreibungen sollen nebeneinandergestellt werden – eine stammt aus einer literarischen Quelle, die andere aus einer Chronik. Die

Übereinstimmung der beiden Quellen ist frappierend, und sie liefern interessante Hinweise darauf, wie man damals solche Ritterschlagszeremonien beurteilte. Im *Durmart le Galois*, einem Roman vom Ende des 13. Jahrhunderts ist zu lesen, wie der Held der Erzählung zwanzig adelige Knappen zu Rittern macht, die außerhalb von Limerick eine Mühle im Namen seiner Geliebten, der Königin von Irland, besetzt halten, um sie gegen den Usurpator, König Nogans, zu verteidigen. »Ihr Herren«, wandte sich Durmart an sie,

> *»... jetzt seid ihr Ritter, und es geziemt sich, daß ich euch erzähle, was zur Ritterlichkeit gehört. Ein Ritter muß kühn, höfisch, großzügig, treu und von angenehmer Rede sein, unerbittlich gegenüber seinen Feinden, offen und freundlich zu seinen Freunden. Und damit niemand sagt, daß der, der nicht seinen Schild in Krieg und Turnier getragen und auch keine Schläge ausgeteilt hat, nicht zu Recht Ritter genannt werden dürfe, so betragt euch in der Weise, daß ihr mit vollem Recht diesen Namen tragt. Der hat ein Anrecht auf den Ehrennamen Ritter, der sich mit Waffen bewährte und damit die Anerkennung der Leute erlangte. Trachtet deswegen an diesem Tag danach, Taten zu vollbringen, die der Erinnerung wert sind, denn jeder neue Ritter sollte einen guten Anfang machen.«*[67]

Auf diese fiktionale Rede folgt Froissarts Wiedergabe einer Rede König Jaimes von Portugal, die er am Vorabend seines Sieges über die Kastilier bei Aljubarotta 1385 anläßlich der Erhebung von sechzig portugiesischen und englischen Knappen in den Ritterstand hielt.

> *»Ihr guten Herren, sagte er, der Orden der Ritterschaft ist so angesehen und edel, daß ein Ritter niemals mit etwas Niedrigem zu tun haben soll, mit etwas Nichtswürdigem oder mit Feigheit, sondern er sollte kühn und stolz wie der Löwe sein, der seine Beute verfolgt. Und deshalb ist es mein Wunsch, daß ihr an diesem Tag so viel Tapferkeit zeigt, wie es sich für euch geziemt. Aus diesem Grunde habe ich euch in dieser Schlacht in die erste Reihe gestellt – dort trachtet danach, Ehre zu gewinnen, sonst sind euch die Sporen zu Unrecht angeheftet worden.«*[68]

König Jaime, sagt Froissart, machte aus diesen jungen Männern, die er in die Vorhut stellte, Ritter im »Namen Gottes und des Heiligen Georg«. Die ritterlichen Pflichten, an die er und Durandus im

125

Roman seine jungen Ritter erinnern, waren überwiegend weltlich. Die von beiden erwähnten Tugenden entsprechen denen, die die *chansons* und die Romane schon vorher in stereotypen Formeln ritterlicher Eigenschaften gegossen hatten: *hardiesse* (Kühnheit) *loyauté* (Treue), *prouesse* (Tapferkeit). Kühnheit, die Ausübung eines guten Dienstes und die Ehre der Ritterlichkeit sind die Angelpunkte ihrer Anweisungen. Kühnheit und Tapferkeit sind natürlich auch in einem religiösen Zusammenhang einsetzbare Eigenschaften, so wie beim Kreuzzug gegen die Heiden, es sind aber Qualitäten, die im Grunde kriegerische und nicht religiöse Bezüge haben. Sie werden darüber hinaus eingesetzt, um den Lohn weltlichen Ruhms zu gewinnen. Die meisten der in den Reden angesprochenen Normen vertragen sich durchaus mit der kirchlichen Lehre von den Tugenden und Lastern. Nur schwer allerdings der Hinweis, es sei Aufgabe des Ritters, sich einen Namen zu machen. Hier können sich Anklänge an die Hoffahrt ergeben, die in den Predigten als das Hauptübel der Ritterschaft und des Adels hingestellt wird. Vieles indessen kann nicht von der Kirchenlehre abgeleitet werden und war auch niemals mit ihr verbunden. Vielmehr gibt es von Anfang an in der Idee des Rittertums Bezüge zu heroischen Idealen. Auch im ausgehenden Mittelalter ist das Vermächtnis aus der Zeit der Kriegergefolgschaften noch spürbar, vielleicht noch am ehesten in den zahlreichen Schilderungen der Ritterschlagszeremonien am Vorabend einer Schlacht.

Es gab einen spezifisch religiösen Traditionsstrang in der Geschichte der ritterlichen Schwertleite, und er war wichtig, er findet sich aber vornehmlich im Rahmen weltlicher Ideologie, die in einer christianisierten Version heroischer Traditionen begründet ist, wobei Kirchenlehre und Predigt nur modifizierend, nicht verändernd wirken konnten. Die richtige Perspektive zeigt sich uns in der wunderschönen Passage des *Lancelot*-Romans, in der die Frau vom See ihren Schützling in die Pflichten eines Ritters einweist und ihm die Bedeutung der ritterlichen Waffen erklärt.[69] Alles, was sie zu sagen hat, ist durchdrungen von religiösem Sinn und Symbolismus. Wenn wir ihr zuhören, wie sie die christliche und ethische Bedeutung von Schwert und Schild, Lanze und Rüstung erläutert, werden wir daran erinnert, daß eine rein säkulare Welt, völlig getrennt von religiösen Wertmaßstäben, eigentlich überhaupt nicht denkbar ist. Wir sollten aber auch berücksichtigen, wer dem jungen Lanzelot diese Instruktionen gab: eine vornehme Dame aus königlicher Familie, mit magischen Kräften begabt – und nicht ein Priester. Die Tugenden, die Lanzelot in seinem Leben beweisen mußte und von denen die Romane erzählen, waren die weltlichen Tugenden der Kühnheit, Tapferkeit und Vasallentreue. Die Frau vom See umhüllte lediglich die kriegerische Berufung und den kriegerischen Ehrenkodex mit einem christlichen Gewand. Genauso verhielt es sich mit dem Ritterschlag, wenn er im Rahmen einer kunstvollen Zeremonie in der Kirche stattfand. Dabei sah ich kriegerische Energie nicht kirchlicher Regel unterworfen – und der Ritterschlag war und wurde niemals ein achtes Sakrament.

Turnier von Calais im Januar 1414. Die Barriere innerhalb der Schranken sollte die Kollision der Pferde verhindern (S. 313).

Nächste Seite:

Seit dem ausgehenden 12. Jh. bewegen sich höhere Aristokratie und kleine Ritter aufeinander zu: einfache Soldaten dürfen das gleiche Wappenschild wie ihre Führer tragen (S. 195).

diopuld°

diopuld°

5. KAPITEL

Die Entstehung des Turniers

DIESELBE ROMANTISCHE LITERATUR, die uns so viel lehrt über den Ritterschlag und die Konzeptionen des Rittertums, ist auch die Hauptquelle für die Frühgeschichte des Turniers. Alle großen Helden der Artusliteratur waren Meister des Turniers, sogar – kirchlichem Verbot zum Trotz – der makellose Galahad.[1] Die auf einen modernen Leser geradezu übertrieben wirkenden, breitangelegten Schilderungen von Turnieren bezeugen ihre außerordentliche Bedeutung für das ritterliche Leben. Aufgrund ihrer Popularität und weil sie Sammelpunkte für Ritter aus allen Himmelsrichtungen waren, trugen die Turniere in starkem Maße dazu bei, Normen und Rituale des europäischen Rittertums zu verbreiten. Daß ihre Popularität trotz des starren kirchlichen Verbots zunahm, ist darüber hinaus ein Maßstab, inwieweit sich ritterliche Werte und Ansichten unabhängig vom Klima offizieller kirchlicher Meinung entwickelten. Die Entwicklungsgeschichte des Turniers als spezifisch ritterlicher Aktivität ist ein wichtiges Kapitel aus der Frühgeschichte des Rittertums.

Die Geschichte des Turniers setzt in der gleichen Periode ein, in der auch die Konzeptionen des Rittertums und die Aufnahmezeremonien in den Ritterstand deutlichere Konturen anzunehmen beginnen – in den hundert Jahren zwischen der Mitte des 11. und der Mitte des 12. Jahrhunderts. Scheingefechte und Waffentraining sind nicht voneinander zu trennen, und zweifellos hatte auch das Turnier eine Vorgeschichte – aber sie liegt im Dunkel. Obwohl eine ungesicherte Überlieferung die »Erfindung« des Turniers dem 1066 getöteten angiovinischen Ritter Geoffroy de Preuilly zuschreibt[2], hören wir von Turnieren bis ungefähr 1100 nicht viel, und sie erscheinen auch nicht in den frühen *chansons de geste*. »Viele der Autoren des 12. Jahrhunderts, die das Wort benutzen, scheinen es als Neubildung zu behandeln.«[3] Nach dem ersten Viertel des Jahrhunderts waren jedoch die Turniere in Frankreich, besonders in Nordfrankreich, bereits populär geworden. In der Regierungszeit Heinrichs I. von England erwähnt eine Urkunde Osberts von Arden die bemalten Lanzen, die er bei seinen Turnierfahrten jenseits des Ärmelkanals mit sich führte.[4] Galbert von Brügge überliefert, daß der 1127 ermordete Graf Karl der Gute von Flandern »Turniere in der Normandie und in Frankreich und auch außerhalb des Königreichs besuchte, um seine Ritter in Friedenszeiten zu üben und dabei seinen und seines Landes Ruf und Ruhm zu erhöhen.« Otto von Freising erwähnt ein »Turnier« in Würzburg 1127.[5] 1130 dann kommt die Verdammung durch Papst Innozenz II. auf dem zweiten Konzil von Clermont – dieser, wie er es nennt »verabscheuungswürdigen Belustigungen und Festlichkeiten, in der Sprache des Volkes Turniere genannt, an denen Ritter sich zu versammeln pflegen, um ihre Stärke und ihre tollkühne Dreistigkeit zur Schau zu stellen«. Er ordnet an, allen, die auf einem Turnier getötet werden, in Zukunft das christliche Begräbnis zu verweigern.[6] Doch zu dieser Zeit war die Beliebtheit der Turniere offensichtlich schon so allgemein, daß sie die Besorgnis wenigstens einer der allumfassenden Autoritäten der Christenheit erregte.

Im folgenden halben Jahrhundert finden wir Erwähnungen des Turniers zuhauf, und es gibt nun keinen Zweifel mehr, daß es sich einer uneingeschränkten Beliebtheit erfreute. Frankreich galt als das Geburtsland der Turniere, wie die entsprechende Bezeichnung englischer Chronisten bezeugt: *conflictus Gallicus*.[7] Die meisten von Wilhelm dem Marschall in den 1170er und 1180er Jahren besuchten Turniere fanden in Nordfrankreich und der Champagne statt – Graf Heinrich von Champagne war Förderer von Turnieren und höfischer Dichtkunst zugleich. Für Wolfram von Eschenbach war es einige Dekaden später keine Frage, daß Gahmuret, der Vater seines

Helden Parzival und ein großer Turnierkämpfer, aus dem Anjou stammte. Aber auch die Niederlande waren von früh an ein Zentrum des Turnierwesens: Philipp von Flandern – wie Heinrich von Champagne ein Mäzen Chrétiens – war für seine Turnierbegeisterung bekannt. Das gleiche gilt auch für Graf Balduin von Hainault. Aber auch anderswo erfreuten sich Turniere großer Beliebtheit. 1159 hören wir von einem Turnier im syrischen Antiochia, es muß eine prächtige und feierliche Veranstaltung gewesen sein, denn der byzantinische Kaiser Manuel Komnenos nahm persönlich daran teil.[8] Vom sächsischen Erzbischof Wichman von Magdeburg ist 1175 überliefert, daß er alle Teilnehmer an Turnieren exkommunizierte, nachdem er erfahren hatte, daß im Laufe eines Jahres nicht weniger als sechzehn Ritter bei Turnieren getötet worden waren.[9] Die Turnierwelle breitete sich über die gesamte Christenheit aus. Bevor wir jedoch den Geburtsort Frankreich aus dem Auge verlieren, muß noch eine Anmerkung zur Verbreitungsgeschichte der Turniermode gemacht werden: Auffälligerweise stehen die mit der Förderung höfischer und ritterlicher Literatur verbundenen Namen und Familien auch mit der Förderung von Turnieren im Zusammenhang – das betrifft nicht nur die erwähnten Grafen Heinrich von Champagne und Philipp von Flandern, sondern auch Eleonore von Aquitanien und ihre Söhne Heinrich der Junge König, Geoffroy von Bretagne und Richard I. Das gleiche gilt für den großen Barbarossa in Deutschland. Wie wir sehen werden, gibt es hier eine in ihrer Bedeutung möglicherweise nicht zu unterschätzende Verbindung.

Fast alle frühen detaillierten Berichte über Turniere stammen in der Tat aus literarischen Quellen, die natürlich den Verdacht zulassen, ein unzutreffend glänzendes Bild von den Verhältnissen zu entwerfen. Gesteht man auch ein gewisses Maß an literarischer Romantisierung zu, dann stimmen die Turnierschilderungen etwa eines Chrétien de Troyes doch recht gut mit eher historischen Quellen, wie der Versbiographie Wilhelm des Marschalls, überein. Aus beiden Quellengruppen geht hervor, daß Turniere des 12. Jahrhunderts ziemlich rauhe Angelegenheiten gewesen sein müssen – überhaupt waren sie wohl kaum von richtigen Schlachten zu unterscheiden. Ein Turnier wurde ungefähr zwei bis drei Wochen vorher anberaumt und durch Boten kundgemacht. Der Turnierplatz wurde im voraus bestimmt und konnte ein großes Gebiet umfassen, so daß regelrecht ein Kampf über Land und bis in die Dorfgemarkungen hinein möglich war. Die Grenzen legte man meist so fest, daß das Turniergebiet zwischen den Weichbildern zweier Städte lag, beispielsweise zwischen Rougemont und Montbéliard, oder – wie aus den Turnierreglements Richards I. für England hervorgeht – zwischen Warwick und Kenilworth.[10] Schranken gab es nicht, die einzigen Orte, an denen sich die Turnierteilnehmer sicher und geschützt aufhalten konnten, waren mit Seilen umzäunte »Refugien«. Dort hatten sie die Erlaubnis, sich auszuruhen und die Waffen abzulegen. Die Teilnehmer wurden meist in zwei Scharen geteilt, beispielsweise in »Franzosen« und »Angiovinen« oder in England in »Nordleute« und »Südleute«, und es bildeten sich alsbald feste Regeln heraus, zu welcher Schar die Ritter einer bestimmten Landsmannschaft oder »Mark« gehören sollten. Richter oder Schiedsrichter sind in den frühen Berichten nicht erwähnt, und obwohl Lanze und Schwert die Hauptwaffen waren, gab es auf diesem Gebiet im Grunde keinerlei Verbote (Pfeile und Bolzen wurden dagegen wohl nicht gerne gesehen). Es konnten Gefangene gemacht werden, und Lösegeld wurde erhoben, Pferde und Waffen waren legitime Beute des Siegers. Chrétiens Beschreibung des Turniers auf der Ebene unterhalb von Tenebroc in *Erec et Enide* vermittelt recht gut das Durcheinander unmittelbar vor Kampfbeginn: »Auf jeder Seite erbebt die Reihe der Kämpfer, und ein Gebrüll erhebt sich vom Kampf. Der Aufprall der Lanzen ist sehr stark. Lanzen brechen und Schilde bersten, die Eisenhauben erhalten Schläge und gehen in Stücke, Sättel leeren sich, Reiter stürzen, die Pferde sind in Schweiß und Schaum, Schwerter werden rasch gezogen gegen die mit Krachen Hinstürzenden, manche rennen, um ein Lösegeld zu gewinnen, andere, um die Schande abzuwehren.«[11] Wahrhaftig, die Spanne zwischen Spaß und Ernst konnte unter Umständen sehr gering sein.

Die literarischen Quellen setzen anschaulich das Turniergetümmel ins Bild, die historischen Quellen enthüllen, um welch ein ernstzunehmendes und gefährliches Geschäft es sich dabei handelte. Als Balduin, Sohn des Grafen von Hainault, entgegen dem Brauch sich beim Turnier zwischen Gournay und Resson le Mals 1169 auf die Seite der Franzosen gegen die Flamen schlug (weil die ersteren in der Überzahl waren), geriet Philipp von Flandern dermaßen in Zorn, daß er unverzüglich zu Pferd angriff und sein Fußvolk aufziehen ließ,»als sei es für den Krieg«.[12] Im Jahr darauf kam Balduin zum Turnier von Trazegnis, und weil er wußte, daß einer seiner Nachbarn, der Herzog von Brabant, Groll gegen ihn hegte, brachte er eine starke Truppe Fußvolks mit sich,»damit er auf dem Turnier sicherer wäre«.[13] Unter diesen Umständen boten Turniere willkommene Gelegenheiten, auf unverdächtige Weise alte Rivalitäten auszutragen, und im Ungestüm der Konfrontation war die Selbstbeherrschung schnell verloren. Wilhelm von Valence, der Cousin Heinrichs III., bezog beim Turnier von Newbury 1248 von den Schildknappen seines Gegners heftige Prügel, und als er und seine Leute bei Brackley etwas später im Jahr die Oberhand erkämpft hatten, nahmen sie Rache und setzen ihrerseits den»jungen Männern« der Gegenseite kräftig zu. Noch einmal erhielten die Gegner Wilhelms Schläge, als sie 1251 bei Rochester ihr Heil in der Flucht suchen mußten.[14] Auf dem Turnier zu Chalons 1273 gerieten die Dinge außer Kontrolle, weil der Graf von Chalons Eduard I. von England am Genick gepackt hatte und ihn vom Pferd werfen wollte – unter Bruch der Regeln, wie der König meinte. Das Fußvolk griff ein, und es kam zu Toten und Verwundeten unter den Beteiligten und den Zuschauern. Der Vorfall blieb nicht als Turnier, sondern als die»kleine Schlacht von Chalons« in Erinnerung.[15]

Das Blutvergießen einzuschränken und Wut- und Haßausbrüche zu vermeiden, waren dann auch die Hauptanliegen der Turnierregeln, die von den englischen Königen Richard I. und Eduard I. aufgestellt wurden. Richards Reglement ließ Turniere auf fünf markierten Arealen des offenen Geländes zu und erhob für alle Teilnehmer eine Gebühr: 20 Mark für einen Herzog, 10 Mark für einen Baron, 4 Mark für einen Ritter mit Landbesitz und 2 Mark für einen Ritter ohne Landbesitz. Die Herzöge von Warenne, Gloucester und Salisbury bildeten ein Schiedsrichtergremium, und alle, die am Turnier teilnehmen wollten, mußten die Gebühr im voraus zahlen und schwören, den Frieden nicht zu brechen.[16] Die Statuten Eduards I. waren da schon differenzierter: Sie begrenzten die Anzahl des Gefolges von Baronen und Rittern, zwangen zur Verwendung stumpfer Waffen und verboten den Knechten und Fußsoldaten, Angriffswaffen zu tragen, und bestimmten, daß bei festlichen Anlässen nur den Leibknappen zusammen mit ihren Herren Zugang gewährt werden dürfe.[17] Diese königlichen Turnierregeln waren wohl allein für England typisch[18], im 13. Jahrhundert nimmt aber, so ist allgemein zu beobachten, die Brutalität der Turniere ab. Man bestand immer mehr auf der Verwendung stumpfer Waffen (in späteren Wendungen »Waffen *à plaisance*« im Gegensatz zu »Waffen *à outrance*«), und es ist außer Frage, daß bei bestimmten Reiterspielen (besonders beim sogenannten »Buhurt«, frz. *behourde*) Turnierwaffen aus hartem, gestopftem Leder und aus nicht-metallischem Material benutzt wurden. Man hört auch häufiger von Schiedsrichtern oder *»diseurs«*, und die Größe des Kampfplatzes mußte genauer festgelegt werden, damit die Schiedsrichter den Überblick behielten und ihre Auszeichnungen für tapferes Auftreten richtig vergeben konnten. Die Tjost, der Einzelkampf zwischen zwei Rittern, ging in den Tagen Wilhelms des Marschalls in ungeordneter Weise dem Beginn des eigentlichen Turniers, dem Angriff der beiden Scharen, voraus und erfuhr jetzt eine genauere Regelung. Die Art ihrer Durchführung hat viel von den zahllosen literarischen Schilderungen gerichtlicher Zweikämpfe (meist zwischen dem Helden und einem Missetäter) aufgenommen, die zweifellos sehr beliebt waren, denn wenn das Turnier ein Scheinkrieg ist, dann ist die Tjost ein Scheinduell. Die Tjoste begannen sich nun in den Bahnen des gewohnten Doppeltreffens zu entwickeln, zwischen Paaren von Gegnern, die sich der Reihe nach von den gegenüberliegenden Enden der Schranken näherten und vor den Zuschauern gegeneinander anritten. Am Turnier von Chauvency 1285 waren am Anfang der Festwoche zwei Tage der Tjost vorbehalten, bevor am Donnerstag dann das große Turnier, der Höhepunkt des Treffens, stattfand.[19] Zum Ende des 13. Jahrhunderts hin verlief das Turnier zunehmend in mehr zeremoniellen Bahnen, und der Unterschied zum richtigen Krieg wurde deutlicher.

Auch noch in der Zeit nach Chauvency blieb das eigentliche Turnier eine wilde und ausgesprochen gefährliche Angelegenheit. Natürlich waren die Risiken Teil der Attraktion (wie heutzutage beim Bergsteigen oder beim Autorennen), aber trotz aller Bemühungen, den »Kurs« sicherer zu machen, blieb das Risiko unangenehm hoch. Das Lied von den tödlichen Turnierunfällen im 13. Jahrhundert ist lang und voller Jammer, und es nennt die Namen großer Männer an erster Stelle: Geoffroy de Mandeville, Earl von Essex, wurde 1216 bei einem Turnier zu Tode getrampelt[20], Florence, Graf von Holland, wurde 1223 im Turnierkampf getötet, sein Sohn Florence kam 1234 auf dieselbe Weise ums Leben, ebenso Wilhelm, der Bruder des letzteren Florence, im Jahre 1238.[21] 1279 erhielt Robert von Clermont, der Bruder Philipps III. von Frankreich, bei seinem ersten Turnier Kopfverletzungen, die ihn für den Rest seines Lebens zu einem Pflegefall werden ließen.[22] Das sind nur einige Männer, die getötet oder verstümmelt wurden, und ihre Namen geben keineswegs einen vollständigen Eindruck von der Skala der Unglücksfälle. Bei einem Turnier in Neuss sollen über achtzig Ritter ihr Leben verloren haben – viele von ihnen erstickten vermutlich in ihren Rüstungen vor lauter Staub und Hitze.[23] Zahlreiche Tote gab es bei der »Kleinen Schlacht von Chalons« und auch in Hertford 1241, wo Gilbert der Marschall sein Ende fand.[24] Bei solchen Zwischenfällen wurden schnell Verdächtigungen wegen unehrlichen und regelwidrigen Spiels laut, und die politischen Konsequenzen solcher Todesfälle konnten fatal sein. Der Turniertod Herzog Gilberts und die Art, wie Heinrich III. seine Erbschaftsfrage behandelte, waren ein wichtiger Faktor bei der sich verschlechternden Beziehung zwi-

schen diesem König und seinen englischen Baronen, die ihren Tiefpunkt in den Bürgerkriegen zur Zeit Simons de Montfort erreichten.

Wie kam es dann, so könnte die berechtigte Frage lauten, daß die
Popularität der Turniere dem Ansturm all des damit einhergehen-
den Unglücks und der Turbulenzen nicht nur widerstand, sondern
sich noch im Laufe der Zeit erhöhte? Dafür nun gibt es eine ganze
Reihe guter Gründe. Zuallererst waren Turniere zweifellos ein gutes
Training für den Krieg, wie überhaupt Waffenübung das Geheimnis der im Dunkel liegenden Frühgeschichte des Turniers zu sein
scheint. Da Turniere genau zu der Zeit in unser Blickfeld treten, als
sich der Reiterangriff mit eingelegter Lanze zu entwickeln begann
und das Brechen der Lanzen und das Abwerfen des Gegners aus
dem Sattel im Mittelpunkt aller einigermaßen detaillierter Kampf-
schilderungen in Literatur- und Geschichtsquellen stehen, erscheint
es naheliegend, beides miteinander in Beziehung zu setzen. Da die
in einem Turnier gegeneinander antretenden Scharen eine Spiegelung der feudalen Beziehungen zwischen Lehnsherr und Gefolgschaft und zugleich einer gemeinsamen landsmannschaftlichen Zugehörigkeit waren, boten die Turniere allen, die genötigt waren, bei
einem wirklichen Feldzug zusammen zu kämpfen, die willkommene
Gelegenheit, als Gruppe zu operieren. Wie dem auch sei, ganz offensichtlich gab die Notwendigkeit des militärischen Trainings den
entscheidenden Anstoß für das Aufkommen der Turniere, und daß
sie günstige Möglichkeiten boten, sich im Reiten und im Gebrauch
der Waffen zu üben, liegt auf der Hand. Roger von Hoveden berichtet, daß die Söhne Heinrichs II. nach Frankreich gingen, um an Turnieren teilzunehmen (die der Vater in England verboten hatte),
denn sie wußten, daß Kriegstüchtigkeit nur in der Praxis zu erreichen war und daß »auf den Krieg unvorbereitet ist, wer noch niemals sein eigenes Blut fließen sah, niemals seine Zähne unter dem
Hieb des Gegners knirschen hörte oder niemals das volle Gewicht
des Gegners auf sich lasten fühlte«.[25] Richard I. änderte die Turnier-
politik seines Vaters, weil – wie William von Newburgh mitteilt – die
Franzosen in seinen Augen »schlagkräftiger und besser auf einen

Krieg vorbereitet waren..., und er wollte nicht, daß die Franzosen die Ritter seines Landes wegen Ungeschlachtheit und mangelnder Kunstfertigkeit verspotteten.«[26] Der im 13. Jahrhundert wirkende Übersetzer der klassischen Abhandlung des Vegetius über Taktik, Jean de Meung, bemerkte – in Abweichung von seiner Vorlage –, daß zu seiner Zeit Turniere den jungen Adligen die gleichen Übungsmöglichkeiten boten wie damals die Gladiatorenkämpfe der antiken Welt (wie er fälschlicherweise glaubte).[27] Sein Zeitgenosse Heinrich von Laon vertrat bezeichnenderweise die Auffassung, die Turniere seiner Zeit seien zu lasch und zu zeremoniell. Sie müßten rauh und wild bleiben, denn ihre Aufgabe sei es festzustellen, »wer Mut zu körperlicher Strapaze hat – das Hauptmerkmal eines Mannes, der zur Führung einer Truppe geeignet ist –, der das Gewicht seines Helmes aushält und nicht innehalten muß wegen Hitze und Luftmangel... der in seinem eigenen Schweiß und Blut gebadet ist – das nenne ich das wahre Bad der Ehre.«[28] Turniere mußten ungestüm und risikoreich sein, wenn sie als Vorbereitung auf den Krieg einen Sinn haben sollten.

Heinrich von Laon kritisiert am Turnierwesen des 13. Jahrhunderts außerdem, daß die Männer nicht mehr in erster Linie ihre Ehre unter Beweis stellen wollen, sondern nur erscheinen, um Beute zu gewinnen. Die Aussicht auf Bereicherung – indem man von Gefangenen Lösegeld forderte oder sich wertvolle Streitrösser aneignete – war sicherlich ein weiterer Grund für die Popularität der Turniere. »Nicht die Liebe macht junge Ritter mutig, sondern die Armut«[29] – soweit Floras Stichelei gegen Phyllis in ihrem Streitgespräch über die Frage, was bereichernder sei, die Liebe eines Ritters oder die Liebe eines Gelehrten. Die frühe Geschichte Wilhelms des Marschalls zeigt ihn als einen jungen Mann, der sein Glück auf dem Turnier machte und sich auf die geschäftliche Seite der Sache gut verstand. Im Frühjahr des Jahres 1177 kamen er und Roger de Gaugie, ein Gefährte aus dem Hofhalt des jungen Königs Heinrich, darin überein, eine Gesellschaft auf Gegenseitigkeit zu gründen, alle erreichbaren Turniere aufzusuchen und den Gewinn zu teilen – und im Verlauf von zehn Monaten erhoben sie Lösegeld von nicht weniger als einhundertdrei Rittern.[30] Die Geschicke eines Turniers konnten ebensogut zum Ruin wie zum Reichtum führen, aber Beute und Lösegeld boten den Mittellosen und den Ritteranwärtern nicht die einzige Aussicht auf Verbesserung. Wer sich auf Turnieren hervortat, konnte die Aufmerksamkeit eines Patrons auf sich lenken und so Mittellosigkeit gegen eine besser gesicherte Position eintauschen. Als Wilhelm der Marschall 1180 die Gunst des Hauses Anjou verloren hatte, war sein Name wegen seiner Tapferkeitsbeweise auf Turnieren bereits so bekannt geworden, daß ihm der Graf von Flandern und der Herzog von Burgund bereitwillig Pensionen anboten, um sich seiner Dienste zu versichern.[31] Wie wir gehört haben, lehnte Wilhelm diese Angebote ab und vertraute darauf, bald die Gunst seiner alten Herren wiedererlangen zu können (was dann auch geschah).

Besonders erhellend an dieser Geschichte ist ihre Betonung des Ruhms, der in allen Quellen, den literarischen und den historischen, durchgängig mit der Vorliebe fürs Turnier assoziiert wird und auf die zugrunde liegenden, eher materiellen Werte hindeutet. Wenn du ins Heilige Land willst, lautet im Roman der Ratschlag des Schildknappen an den Châtelain de Coucy, dann geh zu dem Turnier, das König Richard in England hat ausrufen lassen, vielleicht fällt sein Auge auf dich, und er nimmt dich in sein Gefolge auf.[32] Und so kam es dann auch. Der mittellose Châtelain begab sich zum Turnier, bewährte sich und konnte in gebührender Weise auf Richards Kosten an dem Kreuzzug teilnehmen. Die Geschichte ist nach dem Leben erzählt, denn die mächtigen Männer waren auf den Turnieren immer auf der Suche nach Talenten. Als im Jahre 1183 Balduin von Hainault gewahr wurde, daß ein Krieg gegen den Herzog von Brabant heraufzog, ging er – so wird berichtet –»unbewaffnet zu dem Turnier, das zwischen Braine und Soissons abgehalten wurde, und warb mit Bitten und Versprechungen so viele Ritter von beiden Seiten, wie er nur konnte.«[33] Wie die Dinge ablaufen konnten, illustriert der teilweise historische *Roman von Fulk Fitzwarin*. Nachdem

Fulk und sein Bruder zum Ritter geschlagen worden waren, fuhren sie übers Meer, »um Ehre und Anerkennung zu gewinnen, und sie hörten von keinem Turnier und keiner Tjost, an denen sie nicht hätten mitmachen wollen.« Als Fulks Vater gestorben war, rief ihn König Richard nach Hause zurück, übergab ihm sein Erbe unter günstigen Bedingungen und betraute ihn mit der Mark Wales, »denn der König war ihm wegen seiner Treue und seines hohen Ansehens *(grant renommee)*, das er genoß, wohlgesonnen«.[34] Anerkennung auf dem Felde des Turniers zu gewinnen, konnte sehr viel mehr bedeuten als nur Ruhm.

Der Lockton des Ruhmes klingt süß, und Stolz ist eine ebenso starke menschliche Antriebskraft wie reicher Gewinn, zumal in einer aristokratischen Gesellschaft. Mächtige Herren konnten Fußvolk zum Turnier mitbringen, »um mehr Sicherheit zu haben«, wie es Balduin von Hainault tat, aber Ruhm und Gewinne (aber auch vor allem die finanziellen Risiken) waren nur für die Ritter und nur für sie allein. Das Turnier war ein Exerzierfeld für die Elite, und dort einfach zu erscheinen, beritten und bewaffnet, mit einem oder mehreren Knappen, galt bereits als Ausweis, an den gesellschaftlichen Aktivitäten dieser Elite teilhaben zu dürfen – es war die Demonstration einer sozialen Identität. Gerade weil offenbar die ersten Schritte zu einer besseren Regulierung der Turniere eine »Säuberung« des Kampfplatzes von den weniger standesgemäßen Elementen betrafen, scheinen die Entwicklungen des Turnierwesens im 13. Jahrhundert genau diesen Aspekt – den besonderen Glanz gesellschaftlicher Zugehörigkeit – noch verstärkt zu haben. Der landlose Ritter ist bezeichnenderweise die unterste soziale Figur, deren Eintrittsgebühr Richard I. festzusetzen für würdig befand. Nicht viel später taucht die Idee auf, daß nur Ritter, die ihre Abstammung belegen konnten, zu Turnieren zugelassen werden sollten, und noch vor dem Ende des 13. Jahrhunderts fertigten die Herolde Listen über die Erbwappen derer an, die an einem Turnier teilnehmen wollten und darüber Zeugnis abgelegt hatten – Verzeichnisse also des aristokratischen Standards der dort versammelten Gesellschaft. Die Verhältnisse weisen hier bereits auf die Zeit, als es in Deutschland zur Regel wurde, niemanden zum Turnier zuzulassen, der nicht nachweisen konnte, daß seine Vorfahren über fünfzig Jahre hinweg Turniere besucht hatten, und sie weisen auf den Herold »Sizilien«, der, um Maßstäbe für die Zulassung zu einem Turnier aufzustellen, darauf bestand, daß vier Generationen adliger Abstammung nachgewiesen werden müssen.[35] Diese Tendenz ist zweifellos ein Reflex der Herausforderung bürgerlichen Reichtums an aristokratische Macht – und die Ritterschaft scheint sich dessen in wachsendem Maße bewußt gewesen zu sein. Das Bemühen wird deutlich, ihren Einfluß und ihre Lebensart – als Reaktion auf diese Herausforderung – durch strenge Exklusivität zu verteidigen. Im Gegenzug zeigt die ansteigende Popularität städtischer Turniere unter dem Stadtpatriziat besonders der Niederlande – wie etwa beim Fest der Espinette in Lille[36] oder auch dem Magdeburger Turnier von 1281 in Artuskostümen – das eifrige Bemühen der bürgerlichen Führungsschicht, ihre Wertschätzung ritterlicher Tugenden und verfeinerter Ritterlichkeit zu demonstrieren.[37] Hier wirkte die mächtige Kraft sozialen Wettbewerbs, vor einer Überbetonung von Klassenspannungen sollten wir uns indessen hüten. Die aristokratischen Wappenbücher bewahrten Wappenrollen der Preisgewinner am Fest der Espinette und berichten, wie die Könige von Frankreich und die Grafen von Flandern diese Personen wegen ihrer bewiesenen Tapferkeit erhöhten, indem sie sie vom Bürgerstand in den erblichen Adelsstand erhoben und ihnen den Zugang zu den begehrten ritterlichen Kreisen verschafften.[38] Die strenge Exklusivität der Ritterschaft wird häufig übertrieben, die Anziehungskraft des gesellschaftlichen Glanzes, den der Adel um sich verbreitete, ist dagegen nicht übertrieben – der Lockruf reichte über den dazu geborenen Personenkreis hinaus.

Der möglicherweise wirkungsvollste Einflußstrang, der für die Popularität der Turniere verantwortlich gemacht werden kann, ist bis jetzt noch nicht erwähnt worden. Es gibt in Geoffrey (Galfred) von Monmouth's *Historia regum Britanniae,* der ersten großen Zusammenfassung der Artus-Geschichten, nur eine Szene, die entfernt nach einem Turnier aussieht, aber eine bezeichnende Episode enthält: Geoffrey beschreibt König Artus großes Hoffest zu Caerleon an Pfingsten und erzählt, wie die Ritter, als das Fest vorüber war, »einen Scheinkampf veranstalteten und zu Pferde miteinander um die Wette stritten, während die Damen von den Stadtmauern herab zuschauten und die Ritter durch ihr kokettes Benehmen zu immer leidenschaftlicherer Aufregung anstachelten«.[39] In der einige Jahrzehnte später von Wace angefertigten volkssprachlichen Übersetzung desselben Werkes ist der Einschlag höfischer Liebe noch deutlicher spürbar.[40] Hinweise auf denselben Einfluß gibt es zumindest an einer Stelle in der *Histoire de Guillaume le Maréchal*, wo der Marschall und seine Begleiter vor Beginn eines Turniers auf die Gräfin von Joigni und ihre Damen treffen und sich bis zur Ankunft der Turnierteilnehmer mit Tanzen und einem von Wilhelm vorgetragenen Lied die Zeit vertreiben. Als sein erster Turniergegner auf dem Kampfplatz erscheint, stößt ihn Wilhelm in Anwesenheit der Gräfin und ihrer Damen aus dem Sattel.[41] In Chrétien de Troyes Erzählwerken, die noch vor der *Historia* geschrieben wurden, aber fiktional sind (was möglicherweise von Bedeutung ist), ist das Thema voll ausgebildet. Die Damen von Noauz und Pomeleglói sind in seinem *Lancelot* die Schutzherrinnen des großen Turniers, Königin Guinevere ist ebenfalls zugegen, und die Damen hatten ausgemacht, sich denen zur Frau zu geben, die ihre Tapferkeit unter Beweis stellen konnten.[42] Die Szene ist so aufgebaut, um zu zeigen, wie Lanzelot, der beispielhafte Liebhaber, bereit war, sich auf Geheiß seiner Dame Guinevere bei den Rittern und Damen lächerlich zu machen (obwohl sie ihn am Ende doch bittet, sein Bestes im Kampf zu geben, und man war sich einig, daß er alle übertroffen hatte). Nach Chrétien gilt keine Turnierbeschreibung mehr als vollständig ohne das Erzählelement der beim Turnier zuschauenden Damen, ohne die »Zeichen« von ihrem Gewand, die Schleifen ihres Kleides oder ihrer Haare, die die Kämpfer stolz beim Turnier trugen. Die Gegenwart der Frauen, in Wirklichkeit und Phantasie, verlieh dem Aufeinandertreffen der Ritter eine starke erotische Dimension.

Jetzt erklärt sich, warum die Namen großer Förderer von Turnieren im 12. Jahrhundert mit den Namen großer Mäzene höfischer Literatur identisch sind. Eine der wichtigsten literarischen Entdeckungen höfischer Literaten dieser Epoche war der Weg, wie der Liebeskult der Troubadours und die traditionelle Rittererzählung (die auf eine Abfolge kriegerischer Episoden Wert legte), so verkoppelt werden konnte, daß die alte Erzählform einen neuen Kern erhielt. Da sie für ein aristokratisches Publikum schrieben, sorgten die Geschichtenerzähler dafür, ihren literarischen Bildern von Festen und Turnieren die in der ritterlichen Gesellschaft so beliebten leuchtenden Farben zu verleihen und bei glänzenden Rüstungen, wappenverzierten Schilden und Bannern, prächtigen Umhängen und kostbaren Pelzen zu verweilen. Hierbei schilderten sie Elemente des wirklichen Lebens. Es war nur natürlich, daß die ihren Erzählungen lauschende ritterliche Gesellschaft bemüht war, bei ihrem Zeitvertreib und ihren Ritualen einige Überlegungen zumindest über den romantischen Anteil, mit denen die Tätigkeiten in der literarischen Fiktion behaftet waren, anzustellen. Die Dinge so auszudrücken heißt, sie allzusehr zu vereinfachen, denn die Wechselwirkung zwischen Realität und Roman ist komplex, über die Bedeutung dieser Wechselwirkung für die Geschichte des Turniers herrscht indessen kein Zweifel. Nach unserer bisherigen Perspektive bot das Turniergetümmel einen Schauplatz roher und zuweilen extremer männlicher Gewalt. Aus dem neuen Blickwinkel, den uns die Romanautoren eröffneten, ergibt sich eine andere Szenerie, in der Farbigkeit und Gewalt bei der Selbstdarstellung des Mannes gegenüber der Frau ineinander übergehen.

Die zusätzliche höfische und amouröse Anziehungskraft des Turniers vertrug sich ohne Schwierigkeiten mit den anderen von uns erörterten Aspekten: der Bedeutung des Turniers als Trainingsmöglichkeit für den Krieg, als Gelegenheit, wertvolle Preise zu gewinnen und als gesellschaftlicher Sammelpunkt für einen bestimmten Bereich der gesellschaftlichen Elite. Darüber hinaus war das Turnier auch zu anderen und in andere Richtungen verlaufenden Entwicklungen fähig: hin zur Zeremonie, zum Theater und zu dem, was Anthropologen »Spiel« nennen. Das vielleicht beste frühe Beispiel für alle drei Aspekte zusammen sind die beiden großen Turnierfahrten des steirischen Ritters Ulrich von Lichtenstein, seine *Venusfahrt* (1227) und seine *Artusfahrt* (1240).[43] Bei seiner Venusfahrt stattete er sich selbst für die Rolle der Frau Venus mit einem prächtigen Kostüm aus (und einer Leibbinde aus langen blonden Zöpfen); damit aufgeputzt machte er sich auf den Weg von Italien nach Böhmen und forderte jeden heraus, sich zu Ehren seiner Dame zum Zweikampf zu stellen. Jedem Gegner, der mit ihm drei Lanzen brach, versprach er einen goldenen Ring. Wenn aber der Herausforderer besiegt würde, müsse er sich nach allen vier Himmelsrichtungen zu Ehren von Ulrichs Dame verneigen. Ulrichs Reise wurde viel Aufmerksamkeit entgegengebracht, und er brach, wie er behauptete, beim Tjostieren dreihundert Lanzen in einem Monat. Seine Verkleidung gab Anlaß zu manchen schlüpfrigen Scherzen, und sein Auftritt hatte durchaus burleske Züge – so zum Beispiel, als der Korb, in dem Ulrich zum Fenster seiner Dame hochgezogen wurde, samt dem Helden umkippte. Auf seine Artusfahrt begab er sich, als König Artus ausstaffiert, in Begleitung von sechs Gefährten, die ebenfalls Artusgewänder trugen. Wer mit ihnen erfoglreich die Lanzen brach, wurde in die Gesellschaft ihrer »Tafelrunde« aufgenommen. Wieviel von Ulrichs Abenteuerschilderungen wahr ist, ist schwer zu sagen. Ruth Havey schrieb: »In seinem pseudo-aristokratischen... einem Don Quijote ähnlichen Idealismus und seiner geschäftstüchtigen Berechnung sind Ernsthaftigkeit und ironisches Gelächter, die Welt des Realen und der Phantasie wahllos in einem kaleidoskopartigen Mischmasch zusammengerührt«.[44] Der Geschichte liegen aber wohl doch Elemente des Wirklichen zugrunde. Zudem war Ulrich kein verrückter *poseur* wie Don Quijote: Er war ein fähiger Territorialherr und Kriegsmann, der sich einer langen und hervorragenden kriegerischen und politischen Karriere erfreute und einen ehrenvollen Platz in der Geschichte seines Geburtslandes Steiermark einnimmt.[45] Seine Phantasien waren ziemlich überzogen, aber sie spiegeln doch etwas von dem genuinen Geist und Geschmack seines Zeitalters und seiner Schicht wider. Das geht auch aus anderen zeitgenössischen Berichten über Tjoste und Turniere hervor. Die erste Erwähnung eines Turniers in Artusgewändern findet sich nicht in Ulrichs Artusfahrt, sondern in den *Mémoires* des syrischen »Franken« Philipp von Novara, der von einem Turnier in Artuskostümen 1223 auf Zypern erzählt und das anläßlich der Schwertleite eines Sohnes des Kreuzfahrerbarons Johannes von Ibelin, Herrn von Beirut, veranstaltet wurde.[46] Weitaus mehr wissen wir von einem Turnier zu Hem, organisiert von den Adelsherren Aubert de Longueval und Huart de Bazentin im Jahre 1278. Nach der Schilderung des Dichters Sarasin war es ein prächtiges Stück arturianischen Theaters.[47] Longuevals Schwester Jeanne spielte die Guinevere, Graf Robert von Artois spielte den Yvain (sogar – in Anlehnung an Chrétiens Roman – mit einem Löwen) und befreite vier Jungfrauen aus der Gewalt des »Ritters vom Weißen Turm«, der sie gefangengehalten hatte. Kay, als Seneschall, versah seine legendären Figuren mit sarkastischen Kommentaren. Gut gelungen waren seine Spötteleien über die *Pucelle flagelée:* Als das Mädchen von ihrem Herrn, dessen Zwerg sie mit der Peitsche geschlagen hatte, befreit wurde, lief sie ihm entgegen und umarmte ihn. Kay kommentierte: »Je mehr Schläge du ihnen gibst, desto mehr lieben sie dich«.[48] Ein anderes Artusturnier wurde 1299 von Eduard I. veranstaltet. Dort erschien die »häßliche Jungfrau« in Person, mit einer ellenlangen Nase und Draculazähnen, dargestellt von einem verkleideten Knappen.[49] Die Tafelrundenturniere *(tabula rotunda),* von denen wir häufig und aus verschiedenen Gegenden im 13. Jahrhundert hören – aus Spanien, England, den Niederlanden –, wurden meist wohl nicht in Artuskostümen veranstaltet, aber es gab dort Festlichkeiten, Lieder, Umzüge, bei denen man den Romanschilderungen nacheiferte – und gekämpft wurde mit stumpfen Waffen.[50] Hundert Ritter und ihre Damen zogen am Anfang von Roger Mortimers »Tafelrunde« 1279 zu Pferd singend in einem langen Umzug nach Kenilworth ein.[51] 1284 hielt Eduard i. zur Feier seiner Eroberung von Wales ein Tafelrundenturnier in Nefyn ab. Der Andrang war so gewaltig, daß die Diele eines höher gelegenen Raumes, den man zum Tanzen ausgeräumt hatte, einbrach.[52] Keiner scheint sich jedoch dabei verletzt zu haben. Derlei Festivitäten und Zeremonien bedeuten nun keineswegs, daß solche Treffen weniger ernstgenommen worden wären als andere Turnierformen. Auch bei Tafelrundenturnieren gab es Unglücke. Sarasins Kommentar zum Turnier von Hem faßt die Verhältnisse kurz zusammen: »Der Anblick des Tjostierens ist schön, es durchzustehen ist grauenhaft«.[53]

Die beste aller Turnierbeschreibungen des 13. Jahrhunderts ist der Bericht des Spielmanns Jacques Bretel über das Turnier von Chauvency, das im Oktober 1285 unter dem Patronat des Louis de Looz, Grafen von Chimy, abgehalten wurde. Vor seiner Fahrt nach Chauvency hatte Bretel beschlossen, einen genauen Bericht der jeweiligen Ereignisse anzufertigen, und er bemühte sich, alle Etappen des Turniers gebührend zu berücksichtigen: Er ließ den Herold Bruiant die wichtigsten anwesenden Personen benennen, er beobachtete die Tjoste genau, besonders wenn die Kämpfer wichtige Leute waren, mischte sich unter die Menge der Herolde und Spielleute und hörte ihrem Lärmen und ihren Unterhaltungen zu, registrierte genau die Refrains ihrer Lieder (sie handelten meist von der Liebe), ihre Spiele und Tänze. Das Ergebnis ist eine Reihe hervorragender Vignetten, nicht nur von den Kämpfen, sondern auch von den Zwischenspielen des Festes: so zum Beispiel vom *Robardel*-Spiel, in dem zwei Mädchen, eines als Schäfer, das andere als Schäferin gekleidet, die Geschichte vom geraubten Kuß darstellten; von dem galanten Zwiegespräch zwischen einem Ritter und einer Dame, das er am dritten Abend zufällig belauschen konnte (diskreterweise nennt er keine Namen); von seiner eigenen Erwiderung auf Henry de Brieys Aufforderung an ihn, »im Vertrauen auf den Wein von Arbois, den du gerade trinkst«, eine Predigt über »Liebe und Waffen« zu halten.[54] Die ganze Szene ist heiter und farbenprächtig.

Bretels beredte Darstellung konzentriert sich auf zwei Punkte: einerseits auf die Liebe, besonders auf ihre Kraft, die Liebenden zu großen Taten anzufeuern, andererseits auf den Kampf. Hier zeigt er sich als Meister in der Schilderung der Aufregung und des Lärms – die Rufe der Herolde, das Krachen der Waffen und Rüstungen, die Unruhe unter den Zuschauern. Wir werden keinen Augenblick im Zweifel darüber gelassen, daß es sich dabei um eine harte und gefährliche Angelegenheit handelt: Einen Augenblick dachte jeder, Conradin Warnier, der Sohn von Bretels Freund Conrad Warnier, sei getötet worden[55], und man hielt es für besser, am Mittwoch keine Zweikämpfe mehr abzuhalten, da es jeder Unfall schwer machen würde, am Donnerstag mit dem eigentlichen Turnier (als Gegensatz zur Tjost) zu beginnen. Am Ende des Tages gab es viele mit schweren Verwundungen. Das Gedicht präsentiert eine außerordentliche Themenvielfalt: Humor und ironische Späße neben offenkundigem gesellschaftlichen Dünkel, Liebeslieder und galante Zwiesprache neben erbarmungslosem Wettbewerb und wütender Aufregung im Kampf. All dies gehörte damals zu einem Turnier.

*

Die Kirche stemmte sich schon früh gegen das Turnierwesen, Innozenz II. verdammte es, wie wir wissen, im 9. Kanon des Konzils von Clermont 1130 und ordnete an, den in einem Turnier Getöteten ein christliches Begräbnis zu verweigern. Das Verbot wurde von seinen Nachfolgern bis hin zu Clemens V. mit wachsender Eindringlichkeit – und sichtbar geringem Erfolg – erneuert.[56] Schließlich beugte sich Johannes XXII. den Tatsachen und hob das Verbot 1316 auf.[57] Die päpstliche Mißbilligung schlug sich in den Predigten nieder, und es entstand ein eigenes Schrifttum frommer Drohungen gegen das Turnierwesen. Caesarius von Heisterbach erzählt die Geschichte eines Dieners am Hof von Loos, der bei Montenak, nahe der Stelle, an der einige Ritter gefallen waren, sah, wie ein »großes Geisterturnier« über ihren sterblichen Überresten stattfand.[58] Schreie von Dämonen wurden auch in der Nähe des Turnierplatzes bei Neuss gehört, wo 1241 so viele Ritter gefallen waren – sie kreisten als Geier und Krähen über dieser Stelle.[59] Matthew Paris erzählt ein Erlebnis von Ralph de Thony, dessen toter Bruder sich von der Lagerstatt erhob, auf der er als Leichnam aufgebahrt war und ihm im Augenblick der Wiedererweckung sagte, er habe die Qualen der Verdammten geschaut. Dann schrie er aus:»Weh über diese Turniere! Warum habe ich ein solches Gefallen an ihnen gefunden?«[60] Ein unendlicher Vorrat an derlei Geschichten versorgte die Prediger mit einem Arsenal von Exempla, um ihre Anklagen zu illustrieren.

Angesichts unserer bisherigen Kenntnisse über die Turniere ist leicht einzusehen, warum die Kirche das Turnierwesen mißbilligte. Jakob von Vitry erzählt von seinem Bemühen, einem Ritter klarzumachen, daß ein Turnier Anreiz für alle sieben Todsünden sei. Sie fördern den Stolz, sagt er, denn die Turnierteilnehmer streiten für das Lob der Leute und für leeren Ruhm. Sie fördern Haß und Ärger, denn die Leute streben nach Rache für die Schläge, die sie bei Turnieren einstecken mußten, und weil schlimme Unglücke an der Tagesordnung sind. Sie fördern Bitterkeit und Niedergeschlagenheit, denn wer versagt hat oder verletzt wurde, fällt in niedergedrückte Stimmung. Sie fördern die Habgier, denn die Leute kommen zum Turnier, um sich gegenseitig zu berauben, und wenn sie ihr Vermögen verloren haben, versuchen sie, sich schadlos zu halten, indem sie ihren hilflosen Untertanen hohe Abgaben auferlegen. Die bei den Turnieren abgehaltenen Feste fördern Völlerei und Verschwendung von Gütern – nicht allein der Güter des Gastgebers, sondern auch der Armen, von denen sie genommen wurden. Sie sind ein Jahrmarkt der Eitelkeit, denn alle, die ihr Herz an Turniere verlieren, verlassen den Pfad geistiger Werte auf der Jagd nach eitler und irdischer Befriedigung. Turniere fördern die Wollust, denn man veranstaltet sie, um liederlichen Frauen zu gefallen, die Ritter nehmen sogar für ihre Standarten »Zeichen« von den Kleidern der Frauen.[61]

Ohne Zweifel hat jeder dieser Vorwürfe auch eine gewisse Berechtigung. Die zugrunde liegenden Fakten sind bereits behandelt worden. Das Ausmaß der Verschwendung bei Turnieren, ihre Fähigkeit, die Teilnehmer zu ruinieren und indirekt auch die Untertanen, sind Aspekte, die bisher vielleicht noch nicht gebührend berücksichtigt wurden – jedenfalls sieht Jakob von Vitry die Dinge vollkommen richtig. Nicht alle Ritter hatten soviel Glück wie der Seigneur de Hemricourt, der nur durch die Umsicht seiner Frau gerettet wurde: Obwohl er fortwährend seine Ländereien und sein Tafelsilber verpfändete, um die Turnierkosten bestreiten zu können, gelang es ihm doch immer wieder, sie einzulösen – so erzählt uns sein Verwandter Jakob – und er konnte sich nie so recht erklären, wie das eigentlich zuging. Bis zu dem Tage, als er vom Turnier zwischen Juliers und Adenhoven zurückkehrte, erfolglos wie so oft schon und über seinen Schulden grübelnd. Er kam an der Gemeinweide von Orye vorbei und erblickte eine große Schafherde, und als er fragte, wem sie gehöre, antwortete der Schafhirte (der ihn nicht kannte), sie gehörten der Herrin vom Hemricourt. Etwas weiter stieß er auf eine andere große Herde, und nach der gleichen Frage erhielt er die gleiche Antwort – und es begann ihm zu dämmern, wie er so lange hatte überleben können: allein durch die heimliche und umsichtige Haushaltsführung seiner Frau. Eine ergreifende Szene spielte sich ab, als er zu Hause anlangte, und am Ende konnte er seine Frau frei mit seinen Verschwendungen konfrontieren und sie ihn mit ihren Ersparnissen. Zuletzt vergab sie ihm und bat ihn um Vergebung und sagte: »Alle Ehren, die du in der Welt gewinnst, teile ich mit dir.«[62] Wahrlich, ein glücklicher Ehemann! Die weniger Glücklichen, die sich mit ihrer Neigung zum Turnier häufig um ihren gesamten herrschaftlichen Besitz brachten, gehören zum festen Bestandteil der Literatur. Ulrich von Lichtenstein schildert die Pechvögel, die beim Turnier in Freisach in Gefangenschaft geraten waren – sie liefen eilends zu den Juden und versetzten ihre Habe, um das Lösegeld zahlen zu können.[63] Lösegeldsummen waren nicht die einzigen hohen Ausgaben, die sich eifrige Turnierstreiter auf die Schultern laden mußten. Auch Pferde und Waffen kosteten viel, und der wachsende zeremonielle Aufwand bei Turnieren zog immer mehr Volk an, dessen Ansprüche durch standesgemäße *largesse* befriedigt werden mußte – Herolde, Spielleute, Pferdeknechte, Knappen, Waffenknechte – ganz zu schweigen von den Ausgaben für Verpflegung, Unterbringung, Festlichkeiten, die meist der Gastgeber zu tragen hatte. Kein Wunder, daß Heinrich von Laon darüber geklagt haben soll, die Turnierkosten hätten eine Höhe erreicht, bei der sogar die Reichen gezwungen seien, Geld zu leihen und es sich arme Ritter schon überhaupt nicht leisten könnten, Stand und Tapferkeit in solchen ruinierenden Unternehmungen zu beweisen.[64] Jakob von Vitrys Klage über die Verschwendung bei Turnieren war also vollkommen gerechtfertigt. Der Hauptgrund für die kirchliche Verdammung des Turniers und die ursprüngliche Motivation der päpstlichen Verbote war jedoch, daß hier die zügellose Mentalität des weltlichen Rittertums geradezu ermuntert wurde – für die Kirche schon lange eine Bedrohung der rechten christlichen Ordnung, da ein solches Verhalten zu Mord, Zerstörung und Chaos führen mußte. Das Verbot Papst Innozenz' II. von 1130 hatte die gleiche Zielsetzung wie die kirchliche Gottesfriedensgesetzgebung und stand deutlich in Verbindung zu ihr. Ähnlich wie es geboten schien, den Gottesfrieden parallel zum Kreuzzug zu proklamieren[65], schien es geraten, bei der Vorbereitung zu einem Kreuzzug noch einmal die Turnierverbote einzuschärfen, denn Turniere und die Waffenspiele des Adels lenkten Aufmerksamkeit und Energie der Ritterschaft von ihren – in kirchlichen Augen – eigentlichen Zielen ab: der Verteidigung der Kirche und der Teilnahme am Kreuzzug. Kurz, nach Auffassung der Kirche waren Turniere nicht nur Ursache unnötigen Blutvergießens (wobei allerlei Rivalitäten entstehen konnten), sie förderten zudem einen Kult der Gewalt – ein Hindernis auf dem Weg, den der Friedensfürst seinen Stellvertretern auf Erden gewiesen hatte.

Die weltlichen königlichen Autoritäten hatten die gleichen Vorbehalte gegen das Turnierwesen wie die Kirche: Sie galten als Quellen der Unruhe und der Unordnung. Die Turniere boten den Territorialherren, deren eigene Macht und Würde ihre königlichen Lehnsherren zu beschneiden trachteten, Mittel und Möglichkeiten, ihre Herrschaft zu konsolidieren und Bündnisse mit anderen einzugehen, um sich ihre angemaßte Unabhängigkeit zu bewahren. Turniere waren gleichsam eine Art Sichtschutz, hinter dem die mächtigen Herren Maßnahmen untereinander oder mit ihren Nachfolgern zur Organisation des Widerstandes gegen unwillkommene Akte königlicher Politik absprechen konnten. Mit Hilfe von Turnieren konnte sich die Opposition gegen König Johann wieder formieren, die sich nach der Besiegelung der Magna Charta aufgelöst hatte.[66] Sein Sohn Heinrich III. wurde jedesmal in Alarmstimmung versetzt, wenn sich seine Landesfürsten zum Turnier versammelten, sie zu verhindern gelang ihm jedoch nicht. Die Turniere von Brackley (1219), Chepstow (1227) und Dunstable (1244) können allesamt mit Aufruhrbewegungen in Zusammenhang gebracht werden.[67] Unter dem Vorwand, ein Turnier zu veranstalten, konzentrierten die großen englischen Fürten 1312 ihre Heeresmacht, um den Favoriten Eduards II., Piers Gaveston, zu verfolgen und gefangenzunehmen.[68] Einmal abgesehen von Aufruhr, waren Turniere geeignet, die einflußreichen Kräfte des Reiches von den Zielsetzungen des Königtums abzulenken. Selbst ein eifriger Förderer und Held vieler Turniere wie Eduard I. konnte nicht dulden, daß seine Ritter und Barone aus Ruhmsucht zu Turnieren liefen, solange er ihre Dienste in Schottland dringend benötigte.[69]

Es wäre müßig zu versuchen, alle Turnierverbote der Könige von England und Frankreich aufzuzählen, die sie – nach ihrer Ansicht – mit unwiderlegbaren Begründungen erlassen hatten – sie waren ebensowenig erfolgreich, diese ritterliche Modewelle einzudämmen wie das Donnern des Klerus von den Kirchenkanzeln. Außerdem ging man nur halbherzig zu Werk, denn für die Könige konnte es durchaus nützlich sein, ihrerseits Turniere zu veranstalten – wichtig schien allein, mit noch größerem Glanz die Kampfspiele des Adels zu übertreffen. Viel war von königlichen Verboten nicht zu halten, wenn Philipp der Schöne von Frankreich, mit bezeichnendem Zynismus, per Edikt vom 28. Dezember 1312 alle Turnierveranstaltungen nur deswegen verbot, damit seinem eigenen großen, feierlichen Turnier aus Anlaß der Schwertleite seines ältesten Sohnes keine Konkurrenz entstünde.[70]

*

Das Scheitern der Kirche, die Popularität der Turniere auch nur anzukratzen und das trotz einer Anklagekampagne von fast zweihundert Jahren, ist das eigentlich Verblüffende. Angesichts der genannten Gründe für jene Popularität kommt das Scheitern möglicherweise nicht gänzlich überraschend. Es gibt noch einen anderen Aspekt in der Entwicklung des Turnierwesens, der einer kurzen zusammenfassenden Erläuterung bedarf und der verdeutlichen dürfte, warum die unablässige und offenkundig gerechtfertigte Ablehnung der Kirche auf taube Ohren stieß.

Innozenz III. und Innozenz IV. stützten beide ihre Turnierverbote ausdrücklich mit dem Argument, es sei notwendig, alle kriegerischen Energien auf die Zurückgewinnung des Heiligen Landes zu konzentrieren. Genauso argumentierte auch Clemens V.[71] Aber, so wäre zu fragen, gilt denn überhaupt die hier implizierte Annahme, Turnier und Kreuzzug seien unvereinbar?

Wenden wir uns von den Konzilsartikeln zu den Chroniken, dann sind Hinweise erkennbar, daß dies nicht der Fall war: Innozenz III. war intensiv mit Vorbereitung und Propagierung des Vierten Kreuzzugs beschäftigt, die Gelegenheit aber, die die zukünftigen Kreuzzugsführer zusammenbrachte, war – nach Villehardouin – das in der Adventszeit 1199 abgehaltene Turnier zu Écry.[72] Auch andere Chroniken weisen darauf hin, daß Turniere häufig eng und ausdrücklich mit Vorbereitungen und Rekrutierungen für einen Kreuzzug verbunden waren. Alberic des Trois Fontaines berichtet, daß nach Beendigung des Tafelrundenturniers zu Hesdin 1235 die anwesenden führenden Männer beschlossen, das Kreuz zu nehmen.[73] Als Wilhelm von Flandern 1251 aus dem Heiligen Land zurückkehrte, veranstaltete er ein Turnier in Trazegnies, »um die Adelsherren zu ermuntern, das Kreuz zu nehmen«. Unglücklicherweise wurde er auf diesem Turnier getötet.[74] In ritterlichen Kreisen war offensichtlich die Überzeugung weit verbreitet, daß die Turniere keineswegs eine Ablenkung vom Kreuzzug, sondern eher einen Antrieb dafür darstellten. Zu Beginn seines Berichts über das Turnier von Hem bezeichnet Sarasin die Abnahme der Kreuzzugsbegeisterung als eine der beklagenswerten Folgen des königlichen Turnierverbots.[75] In seinem *Dit dou Baceller* erläutert Baudouin de Condé, wie ein junger Ritter nach gebührendem Einstand auf einem Turnier danach trachten soll, seine Tapferkeit Schritt für Schritt zu erhöhen; niemals aber wird er das Recht erlangen, sich selbst einen *preudhomme* nennen zu dürfen, wenn er nicht im Dienst gegen die Feinde des Kreuzes gestanden habe.[76] Der Held des Romans *Châtelain de Coucy* sucht, wie wir wissen, das (fiktionale) Turnier Richards I. in der Hoffnung auf, als Dienstmann des Königs am Kreuzzug teilnehmen zu können. Im Heiligen Land trug er auf seinem Helm die mit Goldfäden durchwirkte Haarflechte seiner Dame, der Herrin von Favel, deren Ärmel *(manche)* er als »Zeichen« in einem früheren Turnier getragen hatte.[77] Diese Autoren sehen alle den Kreuzzug und das Turnier (im letzten Beispiel auch die höfische Liebe) in einem umfassenden Kontext christlich-ritterlicher Tapferkeit und nicht als gegensätzliche Ideale.

Jakob von Vitry erklärt, daß sein Ritter, dem er die Sündhaftigkeit des Turniers auseinandersetzen wollte, vorher nichts Sündiges daran entdecken konnte. Bestimmt gab es auch noch andere Ritter, die zwischen ihren Christenpflichten und ihren bevorzugten Vergnügungen keinen Gegensatz sahen. In Hem und Chauvency geht die Turniergesellschaft vor und nach der Tjost zur Messe. In einem weitverbreiteten Erzählmotiv unterbricht ein Ritter seine Turnierfahrt, um zur Jungfrau zu beten. Er verweilt über dem Gebet und kommt zu spät zum Turnier, wird aber dort von allen Leuten hochgepriesen: während er betete, hatte die Jungfrau selbst für ihn tjostiert.[78] In *Le Tournoiement d'Antechrist* des Huon de Méry wird der Satan von Christus in voller Rüstung herausgefordert. Satan trägt als »Zeichen« ein Stück vom Hemd der Proserpina, der Königin der Unterwelt – der Schild Christi ist mit dem Kreuz versehen, und sein

»Zeichen« wurde von der Jungfrau Maria, seiner Mutter, gewebt. In seinem himmlischen Gefolge reiten nicht nur die Erzengel und die personifizierten christlichen Tugenden Keuschheit, Gerechtigkeit, Barmherzigkeit, sondern auch die personifizierten ritterlichen Tugenden *Prouesse, Courtoisie* und *Débonnaireté,* im Bündnis mit der gesamten Streitmacht der Artusritter. Natürlich war auch die *Largesse* mit von der Partie – in ihrem viergeteilten Wappen trug sie das Wappen Alexanders, des großen freigebigen Herrschers –, dieselbe *Largesse* immerhin, die Ursache vieler Verschwendungen war und Grund auch für die heftigen Attacken Jakob von Vitrys gegen die Ausuferungen des Turnierwesens.[79]

Mit seinen personifizierten Tugenden und allegorischen Wappenschilden führt uns Huon de Mérys Geschichte zurück zu den mit dem Turnier assoziierten theatralischen Elementen, die als eine Quelle für die Attraktion der Turniere angeführt wurden und die man häufig als Symptome ihrer dekadenten Trivialität gegeißelt hat. Theater indessen ist eine ernsthafte Sache. Die Absicht eines guten Theaters ist ja nicht nur Unterhaltung, sondern auch Unterweisung und Erbauung. Im Kontext des Turniers hatte das theatralische Element eine ernstzunehmende Aufgabe und diente nicht allein der farbenprächtigen Ausschmückung eines Festes. Es ging darum, den Leuten zu vermitteln, daß ein Turnier nicht nur ein großes gesellschaftliches Ereignis im Umfeld eines aufregenden Zeitvertreibs ist, sondern mehr: die Zelebrierung ritterlicher Tugenden. Wenn Sarasin beschreibt, wie Aubert de Longueval und Huart de Bazentin ihr Turnier planten, fällt er unwillkürlich in eine moralisierend-allegorische Ausdrucksweise: Sie rufen die »Dame Courtoisie« in ihre Ratsversammlung.[80] In ähnlicher Weise berichtet Bretel im Anfangsteil seines *Tournoiement de Chauvency* von den Worten, die *Prouesse* an ihren Sohn *Hardement* richtete – denn beide waren für ihn bei dem Ereignis allegorisch gegenwärtig.[81] Wenn Turnierteilnehmer in Artuskostümen oder romanhafter Verkleidung paradierten, dann erinnerten sie sich selbst an die vielen Beispiele, die ihnen die großen Gestalten aus der Frühzeit des Rittertums gegeben hatten.

Gegenüber dem »Court of the Constable of England« (Gerichts-hof des obersten Militärbefehlshabers) erklärte Ralph Ferrers, Tur-niere seien dort, »wo die Schulen und Studien der Waffen sind«.[82] An anderer Stelle werden sie als *écoles de prouesse* (Schulen der Tapfer-keit) bezeichnet.[83] Der Ausdruck »Schule und Studien der Waffen« meint nicht nur in anderen Worten »praktische Handhabung der Waffen«, es meint vielmehr die Einführung in eine ganze Reihe von Werten und Tugenden. Deswegen unterbricht Bretel auch so häufig seinen Bericht über das Chauvency-Turnier und erläutert die mora-lische Deutung der geschilderten Ereignisse, wenn er beispielsweise bemerkt »ohne Geben ist ein Turnier nicht einmal zwei *livres tournois* Wert, denn Freigebigkeit ist das eine Gewand der Tapferkeit, Hö-fischkeit das andere, das dritte ist die Ehrenhaftigkeit.«[84] Der kirch-liche Angriff gegen das Turnier bedeutete so eine Herausforderung, die zum Nachdenken anregte, nicht nur über den Wert eines teuren ritterlichen Zeitvertreibs, sondern über das gesamte ritterliche Wer-tesystem. Turniere hatten für die Ritterschaft die gleiche integrative Funktion in der Konstituierung des Rittertums als Orden wie die christliche Berufung, die diese Funktion stolz für sich in Anspruch nahm. Deswegen ist es wichtig, noch einmal zu betonen, auf welche Weise ein junger Ritter danach strebte – und es wurde ihm ja nahe-gelegt, danach zu streben –, Erfahrungen mit dem Turnier zu sam-meln; warum es wichtig ist, nicht die Rolle der Turniere bei der Or-ganisation und Durchführung von Kreuzzügen zu vergessen; warum es notwendig ist, zur Kenntnis zu nehmen, wie Baudouin de Condé und Geoffroy de Charny Turniererfahrung als einen Schritt zur Vervollkommnung im *métier d'armes* präsentieren, bei dem der Ritter die christliche Zielsetzung seines Standes verwirklichen kann.[85] Daß es der Kirche nicht gelang, die Ritterschaft davon zu überzeugen, ihre Sichtweise sei unangemessen und fehlgeleitet, de-monstriert das Vertrauen der Ritterschaft auf ihre eigenen Wege, auf die eigenen Traditionen und auf ihre eigene unabhängige Weise, Gott zu dienen. Auf ihrem ureigenen Terrain war die Ritterschaft auf kirchliche Führung nicht angewiesen.

Daß viele Ritter die Lektion des Turniers nicht verstanden oder vergessen hatten, versteht sich von selbst. Das sollte uns aber nicht zu dem voreiligen Schluß verleiten, Turniere könnten nur etwas über aristokratische Arroganz und Extravaganz aussagen. Das hieße, ihren Einfluß auf den gesellschaftlichen Sittenkodex und die Perspektiven einer ritterlichen Welt und ihrer Entwicklung sträflich zu unterschätzen.

Da Turniere öffentliche Prüfungen individueller Tapferkeit waren, wobei Preise und Ansehen zu gewinnen waren, trugen sie zur Respektierung und Verbreitung der Rolle des Fahrenden Ritters bei, der auf der Suche nach Ehre von Liebe und Wagemut und Tugend vorwärtsgetrieben wird. Weil Turniere außer Rittern und vornehmen Damen auch noch eine ganze Menge anderer Leute zusammenbrachten, insbesondere Herolde, Spielleute und *jongleurs,* die die Vorgänge zu beschreiben und zu beurteilen hatten und Expertenwissen in der Überlieferung und der Geschichte des Rittertums vorweisen konnten, waren die Turniere ein entscheidendes Bindeglied zwischen dem literarischen Ausdruck ritterlicher Werte und der realen Welt. Mehr noch, weil sich hier Menschen von weither versammelten, boten die Turniere die bevorzugten Gelegenheiten zum Austausch und zur Vermittlung ritterlicher Kultur. Zusammen mit der Literatur, die viel von ihrer Farbigkeit gerade solchen Schauspielen verdankte, übten die Turniere einen außerordentlichen Einfluß auf die Definition des Rittertums als einer internationalen Ideologie aus, deren Regeln, Vorstellungen und Werte lokale Begrenzungen überschritten hatten. In dieser Hinsicht waren sie mit ziemlicher Sicherheit noch einflußreicher als die Kreuzzüge. Turniere konnte man leichter erreichen als das Heilige Land, die gewiß ernstzunehmenden Risiken waren unendlich geringer als bei einem Heiligen Krieg, zudem beteiligten sich an Turnieren mehr, wesentlich mehr Ritter. Ein dort gewonnener guter Ruf konnte schnellere Wirkung zeigen als jenseits des Meeres. Das klingt vielleicht ernüchternd, aber es unterstreicht, warum der Einfluß von Turnieren überhaupt so mächtig und durchdringend sein konnte.

Folglich ist es wichtig, daran zu erinnern, daß das Turnier, auch wenn es fälschlicherweise als Selbstzweck aufgefaßt werden konnte, von ernsthaften Beobachtern so keineswegs verstanden wurde. Sie sahen es als Vorbereitung auf etwa anderes, als Schritt auf dem Weg zu ritterlicher Vollkommenheit. Somit konnten die innerhalb der Turnierschranken gelehrten Lektionen ideell in einem weiteren Rahmen angewendet werden: Obwohl es Unterschiede im Recht des Siegers gab gegenüber einem Gefangenen im Krieg und einem Gefangenen im Turnier und obwohl die Abstufungen des Lösegeldes beim Turnier besser geregelt waren, konnte die Turniererfahrung des Verhältnisses Sieger–Besiegter beiden Parteien Lehren über die Beachtung gewisser zivilisierter Konventionen (damals hätte man das »ritterlich« genannt) im richtigen Krieg vermitteln. Eine ganze Reihe solcher Übereinkünfte, deren Ziel von späteren Generationen im Rahmen eines entstehenden internationalen Kriegsrechts systematisiert wurden, sind erkennbar und erreichten im 12. und 13. Jahrhundert zumindest ein gewisses Maß an Anerkennung, vornehmlich unter dem Eindruck der Turniererfahrungen. Es ist durchaus berechtigt zu argumentieren, daß der vergleichsweise subtile Einfluß des Turnierwesens auf lange Sicht mehr zur Förderung ziviler Verhaltensregeln beitrug, als päpstliche Verbote mit der Begründung, zügellose Gewalt zu verhindern, jemals hatten leisten können.

Daß das Turnierwesen so viele und so unterschiedliche Einflüsse ausüben konnte, hing im großen und ganzen mit seiner Fähigkeit zusammen, die didaktischen Ressourcen der reichen halbhistorischen Mythologie des Rittertums – zum Teil über Theater und historische Aufzüge – zu mobilisieren. Das ermöglichte es, eine Harmonie herzustellen zwischen den körperlichen Lehren des Turnierplatzes und anderen Lehrmeisterinnen, beispielsweise der Macht sexueller Leidenschaft, sublimiert in der Suche nach Tugend. Dieser eben genannten Mythologie wenden wir uns nun im nächsten Kapitel zu.

6. KAPITEL

Die historische Mythologie des Rittertums

IN DER CHANSON DE SAISNES, einer späten *chanson de geste,* die von den Kriegen Karls des Großen gegen die Sachsen handelt, werden drei Stoffkreise genannt, über die jedermann wenigstens einigermaßen Bescheid wissen müsse: der französische Stoffkreis *(matière de France),* der bretonische *(matière de Bretagne)* und der römische *(matière de Rome).*[1] Diese drei Stoffkreise – die Geschichten von Karl dem Großen und seinen Paladinen, von Artus und der Tafelrunde und die klassischen Geschichten von Troja und Theben, von Alexander und Cäsar – sind in der Tat die Hauptstoffe des besten Teils der höfisch-ritterlichen Literatur. Zu ihrer Zeit leisteten sie für das Rittertum allerdings noch mehr. In einem Zeitalter, das instinktiv in der Vergangenheit nach Beispielen für Weisheit und tugendhaftem Leben suchte, war eine Literatur, die solche traditionellen Erzählstoffe verbreitete, in der Lage, das ritterliche Wertesystem zu untermauern und zu bestätigen, indem sie es mit einem makellosen antiken und außerordentlich inspirierenden Stammbaum versah. Die Entwicklung dieser Literatur ist daher ein wichtiges Kapitel in der Entstehung einer ritterlichen Kultur.

Die Phantasiegebilde der ritterlichen Welt wurden zuerst vom französischen Stoffkreis aufgegriffen. Die frühesten überlieferten Manuskripte der Karlsepik stammen aus der Periode zwischen ca. 1100 und ca. 1130, es ist aber wahrscheinlich, daß die Popularität der Erzählungen schon etwas früher einsetzte.[2] Ungefähr um die Mitte des 12. Jahrhunderts wurde die Modewelle kurzzeitig von Dichtungen aus dem römischen Stoffkreis gebrochen, dies besonders im nördlichen und westlichen Frankreich und am Hof der

Herzöge von Anjou, wo historisches Interesse besonders ausgeprägt war. Im späten 12. Jahrhundert, als Chrétien de Troyes schrieb, kam der britisch-keltische Artuskreis in große Mode. Die drei Stoffkreise behielten über einen langen Zeitraum hin ihre Beliebtheit. Bis zum Ende des Mittelalters blieben sie das bevorzugte Themenreservoir für alle, die für ein ritterliches Publikum schrieben. Die Verschiebung im Beliebtheitsgrad während des 12. Jahrhunderts ist wohl weitgehend mit ihren unterschiedlichen literarischen Ursprüngen zu erklären. Diese Frage muß uns hier aber nicht beschäftigen. Es sollte lediglich berücksichtigt werden, daß die Geschichten von Karl dem Großen und Artus bereits vor ihrer Niederschrift überliefert waren und eine mündliche Vorgeschichte hatten, während die Stoffe des römischen Kreises unmittelbar aus der antiken Buchliteratur stammten. Ihre Popularität hängt ohne Zweifel mit dem neubelebten Interesse an klassischer Literatur in den Schulen des 12. Jahrhunderts zusammen. Unser Hauptinteresse gilt jedoch nicht der Überlieferungsfrage, sondern es geht darum zu erfahren, welche Art von Spiegel die Textfassungen des 12. und 13. Jahrhunderts dem zeitgenössischen Leben vorhielten, was sie der ritterlich-höfischen Welt über sie selbst, ihre Geschichte und Werte, mitzuteilen hatten – mit anderen Worten, auf welche Weise es ihnen gelang, eine charakteristische Mythologie zu konstruieren.

*

Zwei recht unterschiedliche Themen dominieren in den frühen epischen *chansons de geste* des französischen Stoffkreises: die Kriege Karls gegen die Heiden auf der einen Seite und die Revolten und Blutracheaktionen unter dem karolingischen Adel auf der anderen Seite. Dennoch sind die Ähnlichkeiten der Perspektive in den epischen Liedern dieser Themenkreise wesentlich deutlicher als die Kontraste, zweifellos weil die Autoren in beiden Fällen ihre Stoffe so formten, daß sie sich in die Bedingungen der ihnen vertrauten Welt einfügten. Die Schilderung Raoul de Cambrais in einer der berühmtesten Vendetta-Erzählungen und das Portrait des Verräters Ganelon im *Rolandslied* führen in unterschiedlicher Weise die – nach Auffassung des 11. Jahrhunderts – schlechten Eigenschaften eines Ritters vor, während der »weise und tapfere« Karl im Roland-Epos und der ungerechte und undankbare Pipin im *Garin le Loherain* die guten und schlechten Eigenschaften eines Herrschers vorführen. Die verschiedenen Epen heben Ehre und Schande in unterschiedlichem Maße hervor, die allgemeine Linie bleibt dabei jedoch die gleiche. Die Welt dieser Epen ist eine rauhe Männerwelt, deren Interesse sich nicht auf den Hof, sondern auf das Heerlager konzentriert. Ihre Helden sind Reiterkämpfer, geübt in der neuen Kampftechnik des Angriffs mit eingelegter Lanze. Ihre Schwerter und ihre Pferde sind kostbare, personifizierte Besitztümer – wie Rolands Schwert Durendaal oder Ogiers Schlachtroß Bierefort. Wenn sie einmal nicht kämpfen, zeigt man sie als bewandert in allen Feinheiten des Gewohnheitsrechts, das ihre häufig von Gewalt bestimmten gegenseitigen Beziehungen beherrscht. Sie leben im Bewußtsein ehrenvoller Pflichterfüllung gegenüber ihrem Herren und ihren Verwandten. Verpflichtungen auf dem Gebiet der Ehre und des Rechts bedeuten für sie nahezu das gleiche. Das verleiht den Texten häufig einen stark legalistischen Charakter und betrifft sowohl Darstellungen von Heidenkriegen als auch von Fehden und Revolten (wie beispielsweise Ganelons Verrat im *Rolandslied*).[3] Das in den Texten erkennbare professionelle Interesse am Recht paßt gut in ein Zeitalter, das die weltliche Jurisprudenz eines Eike von Repgow oder des Verfassers der *Leges Henrici Primi* hervorbrachte, und ist Zeichen einer kultivierten weltlichen Bildung im Rahmen einer eigenen unabhängigen Alltagskultur. Und durch alle Lieder klingt die gleiche grimmige, unbändige Freude am Kampf. Ritterliche Huldigung des Krieges und der Ehre sind in den Liedern zusammengefaßt und unauflöslich miteinander verbunden.

Sieht man einmal von den zeit- und ortstypischen Merkmalen der *chansons de geste* ab – die Art zu kämpfen, die Einzelheiten gewohnheitsrechtlicher Verfahren, Vertrautheit mit der Geographie Nordfrankreichs, mit dem Grenzverlauf zwischen Frankreich und dem

Kaiserreich, mit der spanischen Grenzmark, wo Franken und Sarazenen aufeinandertreffen –, bleibt eine Werteskala übrig, die sich wahrhaftig nicht allzusehr von der alten Heldenepik unterscheidet. Tapferkeit im Kampf, Freigebigkeit und Stolz auf treuen Vasallendienst sind Kennzeichen nicht nur des Helden in der Karlsepik, sondern auch in der älteren germanischen Epik, im *Beowulf* und im *Hildebrandslied*. Daß es sich zur Abfassungszeit der *chansons* dabei um bereits traditionelle Werte handelte, ändert natürlich nichts an unserem Interesse für diese Lieder. Die alten Werke wurden in einen neuen Zusammenhang gestellt, in das gesellschaftliche Umfeld der Aristokratie des 11. und 12. Jahrhunderts, und es läßt sich beobachten, daß sie im Laufe dieses Prozesses viele neue Nuancen und eine höhere Genauigkeit der Darstellung erhalten haben. Sie sind jetzt Werte einer Gesellschaft von berittenen Kämpfern, für die der Besitz eines Streitrosses und die Fähigkeit, es einzusetzen, Merkmale sozialer Identität waren, und auch ein juristisches Denken verlieh der Gerechtigkeit in diesem Wertesystem klarere Konturen. Die ständige Wiederholung solcher Epitheta wie *preux, hardi, loial, franc* bereiten den Weg zu einem fertigen Muster ritterlicher Werte, die einer Systematisierung und einer symbolischen Verwendung zugänglich sind – zwei wichtige Mittel, mit denen der mittelalterliche Mensch seine Stellung gegenüber seiner Umwelt zu definieren versuchte.

Durch Details im Erzählablauf trugen die epischen Lieder dazu bei, bestimmte Grundreaktionen auf bestimmte Grundsituationen festzulegen, beispielsweise auf die Ansprüche von Familienmitgliedern, auf die Ansprüche eines widerrechtlich Enteigneten oder des fälschlicherweise Angeklagten und auch auf die zahlreichen Notsituationen im Krieg. Solche Muster übten einen weitreichenden Einfluß aus. Wollte ein späterer Autor eine ähnliche, aber hinsichtlich des Gesamtzusammenhangs unterschiedliche Szene nach »ritterlicher« Manier darstellen, wurden ganz einfach diese Reaktionsmuster und die entsprechenden Bewertungen in den neuen Kontext mit höchstens geringen Modifikationen übertragen. Wenn im *Alexander-*

roman die Gefährten des Eumenides von Arkadien ablehnen, Alexander zur Hilfe zu rufen, als sie von einem übermächtigen Feind überrascht werden[4], dann erinnert diese Szene an die Weigerung Rolands bei Roncesvalles, in sein Horn zu stoßen, um Karl zurückzurufen. Die beiden Szenen haben zwar einen anderen Ausgang (Alexander trifft noch rechtzeitig ein, nachdem man ihn doch herbeigerufen hatte, während Karl zu spät eintrifft), aber Sinngehalt und Aufbau sind die gleichen. Auch in den Artusromanen entsprechen Szenen mit gerichtlichen Zweikämpfen vergleichbaren Situationen in den frühen *chansons*. Die große Blutrache zwischen den Verwandten Lanzelots und Gawains führt uns zurück in eine Welt, die mehr gemein hat mit der des Garin le Loherain und seinem titanischen Kampf mit der Familie des Fromond von Flandern als mit der zierlich gezeichneten höfischen Welt eines Chrétien de Troyes. Nicht nur die Motive der Karlsepik blieben populär, auch ihre Stellung zu martialischen und sozialen Bezügen scheint noch über das 12. Jahrhundert hinaus relevant geblieben zu sein. Am burgundischen Hof des 15. Jahrhunderts erlebte die Literatur der *chansons* eine regelrechte Wiederentdeckung, als Autoren wie David Aubert und Jean Wauquelin die Geschichten solcher Helden wie Gilles de Chin, Girart de Roussillon und Garin in Prosa nacherzählten.[5] Ihre Vorlagen und das darin entwickelte Wertesystem brauchten sie praktisch nicht zu ändern: Sie waren auch noch im Zeitalter Karls des Kühnen und Ludwigs XI. gültig.

Als die epischen Lieder zu Beginn des 12. Jahrhunderts auch außerhalb Frankreichs in zunehmendem Maße beliebt wurden, setzte eine Entwicklung ein, die zu einem privaten Heldenpantheon des Rittertums führte: Karl der Große (Charlemagne), der königliche Herrscher und Vorkämpfer des Christentums, Roland der Tapfere, Oliver der Kluge, Ogier der Heldenmütige. Bestimmte Anzeichen deuten auf einen regelrechten Heldenkult hin: so etwa die Sorgfalt, mit der die Karlschronik des (Pseudo-)Turpin alle Grabstätten der Helden von Roncesvalles aufzählt.[6] Kirchen wetteiferten untereinander um die Ansprüche, Reliquien der Helden zu besitzen.[7] Ein anderes Zeichen dieses sich entwickelnden Heldenkults ist das Einsetzen einer Ikonographie der Karlslegenden: So finden wir den Rolandsstoff in Skulpturen des 12. Jahrhunderts an der Kathedrale zu Verona überliefert, und das Wunder der Lanze, die am Vorabend der Schlachten Karls in Spanien bei den Zelten des Helden über Nacht grüne Blätter trug, wird auf Glasmalereien in Chartres abgebildet[8] (die knospenden Lanzen gehörten den Rittern, die im kommenden Kampf den Märtyrertod zu erleiden hatten).

Bemerkenswert ist, daß häufig gar nicht die Versepen Grundlage für die Ikonographie der Karlsepik sind, sondern die pseudo-historischen lateinischen Chroniken, die sich auf die Dichtung beziehen. Das Interesse an den Legenden hatte somit eher historische als literarische Beweggründe. In den Augen des Mittelalters hatte Geschichte vornehmlich die Funkton, illustrative Beispiele ewiger Werte und Beweise für die Wirksamkeit der göttlichen Vorsehung bereitzustellen. Im Kontext eines solchen Geschichtsverständnisses ist erkennbar, daß Lebensgeschichte, persönliche Eigenschaften und Taten der neuen epischen, kultisch verehrten Helden als Lehrbeispiele für die Ritterschaft betrachtet wurden.[9] Im ikonographischen Zusammenhang werden sie als sichtbarer Ausdruck ihrer Tugenden vorgeführt. Sie sind auch Maßstab für die ritterliche Gesellschaft bei der Beurteilung ihrer jeweiligen Leistungen. Daher kommt es, daß in den volkssprachlichen Reimchroniken – eine äußerst beliebte Form der Geschichtsschreibung im ausgehenden 12. Jahrhundert – die Geschichte Karls des Großen zur wichtigsten Quelle für die Geschichte der jüngeren Vergangenheit wird. Ambrosius feiert die *prouesse* des Geoffroy de Lusignan vor Akkra mit den bezeichnenden Worten:»Seit der Zeit Rolands und Oliviers konnte Ritterlichkeit niemals mehr so gepriesen werden.«[10] Die Umrisse einer – wie man es nennen könnte –»historischen Mythologie« beginnen sich hier abzuzeichnen.

Die beredtesten Bildzeugnisse für die Entwicklung eines Kults der karolingischen Helden sind die Skulpturen und Glasmalereien in Kirchen, und große französische Kirchen, wie die Abtei von

St. Denis, haben in besonderem Maße Anteil an der Verbreitung der Legenden als Geschichtsüberlieferung.[11] Das erinnert uns an die emphatischen christlichen Töne in den Hauptwerken des französischen Stoffkreises und auch an den tiefgehenden Einfluß des Christentums auf die weltliche Kriegergesellschaft des frühen Mittelalters. Gerade dieser Aspekt unterscheidet die Epen von der germanischen heroischen Überlieferung. Auch wenn die Ursprünge ritterlicher Frömmigkeit weniger bei den Kreuzzügen liegen als in den Erfahrungen der früheren europäischen Kriege gegen die Heiden, ist es für das 12. Jahrhundert nur natürlich, zeitgenössische Ereignisse wie die Kreuzzüge mit dieser weiter zurückliegenden Vergangenheit in Beziehung zu setzen, um jede dieser Epochen in Sprache und Geist der jeweils anderen betrachten zu können. Daher kommt es, daß die äußerst merkwürdigen und teilweise geradezu lächerlichen Ereignisse, von denen in dem Lied *Le Pélérinage de Charlemagne à Jerusalem* (über die Pilgerfahrt Karls ins Heilige Land) berichtet wird, dann in der Pseudo-Turpin-Chronik und ihren Nebenversionen in orthodox-kreuzzugshafter Form wiederaufgenommen werden. Deswegen auch ermahnt der bedeutende Dominikaner Humbert de Romans im frühen 13. Jahrhundert die Kreuzzugsprediger, Beispiele aus dieser Chronik zu verwenden, damit ihre Botschaft gerade bei Rittern ankäme.[12] Und der militante Eroberungsgeist der Kreuzzugsidee klingt in den Worten der altfranzösischen Version der Turpin-Chronik an, mit denen Karl seinem Gegner Agolant dem Mauren auseinandersetzt, warum er gegen ihn Krieg führt:»Unser Herr Jesus Christus, der Himmel und Erde erschuf, erwählte unser christliches Volk und setzte es ein, damit es über alle Völker der Erde herrsche.«[13] Hier wird das Beispiel der alten Geschichte für eine hochaktuelle Botschaft genutzt: Eroberungen zu machen, ist für die»Franken« eine gottgewollte Berufung. Die Mythologie des Rittertums gerät hier in einen Kontext, der weitergespannt ist als die Kreuzzüge und ihre karolingischen Vorläufer – sie ist dabei, in einen Zusammenhang mit der christlichen Heilsgeschichte gestellt zu werden, die Gottes Pläne in Seiner Welt verwirklichen soll, ein

Geschichtsablauf, in dem – neben anderen Ereignissen – die Kreuzzüge einen wichtigen Platz einnahmen.

*

Ein Grund, warum die Geschichten von Karl dem Großen und seinen Vasallen auf die Ritterschaft des 12. Jahrhunderts und auch späterer Jahrhunderte einen so mächtigen Einfluß ausübte, war die offensichtlich zwanglose Möglichkeit, die Handlungsmotive der karolingischen Welt und die Ereignisse im Leben Karls mit Handlungsmotiven und Ereignissen der eigenen Zeit – vielleicht mit den Kreuzzugsaktivitäten – in Verbindung zu setzen. Dagegen hatten die Geschichten des römischen Stoffkreises oder die Belagerungen von Troja und Theben oder die Kriege Alexanders und Cäsars einen noch größeren Abstand zum 12. Jahrhundert und spielten dazu auch noch in der Heidenzeit. Dennoch trug seit dem 12. Jahrhundert das gleiche Interesse an der Verbindung der eigenen Gesellschaft zur Vergangenheit und zur kriegerischen Tradition, die ihren aktuellen Höhepunkt in den Kreuzzügen gefunden hatte, viel zur Popularität auch von klassischen Erzählstoffen bei.

Das neu erwachte Interesse an Geschichten aus dem klassischen Altertum – bezeugt durch die rasche Verbreitung der Troja- und Alexanderromane – hängt offensichtlich eng mit dem neu erwachten Interesse an klassischer Wissenschaft in den Schulen zusammen.[14] Kulturelle Aktivitäten an den Höfen der Plantaganet scheinen eine wichtige Rolle bei der Förderung dieser neuen Mode gespielt zu haben: Heinrich II. von England und Anjou beispielsweise dehnte sein Mäzenatentum auf Gelehrte wie Johannes von Salisbury und Peter von Blois aus und auf Autoren lateinischer Literatur wie Walter Map und Gerald von Wales.[15] Auf solche gelehrte höfische Kreise mußte Benoît de Sainte-Maures virtuose Vorrede zum Trojaroman *(Roman de Troie)* einen großen Einfluß ausgeübt haben, zumal er erklärte, er habe sich bei seiner Erzählung über die gewaltige Belagerung auf die zuverlässigsten Quellen gestützt (Benoîts Quelle war natürlich keineswegs zuverlässig, aber er glaubte zweifellos, daß

Dares Phrygius, der in Wirklichkeit im 5. vorchristlichen Jahrhundert gelebt hatte, Augenzeuge der Belagerung gewesen war und deswegen Homer vorzuziehen sei).[16] Aus dem Blickwinkel des ritterlichen Publikums spielten die Schulen bei der steigenden Beliebtheit klassischer Erzählstoffe eine weniger wichtige Rolle als die Kreuzzüge und die damit verbundenen besseren Kenntnisse der orientalischen Welt, die den Menschen weitere Horizonte – und nicht nur geographische – eröffnet hatten. Die Begegnung mit dem Osten, Schauplatz eines Gutteils der antiken Geschichte, rief die verschiedensten Reaktionen hervor. Manche waren allein von Habgier und Gewinnsucht bestimmt: Der erste Anblick der Reichtümer von Byzanz weckte sofort den Beuteinstinkt der Kreuzfahrer. Aber der Anblick der Stadt führte auch zu anderen Regungen, spürbar vielleicht in dem ungläubigen Staunen, das Geoffroy de Villehardouin und seine Gefährten ergriff, als sie 1203 der Stadt ansichtig wurden: »Ich kann euch versichern, daß alle, die Konstantinopel vorher noch nie gesehen hatten, die Stadt nicht aus den Augen lassen konnten, denn sie hatten sich nicht vorstellen können, daß es in der ganzen Welt einen so schönen Ort gab. Sie sahen die hohen Mauern und die stattlichen Türme, die die Stadt umgaben, ihre reichen Paläste und großen Kirchen, bei denen viele niemals hätten glauben wollen, daß es wahr sein könnte, hätten sie es nicht mit eigenen Augen gesehen – und sie sahen die Länge und Breite dieser Stadt, die über allen anderen Städten steht.«[17]

Im Osten fanden die Ritter eine Welt vor, in der das klassische Erbe wesentlich deutlicher sichtbar war als jemals in ihren eigenen Heimatländern.[18] Sie trafen auf Pracht und Reichtümer an Gebäuden, Mosaiken, Statuen, Seiden- und Damaststoffen, so wie es sich ihre adligen Vorfahren niemals hätten vorstellen können. Diese Reichtümer führten zu den vielen Gewalttaten während des Ersten Kreuzzugs. Unter diesen Umständen ist die Anziehungskraft der klassischen Geschichte verständlich, die von titanischen Kämpfen erzählte, vergleichbar mit ihren eigenen Kämpfen auf klassischem Boden. Dieselben Länder, die Alexander, die alten Trojaner und die

Römer mit Krieg überzogen hatten, waren nun Schlachtfeld der Kreuzfahrer. Die in der Merowingerzeit umlaufende Legende vom trojanischen Ursprung der Franken trug gewiß ebenfalls dazu bei, eine Verbindung zu dieser zurückliegenden Geschichtsepoche herzustellen: Letztlich war es die Geschichte ihrer entfernten Vorfahren in einer reicheren, kultivierteren, wenn auch heidnischen Vergangenheit.

Eine zum Teil wohl unbewußte Regung, die alte Welt mit ihrer eigenen in Beziehung zu setzen, zeigt sich in vielerlei kleinen Einzelheiten in den Romanen des römischen Stoffkreises. Benoît de Sainte-Maure hatte offensichtlich einige Mühe, die Wappen auf den Schilden der griechischen und trojanischen Helden in seinem Trojaroman in Übereinstimmung mit den gewohnten heraldischen Ausdrücken zu beschreiben. Für den Autor des *Thebenromans* war es ganz selbstverständlich, den Priester Amphiaras mit Erzbischof Turpin zu vergleichen und den Krieger Tydeus mit Roland. In gleicher Weise machte der Autor der im 13. Jahrhundert entstandenen *Hystoire de Jules Cesar* Cleopatra zu einer westlichen Schönheit, zu einer blendenden, in hermelinbesetzte Gewänder gehüllten Blondine.[19] Das erinnert daran, daß auch die karolingischen Helden in den *chansons de geste* im Rahmen gesellschaftlicher Verhältnisse dargestellt sind, die denen des 11. Jahrhunderts entsprechen. Noch wichtiger: durch den gesamten *Alexanderroman* zieht sich eine Art Analogie zum Kreuzzug. Dies nicht so sehr, weil sich die Kämpfe ebenfalls in Syrien abspielen: Alexanders Gegner sind »Türken« und »Beduinen«, und der Herrscher von Babylon ist ein »Emir«, der auf seinen Gott »Mahound« einen Schwur ablegt.[20] Und auch die dort auftretenden Helden sind eigentlich richtige Franzosen – so zumindest schildert sie der Dichter.[21] Im Grunde ist die Alexandergeschichte als »Präfiguration« des Kreuzzugs angelegt.

Ebenso präfiguriert die Ritterlichkeit Alexanders und seiner zwölf Pairs (die gleiche Anzahl übrigens wie die Paladine Karls des Großen) das mittelalterliche Rittertum, und wiederum steht dahinter mehr als die mittelalterliche Ausstaffierung der Alexander ge-

schichte mit Kettenhemden und Helmen, mit wappengeschmück-
ten Schilden und dem Verhältnis zwischen dem Streitroß Bucepha-
lus und seinem Herrn. Die tieferliegende Bedeutung dieser Analogien wird in solchen Passagen deutlich, wo Alexander und seine jungen Gefährten ein Bad nehmen, um sich vor der Annahme der Ritterwürde zu reinigen, oder in Passagen, die die ritterlichen Tugenden Alexanders aufführen, seine Freigebigkeit, seine Kühnheit,
seine Tapferkeit im Kampf, seine Fürsorge für Witwen und Waisen.[22] Von Eumenides von Arkadien wird erzählt, seine ganze
Freude seien Waffen, Turniere und schönhaarige Mädchen gewesen.[23] Damit könnte er manchem *tiro*, manchem ledigen, jungen
Mann des 12. Jahrhunderts, wie dem jungen Arnold von Ardres in
der Schilderung Lamberts, Modell gestanden haben. Auch die von
Chrétien de Troyes und seiner Nachwelt gepriesene gegenseitige Bedingung von *clergie* (Gelehrsamkeit) und *chevalerie* (Ritterlichkeit),
wirft im klassischen Altertum bereits seine Schatten voraus, vor allem in der literarischen Verarbeitung des Verhältnisses zwischen
Alexander und seinem Lehrmeister Aristoteles.[24] Es ist von nicht geringer Bedeutung, daß auf diese Weise die Ethik des Rittertums auf
ein vorkirchliches und vorchristliches Zeitalter zurückgeführt wird.
Für die Ritterschaft wurde ein wichtiger Kontakt zwischen einer
von kirchlicher Tradition unabhängigen intellektuellen Kultur hergestellt.

Die Schlachtenszenen des *Alexanderromans* haben die gleiche Wild-
heit wie ihre Vorbilder in den *chansons de geste*, sie sind aber in eine
Wunderwelt eingebettet, die noch fremdartiger ist als die üblichen
Geschichten weitgereister Leute. Sie führen uns über Syrien und
Mesopotamien hinaus zu den Ufern von Flüssen, die im irdischen
Paradies entspringen und in die Wüste hinausfließen, wo Alexander
zu den niemals lügenden Bäumen der Sonne und des Mondes
spricht. Die Troja-, Theben- und Aenaeas-Romane enthalten nicht
unbedingt solche Passagen, aber sie erzählen von einer Welt, die
großartiger und reicher war als die eigene gewohnte, allein schon
deswegen, weil die erlebten Welten eines Dares, Statius und Vergil

von byzantinischer Opulenz waren. Die mittelalterlichen Roman-autoren übertrugen diesen Reichtum und diese Fülle in ihre eigenen Dichtwerke. So trugen sie dazu bei, die ihrem Publikum innewoh-nende Vorliebe für Luxus und Repräsentation (und auch für Bücher und Gelehrsamkeit) weiter zu entwickeln – in einem Zeitalter zu-mal, als ein blühender, durch die Kreuzzüge nachhaltig angeregter Handel auch im Westen östliche Luxusgüter leichter verfügbar machte. Dieser verfeinerte Geschmack schlug sich zudem in neuen architektonischen und wissenschaftlichen Experimenten nieder. Die von reichen Roben, prächtigen Burgen und dem dekorativen Glanz des höfischen Lebens allgemein ausgehende Faszination fehlt den epischen *chansons*. Es entstand eine Geschmacksrichtung, die sich in höfisch-aristokratischer Literatur und Lebensführung als au-ßerordentlich beständig erwies.

Die Welt des römischen Stoffkreises war zudem eine weniger stark ausgeprägte Männergesellschaft als die des französischen Stoffkrei-ses, wiederum, weil die davon abgeleitete Welt der klassischen Au-toren weniger männlich bestimmt war. So fand die Liebesethik der Trobadors Eingang in die erzählende Literatur (für das 12. Jahr-hundert war es ja weder ein Problem, die Liebe zwischen Polixena und Achilles oder zwischen Atys und Ismene nach zeitgenössischen Vorstellungen zu interpretieren, noch die antiken Helden in Ketten-hemden zu kleiden und sie auf Schlachtrösser zu setzen). So schöpft etwa Aenaeas für seinen Zweikampf mit Turnus Kraft aus seinen Gedanken an Lavinia, und Cleopatra gesteht, daß es der Ruf von Cäsars *prouesse* war, der ihr Herz zuerst gewonnen hatte.[25] Solche Beispiele zeigen nicht antiken, sondern mittelalterlichen Geist – ein typischer Zug der Romane des 12. und 13. Jahrhunderts, auch sol-cher, die sich nicht mit der klassischen Vergangenheit befassen.

Wenn die Laien des 12. Jahrhunderts das klassische Zeitalter nach zeitgenössischen Maßstäben schilderten, dann war ihnen den-noch bewußt, daß sie eine große Zeitspanne von diesem Zeitalter trennte und diese Epoche bereits Teil der Geschichte war. Das Pu-blikum faßte die Romane des römischen Stoffkreises als durchaus historisch auf, daher auch das Bemühen eines Autors wie Benoît, die Zuverlässigkeit seiner Quellen zu beteuern,und deshalb bezeichnet er Dares Phrygius auch als einen gelehrten Ritter, der wirklich am Trojanischen Krieg teilgenommen habe. Ausgehend von der Popularität der Romane, begann sich bald ein exaktes und erkennbar historisches Interesse an der klassischen Vergangenheit zu entwikkeln. Ein Zeichen dafür ist die im 13. Jahrhundert zunehmende Beliebtheit anderer, nicht romanhafter, volkssprachlicher Geschichtsdarstellungen der Antike in Vers und Prosa und ihrer Weiterentwicklungen. Zwischen 1211 und 1215 entstand eine Übersetzung aus Lukan und aus den Kommentaren Cäsars, die *Fait des Romains,* die sich hauptsächlich mit Cäsars Werdegang befaßten und große Verbreitung fanden.[26] Das Werk benutzten Philipp Mouskés in seiner Chronik und Brunetto Latini in seinem *Livre du trésor* – um nur zwei bekannte Autoren zu nennen – und viele andere mehr. Die auf Orosius fußende *Histoire des Empereurs de Rome* wurde einige Jahre später geschrieben, und aus derselben Zeit stammt die hauptsächlich auf Dares Phrygius zurückgehende *Histoire ancienne jusques à César.* Benoîts verbesserte Prosaversion seines Troja-Buches gewann an Popularität, und Jean de Flixecourt fertigte 1262 eine nicht-romanhafte Dares-Übersetzung an. Diese Übersetzungsmode setzte sich fort, und so vermehrten sich die Werke mit Themen der antiken Geschichte, die sich nun dem Verständnis des Laien erschlossen.[27] Die französischen Valois-Könige des 14. Jahrhunderts waren großzügige Mäzene von Übersetzern, und an ihren Höfen wurden Übersetzungen von Livius, Valerius Maximus, Cicero *(Amicitia* und *De Senectute)* und Aristoteles *(Nikomachische Ethik* und *Politica)* in Auftrag gegeben. Als sich im 15. Jahrhundert der Einfluß der Humanisten auch außerhalb Italiens geltend machte, stieg die Flut der Übersetzungen natürlich weiter an. Die volkssprachlichen Übersetzer der Zeit Karls des Kühnen von Burgund waren unendlich gelehrter, geschliffener im Stil und kritischer als die Übersetzer des 13. Jahrhunderts, aber dieser späteren Periode war derselbe Wissensdurst über das klassische Altertum eigen. Ihr Eifer leitet sich ebenso stark aus dem Interesse für die französische Vergangenheit ab wie aus dem Interesse für den zeitgenössischen italienischen Humanismus.

Die Geschichten von Rom, so wird in der *Chanson des Saisnes* gesagt, liefern uns gute und vernünftige Lehren – und stets war es die eingestandene Absicht der frühen Übersetzer, durch Beispiele zu belehren. Auf den praktischen Nutzen einer Kenntnis der Antike wurde öfters hingewiesen: »Wenn wir bedenken, daß das römische Volk vor allen anderen durch die Tugenden der Beständigkeit und der Klugheit und durch ihre ritterlichen Taten soviel zu erreichen wußte, daß es mit seiner Weisheit und seinen Leistungen die ganze Welt erobern konnte, dann mögen wir erkennen, daß sich jeder Herrscher an ihren wunderbaren Taten ein Beispiel nehmen soll«, so heißt es in der Einleitung zu einer Livius-Übersetzung des 14. Jahrhunderts.[28] Aufgrund solcher Kommentare läßt sich die weite Verbreitung der Übersetzung von Vegetius Abhandlung über Taktik richtig einschätzen: Die Leute lasen das Werk, weil sie wußten, daß die Römer die Welt erobert hatten, und wollten jetzt wissen, wie sie dazu gekommen waren. Vegetius Buch trug in der Übersetzung bezeichnenderweise den Titel *Livre de chevalerie.*[29] Ebenfalls als »Bücher der Ritterschaft« wurden Werke von Honoré Bonet und Christine de Pisan bezeichnet, die in Übersetzung die Kommentare großer mittelalterlicher Rechtsgelehrter wie Bartolus und Johannes von Legnano zu solchen Partien des Römischen Rechts enthielten, die sich mit dem Krieg und den Pflichten des Soldaten befaßten.[30] Auf diesem Wege machte sich ein starker Einfluß geltend, denn die Ritterschaft wurde durch die Lehre der antiken Exempla daran gemahnt, daß der Soldat sein eigenes Handwerk in einem Rahmen festgesetzter Pflichten betrachten muß und daß das Kriegsgeschäft durch allgemeine Prinzipien geregelt ist, von denen ein ganzes System »zwischenstaatlicher« Beziehungen abhing. In einem weitgehend vergleichbaren Prozeß wurde die klassische Mythologie als Fundgrube für ritterliche Exempla behandelt. Christine de Pisans *L'epitre d'Othea (Briefe der Othea an Hector)* sind eine Art Enzyklopädie didaktischer Mytheninterpretationen für Ritter. So lehrt die Errettung Andromedas durch Perseus, daß »alle Ritter den Frauen helfen sollen, die hilfsbedürftig sind«, und sein geflügeltes Pferd Pegasus bedeutet, »daß sein (des Ritters) guter Name in alle Länder getragen werden soll«, Ceres, »die einen Kornzuwachs aus dem Nichts schenkte«, steht für die ritterliche Freigebigkeit – »in der nämlichen Weise soll ein Ritter allen Personen gegenüber freigebig sein und ihnen Hilfe und Erquickung nach allen Kräften gewähren« – und so fort.[31]

Von klassischer Geschichte und Werken wie dem Vegetius empfing die Ritterschaft Lehren, die ihr weder Epen noch Romane noch die Mythologie so eindringlich erteilen konnten. Hier fand man eine neue Betonung und Wertschätzung von Disziplin und Training und der Notwendigkeit für den kriegerischen *tiro*, körperlich auf der Höhe zu sein. Dem Soldaten im Felde wurde bedeutet, unbedingt den Anordnungen seines Anführers zu gehorchen. Wieder läßt sich beobachten, wie eine neue Wertedimension in die Ethik des Rittertums eindringt. Die beste Illustration hierfür ist das übermäßige Lob, das der Autor der Lebensbeschreibung des großen französischen Marschalls Jean de Boucicaut (entstanden im frühen 15. Jahrhundert, in einer Zeit reger Übersetzungstätigkeit) seinem Helden zollte. In gewohnter Weise wird Boucicaut, inspiriert von der Liebe seiner Dame, mit Tristan und Lanzelot verglichen. Sogleich aber wird eine andere Seite von ihm präsentiert, seine Leidenschaft für körperliches Training, die starke Anklänge an Vegetius hat. Er übte sich regelmäßig, um körperlich auf der Höhe zu sein, und schenkte auch dem Atmen erhöhte Aufmerksamkeit. Seine Kunststücke bei Angriffs- und Sturmmanövern waren beeindruckkend: Er konnte in voller Rüstung einen Salto schlagen, konnte sich mit allen Waffen auf ein Pferd schwingen und konnte in voller Rüstung auf der Unterseite einer Leiter in die Höhe hangeln, indem er nur seine Hände benutzte und seine Beine frei baumeln ließ. Als Hauptmann hielt er nach römischem Vorbild auf strenge Disziplin: Den Beispielen Scipios folgend, duldete er keine Frauen im Lager, verurteilte Trunksucht und wäre, wenn nötig, bereit gewesen, auch seine Kinder wegen Ungehorsams zu bestrafen. Aufgrund seiner – vermutlich sehr vagen – Informationen über Demosthenes war er überzeugt, daß ein Anführer Beredsamkeit besitzen müsse, um seine Männer zum Kampf anzustacheln und sich seinen Untergebenen gegenüber verständlich machen zu können.[32] So wie er porträtiert wird, stellt sich Boucicaut dem modernen Leser kaum als anziehender Charakter dar. Dennoch liefert sein Porträt einen Eindruck davon, welche Richtung die antiken Exempla den ritterlichen Pflichten geben konnten, mit ihrer Akzentuierung des disziplinierten Dienstes und Trainings, mit der Betonung eines hingebungsvollen Professionalismus, der von einem Anführer von Rang erwartet werden konnte. Solche Prinzipien sind individualistischen Konzeptionen des Fahrenden Ritters fremd, sie wurden aber nichtsdestoweniger zu einem wichtigen Element des Bildes vom vollkommenen Ritter.

Einen besonders langlebigen und fruchtbaren Einfluß auf das Rittertum übte eine Literatur aus, die ihre Vorbilder in der Antike suchte und so für Hektor und Alexander, Scipio und Cäsar als Kultfiguren im ritterlichen Pantheon Platz schuf. Im allgemeinen verlangte ein mittelalterliches Publikum keine kreative Originalität in der erzählenden Literatur, eher eine Art handwerkliche Geschicklichkeit, Sprachbeherrschung und die Fähigkeit zur einfallsreichen und schmuckvollen Bearbeitung eines traditionellen Themas. Nachdem die Stoffe der Karls- und Artusüberlieferung eine feste Form gefunden hatten, boten sie nur noch beschränkte Möglichkeiten für neue Exempla oder neue Konzeptionen. Das war beim römischen Stoffkreis nicht so, einfach weil er auf einer reicheren Grundlage literarischen und historischen Materials basierte, dessen unglaubliche Breite nur schrittweise durch Übersetzungen und Neuentdeckungen klassischer Werke enthüllt wurde. Diese antike Literatur war darüber hinaus mit einem System juristischen und ethischen Denkens und philosophischer Positionen in nicht-narrativen klassischen Werken verbunden, deren Reichtümer sich der gelehrten mittelalterlichen Welt ebenfalls nur schrittweise erschlossen und nach und nach über volkssprachliche Übersetzungen an die weltliche Adelsgesellschaft weitergegeben wurden. Klassische Ethik, klassische Jurisprudenz und klassische Philosophie gehörten, auch wenn sie keineswegs mit christlichen Anschauungen unvereinbar waren und auf diese einen mächtigen Einfluß ausübten, einer vorchristlichen Epoche an. Die Ritterschaft wurde somit nachhaltig daran erinnert, daß ihre eigenen Ursprünge von denen des Klerus getrennt lagen und daß es einen originären Unterschied – im weitgespannten Rahmen göttlicher Vorsehung – zwischen ihren Funktionen und den Funktionen des Priestertums gab.

*

Im Mittelalter zweifelten wohl nur wenige daran, daß Artus als historische Gestalt wirklich gelebt hat. Er ist die zentrale Figur des dritten Stoffkreises der *chanson de Saisnes*, des sog. bretonischen Stoffkreises. Diejenigen, die über ihn schrieben, bemühten sich, ebenfalls zu belegen, daß ihre Geschichten auf zuverlässigen Quellen basierten, wie es Benoît de Sainte-Maure in seinem Trojaroman versuchte. Geoffrey von Monmouth behauptete, daß er bei der Abfassung seiner Geschichte der britannischen Könige ein »sehr altes« Buch in britischer Sprache benutzt habe.[33] Im Falle der Standarderzählung von der Gralssuche nahm man an, daß sie von Walter Map auf der Grundlage von Berichten aufgezeichnet wurde, die Gelehrte am Artushof nach Sir Bohorts eigenen Auskünften zusammengestellt hätten.[34] Im Jahre 1191 lieferte man einen materiellen Beweis für die Existenz des Königs Artus, als man sein und Königin Guineveres Grab in Glastonbury »entdeckte«, die Gebeine exhumierte und wieder bestattete (das ganze scheint ein von den Mönchen von Glastonbury organisierter frommer Betrug gewesen zu sein, um einen gewinnbringenden Kult zu initiieren – die Angelegenheit wurde jedoch als regelrechte Entdeckung aufgezogen).[35] Nachdem die Artusgeschichte ihre festumrissene Form gefunden hatte, unterwarf man ihre Einzelzüge einer regelrechten historischen Untersuchung. Findige Gelehrte des 15. Jahrhunderts destillierten aus den zu dieser

173

Zeit zahlreichen Romanversionen eine genaue Liste der Artusritter, erfanden für jeden von ihnen Wappen und lieferten fiktive Biographien.[36] Sie benutzten die Romane auch, um Turnierregeln festzulegen, die nach ihrer Auffassung zur Zeit des Königs Uther Pendragon Gültigkeit gehabt haben sollen und auch den Wortlaut von Eidesformeln, die die neuen Ritter der Tafelrunde schwören mußten, bevor sie in die Rittergemeinschaft aufgenommen wurden. Einige dieser Details hatten bisweilen einen recht komischen Klang, so etwa die beiläufige Bemerkung, daß in den Tagen Artus das Königreich von Logres (Britannien) »wohlgeschmückt mit Riesen« gewesen sei, oder das von jedem Ritter abzulegende Vesprechen, eine in Kriegszeiten in seine Hände gefallene Frau oder Jungfrau nicht zu deflorieren, »es sei denn, sie findet Gefallen daran und willigt dazu ein«.[37] Diese recht absurde würdevolle Haltung kann jedoch durchaus als Zeichen für die Ernsthaftigkeit des historischen Interesses an den Artusgeschichten gelten: Weihevolle Feierlichkeit ist ja häufig Begleiterin pädagogischer Gelehrtheit.

Das bekundete historische Interesse bedeutet nun nicht, daß man alle in die Geschichten eingewobenen phantastischen Elemente als wahr akzeptiert hätte. Der Autor der *Chanson de Saisnes* empfahl die Geschichten von Karl dem Großen, weil sie wahr seien, die römischen, weil sie lehrreich seien, charakterisiert aber den bretonischen Stoffkreis als »eitel und gefällig« – und setzt damit deutlich voraus, daß er ein Gutteil davon als Erfindung betrachtete.[38] Philippe de Mézière wird noch deutlicher bei seiner Lektüreempfehlung für den jungen Karl VI. von Frankreich (14. Jahrhundert): Er empfahl ihm, von den Großtaten der christlichen Kaiser zu lesen, »besonders von eurem großen Vorgänger, dem gesegneten Charlemagne«, warnte ihn aber, den Geschichten von Artus zu große Aufmerksamkeit zu schenken, »so groß sein Wert in dieser Welt war«, denn sie seien voller leerer Lügengeschichten.[39] Offensichtlich wurden die Kommentare de Mézières in dieser Hinsicht nicht angegriffen, und es ist augenfällig, daß in bezug auf Historizität ein großer Unterschied zwischen dem römischen Stoffkreis und dem bretonischen gemacht wurde. Im ersteren Fall führte das rasch anwachsende Interesse an der Antike zu einer genaueren Kenntnis der wahren, historischen Begebenheiten, im Falle des bretonischen Stoffkreises war eine solche Entwicklung nicht möglich, denn es gab keinen vergleichbaren Kanon zuverlässiger historischer Informationen als Fundament. Aber gerade weil die Artusgeschichten keinen historischen Kern hatten, erfreuten sich die damit befaßten Autoren einer weitgehenden Freiheit in der Auswahl ihrer Themen ohne allzu starke Einengungen seitens der Quellen. Sie konnten die alten Überlieferungen ändern und ausschmücken und auch Neuschöpfungen vornehmen in ihrem Bestreben, neuartige Formen der Unterhaltung und Unterweisung zu finden.

Natürlich schrieben die wenigsten von ihnen vollkommen neue Geschichten – das wurde von ihnen auch nicht verlangt. Sie verwiesen ja gerne auf ihre zuverlässigen Quellen, und meist standen ihnen auch irgendwelche Quellen zur Verfügung, jedoch keineswegs so zuverlässige, wie sie behaupteten. Geoffrey von Monmouth, dessen Geschichte das Grundmuster der Lebensgeschichte König Artus lieferte, war keineswegs ein schlechter Gelehrter. Er bezog sich auf eine Reihe namhafter früher Autoritäten, wie Beda, Gildas und Nennius. Da ihm bei seinem Artusthema solche Autoritäten fehlten, bezog er sich meist auf walisische Legenden, von denen ihm einige möglicherweise in schriftlicher Form vorlagen. Die keltische Mythologie war die bedeutende Fundgrube für all die Erzählstoffe, die in geänderter Form in den Corpus der Artusromane eingearbeitet wurden. Ihre bretonischen Versionen wurden wohl hauptsächlich von französischen Autoren als Quelle benutzt. Bretonische Legenden waren zweifellos die Quelle für zwei berühmte Lais (Novellen) der Marie de France; der von Tristans Liebe und der märchenhaften Dame des Artusritters Lanval. Wace bemerkt zu der Tafelrunde (die eine seiner wenigen Zusätze zu Geoffreys Geschichte ist), daß bei den Bretonen darüber viele Geschichten erzählt würden.[40] Der Einfluß bretonischer Erzähler ist sicherlich auch für die frühe Kenntnis der Artuslegenden in solchen Ländern verantwortlich, in denen ihre normannischen Nachbarn Kriege führten. Das berühmte Archivoltenrelief an der Kathedrale von Modena[41] zeigt Artus und seine Ritter (unter ihnen Gawain und Kay) bei der Rettung Königin Guineveres. Es ist mit Sicherheit älter als Geoffreys Buch. In mündlichen Versionen und möglicherweise auch in verlorengegangenen schriftlichen Fassungen fanden die Artuslegenden bereits im frühen 12. Jahrhundert weite Verbreitung, und die Romanautoren, ob sie nun in keltischer Nachbarschaft wohnten oder nicht, hatten genügend Vorlagen, auf die sie sich beziehen konnten.

Die Frage, welche keltischen Mythen den einzelnen Artusgeschichten zugrunde liegen, ist außerordentlich schwer zu beantworten. Viel Tinte ist vergeudet worden beispielsweise bei dem Problem, die Beziehungen zwischen dem Fischerkönig und dem Waliser Branwen zu erhellen, oder die Beziehung zwischen dem Gral und der Schüssel, aus der, nach irischen Legenden, König Coun im Palast des geisterhaften Reiters Lug von einer Jungfrau bedient wurde.[42] Für unsere Zwecke sind solche sicherlich faszinierenden Fragen ohne Bedeutung. Wichtig ist, auf welche Weise die Romanautoren des 12. und 13. Jahrhunderts diese alten Überlieferungen neu bearbeiteten. Unter diesem Gesichtspunkt betrachtet ist Vorsicht geboten, die keltischen Elemente in der Artusliteratur überzubetonen. Sie haben jedoch ihre Bedeutung für die geographische und zeitliche Plazierung der Erzählstoffe in das England des 6. Jahrhunderts. Was wir aus der zeitbezogenen Behandlung des römischen Stoffes gelernt haben, gilt auch in diesem Falle, denn auch hier erscheinen die Helden der keltischen Frühzeit in Waffenrüstungen des 12. Jahrhunderts. Zwar entstammen die zauberischen und märchenhaften Erzählelemente der keltischen Mythologie, ihre Pracht und Herrlichkeit ist jedoch offensichtlich dem Glanz des Orients und der klassischen Antike nachempfunden. Geoffrey von Monmouths Buch ist voller Anklänge an Vergil, und es lag ihm daran, seinen britannischen Überlieferungsstoff mit Rom zu verknüpfen, indem er Brutus, den ersten König der Briten (Artus zukünftige Untertanen), als Großneffen des Aenaeas hinstellte. Artus

Residenz Caerleon ist für ihn die »Stadt der Legionen«, und er betont, daß die Briten bei ihren Festen noch zu Artus Zeiten trojanischen Sitten und Gebräuchen gefolgt seien.[43] Für seinen *Cligés*-Roman wählte er eine byzantinische Szenerie: Der Held ist Sohn des griechischen Kaisers. In Wolfram von Eschenbachs *Parzival* spielen die extravaganten kriegerischen und amourösen Abenteuer von Gahmuret, Parzivals Vater, im Orient, wo der Baruch von Bagdad über mehr als ein Drittel der Welt herrschte. Dort erwarb er große Reichtümer, »daß er so freigebig Geschenke als Lohn verteilen konnte, als würde Gold auf den Bäumen wachsen«.[44] All diese Herrlichkeiten sind eingewoben in Geschichten mit dem wiederkehrenden Motiv des guten Kämpfers, das – wie auch die römischen Stoffe – nach Art der epischen *chansons de geste* des karolingischen Zyklus gestaltet ist. Antike Opulenz und zeitgenössische Freude an ritterlichem Kampf bilden in den Artusgeschichten eine feste Schicht über dem Substrat keltischer Legenden und Geschichten aus dem »Dunklen Zeitalter« und bringen so eine ganz neue Form hervor, die sich weit von ihren Ursprüngen entfernt hat. Diese neuentstandene Form übte eine unwiderstehliche Anziehungskraft auf das ritterliche Publikum aus, denn sie schien das Wesen des Rittertums zu erfassen, eine Reflexion über sich selbst und die Welt – nicht so sehr, wie sie war, sondern eher, wie man sie haben wollte, mit allem ritterlichen Wagemut und allem Reichtum und, zur Erhöhung der Spannung, gewürzt mit Magie und zauberischem Glanz.

Die Artusgeschichten gaben dem Idealbild des Fahrenden Ritters eine endgültige Form und wiesen dem Turnier den ihm geziemenden Platz als Prüfstein ritterlicher Tapferkeit innerhalb der ritterlich-höfischen Literatur zu. Da die Autoren der Artusthematik keinerlei Beschränkungen durch Quellen und Vorlagen ausgesetzt waren, konnten sie auch andere, wichtigere Themen miteinbeziehen. Wie wir gesehen haben, verliehen die mittelalterlichen Bearbeiter römischer Stoffe den amourösen Teilen ihrer antiken Vorlagen einen höfischen Zuschnitt. In der alten keltischen wie auch in der klassischen Überlieferung spielten Frauen eine größere Rolle als in der

Karlsepik (soweit die erhaltenen Fragmente ein weitergehendes Urteil erlauben) und in der germanischen Heldenepik. Die Dichter der Artusgeschichten ergriffen die hier gebotene Gelegenheit und entwickelten das erotische Erzählpotential in einem unendlich höheren Maße als ihre Vorgänger. Chrétien de Troyes, der hervorragende Kenner der Trobadorlyrik und der Werke Ovids[45] (der von allen klassischen Autoren den mächtigsten Einfluß auf die mittelalterliche Einstellung zur Liebe ausübte), bahnte hierfür den Weg. Chrétien hatte die Persönlichkeit eines wahrhaft großen Meisters, und nur wenige seiner Nachfolger besaßen seine Anteilnahme und seinen Einblick in der Erforschung der Liebe, in die Gefühlswelt seiner Helden und Heldinnen. Was sie immerhin verstanden und verstehen konnten war ein wichtiges Einflußpotential auf die aktuelle, aktive Welt der Ritterschaft: Es ist die Macht der Liebe, die den Mann antreibt, sich selbst zu erproben und herauszufinden, ob er seiner Dame würdig sei. Verehrung und Inspiration waren die zentralen Punkte des höfischen Liebesideals der Trobadors, nicht der Liebeskonsum. In diesem Zusammenhang besteht indessen nun doch ein gewisser Unterschied zwischen der ehebrecherischen Liebe von Tristan und Isolde oder Lancelot und Guinevere (bei deren Behandlung Chrétien nicht sonderlich glücklich schien) und der geregelten Liebe, bei der man hoffen konnte, aus einer angebeteten Dame eine Braut zu machen. Beide Liebesarten konnten gleichermaßen Inspirationsquelle für Höhenflüge kriegerischer Bestrebungen sein. Deswegen konnten auch kriegerisches Abenteuer und liebende Hingabe als verschwisterte Erzählmomente miteinander verflochten werden. So beherrschen diese beiden immer wiederkehrenden und miteinander zusammenhängenden Themen über weite Strecken die Literaturerzeugnisse des bretonischen Stoffkreises.

Die Artusliteratur ist in der Folge das Hauptmedium einer Lehre, die der Idee des ritterlichen Abenteuers die erotische Kraft sexueller Liebe zuordnet, mit dem Ziel, als Motor für die Bestrebungen des ritterlichen Helden zu dienen. Sie hielt zahllose Beispiele für Geoffroy de Charnys Lehre bereit, daß es für einen ritterlichen Kriegsmann vorteilhaft sei, *par amours* zu lieben, denn dann werde er sich bemühen, einen besseren Ruf zu erwerben, um seine Dame zu ehren.[46] Wir konnten bereits feststellen, welch einen starken Einfluß die Verbindung dieser beiden Ideen auf das konkrete Kriegsspiel des Turniers ausübte, dessen Scheinkämpfe häufig als eine Verkoppelung von Realität und literarischem Vorbild in Szene gesetzt wurden. Es ist wesentlich schwieriger, diesen Einfluß in einem weitergesteckten Zusammenhang festzustellen, etwa in der kalten Welt des Krieges und der Politik, wo das Spiel aufhörte und Heiraten so häufig nicht aus Liebe (wie in den Romanen), sondern aus dynastischen Erwägungen zustande kamen. Die Quellen erzählen trotz allem genug, um es abwegig erscheinen zu lassen, den Einfluß des höfischen Liebesideals als trivial, unbedeutend oder als pure literarische Konvention hinwegzudiskutieren. Chroniken und Ritterbiographien zeigen uns an verschiedenen Stellen, wie einzelne Persönlichkeiten von diesem Ideal als einem wirklich erlebten Gefühl beeinflußt sind, und sie sind in der Behandlung dieses Einflusses durchaus konsequent. Ganz wie in den Romanen ist es der klassische Anreiz zur Leistung. »Wenn es wahr ist«, heißt es in der Lebensbeschreibung des spanischen Helden Don Pero Niño, als die Liebesgeschichte zwischen Pero und der Dame, auf deren Schloß er in Frankreich als Gast weilte, geschildert wird, »daß liebende Männer mutigere und bessere Männer für die Liebe ihrer Geliebten sind, was mußte der gewesen sein, der Jeannette de Bellengues, die Herrin von Serifontaine, zur Geliebten hatte!«[47] Der Biograph Boucicauts spricht mit gleicher Stimme: »Wir können aus den Geschichten von Lanzelot und Tristan erkennen, wie Liebe die Männer zu großen Taten anreizt, und wir können es an solchen vornehmen Männern sehen, die der Liebesdienst auch in unserer Zeit in Frankreich zu heldenmütigen Taten angeregt hat, so wie Othon de Grandson und den Konnetabel Louis de Sancerre und viele andere auch.«[48] Die Szene in der *Chronique des quatre premiers Valois,* in der Johanna von Kent – um es deutlich zu sagen – den Schwarzen Ritter verführte, hat in ihrer Ironie durchaus literarisches Niveau: Seufzend erklärt sie, ihre Liebe sei einem Ritter bestimmt, dessen Kühnheit ihn vor allen anderen auszeichne; er versucht, ihr den Namen dieses Musterritters zu entwinden, der dann – wie sollte es anders sein – sein eigener ist.[49] Diese Episode mag unecht sein: Es gibt aber auf der anderen Seite keinen Grund, an der von Froissart überlieferten Geschichte von den englischen Rittern in Valenciennes zu zweifeln, die sich mit einer Augenbinde jeweils ein Auge verbunden hatten, weil sie, einem Gelübde folgend, so lange nur mit einem Auge sehen wollten, bis sie einige ihrer Damen würdige Waffentaten vollbracht hätten. Auch an Thomas Grays Geschichte von Sir William Marmion muß nicht unbedingt gezweifelt werden. Seine Dame hatte ihm einen goldenen Helm geschenkt und bat ihn, diesen in ehrenvollen Gefahren berühmt zu machen – als er ihren Auftrag befolgte, verlore er vor Norham Castle fast sein Leben.[50] Bei diesen kurzen Schlaglichtern aus dem wirklichen Leben sind wir nicht weit von den psychologischen Feinheiten der inneren Dialoge der Ritter und Damen des Chrétien de Troyes entfernt. Der Akzent liegt hier auf der Seite der Männer und ihren draußen erbrachten Leistungen. Das hat aber nichts mit der wirklichen Bedeutung der Liebe und amouröser Konventionen im ritterlichen Leben zu tun, in das wir durch Passagen wie die eben zitierten von Zeit zu Zeit einen kleinen Einblick gewinnen können. Die meisten Männer neigen dazu, ihr Leben und ihre Leistungen in großem Stil darzustellen, um weibliche Aufmerksamkeit zu gewinnen. Das höfisch-erotische Thema der Ritterliteratur verband das kriegerische Wertesystem mit der mächtigen Kraft der Liebe und all ihren Möglichkeiten der Einflußnahme auf das Leben, die Handlungen und Denkweisen derer, die sich in ihren Maschen verstrickt hatten. Im scharfen Gegensatz zum römischen Stoffkreis (der, wie gesagt, ebenfalls seinen Anteil an der Verbindung zwischen der Ethik höfischer Liebe mit der Ideologie des Rittertums hatte) war die Welt des Artus-Hofes eine Welt des ausgesprochen christlichen Rittertums. Der Gründervater der Artuslegenden, Geoffrey von Monmouth, erzählt eine von der kriegerischen Auseinandersetzung des Christentums mit dem Heidentum geprägte Geschichte, vergleichbar mit weiten Teilen der Karlsepik. In seiner Passage über die große Schlacht von Bath gegen die Sachsen finden sich Einflüsse des »Heidenkrieges« und der Kreuzzugsideologie:»Ihr, die ihr mit dem Kreuz des christlichen Glaubens gezeichnet seid, bedenkt die Treue, die ihr eurem Land und seinen Bewohnern schuldig seid«, rief Erzbischof Dubricius aus.»Wer immer den Tod für seine Brüder erleidet, gibt sich Gott selbst als lebendes Opfer hin und folgt mit festen Schritten Christus nach... und wer von euch in diesem Krieg den Tod erleiden sollte, dem soll dieser Tod als Buße gelten und als Vergebung all seiner Sünden.«[51] In den späteren Gralsromanen liegt der Kreuzzugsgedanke ebenfalls nahe. In Wolframs *Parzival* wird die Gralsburg Munsalvaesche von Templern bewacht[52]; auf dem Höhepunkt des *Perlesvaus* stürmt der Held die Gralsburg mit Gewalt, um sie vor dem Zugriff des Königs von Burg Mortal zu retten, der die Bewohner des Landes gezwungen hatte, sich vom christlichen Glauben loszusagen.[53] Die Geschichte von den Rittern der Tafelrunde ist im Grunde die Geschichte der größten christlichen Rittergesellschaft, die die Welt jemals gesehen hat. Das ist es, was den bretonischen Stoffkreis, vor allem anderen, vom römischen Stoffkreis unterscheidet.

Wir können hier beobachten, wie das Fehlen eines definitiven Kanons den Autoren der Artusromane auf andere Weise die Möglichkeit zur Eröffnung neuer, in diesem Falle historischer und religiöser Themen gab. Die Gralsgeschichte ermöglichte es dem ritterlich-höfischen Roman, nicht nur zum Vehikel eines eucharistischen Mystizismus zu werden, sie war auch – wie wir in einem früheren Kapitel gesehen haben – ein Medium, durch das der ritterliche Stoff von Artus und seinen Rittern mit der Heilsgeschichte des Christentums, so wie sie in der Bibel erscheint, verbunden wurde. Die Erzählung vom »guten Ritter« Joseph von Arimathias, der den Kelch, aus dem Christus am letzten Abendmahl getrunken hatte, von Pilatus erhielt und darin die letzten Tropfen Seines Blutes bei der Kreuzabnahme auffing, und wie der auferstandene Erlöser ihm im Gefängnis erschien und ihm den Kelch anvertraute, setzt die Geschichte von der

Tafelrunde und ihres höchsten Strebens unmittelbar mit dem Höhepunkt der Evangeliengeschichte – der Passion und der Auferstehung Christi – in Verbindung. Die Trinität der Tische – der Tisch des letzten Abendmahls, der von Joseph in der Wüste aufgestellte Gralstisch und der Tisch der Tafelrunde – symbolisiert diese Verbindung. Galahad, der dem Geschlecht Davids und dem Geschlecht Josephs entstammte, verbindet die Geschichte – bezeichnenderweise über einen ritterlichen Stammbaum – mit der alttestamentarischen Vergangenheit, die das Kommen des Erlösers und des Neuen Bundes vorbereitete und präfigurierte. Die ganze Geschichte umfaßt die Umrisse einer Erklärung des unabhängigen Ursprungs und der unabhängigen Stellung des Rittertums im Rahmen der christlichen Ordnung.

Die Art und Weise, in der die Artusliteratur die Traditionen und Konventionen der mittelalterlich-ritterlichen Welt mit denen des biblischen und klassischen Rittertums verbindet, wird recht anschaulich vom Inhalt eines sehr ungewöhnlichen Manuskripts der Artusliteratur aus dem 13. Jahrhundert illustriert.[54] Der Text des Bodmer-Manuskripts basiert auf der Standard- oder Vulgataversion der *Queste del Graal* und des *Merlin*. In diese Texte hat der Schreiber mit einigem Geschick Passagen anderer Werke interpoliert. Einmal hat er substantielle Auszüge aus einer Version des *Trojaromans* und der *Fait des Romains* einfließen lassen, so als ob er den Leser in den Stand versetzen wollte, die Leistungen der Artusritter und der antiken Ritterschaft vergleichend nebeneinanderzustellen. Ein Hinweis auf die Parallelität ihrer historischen Rolle liefert die Erzählung (die zu einem integralen Bestandteil der Gralsgeschichte wurde), wie Kaiser Vespasian, von der hl. Veronica dazu angeregt, nach Jerusalem kam, um Christi Tod zu rächen und Joseph von Arimathias aus dem Gefängnis zu befreien. So half das antike Rittertum dem jungen christlichen Rittertum auf die Beine. Die andere Hauptquelle für die Interpolation im Bodmer-Manuskript ist die Bibel. Vieles entstammt dem Neuen Testament wie zu erwarten war, da die Geschichte von Joseph von Arimathias und seinem Geschlecht gerade die Tafelrunde mit dem Neuen Testament verbindet. Wichtige Passagen der Interpolation sind aber auch dem Alten Testament entnommen und betreffen Bücher, die aus unserer Sicht bedeutungsvoll sind: die Bücher der Richter, der Könige und der Makkabäer. In diesen Büchern wird beschrieben, wie die israelitische Ritterschaft in den Tagen des Alten Bundes das Heilige Land eroberte und verteidigte. Daß diese Geschichte in ritterlichem Geist rezipiert wurde, zeigen die Illuminationen der zahllosen biblischen Texte. Wir werden der vollen Bedeutung der Mythologie des Rittertums nicht gerecht, wenn wir uns nur auf die drei großen Stoffkreise der *Chanson des Saisnes* beschränken. Es gab auch noch einen vierten und bedeutenderen Stoffkreis. Neben die Exempla ritterlichen Handelns aus den Geschichten Karls dese Großen, der griechischen und römischen Helden und der Artusritter müssen wir nun die Beispiele biblischen Rittertums eines König David oder eines Judas Makkabäus stellen, denn ihre Leistungen waren ebenso Teil der historischen Mythologie des Rittertums wie anderes auch.

*

Die Feldherren des Alten Testaments wurden christlichen Kriegern schon seit langer Zeit als Beispiele vorgehalten, noch vor der Zeit, als das Wort »Rittertum« geprägt wurde. Die frühen Segnungsriten für Fahnen und Schwerter beschworen die Beispiele von Abraham und Gideon, David und Judas Makkabäus.[55] So überrascht es nicht, daß Karl der Große in der Pseudo-Turpin-Chronik Roland als einen dem Judas an Tapferkeit Ebenbürtigen betrauert und zwölftausend Unzen Gold und ebensoviel Silber für die letzte Ruhe der Toten von Roncesvalles gibt »in Erinnerung an die Makkabäer«.[56] Die Frau vom See hat dasselbe Beispiel im Sinn, als Lanzelot sie fragte, ob es jemals einen Ritter gegeben habe, der in sich alle Rittertugenden vereinigte, die sie ihm als Probe auferlegt hatte. »Ja«, sagte sie, »das war, bevor Christus leiden mußte. In der Zeit, als das Volk Israel Gott treu diente und gegen die Philister und andere Ungetreue kämpfte, um Gottes Gesetz aufrechtzuerhalten und zu verbreiten, da gab es viele: Unter ihnen waren Johannes der Ircanier und Judas Makkabäus, der gute Ritter... und da waren seine Brüder und David der König und andere, die ich jetzt nicht nennen will.«[57] Sie ließ sie beiseite, um direkt auf Joseph von Arimathias und sein Geschlecht zu sprechen zu kommen. Es gab – zumindest in den Augen der Frau vom See – keinen scharfen Bruch in der Abfolge der Gotteskämpfer beim Übergang von der alttestamentarischen in die neutestamentarische Zeit.

Im Zeitalter der Glaubensfestigkeit, als der Lanzelot-Roman geschrieben wurde, waren die biblischen Geschichten in ritterlichen Kreisen und auch sonst wohlbekannt, zumindest in ihren Umrissen. Gleichwohl ist es aufschlußreich zu beobachten, daß zur gleichen Zeit, als sich die Kenntnis der Ritterschaft in klassischer Geschichte durch immer zahlreichere volkssprachliche Übersetzungen der lateinischen Texte erweiterte, sich eine ähnliche Aktivität auf dem Gebiet der Bibelübersetzungen vollzieht. Im 13. Jahrhundert gab es eine vollständige Übersetzung der Bibel ins Französische in drei miteinander in Beziehung stehenden Versionen (von der frühesten stammen die Interpolationen in den Artustext des Bodmer-Manuskripts) sowie Guiart de Moulins auf der Bibel basierende *Historia scholastica* des Petrus Comestor.[58] Es wird nicht recht deutlich, welche Art Leser diese Bibelübersetzungen ursprünglich im Blick hatten: Laien, die sich den Bettelorden angeschlossen und ein Gelübde als dominikanische oder franziskanische Tertiarier abgelegt hatten, sind in der Diskussion.[59] Im 14. Jahrhundert ist es leichter, die Besitzer von volkssprachlichen Bibeln ausfindig zu machen, und unter ihnen waren Angehörige des niederen Adels in recht ansehnlicher Anzahl vertreten – vom ritterlichen Adel, muß hinzugefügt werden, einschließlich solcher Heerführer, die wegen ihrer Leistungen in den englisch-französischen Kriegen bekanntgeworden sind, wie etwa der englische Ritter Sir Matthew Gournay.[60] Schon früher gehörten Angehörige der Ritterschaft zum Interessentenkreis für solche Bibelübersetzungen und nicht so sehr die städtische Bürgerschicht, die sich häufig mit den Bettelorden assoziierte. Die prächtige Akkra-

Bibel[61] scheint von Ludwig dem Heiligen, König von Frankreich und Kreuzfahrer, in Auftrag gegeben worden zu sein. Schon vorher waren im späten 12. und frühen 13. Jahrhundert Übersetzungen einzelner Bücher der Bibel im Umlauf, und unter den frühesten dieser Übersetzungen befanden sich bezeichnenderweise die Bücher der Richter, der Könige und der Makkabäer. Eine Übersetzung des Buchs der Richter aus dem 12. Jahrhundert wurde bekanntermaßen für die Großmeister des Templerordens angefertigt und die Einleitung weist besonders darauf hin, daß die Menschen etwas von dem »Rittertum« zur Zeit der Richter lernen sollen und dabei erkennen, »welche Ehre es ist, auf diese Weise Gott zu dienen, und wie er die Seinen belohnt«.[62] Die Umsetzung der Heiligen Schrift in die Volkssprache wurde offenkundig, neben anderen Dingen, von Anfang an als relevante Einführung in ritterliche Art angesehen. Hierbei waren die Geschichten des Alten Testaments – vor allem im Zusammenhang mit den Kreuzzügen – von besonderer Bedeutung. Es ist kein Zufall, daß die Frau vom See die Feinde Israels als *mescreans,* als »Ungläubige«, bezeichnet. Mit dem gleichen Wort werden in den volkssprachlichen Texten die ungläubigen Sarazenen umschrieben. Die Überlieferungen von der Eroberung des Heiligen Landes durch Joshua und der Verteidigung durch David und Judas Makkabäus waren, nach Auffassung des Rittertums im 12. und 13. Jahrhundert, unzweifelhaft eine Vorausdeutung der Kreuzzüge und ermöglichten die Definition der Kreuzzüge als höchsten Ausdruck ritterlichen Handelns.

Joshua, David und Judas Makkabäus sind drei wichtige Gestalten. Die in der *Chanson des Saisnes* präsentierte Trias – der französische, bretonische und römische Stoffkreis – ist deutlich herausgearbeitet. Noch klarer ist die Reihung dreier sich entsprechender Dreiergruppen, die die neun »höchsten Helden« umfassen, so wie sie uns Jean de Longuyon in seiner *Voeux du Paon* vorführt[63] (eine jüngere Interpolation in seine Version des *Alexanderromans* aus dem frühen 14. Jahrhundert). Drei ritterliche Helden des Alten Bundes gab es, schreibt er: Joshua, David und Judas, drei Helden der altheidnischen Zeit, Hektor, Alexander und Julius Cäsar und drei Helden des neuen christlichen Zeitalters, Artus, Karl der Große und Gottfried von Bouillon. Hier erscheinen zum erstenmal in der ritterlich-höfischen Literatur die »Neun Helden« *(Neuf Preux)*. Ihnen wurden die »Neun Heldinnen« zur Seite gestellt. Dabei wahrte man allerdings nicht die Symmetrie. In den meisten Versionen stammen sie alle aus antiker Zeit und repräsentieren nicht, wie die Neun Helden, die drei verschiedenen Zeitalter.[64] Diese Konzeption war außerordentlich einflußreich. Ihre zugleich ins Auge fallende und symbolhaltige Symmetrie machte sie sogleich für eine ikonographische Repräsentation auf Gemälden, als Skulptur oder in Buchillustrationen geeignet. Es finden sich zwei hervorragende Porträtierungen der Neun Helden und Heldinnen in einem illuminierten Manuskript von Thomas von Saluzzos *Chevalier errant*, und der Marquis ließ sie von Jean de Yvaine an den Wänden seiner Burg in Saluzzo abbilden. Wir treffen sie weiterhin auf Wandmalereien in Burg Runkelstein (Südtirol), auf Glasmalereien des Rathauses zu Lüneburg, auf einem berühmten, von Jean de Berry in Auftrag gegebenen Wandteppich und immer wieder in Berichten über das kurzlebige Gepränge großer höfischer Feste und Aufzüge. Es wurden Preisgedichte auf sie und Bücher über ihre großen Taten verfaßt. Ihre gemeinsame Reputation verlieh ihnen rasch das Recht, den ersten Platz in dem von uns so genannten ritterlichen Pantheon einzunehmen.

Jean de Longuyons Dreiergruppen waren eigentlich nichts wirklich Neues. Schon in früheren Texten wird eine Auswahl seiner Helden als Beispiele für Rittertum zusammengestellt, und Philip Mouskés antizipiert in seiner Reimchronik aus der Mitte des 13. Jahrhunderts die Idee, die drei Zeitalter durch drei Helden repräsentieren zu lassen. Seine Wahl fiel auf Hektor, Judas und Ogier, den heroischen Dänen der Karlslegende.[65] Jean führte lediglich eine neue Ordnung und Symmetrie ein. Das allerdings war ihm auf eindrucksvolle Weise gelungen. Seine Dreiergruppen symbolisieren sehr schön die drei »Kapitel« der ritterlichen Geschichte und weisen ihr dabei im Rahmen des christlichen heilsgeschichtlichen Ablaufs einen festen

Platz zu. Die drei jüdischen Helden erinnern daran, daß das Alte Testament die Geschichte von Gottes auserwähltem Volk ist, das der wichtigste Mittler für seinen Menschheitsplan war und durch dessen Dienst für den einen wahren Gott der Weg für die Ankunft Christi bereitet wurde. Christi Sendung bezog sich jedoch nicht nur auf die Juden, sondern auch die Heiden hatten ihren Anteil an der Wegbereitung des Neuen Zeitalters. Christus erschien als Fürst des Friedens zu einem Zeitpunkt, als die Römer die Welt erobert und ihren Frieden etabliert hatten (wird im Evangelium nicht gesagt, daß das Gebot von Cäsar Augustus erlassen wurde, die ganze Welt solle sich schätzen lassen?). Es war der auf den Leistungen des heidnischen Rittertums – der Trojaner, Griechen und Römer – aufgebaute römische Friede, der die Reisen der Apostel möglich machte, die Bekehrung der Völker und die Gründung der christlichen Kirche. Das ist der Bereich der ritterlichen Geschichte, an den uns Hektor, Alexander und Cäsar erinnern, und er reicht noch über Cäsar hinaus: Durch Vespasian und seine römischen Ritter wurde der Tod Christi gerächt, und mit der Bekehrung Konstantins wuchsen Römisches Reich und Christentum zu einer Einheit zusammen. Das christliche Rittertum ist somit die Frucht aus einer Verbindung zweier älterer Traditionen – des von Gott zur Beherrschung der Welt und zur Aufrechterhaltung des Friedens bestimmten heidnischen Rittertums und des biblischen Rittertums, das Gott zum Schutz der Heiligen Stätten und zur Verteidigung der Religion Seines auserwählten Volkes bestimmt hatte. Die drei christlichen Helden repräsentieren die bewaffnete Macht Seines neuen auserwählten Volkes, der christlichen Nation, deren Sendung sich von diesen älteren Traditionen herleitet: Gottes Frieden aufrechtzuerhalten, sein Gesetz zu verbreiten und die Heiligen Stätten zu schützen. Die Helden haben ihren Platz als die drei wichtigsten Kultfiguren der christlichen Ritterschaft, eines Standes, dessen irdische Aufgaben deutlicher als alle früheren Traditionen den ewigen und universellen Kampf Gottes und seiner Engel gegen die Mächte der Finsternis, des Chaos und des Frevels widerspiegeln.

Die Gegenüberstellung von drei biblischen und drei klassischen Helden mit den Hauptfiguren des französischen und bretonischen Stoffkreises rückt die Rolle des Rittertums und seinen Stammbaum in den Einzugsbereich der Universalgeschichte, so wie sie damals verstanden wurde. Aber es gibt ja noch eine dritte Gestalt in der letzten Trias neben Karl dem Großen und Artus: Gottfried von Bouillon, den Eroberer Jerusalems, und hierzu müssen noch einige Erläuterungen folgen. In einem früheren Kapitel wurde schon einiges über die Entwicklung seiner Legende gesagt und wie die historischen Ereignisse des Ersten Kreuzzugs mit seinen aufsehenerregenden Siegen und mit einer Erzählung über märchenhafte und höfische Liebe verknüpft wurden, deren wundersame Ereignisse man als Zeichen für eine göttliche Mission des Geschlechts Gottfrieds interpretierte.[66] Diese Geschichte wurde in augenfälliger Weise mit einer anderen wundersamen Geschichte parallelisiert, nämlich der von der göttlichen Mission des Gralshütergeschlechts, zu dem Joseph von Arimathias, der Fischerkönig, Perceval und Galahad gehörten. Im Rahmen der weltgeschichtlichen Sendung des Rittertums, die in jedem Punkt mit dem Kreuzzugssideal in Einklang gebracht werden konnte, hat Gottfried ohne Zweifel Anrecht auf einen Platz an der Seite der beiden anderen christlichen Helden. Seine Plazierung in ihrer Gesellschaft war auch noch aus anderen Gründen wichtig. Für das 14. Jahrhundert, als Jean de Longuyon schrieb, war Gottfried bei weitem der jüngste im Kreis der Neun Helden. Mehr als andere symbolisierte er die Tatsache, daß die universelle Sendungsgeschichte des Rittertums noch keinen Abschluß gefunden hatte, daß diese Mission dringend und zeitnah war und es keineswegs als sicher gelten konnte, daß mit diesen Neun Helden bereits alle Sitze in der ritterlichen Ehrenloge besetzt sein sollten.

Der Kult der Neun Helden war eine direkte Botschaft an die Ritterschaft. In diesem Zusammenhang ist aufschlußreich, daß die zyklischen Manuskripte mit Gottfrieds epischer Geschichte des *Chevalier au Cygne* keineswegs mit der Eroberung Jerusalems aufhören. In einigen Versionen wird der Versuch unternommen, die Kreuzzugsgeschichte bis zur Mitte des 13. Jahrhunderts weiterzuführen. Soweit es den Kreuzzug nach Jerusalem betraf, mußte die Erzählung hier enden – der Zusammenbruch des Kreuzfahrerreiches konnte kaum irgendwelche anderen »Helden« hervorbringen. Dagegen waren andere Begebenheiten sehr wohl dazu geeignet: In Frankreich wurde der große Konnetabel Du Guesclin als der »Zehnte Held« gefeiert.[67] Die Schotten reklamierten die gleiche Ehre für Robert the Bruce.[68] Der Autor des *Chemin de vaillance* beförderte in die Gesellschaft der Neun nicht nur eine Reihe anderer antiker Helden (Herkules, Achilles, Jason, Scipio), sondern auch eine kleine Gruppe großer Zeitgenossen, unter ihnen Du Guesclin, Louis de Sancerre und Hugh Calverley von England.[69] Auch Jeanne d'Arc, so verlangten ihre Bewunderer, sollte mit den neun antiken Heldinnen auf eine Linie gestellt werden.[70] Die Neun Helden symbolisierten die Bedeutung eines Geschichtsablaufs, der alles andere als abgeschlossen war, und sie erinnerten die Menschen an das Beispiel der Vergangenheit und gleichzeitig daran, daß die Geschichte des Rittertums noch in vollem Gange war.

Jede Figurengruppe und jede einzelne Figur der Neun hatte etwas Besonderes zu lehren und auszusagen. So war beispielsweise Hektor der oberste Kriegsheld der trojanischen Linie, von der die fränkische Kriegerschicht abzustammen behauptete, und Alexander galt als hervorragendes Beispiel für Freigebigkeit. Karl der Große war der Held, dessen Geschichte die Stellung der Franken als Gottes neues auserwähltes Volk verdeutlichte. Diese Rolle fand ihre Erfüllung in den Taten Gottfrieds von Bouillon. Der Kult der Neun bezweckte wohl insgesamt, den inneren Zusammenhalt der historischen Mythologie des Rittertums anschaulich zu machen und exemplifizierte damit die Ansicht Chrétiens, daß Rittertum und Gelehrsamkeit zusammengehen müßten. Die in Stein, Tapisserie oder bemaltem Glas festgehaltenen Neun Helden konnten durchaus eine Botschaft vermitteln – um aber diese Botschaft wirklich zu verstehen, war eine Vertrautheit mit einer ausgedehnten und miteinander verbundenen religiösen, höfischen und historischen Literatur erforderlich: *clergie*, Gelehrsamkeit, war gefordert, genauso wie Rittertum. Die großen Ritter vergangener Zeiten konnten durch ihre Abbildung in gewohnten ikonographischen Zusammenhängen sichtbar gemacht werden, durch die Wappen auf ihren Schilden und Bannern – um aber einen vollständigen Begriff von dem zu bekommen, was all diese Personalisierungen aussagen sollten, war nicht nur die Kenntnis ihrer Geschichten nötig, sondern auch ihrer Werte und ihrer Bedeutungsnuancen, die diese Geschichten in Worte und Bilder faßten. Noch einmal: Gelehrsamkeit war gefordert. Durch die Grundlegung seiner eigenen historischen Mythologie wurde Rittertum aus eigenem Recht nicht nur zu einer literarischen, sondern auch zu einer gelehrten Kulturerscheinung. Um sich als eine solche zu bestätigen, waren neben Schwertern auch die Schreibfedern der Gelehrten, von Theoretikern des Ritterwesens, nötig. Selbst ein gebildeter Ritter konnte kaum damit rechnen, eine umfassende Kenntnis von den Fundierungen und Funktionen seines Standes zu erwerben: Er brauchte professionelle Deuter. Auf diese Weise entstand eine Schicht von Leuten, die technische Experten auf dem Gebiet des Ritterwesens wurden, eine Priesterschaft ihres säkularen Kults. Wir werden im nächsten Kapitel sehen, wie die Herolde – zumindest teilweise – eben diese Rolle übernahmen. Wir werden auch sehen, wie Reichtum und Rang ihrer Belesenheit dazu beitrugen, daß Rittertum in seinen äußeren Formen, seinen Ritualen und Zeremonien in fortschreitendem Maße schmuckvoller und kunstvoller wurde – eine Verfeinerung, die Komplexität und intellektuelle Verarbeitung des literarischen Erbes widerspiegelte und die bereits existierte, bevor die Herolde zu wirken begannen.

7. KAPITEL

Wappen und Herolde

DAS AUFKOMMEN DER Wappen und das erste Auftreten der Herolde hängen ursprünglich nicht miteinander zusammen. Die Gepflogenheit, den Schild eines Ritters oder Adligen mit überlieferten ererbten Zeichen zu versehen, begann gegen Ende des 12. Jahrhunderts festgelegten Regeln zu folgen. Aber wenn es auch einige verstreute Hinweise auf Wappenherolde in Texten des 12. Jahrhunderts gibt, so ist doch keineswegs damit gesagt, daß das Wappenwesen an sich das vornehmliche Betätigungsfeld der Herolde gewesen sei. Ihre Position und Aufgabe ist für die Zeit vor dem Ende des 13. Jahrhunderts nur schwer faßbar, und ein deutliches Bild ergibt sich überhaupt erst im 14. Jahrhundert. Dann aber steht das Wappenwesen im Mittelpunkt ihres Interesses. Aus diesem Grunde müssen zunächst Ursprung und Zweck der Wappen untersucht werden, um dann eine Erörterung über die Bedeutung der Herolde für die Geschichte des Ritterwesens anzuschließen.

Im Kriegswesen wurden von früh an die verschiedensten Insignien als Erkennungszeichen auf dem Schlachtfeld eingesetzt. Die Wappen scheinen hier ein besonderes Bedürfnis des Mittelalters erfüllt zu haben. Als in der mittelalterlichen Waffentechnik ein Entwicklungsstand erreicht war, bei dem ein berittener Kämpfer einen vom Scheitel bis zur Sohle reichenden Kettenpanzer und einen das Gesicht bedeckenden Helm tragen mußte, wurde das Problem, einen einzelnen etwa in einem Massengefecht zu erkennen, besonders akut. Aus ritterlicher Perspektive mußte dieses Problem insbesondere beim Turnier gelöst werden, wo es ja wichtig war zu wissen, wen man aus dem Sattel gestoßen hatte und wen man als seinen Gefangenen betrachten konnte. Natürlich war es auch notwendig, Turnierkämpfer identifizieren zu können, von denen man auf dem Kampfplatz besondere Leistungen erwartete und die deswegen von Juroren und Zuschauern erkannt werden mußten. Von da an wurden Schildbemalungen, die vorher nur dekorativen Zwecken dienten, zu regelrechten Erkennungszeichen. Chrétien de Troyes beschreibt anschaulich, wie die Ritter, die sich nicht an dem großen Turnier zwischen Noauz und Pomelegloi beteiligten, der Königin und ihren Hofdamen die Identität der einzelnen Kämpfer erklärten:

>»Seht ihr den Ritter dort drüben mit dem goldenen Streifen quer über seinen roten Schild? Das ist Governauz von Roberdic. Und seht ihr den anderen, dessen Schild mit einem Adler und einem Drachen Seite an Seite bemalt ist? Das ist der Sohn des Königs von Aragon, der in dieses Land gekommen ist, um Ruhm und Ansehen zu gewinnen. Und seht ihr den anderen an seiner Seite, der so gut angreift und tjostiert und einen Schild trägt mit einem Leoparden auf grünem Grund auf der einen Hälfte und himmelblauem Grund auf der anderen? Das ist Ignaures der Vielgeliebte, er selbst ein Liebender und immer frohgemut. Und der mit dem Schild, auf dem Fasanen Schnabel an Schnabel gemalt sind, das ist Coquillauz de Mautirec.«*[1]

Wie diese hübsche Passage bezeugt, förderte gerade das Turnier den Gebrauch allgemein bekannter persönlicher »Devisen« als Erkennungszeichen.

Nachdem heraldische Zeichen zunächst auf Schilden abgebildet wurden, erschienen sie bald darauf auf den Übergewändern der Ritter, auf den Schabracken ihrer Pferde, auf ihren Siegeln, ihren Grabstätten und ihren bildlichen Darstellungen. Sie entwickelten sich darüber hinaus zu mehr als rein individuellen Erkennungszeichen. Handelt es sich um wirkliche Wappen, dann betreffen die auf Schilden applizierten Zeichen nicht nur die einzelne Person, sondern sie gehörten als altererbte Zeichen zu dem jeweiligen Geschlecht. Zudem bildeten sich nach und nach festumrissene Regeln für ihre Präsentation auf den Schilden heraus. Zwar tragen die Schilde der Krieger auf dem Teppich von Bayeux geometrische Muster und Tierabbildungen, dennoch handelt es sich dabei wohl nicht um Wappen, zumal es kaum traditionelle Zeichen gewesen sein dürften.² Bildzeugnisse des frühen 12. Jahrhunderts zeigen, daß Schilde häufig dekoriert waren, wenn sie dem zukünftigen Benutzer übergeben wurden. Die Beschreibung der Schwertleite Gottfrieds des Schönen bei Geoffrey von Marmoutier läßt erkennen, daß man die Dinge 1128 nicht mehr ganz so willkürlich handhabte: Ein blauer Schild mit goldenen Löwen, heißt es da, wurde um Gottfrieds Nakken gehängt.³ Auf der Emailplatte über Gottfrieds Grab begegnen uns die gleichen Löwen – sechs auf blauem Schild. Sein Sohn Wilhelm trug einen einzelnen Löwen und sein Enkel Wilhelm von Salisbury führte das gleiche Wappenbild wie Gottfried: sechs Löwen auf blauem Schild. Offenbar ist so der Löwe zu einem identifizierbaren Familienemblem des Hauses Anjou geworden, zu einem Wappentier im eigentlichen heraldischen Sinn.

Die Verwendung heraldischer Zeichen auf Siegeln derselben Periode, der Mitte des 12. Jahrhunderts, illustriert noch deutlicher die Tendenz zu einem heraldischen Gebrauch bestimmter Zeichen und Symbole. Die Schachbrettmusterung des Wappens von Meulan erscheint auf dem Siegel des Grafen Waleran von Meulan von ca. 1136, es erscheint auch auf zwei Siegeln des Ralph von Vermandois, seines Onkels mütterlicherseits (ca. 1135 und 1146?). So wurden geschachte Wappen von beiden Häusern, den Vermandois und den Meulan, geführt. Fünf in Kreuzform angeordnete Weizengarben sind auf einem Siegel des Grafen Enguerand von Candavène (zwischen 1141 und 1150) abgebildet, auf Schild und Pferdedecke des Reiterbildes Anselms von Candavène, in seinem Siegel von 1162 und auf einem Siegel Hughs von Candavène von 1223. Der Welfenlöwe erscheint 1144 auf einem Siegel Heinrichs des Löwen von Sachsen und 1152 auf dem seines Verwandten Welf von Tuszien.⁴ Was wir auf dieser Entwicklungsstufe im 12. Jahrhundert beobachten können, ist erst der Beginn einer Entwicklung. Es läßt sich nachweisen, daß viele Familien zu dieser Zeit und später, im 13. Jahrhundert, mehr als ein Wappenbild benutzten oder es nach eigenem Gutdünken änderten (dies bedeutete häufig den Neuerwerb eines Lehnsgutes oder einer durch Heirat zustande gekommenen neuen

Familienverbindung, in vielen Fällen geschah es aber nur aus einer Laune heraus). Dennoch, die Dinge waren ins Rollen gekommen: Ab ungefähr 1140 beginnen sich strengere heraldische Prinzipien geltend zu machen.

Die frühesten Beispiele des Wappengebrauchs betreffen nur den höheren Adel, dessen Reichtum und weitläufige Besitzungen ihn von der gewöhnlichen Ritterschaft unterschieden. Frühe Belege deuten in der Tat darauf hin, daß es eine direkte Verbindung zwischen dem Recht, ein Wappen zu tragen und dem seit Generationen gültigen Anspruch auf Lehnsgüter und Burgen gab, und daß in der Schlacht nur mit Lehnsland ausgestattete Leute und Anführer eines Kontingents durch persönliche Wappen hervorgehoben waren.[5] Die ersten Wappenbücher (die französischen und englischen Wappenrollen des 13. Jahrhunderts und der deutsche *Clipearius Teutonicorum)* führen nur die Wappen höherer Adliger und Ritter auf, nicht aber die des niederen Adels.[6] Eine Änderung dieser Praxis läßt sich jedoch im Verlauf des 13. Jahrhunderts beobachten. Unter dem niederen Landadel und Abkömmlingen ritterlicher Familien, die aber selbst noch nicht den Ritterschlag erhalten hatten, wird der Gebrauch von Wappensiegeln immer allgemeiner. In der großen *Manessischen Handschrift* mit ihren prächtigen Abbildungen der Dichter und Minnesänger in ihren Wappenröcken sind viele in heraldischer Kleidung abgebildet, die nach Vermögen und Lehnsbesitz von eher bescheidenem ritterlichen oder ministerialen Rang waren.[7] Die Zürcher Wappenrolle zeigt ebenfalls viele Ministerialen mit Wappen.[8] Gerade zu dieser Zeit wurde in England und Frankreich der niedere Landadel als ritterbürtig akzeptiert. Die Manessische Handschrift überliefert mehr als nur die Wappen der Minnesänger: Sie erscheinen dort bei ihrem bevorzugten Zeitvertreib – bei der Vorbereitung zum Turnier, bei der Entgegennahme von Preisen und Belohnungen in der Begleitung ihrer Damen, deren Schönheit sie besungen hatten. Die Miniaturen legen nicht nur Zeugnis von den jeweiligen besonderen Wappenbildern ab, sondern auch von der Kultur und den Ambitionen der Adelsgesellschaft, auf die sie sich bezogen.

Hinter dieser Chronologie ist eine Dynamik erkennbar, die – wie schon bemerkt – seit dem ausgehenden 12. Jahrhundert die höhere Aristokratie und die kleinen Ritter aufeinander zubewegte und zwischen ihnen eine enge Verbindung auf der Basis von Lehnsherrschaft einerseits und loyalem Vasallendienst andererseits herstellte. Das Wappenwesen konnte unter Umständen Festigkeit und Ausmaß dieser Lehnsbande symbolisch darstellen. So begegnet es in Deutschland immer wieder, daß die Wappen von Ministerialenfamilien von den Wappen der Herrschaft abgeleitet sind, zu der sie ursprünglich gehört hatten. Beispielsweise war das bischöfliche Wappen von Straßburg ein silberner Schrägrechtsbalken auf rotem Grund. Die Geschlechter der Blumenau, der Reimboldelin und der Rumelnheim, alles bischöfliche Ministerialen, trugen das gleiche Wappen, allerdings mit sogenannten Beizeichen, Zusätzen zur Unterscheidung der Ministerialenwappen vom lehnsherrlichen Bischofswappen: ein blauer Turnierkragen, eine goldene Lilie, ein goldener Turnierkragen.[9] In England trugen ebenfalls einige Familien der Grafschaft Kent, alles Lehnsleute der Familie Kyriell von Kent – verschiedene Ableitungen des Wappens der Kyriell, ebenso die Lehnsleute des Hauses Clare.[10] Zur gleichen Zeit, als die kleineren Rittergeschlechter das Wappenrecht erhielten, gingen sie auch dazu über, den Titel *messire* anzunehmen und imitierten, wenn auch in kleinerem Rahmen und zu eher dekorativen Zwecken, bei der Anlage ihrer Wohnsitze die Architektur der größeren Adelsburgen.[11] In dieser Periode vollzieht sich an den glanzvollen Höfen des Hochadels – Treffpunkte der höheren und niederen Schichten einer säkularen Kriegergesellschaft – die endgültige Ausformung der literarischen Kultur des Rittertums.

Das Wappentragen, ursprünglich das Privileg des Hochadels, versinnbildlichte im Laufe der Zeit den Stolz auf vornehme Geburt, auf Stellung und Kultur des Adels im weitesten Sinne. Und genauso wie im Spätmittelalter der Adelstitel über den Kreis der Ritterschaft hinaus vergeben wurde und dabei auch ländliche Gutsbesitzer, Männer bescheidenen Standes, die in Deutschland so benannte

»Rittermäßigkeit« und sogar das Stadtpatriziat umfassen konnte, so verdrängte letztlich das Anrecht auf Wappen den Ritterschlag als Schlüssel zum ersehnten Kreis der Ritterschaft. Überall dort, wo Literatur über Ritter und höfische Liebe gelesen und vorgetragen wurde, wo sich die Zuschauermenge um Tjoste und Turniere drängte, wo sich Familien auf Berichte über ehrenhafte Vorfahren und Familienverbindungen beziehen konnten, dort galt das Wappenwesen als ein ernsthaftes Wissensgebiet. Das ermunterte dazu, den Farben und Wappenbildern allerlei symbolische Bedeutungen zu unterlegen und ihre Geschichte in die ritterliche Vergangenheit, so wie man sie damals verstand, zurückzuverfolgen. Man ging daran, aus der Wappenkunde einen Zweig weltlicher Gelehrsamkeit zu machen, und in der Blütezeit der Herolde im Spätmittelalter war diese Stufe schließlich erreicht.

Das Wappenwesen konnte zu einer Art Wissenschaft werden, weil die »Wappenkunst« schon recht früh systematisiert wurde. Wenn ein typisches Merkmal des Wappenwesens die Vererbbarkeit der Wappenschilde war, dann war das andere die regelgerechte Anordnung und Beschreibung heraldischer Zeichen auf einem Schild, die gemäß heraldischer Regeln heute noch gültig sind. So werden bei der Farbgebung der Wappen, der sogenannten »Tinktur«, nur fünf Farben verwendet: blau *(azur)*, rot *(gules)*, grün *(vert)*, schwarz *(sable)* und purpur *(purpur)*, zwei »Metalle«: Gold *(or)* und Silber *(argent)* und zwei »Pelzwerke«: Hermelin *(ermine)* und Feh *(vair)*. Die französischen Fachausdrücke sind ein weiterer Hinweis auf die Dominanz französischer Mode, besonders in der Frühzeit des Rittertums. Es gab noch andere Regeln: so durften nicht Farbe auf Farbe oder Metall auf Metall gelegt werden. Die sogenannten »Heroldsstücke« oder »Ehrenstücke« *(pièces honorables)*, die geometrischen Muster auf dem Wappenfeld, wie Schildhaupt *(chief)*, Balken *(fess)*, Sparren *(chevron)*, Schrägrechtsbalken *(bend)* und Schräglinksbalken *(bar)*, wurden genau bestimmt und in ihrer Anzahl begrenzt, so auch die Vögel und Tiere, die als heraldisch akzeptiert wurden, genauso wie die bei Wappen üblicherweise benutzten Gegenstände, zum

Beispiel Garben oder die *manche*, der Ärmel des Frauengewandes als Anspielung auf die höfische Liebe. Nicht nur diese sogenannten »Gemeinen Figuren« oder »Heroldsbilder«, sondern auch die Art, sie zu beschreiben, das »Blasonieren«, wurde im Laufe der Zeit systematisiert: Zuerst mußte die Farbe des Feldes angesagt werden, dann die zentrale Gemeine Figur und danach eventuell zusätzliche Figuren und Beizeichen als Markierung der jeweiligen Abstammung (so bezeichnen drei Punkte im Wappenbild den ältesten Erben einer Familie). Das Wappen Gottfrieds des Schönen würde man beispielsweise folgendermaßen blasonieren: *azur, six lioncels or* »Sechs goldene Löwen auf blauem Grund«. Solche Regeln der Wappenbeschreibung sind schon früh belegt. Bereits in der englischen Wappenrolle *Glover's Roll* (1255?) und der französischen *Bigot-Rolle* (1254?) werden sie genau befolgt.[12] Die entsprechenden Regeln werden in *De Heraudie*, der ältesten erhaltenen Abhandlung über Wappen, erklärt, die wohl schon Ende des 13. Jahrhunderts geschrieben wurde.[13] In diesem Traktat ist die heraldische Terminologie der Wappenbeschreibung bereits voll ausgebildet, es gibt aber auch Belege für ein früheres Entwicklungsstadium dieser Terminologie. Bereits um 1160 beschränkte sich Benoît de Sainte-Maure in seinem *Roman de Troy* bei der Beschreibung der Schilde seiner trojanischen Helden auf die späteren heraldischen Farben und Figuren: So führt Troilus blaue Löwen auf einem goldenen Schild und Cicilianor, sein Bastardbruder, trägt einen blauen Schrägbalken auf goldenem Schild, und auf griechischer Seite treffen wir bezeichnenderweise Pyrrhus mit einem Wappen, das dem Vernehmen nach dem Wappen seines Vaters Achilles gleicht.[14] Es scheint also, daß sich heraldische Regeln schon bald nach der Zeit herausbildeten, als Wappen erblich wurden. Diese beiden Entwicklungsstränge machten das Wappenwesen zu einer Wissenschaft, die zu gelehrten Auslegungen führte, wie sie uns in *De Heraudie* entgegentreten.

Man hätte erwarten können, daß das Recht, sich ein Wappen zuzulegen, schon früh Gegenstand obrigkeitlicher Bestimmungen geworden wäre. So war es jedoch nicht. Im allgemeinen scheint man das Recht des Wappenführers während des gesamten Mittelalters parallel zu den lehnsrechtlichen Normen gesehen zu haben, die die Erbfolge bei Lehnsgütern regelten. Eindeutige Bestimmungen entwickelten sich erst später. Das *Boke of St. Albans* von 1486 erwähnt vier Kriterien, nach denen man Anspruch auf ein Wappen erheben konnte: Entweder man hatte es geerbt oder man konnte Besitzanspruch auf ein Lehnsgut oder ein Amt nachweisen, oder es wurde von einem Lehnsherrn oder Fürst verliehen und schließlich, wenn man es einem Feind im Kampf abgenommen hatte.[15] Von der vierten Kategorie scheint es nur sehr wenige, späte Beispiele gegeben zu haben. Das einzige mir bekannte ist der im 15. Jahrhundert gestellte Anspruch des Schwarzen Prinzen auf das Wappen von Frankreich, weil er in der Schlacht von Poitiers König Johann von Frankreich gefangengenommen hatte.[16] Auch die früheste fürstliche Wappenverleihung durch Kaiser Ludwig IV. (»der Bayer«) liegt mit 1338 erstaunlich spät. Solche Verleihungen wurden noch vor dem Ende des 14. Jahrhunderts ganz gebräuchlich.[17] Indessen kam man noch im 15. Jahrhundert ohne irgendwelche obrigkeitliche Autorisierung aus freien Stücken zu einem eigenen Wappen, und das wurde keineswegs mißbilligt. »In diesen Tagen«, schrieb der englische Rechtsgelehrte Nicholas Upton, »sehen wir überall, wie arme Leute durch ihren Dienst in den französischen Kriegen zu Standespersonen werden... und viele von ihnen haben sich kraft ihrer eigenen Autorität Wappen gegeben, damit sie von ihnen und ihren Erben getragen würden.«[18]

Upton folgte hier getreu den Lehren des großen italienischen Rechtsgelehrten Bartolus. In seiner berühmten Abhandlung *De insigniis et armis* von ca. 1350 hatte Bartolus geschrieben, daß man, um sich selbst und seine Familie von anderen zu unterscheiden, vollkommen frei sei, sich selbst ein Wappen zu geben, so wie man auch selbst einen Namen annehmen könne (unter dem Vorbehalt, daß das von einem Fürsten verliehene Wappen immer von höherem Rang sein soll, als ein aus eigener Autorität angenommenes, selbst wenn bei letzterem ein größeres Alter nachgewiesen werden konnte).[19] Das frühe Auftauchen redender Wappen, bei denen die Wappenfiguren auf den Namen des Trägers anspielen, zeigt, daß Bartolus ganz zu Recht Wappenrecht und Namenrecht miteinander verglich. So erscheint der Hecht (engl. *luce*) auf dem Siegel des Richard de Lucy (zwischen 1135 und 1154), und im 13. Jahrhundert der Pokal des Kellermeisters (franz. *bouteiller*, engl. *butler*) auf dem Schild von Sir John le Botiler.[20] Unter den frühen deutschen Wappen finden sich zahlreiche redende Wappen: In der Zürcher Wappenrolle haben die Helmshoven einen goldenen Helm auf rotem Grund, die Affensteins auf silbernem Grund einen roten Affen, der einen Stein bricht, und Ot a den Rand hat eine weiße Rübe *(rand)* auf schwarzem Grund, eine sehr seltene, vielleicht einmalige heraldische Verwendung dieser profanen Ackerfrucht.[21] Solche Wappenbilder gehen ohne Zweifel auf die jeweiligen Familien zurück, denn sie waren dem Namen angepaßt, der die Einheit der Familie symbolisierte.

Redende Wappen spielen mit dem Familiennamen, aber Heroldsbilder konnten auch eine versteckte, symbolische Bedeutung haben. An diesem Punkt dringt die Buchgelehrsamkeit in den heraldischen Bereich, wie sie auch schon zu manchen anderen ritterlichen Sitten und Gebräuchen Zugang gefunden hatte. So konnten Verstand und Gelehrsamkeit aufgewendet werden, um zwischen Wappenschild und heraldischen Figuren und ihrem Träger eine Verbindung herzustellen. Nicholas Upton beispielsweise lüftet das Geheimnis der drei Rebhühner, die der Herzog von Salisbury »einem gewissen Edelmann« (er verschweigt diskret seinen Namen) als Wappentier verlieh, nachdem er wegen Tapferkeit im Felde in den Adelsstand erhoben worden war. Salisbury oder sein Berater (vermutlich Upton selbst) hatten den Bestiarien entnommen, daß das Rebhuhn ein Vogel mit abartigem und verabscheuungswürdigem Sexualverhalten sei und daß das Männchen das Männchen besteige. Rebhühner in seinem Wappen zu tragen bedeute daher, »daß der erste Träger des Wappens ein großer Lügner oder Sodomist war.«[22] Die Farben und Figuren eines Wappens konnten darüber

hinaus symbolische oder allegorische Bedeutung haben. Im 15.
Jahrhundert stellen gelehrte Herolde eine schematische Beziehung
zwischen heraldischen Farben und ritterlichen Tugenden her: Gold
bedeutete »Adel«, rot bedeutete »Tapferkeit«, blau »Treue« und
purpur »Freigebigkeit«.[23] Zusammen mit ähnlichen Beziehungen
zwischen Farben und Edelsteinen, Planeten und Wochentagen, ist
dieses System jedoch eine späte Entwicklung. Ansätze dazu finden
sich jedoch schon im 13. Jahrhundert, wie aus Huon de Mérys Beschreibung der Wappen in seinem allegorischen *Tournoi d'Antechrist*
von ca. 1230 ersichtlich ist: Ywain beispielsweise trägt einen Schild
»geteilt in Liebe und Offenherzigkeit, mit einem Löwen der Tapferkeit und mit offenen Händen der Freigebigkeit«.[24] Die instinktive
Neigung, aus Wappen mehr zu machen als nur Erkennungszeichen,
sie als Zeichen des Stolzes auf treuen Dienst, kriegerische Leistungen und dynastische Verbindungen zu benutzen und damit besondere Tugenden zu exemplifizieren, diese Tendenz bestand von Anfang an.

Wappen konnten auch dazu verwendet werden, an einen ge-
schichtlichen Hergang oder an eine Episode darin zu erinnern. So
wurde die regelwidrige Anordnung des Heroldsbildes im Wappen
der Könige von Jerusalem, das Metall auf Metall zeigt – auf silbernem Grund ein goldenes, von vier Kreuzchen bewinkeltes Krücken-
kreuz – in späterer Zeit als eine beabsichtigte Konstellation angesehen: Danach war das Wappen Gottfried von Bouillon verliehen worden, als er von seinen Mitstreitern zum ersten König von Jerusalem
erwählt worden war. Wer nun später die Gründe für das regelwidrige Wappenbild erfahren wollte, wurde auf diesem Wege erneut an
den Triumph der christlichen Ritterschaft bei der Eroberung Jerusalems 1099 erinnert[25] (zu dieser Zeit gab es freilich noch keine festen heraldischen Regeln). Auch die Ketten in den Wappen einiger
Adelsgeschlechter von Navarra – der Zuñigas, der Muños, der Arri-
cavales – sollten ebenfalls daran erinnern, welchen bedeutenden
Anteil ihre Vorfahren beim großen Sieg König Sanchos des Starken
über die Moslems bei Las Navas de Tolosa hatten, als die Navarre-

ser als erste die das feindliche Lager umgebende Kette durchbrachen.[26] Im Geschlecht derer von Coucy erinnerte man sich noch lange mit Stolz an die Rolle ihres Vorfahren Thomas von Marle während des Ersten Kreuzzuges, und man erzählte die Geschichte, daß ihr Wappen in Feh und rot an den mit rotem Pelzwerk besetzten Umhang anspielt, den auf dieser Expedition der »Ber de Marle« in Stücke schnitt und seinen Mitstreitern als Wappenzeichen übergab, als sie ohne ihre Wappenröcke von den Türken überrascht wurden.[27] Jacques de Hemricourts Buch *Le Miroir des nobles de Hesbaye* bietet ein großes Repertoire solcher Überlieferungen, und sie sind, weil sie eher kleinere Familien betrafen, deren Werdegang nicht so leicht mythisch erhöht werden konnte, vermutlich auch weniger unecht und unglaubwürdig. So wird etwa berichtet, wie Wary de Rochefort nach seinem Ritterschlag am Heiligen Grab ein neues Wappen annahm, oder wie die Familie der Heys de Flamalle und ihre Nachkommen ihr Geschlechterwappen erwarben, als der Graf von Loos einem gewissen Macair wegen guter Dienste sein eigenes Wappen verlieh, das dann in Macairs altererbtes Wappen eingefügt wurde.[28] Ein Wappen auf einem Grab, einem Epitaph oder in einem Wappenbuch konnte somit für den einigermaßen Wappenkundigen nicht nur etwas über die jeweilige Person und deren Blutsverwandte aussagen, sondern war auch geeignet, die Geschichte der ritterlichen Leistungen und Taten eines ganzen Geschlechts zu erhellen.

Um einen vollständigen Begriff vom heroischen Beigeschmack und der Bedeutung des Wappenwesens für die Ritterschaft in seiner mittelalterlichen Blütezeit zu bekommen, müssen zwei Punkte besonders betont werden. Wie die obigen kurzen Ausführungen gezeigt haben, waren die Wappen schon sehr bald mehr als nur eine systematische Identifizierungshilfe von Kämpfern in einer Schlacht. Schon früh war das Wappenwesen eng verbunden mit Geschlechterstolz und der hohen Wertschätzung kriegerischer Taten. Die Identifizierung auf dem Schlachtfeld hatte über das rein Praktische hinausgehende Implikationen: Sie bedeutete den gebührenden Lohn für erwiesene persönliche Tapferkeit. Deshalb beklagt Jacques de Hemricourt den Niedergang der guten alten Zeit, als die Männer noch richtige Wappenröcke trugen und ihre Wappenschilde mit in die Schlacht führten, denn »keiner wagte es da, ein Feigling zu sein, weil man die Guten und die Schlechten an ihren Wappen erkennen konnte«.[29] »Am Tag der Schlacht«, schreibt Diego de Valera, »soll jeder adlige Ritter und Edelmann seinen Wappenrock tragen... und der Grund dafür ist, daß sie von den einfachen Soldaten als Adelsleute erkannt werden und daß sie sich an ihre Verpflichtung erinnern, nicht Schande über sich selbst und ihre Vorväter zu bringen.«[30] Wappenrock, Ehre und Stammbaum einer Adelsfamilie waren eng miteinander verknüpft. »Sir«, sprach die Gräfin von Norfolk zu Sir Hugh Hastings, als er sich während einer der häufigen Unterbrechungen des englisch-französischen Krieges in der Regierungszeit Richards ii. zu einer Fahrt ins Heilige Land aufmachte, »ich danke euch von ganzem Herzen für die Ehre, die ihr den Farben der Hastings in der Vergangenheit erwiesen habt und jetzt, da ihr dabei seid, in fremde Länder aufzubrechen, bete ich dafür, daß ihr auch weiterhin diesem Wappen Ehre zuteil werden laßt.«[31] Insbesondere war die heraldische Sprache auch eine Sprache der Ehre, nicht nur in genealogischem, sondern auch in ethischem Sinne.

Auch bei den Wappensiegeln, die zur Bestätigung der Authentizität eines Dokuments benutzt wurden, läßt sich der praktische Zweck der Wappen nicht vom Ethos der Ehre trennen. Das unter ein Dokument gesetzte Siegel war nicht nur ein Gültigkeitszeichen, sondern auch ein Bürgschaftszeichen für Ehre und Vertrauen. Im *Enseignement de la vraye noblesse* (das der mittelalterlichen Konvention folgt, stets in der Vergangenheit nach Beispielen aristokratischen Handelns zu suchen) heißt es: »Als zur Blütezeit des Rittertums diejenigen, die ihr Recht auf Wappen und Insignien noch durch Sieg, Tugend und Ansehen erworben hatten, und deren Nachkommen etwas Wichtiges versprechen und ihre Treue verbürgen wollten, dann schworen sie bei ihrem Glauben zu Gott, und als Zeugnis hierfür setzten sie einen Abdruck ihres Wappens in Wachs neben ihren Namen. Das ist, was wir heute Siegel nennen. Welche Zusage sie auch machten, welchen Namen und Siegel und welches Wappen sie auch führten, immer würden sie einen Bruch als Verdammnis der Seele, des Leibes und der Güter fürchten, denn durch einen Bruch würden sie auf der einen Seite an ihrem Glauben an Gott eidbrüchig werden, und auf der anderen Seite stünde das Wappen als ein Vorwurf des falschen Zeugnisses.«[32]

Die hier zugrundliegenden Vorstellungen entsprechen ganz der Ehrenregel, daß ein Ritter oder Edelmann, der sich einmal in der Schlacht seinen Wappenrock angelegt hat, nur noch »an diesem erhabenen und gefahrvollen Tag unter Ehrverlust seines Wappens verlustig gehen kann, außer in drei Fällen: Bei Sieg, bei Gefangenschaft oder bei Tod.«[33] Im Falle des Turniers (mit dem die Ursprünge des Wappenwesens so eng verbunden sind) waren militärische Übung und die Zelebrierung ritterlicher Werte und Tugenden im Laufe der Zeit kaum mehr zu unterscheiden. In gleicher Weise wurde der praktische Aspekt des Wappenwesens – die Möglichkeiten der Identifizierung und der urkundlichen Bestätigung – mit der ritterlichen Ideologie kriegerischer Ehre und Tugend untrennbar miteinander verwoben.

Das bringt uns nun zum zweiten Punkt. Die Bedeutung des Wappenwesens im Mittelalter wird von modernen Historikern häufig unterschätzt, vor allem deswegen, weil wir in einer literarischen Kultur leben, die weit weniger vom Visuellen abhängt als die mittelalterliche. Im 14. und 15. Jahrhundert konnten ein einfacher Ritter und seine Ehefrau durchaus in der Lage sein, Dichtungen über Schlachten und andere Erzählliteratur zu lesen oder anzuhören – er wird aber kaum über eine wohlsortierte Bibliothek verfügt haben. In solchen Verhältnissen hatte die Zeichensprache der Wappen in sozialer, kultureller und historischer Hinsicht eine hohe Aussagekraft. »Ich erinnere mich an eine Zeit«, sagt Anthoine de la Salle, »daß eine Frau, wenn ein Mann von ihr Urlaub nahm, sagen konnte: Empfehle mich dem Herren (oder Ritter oder Edelmann), der in seinem Wappen ›gold‹ trägt oder vielleicht auch ›silber‹ mit den und den Bildern ... oder grüße meine Schwester oder meinen Cousin oder meinen Freund, deren Wappen so und so aussieht.« Und in den guten alten Tagen, fährt er fort,»waren die Hallen und Gemächer der Adelsleute mit Wandmalereien oder Wandteppichen geschmückt, auf denen die Schlachten und Eroberungen früherer Helden abgebildet waren, zusammen mit den Wappen der Großen des Reiches zur Erinnerung an all die Lehrstücke beispielhaften Verhaltens.«[34] Hier haben wir es keineswegs mit einem verklärten Wunschdenken über vergangene Zeiten zu tun. Wir werden im folgenden noch hören, wie »eine gewisse Dame« im 14. Jahrhundert den Herold Gelre beauftragte, die Wappen solcher Ritter ihrer Zeit ausfindig zu machen, die »wirklich ohne Tadel« waren, um mit diesen Wappen ihre Gemächer zu schmücken. Der Künstler, der im frühen 15. Jahrhundert die Wände der Burg Runkelstein dekorierte, malte Parzival ausdrücklich mit dem Wappen, das ihm Wolfram von Eschenbach gegeben hatte und Tristan mit dem Wappen, wie es bei Gottfried von Straßburg beschrieben ist[35], so daß man die Szenen und die zugrundeliegenden Geschichten sofort erkennen und in die Erinnerung zurückrufen konnte. Solche Hinweise belegen, daß Wappenkunde nicht nur eine Wissenschaft zur Übermittlung genealogischer Informationen war. Sie war darüber hinaus geeignet, in augenfälliger Weise Episoden und Helden der ritterlich-höfischen Welt sichtbar und identifizierbar zu machen und damit Informationen kultureller, ethischer und ideologischer Art weiterzugeben.

Vor diesem Hintergrund spielt sich nun der von Sir Robert Laton 1396 überlieferte Disput zwischen Richard Le Scrope und Sir Robert Grosvenor um das Wappen »Goldener Schrägbalken auf blauem Grund« ab, bei dem Robert Laton als Zeuge zugegen war. In seiner Jugend, erzählt er, veranlaßte ihn sein Vater, der sich lange in Kriegen und auf Turnieren herumgeschlagen hatte, ein Verzeichnis der Wappen aller Fürsten, Herzöge, Earls, Barone und Ritter anzulegen, an die sich der alte Laton erinnern konnte, und sie auswendig zu lernen.[36] Das war zu dieser Zeit alles andere als ein nutzloses und esoterisches Wissen. Die Wappenkunde ist zu einem

Kernbereich der weltlichen ritterlichen Gelehrsamkeit geworden, der zugleich literarische und visuelle, praktische und ideologische Seiten hatte.

*

Als der Chronist Froissart im Jahre 1394 wissen wollte, welches Wappen Henry Cristed trug (den er als höfisch und gütig beschrieb und von dem er vieles über den Irlandbesuch Richards ii. erfahren hatte), wandte er sich an den Herold March. »In silber ein roter Sparren mit drei roten *besants* (Scheiben), zwei über dem Sparren, einer darunter« lautete die prompte Antwort auf seine Frage.[37] Zu dieser Zeit – im späten 14. Jahrhundert – hatten die Herolde eine gefestigte Stellung und waren würdige Figuren in der Welt des Rittertums. Sie waren die anerkannten Experten für alles, was mit Wappen zu tun hatte, sowie für alle weltlichen Zeremonien: bei Tjost und Turnier, bei den Schiedsgerichten über die Leistungen der Turnierkämpfer, bei den feierlichen Krönungszeremonien, Schwertleiten und Begräbnissen. Sie hatten außerdem wichtige Funktionen in Kriegszeiten. Es war ihre Aufgabe, Erhebungen in den Ritterstand am Vorabend der Schlacht zu protokollieren, nach Rittern unter den Toten zu suchen und die Namen und Wappen derjenigen zu verzeichnen, die sich im Kampf besonders hervorgetan hatten.[38] Zudem war ihnen von allen Seiten Immunität bei kriegerischen Aktionen zugebilligt, so daß sie als Botschafter zwischen den kriegführenden Parteien auftreten konnten. Wenn eine persönliche Herausforderung überbracht werden sollte, wenn man eine Stadt zur Übergabe auffordern wollte, wenn um einen Waffenstillstand oder freies Geleit nachzusuchen war, damit die Unterhändler entsprechende Verhandlungen führen konnten, dann wurde ein Herold zur Übermittlung von Botschaften und Antworten ausgeschickt. Im 15. Jahrhundert konnten dann die großen Herolde, die sogenannten »Wappenkönige«, die Spitzen ihrer Zunft, durchaus eine wichtige Rolle in der fürstlichen Diplomatie spielen.

Die geachtete Stellung der Herolde im ausgehenden Mittelalter hatte sich aus kleinen Anfängen heraus entwickelt. Ihre Position

205

und Funktion in der Frühzeit liegt im Dunkel. Die erste mir bekannte Erwähnung eines Herolds *eo nomine* erscheint bei Wace und ist dort ein bei einem Feldzug agierender Bote. Dies sollte der angestammte Aufgabenbereich für Herolde werden – bei Wace handelt es sich jedoch noch um einen isolierten Beleg. Nach einer neueren Theorie bekleideten Herolde ursprünglich ein vergleichsweise bescheidenes Amt innerhalb eines kleineren Heeresaufgebots und das Bild vom Herold, der die Kämpfer am Tag der Schlacht von Las Navas de Tolosa (1212) aus dem Schlaf weckt, paßt gut zu dieser Ansicht.[39] Die von Herolden gegen Ende des 13. Jahrhunderts zusammengestellten Verzeichnisse über die Anwesenheit von Bannerherrn und Rittern in einem bestimmten Heeresaufgebot (beispielsweise die französische Flandern-Rolle von 1297 und die englische Falkirk-Rolle von 1298) weisen auf eine Art Musterungsfunktion hin. Wie R. Dennys richtig bemerkt, mußte es bei jeder Armee dieser Zeit eine gefragte Fähigkeit gewesen sein, den feindlichen Heerführer anhand seines Banners und Wappenrocks zu identifizieren.[40] Aber als Simon de Montfort bei Evesham 1265 das königliche Heer aufmarschieren sah, war es nicht ein Herold, sondern ein Barbier Simon, »ein wappenkundiger Mann«, der für ihn die Banner des Feindes identifizierte.[41] Ob die besagten Musterungen zum Aufgabenbereich der Herolde gehörten, läßt sich nicht mit Sicherheit sagen, es deutet aber einiges darauf hin, daß sie von den Anwesenden in einem Aufgebot Verzeichnisse anlegten. Soweit mir bekannt ist, gibt es keinen Beleg, wonach Ritter auf der Grundlage eines durch Herolde angelegten Verzeichnisses zur Heerfolge aufgerufen oder für ihren Dienst entlohnt worden wären. Ihre Aufgabe scheint es hier eher gewesen zu sein, eine Rangordnung bei der Musterung festzulegen und somit der militärischen Bedeutung und der Würde des jeweiligen Anlasses einen feierlichen Rahmen zu verleihen – sie hatten, mit anderen Worten, eher eine zeremonielle als eine praktische Funktion.

Was auch immer die genauen Ursprünge ihres Amtes gewesen sein mögen, die eben gemachten Beobachtungen geben Sir Anthony

Wagner Recht, wenn er den Aufstieg der Herolde mit ihrer Rolle zusammenbringt, die sie bei der Inszenierung und den Zeremonien bei Turnieren spielten.[42] In diesem Kontext erscheinen sie auch in den frühen Belegen. So hören wir in Chrétiens *Lancelot* von einem Herold, der am Vorabend eines großen Turniers den inkognito erschienenen Helden in einer ärmlichen Herberge entdeckt. Der Herold hatte seine Schuhe und seinen Rock in der Taverne versetzt und wurde auf einen ihm unbekannten Schild vor der Herberge aufmerksam. Er trat ein, erkannte Lanzelot und stürzte mit dem Ruf hinaus: »Hier ist jemand gekommen, der das Maß setzen wird!«[43] Das Zeugnis der *Histoire de Guillaume le Maréchal* ist ähnlich: Es wird erzählt, daß die Neider Wilhelms die Geschichte verbreiteten, er habe seinen Ruf hauptsächlich dem stimmgewaltigen Herold Henry le Norreis zu verdanken, der ihm bei jedem Turnier mit dem Ruf gefolgt sei: »Gott helfe dem Marschall!«[44] In dem halbhistorischen Roman *Fulk Fitzwarin* werden die Herolde und *disours* als die Schiedsrichter bei Turnieren bezeichnet (Fulks Wappen »Silber und rot gezackt« soll ebenfalls von den *disours* ausgedacht worden sein).[45] Bretels Dichtung über das Turnier von Chauvency gegen Ende des 13. Jahrhunderts wimmelt geradezu von Herolden, die die Kämpfer an ihren Wappen erkennen, ihre Namen ausrufen, wenn sie zur Tjost in die Schranken reiten und ihnen im Turnier folgen und die Namen der Turnierhelden ausrufen. Auch andere Belege bestätigen, daß das Hauptbetätigungsfeld der Herolde ursprünglich auf dem Turnierplatz zu suchen ist. Einige frühe Wappenrollen überliefern zwar die Verzeichnisse von Heeresmusterungen, aber mindestens ebenso viele oder noch mehr verzeichnen die Wappen von Männern, die sich zu bestimmten einzelnen Turnieren versammelten. Es besteht zudem eine deutliche Beziehung zwischen den »Marken«, den Amtsbezirken, in denen die späteren »Wappenkönige« (in der Regel der oberste Herold eines bestimmten Territorialherrn) heraldische Hoheitsfunktionen ausübten, und den abgegrenzten Arealen, die im frühen Turnierwesen bei der Turniereinteilung den lehnsrechtlich zusammengeschlossenen Rittergruppen zugeteilt waren. Das wird

deutlich im Falle des Wappenkönigs in der zu Turnierzwecken ge-
schaffenen Adelsprovinz der »Ruyers«, die die kaiserlichen Niederlande und das Rheinland umfaßte, deren Ritter gewöhnlich gemeinsam kämpften, aber keinen obersten Territorialherrn hatten.[46] So
kann es als gesichert gelten, daß das Geheimnis der wachsenden Bedeutung des Heroldswesens mit der Rolle der Herolde bei den Turnieren zusammenhängt, auch wenn ihre Funktion als Boten im
Krieg ebenfalls etwas damit zu tun hatte. Ihre Expertenkenntnisse
auf dem Wappensektor konnten ohnehin in allen möglichen kriegerischen Situationen nützlich sein.

An Turnieren versammelten sich, neben den Teilnehmern und
ihren adligen Begleitern, immer eine Vielzahl anderer Leute – Reit-
knechte, Waffenknechte, Spielleute, Jongleurs und eben Herolde.
Der Autor des Turnierromans *Hem* beklagt deshalb auch, daß das
jüngste Turnierverbot ein ernstes Beschäftigungsproblem für diese
Mitläufer heraufbeschworen habe.[47] Die Herolde unterschieden
sich anfangs weder durch Würde, noch durch ihre Funktion von
dem fahrenden Volk, das seinen Unterhalt bei diesem gefährlichen
Aristokratensport zu sichern suchte. Nach Texten des 12. und 13.
Jahrhunderts zu urteilen, standen sie offenbar nicht im Dienste einer bestimmten Herrschaft, sondern zogen von Turnier zu Turnier
auf der Suche nach *largesse* und wenigstens einem gewissen herrschaftlichen Schutz. Von Chrétiens Herold zu schließen, der seine
Kleider für einen Becher Wein versetzen mußte, war das Leben der
Herolde offensichtlich recht ungesichert und unterschied sich wohl
kaum von dem der Spielleute. Überhaupt werden sie häufig mit
Spielleuten assoziiert. Baudouin de Condé beklagt um 1280, es liefen in letzter Zeit so viele herausgeputzte Herolde herum, daß es
schwierig geworden sei, einen echten Spielmann zu finden.[48] In den
frühesten amtlichen Dokumenten stehen Spielleute und Herolde auf
einer Stufe. Die Verwaltungsbeamten im Hofhalt Eduards I. führten
die beiden in ihren Lohnabrechnungen unter der gemeinsamen
Rubrik *Menestralli*, und noch 1338 finden wir einen Zahlungsbeleg
an Meister Conrod, Wappenkönig von Deutschland und zehn »an-

dere Spielleute«, die zu Weihnachten vor König Eduard II. aufgetreten waren.[49]

Solche Quelleneintragungen verdeutlichen auch, daß die Herolde gegen Ende des 13. Jahrhunderts dabei waren, eine etwas sicherere Position einzunehmen. Sie wurden mehr oder weniger regelmäßig bezahlt, sie trugen den Wappenrock (»Tappert«) ihrer Herrschaft, und man begann, ihnen offizielle Aufgaben zu übertragen (so etwa im *Statutum armorum* Eduards I. und in den Duellbestimmungen Philipps IV. von Frankreich).[50] Zur gleichen Zeit festigt sich die heraldische Terminologie, wie die frühen Wappenrollen und der Traktat *De Heraudie* bezeugen, dessen Autor ausdrücklich mitteilt, daß er seine Informationen von Herolden erhalten habe.[51] Zu diesem Zeitpunkt beginnt sich auch ein *cursus honorum* in der Heroldszunft zu entwickeln, vom »Persevanten« (vom Französischen *poursuivant* »Amtsanwärter«) bis schließlich zum »Wappenkönig«.

Die weitere Entwicklung verlief sehr schnell und mit ihr die äußeren und sichtbaren Beweise einer anwachsenden Würde. Der Wappenkönig von Anjou, »Le bon Calabre«, wie ihn seine französischen Kollegen nannten, schrieb 1408 über seine Erinnerungen an die Krönung von »Charlot« als Wappenkönig von Frankreich durch König Karl V. (†1380). Es war dies ein würdiges und vornehmes Ereignis, und er fügt hinzu, der König von England habe bei der Krönung seines obersten Herolds noch mehr Aufwand getrieben.[52] Er beschreibt auch Rituale bei der Einsetzung der Persevanten und der Herolde: Sie wurden zu diesem Anlaß mit dem Wappenrock ihres Herrn gekleidet, mußten einen feierlichen Treueid ablegen und wurden danach auf ihren neuen Amtsnamen »getauft« (etwa Persevant »Bon Repos« oder Herold »Ougreffon«), der Persevant mit Wasser, der Herold mit Wein aus der Gildekanne.[53] Der von Le bon Calabre überlieferte französische Heroldseid bestand in dieser Form bis ins 17. Jahrhundert und entsprach in etwa auch den spätmittelalterlichen englischen Heroldseiden.[54] Zu Lebzeiten Calabres besaßen die Herolde bereits eine Reihe von Privilegien: das Recht, Lehnsgüter und Entlohnungen bei verschiedenen feierlichen Anlässen zu empfangen, sowie das Anrecht auf die zerbrochenen Rüstungen bei Turnieren. Ihr Heroldsgewand sicherte ihnen in Kriegszeiten freies Geleit als Boten. Calabre betrachtet mit Stolz die (mythischen) Ursprünge der Heroldszunft im Altertum und erinnert seine französischen Kollegen an die ehrenvolle Stellung der Herolde im klassischen Zeitalter. So wie er das Heroldamt beschreibt, handelt es sich um ein durchaus herausgehobenes Amt und hat einen sicheren Platz im fürstlichen und lehnsherrlichen Dienstapparat. – Bis hierher haben wir einen langen Weg zurückgelegt, der mit der Beschreibung Baudouin de Condés Ende des 13. Jahrhunderts beginnt, wonach die Herolde in alten Zeiten zu den Turnierplätzen in zerlumpten Wappenröcken übers Land zogen und ohne ein Dach über dem Kopf Hitze und Kälte erdulden mußten und froh über gelegentlichen Lohn waren.[55]

Calabres Brief an seine französischen Kollegen und mehr noch die zahlreichen heraldischen Abhandlungen des 15. Jahrhunderts (darunter der zu Recht berühmte *Blason des couleurs* des Herolds »Sicile«) geben einen guten Eindruck von dem weitgespannten Aufgabenbereich und den Interessen der spätmittelalterlichen Herolde. Dabei steht das Turnier nach wie vor im Mittelpunkt, und hier nahmen ihre Tätigkeiten eine besonders professionelle Form an: Sie führten gewissenhaft Buch über die ausgeteilten und empfangenen Schläge, sie inspizierten die Waffen und den Helmschmuck aller Teilnehmer und prüften anhand ihrer Aufzeichnungen, ob alle am Turnier Teilnahmeberechtigten auch von hinreichend adeligem Stand waren. Einmal abgesehen von ihren Botendiensten im Krieg, scheint sich die Entwicklung insbesondere auf zwei Gebieten fortgesetzt zu haben. Von Anfang an erwartete man von Herolden die Fähigkeit, Wappen zu identifizieren, jetzt aber mußte ein Wappenkönig in seiner »Mark« Inspektionsreisen unternehmen und die Hoheitszeichen des gesamten Adels, ihre Namen, Wappenschilde, Helmzierde und Kriegsrufe verzeichnen und mußte feststellen, welche Familien die ältesten waren und wie sich ihre Heiratsverbindungen heraldisch niederschlugen. Die großen französischen Wappenbücher des Herolds »Navarre« aus dem 14. Jahrhundert und die der Landschaft Berry aus dem 15. Jahrhundert sind somit eigentlich eine Art »Standesverzeichnisse des Adels« *(états de noblesse)*, obwohl sie, wie ich glaube, niemals als solche benutzt wurden.[56] Die Notwendigkeit von Visitationsreisen und Verzeichnissen von dynastischen Beziehungen illustriert, wie sehr im Spätmittelalter das genealogische Expertenwissen der Herolde professionalisiert wurde. Der andere ins Auge fallende Aufgabenbereich war die Registrierung herausragender Tapferkeitsbeweise. »Ihr Herren«, sagt die Dame Prudence (»Klugheit«) im *Débat des hérauts de France et d'Angleterre* von ca. 1430, »ihr habt ein schönes Amt, denn nach eurem Bericht urteilen die Leute über weltliche Ehren... (über vollbrachte Taten) in Waffen, bei Angriffen, in Schlachten, Belagerungen und bei anderen Gelegenheiten, sowie bei Tjost und Turnier.«[57] Diese Obliegenheiten erscheinen auch bei Calabre, bei Sicile und zahllosen anderen heraldischen Autoren. Froissart betont im Prolog seiner Chronik, daß er gerade wegen der Heroldspflichten, große Waffentaten zu registrieren und kundzumachen, die Berichte der Wappenkönige und Herolde für die Abfassung seiner Chronik ausgiebig genutzt habe.[58] Die althergebrachte Aufgabe der Herolde, die Namen der Turnierkämpfer auszurufen, hat sich hier nun in eine professionelle Betätigung umgewandelt und erweitert – im richtigen Krieg, wie im Ritterspiel.

Auch noch auf anderen Gebieten zeigen sich im Spätmittelalter die Spuren des alten Heroldswesens. Obwohl die Herolde im 14. und 15. Jahrhundert von ihren Herren eingesetzt und in reguläre Dienste genommen wurden, enthalten ihre Diensteide doch Anklänge an die Zeiten, als sie noch umherzogen und nur gelegentlich in einem Dienstverhältnis standen. Ihre Zunft war allen Adelsleuten weitestgehend und allgemein verpflichtet, »allen Adelsständen, die Christum anbeten«, wie es der englische Persevanteneid formuliert. Wie in den Eiden besonders betont wird, sollen die Herolde insbesondere adligen Damen Dienste leisten und die Namen derer feststellen, die Witwen und Jungfrauen bedrohen und unterdrücken.[59]

Calabre fügt hinzu, es sei eine vornehme Pflicht der Herolde, die Liebesbotschaften ehrenvoller Liebender zu überbringen und ihre Geheimnisse zu hüten.[60] Hier zeigt sich der Einfluß der höfischen Liebesethik, deren Wurzeln im 12. Jahrhundert liegen und die, wie wir gesehen haben, die gesamte martialische Ritterideologie mit einem Hauch Erotik überzogen hat. Auch sehen wir, daß die spätmittelalterlichen Herolde, ebenso wie ihre Vorgänger, immer noch fleißig durch die Lande ziehen mußten. Es ist daher verständlich, daß ihre auf langen Reisen erworbenen Kenntnisse der aristokratischen Gesellschaft fremder und in der Ferne vollbrachter Heldentaten hochgeschätzt waren. »Sei uns willkommen, Carlisle«, begrüßt Eduard III. seinen Herold Carlisle, als dieser 1338 von seinen Reisen nach Preußen, Spanien, in die Barbarei und zum Heiligen Grab wieder zurückkehrte, »jetzt werden wir Neuigkeiten von jenseits des Meeres und von fernen Ländern erfahren, und wir sind begierig, sie zu hören.«[61] Die von Carlisle aufgesuchten Länder haben einen starken Klang, denn es sind Gegenden, wo im 14. Jahrhundert die christliche Ritterschaft noch im Kampf gegen die Ungläubigen stand und wo man folglich die größten Waffentaten vollbringen konnte.

Noch in einem andern Zusammenhang weist die Funktion der Herolde, bemerkenswerte Waffentaten zu registrieren, auf die Anfänge des Heroldswesens hin. Die Ansicht, sie seien Schiedsrichter über ehrenvolle kriegerische Taten, hatte sich schon früher durchgesetzt. Ein Anklang daran ist in dem an die Ritter gerichteten Ratschlag des Autors Ralph de Houdence (13. Jahrhundert) enthalten: Es sei nicht genug zu sagen »Ich bin ein Ritter«, sondern man müsse auch die Pflichten des Rittertums kennen. Es seien die Herolde, Spielleute und Jongleurs, die solche Lehren erteilen könnten, denn sie seien die Hüter des geheimen Prüfsteins der Ehre.[62] Die von Ralph und vielen seiner Zeitgenossen hergestellte Verbindung zwischen Herolden und Spielleuten ist nicht ohne Bedeutung im Zusammenhang mit den Berichten von Waffentaten. Der englische *Song of Caerlaverock* aus dem Milieu der Herold-Spielleute ist hierfür eine gute Illustration. Dieses kleine Gedicht beginnt mit der heraldischen Beschreibung der Wappen aller Anführer des Schottischen Feldzuges von 1300, schildert dann Belagerung und Stürmung von Burg Caerlaverock und führt die Namen und Wappen derer an, die sich durch ihr mutiges Vorgehen ausgezeichnet hatten. Der Autor bemüht sich ganz bewußt darum, seinen Stoff in Einklang mit höfischen und ritterlichen Traditionen zu präsentieren – so wie er beispielsweise die heimliche Liebe und Heirat von Ralph de Monthemer und Johanna von Akkra (»für die er so lange Mühsal zu ertragen hatte«) schildert, oder in seiner Beschwörung der fernen Artusepoche (»niemals erhielt Artus von Merlin ein reicheres Geschenk als König Eduard von Anthony Bek und seinen Mitstreitern«), oder indem er die Kreuzzugstaten von Roger Cliffords Vorfahr, dem großen Marschall, erwähnt.[63] Ein ähnliches Bemühen eines englischen Herold-Spielmanns ist in dem poetischen Bericht von Harold Chandos über die spanische Expedition des Schwarzen Prinzen Ende des 14. Jahrhunderts und seine dortigen Taten zu erkennen.[64] Ihre frühe Verbindung mit den Spielleuten machte die Herolde zu einer Literatengruppe. Ihre spätere Rolle als Chronisten tapferer Taten, die in der gebührenden literarischen Form gefeiert werden mußten, gewährleistete den Bestand ihrer literarischen Bildung.

Die literarischen Bemühungen dieser beiden englischen Herold-Spielleute verblassen bis zur Bedeutungslosigkeit, wenn man sie an die Seite der großen deutschen Herolde des späten 14. Jahrhunderts stellt, neben Claes van Heynen, den berühmten Herold mit dem Amtsnamen »Gelre« und den Österreicher Peter Suchenwirt. In der Person des Herolds Gelre begegnet uns ein wahrer Meister höfischer Literaturkonvention. »Eine vornehme Dame sagte zu mir: Gelre, ich habe einen Auftrag für dich. Ich will ein neues Zimmer einrichten und es mit Wappenschilden schmücken. Du sollst die Ritter aussuchen, die würdig sind, daß ich ihre Wappen an die Wände meines Zimmers malen lasse, solche, die wirklich ohne Tadel sind.«[65] Und so erzählt er, wie er sich aufmachte, die Namen solcher Ritter ausfindig zu machen. In einem Wald belauscht er eine Dame, die den wahren Ritter der Dame »Ehre«, Adam von Moppertingen, beweinte (Würmer zerfressen jetzt sein Fleisch), der so gut in Preußen kämpfte und für den englischen König gegen die Schotten wie ein Roland focht. Er hörte auch von den Taten und dem Ruhm des Grafen Heinrich von Virnebourg, dem großen Tjostierer und vom Herzog von Juliers, der in Preußen siebenmal die Waffen gegen die Heiden ergriff und Geldern eroberte.[66] Diese Sammlung von Preisgedichten in Anknüpfung an das Gemach einer Dame ist keineswegs die einzige literarische Leistung Gelres. Von ihm sind außerdem beispielsweise die Klage über die lobwürdigen Männer, die 1346 bei Staveren fielen, überliefert (»sieben Ritter, die besten, die man sich vorstellen kann – mögen andere ihrem Beispiel folgen«) und eine Reihe poetischer Kurzbiographien solcher zeitgenössischer Helden wie des edlen Rutger Raets und Dietrich von Elnaer.[67] Suchenwirts Werk ist literarisch gesehen glatter und eindrucksvoller. Es enthält ebenfalls einige Klagen über zeitgenössische Helden (jeweils abgerundet durch eine poetische Wappenbeschreibung) und eine glänzende Verserzählung des Preußenkreuzzuges Herzog Albrechts von Österreich im Jahre 1377. In seinen Dialogen erweist sich Suchenwirt nebenbei als Meister der didaktischen Kunst personifizierter Allegorese.[68] Hier haben wir einen Herold, der in seiner eigenen Art eine professionelle literarische Figur von Rang ist.

Der Herold Gelre ist weniger wegen seiner Dichtung bekannt, sondern hauptsächlich wegen seines *Wappenboek*, des großen *Armorial de Gelre* – sicherlich das schönste aller Wappenbücher des Mittelalters. Mit seinen prächtigen Abbildungen der Wappen und Helmzierden von Rittergeschlechtern aus ganz Europa kann es als wirkliches Kunstwerk gelten. Es ist zudem das Ergebnis langwieriger Nachforschungsarbeiten, denn Gelre stand ganz ohne Zweifel in Kontakt mit seinen Heroldskollegen nahezu aller europäischer Königreiche, um diese absolut zuverlässige illustrierte Dokumentation der Ritterschaft seiner Tage zuwege zu bringen.[69] Seine in literarische Konvention eingewobene dichterische Welt und die an seinem glänzenden heraldischen Opus ersichtliche professionelle Kennerschaft liegen nahe beieinander. Literatur und Mythologie des Rittertums gaben ja, wie wir im letzten Kapitel gesehen haben, seiner Geschichte eine zusammehängende Grundlage und standen auch bei den Herolden im Mittelpunkt des Interesses. Die legendären Berichte von antikem Heldenmut waren Vorbild für die Schilderung der zeitgenössischen Verhältnisse, und ein richtiger Herold wußte, daß er die Wappenbilder der (mythischen) Vergangenheit und die der Gegenwart kennen mußte. Schon die im 13. Jahrhundert entstandene englische *Herald's Roll* beschreibt die Wappen der zeitgenössischen Ritter und daneben auch die Wappen von Prester John, Gawain, Roland und Sir Bevis von Southampton.[70] Der literarische Einfluß ist besonders deutlich in den Wappenrollen und Wappenbüchern des 15. Jahrhunderts ausgeprägt. Dort erscheinen die Wappen der Neun Helden, der Paladine Karls des Großen und der Gefährten Alexanders, und eine bestimmte Gruppe zeigt die Wappen aller einhundertfünfzig Ritter der Tafelrunde mit einer kurzen, den Romanen entnommenen Biographie unter jedem Wappenschild und verzeichnet auch die äußere Gestalt ihrer Träger, ihre Waffentaten und ihre Liebesabenteuer.[71] In einem Manuskript des *Lancelot*-Romans aus dem 15. Jahrhundert hat der Illuminator die Wappen der Ritter genau nach diesem Text gestaltet. Das Manuskript wurde für den großen Patron des Rittertums und Literaturmäzen Johannes von Armagnac, Herzog von Nemours, angefertigt, der 1478 auf dem Blutgerüst sein Leben ließ.[72] Es ist ein prachtvolles Zeugnis von dem hochentwickelten literarischen Niveau, das das Wappenwesen am Ausgang des Mittelalters erreicht hatte.

In einem Zeitalter, als didaktisch intendierte Tafelrundenturniere inszeniert wurden, als große höfische Feste und Zeremonien legendarische Szenen nachzuvollziehen suchten (so bezog man sich etwa beim burgundischen Fasanenfest in Lille 1454 auf das Gelöbnis und Fest des Pfaus im Alexanderroman)[73], verlangte wahre Meisterschaft in heraldischer Bildung mehr als nur Kenntnis der Genealogien und Wappenbilder. Im Idealfall erforderte sie die Beherrschung der gesamten Literatur und historischen Kultur des Ritter-

tums, Einsicht in die Gesetze des Adelsstandes und der Erbfolgere-
gelungen, sowie Kenntnisse der den Pflanzen, Tieren, Vögeln und
Farben zugeschriebenen mystischen Eigenschaften. Dies alles war
notwendig, wenn der Bereich menschlicher Geschichte und Werte,
für den sich die Herolde zuständig fühlten, adäquat in visuelle Symbole – die Sprache des Wappenwesens – übersetzt werden sollte.
In diesem Zusammenhang sind wir in der glücklichen Lage, das
Bibliotheksverzeichnis eines englischen Wappenkönigs, Thomas
Benolt »Clarenceux«, zu besitzen, der 1534 starb.[74] Benolt überließ
alle Bücher seinem Kollegen Carlisle bis zu dessen Tod, danach ver-
machte er sie seinen eigenen Nachfolgern im Heroldsamt des »Clarenceux«. Die Bücherliste enthält, wie zu erwarten war, eine Reihe
von Visitationsberichten und Rollen über Stammbaumverhältnisse
und Zeremoniebeschreibungen (Krönungen, Beerdigungen etc.).
Neben solcher Art Literatur finden wir jedoch auch die Chroniken
des Froissart, eine gedruckte *History of France*, den *Livre du trésor* des
Brunetto Latini (eine Art Enzyklopädie für Edelleute), eine Übersetzung von *De Regimine Principum* des Giles von Rom, das *Book of the
Nine Worthies*, die *History of Troy*, das *Book of Galahad*, Geoffroy de
Charnys *Livre de chevalerie*, die Taktikabhandlung *De re militari* des
Vegetius, zwei Kopien von Honoré Bonets *Tree of Battles*, ein wichtiges und weitverbreitetes Werk über das Kriegsrecht, einschließlich
der Übersetzung zentraler Passagen aus dem Traktat *De insigniis et
armis* des Rechtsgelehrten Bartolus, eine französische Übersetzung
des Alten Testaments, zwei Bestiarien und anderes mehr. Das nun
ist ein sehr bedeutungsvolles Titelverzeichnis. Von den berühmten
»Drei Stoffkreisen« der Chanson des Saisnes sind der bretonische
und römische gut vertreten, ebenso die Neun Helden. Diese und die
Bibelübersetzungen eröffnen den Zugang zur historischen Mythologie des Rittertums (wie ich es im vorigen Kapitel genannt habe).
Geoffroy de Charny und Bonet sind Einführungen in schickliches
ritterliches Betragen. Die Bestiarien und eine Reihe heraldischer
Abhandlungen dienen dazu, die allegorische Bedeutung der Wap-
pentiere und Wappenvögel, der Farben und Metalle, nachzuschla-

gen. Froissart und einige andere Chronisten bieten die neuere Geschichte des Rittertums, und ein Werk mit dem Titel *Faulette d'amours* zeigt, daß auch die Welt der höfischen Liebe nicht vergessen wurde. Damit war die gesamte Bandbreite ritterlicher Kultur abgedeckt. Benolts Bibliotheksverzeichnis ist ein beredtes Zeugnis über Umfang und Vielfalt der Wissensgebiete, in denen ein praktizierender Herold am Ausgang des Mittelalters bewandert sein mußte.

Am Ende des 13. Jahrhunderts, lange vor Gelre und Suchenwirt und lange vor Benolt, konnte sich das Rittertum einer ausgedehnten, weitgehend erzählenden Literatur rühmen, die seine historischen und religiösen Grundlagen und seine Rolle in der christlichen Gesellschaft deutete. Als eine unabhängige Lebensform war es einer systematischen Darstellung zugänglich, wie etwa Ramón Lulls *Libre del ordre de cavayleria* belegt. Ungefähr zur gleichen Zeit läßt sich beobachten, daß es – in der Person der Herolde – eine »Laienpriesterschaft« für seinen säkularen Kult bekommen hatte – eine gebildete und literate Laienpriesterschaft dazu. Aus kleinen Anfängen heraus hatten die Herolde eine Position als anerkannte Experten für die Kultivierung einer visuellen und literarischen Kultur errungen. Ihr Expertenwissen bei der Überbrückung des Abstandes zwischen geschriebenem Wort und dessen ikonographischem Ausdruck gab ihnen die Möglichkeit, einen bedeutenden Einfluß auf die Laiengesellschaft und ihre Sitten auszuüben.

Von der Blütezeit des Heroldswesens an läßt sich beobachten, daß die Kultur des Rittertums wesentlich ornamentaler wird, mehr mit Symbolen arbeitet, bewußter historische Modelle und Motive einsetzt und sich immer mehr in feierlichen Zeremonien gefällt. Ebenso wie die Kirche von frühester Zeit an mit ihrer literarisch versierten Priesterschaft Wege gefunden hatte, neuen geistigen Anstößen auch außerhalb der Liturgie und kirchlicher Rituale Ausdruck zu verleihen und religiösen Symbolismus sichtbar zu machen, gelang dem Rittertum jetzt das gleiche durch das Medium der heraldischen Kunst und des heraldischen Wissens. Und genauso wie in der Religionsgeschichte solche zusätzlichen Erscheinungen zur Liturgie oder zu Ordensregeln keineswegs eine ermüdende Geistigkeit bedeuten, sondern eher die fortdauernde Kraft und unbegrenzte Weite religiösen Fühlens, so bedeuten in der Kultur des Rittertums die immer komplexeren und symbolhaltigeren Ausdrucksmittel und Verhaltensregeln keineswegs, daß das Rittertum nun leer und abgenutzt sei. Es sind vielmehr die Zeichen eines blühenden Wachstums, einer schöpferischen Kraft und eines wachen Bewußtseins vom Reichtum und den Ressourcen seiner eigenständigen Tradition.

8. KAPITEL

Der Begriff Adel

»Wappen sind die Zier des Adels«[1]: so lautet die allgemeine Ansicht heraldischer Autoren. Daß hier das Wort »Adel« und nicht »Ritterschaft« verwendet wurde, ist bemerkenswert. Wappen galten als überlieferte Abzeichen eines Geschlechts, die man aufgrund einer Erbfolge beanspruchen konnte und nicht etwa, weil man den Ritterschlag erhalten hatte. Ihre Bedeutung für die ritterliche Welt und die wachsende Bedeutung der Herolde als Wappenexperten sind symptomatisch für das starke Gewicht, das man in der Rittergesellschaft seit dem 13. Jahrhundert der Abstammung beimaß. Es muß indessen betont werden, daß es sich hierbei um eine Akzentverlagerung handelt und nicht um eine neue Entwicklung. Wir konnten ja bereits feststellen, welche Bedeutung die adelige Abstammung schon in der Frühzeit des Ritterwesens hatte. Eine Akzentverschiebung also, und eine wichtige dazu – sie bewirkte eine neue Beachtung des Adels und eine neue Bewertung seiner gesellschaftlichen Rolle.

Adel wurde zu einem Thema, das in spätmittelalterlichen Abhandlungen über das Rittertum und von Herolden in beachtlicher Breite diskutiert wurde. Um ihr gesteigertes Interesse etwas besser verstehen zu können, muß einiges über bestimmte Entwicklungen gesagt werden, die zu diesem besonderen Interesse führten. Wie schon erwähnt, war die Abstammung in ritterlichen Kreisen von zentraler Bedeutung. Bereits im 11. Jahrhundert wird berichtet, wie der Abt von Bourgeuil sich eines jungen Mannes erbarmte und ihn zu einem Ritter erzog, »weil er eines Ritters Sohn war und Nachkomme einer adeligen Familie.«[2] Deutliches Zeichen einer veränderten Einstellung in späteren Zeiten ist die Tendenz, die Initiationszeremonie des Ritterschlags nicht mehr in den Vordergrund zu stellen, sondern vielmehr die Qualifikation zur Erlangung der Ritterwürde, die man zunehmend in einer adeligen Abkunft erblickte. Nur wer unter seinen Vorfahren Ritter nachweisen konnte, erfüllte die Voraussetzungen für den Ritterschlag – das ist die Doktrin einer Verordnung Friedrichs II. in der ersten Hälfte des 13. Jahrhunderts.[3] In einem Nachtrag wird festgelegt, daß nur der König selbst Ausnahmen von seiner eigenen Regelung gewähren kann. Dieser Grundsatz erscheint auch bei Beaumanoir um 1280, und er gesteht dem König ebenfalls das Recht zu, Ausnahmen zuzulassen. Eine von ihm überlieferte Geschichte illustriert das Problem: Es geht darin um drei Ritter, die – um eine ordentliche Gerichtsverhandlung führen zu können – noch eine vierte Person in ihrem Gremium benötigten. Sie griffen sich einen einfachen Bauern und gaben ihm mit den Worten:»Sei du ein Ritter« den Ritterschlag. Diese informelle»collée« genügte freilich nicht, aus dem Bauern einen Ritter zu machen, und die drei wurden wegen versuchten Betruges bestraft.[4] Auch in den Ordensregeln der Tempelritter aus dem 13. Jahrhundert schlägt sich die stärkere Betonung der Abstammung nieder. Die aus dem 12. Jahrhundert stammende Version der Regel teilte die Brüder in zwei Gruppen: die»Ritter« in weißen Umhängen, die »Knechte« in einfachem braunen Tuch – und bestand lediglich darauf, daß die höherrangigen Brüder bereits vorher Ritter gewesen waren. Die Regel des 13. Jahrhunderts verlangte dagegen, nur den als Ordensritter aufzunehmen, der nachweisen konnte,»daß er der leibliche Sohn eines Ritters und einer Dame adligen Geblüts ist, und daß er in väterlicher Linie von Rittern abstammt.«[5]

Diese Verschärfung der Aufnahmebestimmungen in den Ritterstand, die strikte Begrenzung auf Kandidaten aus ritterblütigen Geschlechtern geht Hand in Hand mit einer anderen Entwicklung im 13. Jahrhundert. Im Laufe dieses Jahrhunderts gehen immer mehr junge Männer aus guter Familie, vor allem aus der niederen Aristokratie, dazu über, die unter ihren Vorvätern übliche Ritterschlagszeremonie zu umgehen.[6] Nach Ansicht der Historiker sind die Hauptgründe für das schwindende Interesse an einem formellen Ritterschlagsritual vor allem in den Kosten dieser immer ausgefeilteren und aufwendigeren Zeremonie zu suchen und in den steigenden Ausgaben für Waffen und Rüstung. Man sieht diese Tendenzen im Zusammenhang mit den wachsenden – nach Auffassung mancher Historiker gar krisenhaften – ökonomischen Schwierigkeiten, denen sich der landbesitzende Adel im ausgehenden Mittelalter gegenübersah. Dieser Fragenkomplex wird uns später noch beschäftigen. Im Augenblick genügt es festzuhalten, daß – aus welchen Gründen auch immer – stetig weniger Männer bereit waren, formell in den Ritterstand zu treten. Auf der Bildfläche erscheint ein niederer Adel mit rittermäßiger Substanz, der auf seinen Siegeln die gleichen Wappen führt wie seine ritterlichen Vorfahren, selbst jedoch – formal gesehen – nicht mehr aus Rittern besteht.[7] Es scheint, daß die Ritterwürde immer mehr ihre Bedeutung als Bindemittel zwischen niederer und höherer Aristokratie zu verlieren beginnt und ersetzt wird von der Gewißheit adeliger Abstammung und dem anerkannten Rechtsanspruch auf ererbte adelige Würdezeichen und Wappen.

Im Zuge dieser Entwicklung wurde den Rangstufen, mit denen sich diese geringeren Leute begnügten, eine neue Adelswürde zugeordnet, Titel, die bis dahin mit einer Dienststellung gegenüber dem Ritterstand oder der Anwärterschaft auf ihn verknüpft waren, wie etwa *Edelknecht* (»Knappe«) in Deutschland, *esquire* oder *damoiseau (écuyer)* in England und Frankreich. Es werden neue Kollektivbezeichnungen geschaffen, beispielsweise *esquierie,* eine Art Verkleinerungsform von »Ritterschaft«. »Ihr seht hier die Blüte der bretonischen *esquierie* versammelt«, so Beaumanoir zu Brambourg vor dem »Kampf der Dreißig« im Jahre 1350.[8] In Spanien wird *hidalguía* zur Bezeichnung eines Blutadels verwendet, der Anspruch auf Empfang der Ritterwürde hat. In Deutschland wird mit *rittermäßig* der niedrigste Rang der Heerschildordnung bezeichnet: »Männer mit Namen und Eigenschaften des Adels, die aber keine Ritter sind.«[9]

Gleichzeitig vollzieht sich eine Veränderung des Titels »Ritter« oder *chevalier*. Er benennt nur noch einen Aspekt der Ritterwürde: Zum einen die Abstammung von einem höherrangigen Geschlecht, das wohlhabend genug ist, den althergebrachten Brauch des Ritterschlags zu pflegen, zum andern den auf dem Schlachtfeld oder im Herrendienst gewonnenen Anspruch auf die Ritterwürde.

Eine weitere und damit verwandte Änderung des Wortgebrauchs ist von noch größerer Bedeutung in unserem Zusammenhang. Von nun an bekommt der Begriff »Rittertum«, »Ritterschaft« notwendigerweise eine Doppelbedeutung. Er wird weiterhin in einer Vielzahl von Fällen im engeren Sinne benutzt und ist da die Kollektivbezeichnung für diejenigen, die formell und im Rahmen einer Zeremonie zum Ritter geschlagen worden waren. Mit dem Wort umschrieb man aber auch die Obliegenheiten, den Status und den Lebensstil derer, die durch ihre Geburt Anrecht auf diesen Titel erworben hatten, nicht aber unbedingt Ritter im engeren Sinne waren. Auch Edelknechte wurden beispielsweise zum ritterlichen Turnier zugelassen. Die Statuten weltlicher Ritterorden – wie etwa René von Anjous Halbmondorden – lassen sowohl Ritter als auch Edelknechte (frz. *écuyer, damoiseau)* als Mitglieder zu und verlangen von allen Kandidaten lediglich einen über vier Generationen reichenden Adelsnachweis. Geoffroy de Charny beschreibt in seinem *Livre de chevalerie* die Lebensweise, Tugenden und Christenpflichten nicht nur der Ritter, sondern des gesamten Kriegerstandes – aller, die ein Anrecht auf eine ehrenvolle Position im »edlen Waffenhandwerk« haben.[10] Die Begriffe *chevalerie* und *noblesse* konnten sich somit ergänzen. In einigen Zusammenhängen haben sie unterschiedliche, in anderen durchaus identische Bedeutungen. Ein Glosse im *Grand Coutumier* der Normandie drückt das so aus: »Bei der Einteilung der Stände wird der Adelsstand ›Ritterstand‹ genannt.«[11]

Als gegen Ende des 13. Jahrhunderts der auf dem Erbrecht beruhende Zugang zur Ritterwürde stärker in den Vordergrund trat, begegnet zum erstenmal eine neue Gattung von Dokumenten, nämlich königliche und fürstliche Urkunden, mit denen die Adelswürde an

nichtadelige Personen verliehen wurde.[12] Zunächst war dies eine
sehr selten praktizierte Maßnahme, aber im Laufe der Zeit wurden
solche Verleihungen oder Patente immer üblicher. Dabei adelte
man nicht nur die jeweils betroffene Einzelperson, sondern ihre gesamte Nachkommenschaft. In der Regel erwähnen die Patente als
besonderes Privileg des adeligen Status das Recht, die Ritterwürde
anzunehmen. Häufig enthält der Adelsbrief auch die Verleihung eines Wappens und Angaben über das Wappenbild. Umgekehrt erweisen sich fürstliche Wappenverleihungen häufig eigentlich als
Adelspatente. Wurden Wappen durch Patente verliehen, war meist
das Recht des Trägers eingeschlossen, das Wappen in der Schlacht,
auf dem Turnier und bei anderen kriegerischen Anlässen zu tragen.[13] Bei den mittelalterlichen Adelspatenten ging es nicht darum,
den alten Geburtsadel dazu zu veranlassen – wie es später geschah –,
eine scharfe Trennungslinie zwischen sich und den *anoblis*, den Par-
venus, zu ziehen (obwohl es, wie wir weiter unten sehen werden, genügend Feindseligkeiten gegenüber dem Briefadel gab). Das Adelspatent diente in diesem Entwicklungsstadium und in der Mehrzahl
der Fälle als gültige Eintrittskarte in die erlauchten ritterlichen
Kreise. In diesem Sinne übernahmen die Patente die frühere Funktion der Ritterschlagszeremonie.

Hier wird eine andere Akzentverschiebung sichtbar: Es ist durchaus zweierlei, in den Adelsstand erhoben zu werden oder die Ritterwürde zu erhalten. Petrus de Vinea, der Kanzler Friedrichs II.,
schrieb, daß »der Adelstitel allen in derselben Erbfolge stehenden
verliehen wurde, nicht so die Ritterwürde.«[14] Diese Worte umreißen
den Unterschied sehr deutlich. Das Ritterschlagszeremoniell mit all
seinen differenzierten Ritualen, deren einzelne Phasen mit symbolischen Deutungen befrachtet waren, führten eine Person in einen
durch Funktion definierten Orden oder Stand ein – in einen »Berufs-
stand«, wie es deutsche Historiker nannten. Adler brauchte, außer
den Geburtswehen einer adligen Dame, keine sonstigen Initations-
riten. Der hilflose Säugling wurde in einen durch Geburt definierten
Stand hineingeboren, den »Geburtsstand«. »Von jetzt an«, so

George Duby,»betrachtet sich die Aristokratie als Adel – als eine Kaste, die allen ohne Nachweis vornehmer Geburt verschlossen blieb.«[15] Die Abstammung war dabei, der Berufung den Rang abzulaufen, auf die das Ritterschlagszeremoniell so großen Wert gelegt hatte.

Die sich hier abzeichnende Verhärtung erbrechtlich definierter Klassenschranken beschränkte sich nicht nur auf den weltlichen Bereich. Daß Klöster und Kapitel den Eintrittswilligen Nachweise ihres Wappenrechts oder ihrer adeligen Abstammung abverlangten, ist im ausgehenden Mittelalter eine ganz übliche Erscheinung. Im vorreformatorischen Deutschland hatte dieser Hang zur Exklusivität die Belegschaft manches Kollegiatstifts bereits auf einen kritischen Punkt reduziert.[16] Offensichtlich hatte auch Klassenneid einiges mit dem Abschotten des Adelsstandes zu tun. Seit dem 13. Jahrhundert spürten viele Adelsfamilien den kalten Wind ökonomischer Konkurrenz mit wohlhabenden Bauern und Städtern. Die Reaktion des Adels bestand in Absonderung, im Schutz ihres Adelsstolzes und ihrer Privilegien durch die Errichtung von Barrieren gegen den Eintritt des Briefadels in ihren Stand. Diese Verhältnisse bilden den Hintergrund für die gewohnheitsrechtlichen Regeln der Rechtsbücher zur Definition des Adels und seiner Privilegien[17] – wie etwa das Recht des Adels, private Fehden zu beginnen, nur von einem mit Standesgenossen besetzten Gericht zu erscheinen und distinktive Wappen und Kleidung zu tragen. Ritterromane und Bücher über höfisches Betragen entsprechen, etwa seit dem 13. Jahrhundert und auch schon vorher, der Exklusivität des Adels in den Rechtsbüchern oder antizipieren sie. Darius zum Beispiel ist im Alexanderroman in Verruf geraten, weil er Leute einfacher Herkunft gefördert und damit den eigentlichen Adel übergangen hat[18], und im *Tournoiement d'Antechrist* wird Satan als ein Gefolgsherr beschrieben, der seine Reichtümer an Knechte, leibeigene Hintersassen und Wucherer verschleuderte und sie mit eigener Hand zum Ritter machte. Ramón Lull und Robert von Blois in seinem *Enseignement des Princes* betonen, daß Fürsten ihre Räte aus den Reihen der Ritter und Adeligen wäh-

Galahad wird der Artusrunde vorgestellt (S. 173 ff.).

Neben den Turnieren gab es prächtige Feste:
Ritter, Edelmann und Knappen beim Ballspiel (S. 305 ff.).

Turnier (Scharfrennen) zwischen Kaiser Maximilian I. (links) und Kurfürst Friedrich III. von Sachsen, 1497.

*Sport im späten Mittelalter: Der Reiter versucht mit seiner Lanze den »Pappkameraden« am Schild zu treffen, wodurc
dieser sich auf einer senkrechten Achse, die im Boden befestigt ist, dreht, und den Reiter mit seinem gewaltigen Flegel ur
die Ohren schlägt.*

len sollen.[19] Die französischen Kapetinger des 12. und 13. Jahrhunderts wurden häufig wegen ihrer Bereitschaft kritisiert, Nichtadelige zu fördern, und dies wurde – durchaus plausibel – als Grund dafür angeführt, daß sich im kapetingischen Frankreich die literarische Kultur des Rittertums nicht so sehr am Königshof entfaltete, sondern eher an den Höfen der Fürsten, die häufig in Gegnerschaft zur Monarchie standen, wie etwa Flandern und Champagne und am Anfang vor allem Anjou.[20]

Neuere, allgemeinere landesherrliche Privilegien, etwa die Befreiung von Steuern und Abgaben, erhöhten beim Adel die Sorge um die angestammten Sonderrechte ihres Standes. Letztlich hatten sie jedoch keinen rechten Erfolg bei der Bewahrung eines rein adeligen Stammbaums. Zu oft hatten sie selbst ein Interesse, die Grundsätze zu brechen, denen sie zu anderen Zeiten gehuldigt hatten. Die Heirat mit einem reichen Bürger oder einer reichen Bürgerin war häufig die einzige Rettung des Familienvermögens, das durch unbedachte *largesse* oder kostspielige Abenteuer gefährdet war. Ob ein reicher Aufsteiger nun durch Heirat zu einem Adelsgut gekommen war oder durch Kauf von einem bankrotten Adeligen – immer übte die adelige Lebensweise auf ihn, mehr noch auf seine Nachkommenschaft, eine mächtige Anziehungskraft aus. Zumindest vorläufig hatte man Geld genug, einen adeligen Lebensstil zu finanzieren und fühlte sich berufen, in die Pflichten des Adels einzutreten und Kriegsdienste zu leisten. Die gewohnheitsrechtlichen Regeln einer adeligen Erbfolge in der väterlichen Linie und einer ungetrübten Abkommenschaft bis ins dritte Glied wurden unter solchen Umständen rasch vergessen. Man hielt es auch nicht für nötig, daß ein Stadtbürger mit einem adeligen Lehensbesitz sein städtisches Milieu verläßt. In den Freien Reichsstädten und größeren Städten wie Lille und Toulouse begegnet uns im Spätmittelalter ein Stadtadel, der sich durch den Besitz von adeligen Landgütern und städtischem Hausbesitz auszeichnete und durch eine Familientradition mit Dienststellungen im militärischen und zivilen Bereich.[21] In Italien war der Adel in vielen Regionen schon seit längerer Zeit städtisch geworden. Die Stadtluft in der

Lombardei oder der Toscana machte den dortigen Adel nicht weniger stolz und streitbar als den landsässigen Adel in anderen Ländern, aber sie öffnete den Gruppen die Adelsränge leichter als anderswo, die trotz fehlender aristokratischer Ursprünge im städtischen Leben und in städtischer Wirtschaft zu Geld und Ansehen gekommen waren. Trotz aller Exklusivität in den Rechtsbüchern wurde dem spätmittelalterlichen Adel doch fortwährend frisches Blut zugeführt. Obwohl das traditionell hohe Ansehen vornehmer Abkunft zu einer Rechtsdoktrin geworden war, erwiesen sich die durch das Gesetz errichteten Barrieren keineswegs als unüberwindbar. Heirat, loyaler Dienst, Reichtum und fürstliches Adelspatent – all das beförderte in beachtlicher Anzahl Leute ohne Stammbaum in die Ränge des Adels. Dieser Weg stand nicht weniger der Herausforderung des Talents offen als in früheren Zeiten. Die festeren und genauer definierten Rechtsregeln führten – auch wenn sie häufig gebrochen wurden – zur Frage nach dem Wesen des Adels.

Nicht einmal die Regeln der Gewohnheitsrechte waren in diesem Punkt eindeutig. Ihre übliche Rechtfertigung des adeligen Privilegs der Steuer- und Abgabenfreiheit bezog sich auf die Pflicht zur Heerfolge und betonte damit traditionelle Faktoren, nämlich Funktion und Abstammung. So wurde auch von vielen Rechtsbestimmungen die *dérogeance*, das Aberkennungsverfahren des Adelstitels, behandelt.[22] Natürlich konnte eine Aristokratin ihren adeligen Status durch die Heirat mit einem Nichtadeligen verlieren – hierbei stand die Abstammung im Vordergrund. Wichtiger noch: ein Adeliger konnte seinen Status verlieren, wenn er verarmte und sich einer unaristokratischen Beschäftigung zuwandte, etwa dem Handel. Im übrigen konnte nicht übersehen werden, daß der Begriff »adelig« sowohl ethische als auch soziale Implikationen hatte. Was aber war das wirkliche Wesen des Adels? Die Frage war von Bedeutung – möglicherweise besonders für die Herolde als Dokumentatoren aristokratischer Standesabzeichen, aber auch für die gesamte ritterliche Welt. Viel wurde über diese Frage geschrieben, und die Autoren zogen alle Register ihrer Bildung und Gelehrsamkeit. Da seinerzeit

Rittertum und Adel so häufig gleichgesetzt wurden, muß genau darauf geachtet werden, was die Begriffe aussagen und wieweit eine zusammenhängende Erörterung des Problems möglich ist.

Wir beginnen mit der Gegenüberstellung zweier recht unterschiedlicher spätmittelalterlicher Ansichten vom Wesen des Adels. Die erste ist die des berühmten italienischen Rechtsgelehrten des 14. Jahrhunderts, Bartolus de Saxoferrato, Autor von *De insigniis et armis*, der häufig kopierten ersten wirklich gelehrten Abhandlung über das Wappenwesen. Was er über den Adelsstand in seinem Kommentar zum zwölften Buch von Justinians *Codex* zu sagen hatte, erfuhr ebenfalls weite Verbreitung.[23] Seine Ansichten finden sich bei dem kastilischen Ritter Diego de Valera, dem englischen Kleriker und Wappenexperten Nicholas Upton, im *Songe du Vergier*, in *De rusticitate et nobilitate* des Deutschen Felix Hemmerlein und bei vielen anderen.[24] Seine Thesen galten offenkundig als grundlegend. Bartolus war ein Mann der Schulen, ein Intellektueller. Nicht so unsere zweite Autorität Olivier de la Marche: er war ein gebildeter Ritter. Er hatte den burgundischen Herzögen in ihren Kriegen gedient, war Mitglied des Ordens vom Goldenen Vlies, hatte als *maître d'hôtel* (Haushofmeister) Karls des Kühnen gewirkt und war in der Wappenkunde wohlbewandert. Obwohl er die Thesen des Bartolus kannte, gehen seine eigenen in eine ganz andere Richtung.

In seinem Kommentar unterscheidet Bartolus drei Formen des Adels. Da ist zunächst der von ihm so genannte »Theologische Adel«: In ihm werden die durch Gottes Gnade zur ewigen Seligkeit Auserwählten von den Verdammten geschieden. Nur wenige Menschen, sagt Bartolus, können von sich sagen, in diesem Sinne nicht adelig zu sein. Diese Kategorie ist somit aus dem Blickwinkel des Rechtsgelehrten die unbedeutendste. Als zweites gibt es den »Natürlichen Adel«. Ihn definiert Bartolus unter Hinweis auf Aristoteles, der in seiner *Politica* ausführt, daß einige durch ihre Tugenden für die Freiheit ausersehen sind (insbesondere durch ihre Befähigung zu herrschen) und somit über den anderen stehen, die sich lediglich für eine dienende Rolle eignen (»Freiheit« wurde im Mittelalter übrigens oft mit »Adel« gleichgesetzt, daher auch die ritterliche Tugend *franchise*). Diese freien, durch ihre Tugenden zum Herrschen bestimmten Menschen definiert Bartolus als »Natürlichen Adel«. Die dritte Kategorie nennt er »Zivilen Adel«. Hier bezieht er sich auf rein formale und rechtliche Normen, nach denen alle als adelig gelten können, die nach dem Gesetz und durch den Fürsten als Gesetzgeber als adelig anerkannt wurden. Aus der praktischen Sicht eines Juristen ist diese Kategorie für ihn die wichtigste. Diese drei Adelstypen, so erläutert Bartolus weiter, stehen nicht beziehungslos nebeneinander. Die irdische Herrschaft des Fürsten ist die menschliche Widerspiegelung der universellen Herrschaft Gottes, der »Zivile Adel« repräsentiert die vom Fürsten wegen ihrer menschlichen Tugend auserwählten Personen, so wie der »Theologische Adel« die von Gott durch seine Gnade zur ewigen Seligkeit erkorenen Menschen repräsentiert. Das positive menschliche Gesetz enthält indessen keine formelle Bestimmung, die einen Fürsten davon abhalten könnte, die Tugendhaften in den Adel zu versetzen oder als Adelige zu akzeptieren. Er ist aber verpflichtet, aus seiner Herrschaft ein Spiegelbild der Herrschaft Gottes zu machen, indem er nur die Angehörigen des »Natürlichen Adels« fördert. So besteht im System des Bartolus eine deutliche Verbindung zwischen beiden Adelskategorien, die Unterschiede sind indessen ebenfalls deutlich markiert. Hinsichtlich des Natürlichen Adels stimmt er Dantes Argumentation im *Convivio* zu, wonach sich der Adel nicht, wie Kaiser Friedrich behauptete, von altem, mit guten Manieren verzierten Reichtum herleite, vielmehr sei er der Lohn der Tugend. Das betrifft nicht notwendigerweise den Zivilen Adel, fährt Bartolus fort, und Dantes Argumentation scheint ihm in diesem Falle nicht richtig: Hier nämlich beruht jeder Anspruch auf Adel auf fürstlicher Anerkennung, die durchaus auch alten, mit guten Manieren verzierten Reichtum als ausreichende Garantie akzeptieren kann. Bartolus formuliert einen Adelsbegriff, bei dem die Tugend eine wichtige Rolle spielt, letztlich aber alles auf fürstliche Anerkennung und gewohnheitsrechtliche, das heißt erbrechtliche, Praxis zurückgeht.[25]

Olivier de la Marche setzt mit seiner Erörterung des Adels gerade bei der Frage fürstlicher Approbation ein, denn er erläuterte Philipp dem Schönen, seinem jungen Herrn, wen er bei einem gerichtlichen Zweikampf als hinreichend adelig akzeptieren könne. Die Darstellung seiner Ansichten ist wesentlich kürzer als bei Bartolus und ist von so klassischem Zuschnitt, daß es sich lohnt, sie in voller Länge zu zitieren:

»Und so, mein Fürst, ist es in dieser und in anderer Hinsicht notwendig für Euch zu wissen, wen Ihr als Edelherren von Geburt, Adelige und Nichtadelige ansehen sollt... Ein Geburtsadeliger ist, wer seit alter Zeit von einem Edelmann und einer Edelfrau abstammt, und solche Leute und ihre Nachkommenschaft durch Heirat sind adelig von Geburt. Und was den Adel betrifft, der auch am Anfang des Geburtsadels steht, so wird er zum ersten von denen erworben, die hohe Ämter bei den Fürsten bekleiden, und dadurch werden sie und ihre Nachkommenschaft geadelt. Und die Erben dieser Leute, die ihnen folgen, können, wenn sie ihre freien Verhältnisse behalten und das ehrenvolle Leben eines Adeligen führen, sich selbst Edelmann nennen. Als Drittes, wenn der Diener eines Fürsten, oder andere, ein ehrenvolles Leben geführt haben, und der Fürst hat ihn zum Ritter gemacht, so adelt er ihn damit und seine Nachkommenschaft... Als Viertes, in den Reihen der Soldaten das Waffenhandwerk auszuüben und seinem Fürsten tapfer und lange in Kriegen zu dienen, das adelt eine Person ebenfalls. Und als Fünftes, wenn ein Fürst jemanden zu adeln wünscht, so mag er es tun und ihm eine Urkunde überreichen, mit der er geadelt wird wegen seines guten oder seines tugendhaften Lebens oder wegen seiner Reichtümer. Und auch, wenn es wahr ist, daß ein Adel durch Urkunde die geringste Art des Adelns ist, so liegt es doch auf der Hand, daß alter Adel von altem Reichtum kommt. Und der ist der Glücklichere und der höher Geschätzte, der seinen Adel mit Tugend beginnt, als der, der ihn mit Laster zu Ende bringt.[26]

Oliviers Sichtweise scheint sich auf den ersten Blick von der des Bartolus zu unterscheiden und scheint auch weniger zusammenhängend angelegt zu sein, trotzdem haben beide Ansichten eine weitgehend gemeinsame Grundlage. Bartolus betont etwas stärker die Autorität des Fürsten, den er als Quelle aller Standesehren beschreibt. Hier liegt er auf der gleichen Linie wie die französischen Gewohnheitsrechte, die von einem königlichen Monopol ausgehen, auch Nichtadelige zum Ritter zu machen (beachtenswert ist, daß bei Bartolus und Olivier Ritterwürde automatisch mit Adel einhergeht).

Auch Olivier erkennt die fürstliche Autorität als Quelle des Adels an und weist besonders auf die Autorität fürstlicher Adelspatente bei der Erhebung neuer Adeliger hin, und beide unterstreichen, daß neuer Adel häufig als Lohn für gute Dienste für den Fürsten verliehen wird. Etwas nachdrücklicher als Bartolus betont Olivier die aus vornehmer Abstammung abzuleitenden Ansprüche und präzisiert in diesem Zusammenhang die Begriffsbestimmung: Eine neu in den Adelsstand erhobene Person kann sich durchaus selbst »adelig« nennen, aber ein »Geburtsadel«, sagt Olivier, ist etwas mehr als das, und eine solche Benennung läßt sich nur aufgrund vornehmer Abkunft rechtfertigen. Auch Bartolus zieht Ansprüche aus der Abstammung in Betracht. Wenn die Gewohnheitsrechte, deren Gültigkeit von den Fürsten anerkannt ist, solche als adelig ansehen, die von einem adeligen Geschlecht abstammen (wie es zu seiner Zeit in den meisten Fällen gegeben war), dann sind diese Personen in »zivilem«, rein rechtlich-formalen Sinne adelig, und er merkt besonders an, daß der Makel einer nichtadeligen Geburt erst nach vier Generationen gelöscht werden kann. Beide Autoren sind davon überzeugt, daß Geburtsadel auf eine »zivile« Rechtskonvention zurückgehen muß, denn sonst, betont Bartolus, wären die Nachkommen von Adam und Eva entweder alle adelig oder nicht, was die gesamte Argumentation ad absurdum führen würde.[27] Beide Autoren sind sich einig, daß ein gewisses Maß an Vermögen und ein besonderer Lebensstil notwendige Qualifikationen für den Adel seien (*largesse*, meint Bartolus, ist eine dem Adel innewohnende Tugend, und man kann nicht freigebig sein ohne Reichtum). Auch kommen beide darin überein, daß persönliche Tugend als Merkmal des Adels ausschlaggebend sei, auch wenn Bartolus dies in Hinblick auf die »zivile« Rechtsposition des Adels meint. Beide akzentuieren unterschiedliche Tugenden, Bartolus die Fähigkeit zu herrschen, La Marche Tapferkeit und loyalen Dienst.

Trotz ihrer durchaus differierenden Standpunkte, ihres unterschiedlichen Bildungshintergrundes und jeweils anderer Akzentuierungen, bleibt doch ein hohes Maß an Übereinstimmung zwischen diesen beiden verschiedenartigen Autoritäten. Beide betonen die soziale Rolle des Adels im Rahmen des Dienstes für weltliche Herrschaftsträger. Beide bieten, wenn auch in unterschiedlicher Gewichtung, einen ähnlichen Qualifikationskatalog für den Erwerb oder die Erbschaft der Adelswürde an: Es sind fürstliche Anerkennung, Eignung, Reichtum, Lebensstil, Tugend und Abstammung. Auf diese fünf Punkte konzentrieren sich nicht nur die beiden erwähnten Autoren, sondern auch eine ganze Reihe anderer spätmittelalterlicher Autoren bei der Untersuchung des Adels und seines Wesens. In ihrem Bemühen, die jeweilige Bedeutung der Qualifikationsmerkmale abzuschätzen, mobilisierten sie alle Ressourcen ihrer, wie ich es genannt habe, ritterlichen Bildung auf rechtlichem, ethischem und insbesondere historischem Gebiet. Ihre Beiträge zu den Arbeiten eines Bartolus, eines La Marche und anderer sind in hohem Maße aussagekräftig.

*

Über fürstliche Befugnisse und Adelspatente ist zunächst einmal genug gesagt. Was die gelehrten Autoritäten über die Berufung des Adels zu sagen haben, soll im folgenden untersucht werden. In ihren Schriften rückt erneut ein Problem in den Vordergrund, das hier schon einmal erwähnt wurde: Wie kam es, daß im ausgehenden Mittelalter Rittertum und Adel zu komplementären Begriffen werden konnten? Die Frage nach dem Ursprung des Adels wird von diesen Autoren in ähnlicher Weise beantwortet, wie bei anderen und älteren Autoren die Frage nach den Ursprüngen des Rittertums: Bald nach dem Sündenfall nötigten Streit und Unruhen die Menschen dazu, Könige zu wählen, »und um die Leute gegen ihre Feinde und niederträchtige Richter zu verteidigen, suchten sie die Edelmütigsten, die Stärksten und Klügsten aus und gaben ihnen die Herrschaft über andere, damit sie den Königen bei der Aufrechterhaltung des Friedens helfen sollten... Und von diesen Männern stammen die ab, die wir ›Adelige‹ nennen,« schreibt Beaumanoir.[28] Das entspricht genau den Äußerungen Lulls oder Johannes von Sa-

lisbury über die Ursprünge des Rittertums. Diego de Valera hat eine
ähnliche Erklärung für die Entstehung des alten Geburtsadels und
läßt ihn seine Anfänge in den Notzeiten und Unruhen nehmen, die
auf die Zerstörung des Turms zu Babel folgten und Maßnahmen wie
die Einsetzung einer Führungsschicht notwendig machten.[29] Über
die Leute zu Gericht zu sitzen und zu kämpfen waren die ursprünglichen Funktionen des Adels. Angesichts dieser verbreiteten, allgemeinen Position ist es nicht verwunderlich, daß im *Enseignement de la
vraye noblesse* erklärt wird, daß Gerechtigkeit ein unerläßliches Merkmal des Adels sei. »Gerechtigkeit« nun wird hier mit vertrauten
Worten aus der ritterlichen Traktatliteratur definiert: »Es bedeutet
Schutz und Sicherheit der Heiligen Kirche, der Witwen und Waisen, der Schwachen und Niedergedrückten.«[30] In diesem Werk werden dann auch *noblesse* und *chevalerie* als der zweite der drei Stände
angesehen, als der Kriegerstand in der bekannten Dreiteilung der
Gesellschaft (die Leute also, deren Aufgabe es war, der Gerechtigkeit mit dem Schwert Geltung zu verschaffen). Der Autor von *La
vraye noblesse* entwickelt dieses Thema als hübsches Gleichnis und
setzt den Fürsten mit dem »guten Wagenlenker« gleich. Zwei im
Geschirr gehende Pferde ziehen den Wagen seines Staatswesens:
das rechte Pferd ist der Klerus, das linke der Adel.[31]

Diese theoretische Sicht paßt gut zur weitgehend akzeptierten gesellschaftlichen Praxis im Spätmittelalter. Adel und kriegerische Berufung waren eng miteinander verknüpft. Wenn die französischen
Könige des 14. Jahrhunderts ein Aufgebot zur Heerfolge erlassen
wollten, beriefen sie alle Adeligen in ihre Dienste und solche, die
Lehnsgüter von Adeligen innehatten. Und als man später unter den
französischen Königen Karl V. und Karl VII. ein stehendes Heerwe-
sen zu organisieren begann, war die Mehrzahl der dort dienenden
Soldaten von Adel, und man betrachtete die Adeligen als das natürliche Rekrutierungsreservoir für höhere militärische Ränge.[32] In
Deutschland drängte Konrad von Megenberg junge mittellose Adelige dazu, Kriegslohn in den italienischen Kriegen zu suchen, und
Schäfers Analyse der dortigen großen Deutschen Kompagnien

zeigt, daß die Söhne des niederen Adels Megenbergs Rat befolgt hatten.[33] Das Kriegshandwerk wurde darüber hinaus – ganz im Sinne von La Marche – als adelnd angesehen. »Wir armen Soldaten«, schrieb Jean de Bueil, »gehören dem Adelsstand an, und die meisten sind von adeliger Abstammung, und diejenigen, die nicht von adeliger Abstammung sind, werden es durch die Übungen im Waffenhandwerk, das in sich selbst adelnd ist.«[34] Nicholas Upton erzählt, wie »in dieser Zeit viele arme Männer durch ihren Dienst in den Französischen Kriegen adelig wurden, einige durch ihre Klugheit, einige durch ihre Tatkraft, einige durch ihre Tapferkeit, andere wieder durch ihre Tugenden, die, wie ich gesagt habe, die Menschen adeln.«[35] Belege wie diese erklären, warum es im Laufe der Zeit in Frankreich als Adelsnachweis galt, wenn man belegen konnte, daß man als Soldat in der königlichen Armee gestanden hatte. »Ein dritter Weg« (des Adelsnachweises), erläutert eine französische Abhandlung des 16. Jahrhunderts, »ist, wenn die Vorfahren einer Partei, sein Großvater oder Vater, dem Waffenruf gefolgt sind, denn Adel ist mit soldatischer Berufung eng verbunden.«[36]

Die Akzentverlagerung vom Ritterschlag zum Geburtsadel, die, wie schon gesagt, ein Merkmal des Spätmittelalters war, erschütterte keineswegs die Konzeption, daß die grundlegende Rolle der weltlichen Aristokratie eine kriegerische sei. Im weitesten Sinne des Begriffs »Rittertum« waren die Adeligen die *chevalerie*, die Ritterschaft, ob sie nun formell zum Ritter geschlagen waren oder nicht. Sie bildeten den über ihre Funktion definierten Kriegerstand.

*

Ein durch angemessenen Reichtum untermauerter Lebensstil wurde in späterer Zeit, wie auch der Kriegsdienst, als möglicher Adelsnachweis akzeptiert. Stil und Reichtum gehen notwendigerweise Hand in Hand, denn Reichtum ist die Grundlage des Stils. Auf den ersten Blick gab es allerdings gegenüber dem Reichtum als Qualifikation für Adel einige Ungewißheiten. Eine Gruppe von Autoren betont mit Nachdruck, daß es wichtig sei, armen Rittern mit

Ehre und Achtung zu begegnen und erinnert daran, daß Reichtümer ohne gute Eigenschaften nichts wert seien. Das Thema wird ausführlich in den Romanen und in den Büchern über höfisches Verhalten behandelt. Artus wird im Prosa-*Lancelot* als Beispiel eines Menschen herausgestellt, der arme Ritter gerade wegen ihrer Tapferkeit hochschätzte. Im Roman ordnet Alexander an, daß die gleichzeitig mit ihm zum Ritter geschlagenen armen Ritter noch vor den reichen gewandet werden sollten.[37] Ähnlich ist Geoffroy de Charny voll des Lobes für die von ihm so benannten »armen Gefährten«[38], und die *Vraye noblesse* ermahnt Könige und Hauptleute, »den Worten und Ratschlägen der armen Kameraden Beachtung zu schenken, denn da sind viele, die nur wenig Mittel haben, aber wohlausgestattet sind mit Verstand und Mut für große Unternehmungen.«[39] Mit dieser Haltung geht einher eine Bewunderung der einfachen Lebensweise, der Enthaltung von allem Prunk und Luxus. Es erinnert an die Strenge und Disziplin des antiken Soldatentums, das von ritterlichen Autoren so bewundert wurde. *La vraye noblesse* beschreibt die Verblüffung des sarazenischen Gesandten, der König Gottfried – ein Muster an ritterlicher Haltung – in voller Rüstung vor seinem Zelt auf einem Strohhaufen sitzend antraf und erwähnt, daß der große Bertrand Du Guesclin ihn als Vorbild hinstellte: »Für ihn zählten weder Prunk noch Schmuck, ihm genügte, daß er gut beritten und bewaffnet war.«[40] Machaut pries die gleiche zuchtvolle Disziplin bei König Johann von Böhmen: »Er kümmerte sich nicht um Geld. Ehre war das einzige Begehren seines Herzens. Wenn er ein Pferd hatte und einen grauen Mantel aus friesischem Tuch, so genügte ihm das, und wenn gutes Fleisch fehlte, nahm er einen Bissen Roggenbrot, einen Hering oder eine dicke Suppe.«[41]

Diese offenkundige Wertschätzung der Armut und der Mäßigung ist dennoch trügerisch. Ein wahrer Ritter sollte natürlich bereit sein, Strapazen und Härten durchzustehen und anzunehmen, was das wendische Schicksal bietet, das ist keine Frage. Aber die brillanten Beschreibungen in den Artusromanen von der Begrüßung eines fahrenden Helden bei seiner Ankunft auf einem Schloß – etwa der Empfang Gawains durch Bercilak auf dem Grünen Schloß in *Gawain and the Green Knight* – machen deutlich, daß biedere Häuslichkeit keineswegs der Lebensstil war, den man üblicherweise bei solchen Standespersonen voraussetzte. Als ausschlaggebender Effekt bei der Patronage armer Ritter durch Herrscher wie Artus oder Alexander galt, daß die Armen reicher werden sollten[42] und daß sie der glanzvollen Welt des pelzumhüllten und burgenbesitzenden Hochadels nähergebracht würden. Einer der Vorzüge des Soldatenberufes, so wird immer wieder betont, liegt in der Möglichkeit, Reichtum zu erwerben. Junge Kriegsleute und Ritter sollten sich anstrengen, Ehre und Ansehen für ihre Tapferkeit zu gewinnen, schreibt Philipp von Novara, »und auch irdische Güter zu erlangen, damit sie und ihre Kinder in Ehren leben können und bei Frauen und Dienstleuten angesehen sind.«[43] Diejenigen, die arm und adelig sind, so Konrad von Megenberg, sollten in der Lombardei oder woandershin in den Krieg ziehen und mit ihrem Lohn und ihrer Kriegsbeute ihren Stand erhalten. Ghillebert de Lannoy weist seinem Sohn drei ehrenvolle Wege zum Reichtum: Durch Dienst bei Hofe, durch eine gute Heirat oder im Krieg.[44] Die Bedeutung liegt auf der Hand: Reichtum ist notwendig, um den adeligen Status zu erhalten, und das Streben nach Reichtum nicht um seiner selbst willen, sondern um ein aristokratisches und ehrenvolles Leben führen zu können, gilt als eine durchaus vernünftige und berechtigte Ambition. Wie ein Advokat trocken bemerkte: »Adel ohne Vermögen ist wie Gnade ohne Werke.«[45]

Damit hatte er vollkommen recht. Auf adelige Weise zu leben, erforderte einen ganz besonderen Lebensstil, und der war kostspielig: »Ritter und Knappen sollten gut beritten sein, und sie und ihre Diener brauchen gute Ausrüstung an Waffen, Bogen und Pfeilen und an gutsitzender und hübscher Kleidung, und sie sollten mit ausreichenden Mitteln ehrenvoll für den Unterhalt ihres Haushalts sorgen.«[46] Auch von einem Angehörigen des niederen Adels konnte verlangt werden, daß er in einem stattlichen Haus wohnte, möglichst mit Schießscharten und Türmchen versehen, damit es etwas vom Ansehen einer großen Burg bekam.[47] Auch hatte er Jagdfalken und Jagdhunde zu halten und mußte sich kenntnisreich über sie auslassen können. Nicht ganz unberechtigt ist daher Poggios spöttische Bemerkung, daß adelig zu sein nichts anderes bedeute, als auf dem Lande zu leben und seine Zeit mit Jagd und Falkenjagd zu vertun.[48] So sind teurer Zeitvertreib und die Heiterkeit der Mußestunden in vielen Beschreibungen aristokratischen Lebens ein lebhaft ausgemaltes Thema. Als der Châtelain de Coucy auf dem Schloß Favel zum Mahle kam, »tranken sie reichlich von ihrem guten Wein, und alle Gespräche drehten sich um Waffen und Liebe, Jagdhunde und Jagdfalken und um Turniere.«[49] Im Roman *Paris de Dauphiné* wurde die anmutige Vienne bedrängt, aus Romanen und »heiteren« Geschichten zu lesen, zu tanzen und zu singen, allerlei Instrumente zu spielen und zu allen zuvorkommend zu sein.[50] Was man von adeligem Leben hört, klingt meist sehr verlockend – unstreitig aber sind die hohen Kosten.

Von einem Adeligen erwartete man auch die Führung eines gastfreien und großzügigen Hauses. Jacques de Hemricourt zollte dem adeligen Lütticher Kanonikus Jean le Bel großes Lob, weil der Tisch seines Hauses immer gedeckt war und seine Diener eine Standesperson, einen Kleriker, Ritter oder Knappen ohne besondere Erlaubnis ihres Herrn zu Tisch bitten konnten, denn sie wußten, daß sie alle willkommen sein würden.[51] Großzügig sollte ein Adeliger auch bei Almosen und Schenkungen an die Kirche sein und nicht kleinlich bei der Anzahl der Seelenmessen. Johannes von Grailly, Captal de Buch, wies seine Testamentsvollstrecker an, dafür Sorge zu tragen, daß im ersten Jahr nach seinem Tod für ihn nicht weniger als fünfzigtausend Seelenmessen gelesen würden, und auch ein weniger bemittelter Herr mußte doch wenigstens vier- oder fünftausend Seelenmessen für sich und seine Vorfahren im Falle seines Todes anordnen. In heraldischen Abhandlungen nehmen Beschreibungen aristokratischer Begräbniszeremonien einen breiten Raum ein: Wappenschilde werden gezeigt, Kerzen mit Einprägungen aller Wappen der väterlichen Linie des Verstorbenen werden abgebrannt, und nach bestimmten Regeln werden Wappen und Abbild des Verstorbenen auf dem Grabmal angebracht.[52] Wenn schon adeliges Leben teuer war, dann war es auch der adelige Tod. »Wirtschaftlichkeit« ist in Lannoys Liste über den ehrenvollen Erwerb von Reichtümern bezeichnenderweise nicht enthalten.[53] Es erinnert daran, daß in der Welt des spätmittelalterlichen Adels das Ideal der Sparsamkeit oder gar der Kapitalakkumulation fremd war. Reichtümer waren für die Verteilung bestimmt, nicht für Investitionen, und *largesse* war ja eine Tugend, die von jedem Adeligen erwartet werden konnte. Natürlich sollte sich ein Adelsmann bemühen, seine Großzügigkeit nach seiner Geldbörse zu bemessen: Verschwendung galt als Laster, Knauserei aber als ein noch größeres.[54] Im Rahmen seiner Mittel und Möglichkeiten war es Sache des Adeligen, frei über sein Eigentum zu verfügen. So ist es nicht verwunderlich, daß es einer Vielzahl von kleineren Adeligen schwerfallen mußte, hier Schritt zu halten. George Duby bemerkt richtig, daß übermäßiges Geldausgeben mehr Adelige ruiniert habe, als es ungünstige ökonomische Verhältnisse jemals vermocht hätten.[55]

Es lohnt sich, noch etwas länger bei der Idee des adeligen Lebensstils zu verweilen, um etwas mehr über Wesen und Aufwand dieser Lebensart zu erfahren. Bei aller Prachtentfaltung an den großen Höfen und ihrer entsprechend farbenprächtigen Darstellung in den Romanen kann das Moment der Verschwendung leicht überbetont werden.

Auch wenn ein kleinerer Adeliger kaum einen solchen Aufwand treiben konnte, so strebte er doch nach adeligem Lebensstil und bejahte ihn ganz bewußt. Werfen wir nun einen Blick auf Jacques de Hemricourts Schilderung des Adels und seiner Lebensart in einem Winkel der Niederlande, die er in seinem Buch *Le Miroir des nobles de Hesbaye* gibt. In seinem Buch wird immer daran erinnert, daß der Boden der Tatsachen nahe ist: Libier de Warfusiez ließ vom Soldatenleben ab, als seine Frau starb, nahm Abschied, hielt es aber auf seinem befestigten Landsitz mit einem gewissen adeligen Lebensstil und kam durch eine zum Gutshof gehörige Mühle zu einigem Vermögen. So war er in der Lage, seine Tochter dazu zu erziehen, sich der Stickerei zu widmen, Schach zu spielen, Stundenbücher und Romane zu lesen – alles Fertigkeiten, die ihr helfen sollten, einen standesgemäßen Ehemann zu finden.[56] Wilhelm von Hemricourt hatte eine Vorliebe für Turniere und verschleuderte fast seinen gesamten Besitz für Lösegelder und neue Turnierpferde. Die wirtschaftliche Haushaltsführung seiner Frau und ihre großen Schafherden retteten ihn vor dem Ruin.[57] Es ist dies eine Gesellschaft von Grundbesitzern, von wohlhabenden Landjunkern, die um ihre Rechtsansprüche an Grund und Boden prozessierten und deren Gedanken um gute Partien für ihre Söhne und Töchter kreisten. Es ist aber auch und insbesondere eine ritterliche Welt. Alle Adelsfamilien der Region spielten ihre Rolle in den örtlichen Kriegen und Fehden, und ein Gutteil von ihnen führte das Kriegsabenteuer noch weiter hinaus: Ottes de Warfusiez und der »Gute Bastard« von Wezemale dienten Karl II. von Anjou gegen Aragón und wurden noch zu ihren Lebzeiten unter die *trois plus preux de Hesbaye* gezählt.[58] Radout de Colombe wurde Konstabler einer lombardischen Kompagnie.[59] Wilhelm de Warous und Godeforde Blehen pilgerten nach Jerusalem und wurden am Heiligen Grab zum Ritter geschlagen.[60] Aber auch die trauervolle Seite adeligen Lebens ist vertreten in den hoffnungsvollen jungen Männern, die im Kampf gegen die Sarazenen, in der Türkei oder an anderen Stellen jenseits des Meeres und in Spanien ihr Leben ließen.[61] Turniere, Kreuzzüge und weite Reisen waren durchaus Lebensbereiche des Hesbaye-Adels und wichtiger für ihren Lebensstil als Mühlen und Schafe, obwohl das eine natürlich für das andere zu zahlen hatte.

Hemricourts Bild enthält gewiß einen Schuß Romantisierung und – so sollte hinzugesetzt werden – ein Gutteil Snobismus: Alle seine Frauen sind schön, ihre Ehemänner verehren sie wegen ihrer Schönheit und Mildtätigkeit, ältere Frauen erinnern sich an die jungen Männer, die ihre Herzen vor langer Zeit schneller schlagen ließen.[62] Sein Beau-Ideal ist Renart de Falcomont, der um die Schwester seines Waffengefährten Heinrich, Herr von Bautersem, warb und sie heiratete. Aus dieser Verbindung gingen lauter schöne Kinder hervor »zwischen Maas und Rhein wegen ihrer Tapferkeit und Schönheit, ihres adeligen Wesens, ihres Mutes hochberühmt.«[63] In dem Buch finden sich Stücke köstlich-lebensvoller Ahnenmythologien, wie etwa die Geschichte von Ameil de Lexhy, dem frühen Vorfahr eines von Jacques hochgeschätzten Adelsgeschlechts: Ameil zieht an einem heißen Sommertag in die Schlacht und trifft am Brunnen die schönste Frau, die er je gesehen hat. Sie sei eine Adelige aus einem fremden Land, erzählt sie, und befände sich auf einer Pilgerfahrt. Nach langem Zwiegespräch überredet er sie, mit ihm nach Hause zu gehen. Dort bewirtet er sie und legt sich mit ihr zu Bett. Am darauffolgenden Morgen dankt sie ihm und fragt, ob er wisse, wer sie sei. »Nein«, antwortet er. »Ich bin der Teufel«, sagt sie. »Der Teufel?« ruft Ameil de Lexhy aus, »dann, bei Gottes Tod, erzähl denen, wenn du wieder in der Hölle bist, daß du in der letzten Nacht der bestbeschlafenste Teufel der Welt warst!« Sogar dieser Schwank trägt Züge des aristokratischen Stils, mit der schönen Edelfrau und dem kühnen Herrn, der sie in sein Haus führt, sie bewirtet und nicht die Gefährlichkeit seines Abenteuers erkennt.[64]

*

Hemricourts Absicht in diesem Buch war natürlich nicht, einen bestimmten Lebensstil zu beschreiben, sondern Abstammungsverhältnisse nachzuzeichnen – seine eigene Abstammung aus dem Hesbaye-Adel. Abstammung und Tugend sind die beiden Adelsqualifikationen, die jetzt noch auf der mit Hilfe von Bartolus, Olivier de la Marche und ihren Nachfolgern zusammengestellten Liste enthalten sind und noch zur Untersuchung ausstehen. Sie müssen gemeinsam behandelt werden, denn ihr konkurrierender Anspruch auf den ersten Platz war Thema einer ausgedehnten Debatte. Das zentrale Problem der Frage wird zu Beginn des 13. Jahrhunderts recht elegant von keiner geringeren Autorität als Lanzelot selbst im Prosaroman umrissen: »Sie erzählen mir, daß alle Menschen von einem Manne und einer Frau abstammen. Dann verstehe ich nicht, weshalb jemand mehr Vornehmheit in sich tragen soll als ein anderer …, es sei denn, er erwirbt sie für sich durch seine Tapferkeit genauso, wie jemand Land und Ehren erwirbt.«[65] Zur Entstehungszeit des Lanzelotromans war man jedoch allgemein der Ansicht, daß Adel eine Sache der Geburt sei, und die Romane werden nicht müde zu betonen, wie hoch eine vornehme Abstammung eingeschätzt werden muß. Die Ansprüche des Blutes und der Tugend stritten miteinander, sogar auf den Seiten ihrer eigenen Geschichte, und es war teilweise die Absicht zu zeigen, daß sich ein Mann durch eine heroische Karriere seinem Blute würdig erwiesen hatte.

Die Vertreter der Geblüts- und Abstammungstheorie gründeten ihre Sache häufiger auf traditionellen Autoritäten als auf die Vernunft. Sie bezogen sich auf die Geschichte Noahs und seiner Söhne: Die Freien, so wurde behauptet, stammten von Schem ab, die Ritter von Japhet, die Leibeigenen von Ham, der mit Spötteleien über seinen Vater seine gesamte Nachkommenschaft entehrt hatte. Diese Erklärung hat natürlich einen Haken, worauf im *Songe du Vergier* scharfsinnig hingewiesen wird: Alle drei Söhne entstammen ja demselben Elternpaar. Das störte jedoch die Rechtsgelehrten der Gewohnheitsrechte nicht, die zu den eifrigsten Exponenten der Abstammungstheorie zählten. Sie kümmerten sich nicht um solche kniffligen Fragen, ob der Sohn eines Unadeligen mit einer adeligen Frau als adelig angesehen werden dürfe (die Antwort war gewöhnlich »nein«), und setzten eine genaue Anzahl von Generationen fest, die erforderlich waren, den Makel einer unadeligen Abstammung zu tilgen. Man kann nicht behaupten, daß sie das Problem konsequent durchdacht hätten. Indem Bartolus die fürstliche Autorität zur Quelle aller Ehren erklärte und darauf Wert legte, daß erst fürstliche Anerkennung den gewohnheitsrechtlichen Erbregeln Kraft verleihe, ist er einer begründeten Verteidigung des Erbschaftsprinzips recht nahe gekommen – es hat aber natürlich nichts mit dem Anspruch des Blutes, sondern eher etwas mit fürstlicher Macht zu tun. Bartolus hat ja neben den aus lokalen Erbschaftsregeln abgeleiteten Ansprüchen auf adeligen Status, auch der Eignung durch Tu-

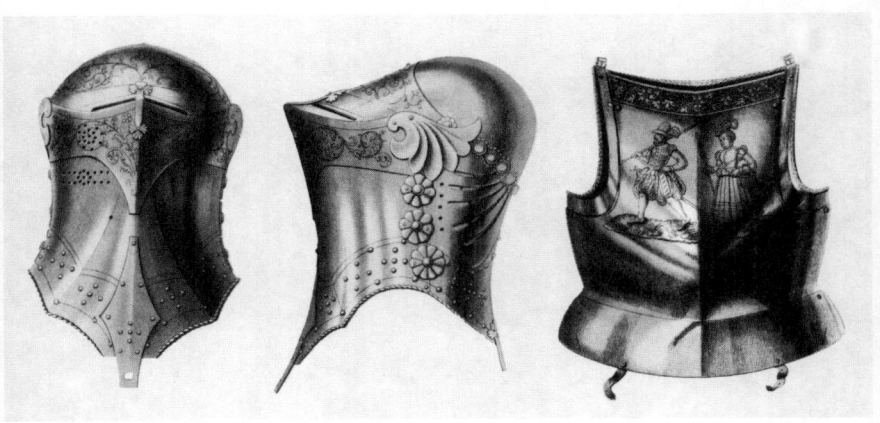

13. Jh.    13. Jh.    14. Jh.

Ritter in vollen Rüstungen

Deutscher Stechhelm (links), Brustharnisch aus Stahl mit eingeätztem Ornamentenband und Darstellung eines Landsknechts und einer Marketenderin.

my̅c ß hen̅ percy / Erle richard̄ there beyng on the kynge parte / ful
notably & manly behaved hym self / to his grete lawde & worship · In
which batell was slayne the said ß hen̅ percy and many other w̅
hym · And on the kynge party there was slayne in the kyng co̅teynin̄
chef of other · the Erle of Stafford · Erle richardes sonnes ßn w̅
many other in grete nombre · on whos sowles god have mcy Ame

Grauen des Krieges: Szene aus der Schlacht von Shrewsbury 1403 (S. 336 ff.).

gend breiten Raum geschenkt. Abgesehen von den juristischen Autoren, steht die Mehrzahl der Gewährsleute auf der anderen Seite, auf der Seite der persönlichen Tugend und Leistung als Schlüssel zum Adelsstand, und nicht auf der des Blutes und des Stammbaums.

Dantes geistvolle Verteidigung der persönlichen Tugend als wirkliches Fundament des Adels gegenüber den Ansprüchen des »alten Vermögens« wird häufig als eine Vorahnung der späteren humanistischen Annäherung an das Problem gedeutet.[66] In der Tat hat Dante seinem aus altem Wissen herausdestillierten Adelsbegriff eine originelle und fesselnde Form verliehen und gab ihm dadurch eine besondere Dimension, daß er die freiwillige Hinwendung zur Tugend als grundlegende Qualität des adeligen Menschen in den Vordergrund stellte. Sein Grundthema scheint aber doch die allgemeinen Ansichten seiner Zeit widerzuspiegeln und ist an sich nichts Neues. »Das Gesetz besagt, daß am Anfang Adel nur von gutem Charakter, menschlichem Wert und guten Sitten abgeleitet wurde«, schreibt Andreas Capellanus in den achtziger Jahren des 12. Jahrhunderts und er fügt hinzu, wer seinen Adel »allein aus sich heraus« erworben habe, sei dem vorzuziehen, der ihn als »eine Art Erbschaft von seinen Erzeugern« übernommen habe.[67] »Ist der ein Adeliger, der Name und Respekt beansprucht, weil er sie von anderen erbte, obwohl er weder ihre Verdienste, noch ihre Tapferkeit hat?«, fragt Jean de Meun, Dantes älterer Zeitgenosse, »ich sage: Nein.«[68] Im Prolog zu seiner Chronik erinnert Froissart seine Leser ausdrücklich daran, wie viele Männer in den letzten Kriegen »zu Rittern und Knappen erhoben wurden und sich selbst mehr durch ihre Tapferkeit als durch ihre Abstammung weitergebracht haben.«[69] Gott wird diejenigen auszeichnen, die sich mit allen Kräften bemühen, sagt Geoffroy de Charny, selbst wenn sie aus kleinen Verhältnissen stammen.[70] Ehrgeiziger noch verfolgen die Autoren heraldischer Werke dieselbe Linie und durchstöbern alle Ecken ihres heraldischen Wissens, um die Gültigkeit dieser Lehre zu beweisen. Die Beispiele aus der Bibel zeigen, daß Adel nicht allein eine Sache der Abstammung ist: Schem, Japhet und Ham hatten alle denselben Vater, dennoch war der eine adelig, der andere nicht, und David stieg von einem Schafhirten zum König auf.[71] Mit Blick auf die heidnische Antike verwiesen die Heraldiker darauf, daß im alten Rom die Tempel der »Tugend« und der »Ehre« nebeneinander lagen und nur ein gemeinsames Tor hatten. Den zweiten konnte man nur durch den ersten betreten.[72] In der klassischen Geschichte stießen sie auf die Beispiele vieler adeliger Personen, die sich von kleinen Anfängen emporgearbeitet hatten: Tarquinius, Hannibal, Agathocles, Marius, Cato.[73] Die klassischen Weisen Seneca, Cicero, Lukan standen im Einklang mit der von den Heraldikern gelehrten Doktrin, ebenso die Kirchenväter. Vor allem stand Aristoteles auf ihrer Seite. »Ich habe die Ratschläge vieler edler und kluger Männer angenommen,« schrieb Julius, Wappenkönig Kaiser Maximilians von Österreich, »von Wappenkönigen, Herolden und einigen berühmten Doktoren der Rechte... Alle stimmen, wenn es um Beginn und Gründung des Adels geht, mit der Autorität des Aristoteles überein, der uns lehrt, daß der als adelig gelten kann, der durch seine Tugend geadelt ist.«[74]

Nachdem sich die Verfasser von Traktaten über das Rittertum einmal auf die Tugend als ausschlaggebenden Faktor festgelegt hatten, wollten sie nicht die Gelegenheit verstreichen lassen, durch eine umfängliche Erörterung der vier Kardinaltugenden und ihrer Beziehung zum Adel weitere Proben ihrer Gelehrsamkeit zu geben. Wie in dieser martialischen Zeit nicht anders zu erwarten, legte man auf »Mut« besonderen Wert, »denn es ist die allgemeine Meinung, daß sich Adel von edlem Mut ableitet.«[75] »Großmut« und auch »Freigebigkeit« standen mit »Mut« in Verbindung. In der formalen Kategorisierung der Kardinaltugenden folgte nun die »Gerechtigkeit« als die drittwichtigste Tugend, denn sie verpflichtete Adelige und Ritter, die Armen und Unterdrückten zu verteidigen.[76] Andere Autoren kümmerten sich nicht um solche Klassifizierungen und setzten einfach die Tugenden des Adels mit den traditionellen Rittertugenden gleich. »Diejenigen, die wissen, daß sie Edelleute genannt werden und auch für adelige gehalten werden wollen, müssen in zwölf Tugenden stark sein.«Dies ist das Motto eines von den Herolden häufig zitierten kleinen Gedichts, das offenbar eine Kurzfassung von Alain Chartiers berühmten *Breviaire des nobles* ist. Betrachten wir die zwölf Tugenden etwas näher, dann haben wir es mit alten Bekannten zu tun: Glaube, Treue, Ehre, Freigebigkeit, Tapferkeit, Höfischkeit – und so fort.[77]

Das Gedicht läßt keinen Zweifel daran, daß zwischen Adel und Abstammung eine Verbindung besteht:»Ihr, die ihr aus adeligen Häusern stammt und Erben eines edlen Geschlechts seid, ihr solltet Tugend und Verstand verhaftet sein« – so lauten die Eröffnungsworte des Gedichts. Tugend galt wohl als»Grundlegung und Anfang« des Adels, bedeutete aber nicht, daß Abstammung nun keine Rolle mehr spielen sollte. Sie war nicht so wichtig wie Tugend, darüber bestand einhellige Übereinkunft. Dabei trat eine noch wesentlich kompliziertere Frage in den Vordergrund: Wie eigentlich sah die Beziehung zwischen Tugend und Abstammung aus? Für eine Zeit, in der so vieles über Erbschaften geregelt wurde und in der die Abstammung einen hohen Stellenwert hatte, stand es außer Frage, daß da eine Verbindung bestehen mußte.

Es gab Anspielungen auf die Geblütsreinheit von Geschlechtern und Familien, wenn auch nur zögernd und wesentlich seltener als man hätte erwarten können. Hier kam das biblische Beispiel von Noah und seinen Söhnen in die Quere und auch die nachweisbare und ohne weiteres zu akzeptierende Tatsache, daß tugendhafte Eltern nicht immer auch tugendhafte Kinder haben müssen. Immerhin konnte man argumentieren, daß sich Tugendhaftigkeit doch häufiger vermittelte als überhaupt nicht.[78] Aristoteles schien dieser Sicht zuzuneigen, zumindest zeige es sich in der Tierwelt, denn Fohlen von schnellen Pferden seien in den meisten Fällen schneller als andere.[79] Einige erfindungsreiche Ideen über menschliche Paarung waren offenbar im Umlauf und wurden benutzt, um die Argumentation voranzutreiben.»Es ist eine Tatsache«, schrieb Diego de Valera,»wenn ein Vater von edler Art ist und von tugendhaftem Wesen zu der Zeit, als er seinen Sohn zeugte, dann wird der Sohn genauso werden, da Gleiches Gleichem folgt. Aber recht viele Väter ändern und wandeln ihre edle und tugendhafte Sinnesart zu der Zeit und Stunde, wenn sie ihre Kinder zeugen, weshalb die Kinder der Sinnesart folgen, in der sich ihre Väter bei der Zeugung befanden.«[80] Der alte Hauptmann von Crathor in Jean de Bueils *Jouvencel* hatte eine ähnliche Idee, dachte aber – er war zweifellos ein »male chauvinist« –, es sei der weibliche Partner, der für die Schande unadeliger Geburt verantwortlich zu machen sei. »Ich werde niemals glauben, daß Adelige, die ihr Wappen entehren, von ihren mutigen Vätern abstammen, deren Namen sie tragen. Es ist eher anzunehmen, daß ihre Mütter an irgendwelche Wollüstlinge dachten, als sie ihre Söhne zeugten. Es kann auch sein, daß sie wirklich mit ihnen im Bett waren.«[81] Diegos merkwürdige Spitzfindigkeit beim Thema der Bastardgeburt scheint von derselben Theorie der Sippenreinheit herzustammen. Richtige Bastarde, meint er, »werden von einem verheirateten Mann mit einer unverheirateten Frau gezeugt und sie können durchaus adelig sein, wenn auch ihre Mutter adelig ist. Aber mit Huren, Jüdinnen oder Sarazeninnen gezeugte Kinder können niemals adelig werden, denn die, die in niedriger Sünde gezeugt werden, sollen in keiner Weise den Adel ihres Vaters genießen.«[82] Das sind keine echten Bastarde, spöttelt er, sondern untergeschobene Kinder.

Bemühungen wie diese, eine direkte Verbindung zwischen Tugend und der Generationsabfolge zu behaupten, schienen nicht weiter überzeugend gewesen zu sein. Man folgte eher einer einfacheren und sensibleren Richtung, die sich auch als wichtiger erwies, indem man eine Verbindung herstellte, die im Grunde eher milieubedingt als erblich war. Sie wird in Dantes Kommentar skizziert: »Deshalb laßt nicht irgendeinen Sproß der Uberti von Florenz oder der Visconti von Mailand sagen: Ich bin von Adel, denn die göttliche Saat fällt nicht auf ein Geschlecht, auf eine Familie, sondern auf verschiedene einzelne Menschen... nicht die Familie macht den einzelnen zum Adeligen, sondern die einzelnen adeln die Familie.«[83] Dante war keineswegs der Gründervater dieser Idee. Der etwas früher schreibende Jean de Meun formuliert den gleichen Gedanken etwas anders:»Wer sich um Wahrheit bemüht muß erkennen, daß bei allem Adel nichts Gutes ist, es sei denn, man wetteifert mit der Tapferkeit seiner Vorfahren. Das sollte das Streben eines jeden sein, der sich»adelig« nennen will.«[84] Die Auffassung von der Abstammung als Nährmutter und Lehrmeisterin vornehmer Menschen und des Adels begegnet immer wieder. Hemricourt beabsichtigte bei der Beschreibung der genealogischen Beziehungen und Taten des Hesbaye-Adels nach seinen eigenen Worten,»daß diejenigen, die von solchen Adelsfamilien abstammen, Freude und Genugtuung aus dem Wissen über ihre Abstammung gewinnen und sich daher noch eifriger um große Leistungen bemühen.«[85]»Ich wüßte nicht, wie die großen Taten und guten Sitten der Verstorbenen ihren Erben und Nachfolgern nützen sollen,« sagt die»Imagination« in *La vraye noblesse*,»wenn nicht dadurch, daß sie ihnen als Beispiel dienen.«[86] Diego de Valera faßt diese Sicht bündig zusammen (auch wenn er sich letztlich nicht als hartnäckiger Verfechter der Sippenreinheit erweist):»Ich glaube und halte dafür, daß dies der größte Vorteil des Adels ist, Adelige und adelig Geborene zu zwingen, ihren Vorfahren nachzueifern.«[87]

Die mittelalterliche Auffassung von Abstammung und Adel beschränkt sich also nicht allein auf die Geburt als Hauptfaktor für die Zugehörigkeit zu einer sozialen Klasse, sondern auch auf Familientraditionen in Hinblick auf Ehre und privilegierte Stellung, die auf Leistungen der Vergangenheit beruhte und kommenden Generationen als Beispiel dienen konnte. Verschafft euch Erben, sagt Philipp von Novara,»denn durch Erben, die ihres Vaters Beinamen tragen, werden sein Andenken und das seiner Vorfahren in dieser Welt länger nachleben.«[88] Daß der Familie soviel Aufmerksamkeit geschenkt wurde, ist nur natürlich. Die Familie war die wichtigste grundlegende gesellschaftliche Einheit, die dieses Zeitalter kannte. Ihr Gewohnheitsrecht war durchdrungen von der linearen Erbfolge, und die Bibel mit ihren langen Genealogien bezeugte die Bedeutung der Abstammung auch in der Religionsgeschichte. Man hätte es als ganz unnatürlich empfunden, das Individuum und seine Familie vollständig trennen zu wollen. Sogar Dante, der glühende Verfechter persönlicher Tugend, erkannte, daß sich Taten eines einzelnen auch auf die Familie auswirken:»Der Einzelne adelt das Geschlecht«, erklärt er. Die Taten und Gewohnheiten eines einzelnen Mitglieds einer Verwandtschaftsreihe wurden als prägend auch für das gesamte Geschlecht angesehen:»Du entstammst einem adeligen Geschlecht, deswegen sollst du um so eifriger danach streben, deine Tugenden zu vergrößern«, sagt Louis de Gavres Mutter in dem Roman *Seigneurs de Gavre*.[89] Genau hier liegt die Trennungslinie, die die Puristen zwischen neuem und altem Adel zogen. Wegen seiner eigenen, besonderen Leistungen konnte ein Mann geadelt werden, Geburtsadel bedeutete indessen etwas mehr: Die Herausbildung einer Tradition, eine spezielle Art des Lebens und Verhaltens, die den Prüfungen der Zeit bis in eine zweite Generation hinein standgehalten hatte.

Im Spätmittelalter wurde der traditionelle Respekt der ritterlichen Welt vor alter Abstammung weniger verherrlicht, sondern abgeklärt und kodifiziert und in gewissem Maße gerechtfertigt. Bei diesem Rechtfertigungsprozeß verlor man niemals die zentrale Verbindung zwischen Adel und Tugend aus den Augen. Die Mutter Louis de Gavres erinnerte ihn an seine adelige Herkunft, zog daraus aber die Lehre, daß er nach Tugend streben müsse,»denn Adel der Sitten überragt immer den Adel des Geschlechts.«[90] Dieser Rat allerdings stammt aus dem Roman, nicht aus der Wirklichkeit und läßt deswegen eine Frage unbeantwortet: Waren denn nicht – in neunundneunzig Prozent der Fälle – die Realitäten einfacher als die Theorie, und waren nicht Adel und seine Insignien Ergebnisse einer Erbfolge und sonst nichts? Wie weit – wenn überhaupt – wurde die theoretische Tugend in das praktische Leben hineingetragen? Ein ganzes Kapitel wird nötig sein, nur einen Teil dieser Fragen zu beantworten.

9. KAPITEL

Wappen, Adel und Ehre

DIE THESE, DASS Adel mehr mit Tugend als mit Geburt zu tun habe, wurde von den Gelehrten herausgearbeitet und ausführlich in ihren Abhandlungen erklärt und ausgeführt. Ihre Lehren wurden von gelehrten Rittern und in ihren Diensten stehenden Schreibern in die Volkssprache übersetzt und auch von Kanzlisten, die sich für Rittertum und seine Überlieferungen interessierten. Sie reproduzierten, was in ihren Abhandlungen über Rittertum und Adel übersetzt worden war: So sehen wir, daß Diego de Valera, Nicholas Upton und Jean de Bueil beispielsweise alle eine Auffassung vom Adel vertreten, die sie von Bartolus übernommen hatten.[1] In gleicher Weise haben die Kopisten Jean de Bueils in den didaktischen Teilen seiner Memoiren ausführlich die Passagen über die Gesetze des Krieges in Christine de Pisans *Livre des fais d'armes et de chevalerie* exzerpiert – Passagen, die sie ihrerseits von Bonets *Arbre des Batailles* und von Vegetius übernommen hatte.[2] Die Herolde kopierten ähnliche Textstellen aus ähnlichen Werken, häufig aus den eben genannten, für ihre heraldischen Sammelwerke und die Tatsache, daß auch sie so verfuhren, ist wichtig. Wenn in Abhandlungen über Rittertum Zitate und Ansichten von akademischen Autoren erscheinen, dann bedeutet das noch lange nicht, daß solche Zitate und Ansichten ernst genommen wurden, selbst wenn sich die Autoren der Abhandlungen als weltlich ausgerichtete Personen erweisen, die im täglichen Leben das ritterliche Waffenhandwerk ausübten. Die Herolde hingegen bemühten sich immer, die Theorie mit der Praxis zu verbinden, denn ihre gelehrten Kenntnisse waren die Qualifikationen für die praktische Seite ihres Berufes. Darüber hinaus wurden sie als die

Dokumentatoren ritterlicher Tugend angesehen. Die von ihnen vertretene Wissenschaft des Wappenwesens bot, wie wir gesehen haben, die Möglichkeit, Tugenden und Eigenschaften in eine sichtbare Bildersprache umzusetzen. Ihre Tätigkeit müßte uns eigentlich darüber informieren können, inwieweit die in der Theorie akzentuierte Tugend als Grundlage des Adels eine praktische Bedeutung hatte.

Bevor wir uns an diese Untersuchung begeben, muß noch einmal zur Vorsicht gemahnt werden, denn wir dürfen nicht zu viel von den Herolden erwarten: Tugend ist ein Charakterzug des Inneren eines Menschen, des Geistes oder der Seele; äußere Zeichen, wie etwa Wappenbilder, können nicht mehr sein, als die äußere Manifestation der Tugend in Leben und Taten. Wappenbilder können nichts über die Motive aussagen, die eine Person dazu trieb, ehrenhafte Leistungen zu vollbringen, sondern nur etwas über das soziale Ansehen, das man mit ehrenvollen Taten erwerben konnte. Es war dennoch möglich, diese äußeren Zeichen als Anerkennung persönlicher Fähigkeiten zu werten und wo immer es angebracht schien, dadurch einer Person und auch seinem Geschlecht Ehren zu erweisen.

Vor allem im spätmittelalterlichen England sind eine ansehnliche Anzahl von Wappenverleihungen durch Herolde überliefert. Die folgende, von John Smert»Garter« 1450 an Edmond Mylle getätigte Verleihung, macht deutlich, daß dieser Wappenkönig die Lehre richtig verstanden hatte, daß die Wappen als Zierde des Adelstandes Zeugnis über die Tugenden des Trägers ablegen sollten – um so als Beispiel für seine Nachkommen und aller anderen Menschen zu dienen. Hier der Wortlaut der Verleihungsurkunde:

»John Smert genannt Garter, Wappenkönig des Königreiches England, grüßt und empfiehlt sich in Ergebung allen Gegenwärtigen und Zukünftigen, die diese Urkunde sehen oder hören. Recht und Billigkeit gebieten und verfügen, daß Männer von Tugend und edlem Mut den Lohn der Anerkennung für ihre Verdienste haben sollen, und dies nicht nur für ihre eigene Person in diesem sterblichen und vergänglichen Leben, sondern in der Weise, daß nach ihren Tagen die Frucht ihrer Körper an allen Orten beständig vor anderen in Ehren gehalten werden durch bestimmte Zeichen und Insignien der Ehre und der vornehmen Geburt. Das bedeutet: durch Wappenschild, Helm

und Helmzier, damit durch ihre Beispiele andere dazu ermutigt werden, noch mehr danach zu streben, ihr Leben mit Waffentaten und anderen tugendhaften Werken zu verbringen, um den Ruhm alter Adelsgeschlechter in ihr eigenes Geschlecht und in ihre Nachkommenschaft zu verpflanzen. Jetzt nun bin ich, Garter, der vorgenannte Wappenkönig, unterrichtet und beraten worden, nicht nur durch allgemein umlaufenden Ruf, sondern auch durch den Bericht und das Zeugnis edler, glaubwürdiger Männer, daß Edmond Mylle seit langer Zeit das Waffenwerk betreibt und sich dabei und in seinen anderen Obliegenheiten so tapfer und ehrenvoll gezeigt hat, um in vollem Umfang beanspruchen zu können, daß er und seine Nachkommen überall in der Gesellschaft von Männern alten Adels und von Edelherren ehrenvoll zugelassen, gut beleumundet, gerechnet, gezählt und empfangen werde. Weswegen ich, in Erinnerung an diese seine adelige Stellung, dem besagten Edmond Mylle und seinen Erben folgendes Wappenschild, Helm und Helmzier vermacht, verfügt und zugewiesen habe, nämlich ein Schild mit sechs Kugeln in schwarz und silber, besetzt mit drei aufgerichteten, mit einer goldenen Kette gefesselten Bären in diesen Farben, die Kette um die Bären herumgeschlungen. Der Zierrat auf dem Helm: ein schwarzer Bär genauso mit einer goldenen Kette gefesselt, auf einem Helmwulst von gold und rot, die Ummantelung in diesen Farben und mit Hermelin ausgeschlagen, wie es das Bild am Rande zeigt, damit er und seine Erben es haben, halten, benutzen, besitzen und sich damit bekleiden sollen für alle Zukunft. Zum Zeugnis hierfür habe ich, Garter, der genannte Wappenkönig, diese Urkunde mit eigener Hand unterzeichnet und mit meinem Siegel besiegelt am 12. Tage des August im Jahr der Gnade 1450.«[3]

Diese Verleihung an Edmond Mylle steht nicht allein: es sind eine Anzahl ähnlich formulierter englischer Wappenverleihungen überliefert. Mir ist nicht genau bekannt, welche Waffentaten Edmond Mylle vollbracht hat, zudem ist die Wortwahl formelhaft, so daß es nicht ratsam wäre, daraus zu schließen, die englischen Herolde hätten immer sorgfältig die kriegerischen Tugenden derjenigen überprüft, denen sie Wappen verliehen. Zumindest einer der Nachfolger Smerts als »Garter« scheint in dieser Hinsicht vergleichsweise recht pauschal vorgegangen zu sein, indem er eingestandenermaßen den Grad des Reichtums als alleinigen Wertmaßstab benutzte. Als man ihm vorwarf, Wappen an »Bauern und gemeine Leute« verliehen zu haben, war seine Antwort, er habe niemals jemanden als adelig akzeptiert, außer mit gutem Leumund und »im Besitz von Land und freiem Eigen im Jahreswert von 10 Pfund Sterling und mit beweglichem Gut von 300 Pfund Sterling.«[4] Hinter solchen Beförderungen standen indessen gute und nachgewiesene Kriegsdienste. Das könnte beispielsweise der Fall gewesen sein mit John Edam, der sich Esquire von Hertfordshire nannte und 1410 vor dem ritterlichen Standesgericht erklärte, er sei zwar kein Edelmann von Geburt, habe aber im Beisein des Herzogs von Pembroke anläßlich der mißlungenen Expedition nach La Rochelle im Jahre 1372 ein Wappen verliehen bekommen (an das Wappenbild könne er sich freilich nicht mehr erinnern, sagte er, denn er habe es seit 29 Jahren nicht mehr gesehen).[5] Upton berichtete von zwei besonderen Gelegenheiten, bei denen sein Meister, der Herzog von Salisbury, Männer wegen ihrer in den französischen Kriegen bewiesenen Tapferkeit adelte. Einer von ihnen war der bereits oben erwähnte namenlose Herr, dessen homosexuelle Neigungen ihm das angeblich sodomitische Rebhuhn als Wappentier einbrachte. Der andere war ein Junker aus dem Hofhalt des Herzogs, der sich in der Schlacht von Verneuil auszeichnete und eine Verwundung an den Genitalien davontrug. Ihm wurde ein Wappen mit drei schwarzen Ochsenköpfen auf silbernem Grund verliehen, denn, so bemerkt Upton,»der Ochse ist ein kastriertes Tier und deswegen bedeuten Ochsen oder ihre Köpfe, daß der erste Träger des Wappens entmannt oder an seinen Geschlechtsteilen verletzt war.«[6] Offensichtlich aber hat der erste Träger dieses Wappens schon vor der Schlacht von Verneuil einen Sohn gezeugt, denn die drei schwarzen Ochsenköpfe auf silbernem Grund sind bis heute das Wappen der Familie Walrond von Devonshire.

Wie die Wortwahl bei Upton und Smert zeigt, bedeuteten die englischen Wappenverleihungen wirklich die Erhebung in den Adelsstand und waren so das insulare Gegenstück zu den auf dem Kontinent, besonders in Frankreich, üblichen Adelserhebungen durch Patentbriefe. Die Wortwahl solcher Adelspatente spiegelt häufig die Ansichten, etwa eines Bartolus, über das Wesen des Adels – so in Smerts Brief. Meist geben sie sich unbestimmt hinsichtlich der Gründe für die Erhebung in den Adelsstand und verweisen nur unverbindlich auf die »löblichen Tugenden und Verdienste« des Urkundenempfängers, und diese Empfänger von Adelspatenten erweisen sich als eine äußerst gemischte Gesellschaft: dazu gehören Beamte, Sekretäre, Ärzte, bestimmte kunstfertige Handwerker. Eine ganze Reihe von Briefen bezeugen aber doch dem gerade Geadelten oder ihren Vorfahren hervorragende Dienstleistungen im Krieg, letzteres eher in Patenten, die einen beanspruchten Adelsstand bestätigen.[7] Wie in England begegnen uns auch auf dem Kontinent Adelsverleihungen, die auf besondere Kriegsdienste oder besondere Waffentaten zurückgehen. Diego de Valera erwähnt beispielsweise, daß Kaiser Sigismund »jemanden mit Namen Orsalamin« wegen seiner Tapferkeit im Turnier in den Adelsstand erhob, obwohl er, wie alle wußten, der Sohn eines Fleischhauers war, oder daß Karl VII. von Frankreich seinen Artilleriemeister Jean Bureau adelte und ihn »wegen seiner Klugheit und Kenntnis der Waffen zum Ritter machte.«[8] Bureau war bereits ein vornehmer Mann, aber Karl adelte auch geringere Leute wegen herausragender Waffentaten, so etwa Jean Daumeau aus Thiérache, der Lord Tabot Patay eigenhändig gefangennahm.[9] Er adelte die beiden Soldaten Jean Bequet aus Pont de l'Arche und Etienne Guillier aus Brie, die als erste in den »Tour de Friche« bei Pontoise eindrangen, als dieser 1441 den Engländern entrissen wurde. Die den beiden Soldaten verliehenen Wappen bezogen sich genau auf ihre Waffentat: für Bequet drei blaue Türme auf goldenem Grund, für Guilliers drei goldene Türme auf blauem Grund.[10] Die denkwürdigste der Adelsverleihungen Karls VII. ging jedoch nicht an einen Mann, sondern an ein Mädchen. Die Familie der Jeanne d'Arc wurde wegen ihrer Taten in den Adelsstand erhoben, und er verlieh ihnen ein Wappen, das sie auf ihrem Schild getragen haben soll und das ihr Herold Fleur de Lys (»Lilie«) auf seinem Wappenrock trug, »nämlich zwei goldene Lilien auf blauem Grund, dazwischen ein Schwert von silber mit goldener Schwertspitze, die besagte Schwertspitze ragt in eine goldene Krone im Schildhaupt. Das bedeutet, daß sie mit der Schwertspitze die Krone Frankreichs gestützt hat.«[11]

Diese besonderen Beispiele einer Adelserhebung aufgrund tapferen Einsatzes und hervorragender Dienstleistungen betreffen in der überwiegenden Mehrzahl berühmte Ereignisse und Personen – und deswegen hafteten sie in der Erinnerung. Womöglich haben die heraldischen Abhandlungen ähnliche Adelserhebungen übergangen, denn Tapferkeit als Begründung wird keineswegs ungewöhnlich gewesen sein. Der Ursprung der Wappen wurde von ihren Autoren mit Ideen assoziiert, die solchen Adelserhebungen innewohnten. »Bei der großen Belagerung des edlen Troja«, heißt es in einer englischen Abhandlung... »traten die großen Fürsten beider Parteien auf besonnenen Ratschlag hin zusammen und vereinbarten, daß jeder, der eine große Waffentat vollbracht hatte, ein Zeichen an sich tragen solle, als Wahrzeichen hoher Tapferkeit... und wenn es so wäre, daß ein solcher Mann Kinder hätte, dann sollten sie dasselbe Zeichen tragen, wie ihr Vater, nur mit bestimmten Unterscheidungszeichen.«[12] Diese englische Abhandlung spricht von einem längst vergangenen, mythischen Zeitalter, Diego de Valera aber und Olivier de la Marche sprechen beide von ihrer eigenen Zeit und von Adelserhebungen aus Tapferkeit als etwas durchaus Gängigem.[13] In *La vraye noblesse* heißt es: Wenn ein Fürst auf einen Mann niederen Ranges, aber adeligen Betragens aufmerksam wird, kann er ihn in den Adelsstand erheben, »auch wenn er nicht von Vermögen oder vornehmer Abkunft ist.« Der »arme Gefährte«, der sich wegen seiner Tapferkeit auszeichnete, soll dafür auch öffentlich belohnt werden.[14] Ein anderer Autor fügt einige bemerkenswerte Einzelheiten über die Rolle der Herolde bei solchen Gelegenheiten hinzu: Ein gemeiner Mann, der sich auf einen Kriegszug begibt, darf seinen Schild mit Wappenzeichen, etwa Schrägrechtsbalken oder Schräglinksbalken, nach seinem Belieben bemalen, darf aber keine Metallfarben benutzen. Aber später,

»wenn er sich in einem Treffen auszeichnet, oder einige über das übliche hinausgehende Waffentaten vollbringt, sollen die Herolde ihn mit Metall in seinem Wappen belohnen und also sprechen: Unser Hauptmann und wir, nachdem wir euren Mut, euer adeliges Betragen und eure Treue zur Sache unseres Königreiches in Betracht gezogen, schlagen vor, euren Schild und Umhang zu ehren und verleihen euch als Wappenbild (zum Beispiel) einen steigenden goldenen Löwen auf blauem Grund.«[15]

Und Umhang und Schild des so geehrten Mannes werden selbstverständlich an seine Kinder weitergereicht. Wie auch aus Garters Patent an Edmond Mylle hervorgeht, hatte die Nachkommenschaft Anteil an dem Tatenruhm, mit dem ihre Vorfahren ihre Tapferkeit und auch ihren Adel unter Beweis stellten.

Bis jetzt haben wir lediglich die Adelserhebung wegen erwiesenen Heldentums von Nichtadeligen behandelt. Die Herolde und ihre Herren hatten keine Schwierigkeiten, Mittel und Wege zu ersinnen, besondere Dienste und Tapferkeitsbeweise von bereits Adeligen auszuzeichnen. Jacques de Hemricourt erzählt, wie sich Macair de Flemalle in seinen Diensten beim Grafen von Loos so sehr bewährte, daß dieser ihm erlaubte, sein Wappen mit dem gräflichen Wappen zu teilen; von da an trug er ein Parteiwappen, und durfte das Wappen des Grafen von Loos neben seinem eigenen auf demselben Wappenschild tragen. Auch der Herr von Chauteauvillain ehrte Jean de Laydier, indem er sein Wappen mit ihm teilte.[16] So sind eine große Anzahl von Wappenverleihungen und Wappenadoptionen überliefert. Der Engländer Sir Henry Guildford beteiligte sich an den Kriegen gegen die Ungläubigen in Spanien im 15. Jahrhundert»und sein Wappen wurde von König Ferdinand von Spanien durch ein Eckschildchen aus Granat veredelt wegen seiner wertvollen Dienste in diesem Königreich, als es von den Mauren befreit wurde«. Wiston Browne, ein anderer zeitgenössischer englischer Abenteurer »vergrößerte sein Wappen unter demselben König für die gleichen Dienste mit einem schwarzen, zur linken blickenden Adler mit gespreizten Flügeln, in goldener Krone und goldenen Waffen.«[17] Diese beiden englischen Wappenerweiterungen erinnern an die Episode, als der byzantinische Kaiser Johannes Kantakuzenos Guillaume Paujoise und Jean Bruidy, zwei Adeligen aus Metz, erlaubte, die Schwalben in ihren Wappen als Anerkennung für ihre Dienste im Kampf gegen die Sarazenen in Adler zu verwandeln.[18] Hier deutet sich zaghaft die moderne Gepflogenheit an, durch Verleihung einer Kampfspange die Verdienste eines Soldaten anzuerkennen und so eine Teilnahme an der einen oder anderen Schlacht zu bezeugen –

oder auch die Verleihung von Orden und Ehrenzeichen für herausragende Tapferkeit. Der entscheidende Unterschied ist, daß solche heraldischen Details nicht allein die kriegerischen Leistungen eines einzelnen bezeugten, sondern einer ganzen Familie und dazu dienten, die Taten der Vorfahren zu markieren und die Nachkommen daran zu erinnern, welcher Heldenmut von ihrem Geschlecht erwartet wird. Dies war wohl die wichtigste Absicht dabei.

Der Ritterschlag war ein anderer Weg, hervorragende Tapferkeit auf dem Schlachtfeld auszuzeichnen. Aus den Abhandlungen geht deutlich das anerkannte Prinzip hervor, daß diejenigen, die Kühnheit im Kampf zeigten, aus diesem Grunde auf dem Schlachtfeld zum Ritter geschlagen werden konnten (obwohl dies weit weniger üblich war als die andere, schon erwähnte Praxis, den Ritterschlag vor einer Schlacht oder einem Angriff vorzunehmen, wobei ja die Absicht war, den Kampfesmut anzustacheln, nicht ihn zu belohnen).[19] Daß die Grundsätze der Traktate nicht leeres Gerede waren, soll dieser anschauliche Brief des kastilischen Wappenkönigs zeigen, der in seiner individuellen Ausrichtung zudem eine hübsche Parallele zur oben zitierten Wappenverleihung Garters an Edmond Mylle darstellt:

Ich, »Kastilier,« Wappenkönig des großen, mächtigen und gütigen Königs von Kastilien, bezeuge vor allen Fürsten, Rittern und Edelleuten und vor meinen Brüdern im Wappenamt und vor allen anderen, daß Jean de Rebreviettes, Adelsherr und Diener meines erhabenen Herrn, des Herzogs von Burgund, und Diener im Haushalt von Herrn Anton dem Bastard, seinem Sohn, in dieses Land Spanien zu meinem Herrn, dem König von Kastilien, gekommen ist, wohl ausgerüstet mit Waffen, Männern und Pferden, um Krieg zu führen gegen die Feinde unseres Glaubens ... er war Waffengefährte des Königs im Königreich Granada und war bei der Einnahme von Ximena dabei, welche Stadt im Sturm genommen wurde. Und der genannte Jean war einer der ersten auf den Mauern und in der Stadt, und in der Stadt kämpfte er Mann gegen Mann gegen einen der Sarazenen und überwältigte ihn, und später sandte der König nach dem genannten Jean und der genannte Jean trat vor ihn mit seinem noch blutigen Schwert. Und als der König Jean erblickte, der sich so tapfer betragen hatte, zog er sein eigenes Schwert und schlug Jean zum Ritter, der Proteste des genannten Jean nicht achtend. Und ich bezeuge bei meinem Glauben, meiner Ehre und bei den Wappen, die ich trage, daß ich niemals, damals nicht und seither, einen Mann sah, der in

Spanien ehrenvoller zum Ritter geschlagen wurde, als der genannte Jean de Rebreviettes. Und all dies bezeuge ich als wahr und setze als Zeugnis eigenhändig mein Zeichen und mein Wappensiegel, gegeben an diesem 10. Tag im Juli des Jahres 1456 in der Stadt Sevilla.[20]

Dieser Jean de Rebreviettes ist eigentlich besser bekannt wegen seines satirischen Gelöbnisses am Fasanenfest Philipps des Guten in Lille 1454 und nicht so sehr wegen seiner spanischen Abenteuer. Wenn er nicht die Gunst seiner Dame erringen könne, bevor Philipp nach Osten gegen die Türken aufgebrochen sei (was er dann auch nicht tat), so schwor er damals, dann würde er bei seiner Rückkehr das erste willige Mädchen heiraten, das ihm über den Weg liefe und zwanzigtausend Goldstücke wert sei.[21] Was bei diesem Gelübde wie Zynismus aussieht, scheint eher – angesichts des Zeugnisses des Kastiliers – Ausdruck einer gehobenen, munteren Stimmung zu sein, die die wirklich ritterliche Intention überdeckte. Der Ritterschlag war keineswegs die einzige Ehre, die Jean de Rebreviettes bei seinen Kämpfen gegen die Heiden gewann. Vier Jahre später nahm ihn der dankbare König Matthias von Ungarn in seinen ungarischen Drachenorden auf in Anerkennung seines Einsatzes gegen die Türken und forderte ihn auf, dieses Ehrenzeichen zu tragen, wo immer er sich aufhalte, in Erinnerung an die ihm vom König erwiesene Liebe und Dankbarkeit.[22] Ritterschlag und Aufnahme in einen hochangesehenen Ritterorden waren ganz und gar persönliche Ehrbeweise und waren nicht erblich. In diesem Sinne stehen sie modernen Auszeichnungen, Dekorationen aufgrund soldatischer Tapferkeit, bereits ein Stück näher.

Der Ritterschlag bedeutete mehr als eine Auszeichnung, denn im Spätmittelalter war »Ritter« ein bestimmter Grad innerhalb der aristokratischen Rangordnung und nahm eine Stellung unmittelbar hinter dem Baron, aber noch vor dem landsässigen niederen Adel ein. In diesem Sinne hatte die verliehene Ritterwürde aufgrund erwiesener Tapferkeit etwas von einer unverzüglichen Beförderung oder der Übertragung einer Führungsaufgabe im Felde an sich. Dieser Aspekt des Ritterschlages – als Erhebung in einen Offiziersrang

– geht deutlich aus dem Bericht Joinvilles über die Landung seiner Leute bei Damiette während des Kreuzzuges unter Ludwig dem Heiligen 1249 hervor:»Als ich (vom Kriegsrat) zurück zu meinem Schiff kam, unterstellte ich die kleine Schaluppe meinem Knappen Hugh de Vaucouleurs, den ich an Ort und Stelle zum Ritter schlug.«[23] Hier war der Ritterschlag klar ein Zeichen von Hughs neuem Rang, die Begleiterscheinung zu seinem Auftrag, das Kommando über »die kleine Schaluppe« zu übernehmen. Die gleiche Vorstellung findet sich in Berichten über Beförderungen vom Rang eines *»knight bachelor«* (»Ritter« im Sinne eines militärischen Titels) zum *»knight banneret«* (»Bannerherr«), ein Titel, der offizielle militärische Implikationen hatte, insbesondere, daß der besagte Ritter das Recht hatte, eine Streitmacht von fünfzig Lanzen aufzubieten und unter seinem Banner zu führen. Froissart liefert einen anschaulichen Bericht über die Beförderung Sir John Sandos in diesen Rang am Vorabend der Schlacht von Najera:

Sir John ging von der Front seiner Abteilung nach vorn, das eingerollte Banner in seiner Hand. Er übergab es dem Fürsten mit den Worten:»Herr, hier ist mein Banner. Ich übergebe es Euch, damit ich es in der Weise zeigen kann, wie es Euch am meisten beliebt, denn, dem Herrn sei Dank, ich verfüge jetzt über genügend Land, so zu handeln und den Rang aufrechtzuerhalten, der dem Banner zukommt.« Der Fürst, in Gegenwart Don Pedros, ergriff das Banner (es trug ein Wappen mit goldenem spitzen Pfahl auf silbernem Grund) und nachdem er die Spitze abgeschnitten hatte, um es vierkantig zu machen, zeigte er es herum und gab es ihm zurück mit den Worten:»Sir John, ich übergebe Euch Euer Banner. Gott gebe Euch Stärke und Ehre, es zu bewahren.«[24]

Das vierkantige Banner mit dem Wappen des Bannerherren war das äußere und sichtbare Zeichen seines Ranges bei allen militärischen Anlässen und gleichzeitig der Sammelpunkt für seine Einheit im Felde. Das Abschneiden der Fahnenspitze bezieht sich darauf, daß ein *knight bachelor* nur das Recht auf einen dreieckigen Wimpel hatte, so daß diese Veränderung die formale Beförderungszeremonie ausmachte.

*

Bei Erhebungen in den Rang eines Bannerherrn oder in den Ritterstand oder einfach in den Adelsstand mußte immer darauf geachtet werden, daß der Beförderte auch seine Würde aufrechterhalten konnte, was weitgehend eine Frage des Vermögens war. Es mußte auch Rücksicht genommen werden auf Art und Grad der verdienstvollen Handlung und das konnte bisweilen eine heikle und schwierige Aufgabe sein. Jean de Bueil beispielsweise erachtet es als gängige Auffassung, daß ein Nichtadeliger, der sich bei der Erstürmung einer Stadt auszeichnet, geadelt werden kann – er soll aber nicht zum Ritter geschlagen werden (was eher einem Adeligen zustehen würde).[25] In offener Schlacht, meint Jean de Bueil, sei das etwas anderes: der Sturm auf eine Stadt sei nicht so hoch zu veranschlagen und könne nicht so hoch bewertet werden und sei auch keine so deutliche Probe der Tapferkeit wie ein Kampf Mann gegen Mann in der Feldschlacht. Hier führt Jean einen neuen Aspekt der Beförderung und Adelserhebung wegen Tapferkeit und Tugend ein, eine neue Leistungsskala, von Experten genau geprüft, sollte eine ehrenhafte Tat angemessen belohnt und dokumentiert werden. Der Wappenexperte mußte also nicht nur in der Lage sein, kühne Taten zu registrieren und zu erkennen, sondern sie auch zu bewerten, denn in der Praxis und in den Büchern gab es Differenzierungen und Abstufungen für besondere militärische Leistungen.

In dem Abschnitt eines späten heraldischen Werkes, das Grabmonumenten gewidmet ist, begegnen uns die Feinheiten der Differenzierung, mit denen man es dabei zu tun hatte.[26] »Auf diese Weise«, heißt es da, »kann ein Mann erkennen, wie ein Adliger gelebt und sein Leben genutzt hat und es bis zum Ende beibehielt, als er begraben und sein Abbild in Waffen auf dem Grabmal dargestellt wurde.« Wenn er in den Kriegen lediglich als einfacher Soldat gekämpft hat, dann soll er gerüstet, aber ohne Wappenschild abgebildet werden und mit unbedecktem Kopf. Wenn er zu seinen Lebzeiten in den Turnierschranken kämpfte und seinem Namen Ehre gemacht hatte, kann er am ganzen Körper mit einer Rüstung versehen dargestellt werden, aber mit hochgeschlagenem Visier, gefalteten

Händen, Schwert und Sporen sichtbar. Wenn er in einer todbringenden Schlacht auf der Seite des Siegers sein Leben ließ, kann er in einer vollständigen Rüstung und geschlossenem Visier dargestellt werden, sein gezogenes Schwert in der rechten Hand, die Schwertspitze nach oben gerichtet, den Schild in der Linken. Starb er an seinen in der Schlacht empfangenen Wunden, dann soll sein Schwert in der Scheide stecken und sein Visier abgeschlagen sein. Wenn er als Gefangener sein Leben ließ, der ehrenvoll in einer Schlacht gefangengenommen wurde, so soll er mit vollständiger Rüstung dargestellt werden, aber ohne Sporen und mit leerer Scheide. War er im Gefolge eines Fürsten in tödlicher Schlacht, dann kann er in jedem Fall mit seinem Wappenschild abgebildet werden. Der Autor der Abhandlung war ein Purist. Ich glaube nicht, daß die hier skizzierten Regeln wirklich befolgt wurden. Sie sind dennoch von Interesse, denn sie zeigen, daß der Autor eine fein abgestimmte Skala ritterlicher Tugenden kannte und an ihre Gültigkeit glaubte.

Eine nicht ganz unähnliche Rangfolge von Unterscheidungsmerkmalen findet sich in den Statuten des Drachenordens des Grafen von Foix. Hier geht es nicht um Begräbnisse, sondern um die Art und Weise, in der ein Ordensgefährte das Emblem des Ordens, den Drachen, zeigen soll. Auf dem Drachen waren sogenannte »Sitze«, Steckhülsen, angebracht. Derjenige, der einige in den Statuten näher bezeichnete Lanzenstechen absolviert hatte, durfte in die erste Hülse einen Diamanten einsetzen. Wer innerhalb der Schranken einen einzelnen Gegner niedergekämpft hatte, war berechtigt, im nächsten Sitz einen Rubin zu befestigen, für einen Turnierkampf in einer Gruppe von Edelleuten wurde ein zweiter Rubin gewährt. Ein Kampf zur See brachte einen Smaragden ein, eine richtige Schlacht zu Lande einen zweiten. Ein Türkis zeigte an, daß der Träger an der Bestürmung einer Stadt oder einer Burg teilgenommen hatte. Wenn ihm bei einem Feldzug gegen die Sarazenen ein Wappen verliehen wurde, durfte er einen Saphir in einen der »Sitze« einfügen und schließlich konnte er einen zweiten Saphir einsetzen, wenn er als Pilger das Heilige Grab in Jerusalem besucht hatte.[27]

Diese beiden Texte liefern Einblicke in sehr präzise Differenzierungen bei verschiedenen Arten militärischer Erfahrungen und den ihnen zugeordneten Ehrbeweisen. Wegen der großen zeitlichen Distanz ist es jetzt nicht mehr möglich, mit einiger Genauigkeit die ausgeklügelten Spitzfindigkeiten des Systems zu rekonstruieren, nach dem die in ritterlicher Überlieferung Eingeweihten mehr oder weniger hohe Ehrbeweise für Auszeichnungen in unterschiedlichen kriegerischen Handlungen bewilligten. Ohne Zweifel wüßten wir über diesen Komplex etwas mehr, wenn uns die Antworten der Mitglieder von König Johanns französischem Sternenorden auf die Fragen, die ihnen Geoffroy de Charny stellte, überliefert wären, denn genau diese schwierigen Punkte sind Gegenstand seiner Fragen. Es gibt, so heißt es dort, auf dem Schlachtfeld drei verschiedene Gefechtsarten, *rencontre, besogne* und *bataille* (in, von den Ehren her, aufsteigender Richtung): Was ist ehrenhafter für einen militärischen Führer, eine Belagerung abzubrechen und auf einem festgelegten Schlachtfeld einem Entsatzheer entgegenzutreten oder die Belagerung voranzutreiben und nach ihrem Abschluß eine offene Feldschlacht zu wagen? Unter welchen Umständen kann ein Kämpfer in Gefangenschaft geraten, ohne daß dabei seine Ehre verletzt wird?[28] Aber – leider – kennen wir die Antworten der Sternenritter nicht, wir wissen nicht einmal, ob sie jemals welche gegeben haben. Die Quellen erlauben lediglich einen flüchtigen Blick auf die groben Umrisse des Systems. Große Ehren können bei einem Turnier errungen werden, noch größere in der Schlacht: Kühnheit in einer Feldschlacht zählt mehr als Kühnheit bei der Bestürmung einer Befestigung. Einige besondere Waffentaten ziehen auch besondere Ehrbeweise nach sich, zum Beispiel der erste zu sein, der bei einer Landung von See her den Fuß auf Feindesland setzt oder der erste bei der Bestürmung eines belagerten befestigten Ortes zu sein oder in einem Stollen unter den Befestigungswerken im Nahkampf gefochten zu haben. Teilnahme am Kreuzzug und Kampf gegen die Ungläubigen bringen besonders hohe Ehrungen mit sich. Alle weitergehenden Einzelheiten bleiben jedoch im Dunkel. Als der Herzog von Bourbon wissen wollte, ob er nach einem Angebot von seiten der Sarazenen die Belagerung von Tunis ehrenhaft abbrechen könne, wurde ihm von Soldich de la Trau, einem alten Hauptmann und einer der Helden Froissarts, dazu geraten. Er habe bereits so viel geleistet, meinte Soldich, daß es,»was mich betrifft, der ich nur ein einfacher Ritter bin, genauso ehrenhaft ist, hier dabei gewesen zu sein als in drei Schlachten gekämpft zu haben.«[29] Diese Belagerung hatte gewiß eine besondere Stellung, da sie gegen die Feinde des Glaubens gerichtet war, aber welche weiteren Vergleiche der Soldich gewählt hätte, wäre die Belagerung erfolgreich verlaufen, kann ich nicht sagen – und er konnte es womöglich auch nicht. Wahrscheinlich ist aber wohl, daß doch irgend jemand auch hierzu eine kundige Meinung abgeben konnte.

Wenn wir auch nicht mit letzter Genauigkeit die Ehrenskala bei verschiedenen Gefechts- und Kampfarten nachvollziehen können, so haben wir doch Belege, daß es einst Leute gab, die sich zutrauten, nach bestimmten Maßstäben die Ehren und Leistungen ihrer zeitgenössischen Helden zu berechnen. In seinem *Bruce* kann Barbour ohne zu zögern behaupten, daß Sir Giles d'Argentine zu seiner Zeit als der drittbeste Ritter der Christenheit angesehen wurde.[30] Sogar seine Feinde mußten zugeben, teilt der Herold Gelre über Heinrich van Nueft mit, daß er in den Kriegen gegen die Friesen der Erste unter den jungen Männern seiner Zeit war.[31] Jacques de Hemricourt erzählt, daß Waufflars de Momalle, Wilhelm von Malclerre, Herr von Hemricourt und der Herr von Haneffe zu ihrer Zeit als *les trois plus preuz* des Hesbaye bezeichnet wurden.[32] Für Du Guesclin fanden seine französischen Enkomiasten einen besonderen Ehrenplatz: sie machten ihn zu dem zehnten der »Zehn Helden«. Die Schotten beanspruchten denselben Platz für Robert the Bruce.[33] In ähnlicher Weise forderte ein Autor für Jeanne d'Arc einen Platz neben Penthesileia, Semiramis, Hippolyta und den anderen neun Heldinnen der Antike – und auch die Gräfin von Montfort, die während der Gefangenschaft ihres Gatten die Bretagne verteidigte, sollte eigentlich ebenfalls ihrer Gesellschaft teilhaftig werden.[34]

Wir finden auch eindeutige Urteilssprüche darüber, wer den »Preis« für Heldenmut bei diesem oder jenem Gefecht gewonnen hat. »Herr Eustace«, sagte Eduard III. zu dem gefangenen Eustace de Ribemont nach einem Scharmützel vor den Toren Calais im Jahre 1350, »ich gebe Euch diesen Perlenkranz, weil ihr heute unter denen von drinnen und von draußen der beste Kämpfer wart und ich bitte Euch, den Kranz mir zuliebe zu tragen.«[35] Der Schwarze Prinz und seine Berater zweifelten nicht an Sir James Audleys Anspruch auf den Preis der englischen Seite bei der Schlacht von Poitiers. »Sir James«, so der Prinz, »ich und alle übrigen halten Euch für den tapfersten Ritter auf unserer Seite in dieser Schlacht.«[36] Bei Loheren 1453 erkannten die Burgunder Jacques de Lalaing den »Preis des Treffens« zu.[37] Es wird deutlich, daß Hauptleute, erfahrene Ritter und Herolde wußten, wie sie die gleiche Urteilskraft, die sie bei der Verleihung von Turnierpreisen an den Tag legten, auch im harten Geschäft der wirklichen Kriegsführung einsetzen konnten. Ohne Zweifel hat ihnen hierbei ihre Turniererfahrung den Weg zu ihrer Praxis und Präzision gewiesen.

*

Dennoch ist möglicherweise das bedeutendste Beispiel einer institutionalisierten Preisvergabe für kriegerische Tapferkeit der sogenannten *Eretisch* –, der »Ehrentisch« der Deutschordensritter. Weil die Kriege des Deutschen Ritterordens gegen die Heiden in Litauen und Samland zu Heiligen Kriegen erklärt worden waren und weil der Kreuzzug einen bevorzugten Platz im ritterlichen Wertesystem einnahm, waren diese Kriege eine besondere Gelegenheit für die Entfaltung ritterlicher Gepflogenheiten. Um sie richtig einschätzen zu können, muß einiges über den Hintergrund dieser Institution bemerkt werden.

Der Deutsche Ritterorden, jener nach dem Vorbild der Templer gegründete deutsche religiöse Militärorden, hatte ursprünglich zwei Hauptbetätigungsfelder: im Heiligen Land und an den osteuropäischen Grenzen des Christentums. Die Eroberung Preußens durch den Orden war gegen Ende des 13. Jahrhunderts im großen und ganzen abgeschlossen und nach dem Fall von Akkon und dem Verlust des Heiligen Landes wurde das östliche Europa zum Zentrum seiner Aktivitäten. Die Ordensburgen von Königsberg und Marienberg waren die Hauptstützpunkte. Von diesen und anderen Festungen aus führte der Orden während des gesamten 14. Jahrhunderts Krieg gegen die Litauer. Das Kriegsziel war die Eroberung der heidnischen Länder, die unter dem Großmeister Winrich von Kniprode, der den Orden von 1351 bis 1382 leitete, entscheidend vorangetrieben wurde.[38] In diesen Kriegen stützten sich die deutschen Ritter auf die Hilfe zugewanderter Ritter aus anderen Teilen Europas, so daß Preußen und Litauen im 14. Jahrhundert Ziel westeuropäischer Kreuzzugsaktivitäten wurde. Die Region war für die meisten wesentlich leichter zu erreichen als der Orient und die Kreuzfahrer konnten an Ort und Stelle ihre Kosten über Kredite durch die Hansekaufleute oder über Kreditbriefe der Kaufleute ihrer eigenen Heimatländer bestreiten.[39] Unter den Preußenfahrern finden sich viele berühmte ritterliche Gestalten der Zeit: Henry Grosmont, Herzog von Lancaster, Henry Bolingbroke (der spätere König Heinrich IV. von England), Froissarts Freund und Förderer Gaston-Phoebus von Foix und Herzog Albert III. von Österreich (von dessen Kreuzzug Peter Suchenwirt einen anschaulichen poetischen Bericht hinterlassen hat).[40] Die Mehrzahl der in Herold Gelres *Lobdichte* gefeierten makellosen Ritter hatten im Osten gekämpft und ebenso der »parfit gentil knight« im Prolog zu Chaucers *Canterbury Tales*.[41] Die Kämpfe in den östlichen Gebieten verliefen ganz anders, als es etwa Henry Grosmont oder Gaston-Phoebus unter der Sonne des Languedoc gewöhnt waren, mit reichen, von Weinfeldern umgebenen Städten und der guten Aussicht auf Beute und Lösegeld. Dagegen boten die Hauptkampfgebiete im Osten, die man die »Wildnis« nannte, nichts als Schwierigkeiten: Sie konnten nur zu Pferd und bei scharfem Frost durchquert werden, und gekämpft wurde vorzugsweise im Winter. Die Dörfer und Befestigungen der Heiden bargen kaum wertvolle Beute, höchstens Nahrungsmittel. Die Ritter des Ordens konnten durchaus materielle Gewinne aus ihren Kriegen ziehen, denn die eroberten Länder würden ihnen gehören. Für die zur Unterstützung herbeigeeilten soldatischen Pilger indessen sahen die Aussichten einer solchen »Reise«, wie die Expeditionen nach Osten genannt wurden, ganz anders aus: Todesgefahr, Unbilden, Schulden nach Verlust von Pferden und Ausrüstung – und Ehre. Um bewaffnete Pilger anzuziehen, bemühten sich die Deutschordensritter, die Begleiterscheinungen einer »Reise« zu versüßen. Sie bewirteten und ergötzten ihre Besucher, nahmen sie mit auf die begehrte Bären- und Elchjagd in den riesigen Wäldern. Die Ehrentafel war der Höhepunkt ihrer diesbezüglichen Bemühungen. Sie wurde manchmal vor, manchmal nach einer »Reise« für eine kleinere Anzahl von Rittern bereitet, denen unter den Pilgern die höchsten Ehren zugeschrieben wurden. Die Ehrentafel wird von einem polnischen (und somit ordensfeindlichen) Zeugen auf dem Konzil von Konstanz folgendermaßen beschrieben:

Nun war und ist es der Brauch mit der sogenannten Ehrentafel, die die Brüder (des Ritterordens) in ihrer Eitelkeit ersonnen haben, daß die besagten Brüder ein feierliches Fest für eine kleinere Anzahl solcher Personen oder Gäste, vielleicht für zehn oder zwölf oder eine andere kleinere Anzahl, vorbereiteten – und nur solche Personen, die von den Herolden aus den übrigen Rittern ausgewählt wurden, bekamen Plätze an der oben erwähnten Tafel zugewiesen. Es handelte sich dabei um solche Personen, die – nach dem Zeugnis der Herolde – verschiedene Teile der Welt für die Sache des Rittertums durchzogen hatten und von den Herolden in verschiedenen Gegenden angetroffen worden waren – und je nach dem, ob ein einzelner unter den anwesenden Rittern und Personen die anderen in dieser Hinsicht zu übertreffen schien, wurden die Plätze zugewiesen und vergeben. Diejenigen, die auf diese Weise an der Tafel Platz nehmen durften, betrachteten es für sich als große Ehre und so wurde es auch von den anderen gesehen.[42]

Neben diesem allgemeinen Bericht läßt sich der eher ins einzelne gehende Bericht des Jean de Chastelmorand stellen, den dieser nach seiner »Reise« von 1375 dem Chronisten d'Oronville lieferte:

Und als der Großmeister sah, daß diese Reise in Ehren zu Ende gebracht war, bewirtete er am Tage Mariä Lichtmeß die Ritterschaft, die bei ihm war, aufs Beste. Und zu Ehren dieses Tages hatte er nach der Messe in seiner Burg Marienberg die Ehrentafel bereitet und es war sein Wille, daß daran zwölf Ritter der verschiedenen Königreiche sitzen sollten. Und vom Königreich Frankreich saßen an dieser hohen Tafel Herr Hutin de Vermeilles und Herr Tristan de Magueliers, den alle den »guten Ritter« nannten und von den anderen Ländern jeweils zwei bis es insgesamt zwölf waren, auf Anordnung des Großmeisters – und sie wurden, bei der hohen Bedeutung des Tages, bedient wie es ihnen zukam. Und mit Gottes Dank an diese zwölf erklärten sie die Ordnung dieser Tafel und wie sie zustande gekommen war. Sodann gab einer der Ritter dieses Ordens jedem von ihnen ein Schulterabzeichen, auf dem mit goldenen Lettern geschrieben stand: »Honneur vainc tout!« Und am nächsten Tag nahmen die Ritter von dem Großmeister ihren Abschied und jeder kehrte in sein eigenes Land zurück.[43]

Hier haben wir es in der Tat mit einer Ordensverleihung zu tun, mit der ganzen Pracht eines großen Festes, mit zugewiesenen Plätzen an einer erhöhten Tafel – eine Szene, die (ohne Zweifel beabsichtigt) an die große legendäre Tafel, an König Artus Tafelrunde, erinnert. Hier legen die Herolde und die Gemeinschaft der Ritter ein ausgewogenes Urteil über errungene Ehren ab, bevor die Abzeichen des Ruhmes verteilt werden. Außerhalb der Burg und weiter draußen breitet sich eine andere Welt, das Ödland der Heiden mit seinen undurchdringlichen Wäldern, seiner bitteren Kälte, seinen unbändigen Menschen, seinen heiligen Hainen – und seinen harten Kämpfen. Diejenigen, die der Großmeister auf einer »Reise« hinausführte, hatten sich wirklich einer Probe über ritterliche Tugenden unterzogen. Das Ansehen derer, die an der Ehrentafel sitzen durften, entbehrte daher nicht einer Berechtigung. Die Ordensritter hatten klar erkannt, daß Rittertum keine Scharlatanerie war, daß der Reiz des Abenteuers und der Stolz auf sauer erworbenen Ruhm reale und mächtige menschliche Motivationen waren – und indem sie ritterliche Tugend herausstellten und ihre öffentliche, feierliche Belohnung institutionalisierten, konnten sie ihren eigenen Absichten dienen. Ihre Ehrentafel steht als Zeugnis für ihre scharfsinnige Einsicht – und ist aus dem Urmetall, aus dem die Ehrenkrone des Rittertums geschmiedet wurde, der Lohn für ritterliche Tugend.

*

Dieses Kapitel handelte bis jetzt von der Leistung und ihrer Belohnung. Es kann jedoch nicht gebührend abgeschlossen werden, ohne einen Blick auf die dunkle Seite der Verhältnisse zu werfen. Wenn Adel und Zeichen oder Insignien der Auszeichnung durch ehrenhafte Tapferkeit gewonnen werden konnten, genauso wie durch Geburt und Reichtum, so konnten sie durch unehrenhaftes Betragen, durch eine nicht standesgemäße Heirat oder durch Verarmung wieder verloren gehen. Und heraldisches Wissen, das zur Registrierung und Markierung ehrenvoller Leistungen eingesetzt wurde, konnte ebensogut verwendet werden, um mit einem symbolischen Ritual das Stigma der Ungnade zu verleihen.

Unehre hatte, genauso wie Ehre, ihre graduellen Abstufungen. Die Statuten des Falkenordens, eines Ritterordens aus dem Poitou, sahen die Erhöhung der Insignien eines Mitglieds, das sich ausgezeichnet hatte, vor (eingeschlossen eine besondere Erweiterung für den Kriegsdienst bei einer »Reise« mit den Rittern des Deutschen Ordens), trafen aber auch Vorkehrungen für die Minderung der Ehrenzeichen, falls sich jemand einer *faute en armes* schuldig gemacht hatte.[44] Wir hören auch von regelrechten »Tadeln«, die die Herolde dazu berechtigten, einen Ritter von einem Turnier auszuschließen, wie etwa der Verdacht, ein gegebenes Versprechen gebrochen zu haben oder die unehrenhafte Behandlung von Frauen.[45] Dies erinnert daran, daß der Ausdruck *chevalier sans reproche* (eine Qualifizierung, die als Voraussetzung für die Aufnahme in zahlreiche Ritterorden galt) nicht notwendigerweise einen wahrhaft makellosen Charakter bedeuten mußte, sondern einfach der Ruf, frei von allen regelwidrigen Fehlern zu sein. Solche Regelverstöße waren offensichtlich nicht irreparabel: In seinen Fragen an die Sternenritter ging es Geoffroy de Charny darum, mit welchen formalen Mitteln solche dunklen Flecke wieder ausgelöscht werden konnten.

Bruch des Ehrenwortes war natürlich eine schwerwiegende Sache, und ihre Behandlung zeigt sehr genau, wie heraldische Ehrenrituale in ihr Gegenteil verkehrt werden konnten. Dieser spezielle Anklagepunkt – Bruch des Ehrenworts – wurde im 14. und 15. Jahrhundert häufig in Kreisen der Ritterschaft aus dem Grunde erhoben, weil ein Ritter oder Edelmann sein Ehrenwort als Ritter, ein Lösegeld zu zahlen, gebrochen hatte (die häufig geübte Praxis, Gefangene auf Ehrenwort freizulassen und eine Lösegeldsumme zu erheben, machte einen Bruch des Versprechens recht einfach). In diesem Falle konnte man versuchen, den Gefangenen gerichtlich zu belangen, oder besser noch diejenigen, die sich als Bürgen für die zugesagte Lösegeldsumme zur Verfügung gestellt hatten. Der Gefangene konnte aber auch zu einem gerichtlichen Zweikampf als »Verräter seines gegebenen Ehrenworts« herausgefordert werden.[46] Es konnte aber auch noch auf ein anderes häufig genutztes Mittel zurückgegriffen werden, das in französischen Quellen als *deshonnoirement* bekannt ist. Es bedeutete schlicht, daß der Kläger dafür sorgte, das Wappenschild seines wortbrüchigen Gefangenen an öffentlichen Plätzen in umgekehrter Position zu präsentieren, oder ein Bild von ihm mit dem Kopf nach unten oder in einer anderen despektierlichen Stellung zu zeigen. So stellten die französischen Hauptleute Arnaut Guilhen und Thibaut des Termes entehrende Bilder des Herrn von Chauteauvillain, ihrem wortbrüchigen Gefangenen, in den Straßen des Berry aus. Einer ihrer Mithauptleute namens La Hire, begab sich auf einen Feldzug mit dem Wappen von Robert de Commercy, einem Bürgen seines wortbrüchigen Gefangenen Monsard d'Aisne und hatte es umgekehrt an den Schwanz seines Pferdes geheftet.[47] Das war eine schwere Beleidigung, denn dieser Vorwurf würde in der ganzen Ritterschaft bekannt werden und würde die Hüter der ritterlichen *mores* in Bewegung setzen: Wir erfahren, daß die Mitglieder des Goldenen Vlies-Ordens in ihrem Kapitel zusammentraten, um den Fall des Seigneur de St. George, eines ihrer Ordensmitglieder und Verwandter und Bürge des besagten Chauteauvillain zu beraten und darüber zu befinden, ob sich die Unehre seines Verwandten auch auf ihn als Bürgen übertragen habe.[48] Du Guesclin hielt eine solche Beleidigung für so vernichtend, daß er kurzerhand den Hauptmann von Moncontour, der ihn mit einem Bruch des Ehrenwortes als Gefangener gegenüber den Engländern verleumdet und sein Wappenschild auf den Kopf gestellt hatte, in voller Rüstung über die Brustwehr seiner Burg hängte.[49] So einen Vorwurf konnte der Zehnte der Zehn Helden nicht auf sich sitzen lassen.

Feigheit und Verrat waren eine noch größere Schande, wie es bei einer kriegerisch ausgerichteten Gesellschaftsethik kaum anders zu erwarten war. Eklatante Feigheit konnte theoretisch mit dem Tode bestraft werden, geringere Feigheit zog den Verlust des Status und der Würdezeichen nach sich. Sir John Fastolf wurde aus dem Hosenbandorden ausgeschlossen, als der Verdacht geäußert wurde, er habe sich bei der Schlacht von Patay als feige gezeigt.[50] Der Seigneur de Montagu wurde aus dem Orden vom Goldenen Vlies geworfen, als er nach der Niederlage von Anthon die Flucht ergriffen hatte.[51] Wie zu erwarten, wurde Verrat noch härter geahndet, denn seinen Gefolgs- oder Lehnsherren zu verraten galt schon in der Frühzeit des Ritterwesens und davor als eines der dunkelsten Verbrechen, das einem Ritter oder Krieger zur Last gelegt werden konnte. Gegen einen verräterischen Ritter konnte das gesamte Register der Entäußerung von allen Ehren gezogen werden – und das unter gnadenlosen Ritualen. Als Sir Ralph Grey, der auf seiten Lancasters gegen Eduard IV. kämpfende Hauptmann von Bamburgh festgenommen wurde, brachte man ihn vor ein Kriegsgericht, wo er verurteilt wurde, den Tod eines Verräters zu sterben unter Aberkennung aller Ehren. John Tiptoft, Konstabler von England, sprach folgenden Urteilsspruch:

Für dieses Verbrechen, Sir Ralph Grey, wird euch auferlegt, die Strafe nach dem Gesetz zu erdulden. Der König hat befohlen, daß Eure Sporen von den Absätzen abgetrennt werden durch die Hand des Meisters Cook, der bereit ist, dies jetzt zu tun, da er es damals gelobte, als er Eure Sporen aufnahm (d. h. als er in den Ritterstand erhoben wurde) und gesprochen hatte: »Bist du nicht Deinem Herrn treu ergeben, dann werde ich Deine Sporen hart an den Fersen mit diesem Messer abschlagen.« Und so ist Meister Cook bereit, seines Amtes zu walten mit Schürze und Messer.

Item, Sir Ralph Grey, hat der König befohlen, sollt Ihr mitansehen, wie der Wappenkönig und die Herolde Euer eigenes Wappen Euch vom Leibe reißen und Eure Euch gebührende Achtung, Euer Adel und das Wappen und Euer ritterlicher Stand

sollen Euch genommen werden. Und hier ist ein anderes, umgekehrtes Wappenschild,
das Ihr am Körper tragen sollt auf dem Weg zum Henker, wie es Euch nach dem Ge-
setz zukommt.[52]

Für das niederträchtigste denkbare Verbrechen sah das Gesetz ab-
schreckende Erniedrigungen im Gefolge der höchsten Strafe vor.
Ralph Grey hatte in gewisser Weise Glück: Der König erließ ihm die
Degradierung (schonte aber nicht sein Leben), wegen der Verdienste seines Großvaters um das Haus York, für das dieser auf dem
Schaffott hatte leiden müssen. Andere hatten nicht so viel Glück.
Andrew Harclay wurde 1323 wegen geheimer Kontakte zu Englands schottischen Feinden verurteilt. Man riß ihm Wappenrock
und Haube herunter, schlug die Sporen von seinen Fersen und zerbrach das Schwert über seinem Kopf. Danach sprach der Richter:
»Andrew, jetzt seid Ihr kein Ritter mehr, sondern ein Schurke und
wegen Deines Verrats ist es des Königs Wille, daß Ihr gehängt und
hochgezogen werdet.«[53] Als Philipp von Hagenbach, Karls des
Kühnen ehemaliger Gouverneur des Elsaß, wegen seiner Verbrechen und Exzesse 1474 verurteilt wurde, war ein Herold zugegen,
der vor ihm die formalen Bestimmungen seines Ausschlusses aus der
Ritterbruderschaft vom St. Jörgenschild verlas und seine Degradierung überwachte, und um zu zeigen, daß er nun alle weltliche Wertschätzung verloren hatte, versetzte ihm ein Mann als Zeichen der
Verachtung einen kräftigen Faustschlag.[54] Wir sahen, wie die ritterlichen Gepflogenheiten, Beweise der Ehre zu vergeben, die Verleihung von Orden und Medaillen späterer Zeiten antizipierte, jetzt
sehen wir, wie die Methoden der Entehrung den feierlichen Sadis-
mus bei späteren Kriegsgerichtsverfahren vorwegnehmen mit allen
Schrecken der ritualisierten Schmach, die Kipling in seinem schau-
rigen Gedicht »They're hanging Danny Deever in the morning« so
anschaulich beschwört.

*

Alle diese Berichte, so wäre zu fragen, von Zeremonien, von der Verleihung von Rangabzeichen und Insignien, von Ritualen der Ehrungen und Entehrungen, sagen sie uns auch wirklich das, worauf es ankommt? Nach meiner Ansicht geht es um folgendes: Die Berichte zeigen, daß die Debatte über das Wesen des Adels und das Urteil, das der Tugend gegenüber der Abstammung bei der Definition seines innersten Kerns den Vorzug gab, nicht nur eine virtuose literarische Fingerübung war. Vielmehr das Gegenteil: Debatte und Urteil standen in einer engen, relevanten Beziehung zu einem komplizierten System, das in der Praxis der sozialen Anerkennung von Tugend diente. Es war zugleich das Ziel des Systems, die exemplarische Rolle sichtbar zu machen, die die Theoretiker öffentlichen Ehren, Privilegien, Insignien zuschrieben. Die diesem System Ausdruck verleihenden Zeremonien und Rituale haben manches mit solchen Ritualen gemeinsam, die nach anthropologischen Erkenntnissen bei primitiven Völkern zur Aufrechterhaltung der gesellschaftlichen Hackordnung eingesetzt werden. In dieser ganz speziellen Hinsicht unterscheiden sie sich jedoch voneinander. Im Gegensatz zu primitiven Stammespraktiken war das System des Rittertums verknüpft mit einer durchdachten und hinreichend zusammenhängenden sozialen Ideologie, die ein hohes Maß an literarischem Ausdruck erreicht hatte. Sie verwendete die gleiche Art der Methoden, um Auszeichnung durch Geburt auf der einen Seite und Auszeichnung aufgrund kriegerischer Leistungen auf der anderen Seite zu kennzeichnen, denn die Beziehung zwischen beiden – die Autoren wie Jean de Meun, Bartolus und der Anonymus von *La vraye noblesse* ausführlich darlegten – wurde in vollem Umfang verstanden. Die feinen Abstufungen, die Rituale, der Symbolismus waren miteinander verbunden und untermauert von einer zugrundeliegenden sozialen Philosophie – oder wenn Philosophie ein zu großes Wort ist, von einer artikulierten sozialen Ideologie.

Gewiß, diese Ideologie hatte ihre Grenzen. Ihre Konzeption weltlicher Tugend drehte sich um Tapferkeit, Loyalität, Standhaftigkeit, Treue zum gegebenen Wort und konzentrierte sich allein auf das Kriegerische. Aber was anderes war von einer Gesellschaft zu erwarten, die die soziale Rolle der weltlichen Herrscherschicht nach Gesichtspunkten militärischer Funktion interpretierte – durchaus angemessene Maßstäbe in einer Zeit, wo Fähigkeit zu herrschen und die Fähigkeit, bei der Aufrechterhaltung rechtsgültiger Oberherrschaft auch Gewaltmittel einzusetzen in der Praxis fast das gleiche waren? Zum mindesten gaben ihre Ehrenrituale wie der mit einer Verpflichtung zur Tugend verbundene Ritterschlag der Adelsidee eine positive Dynamik, welche die von der Adels- und Ritterforschung so häufig betonten negativen Kräfte einer sozialen Exklusivität niemals hätten hervorbringen können. Die Vorstellung, daß Adel mit Tugend verknüpft sein müsse, modifizierte die Starrheit einer schichtspezifischen Exklusivität und bewirkte, daß ein gewisses Maß an sozialer Mobilität anerkannt wurde.

Die ritterlichen Ehrenrituale trugen außerdem dazu bei, die Verbindung des Rittertums mit der Religion zu sichern, mit einem Bereich, den die mittelalterliche christliche Gesellschaft als Quelle der Gnade und der Tugend betrachtete. Wenn wir hören, daß der Knappe John Ryther in Preußen zurückblieb, um die Einsetzung einer Glasscheibe mit dem Wappen seines Herrn Geoffrey Le Scope in ein Fenster der Kirche zu Königsberg zu überwachen, wenn wir lesen, daß der Prior von Marton den Wappenrock, den Sir Alexander Neville in der Schlacht von Halidon Hill[55] trug, in seinem Klosterschatz aufbewahrte, wenn wir die Chorstühle der Hosenbandritter in der St. George's Chapel zu Windsor oder die der Schwanenritter in der Kirche zu Ansbach betrachten, mit der heraldischen Darstellung all ihrer Taten, dann erkennen wir erneut die Rolle der kleinen und großen Kirchen des christlichen Europa als Mausoleen des Rittertums, als letzte Ruhestätte ihrer Insignien und Gedenkstätte ihrer Ehre. Dort, in Stein, Glas und Wappenschilden, lehrten sie ihre letzte Lektion: daß der zum Waffenhandwerk Geborene seine Seele retten kann durch eine ehrenvolle Ausübung seines Amtes und daß dies seine Pflicht sei – nicht nur gegenüber seinen Vorfahren und Nachkommen, sondern auch gegenüber seinem Gott –, danach mit allen Kräften zu streben. Das ist die stumme Botschaft solcher Gedenkstücke, und das ist der Grund dafür, warum die heraldischen Autoren so peinlich genau Wert darauf legen, auf welche Weise das Abbild eines Ritters auf seinem Grabmal zum Ausdruck bringen soll, wie er sich in Waffen aufgeführt hat, denn – nach den Worten Jean de Bueils »wir armen Soldaten werden unsere Seele genauso im Waffendienst retten als führten wir ein Leben in Kontemplation von einem Gericht aus Wurzeln.«[56] Die Tugend eines Soldaten war nicht die eines Priesters, es war aber immerhin Tugend – und die Erinnerung daran hielten Ritterschaft und Adel in Kontakt mit Worten, die von den Menschen als ewig respektiert wurden.

10. KAPITEL

Die weltlichen Ritterorden

DER EHRENTISCH DER Deutschen Ordensritter hatte mehrere Funktionen. Er ermutigte zu herausragenden kriegerischen Taten und verlieh solchen Leistungen zugleich feierlichen Ausdruck. Es war eine Anspielung auf das Ideal ritterlicher Tapferkeit und das Ideal des Fahrenden Ritters, ein Ideal, das somit bis zu einem gewissen Grad für konkrete Zwecke ausgenutzt wurde. Außerdem befriedigte der Ehrentisch das Bedürfnis der ritterlichen Gesellschaft nach einem Maßstab für die formale Anerkennung seiner hochgesteckten Ambitionen. Eben dies läßt sich auch von den zahlreichen Ritterorden und Ritterbruderschaften sagen, die im Laufe des 14. und 15. Jahrhunderts gegründet wurden. Ihre große Zahl bezeugt ihre Bedeutung, und ihre stetige Vermehrung gilt als eine der bemerkenswertesten Entwicklungen des spätmittelalterlichen Ritterwesens. Unsere Kenntnis über solche ritterlichen Vereinigungen ist lückenhaft: Einige sind sehr bekannt geworden und haben aussagekräftiges Quellenmaterial hinterlassen, einige waren nur von kurzer Lebensdauer und sind zum Teil nur über ihre Statuten faßbar, von anderen wissen wir überhaupt nur aufgrund beiläufiger Erwähnungen. Unter allen ragen besonders die fürstlichen Gründungen heraus, die meist durch Zeremoniell und schmuckvolle Kleiderordnungen auffallen. Der älteste dieser fürstlichen Ritterorden scheint der von Alfons XI. von Kastilien um 1330 gegründete Orden von der Schärpe gewesen zu sein. Der auf Eduard III. zurückgehende Hosenbandorden (Order of the Garter) von 1348 ist die nächste bedeutende Gründung, darauf folgen 1351 die Sternenorden König Johanns von Frankreich, 1352 der Knotenorden Ludwigs von Neapel,

1355 der Orden von der Goldenen Gürtelschnalle Kaiser Karls IV., 1359 der Schwertorden des Königs von Zypern und 1363 der Halsbandorden (Annunziatenorden) des Grafen von Savoyen. Zu den wichtigeren Gründungen des nächsten Jahrhunderts zählen der Drachenorden Kaiser Sigismunds (1413?), der Orden vom Goldenen Vlies (l'Ordre de la Toison d'Or) Philipps des Guten (1431), der Schwanenorden des Herzogs Albrecht Achilles von Brandenburg (1444), der Halbmondorden Renés von Anjou (1448) und der St. Michaelsorden Ludwigs XI. von Frankreich (1469).[1] Dies sind nur einige wenige der bekannteren Orden. Weit weniger wissen wir von den Vereinigungen der niederen Ritterschaft, die mit Sicherheit recht zahlreich waren, deren Geschichte jedoch vergleichsweise schlecht dokumentiert ist. Ihre Namen verraten den Bezug zu den angesehenen fürstlichen Orden. Zu nennen sind beispielsweise die Rittergesellschaft vom Schwarzen Schwan in Savoyen (1352), der Falkenorden, gegründet 1380 vom Vicomte de Thouars, der Orden vom Goldenen Apfel, gegründet um 1390 durch den Seigneur de Listenois, die Bruderschaft vom Heiligen Georg in der Franche Comté, gegründet 1430 von Philibert de Molans. Die meines Wissens älteste ritterliche Vereinigung (gegründet 1330) nannte sich, mit einem feinsinnigen Zug von Selbstironie, Narrenorden.[2] Rittergesellschaften schossen gerade in Deutschland mit besonderer Macht aus dem Boden. Hier begegnen 1362 die Gesellschaft oder Bruderschaft vom Martinvogel, in den 1380er Jahren die Gesellschaft vom Löwen und vom Heiligen Wilhelm, 1391 die Gesellschaft von der Sichel und 1406 hören wir zum erstenmal von der Gesellschaft vom Sankt Jörgenschild, die Berühmtheit erlangte. Aufgrund besonderer lokaler Gegebenheiten spielten diese deutschen Rittergesellschaften eine wichtige Rolle im sozialen und politischen Leben und hatten einen mit den großen fürstlichen Orden vergleichbaren Einfluß, wenn auch auf unterschiedliche Weise.

Es ist nur natürlich, zwischen diesen spätmittelalterlichen Ritterorden und den Kreuzfahrerorden – den Templern, Johannitern und den Spanischen Orden – eine Verbindung herzustellen. Gerade die spanischen Kreuzfahrerorden blühten auch noch im Spätmittelalter und waren in die weltliche Politik der spanischen Königreiche eingebunden. Aber obwohl es offensichtlich einige allgemeine Übereinstimmungen gibt (etwa zwischen den Regeln der Templer und den Statuten des Goldenen-Vlies-Ordens),[3] erweisen sich bei einer genaueren Untersuchung dieser beiden Typen ritterlicher Zusammenschlüsse solche Beziehungen als ziemlich schwach. Die Kreuzfahrerorden zeichneten sich durch ihre Hingabe an den Heiligen Krieg aus, durch ein asketisches Armutsgelübde und das Gelübde des Gehorsams und der Keuschheit (allein die Regeln des spanischen Santiago-Ordens erlaubten es den Brüdern, verheiratet zu sein). Zudem unterwarfen sie sich der kirchlichen Gerichtsbarkeit. Im Gegensatz dazu war der Heilige Krieg niemals die einzige und selten die vornehmliche Zielsetzung der weltlichen Ritterorden und Bruderschaften: Ihre Mitglieder gehörten dem weltlichen Adel an und führten weiterhin ein normales weltlich geprägtes Leben. Mit Ausnahme des rein religiösen Bereichs unterstanden sie zudem der weltlichen und nicht der kirchlichen Obrigkeit. Es ist nicht auszuschließen, daß das Beispiel der spanischen Kreuzfahrerorden (insbesondere des Santiago-Ordens) den Anstoß zur Gründung des Ordens von der Schärpe (Orden de la Banda) durch König Alfons gaben – und diese Gründung wiederum kann König Eduard III. zur Einrichtung des Hosenbandordens inspiriert haben.[4] Allerdings scheint es sich dabei nicht um die entscheidenden Anstöße gehandelt zu haben. Wie wir sehen werden, schien Eduard ein ganz anderes Vorbild im Sinn gehabt zu haben. Suchen wir nach den Ursprüngen, dann sind wohl eher Turniergesellschaften, wie die »Tafelrunde« des Ulrich von Lichtenstein, die Prototypen und kaum die Kreuzfahrerorden – zuverlässige Auskünfte darüber sind jedoch selten. Wenn etwas Wahres daran ist, dann sieht die in den 1290er Jahren durch den Grafen von Holland vorgenommene Gründung einer Turniergesellschaft mit den Insignien einer Muschel am Gewandkragen ganz nach einer Vorläuferin der großen säkularen Orden des 14. Jahrhunderts aus.[5] Unter diesen trug der kastilische Orden von der Schärpe spezifische Züge einer Turniergesellschaft, die sich auch in den Statuten niederschlugen. Neuerdings wurde die Ansicht geäußert, daß die ursprüngliche Sitzordnung der Brüder vom Hosenbandorden in der St. Georgs-Kapelle zu Windsor, mit Gestühlreihen auf der Seite des Königs und der Seite des Kronprinzen, das Abbild zweier gleichgroßer Turnierscharen gewesen sei.[6] Von ihrer Verfassungsstruktur her stehen die ritterlichen Orden und Rittergesellschaften nicht mit den Kreuzfahrerorden in Verbindung, sondern eher mit den Laienbruderschaften, die besonders zahlreich zu Beginn des 13. Jahrhunderts entstanden. Diese Vereinigungen hatten sehr unterschiedliche Ziele, den meisten war aber ein frommes oder karitatives Element eigen. Beachtung religiöser Gebote (insbesondere Vorkehrungen für Bestattungen und Seelenmessen), Erziehung und die Alten- und Krankenfürsorge gehörten zu ihren üblichen Aufgaben. Die Handwerkergilden gehörten demselben Institutionstypus an, ihre Hauptzielsetzung betraf indessen die Regulierung der Produktion und des Handels. Schon recht früh hören wir von Bruderschaften, die sich mit der Organisation von Kreuzzügen befaßten, indem sie für Finanzierung und Rekrutierungen sorgten. Einige guelfische Bruderschaften in Italien zählten auch militärische Aktivitäten zu ihren Aufgaben.[7] Der erste Beleg einer Ritterbruderschaft im eigentlichen Sinne erscheint in einem Kanon des Konzils von Avignon aus dem Jahre 1326, in dem in aller Schärfe von Unruhen die Rede ist, verursacht von Adeligen, die sich mit Eiden zusammengeschlossen hätten:»...mit dem Namen ›Bruderschaft‹ und die sich einmal im Jahr an einem bestimmten Ort treffen, wo sie ihre Kapitel und Konventikel halten und gemeinsam schwören, sich in allen Dingen mit Hilfe, Rat und Unterstützung gegen alles und jeden beizustehen, ausgenommen gegen ihre eigenen Herren, und alle kleiden sich mit den gleichen Gewändern und besonderen Abzeichen und Kennzeichen und sie wählen einen Obersten, dem sie alle Gehorsam schwören.«[8] Dies ist eine ausgezeichnete Kurzbeschreibung der Ritterbruderschaft, die bald zu einer vertrauten Erscheinung werden sollte.

Die allgemeinen Merkmale einer Laienbruderschaft waren zunächst ein Corpus von Statuten, die die Aufnahme in die Gesellschaft regelten; die Durchführung ihrer Zusammenkünfte oder »Kapitel« und die Art der Bestallung, die Kompetenzen und Pflichten ihrer obersten Amtsträger. Meist unterstellten sich die Gesellschaften einem Schutzheiligen, wobei die Statuten auch die gemeinsame Meßfeier am Namenstag des Heiligen regelten. Zahlreiche Bruderschaften stifteten eigene Kirchen oder Kapellen in den lokalen Kirchen und gewöhnlich wurden Messen für das Seelenheil verstorbener Mitbrüder gelesen. Auf den Kapiteln oder Zusammenkünften konnte die Führung der Gesellschaft oder das Verhalten einzelner Mitglieder beurteilt werden, Bruch der Regeln wurde bestraft und Streitigkeiten zwischen Mitgliedern konnten durch ein Schiedsgericht beigelegt werden. Die weltlichen Ritterorden stimmen in jedem einzelnen Punkt mit diesen Organisationsstrukturen überein: Sie besaßen ihre eigenen Statuten, die peinlich genau die Aufnahme neuer Mitglieder regelten, die Pflichten der Ordensgenossen gegenüber dem Orden, den Ordensoberen und gegenüber den anderen Mitgliedern, und die Strafen beim Bruch der Statuten festsetzten. In der Regel schloß man sich dem Kult eines bestimmten Heiligen oder einem bestimmten kirchlichen Festtag an: Der Hosenbandorden etwa weihte sich dem Heiligen Georg, der Halbmondorden dem Heiligen Mauritius, der Knotenorden dem Heiligen Geist, der Martinvogel Johannes dem Täufer. Viele verfügten über eigene Kapellen. So besaß etwa der Hosenbandorden eine St. Georgs-Kapelle in Windsor oder der Sternenorden eine Liebfrauenkapelle am königlichen Hofgut zu St. Ouen bei Paris, auch der Schwanenorden hatte eine Kapelle in der Stadtkirche zu Ansbach. Die meisten Orden legten in ihren Statuten regelmäßige Kapitelsitzungen fest und regelten auch die Seelenmessen für ihre verstorbenen Ordensbrüder. Rechtlich und konstitutionell gesehen sind Laienbruderschaften und weltliche Ritterorden voll und ganz vergleichbar.

Statuten und regelmäßige Zusammenkünfte waren wichtige Erkennungsmerkmale eines ritterlichen Ordens. Das betont Olivier de la Marche in einer häufig zitierten Passage mit Nachdruck und verweist im weiteren darauf, welche Konfusion entstehen kann, wenn dieser Punkt nicht beachtet wird. Wenn ein Fürst, so belehrte er Philipp den Schönen, an eine Gruppe von Adeligen seine Devisen (Abzeichen mit dem fürstlichen Wappen) ohne Einschränkung austeilt und ohne für diese Gruppe Statuten aufzustellen,

> ...dann sollte dies nicht ein Orden, sondern nur eine »Devise« genannt werden. Die Könige von England haben ihren Hosenbandorden... aber neben diesem Orden haben sie eine Devise, die sie Rittern, Damen, Jungfrauen und Knappen geben, und diese Devise, manchmal eine rote Rose, manchmal eine weiße Rose, wird ohne Beschränkung an Zahl vielen Personen übergeben und sollte als »Devise« bezeichnet werden. – Herzog Karl von Orléans hatte eine Devise, le camail (»die Halsberge«), von der ein Stachelschwein herabhing, und sie wurde von vielen edlen Männern getragen, von Rittern und Knappen, aber weder war ihre Anzahl begrenzt, noch hielten sie Zusammenkünfte ab und – so meine ich – handelte es sich um eine »Devise«, nicht um einen Orden.[9]

Olivier fährt fort: Eine Gesellschaft mit Statuten und Kapitelsitzungen aber ohne Begrenzung ihrer Mitgliederzahl, sollte eher Gesellschaft und nicht Orden genannt werden. Die ihn beschäftigenden Probleme liegen auf der Hand: einerseits lag ihm daran, einige hochrangige Gemeinschaften von anderen Gesellschaften zu unterscheiden, wie etwa den Hosenbandorden und insbesondere das Goldene Vlies, um für sie die Bezeichnung »Orden« zu reservieren. Andererseits wollte er eine Unterscheidung treffen zwischen den Insignien der Orden und Rittergesellschaften und den seiner Ansicht nach einfachen Gefolgschaftsabzeichen, äußere Zeichen eines besonderen Loyalitätsbandes, mit dem die Gefolgsleute eines bestimmten Herrn quasi als »Familia« verknüpft waren. Besondere Abzeichen und Halskragen (»Halsberge«), genauso wie Livreefarben, wurden im ausgehenden Mittelalter recht populär, und solche Halskragen wie der camail von Orléans wurden bisweilen auch als Orden angesehen.[10] Eine solche lockere Handhabung wurde durch das Verhalten mancher Fürsten noch gefördert. Die Könige von Zypern vergaben ihren Schwertorden freimütig auch an Freunde, die damit eine Art Ehrenmitgliedschaft des Ordens erwarben, jedoch nicht an die Statuten gebunden waren und auch nicht zu den Kapiteln erschienen. Genauso verfuhren die Könige von Aragón mit ihrem Kannenorden: Sie verliehen das Ordensabzeichen (eine goldene Kanne mit drei Blumen) als Ehren- und Gunstbezeugungen an Besucher ihres Landes und ihres Hofes ohne irgendwelche Einschränkungen.[11] Solche Praktiken verwischten natürlich die Unterscheidungsmerkmale, um die es Olivier de La Marche ging, und konnten leicht mit der Verteilung von Livréefarben und Livréeabzeichen verwechselt werden (die man auch bisweilen Freunden als Zeichen der Ehre und Freundschaft aushändigte). Die grundsätzliche Bedeutung beider Arten von Insignien war durchaus verschieden. Die SS-Kragen, die Johannes von Gaunt seinen Lehnsleuten gab, und der *camail* des Herzogs von Orléans für seine Leute waren Abzeichen für eine Klientel, zwar mit einer ritterlichen Färbung, im Grunde aber Embleme der Allianz und Lehnspflicht.[12] Die Abzeichen, die beispielsweise auf der Namenstafel von Ulrich Ketzel im großen illustrierten Stammbaum der Nürnberger Familie Ketzel erscheinen, haben dagegen eine ganz andere Bedeutung. Hier sind versammelt: das Schwert von Zypern, Pelzkragen und Kanne von Aragón, der Drache von Ungarn, die Glocke als Emblem der St. Anton-Bruderschaft im Hennegau, die Jerusalemkreuze und das Rad der Heiligen Katharina.[13] Dabei handelt es sich nicht um Zeugnisse für die Mitgliedschaft in einer Klientel, sondern für Fahrendes Rittertum und Pilgerfahrt, in deren Verlauf Ulrich in vielen Ländern Kriegsdienste leistete, die Heiligen Stätten und das Kloster auf dem Berg Sinai besuchte. Es ist der stolze Hinweis auf ritterliche Leistungen. Gewiß geriet man leicht in Verwirrung, wollte man einen »Orden«, eine »Gesellschaft« oder eine »Devise« voneinander unterscheiden – genauso gewiß ist, daß Differenzierungen notwendig waren.

Selbst wenn man solche Gefolgschaften, die Olivier de la Marche »Devisen« nannte und andere lose Formen ritterlicher Zusammenschlüsse beiseite läßt, bleibt doch unter den spätmittelalterlichen ritterlichen Orden und Gesellschaften eine bedeutende Vielfalt hinsichtlich des Ansehens, der Funktion und der Hauptaufgaben. Der vielleicht beste Vorschlag für eine Klassifikation wurde kürzlich von J. D'Arcy Boulton vorgelegt.[14] Er unterscheidet drei Arten von Zusammenschlüssen: Hoforden, Gelübdeorden und Rittergesellschaften. Nach seiner Definition haben »Hoforden« Statuten und regelmäßige Kapitelsitzungen, unterliegen aber der Souveränität eines fürstlichen Gründers und seiner Nachfolger aus derselben Linie. Das wichtigste Anliegen eines »Gelübdeordens« war die Erfüllung eines bestimmten Gelübdes, meist, eine bestimmte Tat oder Waffentat auszuführen. Solche Orden bestanden von ihrer Anlage her nur für eine gewisse Zeit und hatten einiges mit Turniergesellschaften gemeinsam, weil ihre Gelübde häufig Taten betrafen, die nur innerhalb der Turnierschranken vollbracht werden konnten. Die zeitlich begrenzten Gelübdeorden und die permanenten Turniergesellschaften verfügten beide über Statuten, und hielten regelmäßige Zusammenkünfte ab. Als einfache »Rittergesellschaften« definiert D'Arcy Boulton solche ritterlichen Zusammenschlüsse, die Statuten hatten, Kapitel abhielten und gemeinsame Abzeichen verwendeten, ihre Oberen aber durch Wahl bestimmten (und somit keinen Souverän *ex officio* hatten wie die Hoforden). In diesem Klassifizierungsschema gibt es einige schwache Stellen (so degradiert es beispielsweise den Orden vom Halbmond zu einer einfachen Rittergesellschaft, obwohl er in allem einem Hoforden entspricht, außer daß der Oberste des Ordens, der »Senator«, gewählt wurde).[15] Dennoch ist dieses Schema möglicherweise das beste, das zur Zeit vorliegt. Vor allem hat es einen entscheidenden Vorteil: es berücksichtigt die Absichten, die den Gründungen verschiedener Ordenstypen zugrunde lagen. Diese Frage soll uns als nächstes beschäftigen, dabei wird uns Boultons Schema als Orientierung dienen.

Wie die Statuten und die Geschichte der einzelnen Hoforden zeigen, war ihre Gründung von einem engen Zusammenspiel zwischen Politik, Propaganda und Diplomatie bestimmt. Es steht außer Frage, daß einer der Hauptgründe für die Einsetzung des Hosen-

bandordens Eduards III. in der Verherrlichung des Krieges zu suchen ist, den er gegen den König von Frankreich führte. Der Krieg
sollte im Glanze eines großen Abenteuers erscheinen, das eine edle
und kühne Gemeinschaft von Rittern im Kampf gegen einen Feind
einzugehen bereit war, der dem König sein rechtmäßiges Erbe un-
rechtmäßig vorenthielt. Die späteren Chronikberichte über die feierliche Aufnahme Kaiser Sigismunds in diesen Orden durch Heinrich V., als er sich um ein Bündnis mit dem Kaiser gegen die Franzosen bemühte, illustriert, auf welche Weise die Anbindung an einen
großen Hoforden im diplomatischen Bereich eingesetzt werden
konnte.[16] Die überschwenglichen Berichte der englischen Gesandten am Konzil von Konstanz einige Zeit später, daß der Kaiser immer noch das Ordensabzeichen trüge, zeigt, wie sehr man einen solchen Umstand als Zeichen freundschaftlicher diplomatischer Beziehungen wertete.[17] Ganz ähnliche diplomatische Erwägungen sind
hinter einer Klausel in den Statuten des burgundischen Ordens vom
Goldenen Vlies zu erkennen, nach der es allen Mitgliedern verboten
war, in den Orden eines anderen Souveräns einzutreten. In diesem
Falle ging es darum, jeden Versuch zu unterbinden, Herzog Philipp
mehr als es ihm lieb sein konnte durch ein Angebot des Ordens vom
Hosenband der englischen Sache zu verpflichten.[18] Philipps Gründung des großen burgundischen Ordens verfolgte natürlich noch
andere, wesentlich politischere Ziele. Wichtig war zunächst, eine
Elitegruppe unter dem Adel seiner verschiedenen Provinzen zusam-
menzuführen – Provinzen, die er durch eine Reihe geschickt ausge-
handelter dynastischer Heiraten und durch glückliche Erbschaften
unter seine Herrschaft gebracht hatte, in denen es aber keineswegs
eine umfassende Tradition der Treue und Loyalität gegenüber einem gemeinsamen Souverän gab.[19] Aus vergleichbaren Gründen
wurden eine Reihe neapolitanischer Adliger 1458/59 in den Halbmondorden aufgenommen, als René von Anjou einen erneuten Versuch machte, seinen Ansprüchen auf das Königreich Neapel Geltung zu verschaffen.[20] Genauso sah Peter von Zypern in seinem
Schwertorden eine Möglichkeit, das Prestige seiner Kreuzzugspro-

jekte zu erhöhen und damit bewaffnete Pilger aus fremden Expeditionen heranzuziehen.[21] Als hochangesehene Institutionen waren die Hoforden durchaus in der Lage, den Konzepten der Loyalität und Allianz – Schlüsselbegriffe spätmittelalterlicher Politik und Staatskunst – sichtbaren und nachhaltigen Ausdruck zu verleihen. Wie nicht anders zu erwarten, wird in den Statuten aller Hoforden höchster Wert auf die Pflichten des Ordensmitglieds gegenüber seinem Oberen oder Souverän gelegt. So etwa in der Regel des Goldenen Vlieses, daß sich ein künftiges Ordensmitglied bei seinem Eintritt von allen anderen Orden lossagen muß, deren Statuten ihn in einen Loyalitätskonflikt bringen könnten. In den Tagen Karls des Kühnen spielte das Ordenskapitel eine aktive Rolle für die Bewahrung einer loyalen Haltung des burgundischen Adels: Durch die Maßnahmen des Kapitels wurde beispielsweise Henrik von Borselen gezwungen, von seinen Pensionen und Ämtern zurückzutreten, die er von Ludwig XI. empfangen hatte.[22] Von den Mitgliedern fast aller Orden wurde erwartet, daß sie die Ordensinsignien zurückgaben, wenn persönliche oder von außen kommende Verpflichtungen mit der Loyalität zu dem Stifter der Insignien im Widerstreit lagen. Es ist ein eloquenter Brief eines François de Surienne von 1450 überliefert, in dem dieser erklärt, warum er das Hosenband an den König von England zurückgibt.[23] Der Tenor des Loyalitätsthemas in den Statuten fürstlicher Orden erscheint in aller Beredsamkeit in der Präambel der Statuten des kastilischen Schärpenordens: Zwei Dinge, so wird darin erklärt, waren ausschlaggebend für die Gründung des Ordens: Ritterlichkeit zu ehren und Vasallentreue zu bewahren. Denn Treue, so heißt es weiter, »ist eine der größten Tugenden, die eine Person haben kann und vornehmlich ein Ritter. Wir sollten ihm auf vielerlei Weise die Bekundung von Treue ermöglichen. Es gibt aber zwei Hauptwege dazu: einmal der Treuebeweis gegenüber seinem Herrn, zum anderen die Frau zu lieben, in die er sein Herz gelegt hat.«[24] Der Appell an die Moral höfischer Liebe bildet so einen maßgeblichen Hintergrund für die primäre Loyalität gegenüber dem König, die von den Statuten auferlegt wurde. Die allgemeinen Bemerkungen der Präambel wurden von den Statuten konkretisiert: Der Ordensgenosse mußte zu jeder Zeit bereit sein, dem König Kriegsdienste zu leisten und er mußte für immer des Königs oder seiner Söhne Vasall bleiben. Eine weitere, diesem und anderen Orden gemeinsame Regel verpflichtete die Ordensgenossen, die Ordensabzeichen wenigstens an einem Tag der Woche zu tragen, damit die Ernsthaftigkeit dieser Verpflichtungen nicht in Vergessenheit gerate.

*

Eine andere Bestimmung in den Statuten des kastilischen Schärpenordens hatte eine etwas andere Bedeutung. Sie besagte, daß ein neu aufgenommenes Ordensmitglied auf dem nächstfolgenden Turnier je einen Kampf gegen zwei Mitgenossen ausfechten muß.[25] Dies und die Betonung der höfischen Liebesethik in den Statuten weist auf das Interesse an Bereichen des ritterlichen Lebens hin, die abseits der ernsthaften Kriegs- und Politikgeschäfte liegen: Es sind die Aspekte Sport und Spiel. Dies sind die Hauptanliegen der von D'Arcy Boulton so genannten »Gelübdeorden«. Zwei besonders hervorstechende Orden dieses Typs waren Marschall Boucicauts Orden von der *Dame blanche à l'Escu Vert*« (»Orden von der Weißen Dame mit dem grünen Schild«) und Jakobs von Bourbon Orden vom *Fer de Prisonnier* (»Gefangeneneisen«).[26] Die Ehre der Frauen zu schützen war das Hauptanliegen des ersten dieser beiden Orden, dessen Mitglieder die Verpflichtung eingingen, sich fünf Jahre lang dem Dienst insbesondere schutzloser und mittelloser Frauen zu widmen. Ein weiteres Anliegen war, Rittern und Adligen, die sich eidlich zu bestimmten Waffentaten verpflichtet hatten und keine Opponenten finden konnten, Gelegenheit zu bieten, sich dieses Gelübdes zu entledigen und auf Zweikampfforderungen einzugehen. Dem Orden Jakobs von Bourbon ging es mehr darum, besondere Waffentaten auf dem Turnierplatz zu vollbringen. Die sechzehn hochrangigen Adelsherren, die den Orden bildeten, verpflichteten

283

sich mit einem gemeinsamen Eid, daß jeder von ihnen zwei Jahre lang an Sonntagen ein bestimmtes Abzeichen – die in Gold gewirkten Eisen und Ketten eines Gefangenen – tragen wollen, bis sie sechzehn andere Adelsherren gefunden hätten, die ihre Herausforderung zu einem Zweikampf zu Fuß mit scharfen Waffen und einem Harnisch ihrer Wahl annehmen würden, unter der Bedingung, sich im Falle einer Niederlage in Gefangenschaft zu begeben. Das war indessen noch nicht alles. Sie schworen außerdem, eine Marienkapelle zu stiften und vor dem Gnadenbild eine Kerze in einem den Hals- und Fußeisen eines Gefangenen nachgebildeten Kerzenhalter zu entzünden, die zwei Jahre ununterbrochen brennen soll. Weiterhin stifteten sie zwei jeden Tag um neun Uhr vor dem Marienbild zu haltende Messen. Wenn sie das Gelübde erfüllt hätten, würden sie die Messen als dauerhafte Einrichtung stiften und in der Kapelle ihre Wappenschilde zur Erinnerung an ihre Unternehmung aufhängen. Sollte einer der Ordensmitglieder innerhalb des gegebenen Zeitraums sterben, würden die anderen für ihn eine Messe in der Ordenskapelle lesen lassen und jeder von ihnen würde siebzehn Messen für den Seelenfrieden des Verstorbenen stiften. Nach einmütigem Beschluß sollte dann ein Nachfolger für ihn gewählt werden. Zusätzlich zu all dem gelobten Bourbon und seine Ordensgenossen, sich für diese beiden Jahre in brüderlicher Freundschaft beizustehen und dem anderen bei der Erfüllung seines Gelübdes zu helfen. Bei der für den Orden vorgesehenen kurzen Lebensdauer stand doch mehr auf seinem Programm als die Durchführung extravaganter Zweikämpfe. Die Stiftung einer Kapelle, die Sorge für Seelenmessen, die öffentlich ausgehängten Wappen, die versprochene brüderliche Hilfeleistung – all das sind Elemente, die auch in den Statuten wesentlich wichtigerer Orden als dem *Fer de Prisonnier* vorkommen, etwa in den Orden vom Hosenband, vom Stern, vom Goldenen Vlies und in vielen anderen Hoforden.

Bourbons Orden könnte ohne weiteres als Turniergesellschaft bezeichnet werden. Wie wichtig und einflußreich solche Gesellschaften sein konnten, erweist sich am Beispiel der Turniergesellschaften, die im 14. und 15. Jahrhundert in Deutschland in große Mode kamen. Viele erlangten Berühmtheit, wie die Bruderschaft vom Einhorn in Thüringen, oder zum Falken und Fisch in Schwaben.[27] Sie waren nicht nur kurzzeitige Orden wie der *Fer de Prisonnier*, sondern auf lange Dauer angelegt. Die Pflichten der Ordensmitglieder waren sorgfältig in detaillierten Statuten niedergelegt. Jede Bruderschaft oder »Gesellschaft« hatte ihre Oberen, ihre »Könige« oder »Vögte«, die den Vorsitz bei ihren großen Hof- und Turnierversammlungen führten. Am Ende eines Turniers wurde ein neuer »König« gewählt, der bis zum nächsten »Hoftag« regierte. Ausschließlich Leute aus makellosem Adel konnten Mitglieder der Turniergesellschaften werden: Raubritter, Exkommunizierte und Frauenschänder waren ausgeschlossen – und solche, die sich durch eine nicht standesgemäße Heirat erniedrigt hatten. Ein des unehrenhaften und unloyalen Verhaltens bezichtigtes Mitglied zitierte man vor den »König« und seine Räte. Konnte er sich nicht von den Anschuldigungen reinigen, wurde er aus der Gesellschaft ausgeschlossen. Jeder Genosse, der von der Ehrenkränkung eines Mitgenossen (ein formaler Akt zumeist und möglicher Beginn eines Rechtsstreits oder einer Fehde) Kenntnis erhielt, war verpflichtet, diesem bei der Abwehr der Anklage beizustehen. Auch waren in den Statuten Seelenmessen für verstorbene Mitglieder vorgesehen.[28] Die Turniergesellschaften hatten eigene Embleme, die meist an einem Halsband getragen wurden, wie beispielsweise auch das Goldene Vlies. Grunenberg führt in seinem großen Wappenbuch aus den 1480er Jahren die »Abzeichen« von zwölf der berühmtesten Turniergesellschaften ab.[29] Aufgrund ihrer stabilen Struktur und Führung und ihren sorgfältig aufgezeichneten Statuten, konnten diese aristokratischen Zusammenschlüsse weitreichende Einflüsse auf vielerlei Gebieten ausüben, auch wenn eigentlich nur das Spiel Gegenstand ihres Interesses war.

*

Die Verfassung der deutschen »Rittergesellschaften«, die D'Arcy Boultons dritter Kategorie – einfache ritterliche Vereinigungen – entsprechen, ähneln den Turniergesellschaften, und viele deutsche Adlige waren Mitglieder in beiden Arten aristokratischer Zusammenschlüsse. Ein Problem nahm in ihren Statuten den gleichen breiten Raum ein wie in den Paragraphen der Turniergesellschaften: die Pflichten eines Gesellschaftsmitglieds im Falle der Ehrverletzung eines Mitgenossen. Eine solche Angelegenheit sollte den Oberen übergeben werden, um dem Beschuldigten Gelegenheit zur Erwiderung zu geben und ihn eventuell zu nötigen, Genugtuung zu leisten, oder die Rittergesellschaft unterstützte ihn gemeinsam vor Gericht oder in der Fehde.[30] Streitigkeiten zwischen den Mitgliedern der Gesellschaft konnten natürlich auch vor den Oberen beigelegt werden. Solche Gesellschaften waren somit im Grunde genommen auf Freundschaft und Loyalität eingeschworene Ritterbünde »gegen alle gegenwärtigen und zukünftigen Herren außer unserem eigenen Herrn über die Länder, die wir für ihn halten«, wie es in den Statuten des Martinvogel heißt.[31] Die Mitglieder waren verpflichtet, sich in Krieg und Fehde zu helfen, in manchen Fällen auch mit eigenen Lösegeldzahlungen, oder wenn jemand in einem Turnier verletzt wurde, mit Sachgütern oder mit persönlicher Hilfeleistung.[32] Die Statuten sahen auch regelmäßig Kapitelsitzungen an bestimmten kirchlichen Festtagen vor, auf denen das Oberhaupt der Gesellschaft, ihr »Hauptmann«, ihr Marschall und ihre Räte gewählt wurden. Das Kapitel des Martinvogel trat beispielsweise in Stockheim am Johannistag zusammen, das Kapitel der Sichelgesellschaft zweimal jährlich in Minden am Sonntag vor Palmsonntag und am Sonntag vor Michaeli.[33] Diese deutschen Rittergesellschaften waren indessen keineswegs dauerhafte Institutionen. Wie die Gelübdeorden, traten sie nur für eine bestimmte Periode zusammen, an deren Ende der Orden erneuert werden konnte und auch häufig erneuert wurde. Die lange Lebensdauer eines der größten dieser Gesellschaften, der Gesellschaft vom St. Jörgenschild, erklärt sich aus einer ganzen Serie von Erneuerungen alter Bindungen, die der Gesellschaft im Laufe des 15. Jahrhunderts einen semi-permanenten Status gaben, mit einer eigenen Kanzlei und einem mächtigen politischen Einfluß.[34]

Für Macht und Einfluß der deutschen Rittergesellschaften sind besondere lokale Bedingungen verantwortlich. Speziell in Süddeutschland, wo ritterliche Vereinigungen besonders zahlreich waren, hatte der Niedergang kaiserlicher Macht nach dem Fall der Staufer ein politisches Machtvakuum geschaffen. Freie Reichsstädte, wie etwa der Schwäbische Städtebund des 14. Jahrhunderts, kämpften um die Bewahrung ihrer Unabhängigkeit, während die landesfürstlichen Dynastien alles daransetzten, die Städte und den niederen Adel unter ihre Botmäßigkeit zu bringen. In dieser verworrenen Lage boten die Bruderschaften dem niederen Adel die Möglichkeit, ihren Besitz, ihre Privilegien und ihren Standesstolz unangefochten angesichts der Feindschaft der Städte und der Fürsten gleichermaßen zu bewahren. Durch das System einer ständischen Gerichtsbarkeit, die sich auf die Mitglieder der Rittergesellschaften erstreckte, ließ sich verhindern, daß die fürstlichen Autoritäten Streitigkeiten innerhalb der Ritterschaft zu ihren Gunsten ausnutzten. So stellten die Bruderschaften ein korporatives Sicherheitssystem dar, und gleichzeitig – durch ihre aristokratische Exklusivität, ihre Insignien, ihre feierlichen Kapitelversammlungen und durch die Betonung von Ehre und Fehderecht in den Statuten – stärkten sie das Vertrauen in die unsicher gewordene privilegierte Position des Adels.

Ritterliche Eidbruderschaften waren nicht allein ein deutsches Phänomen, obwohl sie nur im deutschen Bereich eine unabhängige Rolle von wirklicher politischer Bedeutung spielten, indem sie Bündnisse mit Fürsten und Reichsstädten eingingen oder gegen sie nach formeller Kriegserklärung zu Felde zogen. Auch anderswo treffen wir auf zahlreiche Ritterbruderschaften. Freilich, die Adelsbünde, die gegen Ende der Regierungszeit Philipps des Schönen und unter seinen Söhnen den Frieden in Frankreich zerstörten, hatten nicht die formale Struktur der deutschen Rittergesellschaften, ihre

Kapitelsitzungen, ihre Hierarchie gewählter Hauptleute und schon gar nicht ihre Insignien und waren somit kaum das wirkliche Gegenstück zu den deutschen Vereinigungen.[35] Sogar hinsichtlich des politischen Einflusses lassen sie sich nur schwer vergleichen, denn ohne Zweifel war in Frankreich die Unterwerfung des niederen Adels unter Krone und Fürsten weiter fortgeschritten als in Deutschland (wo die Erfahrungen der Kriege während des Investiturstreits den Ministerialen einzelner Herrschaften eine gründliche und frühe Übung in kollektivem Handeln verschafft hatten).[36] Hinsichtlich ihrer inneren Verfassung und Mentalität, die ihre Gründung anregten, hatten speziell die französischen Bruderschaften zur Zeit des Hundertjährigen Krieges, der in Frankreich über weite Strecken zu ganz ähnlichen Wirren führte wie im süddeutschen Raum, eine wesentlich engere Verwandtschaft mit deutschen Rittergesellschaften und mit den größeren Hoforden. Die gleichen Grundthemen dominieren im Falkenorden der Grafschaft Poitou, dem Orden vom Goldenen Apfel in der Auvergne wie auch im Martinvogel oder dem Sichelorden: gegenseitige Freundschaft, Bündnis gegen jede neue Herrschaft mit Ausnahme des Lehnsherrn und des eigenen Geschlechts, Schiedsgericht bei Streitigkeiten zwischen Ordensmitgliedern, Mitwirkung beim Aufbringen von Lösegeld für gefangene Ordensmitglieder, regelmäßige Zusammenkünfte und Wahl der Ordensleitung.[37] Es scheint, daß wir es bei der Errichtung von Ritterbruderschaften in Frankreich und Deutschland mit ähnlich gelagerten Beweggründen zu tun haben.

Allerdings sind die Beziehungen zwischen den Ritterbruderschaften Frankreichs und den französischsprachigen angrenzenden Gebieten (Savoyen, die Franche-Comté und Teile der Niederlande) und den fürstlichen Hoforden deutlicher als im Falle der deutschen Rittergesellschaften.[38] Ihren Mitgliedern ging es weitaus mehr darum, einiges von der Extravaganz dieser Vereinigungen mitzubekommen. Die Bruderschaft vom Heiligen Georg zu Rougemont in der Franche-Comté wurde um 1430 von Philibert de Morlans gegründet, einem Junker geringerer Herkunft, der nicht einmal die

Ritterwürde besaß. Gleichwohl war der Bruderschaft eine Seitenka-
pelle der Kirche von Rougemont zugeordnet, deren Unterhalt und
Gottesdienst von den Brüdern organisiert wurden. Am Georgstag
hatten sie ein Fest mit feierlicher Prozession, angetan mit den Insignien ihrer Bruderschaft. Für verstorbene Mitbrüder wurden Seelenmessen gelesen und ihre Wappen in der Kapelle aufgehängt.[39]
Die Statuten des Ordens vom Goldenen Apfel der Auvergne enthielten ähnliche Regelungen. So auch der Falkenorden, und diese Statuten sahen für die Wappenbilder der Ordensmitglieder bestimmte
Erweiterungen vor, um ehrenvolle Waffentaten zu honorieren: Beispielsweise wurden die Krallen des Falkenemblems vergoldet, wenn
jemand eine »Reise« mit den Rittern des Deutschen Ordens unternommen hatte oder auf seiten des Königs an einer Belagerung teilnahm oder einen Turniergegner im Einzelkampf besiegt hatte.[40]
Solche Regelungen haben unmittelbare Parallelen in den Statuten
der Hoforden, wie etwa des Hosenbandordens mit seiner Georgska-
pelle und seinen vielen Seelenmessen, des Halbmondordens mit seinen ausgefeilten Bestimmungen für die Wahl des »Senators« im Ka-
pitelgremium und seinen Festen und Prozessionen zur Mauritiuska-
pelle in der Kathedrale von Angers, oder des Habsburger Adleror-
dens mit seinen genauen Vorschriften zur Vermehrung des Ordens-
wappens. So beleuchten die Statuten der Bruderschaften in den
französischsprachigen Gebieten recht anschaulich die gemeinsamen Züge, die die zahlreichen Ritterkorporationen – die Hof- und
Gelübdeorden und Bruderschaften – verbinden und sich in ineinander übergreifenden Aufgabenstellungen und weitgespannten Tätigkeiten bei Anbetung, Sport, sozialen und politischen Aktivitäten
manifestieren.

*

Die bis jetzt erörterten Ziele der Rittergesellschaften hatten meist einen recht konkreten Zuschnitt: die Rekrutierung und Konsolidie-
rung einer loyalen politischen Anhängerschaft, die Suche nach diplomatischen Bündnissen und Vorteilen, die Bewahrung eines

rechtlich und sozial privilegierten Status, die Förderung solcher Aktivitäten wie des Turniers, die deutliche Züge der Exklusivität einer Oberschicht tragen. Idealistische Ziele sind das nicht. Ohne Zweifel liegt hier ein Grund für das Bemühen, ihnen durch Zeremonien und äußere Würdezeichen einen Hauch romanhafter Atmosphäre und ehrenvollen Glanzes beizugeben und die Tätigkeit des Ordens zu verherrlichen, indem man ihn mit vergangenem Ruhm und idealistischen Zielsetzungen assoziiert, deren Honorigkeit und hochstehende Moral außer Frage stehen. Daß man sich bereitwilliger in den Dienst handfester politischer und sozialer Interessen stellt, wenn man sie mit illustrer Bedeutsamkeit ausstattet, war den Klarsichtigeren unter den Ordensgründern offensichtlich vollkommen bewußt. Indessen ist es nicht von großer Bedeutung, ob ihre Handlungen bewußt oder eher intuitiv waren. Jedenfalls bemühten sie sich, alle Ressourcen der literarischen Mythologie des Rittertums auszuschöpfen, um ihre Rittergesellschaften zu schmücken und zu romantisieren und ihnen einen Anstrich von Erhabenheit zu geben.

Die Laienbruderschaften waren das konstitutionelle Modell der Ritterorden – die Literatur bot ihnen ein pseudo-historisches Modell von besonderer Wirkkraft. Eine Schlüsselpassage im *Merlin*-Teil des Artuszyklus handelt davon, wie Merlin zu König Uther Pendragon kam und ihm anbot, einen runden Tisch zu bauen, der mit dem Tisch des Letzten Abendmahls und dem Gralstisch eine vollständige symbolische Trinität der Tische herstellen würde. An diesem Tisch sei Platz für einundfünfzig Ritter.[41] Die ersten fünfzig würde Merlin den vornehmsten und kühnsten Rittern am Artushof vorbehalten, und sie würden wie Brüder leben. Der einundfünfzigste Sitz sollte natürlich dem noch unbekannten Ritter ohne Tadel, dem Gralsritter, vorbehalten sein, der zur gegebenen Zeit am Hofe von König Uthers Sohn Artus erscheinen werde. Hier bot eine Geschichte den Archetypus für die Ritterorden, der eine kaum zu überblickende Resonanz hatte. Einen anderen (aber verwandten) Archetypus bot die Geschichte von der Gründung des Ordens vom Freien Palast im Roman *Perceforest* aus dem 14. Jahrhundert. In diesem Roman, der von den Abenteuern des Perceforest handelt, einem Gefährten Alexanders des Großen auf einer mythischen Expedition nach Britannien, findet sich die Beschreibung des sogenannten Freien Palastes, eines von Gott selbst gebauten runden Turmes. In diesem Turm stießen Perceforest und seine Begleiter auf einen großen runden Tisch aus Elfenbein mit Platz für dreihundert auserwählte Ritter.[42] Der Platz eines jeden Ritters an dieser Tafel war mit seinem Wappenschild an der Wand dahinter markiert, und Gott nannte die ersten dreiundsechzig Ritter mit Namen.

Die Chroniken erwähnen ausdrücklich, daß Eduard III. das Artus-Modell im Sinn hatte, als er beschloß, einen Ritterorden zu gründen. (In den Chronikberichten herrscht allerdings einige Verwirrung und sie werfen leicht die Gründung des Hosenbandordens und das einige Jahre vorher in Windsor abgehaltene Tafelrundenturnier durcheinander.) Der König, so Jean le Bel,

...beschloß, mit seinem edlen Herzen, die Burg von Windsor wieder aufzubauen, die zuerst von Artus errichtet worden war und wo die Tafelrunde ursprünglich eingerichtet wurde wegen der Tapferkeit der Ritter, die damals gegenwärtig waren und ihm so gut gedient hatten, daß er sie als so würdig und geadelt betrachtete, daß man Ebenbürtige in keinem anderen Königreich hätte finden können, und er glaubte, sie nicht hoch genug ehren zu können, so sehr liebte er sie. Und daher ließ der König in seinem ganzen Reich ein großes Fest kundmachen und einen Hoftag zur Einsetzung seiner Tafelrunde und rief aus allen Ländern Damen und Jungfrauen, Ritter und Knappen herbei, damit sie anwesend wären beim großen Fest zu Windsor.[43]

In späteren Zeiten wurde der Hosenbandorden als die unmittelbare Nachfolge von König Artus' Orden angesehen. »Ich habe gelesen und gehört«, schrieb Jean Werchin von Hennegau 1408 an Heinrich IV.,

...daß zu der Zeit, als der edle und mächtige Artus über das Reich herrschte, das Ihr jetzt regiert, ein Orden errichtet wurde, dem eine Anzahl Ritter angehörten, die sich Ritter von der Tafelrunde nannten und damals alle an Ritterlichkeit und Frömmigkeit übertrafen... und jetzt habe ich gehört, daß einige Könige Eures Reiches als Wiederaufnahme dieses Ordens einen anderen gegründet haben, der »Hosenband« genannt wird.[44]

Johann von Frankreich scheint eher den »Freien Palast« vor Augen gehabt zu haben, als er 1350 seinen Sternenorden – eine Art Erwiderung auf Eduards Hosenbandorden – gründete. Die Statuten dieses Sternenordens folgen den dortigen Andeutungen getreu, wenn sie von über den Sitzen eines jeden Mitglieds im »Adelshaus« zu St. Ouen anzubringenden Wappen und Helmzierden sprechen.[45] Der Knospenorden, dessen Statuten sich in vielerlei Hinsicht nach dem Sternenorden richten, sollte – wie im Freien Palast – eine Gemeinschaft von dreihundert Rittern sein.[46] Bei allen, dem Hosenband-, dem Knoten- und dem Sternenorden hat es den Anschein, daß das literarische Vorbild bewußt und um der Wirkung willen heraufbeschworen wurde.

Die beiden Archetypen, die Tafelrunde und der Freie Palast, hatten einen besonders nachhaltigen Einfluß, es gab aber zahllose andere literarische Assoziationen, auf die es die Statuten der verschiedenen Ritterorden anlegten. Das zunehmende Gefallen an klassischer Geschichte und Anspielungen an die Antike sind wohl der Grund, warum Ludwig von Neapel in den Statuten seines Knotenordens bestimmte, daß herausragende Mitglieder nach der Art römischer Herren mit Lorbeer bekränzt würden und er erinnerte sie an die legendäre Verknüpfung des Ordenssitzes Castelnuovo (die Burg des *Oeuf enchanté du merveilleux péril*, wie er sie nannte) mit der nahegelegenen Höhle, in der Virgil der Legende nach seine Zaubereien ausführte.[47] Der *Roman de Troie* und sein Bericht vom Urteil des Paris bildeten zweifellos den Hintergrund für die Wahl des Emblems durch die Brüder vom Goldenen Apfel und ihrer Devise »*La plus belle me devoit avoir.*«[48] Die Geschichte von Jason und den Argonauten gab den Anstoß für die Wahl des Goldenen Vlieses als Emblem des großen Ordens Philipps des Guten (er hatte seit seinem Regierungsantritt einen wertvollen Wandteppich mit Szenen aus der Argonautengeschichte in seinem Besitz). Jasons Betragen jedoch war nicht ohne Fehl – er hatte Medea gegenüber sein Wort gebrochen – und Jean Germain, der Kanzler des Ordens, deutete deswegen das Emblem nicht als das Vlies von Kolchis, sondern als das

Vlies Gideons, das – nach dem Buch der Richter – von himmlischem Tau benetzt wurde als Zeichen, daß er Midian überwinden werde.[49]

Die literarischen Einflüsse auf die Ordensreglements beschränkten sich nicht nur auf Embleme und äußeres Schmuckwerk. Hinter den Statuten des Sternenordens sind ernsthaftere und höhere Absichten zu spüren. Sie setzten fest, daß an ihrer jährlichen Festversammlung ein gesonderter Tisch aufgestellt würde, eigens für drei Fürsten, drei Bannerherren und drei Ritter, die nach allgemeiner Übereinkunft in diesem Jahr die größten Waffentaten im Krieg vollbracht hatten.[50] Hier inspirierte ohne Zweifel der Kult der Neun Helden die Zelebrierung der Tugend kriegerischer Tapferkeit. In ähnlicher Weise, aber noch deutlicher, ist die Bestimmung in den Statuten zahlreicher Orden – des Sterns, des Knotens, des Goldenen Vlieses, des Halbmonds – über das Führen eines »Buchs der Abenteuer«, in dem Heldentaten ihrer Mitglieder verzeichnet wurden.[51] Keines dieser Bücher ist bewahrt, aber wir wissen, daß der Wappenkönig Renés von Anjou damit begonnen hatte, Material für das entsprechende Buch des Halbmondordens zu sammeln.[52] Auch Niccolò Acciaivoli schrieb über die Abenteuer der Mitglieder des Knotenordens, denn Boccaccio machte sich deswegen über ihn lustig: »Er schrieb auf Französisch über die Taten der Ritter vom Heiligen Geist (ein anderer Name des Ordens), ganz in der Manier wie manche andere in der Vergangenheit über die Tafelrunde schrieben. Welch lächerliche und gänzlich falschen Dinge da niedergelegt wurden, wird er selbst am besten wissen.«[53] Ob nun Niccolò seinen Ruhm und den seiner Ordensgenossen aufgebauscht hat oder nicht – Boccaccios Hinweis auf das arturianische Modell ist sicher und wahr. Die Anfertigung eines solchen Buches war deutlich inspiriert von der Episode im *Merlin*-Roman: Wenn ein Ritter vom Artushof hinauszog, mußte er geloben, »bei der Rückkehr alles zu berichten, was ihm widerfahren war..., sei es zu seiner Ehre oder zu seiner Schande. Und hierdurch wurde ein Urteil über die Tapferkeit eines jeden gefällt.«[54] Die eigenen Berichte der heimgekehrten Ritter wurden von den Hofschreibern des Königs Artus aufgezeichnet (oder von seinen Herolden, wie man später glaubte), und es wurde allgemein angenommen, daß auf der Grundlage solcher Bücher Walter Map auf Geheiß Heinrich II. von England die Artusgeschichte zusammengestellt habe.[55] Literarische Einflüsse waren auch bei der Grundlegung der Gelübdeorden nachhaltig am Werk. Das große Pfingstgelöbnis der Ritter der Tafelrunde, um den Auftrag zur Gralssuche zu erlangen, diente solchen Vereinigungen als klassisches Modell. Besonders deutlich macht sich bei vielen von ihnen das Konzept der höfischen Liebe geltend. Sie war zweifellos die Inspiration für Boucicauts Orden von der *Dame Blanche á l'Escu vert*.[56] Boucicaut beachtete geradezu überzogene Höflichkeitsstandards gegenüber Frauen, wie sein Biograph nicht müde wird zu betonen: Als ihn in Genua seine Begleiter darauf aufmerksam machten, daß die beiden Damen, deren Knickse er mit einem Gruß erwidert hatte, Prostituierte gewesen seien, versetzte er: »Huguenin, ich würde lieber meinen Gruß zehn Dirnen anbieten, als ihn einer des Respekts würdigen Dame zu versagen.«[57] Die Ordensgenossen des *Fer de Prisonnier* waren ebenfalls gehalten, die Ehre aller Edelfrauen zu schützen und allen, die danach verlangten, Hilfe zu gewähren.[58] Der Graf von Foix verlieh seinen Drachenorden sowohl an Damen und Jungfrauen, wie auch an Ritter und am Ende des Jahres, wenn alle in den Statuten verordneten Taten vollbracht waren, erlaubte er ihnen, genauso wie den Rittern, ihr Drachenemblem mit Smaragd, Saphir und Türkis zu schmücken in Erinnerung an die Taten der Ordensmitglieder.[59] Es soll an dieser Stelle darauf hingewiesen werden, daß einige Orden Männer und Frauen aufnahmen, wie z. B. der Antonius-Orden im Hennegau. Anfangs waren auch Frauen Mitglied des Hosenbandordens und empfingen das Ordensgewand.[60] Es ist nur natürlich, daß sich der Einfluß der höfischen Liebesethik gerade bei den Gelübdeorden stark geltend machte, weil sich ein Gutteil ihrer Aktivitäten um Tjost und Turnier drehte, ein Bereich, bei dem das Bemühen, Leibesertüchtigung und Kampftraining mit der Farbenpracht aus den Romanen zu verschönern, eine lange Tradition hatte.

Die romantische Betonung der Liebe und das Verlangen nach weiblichen Ehrbeweisen, die Überzeugung, daß Frauen fähig seien, Männer zu Waffentaten zu inspirieren, ist auch bei den Gründern bedeutenderer Hoforden zu beobachten. Die Präambel zu den Statuten des Schärpenordens ist davon geprägt: Sie stellt die Treue zu einer geliebten Frau neben die Treue zu einem Lehnsherrn als gleichwertige Triebkräfte der Loyalität; Ludwig von Bourbon hatte das gleiche im Sinn, als er in den Statuten seines Ordens vom Goldenen Schild seinen Gefährten auftrug, keine Schlechtigkeiten gegenüber Frauen zu dulden, »denn, nach Gott, kommt ein großer Teil der Ehren dieser Welt von ihnen.«[61]

Auch über die Umstände der Gründung einiger Hoforden, beispielsweise des Hosenbands oder des Lockenordens, kursierten Geschichten mit einem Hauch von höfischer Liebe. Die Geschichte, wie Eduard III. bei einem Ball in Calais das Hosenband der Gräfin aufhob und mit den Worten »Honi soit qui mal y pense« um sein eigenes Knie band, ist sicher unecht, aber schon früh zirkulierten Gerüchte darüber.[62] Das Emblem des Bayerischen Ordens von der Haarlocke soll der Überlieferung nach die Locke sein (auf Abbildungen sieht sie eher aus wie der Ringelschwanz eines ausgewachsenen Schweins), die der herzogliche Ordensgründer als Andenken vom Haar seiner Geliebten geschnitten hatte. Diese Geschichte kann durchaus echt sein.[63]

So war die Konzeption der Ritterorden tiefgreifenden direkten und indirekten literarischen Einflüssen ausgesetzt. Die umfänglichen Passagen in den Statuten der Orden und Bruderschaften über die Zeremonien bei Festen, Kapitelversammlungen und feierlichen Aufzügen und das Tragen von Insignien sind geprägt von einem anderen gelehrten Einflußstrang, dem der Heraldik, mit seiner Vorliebe für Symbole, seiner peinlichen Genauigkeit bei Ritualen und Rangordnungen. Die handgeschriebenen Bücher mit den Ordensstatuten und den Wappen der Ordensbrüder gehören zu den schmuckvollsten Zeugnissen heraldischer Kunst. Dieser kombinierte heraldische und literarische Einfluß bildete jenes ornamentale Element heraus, das als ein hervorstechendes Merkmal der Ritterorden als Institution gelten kann. Die Aufmerksamkeit gegenüber dem dekorativen Detail sollte jedoch nicht als Selbstzweck interpretiert werden, es war mehr als das. Es war eine Huldigung an die ernsthaften Ritterpflichten, zu denen sich die Mitglieder von Ritterorden bekannt hatten.

Schauen wir auf diese Verpflichtungen, so wie sie Geschichte und Statuten der Orden überliefern, dann fällt die Treue gegenüber den etablierten Mustern ritterlicher Ideale ins Auge. Zu Beginn des Buches identifizierten wir drei miteinander verbundene Elemente, aus denen diese Ideale zusammengesetzt sind: das religiöse, soziale und martialische Element des Rittertums. Genau diese drei Themen machen den Stoff aus, aus dem die Ritterorden sind und das erklärt nachdrücklich, warum das Ritterideal des Spätmittelalters seinen Ursprüngen trotz aller Veränderungen im Laufe der Zeit – treu blieb.

Die Herrscher und Schutzherren der großen Hoforden wußten – wenn ihre Absichten in Erfüllung gehen sollten –, daß sie der Ritterschaft ihrer Zeit ihre Gründungen als Elitevereinigung präsentieren mußten und sie erkannten, daß dies eine Betonung der christlichen Berufung der Ritterschaft erforderte. Dies stand hinter den religiösen Zeremonien, die den Kapitelversammlungen ihrer Orden vorangingen, hinter den Stiftungen von Ordenskirchen und -kapellen und hinter den oft eingehend geregelten Vorkehrungen bei den Seelenmessen für verstorbene Mitglieder. In vielen Fällen schenkten ihre Statuten der besonderen religiösen Bedeutung des Heiligen Krieges Aufmerksamkeit. Einige Orden waren nahe daran, weltliche Kreuzzugsorden zu sein: Peter von Zypern versuchte bei seiner Gründung des Schwertordens das Potential eines ritterlichen Zusammenschlusses zu nutzen, um eine Kreuzzugsbegeisterung in ähnlicher Weise zu institutionalisieren wie der Deutsche Orden mit seinem Ritual des »Ehrentischs«. Auch die weltlichen Orden in Spanien waren stark vom Kreuzzugsgedanken geprägt, besonders der Kannenorden von Aragón.[64] Hierbei handelte es sich wohl um spe-

zielle Fälle, aber der Kreuzzug spielte auch bei anderen Ordensgründern eine Rolle. In den Statuten seines Schiffsordens rechnete
Karl von Durazzo mit einer Wiedereroberung Jerusalems und
setzte fest, daß jeder Beteiligte an der Einnahme Jerusalems seinem
persönlichen Ordensemblem eine goldene Ruderpinne beifügen
dürfe.[65] Den Ordensmitgliedern, die an anderer Stelle gegen die Sarazenen kämpften, gewährte er das Recht, die Ordensinsignien auf
andere Weise zu schmücken, je nach der Schwere des Kampfes, in
den sie verwickelt waren. Ähnliche Bestimmungen über die Vermehrung der Ordensinsignien nach Kämpfen gegen die Heiden finden sich im Drachenorden von Foix und im Falkenorden.[66] Im übrigen kann nur wenig Zweifel sein, daß die wohlbedachte Akzentverschiebung bei der mythologischen Geschichte des Goldenen Vlieses
– weg vom klassischen Abenteurer Jason und hin zum biblischen Gideon – mit den Kreuzzugsplänen Philipps des Guten zu tun hat, in
denen der burgundischen Ritterschaft und insbesondere seinem eigenen Orden, eine Schlüsselrolle zugedacht war.[67]

Noch augenfälliger als das Moment des Kreuzzuges erscheint in
den Statuten einiger Orden die Beachtung der religiösen Haltung
der Mitglieder. Von den Brüdern des Halbmondordens erwartete
man, daß sie, wenn irgend möglich, einmal pro Tag die Messe hören
sollten und wenn sie es versäumten, hatten sie für eine Messe zu zahlen und durften an diesem Tag keinen Wein trinken.[68] Die Angehörigen des Schiffsordens mußten pro Tag eine Messe hören und jeden
Tag die sieben Bußpsalmen aufsagen. An Freitagen mußten sie fasten und schwarze Kleider zum Gedenken an die Leiden Christi tragen. Die Statuten des Hermelinordens von Neapel mahnten an die
Pflicht der Mitglieder zu fasten und ihre Sünden zu beichten und
alle mußten während des Hochamtes am 29. September, dem Namenstag des Ordenspatrons St. Michael, zur Heiligen Kommunion
gehen.[69] Diese und ähnliche Klauseln in den Statuten anderer Orden schärften noch einmal allen Rittern die traditionellen Pflichten
ein, Gott Ehrfurcht zu erweisen und pünktlich in der Beachtung religiöser Vorschriften zu sein. Darauf hatten schon die ersten Handbü-

cher über Rittertum, wie etwa Ramón Lulls Arbeit, großen Wert gelegt.

Nahezu alle Orden trafen Vorkehrungen für Seelenmessen verstorbener Mitbrüder (der Hosenbandorden war in dieser Beziehung besonders üppig).[70] In vielen Fällen war die Aufnahme in einen Orden von religiösen Zeremonien begleitet. Die Aufnahmezeremonien des neapolitanischen Hermelinordens fanden während des Hochamtes am Michaelistag statt und während der Messe wurde die Ordenskette vom Altar genommen und dem neuen Mitglied um den Hals gelegt.[71] Für die Eintrittszeremonie in den St. Antonius-Orden von Hennegau war eine ausgefeilte Liturgie vorgesehen mit einer langen Liste von Gebeten und Wechselgesängen. Die Ordenskette wurde vom Priester feierlich gesegnet und mit Weihwasser benetzt, bevor sie dem Ordenshauptmann übergeben wurde, der sie dann dem neuen Mitglied umlegte. Zu Beginn dieser kirchlichen Zeremonie mußte jeder Kandidat geloben, die christlichen Pflichten eines Ritters zu befolgen – die Kirche zu verteidigen, Gerechtigkeit walten zu lassen, Witwen, Waisen und die Armen in Christo zu schützen.[72] Das sind die altbekannten Pflichten aus den Ritterschlagszeremonien. Ein allgemeines Versprechen, auf diese Weise Rittertum aufrechtzuerhalten und die Klausel, daß jeder bekanntgewordene Bruch dieser Ritterpflichten einen Kandidaten von der Aufnahme in den Orden ausschließt, waren Bestandteile vieler Orden.[73] In der Endphase des Mittelalters, als sich immer weniger Adelige der Prozedur des Ritterschlags unterzogen, banden diese feierlichen Gelöbnisse die Spitzen der in Orden zusammengeschlossenen Ritterschaft zusammen und boten so eine Möglichkeit, die hohen Pflichten des Rittertums im Geiste des Adels wachzuhalten. Solche Zeremonien ersetzten zum Teil die didaktische Rolle des Ritterschlags, als es noch üblich war, auf diesem Wege in die Ritterschaft einzutreten.

Den Gründern der großen Orden ging es darum, sie als Elitevereinigungen darzustellen, nicht nur in bezug auf Tugend und Religiosität, sondern auch in gesellschaftlicher Hinsicht. Adelige Geburt war die Vorbedingung nahezu aller Hoforden. Viele verlangten, daß die

Kandidaten Edelleute mit Namen und Wappen seien mit vier Generationen adeliger Vorfahren. Die Mehrzahl der Orden bestand auf dem Ritterschlag, zumindest sollten die neuen Mitglieder einige Zeit nach ihrer Aufnahme die Ritterwürde annehmen. Der Halbmondorden akzeptierte allerdings auch Knappen und unterschied sie von Rittern nur im Rahmen des zeremoniellen Aufwands.[74] Der neapolitanische Hermelinorden erachtete auch solche als aufnahmeberechtigt – und das ist sicher eine Ausnahme –, die Ritter aufgrund ihrer Leistungen geworden waren, aber nicht von adeliger Geburt waren – Ritter allerdings mußten sie sein.[75] Es waren grundsätzlich aristokratische Vereinigungen. Daran erinnern Helmzier und Wappen über den Chorstühlen ihrer Mitglieder in den Kirchen und Kapellen – etwa der des Hosenbandordens in Windsor.

Abgesehen von dem wichtigen Vorbehalt der adeligen Geburt, waren die Orden doch von ihrer inneren Struktur her erstaunlich unhierarchisch. Alle Ordensmitglieder begegneten sich auf der gleichen Ebene, ungeachtet aller Unterschiede des Vermögens und Titels, und dieser Aspekt wird von den Statuten mit Emphase betont. Die Brüder des Halbmondordens gingen in ihrer Prozession zur Kathedrale von Angers paarweise in der Reihenfolge ihrer Seniorität innerhalb des Ordens, »ohne Ansehen ihres Adelsstandes, des Rangs ihres Geschlechts, der Herrschaftsmacht, des Vermögens, der Ämter oder ob einer ein Ritter ist oder ein Knappe.«[76] Eduard III. bemühte sich darum, zu versichern, daß die Mitgliedschaft im Hosenbandorden nicht den Großen und Mächtigen vorbehalten sei. Wenn ein Sitz im Orden vakant war, sollten die Namen dreier Herzöge oder Earls, dreier Barone und dreier Ritter zur Begutachtung ausgesucht werden und der am meisten Würdige sollte dann die eine Lücke ausfüllen.[77] Loyale Brüderlichkeit mit einem starken Moment der Gleichheit ist die immer wieder betonte Beziehungsform für die Mitglieder desselben Ordens. Hier treffen wir wiederum auf ein vertrautes Thema, insbesondere aus literarischen Quellen: Das Band des gleichen Ranges als Ritter, das hohe und niedere Aristokratie verbindet und sie auf die gleiche Ebene innerhalb ihres

Standes versetzt. Hier haben wir es noch mit einer anderen Spiegelung des Modells von der Tafelrunde zu tun, die die Artusritter, reiche und arme gleichermaßen, in voller Gleichheit nebeneinanderstellte.[78]

Bis hierher konzentrierte sich unsere Aufmerksamkeit hinsichtlich der gesellschaftlichen Ideologie der Ritterorden auf die Statuten der großen Hoforden. Die Statuten der einfacheren ritterlichen Vereinigungen stellen handfestere Aspekte aristokratischer Klassensolidarität in den Mittelpunkt. Die deutschen Ritterbruderschaften waren keine Elitevereinigungen im Sinne der Hoforden. Gewiß waren sie exklusiv, es waren aristokratische Zusammenschlüsse, die sich um Adelsprivilegien und die Bewahrung eines adeligen Lebensstils kümmerten. Gegenseitige Hilfeleistung in Krieg und Fehden und gemeinsamer Schutz der Privilegien und der Unabhängigkeit angesichts versuchter Einflußnahmen des Bürgerstandes und fürstlicher Autorität: das sind die wichtigsten Themen der Ordensregularien. Ihre Statuten zeigen sie als Adelsgesellschaften im spezifisch gesellschaftlichen Sinn des Begriffs Adel, und ihre Statuten erklären auch, warum es nicht schwerfallen konnte, die Aktivitäten dieser Vereinigungen als Bedrohung einer jeden geordneten Regierungsgewalt anzusehen.[79] Hier tut sich zwischen ihnen und den Hoforden ein wahrer Abgrund auf. Solche Aspekte in den Statuten der Rittergesellschaften finden sich indessen auch bei den Hoforden. Auch diese verlangten von ihren Mitgliedern, daß sie sich untereinander bei Auseinandersetzungen beistanden; auch sie organisierten Schiedsgerichte bei Streitigkeiten der Mitglieder untereinander (ein Weg für die Rittergesellschaften, städtische oder fürstliche Jurisdiktion zu umgehen); auch sie regelten die gemeinsame Unterstützung von Mitgliedern, die in wirtschaftliche Not geraten waren (das betraf im Falle des Halbmondordens sogar die Versorgung der Kinder).[80] Regulierungen dieser Art treten allerdings in den Statuten der Hoforden nicht so sehr hervor, weil sie noch eine Fülle anderer Dinge umfassen. Im Kontext der Hoforden und der Gesellschaften haben sie dieselbe grundlegende Bedeutung als Erinnerung an die

Rolle des Standesstolzes in der Gesellschaftsethik des Rittertums. Wenn das, wie viele meinen, eine Quelle ritterlicher Laster war, dann wirkte der Stolz auch und gleichzeitig als eine vitale Kraft hinter den ritterlichen Tugenden. Es ist kein Zufall, daß dieselben Adeligen mittleren Ranges, die für die französischen Bruderschaften vom Falken und vom Goldenen Apfel einige goldene Federn von den höheren Orden pflücken wollten, auch unter den Kreuzfahrern ihrer jeweiligen Länder zu finden waren.[81] Der Wunsch, ein wenig schmuckvoller zu gestalten, was eigentlich nur eine Hilfsgemeinschaft auf Gegenseitigkeit war, und die Bereitschaft, auch die gefährlicheren Ritterpflichten auf sich zu nehmen, sind lediglich verschiedene Manifestationen desselben ritterlichen Standesdünkels.

Die Fahrende Ritterschaft des Falkenordens und des Goldenen Apfels führt uns zum dritten traditionellen Thema des Rittertums: zu der ausgesprochen martialischen Qualität der Ethik, die die Orden zu kultivieren versuchten. Sie waren Zusammenschlüsse von Kämpfern. Die Abzeichen zu ihrer Identifizierung waren dazu gedacht, in der Schlacht oder im Turnier gezeigt oder vorangetragen zu werden. Die in den Statuten verlangte Loyalität betraf nicht die gesammelte Loyalität gegenüber einer Nation, sondern war die enge persönliche Loyalität des kämpfenden Vasallen oder Gefolgsmannes gegenüber seinem Gefolgsherrn und des Waffengefährten gegenüber seinem Kameraden. Die Gefahren, gegen die sich die Ordensgefährten zu schützen suchten, waren: Opfer einer Fehde zu werden, in Gefangenschaft zu geraten und ein Lösegeld zahlen zu müssen. Die finstersten Verbrechen in ihren Büchern waren Verrat und Feigheit – und das nahmen sie sehr genau. Der Name des Herrn von Montjean fiel bei seinem ersten Vorschlag für den Halbmondorden durch, weil er verdächtigt wurde, bei einer bestimmten Gelegenheit in Waffen gegen seinen Lehnsherrn, Karl VII. von Frankreich, angeritten zu sein, obwohl die ganze Sache unsicher war und obwohl er sich in Begleitung des Dauphins befand, als er diesen angeblichen Ritt durchführte.[82] Weil der Herr von Montagu in der Schlacht von Anthon die Flucht ergriffen hatte, entschied das Kapi-

301

tel des Goldenen Vlieses mit Bedauern, nachdem es seine bewiesene Tapferkeit an anderen Gelegenheiten gewürdigt hatte, daß er nicht länger in ihrer Gesellschaft bleiben könne, auch wenn die Schlacht zum Zeitpunkt seiner Flucht bereits verloren war.[83] Wenn Louis Robsart nicht ein Mitglied des Hosenbandordens gewesen wäre, erklärte Ghillebert de Lannoy seinem Sohn, hätte er vielleicht das Gefecht verlassen, in dem er sein Leben ließ, aber als Ordensmitglied wußte er, daß er standhalten und untergehen mußte.[84] In den Ritualen und Zeremonien der Ritterorden gab es eine Menge spielerische Elemente, aber die Männer, die sie ausübten, hatten nicht auf leichtem Wege Zugang zu ihnen gefunden. Die gesamte Anlage der verschiedenen Ordensregeln mit ihren Ehrentischen, den Erweiterungen der Wappen und ihren »Büchern der Abenteuer« verfolgte ein einziges Ziel: die Zelebrierung kriegerischer Tapferkeit.

Das läßt einen Aspekt deutlich hervortreten. Er straft die so oft gegen die weltlichen Ritterorden vorgebrachten Angriffe Lügen, ihr rein äußerliches Gepränge und ihre Zeremonien seien Zeichen der Dekadenz des spätmittelalterlichen Rittertums. Das bedeutet nun nicht, daß die Orden über jede Kritik erhaben seien: Die den Ordensmitgliedern auferlegten Frömmigkeitsbeweise wurden zweifellos nur allzu oft formal und oberflächlich verstanden und gelebt und ihr gesellschaftlicher Snobismus war exklusiv, dünkelhaft und häufig schändlich. Aber ihre hohe Wertschätzung der Loyalität und des Mutes war durchaus genuin, und das sind menschliche Werte, die in keiner Epoche unterbewertet werden sollten. Das Problem ist einer Erörterung wert, denn die Kritik hat den spätmittelalterlichen Orden oft vorgeworfen, ihre pomphaften Ritualisierungen seien ein Zeichen dafür, daß Energien zur Verfolgung idealistischer Ziele vergeudet wurden bei der Suche nach verfeinertem und üppigem Dekor und daß ein Übersymbolismus letztlich zu einer Entleerung aller Inhalte geführt habe. Der große Huizinga vertrat mit seiner ganzen Autorität diese Ansicht und stellte die verschwenderisch überladene Selbstdarstellung der späten weltlichen Orden der asketischen Strenge der frühen Templer gegenüber.[85] Der Vergleich erscheint jedoch nicht recht legitim. Sogar hinsichtlich ihrer inneren Verfassungsstruktur waren die Verbindungen zwischen den säkularen Orden und den Kreuzfahrerorden nur sehr schwach und von ihrem Geist her war der Unterschied noch viel größer. Weltliche Ehre und weltliche Loyalität waren Pockennarben auf dem Gesicht eines Ordens wie dem der Templer, dagegen waren solche Qualitäten Mark und Bein der Existenz ritterlicher Laienorden. Es waren die Klosterregeln, die die frühen Orden für ihre eigenen, neuen Ziele übernahmen. Mit dem Geist dieser monastischen Regeln hatte das Modell, auf das sich die weltlichen Orden bezogen – die Rittergesellschaft der Tafelrunde – nichts gemein. Die Artusüberlieferung lehrte, daß Ruhm – weltlicher und sichtbarer Ruhm – mit hoher Tapferkeit und loyalem Dienst ineins gesehen werden muß. Zeremonie, Ritual und äußere Zeichen der säkularen Ritterorden waren dazu da, eben dieses Prinzip zu lehren und zu stützen.

Bei der Diskussion über die Beziehung zwischen »Theologischem Adel« auf der einen Seite und »Natürlichem« und »Zivilem Adel« auf der anderen Seite, vertrat Bartolus die Ansicht, daß fürstliche Ehrenbeweise als irdisches Gegenstück zur Auszeichnung der Gerechten im Himmel angesehen werden müßten.[86] Seine Analogie ist in unserem Zusammenhang recht nützlich. Rittertum war eine weltliche Oberschichtenethik mit starker Betonung martialischer Qualitäten und keine innere Religion des Herzens. Sein Ehrsystem brauchte handfeste äußere Zeichen, um die Wirksamkeit seines säkularen Wertesystems auf einer menschlichen Ebene zu verdeutlichen. Rituale, Roben und Zeremonien der weltlichen Orden hatten keineswegs den Effekt, Ideale mit Nebelschwaden der Erhabenheit zu verdunkeln – sie waren ein Ausdrucksmittel für die durchaus genuine Überzeugung, daß ein guter Ruf – *bonne renommée* – der gerechte Lohn für hervorragende Leistungen in einer ritterlichen Welt war, deren geradezu professionelle Aufgabe es im weiten Rahmen der christlichen Gesellschaft war, sich mit Krieg und Politik zu beschäftigen und nicht mit Gebet und Fasten. Ritter hatten auch Christenpflichten, wie jedermann, und ihnen zollten die Orden in ihren

Statuten gebührende Aufmerksamkeit. Als spezifisch ritterliche Vereinigungen galten ihre Interessen jedoch den Angelegenheiten dieser Welt, in der greifbare und sichtbare Zeichen der besonderen Würde angemessen waren.

11. KAPITEL

Prunk, Turniere und Gelöbnisse

DIE OPULENTEN ZEREMONIEN, die farbenprächtigen Roben und der Insignienschmuck der säkularen Orden sind keineswegs die Hauptansatzpunkte einer Kritik am spätmittelalterlichen Rittertum, die besagt, daß das übertriebene Interesse an äußerlichen Formen Symptome eines Verlusts an ernsthaften Werten seien. Ganz ähnliche Tendenzen – die Verfeinerung von Zeremonien und Ritualen und die Freude an Farben – machen sich auch an anderen Stellen geltend und nirgendwo deutlicher als in der Entwicklung des Turniers und extravaganter Gelöbnisse (häufig verknüpft mit Waffentaten in den Turnierschranken), zu denen Ritter im ausgehenden Mittelalter griffen, um sich in aller Form und zeremoniell gegenseitige Verpflichtungen aufzuerlegen. Die Berichte darüber waren geeignet, die Kritik gegen die säkularen Orden zu bestätigen, das gesteigerte Interesse an Äußerlichkeiten sei ein Zeichen dafür, daß im 14. und 15. Jahrhundert das Rittertum die Verbindung zu Idealen verloren und sich nur noch um äußerliche Dinge gekümmert habe. Gegenstand dieses Kapitels wird es sein, diesen Vorwurf ausführlicher zu erörtern, insbesondere in Hinblick auf die miteinander verbundenen Themen des Turnierzweikampfs und ritterlicher Gelöbnisse.

Ein französischer Historiker hat kürzlich in diesem Zusammenhang von dem Wirken eines »esprit de système qui formalise et tend à créer des rites« gesprochen.[1] Ganz gewiß werden wir auf viele Belege eines solchen Prozesses stoßen, wir werden aber auch, zumal in Verbindung mit dem Turnier, auf einen starken Einschlag von Kastenbewußtsein stoßen und etwas allgemeiner auf ein Bestreben, das Dekorative an sportlicher Betätigung und Zeremonie auf eine Ebene mit den Entwürfen literarischer Vorbilder zu bringen und dies in Verbindung mit etwas, was so aussieht wie eine Liebe zur großen Geste um der Geste willen. Die Frage bleibt bestehen, inwieweit ein solcher Formalismus und diese Blumigkeit des Rituals und der Zeremonie wirklich als symptomatisch für einen Verlust an Kontakt mit und Zutrauen in ernsthafte Werte interpretiert werden kann. Es ist nämlich keineswegs unumgänglich, sie als Zeichen einer oberflächlichen Sinnesart zu betrachten. Man kann sie genausogut als natürliches Nebenprodukt einer anwachsenden heraldischen Wissenschaft und ritterlichen Gelehrsamkeit auffassen. Wenn letzteres der Wahrheit näher kommt, dann erübrigt es sich, formalisierende und imitierende Tendenzen als Anzeichen für einen Verlust an Idealen zu interpretieren, sondern vielmehr als Zeichen für ein wacheres Bewußtsein vom Reichtum einer säkularen ritterlichen Tradition.

Die Entwicklungslinie, die das Turnierwesen des 13. Jahrhunderts mit dem des 15. Jahrhunderts verbindet, ist deutlich und geradlinig. Das wird sich erweisen, wenn wir die Beschreibung eines groß inszenierten *pas d'armes* der späteren Periode einem Turnier der vorangegangenen Periode (das bereits in einem früheren Kapitel präsentiert wurde) gegenüberstellen. Auch wird sich auf den ersten Blick erweisen, wie tragfähig die Behauptung ist, daß die spätere Periode die theatralischen und dekorativen Tendenzen des martialischen Turniersports wild ins Kraut schießen ließ.

Nehmen wir als Beispiel das spätmittelalterliche Turnier *Fontaine des Pleurs*, das in Chalons-sur-Saône 1450 veranstaltet wurde und glücklicherweise gut dokumentiert ist. Jeder Bericht über diesen großen *pas d'armes* (»Waffengang«) wäre unvollständig ohne einige einführende Worte über die zentrale Figur, den Ritter Jacques de Lalaing aus dem Hennegau, ein Idol der burgundischen Ritterschaft zu dieser Zeit. Er entstammte einer vornehmen seigneurialen Familie, die auf acht Generationen adliger Abstammung zurückblicken konnte. Eines ihrer Mitglieder hatte unter Ludwig dem Heiligen an dessen Kreuzzug teilgenommen. Er war zuerst am Hof des

Herzogs von Kleve, danach am Hof Herzog Philipps des Guten von Burgund. Schon bald machte er sich einen Namen als Turnier-kämpfer, und sein Freund Olivier de la Marche erinnerte sich daran, daß es sein selbstbewußtes Ziel war, vor Vollendung seines dreißigsten Lebensjahres gegen dreißig Ritter im Turnier gekämpft zu haben.[2] Lalaing stand in Kriegsdiensten bei der Eroberung Luxemburgs durch Burgund und begab sich später auf Reisen. Es kämpfte in den Turnierschranken mit Diego de Guzman vor dem König von Kastilien und gegen Sir James Douglas vor dem schotti-schen König. Bei einem Turnier vor dem König von Frankreich trug er die »Zeichen« der Herzoginnen von Orléans und Kalabrien (den Wimpel der einen und den Handschuh der anderen an seinem Helm). Ihrer beider Gunst hatte er durch seine Courage und seine Courtoisie gewonnen.[3] Bei der *Fontaine des Pleurs* lagen seine dreißig Kämpfe längst hinter ihm. Er war gerade Ritter des Goldenen Vlie-ses geworden, als er an der Kampagne von Gent 1453 teilnahm, in der er sich bei Loheren auszeichnete und den »Preis des Gefechts« gewonnen haben soll.[4] Seine vielversprechende Karriere wurde ei-nige Tage später jäh abgebrochen, als ihm bei der Belagerung von Pouques während der Inspektion einer Artilleriestellung eine Kano-nenkugel die halbe Stirn wegriß.

Fünf Jahre vor seinem Tod im November 1448 unterzeichnete La-laing die »Kapitel« seiner Herausforderungen für das Turnier der *Fontaine des Pleurs*: Auf der Saône-Insel St. Laurent bei Chalon sollte ein Pavillon errichtet werden, mit dem Bildnis der Heiligen Jung-frau auf dem Dach. Davor sollte ein junges Mädchen plaziert wer-den in einem mit Tränen gemusterten Gewand und wallenden schulterlangen Haaren. Sie führt ein Einhorn, um dessen Hals drei Schilde hingen, auch sie mit Tränenmustern belegt (Dame und Ein-horn waren natürlich künstliche Figuren und keine realen Wesen). An diesem Ort sollte an jedem ersten Tag eines Monats ein Herold zugegen sein. Die Schilde des Einhorns waren in verschiedenen Far-ben gehalten, weiß, violett und schwarz. Lalaings Herausforderer mußten den weißen Schild berühren, wenn sie mit der Axt zu kämpfen wünschten, den violetten, wenn sie einen Schwertkampf wollten und den schwarzen für fünfundzwanzig Stechen mit der Lanze. Sobald ein Herausforderer einen Schild berührt hatte, wurde er vom Herold notiert und daraufhin überprüft, ob er wenigstens vier Generationen adeliger Vorfahren nachweisen konnte. Das Treffen fand dann nach einer Frist von sieben Tagen statt. Demjenigen Herausforderer, der am besten mit der Axt kämpfte, wurde eine goldene Axt als Preis zugesprochen, ein goldenes Schwert und eine goldene Lanze für die besten in den anderen Waffendisziplinen. Wer beim Axtkampf zu Boden ging, mußte ein Jahr lang ein goldenes Armband tragen, oder doch so lange, bis er die Dame mit dem dazugehörigen Schlüssel fand, um es aufzuschließen. Für die beiden anderen Fälle waren ähnliche Bußen festgesetzt.[5] Der Pavillon wurde zuerst am 1. November 1449 aufgestellt, der gesamte Waffengang am 1. Oktober 1450 beendet. In dieser Zeit hatte Lalaing gegen mehr als zweiundzwanzig Herausforderer gekämpft, auch gegen den italienischen Ritter Johannes von Bonifaccio, der nach seiner Niederlage guten Mutes mit dem Armband davonzog auf der Suche nach seiner Dame in der Hoffnung, den Schlüssel für das Armbandschloß zu finden.[6] Der *pas d'armes* ging mit einem großen Bankett zu Ende, an dem Lalaing seine Herausforderer unterhielt und die Preise verteilte. Ein kunstvoll angefertigtes Modell von Chalons mit der Brücke von St. Laurent, der Insel und dem Pavillon wurde als Zwischengang gereicht, um noch einmal an die ganze Begebenheit zu erinnern und die Gäste zu erfreuen.

Schauen wir von dieser Szene auf die Berichte über die Turniere von Hem und Chauvency im 13. Jahrhundert,[7] die zu ihrer Zeit ebenfalls wohldurchdachte Veranstaltungen waren, so fallen die Gemeinsamkeiten ins Auge, aber auch die Gegensätze, und die sind besonders markant. Sie bleiben es, selbst wenn wir berücksichtigen, daß die Spielleute ihre Turnierschilderungen von Hem und Chauvency in Versen schrieben, mit dem Ziel, ihr Publikum zu unterhalten, und daß die Schilderungen des 15. Jahrhunderts in Prosa gehalten sind und einen detaillierten und objektiven Bericht liefern wollen. Bretel erfuhr vom Chauvency-Turnier nur wenige Wochen vorher, während Lalaing die einzelnen Punkte seiner Herausforderung ein Jahr vor Errichtung des Pavillons auf der Insel St. Laurent aufzeichnete. Das Turnier zu Chauvency dauerte eine Woche, das ausgefeilte Schauspiel von Chalon lief ein ganzes Jahr lang. In Chauvency herrschte tödliches Risiko, in Chalon wurde niemand ernstlich verletzt und niemals scheint diese Gefahr ernsthaft bestanden zu haben. Darüber hinaus war bei den späteren Turnierereignissen das gesamte Ritual komplexer und weitaus stilisierter. Weder bei Hem noch bei Chauvency hören wir – trotz des ausgesprochen arturianischen Rahmens – von irgendeiner Parallele zu der zeremoniellen Handlung der Berührung von Schilden bei der Annahme einer Herausforderung. Auch hören wir nichts von dem vergleichsweise sorgfältigen Überprüfungsverfahren des Adelsstammbaums der jeweiligen Herausforderer durch erfahrene Herolde (die »Kapitel« von 1448 regelten sogar eingehend die Wappenprüfung bei Herausforderern, die als »unbekannte Ritter« erschienen, ohne daß ihr Inkognito dabei gelüftet wurde).[8]

Das ganze Konzept des *pas d'armes* scheint eine extreme Fortentwicklung einer Zweikampfmode zu sein, die sich gegen Ende des 13. Jahrhunderts auszubreiten begann. Sie kann indessen bereits ältere Ursprünge gehabt haben. Eine Vorahnung davon liefert Anna Komnenes Geschichte von dem französischen Ritter in Konstantinopel anno 1096. Dieser erzählte ihrem Vater: »An den Wegekreuzungen in dem Land, aus dem ich komme, steht ein altes Sanktuarium, zu dem sich jeder, der sich einem Zweikampf stellen will, fertig gerüstet hinbegibt und zu Gott betet, während er auf den Mann wartet, der mit ihm kämpfen will. An solchen Wegekreuzungen habe ich oft ausgeharrt und gewartet und einen Gegner herbeigesehnt.«[9] Wie der Name sagt, war ein *pas* (Gang, Durchgang, »Paß«) eine Art Wiederaufnahme einer klassischen militärischen Situation (die freilich auch ein verbreiteter Topos der frühen Epik war), in der eine Handvoll Männer (oder nur ein einzelner) versuchen, eine begrenzte strategische Position – den »Paß« – gegen alle Anstürme zu halten. Es liegt hier auch eine Entlehnung aus einem ganz anderen Gebiet vor, denn es ist ein deutlicher Anklang aus der Sphäre des gerichtlichen Zweikampfs spürbar, bei dem jemand vor Gericht versucht, in Waffen sein Recht oder seine Ehre, oder Recht und Ehre seiner Dame, zu behaupten. Beide Situationen – die Verteidigung eines Engpasses und ein Duell um der Ehre willen – eigneten sich gut für literarische und theatralische Verarbeitung. Es wird nicht recht klar, welche Geschichte dem Schauspiel der *Fontaine des Pleurs* zugrunde lag, wer die junge Dame war, was der Grund ihrer Tränen und welche Rolle das Einhorn spielte (es hatte in irgendeiner Weise etwas mit »Reinheit« zu tun). Jedenfalls sollte die Dame ohne Zweifel umsorgt und geschützt werden durch die Tapferkeit ihres Helden. Wir erhalten einen kleinen Einblick in eine den Kapiteln des *pas* zugrundeliegenden kleine romanhafte Geschichte. Sie geht entschieden weiter in Richtung auf das Theaterhafte als die einfache Parade der Ritter in arturianischer oder sonstiger romantischer Kostümierung.

Es muß betont werden, daß Lalaings *pas* keine isolierte Angelegenheit war, sie gehörte nicht einmal zu den besonders ausgefeilten und extravaganten *pas* des 15. und 16. Jahrhunderts. Es ist eben ein gutes Beispiel, weil es recht vollständig überliefert ist. Eine stattliche Anzahl ähnlicher Ereignisse sind bekannt, so die *pas d'armes Arbre de Charlemagne* (1443), *Rocher Périlleux* (1445), *La Bergière* (1449), *La Belle Maurienne* (1454), *Perron Fée* (1463), *Arbre d'Or* (1468), um nur einige zu nennen.[10] Ihre Namen und »Kapitel« weisen auf den Reichtum und die Vielfalt ihrer literarischen Anregungen. Für den *pas der Bergière* 1449 in Tarascon wählte René von Anjou eine pastorale Szenerie. Die Zuschauergalerie war als strohgedeckte Hütte hergerichtet und in einer Ecke des Turnierareals war eine Schäferin (Renés Geliebte, Jeanne de Laval) plaziert. Zwei »Schäferritter« warfen für sie den Fehdehandschuh. Der mit dem schwarzen Schild der »Melancholie« forderte die in ihrer Liebe Zufriedenen heraus, der mit dem weißen Schild des »Glücks« forderte die in ihrer Liebe Unglücklichen heraus. In seinem *pas* der *Femme sauvage* von 1470 machte Antoine, Bastard von Burgund, sein Spiel mit Vorstellungen vom einfachen Leben und mit Allegorien, wie sie der *Rosenroman* popularisiert hatte: Sein »Held von der Freudigen Suche« war von der *Femme sauvage* von seinen Wunden geheilt worden, nachdem er das Land der *Enfance* (»Kindheit«) auf der Suche nach dem Land *Jeunesse* (»Jugend«) verlassen hatte. Umgeben von »wilden Frauen« betrat er die Schranken des Turniers.[11] Es versteht sich, daß arturianische und karolingische Stoffe bei den Patronen von Turnier und *pas* besonders beliebt waren. Die von Herzog Ludwig von Orléans 1493 bei Sandricourt versammelten Turnierkämpfer folgten mit Begeisterung der Artusmode, ritten in Begleitung ihrer Damen in die Wälder nahe des Schlosses (der »Wüste Wald«) und suchten nach »zufälligen« Begegnungen mit ihren Herausforderern. Der herzogliche Herold verkündete, es habe seit Artus Tagen nicht mehr ein solch prächtiges Ereignis gegeben.[12] Es sind jedoch einige Berichte von offensichtlich noch extravaganteren Nachahmungen überliefert. Die »Kapitel« dieser »Suche« (wie man sie nannte) verlangten, daß jedem Ritter von den Herolden ein Schild mit dem Wappen eines Artusritter zugeteilt würde. Sie durften altertümliche Harnische tragen und Zwerge und Jungfrauen mit sich führen, während sie nach Zweikampfgegnern Ausschau hielten.[13] Es wurde an nichts gespart, um die Farbigkeit der Romane einzufangen, und bei dieser Gelegenheit wurde für die Inszenierung sicherlich einige Forschungsarbeit geleistet. Das Zeugnis all dieser prunkvollen Veranstaltungen illustrierte dieselbe Akzentuierung von Dingen, die sich vorher bereits als Tendenzen angekündigt hatten: geradezu eine Leidenschaft für rituelle Gesten, ein übermächtiges Interesse an imitativem Dekor, eine neue Dimension an üppigem Aufwand. Solche Entwicklungen sind es, die Historiker dazu veranlaßten, Werte und Gültigkeit des spätmittelalterlichen Rittertums in Frage zu stellen.

In diesem Zusammenhang lohnt es sich, noch etwas länger bei der Entwicklung des rituellen Elements in den *pas d'armes* zu verweilen. Hierbei übte das Gerichtsduell möglicherweise einen wichtigen

Einfluß aus, mit seinen genauen Verfahrensregeln, die darauf zielten, ein wirkliches Gottesurteil zu erhalten. Auch wenn man es als ein letztes Mittel betrachtete und nur erlaubt wurde, wenn alle Möglichkeiten gerichtlicher Untersuchung ausgeschöpft waren, galt der gerichtliche Zweikampf auch noch im 14. und 15. Jahrhundert als ein legaler Weg, eine Verbrechensanklage zu regeln, sofern beide Parteien von adliger Herkunft waren. Die ausgetüftelten Arrangements beim Bau der Turnierschranken und der Galerien für Zuschauer und Juroren erinnern an die Ähnlichkeiten mit der Tjost. Abhandlungen über das Duell wurden in Ritterkreisen gerne gelesen.[14] Mindestens ebenso mächtig, jedoch besser zu bestimmen, macht sich der Einfluß der Literatur auf die *pas d'armes* geltend. Ein besonders deutliches Beispiel ihrer Einwirkung auf die Rituale liefern bestimmte Hinweise in einer ganzen Reihe von *pas d'armes*-Kapiteln auf einen sogenannten »*perron*« (wohl eine Art künstlicher Hügel oder eine Säule), der oft neben einem »Baum der Ritterschaft« plaziert war.[15] Dieser *perron* hängt eng mit Herausforderungsritualen zusammen, denn häufig hingen dort die Schilde, die ein Herausforderer berühren mußte. Bisweilen wurde das Verfahren noch verkompliziert, aber der *perron* ist immer Bestandteil des Rituals: Auf dem *pas* »*Perron Fée*« beispielsweise mußte der Herausforderer in ein Horn stoßen, das am *perron* hing und erst anschließend die Schilde berühren. Dieses Ritual geht unmittelbar auf ein literarisches Vorbild zurück. In seinem *Ywain* beschreibt Chrétien de Troyes die verzauberte Quelle im Wald von Broceliande, beschattet von dem schönsten Baum der Welt, zu dem zuerst Kaleograunt und dann Ywain selbst geschickt wurden.[16] Neben der Quelle befand sich eine mit einer Kette befestigte Schale und ein *perron*. Als die Ritter den *perron* mit dem Wasser aus der Schale bespritzten, erhob sich zunächst ein gewaltiger Sturm, darauf ließ sich eine Schar Singvögel auf dem Baum nieder und zuletzt erschien ein grimmiger Ritter, erzürnt über die Unruhe, die der Zauber in seinem Garten verursacht hatte und forderte die Ritter zum Kampf heraus. (Er überwand Kaleograunt, aber Ywain überwand ihn). Von Chrétien ausgehend, gelangte die Geschichte von der zauberischen Herausforderung des *perron* in verschiedenen Versionen in eine ganze Reihe von Romanen und wurde im Laufe der Zeit ganz offensichtlich zum Vorbild für das entsprechende Ritual in den *pas*. Die Beziehungsgeschichte ist freilich noch nicht ganz vollständig. Beispielsweise ist noch ungeklärt, wie das Ritual der Schildberührung ins Bild geraten ist. Jedenfalls spricht es als Beispiel für eine auf einem literarischen Vorbild basierende rituelle Geste für sich. Bemerkenswert ist der Umstand, daß dem *perron*-Ritual offenbar keine besondere Bedeutung unterlegt wurde über den allgemeinen Versuch hinaus, etwas von dem Nachhall jener »anderen« Welt der Ywain-Legende einzufangen. In diesem Sinne stellt es schon in besonderem Maße eine Geste um der Geste willen dar, ein wahrhaft leeres Ritual, bei dem es um einen rein theatralischen Effekt geht und nicht um irgendwelche Werte.

Eine ganz anders geartete Entwicklung läuft im späten Mittelalter parallel zu der Ausweitung der theatralischen und dekorativen Momente bei Tjost und Turnier. Stetig entfernten sich diese sportlichen Betätigungen von der zentralen Aktivität, mit der sie ursprünglich verbunden waren, nämlich vom wirklichen Kampf im wirklichen Krieg. Technische Verbesserungen und Sicherheitsvorkehrungen reduzierten, durch Verminderung der Gefahren beim Turnier, die Ähnlichkeit mit wirklichem Schlachtgetümmel. Eine der wichtigen Neuerungen war die Barriere innerhalb der Schranken, die verhindern sollte, daß die Pferde der Kämpfer gefahrvoll kollidierten. Bei Fußkämpfen war die Barriere, über die hinweg die Kämpfer aufeinander einschlugen, eine andere parallele Neuerung. Sogenannte Waffen *à plaisance* (d. h. stumpfe Waffen; Lanzen waren mit einem kronenförmigen Aufsatz versehen) wurden immer üblicher, auch wenn der Kampf *à oultrance* (was nicht »bis zum Tod«, sondern einfach mit »Kriegswaffen« bedeutete) von einer Aura größerer Ehre umgeben war. Der Gebrauch verschiedener Wappenschilde im Krieg und im Turnier unterliegt einer vergleichbaren Entwicklung. So zeigte beispielsweise der Kriegsschild des Schwarzen Prinzen das englische Wappen mit drei Punkten besetzt, sein Friedensschild jedoch drei goldene Straußenfedern auf schwarzem Grund. Überhaupt wurden im 15. Jahrhundert die Schilde nur noch beim Turnier getragen, nachdem sie als Ausrüstungsteil des Kavalleristen außer Gebrauch gekommen waren. Ab der Mitte des 14. Jahrhunderts stoßen wir in Testamenten, Rechnungen und Inventurverzeichnissen immer häufiger auf spezielle Turnierrüstungen. Eigens für den Turniergebrauch wurden solche Rüstungsteile wie der »Froschmaulhelm« oder auch »Stechhelm« gefertigt (war sein Kopf von diesem Helm umschlossen, konnte der Turnierkämpfer nur etwas sehen, wenn er sich im Sattel in der korrekten Haltung mit eingelegter Lanze vorwärts beugte, und seine Augen waren vollständig geschützt, wenn er sich beim Zusammenstoß mit dem Gegner aufrichtete).[17] Nur beim Turnier war diese Art der Defensive sinnvoll und wäre im Krieg nutzlos gewesen, wo Beweglichkeit und gutes Sichtfeld Voraussetzung für eine gute Schutzrüstung waren.

Diese technischen Neuerungen sind symptomatisch für die Art und Weise, in der sich im Spätmittelalter die Tjost von einer Fertigkeit zu einer Kunst entwickelte: Es reichte nicht mehr, den Opponenten vom Pferd zu stoßen, man mußte es auch in der richtigen Manier tun. Von hier aus war es nur ein kurzer Schritt, diese Kunst auch kunstvoller zu präsentieren. Somit besteht eine Verbindung zwischen der Ausweitung des theatralischen Elements in den *pas d'armes* und der wachsenden Diskrepanz von Fertigkeit im Turnier und wirklicher militärischer Fertigkeit. Theater und Dekor breiteten sich aus und füllten die Lücke, die nach der geschwundenen Bedeutung des ritterlichen Sports für die Kriegsführung zurückgeblieben war. Das hatte weitreichende Folgen. Da die Turnierausgaben für Ausrüstung und Gastereien, Preise und Pfandgelder über alle Proportionen in die Höhe schnellten, hörte das Turnier auf, den Weg für den Aufstieg eines jungen mittellosen Helden zu öffnen, wie es etwa in den Tagen Wilhelms des Marschalls möglich war. Die Exklusivität der Turniergesellschaft wurde immer strenger. Das zeigt sich auch am gesteigerten Interesse an der adeligen Abstammung eines Turnierkämpfers. Zur gleichen Zeit werden, wie wir gesehen haben, Rituale und Nachahmungen immer intensiver betrieben.

Wäre dies das ganze Bild, dann benötigte der Vorwurf, die spätmittelalterliche Ritterschaft habe den Kontakt zu den Werten und den praktischen Gegebenheiten verloren, keine weitere Bestätigung, zumindest was ihre sportlichen Aktivitäten betrifft. Es ist dies aber nicht das gesamte Bild, denn es gibt noch andere Aspekte, und diesen wollen wir uns jetzt zuwenden.

Zunächst mag, weil es leicht übersehen wird, daran erinnert werden, daß die Auseinanderentwicklung von Turnier und Kriegstraining graduell vonstatten ging. Während des 14. und noch im 15. Jahrhundert bot das Massenturnier nicht nur gute Trainingsmöglichkeiten für die Handhabung von Pferden und Waffen, sondern auch für den Kampf im Rahmen einer Gruppe, denn wer im Turnier zusammen kämpfte, tat dies auch aller Voraussicht nach im Krieg. Die Männer, die beispielsweise die Herren von Ghistelles und La Gruthuyse in das Turnier begleiteten, das sie im März 1393 auf dem Marktplatz zu Brügge veranstaltet hatten, waren, wie Vale bemerkte, ihre Verwandten, Verbündeten und Gefolgsleute auch im Krieg. Jeder von ihnen teilte seine Mannschaft in fünf *lignes* oder Gruppen, die unter dem Banner eines Bannerritters zusammen kämpften.[18] Ralph Ferrers, der 1386 vor dem englischen Ritterschaftsgericht als Zeuge aussagte, konnte noch mit Fug und Recht das Turnier »als Studium und Schule der Waffen« beschreiben.[19] Nur wenige Jahre früher konnte Cuvelier den Schwarzen Prinzen als Kriegsgegner seines Helden Bertrand du Guesclin etwas furchterregender erscheinen lassen, indem er ihn als umgeben von Rittern beschrieb, die durch Turniere gestählt worden waren.[20] Sein Gedicht und solche Chroniken wie die Froissarts stecken voller Berichte von einer besonderen Art des Turnierzweikampfs, von Herausforderungen und Treffen, die im Schutz zeitlich begrenzter Waffenstillstände während der Kampfpausen durchgeführt wurden. Cuveliers Bericht über die Waffentat des jungen Du Guesclin während der Belagerung von Rennes gehört in diese Kategorie, ebenso die inszenierten Gefechte zwischen englischen und französischen Rittern und Knappen, die Froissart mit viel Liebe zum Detail in seinem Bericht über Buckinghams französische Expedition im Jahre 1380 erwähnt.[21] Solche Begebenheiten wurden im 15. Jahrhundert immer seltener, waren aber auch zur Zeit Bayarts noch nicht ganz verebbt.[22] Diese Gefechte trug man in Kriegsrüstungen aus und hatte im Vergleich zu den *pas* ein ganz anderes System von Preisen und Bußen, das höher angelegt war als im Krieg. Wenn auch die gespreizte zeremonielle Feierlichkeit der *pas* jede Bedeutung für den kriegsmäßigen Kampf verloren hatte, dann war das bei dieser Art des Turniers oder auch Massenturnier nicht in dem Maße der Fall.

Bayart errang seinen Ruf als »Ritter ohne Furcht und Tadel« in den erbitterten Kämpfen der italienischen Kriege des frühen 16. Jahrhunderts. Er hatte sein Waffendebut, bei dem er sofort Aufmerksamkeit erregte, im Alter von achtzehn Jahren, als er eine Herausforderung bei einem *pas d'armes* des burgundischen Veterans Claude de Vauldray 1491 annahm und sich mit Auszeichnung gegen einen weitaus erfahreneren Turnierkämpfer behauptete.[23] In diesen beiden Rollen, dem Vollblutsoldaten und Turnierhelden, befand sich Bayart in guter Gesellschaft. Allein diese Tatsache ist ein weiterer und wichtigerer Grund, warum wir vorsichtig sein sollten, den Abstand zwischen der Welt der *pas d'armes* und dem wirklichen Soldatentum überzubetonen. Der Bericht ist deutlich genug. Jean de Boucicaut war berühmt als Organisator der Turniere von St. Inglevert bei Calais 1390 und wegen seiner Tapferkeit bei solchen vielleicht glanzvollsten Momenten dieser Art in seinem Leben. Auch in Italien machte er sich einen guten Namen als Turnierkämpfer, wie Anthoine de la Sale bezeugt. Unter seinen Gegnern in den Schranken war der Condottiere Galeas von Mantua, den wir als Muster eines Ritters im *Chevalier Errant* kennengelernt haben.[24] Aber Boucicaut (wie auch Galeas) erlebte viele richtige Kämpfe und war auf der Verliererseite bei den zwei furchtbaren Schlachten von Nicopolis und Agincourt. Das *Warwick Pageant*, ein Erinnerungswerk an die Taten des Earls Richard Beauchamp (1381–1439), hat viele glänzende Schilderungen der Turniertaten des Helden, berichtet aber auch von ganz anderen Triumphen, denn er konnte auf eine lange Soldatenkarriere zurückblicken. Er kämpfte in der Schlacht von Shrewsbury (1403), nahm an allen Feldzügen Heinrichs V. in die Normandie teil und kommandierte als Lieutenant für Heinrichs Sohn die englischen Armeen in der Normandie von 1436 bis 1439.[25] Neben dem Hofadel, der an der prachtvoll inszenierten *Emprise du Dragon* 1446 zugegen war, findet sich auch der Name des kühnen Gascogner Reisigen Poton de Xaintrailles, ein professioneller Soldat, der seinesgleichen suchte, sowie seines Kameraden, des Feldhauptmanns Pierre de Brézé.[26] Ihrer beider Waffengefährte, Jean de Bueil, wurde zu ihrer Zeit oft als Kritiker des Ritterturniers angeführt und seine Worte interpretierte man als Zeichen, daß das Turnier bei wirklichen Kriegsleuten nicht mehr hoch im Kurs stand.[27] Es scheint, daß er eher die Ausnahme war als die Regel.

Auf diesem Gebiet steht die Ritterliteratur des 15. Jahrhunderts der Wirklichkeit etwas näher als man bisher angenommen hat. Die Beschreibung des von Lancelot erdachten *pas d'armes* der »Glücklichen Insel« ist eine realistische Schilderung eines *pas* des 15. Jahrhunderts, und es scheint so, als hätte er die von Thomas von Gloucester aufgestellten Regeln des späten 14. Jahrhunderts als Richtschnur für den Zweikampf zwischen Lancelot und Mador benutzt.[28] Sein Lancelot ist dennoch ein großer Schlachtenheld, König Artus größter Kämpfer im wirklichen Krieg. Anthoine de la Sales kurze Romanerzählung *Le petit Jehan de Saintré* ist in einer anderen Stimmung gehalten, ihre Aussagen gehen aber in die gleiche Richtung. Anthoines fiktive schriftliche Herausforderungen und Paragraphen (»Kapitel«) für Saintrés Turnier sind ganz genau den Herausforderungsbriefen und Kapiteln seiner eigenen Zeit nachempfunden und wurden von Herolden verbreitet, die wirklich etwas von ihrem Geschäft verstanden. Seine Beschreibung von Banketten, Tanzveranstaltungen, feierlichen Einritten auf den Turnierplatz schwelgen ausführlich in allen Einzelheiten. Aber er beschreibt Saintré nicht nur als beispielhaften Turnierkämpfer und Galan der

Damen, sondern auch als Anführer eines Feldzuges nach Preußen, als Sieger in tödlicher Schlacht und im sportlichen Kampfspiel.[29] Die Geschichte ist ihrem Autor auf den Leib geschrieben. Er war ein Ritter, ein weitgereister Mann, ein Experte der Wappenkunde und des Turnierwesens und er war der außereheliche Sohn eines der berühmtesten (oder doch eher unrühmlichsten) reisigen Hauptleute seiner Zeit: der Sohn Bernardinos de la Sale, Hawkwoods großer Rivale. Der zeitliche Abstand hat den Unterschied zwischen *pas* und Turnier und der ernsthaften Kriegsführung im Spätmittelalter übertrieben groß erscheinen lassen. Im realen Leben und der Literatur des 15. Jahrhunderts scheinen beide nicht gar so weit voneinander entfernt gewesen zu sein. Sie waren unterschiedliche, aber eng miteinander zusammenhängende Betätigungsfelder der aristokratisch-kriegerischen Welt.

Wenn das alles etwas merkwürdig klingt, dann zum Teil doch deswegen, weil wir in unserem Erstaunen über die Höhenflüge der Phantasie (und die geschickte Inszenierung) bei der Realisierung eines großen *pas* leicht vergessen, daß solche Veranstaltungen vergleichsweise außergewöhnliche Ereignisse waren. Wir übersehen die beiläufigen, aber häufigen Hinweise in den chronikalischen Quellen auf weniger spektakuläre Turniere, die die Turniere außerhalb der Kriegszeiten als alltägliche Erscheinung im höfischen und ritterlichen Leben erscheinen lassen. Auf ähnliche Weise neigen wir zu einer übertriebenen Ansicht von der Exklusivität dieses ritterlichen Sports. Die burgundischen Länder waren die Hauptverbreitungsgebiete der *pas*, aber auch gleichzeitig des bürgerlich-städtischen Turniers. Nahezu alle größeren Städte der Niederlande hatten ihre Turniergesellschaften, besonders Brügge, Tournai, Valenciennes und vor allem Lille mit seinem berühmten Fest der Espinette, bei dem der Sieger als Trophäe einen goldenen Sperber überreicht bekam (ein Emblem mit ausgesprochen arturianischen Bezügen).[30] Diese Espinette-Feste waren in den Augen der Aristokratie keineswegs verächtliche oder nichtige Angelegenheiten. Große Männer wie Jean de Wavrin und Louis de Gruthyse und sogar Philipp der Gute verschmähten nicht, sich mit den bürgerlichen Turnierhelden im Zweikampf zu messen. Eine berühmte und oft kopierte Wappenrolle überliefert die Wappenbilder der Gewinner, der »Könige« der Espinette und vermerkt, daß diejenigen, die noch nicht von Adel waren, aufgrund ihrer in den Schranken bewiesenen Tapferkeit in den Adelsstand erhoben wurden.[31] Die Feste waren teuer und Herzog Philipp gewährte auf Antrag der Stadtschöffen (*échevins*) die Erhebung von Steuern, um den »Königen« ihre Ausgaben zu erstatten und um das Fest weiterhin veranstalten zu können. Obwohl zum Schluß – im 16. Jahrhundert – diese Steuern zu einer Belastung wurden, ist doch kein Zweifel, daß sie zu Beginn jedenfalls auf Wunsch der Bevölkerung auferlegt wurden.[32] Dies deutet darauf hin, daß Turniere im 15. Jahrhundert durchaus volkstümlich sein konnten, aus materiellen wie aus sozialen Gründen. Die Schar der Herausforderer mit ihren Damen, Dienern und Schaulustigen brachte Kunden in die Stadt, und es konnte durchaus Interesse daran bestehen, eine solche Gelegenheit beizubehalten.

Die Geschichte des spätmittelalterlichen Turniers in Deutschland kann ebenfalls dazu beitragen, das überzogene Bild zu relativieren, das so leicht bei all den Berichten über die glänzenden und prächtigen Turniere in Frankreich, Burgund und Spanien entstehen kann.[33] In Deutschland lag die Organisation der Turniere weitgehend in den Händen der Turniergesellschaften und es fehlte an Fürsten, die reich genug gewesen wären, die Kosten für die romanhaftphantastischen *pas* zu bestreiten. Das Massenturnier behielt im 15. Jahrhundert seine Popularität länger als in Frankreich. Obwohl der Anteil des Phantastischen nicht so ausgeprägt war, zumindest zur Zeit Kaiser Maximilians, waren die deutschen Turniere doch in hohem Maße zeremonielle Angelegenheiten und das gesamte Verfahrensritual, von der Helmschau zu Beginn und dem feierlichen Bankett am Ende des Turniers, wurde von den Offizialen der Gesellschaften genauestens überwacht. Der turnierende Adel wachte stolz und eifersüchtig über seine Stellung und Privilegien, und es gab genügend Tendenzen zur sozialen Exklusivität, einer Exklusivität in-

319

dessen von insgesamt weniger vermögenden Adeligen, als es die Teilnehmer bei den großen französischen *pas* waren. Sigmund von Gebsettls Erinnerungen an einige der letzten großen Turniere der »vier Lande« Bayern, Schwaben, Franken und Rheinstrom lassen die Kontraste deutlich werden:»Im Jahre 1484 hielten sie ein großes Turnier in Stuttgart in Schwaben. Es gab da Einwände gegen mein Teilnahmerecht, und ich mußte meine vier Abstammungslinien nachweisen: das waren die Gebsettl, Tettelbach, Than und Seckendorff... von Winsheim lieh mir einen Schimmel... Im selben Jahr war ein Turnier in Ingolstadt in Bayern, und ich war auch zugegen und turnierte mit einem ererbten Kriegshelm mit Helmzier und Hermann von Habsburg lieh mir einen Turnierharnisch.«³⁴ Diese Szene, in der sich ein junger Turnierkämpfer umtun muß, sich ein gangbares Pferd zu borgen, unterscheidet sich doch sehr von den Verhältnissen in Chalon-sur-Saône zu Beginn des Kapitels. Sigmunds Erinnerungen können noch anderen aus dieser Zeit an die Seite gestellt werden. Wilwolt von Schaumburg, ein großer Turnierer und Feldhauptmann mit vielen Auszeichnungen, konnte trotz aller Erfolge nicht mehr als ein bescheidenes Vermögen erwerben.³⁵ Als Soldat, als einer der Turnierhelden der Gesellschaft vom Einhorn und obendrein noch als höfischer Liebhaber, hat seine Karriere sehr viel gemein mit der eines Jacques de Lalaing und eines Boucicaut, mit dem einzigen Unterschied, daß er niemals über ein solches Vermögen verfügte, um ein großes *pas* zu veranstalten und auch keinen Herrn hatte, der ihm dazu die Mittel zur Verfügung gestellt hätte. Die Vorschriften in Rüxners *Turnierbuch* zur Einschränkung des Kleiderputzes vornehmer Damen bei Turnierfesten (mit dem ausdrücklichen Ziel, den Ärmeren Peinlichkeiten zu ersparen), illustriert dieselbe Sache von einer anderen Seite.³⁶ Rüxners Regeln wurden von den Turniergesellschaften übernommen. Ihre Statuten erinnern daran, daß ihre Genossen Kriegsleute waren, mit der bewußten Einstellung, sich gegenseitig Hilfe zu leisten nicht nur im Turnier, sondern auch bei so ernsten Dingen wie Krieg und Fehde. In Deutschland wie in Frankreich enthüllt die Geschichte des Tur-

V ſi werte d'riec menge zīt
Ṅ mtz vſ die zīt d. ſi dauīt
Ƀ es. mit crefrrelichīr wer
Ẏ v ſatte ſich d'heidīne ler
V ſ. ſyon gein den geſtīn
Ṅ ſi begundin veſtin   zoh
D en bē mit ſtarchī gewīn hoh
D ar in diu heidīnſchaſt ſich
V ſi tribīn vm̄ohaft līr wō m
Ṅ z der ſelbm veſte hīn
Ċ rumle hvſhatze blindīn
Ṡ w. ſiu d'mohten vindīn

D ie tribīns v̄ d'reſt dan   Ṅ mt begend vier genē
D aue die vor ſtat gewan   v ſi kenel hoch d'hol vz trūc
V ſie darinne für den bē   D c wazzrʼ wōd veſte hīn
�v hate d' werlich were   D ch haten ſiu wege vz v̄ in

Erstürmung und Verteidigung einer Burg.

Die von durchziehenden Armeen und Söldnerbanden verursachten Verwüstungen und Zerstörungen hatten den Charakt *einer Seuche angenommen (S. 348ff.).*

niers manche Beweise für Klassendünkel und Vorliebe für hohle Gesten, man kann aber einer solchen Geschmacksrichtung nur schwer vorwerfen, sie sei allzu überladen oder habe den Kontakt zur Realität verloren.

Ein Thema, das in nahezu allen überlieferten spätmittelalterlichen Texten, die sich mit Turnierregeln befassen, ausführlich behandelt wird, sind die »Tadel«, die zum Ausschluß vom Turnier führen konnten. Der in der Praxis am häufigsten vorgebrachte Tadel betraf unzureichende genealogische Qualifikationen. So lautete auch der Vorwurf, den Sigmund von Gebsettl 1484 zurückweisen mußte, indem er auf vier adelige Linien verwies. Die Helmschau oder das »Fenstermachen« (d. h., man hängte die Banner, Wappenschilde und Helmzierden der vorgesehenen Teilnehmer aus den Fenstern der Herbergen der Hauptbeteiligten) war ein wichtiger Bestandteil der Turniervorbereitungen.[37] Dieses Verfahren verlangte die genealogische Expertise der Herolde, deren Aufgabe es war, das Recht eines jeden auf Teilnahme am Turnier zu verifizieren. Sogar bei einem »Turnier«, das während einer Kampfpause stattfand, wurde eine Musterung der Geschlechterwappen aller Teilnehmer als notwendig angesehen.[38] Diesen Punkt nahm man sehr wichtig. Bei Anthoine de la Sale findet sich die amüsante Episode von der peinlichen Situation einiger junger Männer, die bei einem lothringischen Turnier im Jahre 1445 »vergessen« hatten, wie sie ihre Wappen beschreiben sollten und nun fürchten mußten, daraufhin vom Turnier ausgeschlossen zu werden. Er kümmerte sich nach Kräften um sie, denn er war ein freundlicher Mensch. Ein kompliziertes Wappen zu blasonieren, merkt er an, sei keine Kleinigkeit.[39]

Fehlende Qualifikation der Geburt oder eine Heirat unter Stand waren die am meisten vorgebrachten »Tadel« gegen Turnierteilnehmer. Es gab aber noch andere und diese waren möglicherweise noch von größerer Bedeutung. La Sale und der Gute König René listeten diese Tadel in ihren Turnierabhandlungen auf, so auch Rüxner. Die Listen gleichen sich weitgehend.[40] Niemand soll zum Turnier zugelassen werden, sei er auch von noch so gutem Adel, wenn er von einem der folgenden Tadel befleckt ist: Sie seien (1.) Kirchenräuber, (2.) Exkommunizierte, (3.) Frauenschänder oder hätten Damen unehrenhaft behandelt, (4.) Mörder in böswilliger Absicht, (5.) Wortbrüchige gegenüber ihrem besiegelten Versprechen, (6.) Feiglinge vor dem Feind, (7.) Unterlegene in einem Ehrenduell, (8.) Brandstifter, (9.) Anführer freier Söldnerkompagnien, (10.) Seeräuber. Rüxner nimmt noch Ketzer dazu und ersetzt »Anführer freier Söldnerkompagnien« mit »Raubritter«. Diese Listen sind recht bedeutsam und bieten eine neue Perspektive des spätmittelalterlichen Turniers. Sie rücken es dem ernsthaften Krieg nicht näher, bringen es aber in engere Verbindung mit genuinen und ethischen Verhaltensnormen.

Es ist schwer zu sagen, wie ernst dieser Tadelskatalog zu nehmen ist, welchen Verifizierungsgrad die Herolde und Turnierjuroren anlegten. Es waren aber wohl nicht nur tote Buchstaben. Der Vorwurf unehrenhaften Betragens gegenüber den Frauen konnte durchaus ernstgenommen werden und die »Helmschau« war, wie wir erfahren, unter anderem dazu gedacht, den Damen die Gelegenheit zu geben, einen Ritter, der sich schlecht benommen hatte, diskret zu »benennen« – die anderen würden ihm dann innerhalb der Turnierschranken gehörig zusetzen.[41] La Sale überliefert die unschöne Geschichte von drei burgundischen Rittern, die vor Herzog Philipp eine Farce vorführten, in der sie »verdeckt und in allgemeiner Wendung das weibliche Geschlecht mit üblen Reden beschmutzten«. Beim nächsten Turnier in Brüssel bezogen sie fürchterliche Prügel und verwünschten ihr unhöfisches Betragen »viele Tage und Nächte lang«.[42] Interessanter ist der Vorwurf, mit einer sogenannten »Freien Söldnerkompagnie« verbunden zu sein, deren Plündereien ganze Landstriche in Frankreich und Italien verwüsteten und unermeßliches menschliches Leid verursachten, oder auch der Tadel, ein Raubritter zu sein. Hier rührten die Turnierregeln an ein wichtiges soziales Problem der Epoche. Ihr Anstoß war freilich nicht geeignet, das Übel auszumerzen – nichts eigentlich war dazu geeignet.

Es hat aber den Anschein, daß die Turnierregeln doch etwas mehr waren als nur eine leere Geste. Johannes Roth nennt das Turnier einen »Prüfstein« für wahres Rittertum, denn die Raubritter würden es nicht wagen, sich dort unter die besseren Teile der Ritterschaft zu mischen.[43] Es ist sicherlich kein Zufall, daß Roths Held und Patron Graf Balthasar von Thüringen als Gründer der Turniergesellschaft vom Einhorn in Erinnerung blieb und gleichzeitig als entschlossener Kämpfer gegen das Raubritterunwesen.[44]

Um die Unwürdigen von seinem Halbmondorden fernzuhalten, benutzte René von Anjou einen Tadelskatalog, der ganz ähnlich aussah wie der in seiner Abhandlung über das Turnier.[45] Wie die Ritterorden, konnten Turnier und *pas d'armes*, bei allem zeremoniellen Glanz und zum Teil auch mit dessen Hilfe, dazu eingesetzt werden, die Ritterschaft an ihre ernste soziale und moralische Verantwortlichkeit zu erinnern, die ihr vom ritterlichen Verhaltenskodex auferlegt wurde. Glanz und Zeremonie hatten insgesamt kaum höherhinausgehende Zielsetzungen. Sie waren Propagandamittel für den Patron eines *pas* oder den Souverän eines Ordens und vermittelten den Gefolgsleuten so die Attraktion ihres Herrendienstes. Beide Zielsetzungen sind jedoch für uns als Historiker von gleichwertiger Moral: Im Zeremoniell und Ritual des spätmittelalterlichen Rittertums steckte mehr als nur der Versuch, die Illusion von Ruhm durch das Nachäffen von Mode und Gebärde einer imaginären Vergangenheit aufrechtzuerhalten.

*

An vielen Stellen hören wir im ausgehenden Mittelalter von feierlichen Gelöbnissen im Zusammenhang mit dem Turnier, diese und jene Waffentat in den Schranken zu vollbringen (die *pas d'armes* können ohne weiteres als eine Art Vervollkommnung dieser Praxis betrachtet werden). Die Statuten einiger »Gelübdeorden«, die im vorigen Kapitel erörtert wurden, repräsentieren eine kollektive Institutionalisierung der Gepflogenheit, sich ein Gelübde aufzuerlegen, so etwa in Bourbons Orden vom *Fer de Prisonnier*, der die Rittergemeinschaft durch das gemeinsame Gelöbnis zusammenband, bestimmte Turniertaten innerhalb eines festgelegten Zeitraums zu vollbringen.[46] Auch Einzelpersonen verpflichteten sich durch solche Gelöbnisse, und häufig trifft man auf die Devise der Kette eines Gefangenen als äußeres und sichtbares Zeichen eines bindenden Gelöbnisses. Im *Jehan de Saintré* ist der polnische Baron Loisenlech wegen eines Gelübdes an Händen und Füßen mit goldenen Fesseln zusammengekettet, von denen ihn Saintré durch Annahme seiner Herausforderung befreite.[47] Der sizilianische Turnierkämpfer Johannes von Boniface trug die Eisen eines Gefangenen als Zeichen eines Turniergelöbnisses, als er 1446 nach Antwerpen kam, wo ihn Jacques de Lalaing befreite.[48] Lord Scales wurde mit einer anderen, aber vergleichbaren *emprise* (eigentlich »ritterliches Wagnis«) im Jahre 1465 von den Damen des englischen Hofes gebunden, als sie ihm eine goldene Kette um seinen Schenkel legten mit einem daranhängenden Vergißmeinnicht und ihn damit zu ihrem Favoriten machten.[49] Das Ablegen von Gelöbnissen und die Adoption als Gegenleistung für die Entbindung von den *emprises* wie den eben erwähnten, waren in der spätmittelalterlichen Periode ein formelles und augenfälliges Ritual der ritterlichen Gesellschaft geworden.

Die am meisten gepriesenen und auffallendsten individuellen Gelöbnisse hängen mit dem Turnier zusammen und haben nicht selten einen erotischen Akzent. Die Anregungen für die Gelöbnisse wuchsen aus der ritterlichen Bestimmung, seiner Dame Ehre zu erweisen und sich selbst als ihrer würdig zu zeigen: Die Ketten seiner *emprise,* seines »Wagnisses«, symbolisierten die Ketten der Liebe. Betrachten wir die Umstände indessen genauer, stoßen wir bei vielen Gelegenheiten auf ähnliche Gelöbnisse, die darauf abzielen, Waffentaten im wirklichen Krieg zu vollbringen. In seiner *Scalacronica* bringt Thomas Gray die vortreffliche Geschichte von Sir William Marmion und seinem Goldhelm, den ihm seine Gemahlin mit dem Auftrag überreichte, ihn im Kampf zu tragen, bis er eine ruhmvolle Kriegstat vollbracht hätte. Als Alexander Mowbray und seine Schotten vor Norham Castle erschienen, wandte sich Grays Vater, der Burghauptmann, an ihn mit den Worten:»Herr Ritter, Ihr kommt hierhier als Fahrender Ritter, um diesen Helm berühmt zu machen und es scheint mir schicklicher, wenn Ihr Euer Rittertum auf dem Pferderücken beweist... Besteigt Euer Pferd. Seht, dort sind Eure Feinde. Gebt die Sporen und führt den Kampf in ihrer Mitte.« Marmion gehorchte und verlor fast sein Leben in dem Kampfgetümmel, bis der alte Gray dazwischen ritt und ihn rettete.[50] Ganz ähnlich ist Barbours Geschichte von Sir John Weberton, der geschworen hatte, die Burg Lanark ein Jahr lang zu bewachen, als eine ausreichend gefährliche Probe, würdig der Frau, die er liebte (er starb innerhalb dieser Frist bei der Verteidigung der Burg gegen James Douglas).[51] Näher am Formalismus der Turniergelöbnisse ist Philippe de Mézières Geschichte von dem polnischen Ritter, der geschworen hatte, sich nicht zum Essen niederzusetzen, bevor er nicht gegen die Ungläubigen gekämpft hätte[52], ebenso Froissarts Erzählung von den jungen englischen Edelleuten in Valenciennes, von denen jeder ein Auge mit einem Tuch verbunden hatte. Sie hatten gelobt, solange nur mit einem Auge zu sehen, bis sie irgendeine Waffentat in Frankreich begangen hätten.[53] Diese Notizen illustrieren recht gut die Parallelität zwischen Ritualen im Turnier und Ritualen im Krieg und erinnern uns erneut an die – für die ritterliche Mentalität – enge Verbindung zwischen Krieg und Turnier – eine beibehaltene Beziehung trotz wachsender Divergenzen zwischen den Fertigkeiten, die sie verlangten.

Froissarts Geschichte von den jungen Engländern mit ihren verbundenen Augen ist besonders wichtig. Sie spielt deutlich auf eine Geschichte in einem als *Vows of the Heron* (»Gelübde des Reihers«) bekannten Gedicht an. Es beschreibt, wie am Vorabend des Hundertjährigen Krieges bei einem Hoffest Eduard III. und seinen Rittern ein Reiher serviert wurde. Alle schworen bei dem Reiher, in Frankreich große Taten zu vollbringen. Als die Reihe an den Earl von Salisbury kam, bat er seine Gräfin, die schöne Johanna von Kent, sein Auge mit ihren Fingern zu schließen. Er sprach:»Ich schwöre zum Allmächtigen Gott, daß dieses Auge niemals geöffnet werden soll, weder für Sturm noch für Wind, für Unglück und Glück, für irgendein Hemmnis und Hindernis, bis ich in Frankreich sein werde und die Flammen des Krieges dort entzündet habe.«[54] Etwas über dreißig Jahre vorher, im Jahre 1306, trug sich eine ähnliche Zeremonie zu anläßlich des Festes, das Eduard I. zur Feier der Schwertleite seines ältesten Sohnes gab. Zwei Schwäne wurden aufgetragen und der König und seine Ritter schwörten auf die beiden Schwäne, Krieg gegen die Schotten zu führen, um Bruce zur Strecke zu bringen. Danach wollten sie sich auf den Kreuzzug begeben.[55] Hier haben wir ein anderes ritterliches Ritual: der Schwur auf einen Vogel. Es ist wohl lothringischen Ursprungs und Jean de Longuyon sorgte für seine weite Verbreitung durch einen mythischen Bericht in seiner Version des Alexanderromans (den er für seinen Gönner Bischof Thibaut von Bar zusammenstellte), nach dem die Gefährten Alexanders während eines Gelages bei der Belagerung von Ephesos ein Gelübde auf einen Pfau ablegten.[56] Sein Werk (und vielleicht auch das Gelöbnis auf den Reiher) inspirierte das berühmteste Gelöbnis dieser Art anläßlich des Fasanenfestes in Lille 1453, an dem der Wappenkönig »Toison d'Or« einen lebenden mit einer goldenen Halskette behangenen Fasanen hereintrug und vor Herzog Philipp von Burgund und seiner Hofgesellschaft die »alte Sitte« heraufbeschwor, »einen Pfau oder irgendeinen anderen edlen Vogel an einem Fest vor den erlauchten Fürsten, Baronen und Edelleuten zu präsentieren, damit sie schickliche und bindende Eide ablegten.«

Das Fasanenfest war hochberühmt wegen des geradezu unglaublich verschwenderischen Theaters, das bei dieser Gelegenheit ablief. Den Rahmen für das Ereignis bildeten die Kreuzzugspläne Philipps von Burgund zur Rettung Konstantinopels vor den Türken. Dem Fest ging ein Turnier voraus, bei dem der als Schwanenritter verkleidete Adolf von Kleve alle Ankommenden zum Kampf herausforderte. Eine Menge ausgetüftelter Apparate wurde ersonnen, um das Ergötzen der Gäste beim großen Festmahl noch zu erhöhen. Dazu gehörte das Modell eines Kindes auf einem Felsen, das Rosenwasser pißte. Auf dem Höhepunkt des Banketts betrat ein nach Art der Sarazenen von Granada gekleideter Riese die Halle. Er führte einen Elefanten, auf dem eine weinende Frau saß – die Heilige Kirche – und ihre Unterdrückung durch die Ungläubigen beweinte. Nachdem sie die versammelte Gesellschaft um Hilfe angerufen hatte, trat der Wappenkönig »Toison d'Or« mit dem Fasan ein, begleitet von zwei illegitimen Töchtern Philipps und zwei Rittern vom Goldenen Vlies, und die Gelübde wurden abgelegt.[57] Auch sie waren reichlich außergewöhnlich: Die Männer schworen, keinen Harnisch zu tragen, nicht in einem Bett zu schlafen, sich beim Essen nicht niederzusetzen (das betraf meist nur einen Tag pro Woche), bis sie irgendwelche herausragenden Taten gegen die Türken vollbracht hätten. Jeder Schwur wurde von Toison d'Or sorgfältig schriftlich registriert und deswegen konnte sie der Chronist Mathieu d'Escouchy für uns in aller farbiger Detailgenauigkeit überliefern.[58]

Es ist nicht ganz leicht, die Ideen in den Griff zu bekommen, die hinter dem Brauch solcher ritterlicher Gelöbnisse standen, wie sie die burgundische Ritterschaft in Lille 1454 ablegte und die offensichtlich zum gleichen Genre gehören wie die übrigen, hier erörterten individuellen Gelöbnisse mit Bezügen zu Taten im Krieg oder beim Turnier. Indem sie wirkliche oder symbolische Entbehrungen auferlegten, die bis zur Erfüllung des Gelöbnisses erduldet werden sollten, erinnern sie einerseits an religiöse Askesegelübde – zu fasten, bestimmte Gebete zu rezitieren, auf Pilgerfahrt zu gehen. In den Statuten einiger ritterlicher Gelübdeorden haben die Verpflichtungen zur Befolgung bestimmter religiöser Gebote einen gewissen Anteil, wenn auch keinen zentralen, an den auferlegten Gelübden.[59] Die häufig in literarischen Werken gezogene Parallele zwischen den Prüfungen höfischer Ritter und der Pilgerfahrt durch das menschliche Leben erinnert daran, daß diese Analogie relevant und den Menschen bewußt war. Ausgesprochen christliche Gelübde sind nicht die einzige Entsprechung zu den hier in Frage stehenden Gelöbnissen. Sie haben gleichzeitig ein anderes Vorbild in den Schwüren der großen nordischen Sagahelden, der epischen *chansons* und den höfischen Ritterromanen. Ihre Inspiration war indessen nicht die Sehnsucht nach Gnade, sondern Trunkenheit und Erregung beim Festgelage. Die Tatsache, daß die gelobten asketischen Handlungen häufig rein formal und symbolisch waren, eine rituelle Handlung wie das Tragen eines Zeichens oder einer Gefangenenkette, ist ein deutlicher Hinweis auf die Relevanz dieser alternativen Analogie. Ihr Ton erinnert eher an die Absicht der Sagahelden, Vorhersagen über die Windverhältnisse zu machen, als nach Vollkommenheit in den Tugenden zu streben. Das merkwürdige Ritual des Vogelgelübdes, das anscheinend literarische und legendarische Ursprünge hat, ist ein Hinweis in dieselbe Richtung.[60] Im Bereich der Gelöbnisse finden wir hier eine genaue Analogie zur rituellen und zeremoniellen Bedeutung des *perron* in den *pas d'armes*, denn wir erfahren nicht, was es besagte, auf einen Vogel zu schwören, genauso, wie wir nicht die Bedeutung des *perron* kennen. In beiden Fällen scheinen literarische Überlieferung und theatralisches Potential die Schlüssel zur rituellen Bedeutung zu sein und nicht irgendein kohärenter Versuch, etwas zu symbolisieren und mit einem Sinn zu versehen.

Dennoch und trotz ihres extravaganten Zuschnitts können ritterliche Gelöbnisse nicht von ernsthaften Intentionen getrennt werden. Zwar begab sich Philipp der Gute nie auf einen Kreuzzug, so daß die Gelöbnisse beim Fasan letztlich unerfüllt blieben, sie waren aber alles andere als eine leere Geste. Sie waren der sorgfältig geplante Versuch, dem Beginn einer ernsthaft ins Auge gefaßten Unternehmung ein Höchstmaß an schlagartigem Aufsehen zu verleihen. Eine ganze Reihe weniger dramatischer Zusammenkünfte des burgundischen Adels folgte, um noch mehr Verpflichtungen einzuholen, an der Expedition gegen die Türken teilzunehmen. Steuern zur Deckung der Kosten wurden erhoben und in aller Eile detaillierte Pläne erstellt, wie die Probleme der Musterung, des Transports und des Nachschubs gelöst werden könnten. Es waren Änderungen der politischen Situation Europas, die zur Aufgabe der Pläne führten, und das 1456, zwei Jahre nach dem Fasanenfest.[61] Über die ernsthaften Absichten der Gelöbnisse Eduards I. und seiner Ritter auf die beiden

Schwäne anno 1306 kann natürlich kein Zweifel bestehen und selbst wenn, was ja immerhin möglich wäre, die Geschichten etwa vom Reihergelöbnis fiktional sind, so handelt es sich doch um eine mit der Realität eng verbundene Fiktion. Natürlich entfachte der Earl von Salisbury die Flammen des Krieges in Frankreich. Und die Geschichten des Thomas Gray über Sir William Marmion und des Philippe de Mézières über den polnischen Ritter, der sich nicht zum Essen niedersetzen wollte, sind ganz augenscheinlich nicht irgendwelche Ausgeburten einer kitschigen Phantasie. Gelübde mögen in sich ein theatralisches Gehabe sein, aber die Männer, die sie leisteten, wußten, daß sie dabei mit wirklichen Gefahren rechen mußten. Jean de Rebreviettes machte ein ironisches Gelübde auf den Pfau von Lille, kämpfte später aber wirklich in Spanien und Ungarn für den Glauben und riskierte sein Leben, um sich dort in den Kämpfen Ehre einzuhandeln.[62]

Nostalgie nach einer verlorenen Zeit, nach einer vergangenen und idealeren Epoche des Rittertums, spielt bei allen Berichten über Rituale und Zeremonien des spätmittelalterlichen Rittertums eine wichtige Rolle. Das läßt sich gewiß nicht leugnen angesichts der ganz bewußten Bemühungen, bei der Veranstaltung von Turnieren und *pas d'armes* und bei den Gelöbnissen, die Welt der höfischen Ritterromane neu zu inszenieren und ins Gedächtnis zurückzurufen. Wir dürfen aber nicht vergessen, daß »Nostalgie« in bezug auf das Mittelalter nicht die gleichen negativen Implikationen hat wie im heutigen Gebrauch. Die Menschen damals begangen nicht den Fehler, den Gang der Zeit mit Fortschritt zu verwechseln. Sie waren eher geneigt zu denken, es ginge alles bergab, je älter die Welt wurde. Ihre Nostalgie hatte daher die positive Kraft, die Menschen dazu zu motivieren, vergangene Werte aufrechtzuerhalten oder wieder zum Leben zu erwecken.

Als Karl v. von Frankreich bei seinem großen Bankett in Paris 1378 zu Ehren seines Gastes Kaiser Karl iv. Gottfried von Bouillons Eroberung von Jerusalem nachspielen ließ, diente das nicht nur der Unterhaltung. Es war daneben auch beabsichtigt, die anwesende illustre Gesellschaft an das Rittertum der Vergangenheit zu erinnern und ganz besonders an seine Hingabe an die Sache des Kreuzzugs.[63] In gleicher Weise versuchte Philipp von Burgund bei seinem Fest in Lille Assoziationen an ein altes Ritual zu wecken, als er Begeisterung für dieselbe Sache des Kreuzzugs wecken wollte. Und es war ein ähnlicher Gedanke, der Pierre de Bauffremont dazu brachte, sein *pas d'armes* »zu Ehren unseres Herrn Jesus Christus und seiner Heiligen Mutter und des Heiligen Georg« zu veranstalten, dem Turnier damit eine karolingische Färbung zu geben und es *Arbre de Charlemagne* zu nennen.[64] Schauspiel bei Fest und Turnier war kein Selbstzweck, noch waren extravagante Feste und Turniere lediglich Versuche, aus einer grimmen Realität in die Illusion auszuweichen. Spiel, Zeremonie und theatralische Gebärde gehörten dazu, aber die dahinterstehende Absicht – die Interpretation von Bedeutung und Wert des »edlen Rufes und der edlen Übung der Waffen« für die Nachgeborenen – verlor man niemals aus dem Auge. Die nostalgische Beschwörung der Vergangenheit bedeutete nicht Verlust der Ernsthaftigkeit, im Gegenteil: Sie spiegelte die bewußte und ernste Annahme der damit verbundenen Zielsetzungen.

*

Das spätmittelalterliche Rittertum war in seinen Neigungen zum Ornamentalen und Imitativen exhibitionistisch und verschwenderisch – oft bis zum Gewöhnlichen, und das hat ihm seinen schlechten Ruf eingebracht. Aus ästhetischer Sicht ist dieser schlechte Ruf zum Teil berechtigt, es handelt sich aber hierbei nicht um Zeichen von Dekadenz. In dieser Epoche spielte das Ritual noch eine wichtige Rolle im sozialen Leben, es war immer noch ein üblicher Weg für die Menschen, die grundlegenden sozialen Beziehungen zueinander auszudrücken: in der Huldigungszeremonie etwa, oder in der Krönungszeremonie. Unter solchen Umständen ist es nur natürlich, daß die Menschen, als sie in den halbhistorischen Romanen den Reichtum der säkularen Tradition des Rittertums zu entdecken begannen, versuchten, diese neue Entdeckung in den Formen und Ri-

tualen der bevorzugten sportlichen Aktivitäten des Rittertums auszudrücken. Wenn der weltliche Adel bei seinen Bemühungen in dieser Richtung manchmal übertrieben vorging, dann zum Teil deswegen, weil sie nur eine schwach ausgeprägte Tradition in literarischer
Bildung hatten und überwältigt von ihren neuen Entdeckungen waren. Zum Teil erklärt es sich auch daraus, daß sie der Würde ihres
eigenen Gesellschaftsideals Gerechtigkeit angedeihen lassen wollten, das weltliche Ehren hoch bewertete. Ihre Symbole waren notwendigerweise äußerlicher Natur.

Weiterhin muß auch noch ein ökonomischer Faktor in Betracht
gezogen werden, der vielleicht dazu beitragen kann, die für uns ver-
wirrende Schmuckfülle des spätmittelalterlichen Rittertums besser
zu verstehen. Innerhalb des Adels, auf den das Ornamentale ja besonders ansprach, vergrößerten sich im ausgehenden Mittelalter die
Unterschiede im Vermögensstand. Am einen Ende der Rangstufen-
leiter sammelte der Hochadel, Leute also, die als Patrone die glanzvollen *pas d'armes* und höfischen Feste finanzierten, immer größere
Reichtümer an. Sie waren dabei, wie Philippe de Mézières erkannte,
eine Art Oberadel zu konstituieren, als er die fürstlichen Dynasten,
die großen Grundherren und Barone als eigenen Stand innerhalb
des Adelsstandes von dem »gemeinen Adel«, den Rittern, Junkern
und Edelleuten unterschied.[65] Männer wie die Herzöge von Burgund und Anjou, die Herzöge von Lancaster und York in England
und die kastilischen Granden verfügten über eine Anhäufung von
Landbesitz (sowie gerichtliche und fiskalische Rechte), die im Vergleich das Vermögen der höheren gräflichen und baronialen Feu-
dalaristokratie früherer Epochen als winzig erscheinen lassen. Im
Gegensatz zu diesen früheren Phasen und zu anderen Zeiten gab es
in dieser Periode nur wenige natürliche und technische Möglichkeiten, den Reichtum wieder zu investieren, etwa in technische Verbesserungen oder den Landesausbau oder in neue kommerzielle oder
koloniale Unternehmungen. Andererseits gab es eine starke Tradition, daß Freigebigkeit und prunkvolle Ausstattung eine angemessene Verwendung für adeliges Vermögen darstellten. So wurde in

derlei Dinge wesentlich mehr Geld gesteckt als vorher, mit dem Effekt, daß die Produkte dieser Investitionen eine ganze Zeit lang flitterhaft, üppig und verschwenderisch wirkten.

Gleichzeitig wurden die wirtschaftlichen Verhältnisse für den »gemeinen Adel« immer schwieriger. Ihre Familieneinkünfte aus Landbesitz waren in vielen Fällen wegen der Kriegsverwüstungen auf dem Lande aufgezehrt, aber auch wegen teurer gewordener Arbeitsleistungen und der günstigeren Bedingungen, die die Pächter in einer Phase demographischen Niedergangs fordern konnten, natürlich aber auch wegen ihrer eigenen Verschwendungen bei ihren Bemühungen, einen repräsentativen Lebensstil zu führen. Die üppige Zelebrierung aristokratischer Ideen mußte unter diesen Umständen eine große Anziehungskraft für sie haben, denn so etwas schien die Würde ihres eigenen Standes zu untermauern und dessen abgehobene Position konnte durch ihr Interesse an Dingen, wie etwa adelige Abstammungslinien, akzentuiert werden. Für sie war es Ausdruck von *largesse,* die die niedere Aristokratie bei der höhergestellten schon immer bewundert hatte. Dies allein war ein Grund, warum Verschwendung für die Patrone und Mäzene der Hocharistokratie eine lohnende Investition sein konnte. Sie trug dazu bei, sich des Dienstes von Leuten zu versichern, von deren loyaler Unterstützung sie abhingen – in Politik und Verwaltung und ganz besonders im Krieg, so wie es ihre Vorgänger auch gehandhabt hatten.

Die »gemeinen Chargen« des spätmittelalterlichen Adels entwickelten sich immer mehr zu einem Dienstadel. Hof- und Kriegsdienste boten noch unter den gegebenen wirtschaftlichen Umständen die beste Möglichkeit, Einkünfte von einer Herrschaft einzuheimsen, es öffnete den Weg zu Pensionen, Ämtern, Lohn für Kriegsdienste, Anteile an der Kriegsbeute. Außerdem nahm man teil an Glanz und Herrlichkeit des höfischen Lebens, befand sich in Gesellschaft des Hochadels. Sein Lohn sorgte gleichzeitig für das Sicherheitsbedürfnis des Adels in bezug auf Einkünfte und auf Selbstwertgefühl. Das galt insbesondere für den Kriegsdienst, denn Krieg war das traditionelle Betätigungsfeld des Adels. Ein Adliger im Kriegsdienst

konnte damit rechnen, daß sein Wappen und sein Wagemut öffentlich bekannt wurden und daß er obendrein noch ein Vermögen gewinnen konnte. So gab es eine intime Verbindung zwischen den
Schönheiten und den Scheußlichkeiten des Rittertums. Eben diese
Verhältnisse förderten in einem Zug die Vorliebe des Adels für Repräsentation, für Krieg und Verschwendung. Die so entstehenden
Spannungen durch den Druck von beiden Seiten sollen Thema des
folgenden Kapitels sein.

12. KAPITEL

Rittertum und Krieg

HUIZINGA BETRACHTETE DAS spätmittelalterliche Rittertum mit seiner Idealisierung des aristokratischen »Fahrenden Ritters« – ein
Typus, für den Jacques de Lalaing ein Beispiel ist – als ein Kulturphänomen, das sich mehr und mehr von den, wie er es nannte, »har-
schen Realitäten« der Epoche entfernte.[1] Ich selbst argumentierte,
daß es zugleich ein kulturelles und soziales Phänomen war, das seine
Kraft behielt, weil es weiterhin für die sozialen und politischen Realitäten der Epoche relevant blieb. Das ausgehende Mittelalter war
nicht weniger kriegerisch als das 10. und 11. Jahrhundert, in dessen
Kriegsläufen das Rittertum entstand. Die gesamte Kultur der Epoche wurde von immer wieder aufflackernden, örtlich begrenzten
Kriegen geprägt. Die ständigen Kriege haben deutliche Spuren hinterlassen, in Burgen und Zitadellen und Stadtmauern, die die Zeit
besser überstanden haben als die sonstige Architektur der Epoche,
die Kirchen ausgenommen, und in den großen Sammlungen spätmittelalterlicher Rüstungen – genauso wie in den Illustrationen
spätmittelalterlicher Manuskripte, in denen Schlachtszenen den
Hauptanteil an Bildern weltlichen Inhalts ausmachen, und auch in
der modischen Vorliebe für Abhandlungen über das Kriegswesen
und Übersetzungen klassischer Militärexperten, wie des Vegetius.
Auf diese Erscheinungen hat Philippe Contamine kürzlich hingewiesen.[2] Unter solchen Umständen, so Contamine, muß das Kriegswesen selbst als kulturelles Phänomen studiert werden, und es kann
nicht verwundern, daß der Krieger als eine Figur von besonderer
Bedeutung in der weltlich ausgerichteten Gesellschaft eine herausragende Stellung hatte, oder daß die Gesellschaft bemüht war,

335

durch ausgedehnte Rituale seiner ihm zugesprochenen Würde gerecht zu werden.

Es bleiben freilich noch wichtige Fragen, die einer weiteren Untersuchung bedürfen, wenn der Vorschlag, Huizingas Sicht müsse modifiziert werden, eine Berechtigung haben soll. Zum Beispiel: Wie kann der Kult des »Fahrenden Ritters«, jenes speziellen Typus, den Literatur und so viele Rituale des Rittertums zum Idol erheben, mit den sozialen und politischen Tagesproblemen in Beziehung gesetzt werden? Als Zusatz zu dieser Frage muß noch eine andere gestellt werden: Waren seine Risiken wirklich so groß, daß er einen solchen Beifall verdiente? Und was ist mit den anderen, ebenfalls genügend rauhen Realitäten – wie konnten die Zeitgenossen den Kult des kämpfenden Kriegers mit ihren eigenen Erlebnissen solcher Schrekken des Krieges vereinbaren, die die Nichtkombattanten ja noch eher trafen als die Soldaten, insbesondere die Verbrechen und Vergehen der Soldateska, ihre Plünderungen und ihre Brutalität? Wie weit erschütterten solche Exzesse ihr Vertrauen in ritterliche Ethik? Das sind wichtige Fragen, denn wenn der Ritterkult wirklich so weit von der gesellschaftlichen Realität entfernt war und wenn die Realität ihrerseits tatsächlich ritterliche Werte in Frage stellte, dann erscheint Huizingas These als die These, die am besten mit den Fakten übereinstimmt.

*

Von diesen Fragen wollen wir zunächst die Frage zum Risiko des Kämpfers behandeln, denn in ihren Implikationen ist sie weniger komplex. Es wurden immer wieder drei Gründe für die These angeführt, daß die Risiken für die unmittelbar Beteiligten an rittermäßiger Kriegsführung im ausgehenden Mittelalter weniger hoch waren als man gemeinhin annehmen könnnte. Ein Argument ist, daß die Rüstung, in der ein Ritter in den Krieg zog, ausreichend unbezwingbar war für die gegen ihn eingesetzten Waffen, so daß seine Behauptung, er riskiere Leib und Leben, leicht übertrieben klinge. Ein zweites ist, daß regelrechte Feldschlachten recht selten gewesen seien

Die freien Söldnerkompagnien waren in ihrer sozialen Zusammensetzung recht heterogene Gebilde, bei denen Soldaten aus dem Kleinadel dominierten (S. 352).

Mongolenschlacht bei Liegnitz 1241.

und daß die Feldherren sie soweit wie möglich vermieden hätten. Ein dritter ist, daß sich die Ritter, wenn sie dann in einer offenen Schlacht aufeinander getroffen wären, alles darangesetzt hätten, sich nicht zu töten – ein besonderer Vorwurf, der zu der anderen generellen Ansicht überleitet, daß Nichtkombattanten in der mittelalterlichen Kriegführung weitaus mehr gefährdet gewesen seien als die Soldaten.

Natürlich konnte nichts einen Ritter unverwundbar machen, aber sein Kriegsharnisch gab ihm zweifellos ein hohes Maß an körperlicher Sicherheit, aber auch ohne Zweifel eine Sicherheit in psychischer Hinsicht. Es versteht sich, daß ein Mann in voller Rüstung und in einer guten Kampfposition eine ganze Zeitlang eine große Zahl nicht so gut gerüsteter Kämpfer in Schach halten konnte. Byzantiner und Moslems (die nie die volle Körperpanzerung übernahmen) waren zu Beginn der Kreuzzugsepoche außerordentlich verblüfft, in welchem Ausmaß ein »fränkischer« Ritter durch seine Panzerung geschützt war. Die Türken nannten die westlichen Völker »Eisenleute«. »Sie waren von Kopf bis Fuß gepanzert mit einer Rüstung aus einer Art Stoff aus Eisenringen. Sie schienen eine eiserne Masse zu sein, von der die Schläge einfach abglitten.«[3] So schrieb ein moslemischer Autor über die Kreuzritter, die so lange und erbittert bis zur ihrer Niederlage bei Hattin 1187 gekämpft hatten. Im späteren Mittelalter hatte sich das Handwerk des Harnischfegers zu einer hohen Kunst entwickelt und Neuerungen im Zuschnitt einer Rüstung begegneten neuen Gefahren: der höheren Reichweite und Durchschlagskraft von Langbögen und Armbrüsten und dem Stich der langen Piken der Fußsoldaten, die gerade für die Pferde todbringend sein konnten. Plattenharnische kamen in allgemeinen Gebrauch gegen Ende des 14. Jahrhunderts. Ihre besonders herausgearbeiteten Gelenkscharniere und die neuen Möglichkeiten, das Gewicht des Harnischs zu verteilen (das bei einem Kettenpanzer schwer auf den Schultern lastete), stellten bedeutende Fortschritte dar, und die glatten Oberflächen konnten abgeschossene Pfeile und Pikenstiche abgleiten lassen. Der mit einem Visier versehene Schaller ersetzte den großen Topfhelm, der früher über einer Kettenhaube getragen wurde. Der Schaller war wesentlich leichter und bequemer. Verbesserte, zu Beginn des 15. Jahrhunderts entwickelte Pferdeharnische boten für Roß und Reiter einen effektiveren Schutz.[4] Natürlich konnte ein Harnisch niemals einen vollständigen Körperschutz gewähren, er blieb schwerfällig und einengend. Wer sein Visier lüftete oder einen Teil seines Halsschutzes offen ließ, um seinen Kopf besser bewegen zu können, verschaffte sich größere Bequemlichkeiten, ging aber auch ein größeres Risiko ein.[5] Es bleibt jedenfalls, daß ein gut angepaßter Harnisch dem Ritter eine bemerkenswerte Sicherheit verlieh.

Das jedoch löste mitnichten alle seine Probleme. Am Ende eines scharfen Gefechts war ein Ritter, erschöpft vom Gewicht seines Harnischs, nicht mehr sonderlich beweglich und der Besiegte konnte zur leichten Beute seines siegreichen Gegners werden. Das ist einer der Gründe, warum tödliche Verluste auf der Verliererseite so häufig vorkamen. Zwar bedeutete eine ehrenhafte Gefangennahme in den Augen der Rittergesellschaft keine Schmach (wie etwa die Flucht), war aber auch keine besonders attraktive Aussicht. Das hohe Lösegeld, das ein Adeliger zu gewärtigen hatte, konnte den wirtschaftlichen Ruin der gesamten Familie bedeuten oder zwang ihn, über seine Mittel hinaus Geld zu leihen oder sein Eigentum zu verkaufen oder zu verpfänden.[6] Außerdem machte nicht jeder Gefangene wegen des Lösegeldes. Die Schweizer gaben gewöhnlich kein Pardon, auch nicht die Soldaten der flämischen Städte. Nach der Schlacht von Nikopolis ließ Sultan Bajezit die meisten der Gefangenen exekutieren, außer diejenigen, von denen er fürstliche Lösegelder erwarten konnte. Und in der Hitze der Schlacht von Agincourt befahl Heinrich v., alle französischen Gefangenen außer den wichtigsten zu töten, als er annahm, eine frische französische Armee sei im Anmarsch.[7] Diese Handlung rief bemerkenswert wenig zeitgenössische Kritik hervor: Viel weniger jedenfalls, als man hätte erwarten können, wurde doch normalerweise in den englisch-französischen Kriegen den Unterlegenen Pardon gewährt.

Angesichts solcher Tatsachen ist es nicht verwunderlich, daß es im ausgehenden Mittelalter Perioden gab, in denen die Feldherren sehr zurückhaltend waren, ihre Truppen großen Feldschlachten auszusetzen. Dieses zweite Argument für eine geringe Einschätzung des Risikos eines spätmittelalterlichen Ritters scheint eine gewisse Berechtigung zu haben, auch wenn sich das erste Argument als überzogen herausgestellt hat. Belagerungen und gelegentliche Scharmützel bestimmten die Geschichte vieler Feldzüge des späten 14. und frühen 15. Jahrhunderts. Diese Art der Kriegsführung barg natürlich große Gefahren, besonders beim Sturm einer befestigten Stadt oder einer Burg, obwohl sie nicht ganz so akut für den Ritter oder Soldaten waren wie bei einer offenen Feldschlacht. Viele Städte sind auch niemals erstürmt worden; sie wurden belagert und ergaben sich (wenn überhaupt) unter bestimmten Bedingungen (meist betrafen sie die Evakuierung der Garnison, wenn nicht bis zu einem festgesetzten Datum Entsatz eingetroffen sein sollte).[8] In Hinblick auf Menschen und Material war diese Art der Belagerung für beide Seiten durchaus ökonomisch, und das trug sicherlich zur Reduzierung der persönlichen Gefährdung bei. Das aber ist nur ein Aspekt der Geschichte. Eine Belagerung konnte sich unerträglich lange hinziehen, zerstörerisch für die Kampfmoral sein und ernsthafte Folgen für die Gesundheit der Belagerer und der Eingeschlossenen haben, ganz besonders für die letzteren. Heinrich V. war bei Agincourt gezwungen, in widrigen Umständen mit einer Armee zu kämpfen, die von der Ruhr in ihren Reihen erschöpft war, während sie Harfleur zu bezwingen versuchten, der von Krankheiten geplagt in den Marschlanden vor der Stadt sein Lager aufgeschlagen hatte.[9] Seine Verluste durch Krankheit (und Desertion) während der langen Belagerung von Meaux im kalten Winter 1421 auf 1422 waren vielleicht noch schwerwiegender und seine eigene Gesundheit begann hier zusammenzubrechen.[10] Krankheiten waren wahrhaftig die größten Risiken einer jeden weit von zu Hause operierenden mittelalterlichen Armee, sei es bei einer Belagerung oder im Felde und sie wüteten ohne Ansehen der Person. Daran erinnert Joinville in seiner grausigen Beschreibung der Leiden Ludwigs des Heiligen beim Rückzug seiner Armee von Mansurah:»In dieser Nacht fiel er einige Male in Ohnmacht und weil ihn die Ruhr, unter der er litt, fortwährend zwang, den Abtritt aufzusuchen, mußten sie ihm den unteren Teil seiner Unterhose abschneiden.«[11] Eine Schlacht war wahrlich nicht vonnöten, um das Leben eines Fahrenden Ritters großen Risiken auszusetzen.

Kam es zu einer offenen Schlacht, schnellten die Gefahren in die Höhe. Das ist angezweifelt worden, weitgehend wegen Machiavellis Angriffen gegen die italienischen Condottiere des 15. Jahrhunderts, die viel gelesen und bereitwillig geglaubt wurden: Danach wollten diese als gedungene Söldner nicht ihr eigenes Leben und das Leben ihrer Männer aufs Spiel setzen und hätten sich auf abgekartete »weiche« Schlachten eingelassen, um den Bestand ihrer Mannschaften und ihren Einfluß nicht zu gefährden. Sein Bild ist nicht einmal für das Italien des 15. Jahrhunderts zutreffend. In der Schlacht von Anghiari (1440) gab es nach Macchiavellis Darstellung nur einen Todesfall – in Wirklichkeit gab es einen Blutzoll in der Größenordnung von 900 Toten, und ähnlich viele Gefallene gab es in anderen Schlachten, die er als gänzlich unblutig hinstellte.[12] Dennoch hatte er Recht mit seiner Ansicht, daß die Kriege in Italien vor der französischen Invasion von 1494 vergleichsweise weniger blutig waren als Kriege in anderen Teilen Europas. Bei Agincourt fielen möglicherweise 5000 bis 6000 Mann auf französischer Seite.[13] Dort, wie auch 1356 bei Poitiers, gingen ungefähr vierzig Prozent der französischen Kavallerie unter, das heißt Adelige, Ritter und Junker. Die Verluste der Franzosen bei Courtrai 1302 und der Schotten 1333 bei Halidon Hill hatten eine ähnlich riesenhafte Höhe. Tödliche Verwundungen waren disproportional hoch auf der Verliererseite, wie 1328 bei Cassel, 1346 bei Crécy, 1367 bei Najera, 1410 bei Tannenberg, 1513 bei Flodden und 1361 bei Visby: Die grausigen Gräber dieser Gefallenen auf Gotland enthalten die bislang besten Zeugnisse der Körperpanzerung eines Soldaten aus der Mitte des 14. Jahrhunderts.[14] Im Zusammenhang mit dieser schrecklichen Statistik des Schlachtentodes erlangt die eloquente Gegenüberstellung der ritterlichen Vorstellungen kriegerischer Ehren zu Friedenszeiten und den Realitäten des Feldzugs in Jean de Beaumonts *Gelöbnisse des Reihers* hohe Wirklichkeitsnähe:

> *Wenn wir in der Taverne sitzen und schweren Wein trinken und die Damen vorbeigehen und uns Blicke zuwerfen, in engem Schnürleibchen und weißem Dekolleté und die blitzenden Augen in lächelnder Schönheit glänzen, dann treibt uns die Natur dazu, ein verlangendes Herz zu haben. Dann könnten wir Yaumont und Agolant überwinden und andere könnten Olivier und Roland besiegen. Aber wenn wir dann auf dem Feldzug sind, auf unseren dahintrottenden Rössern, den Schild um unseren Nacken, die Lanze gesenkt und die Eiseskälte uns zusammenfriert und unsere Glieder durchgeschüttelt werden und unsere Feinde uns auf den Leib rücken, dann wünschten wir uns in einem so großen Kellergewölbe zu sein, daß man uns niemals mehr dort finden könnte.*[15]

In Chroniken und Ritterbiographien überlieferte Einzelerlebnisse bestätigen, daß diejenigen, die als Blüte der Ritterschaft in Erinnerung geblieben sind, ihren guten Namen und ihren Ruf in harten, realen und häßlichen Gefahren erworben haben. Jacques de Lalaing, der burgundische Held des verschwenderischen Turniers von Chalons, überquerte bei Locres den Fluß mehrere Male, um im Angesicht der Feinde seine Männer zu retten und sie in Sicherheit zu bringen, und er hütete und führte sie »wie ein guter Schäfer über seine Schafe wacht«: Fünf Pferde wurden im Verlauf der Schlacht unter ihm getötet.[16] Nur einige Monate später fand er den Schlachtentod bei der Belagerung von Pouques (Belagerungen waren also nicht immer unblutig). Der deutsche Fahrende Ritter Jörg von Ehingen, an den man sich noch lange wegen der eleganten Art seines siegreichen Zweikampfs mit einem sarazenischen Helden bei der Belagerung von Ceuta 1456 erinnerte, hatte mehr Glück und lebte länger. Er wurde jedoch 1457 im Kampf gegen die Mauren vor den Toren Granadas schwer verwundet und sein Bein heilte niemals mehr richtig: »Ich wurde von einem Pfeil ins Schienbein schwer verwundet, aber obwohl die Wunde heilte, brach sie immer wieder auf, als ich zurück in Schwaben war, und ich behielt bis in mein Alter ein

Loch im Schienbein und die Wunde hatte den Ausfluß.«[17] Die primitive Heilkunde dieser Zeit konnte physisch kaum weniger schrecklich sein als der Ansturm des Feindes. Der kastilische Held Don Pero Niño der Siegreiche wurde 1403 bei einem Hinterhalt außerhalb von Tunis am Bein verwundet. Er wurde zum Schiff zurückgetragen, weigerte sich aber, das Expeditionsheer zu verlassen und als er und seine Männer wieder nach Spanien zurückkehrten, begann seine Wunde zu schwären. Don Pero lag im Fieber, sein Leben war in Gefahr und die Ärzte wollten amputieren. Er aber wollte sein Bein retten und verlangte, sie sollten versuchen, die Wunde auszubrennen: »Sie machten ein Eisen glühend, so groß wie ein Steinmetzmeißel, und es war weiß glühend. Der Arzt wollte es nicht auflegen und hatte Mitleid wegen der Schmerzen, die es verursachen würde. Aber Pero Niño, der so etwas gewöhnt war, nahm selbst das glühende Eisen und zog es über sein Bein, von einem Ende der Wunde bis zum anderen.«[18] Mit großem Glück ging alles gut und die Wunde heilte.

Jacques de Lalaing, Jörg von Ehingen und Pero Niño waren alles Fahrende Ritter und Liebhaber des teuren und prunkhaften Turniersports. Alle drei wurden auch gebührend dekoriert: Jacques war Ritter des Goldenen Vlieses, Jörg von Ehingen wurde in den La Squama-Orden König Heinrichs von Kastilien aufgenommen, und Pero Niño erhielt die Livrée des Herzogs Ludwig von Orléans.[19] Nur wenn man ausschließlich die Turniertaten dieser drei Männer betrachtet, können die Orden als Zeichen einer bevorzugten Modeerscheinung gelten – und die Fakten ihrer Biographie schließen eigentlich aus, sie nur so einseitig zu betrachten. Sie sind darüber hinaus keine außergewöhnlichen Beispiele. Ihr Werdegang steht im Einklang mit inzwischen vertrauten Mustern: dem Fahrenden Ritter. Er ist ein begeisterter Anhänger des Turniers, ein großer Reisender und ein Kriegsheld. Ihre ausgestandenen Strapazen haben eine einfache Moral: Die ihnen von ihrer Zeit zugesprochenen Ehren sind ein gerechter Lohn für alle Risiken, denen Männer wie sie Leib und Vermögen aussetzen, wenn nicht gar noch einiges mehr.

Wenden wir uns nun der zweiten, den Fahrenden Ritter betreffenden Frage zu: In welcher Weise stand der mittelalterliche Kult des Fahrenden Ritters mit den sozialen und politischen Notwendigkeiten des Tages in Beziehung? Das ist ein wesentlich komplizierteres Problem. Dennoch, zwei Themen der Idealbeschreibung einer solchen Figur sind geeignet, einen Zugangsweg dazu zu öffnen. Das eine ist die immer wiederkehrende Betonung seines treuen Dienstes für seinen Herrn, das andere ist die Betonung seiner herausragenden individuellen – und individualistischen – Leistungen. Zwischen diesen beiden Themen liegt eine offenkundige Spannung, die von Wichtigkeit ist: die Auflösung dieser Spannung wird der Schlüssel zur Antwort auf unsere Frage sein.

Es ist nicht verwunderlich, daß das Thema des loyalen Dienstes eine so große Rolle spielt. Wenn ein spätmittelalterlicher Soldat in die Dienste seines Gefolgs- und Kriegsherrn trat, stellte er ihm mehr zur Verfügung als nur gerade seinen Körper. Er mußte fertig gerüstet erscheinen, und die Kosten seiner Ausrüstung rechtfertigten voll und ganz, seine Bereitschaft zum Dienst in Hinblick auf sein gesellschaftliches Prestige hoch zu veranschlagen. Teilweise lag der Grund, warum man von dem Soldaten erwartete, daß er sich selbst ausrüstet, natürlich in der Tradition. Von dem mit einem Lehen ausgestatteten Vasallen verlangte man, daß er sein (billigeres) Pferd und seine Rüstung mit Hilfe seiner eigenen Mittel bereitstellte. Daher beispielsweise die Bestimmungen der englischen Könige des 12. und 13. Jahrhunderts, welche Waffen die Untertanen des Königs, abgestuft nach dem Grad ihrer Einkünfte bei einem Kriegsaufgebot bereitzuhalten hatten.[20] Als im 13. Jahrhundert dann die Herrscher allgemein dazu übergingen, Geldzahlungen als Anreiz für Dienste anzubieten, wurde für niemanden die Höhe der Lohnzahlung von den Ausrüstungskosten abhängig gemacht: Eine Rüstung mußten die zukünftigen Soldaten bereits vorweisen können. Die zeitgenössische Sicht war da ganz anders, wie die *ordinamenti* bezeugen, die die *condotte* oder Verträge zwischen den Söldnerführern und den Städten oder den Herrn, in deren Sold sie sich begaben, regelten: Diese bestimmten sorgfältig und genau den Ausrüstungsstandard der Leute, die sie in Söldnerdienste nehmen wollten.[21] Ersatz für auf dem Feldzug verlorene Pferde war das höchste, was in solchen Übereinkünften vorgesehen war. Alles weitere ist in einer Epoche undenkbar, deren Besteuerungssystem noch in den Kinderschuhen steckte und in der allgemeine Steuern gewöhnlich als untragbare, nur von Tyrannen auferlegte Bürde betrachtet wurden, es sei denn, daß eine akute Notlage dazu zwang. Die Herrscher konnten nicht noch mehr Kriegskosten auf ihre Schultern laden, als sie es ohnehin schon taten, ohne die für ihre Herrschaft notwendige Zustimmung ihrer Untertanen zu erschüttern. Natürlicherweise griffen sie unter diesen Umständen auf die traditionelle Kriegerschicht, den Adel, zurück. Dieser sollte sie mit bezahlten Dienstleistungen im Krieg ausstatten und man erwartete, daß der einzelne Adelige die Ausrüstungskosten für diesen Dienst selbst tragen solle. Die Besoldung hatte so eher den Charakter einer Erstattung von Investitionen, als Lohn oder Gehalt im modernen Sinne. Das hohe soziale Ansehen, das den Adeligen wegen ihrer Bereitschaft zum Dienst gezollt wurde, war ein anderer Teil dieser Investitionsrückerstattung.

Der zusätzliche Wert, den ein Soldat durch seine von ihm gestellte Ausrüstung seinem Kriegsdienst verlieh, war im Spätmittelalter um so größer, weil die diesbezüglichen Kosten ständig am Steigen waren. Neue und bessere Panzerungen waren Ergebnisse erhöhter Handwerkskunst. Sie waren in Zuschnitt und Härtung optimal entwickelt und waren auf Armbrustschießständen besonderen Bolzentests unterworfen worden.[22] Sie waren deswegen natürlich besonders teuer. Genauso die Streitrösser, die stark genug sein mußten, nicht nur ihre metallene und menschliche Bürde zu tragen, sondern auch ihre eigene Rüstung. Die Pferde mußten besonders gezüchtet und zugeritten sein. Ein Kavallerist durfte sich darüber hinaus nicht nur mit einem einzigen Pferd begnügen. Er brauchte Streitrösser für sich selbst und weniger teure Pferde für seine Knappen und sein Gefolge.[23] Gerard de Moor, Lord von Wessegem besaß 1297 sieben Pferde im Gesamtwert von 1200 *Livres tournois*. Das bedeutet, daß

sein Hauptpferd einen Investitionswert hatte, der dem Jahresein-
kommen eines wohlhabenden englischen Ritters entsprach.[24] Malcolm Vale hat errechnet, daß ein französischer gewappneter Krieger
einen Lohn von sechs bis zwölf Monaten aufbringen mußte, um allein ein Pferd zu bestreiten und mindestens den Lohn eines Viertel-
jahres, um die Kosten für seinen Harnisch zu decken.[25] Diese Aufwendungen waren in der überwiegenden Mehrzahl private Investitionen.

In den eben beschriebenen Verhältnissen spielten ja nicht nur die
Ausrüstungskosten eine Rolle. Ausbildung und Training waren
ebenso wichtig. Ramón Lulls Entwurf einer Militärakademie war,
wie wir gesehen haben, noch nicht reif für die Zeit: Er blieb bis zum
16. Jahrhundert unbeachtet. Die Last des soldatischen Trainings
ruhte, wie die der Ausrüstung, bis zum Ende des Mittelalters auf
privaten Ressourcen und wurde als soziale Verpflichtung des Rittertums angesehen. Wahrlich, sagt der Autor von *La vraye noblesse*, »es
ist ein schlechtes Ding und ihrem Stand nicht gemäß, wenn Ritter
und Knappen mit ausreichendem Vermögen, sich nicht gut beritten
und ausgerüstet halten... und wer so fortgeschritten ist in seinem
Alter, daß er nicht mehr Waffen tragen kann, sollte nach seinen
Möglichkeiten – zur Aufrechterhaltung des Adelsstandes – in seinem Haushalt junge Edelleute verpflegen und erziehen und ihnen
alles beibringen, was zu adliger und ritterlicher Gesinnung gehört.«[26] Was er hier sagt, bringt einige frühere Bemerkungen des
Autors in ihren eigentlichen sozialen Kontext, die sonst vielleicht
wie Standesdünkel klingen könnten: Es ist dienlicher und ehrenhafter (für ein Königreich), daß dort drei- oder vierhundert würdige
Ritter zu finden sind... mit ausreichendem Vermögen für ein standesgemäßes Leben als tausend oder fünfzehnhundert andere, denn
diese vierhundert Ritter von großem Unternehmungsgeist und guten Sitten können jede beliebige Anzahl würdiger Knappen und Gefolgsleute regieren, unterhalten, unterweisen und führen.«[27] Um auf
die Dienste dieser würdigen Knappen und Gefolgsleute zurückgreifen zu können, die im Notfall ein Bollwerk seiner Herrschaft sein

konnten, behielt der Herrscher seinen adeligen Lebensstil bewußt bei und ermutigte damit die adelige Jugend, sich für körperliche Ertüchtigung zu begeistern, die sie in den Sattel brachte, wie etwa Jagd und Falkenjagd, und sich im Turnierhof für die späteren Prüfungen in den Turnierschranken vorzubereiten. Hinter der Gepflogenheit, die Jugend mit Pferd und Waffen zum Turnier zu rüsten (und auch für die Festlichkeiten im Umfeld eines Turniers Mittel aufzuwenden), standen reale gesellschaftliche und politische Erfordernisse, denn es gab keinen besseren Weg, sie – auf ihre eigenen und ihrer Familien Kosten – zu unterweisen, wie man Pferd und Waffen unter dem vollen Gewicht des Harnischs handhabt – mit dem Risiko von Verwundungen und gebrochenen Gliedern und dem Beifall ihrer Gefährten und dem anschließenden Tanz mit den jungen Damen. So trug der ganze adelige Lebensstil mit all seinen verschiedenen Aktivitäten zum Wert des Adelsdienstes bei. Es lohnte sich für den Fürsten und die Gesellschaft, das Selbstwertgefühl des Adels zu ermutigen und heranzubilden. Der Lebensstil war das äußere und sichtbare Symbol dafür.

Training im weiteren Sinne hörte indessen an diesem Punkt noch nicht auf. In einem Heer war ein Mann, der schon einmal den Aufeinanderprall der Schlachtreihen miterlebt hatte und die Härten eines Feldzugs, zweimal so viel wert wie einer, der nur im aristokratischen Kampfsport großgeworden war. Alle mittelalterlichen Armeen bis in die Mitte des 15. Jahrhunderts hinein waren Männerscharen, die für einen begrenzten Zeitraum zusammengetreten waren, und je mehr erfahrene Soldaten dabei waren, desto besser für ihre Kameraden und ihre Feldherren. Junge, ehrgeizige Männer dazu zu ermuntern, Kampferfahrungen in fernen Ländern und auf weiten Reisen zu erlangen und ihnen dazu eine gesellschaftliche Spritze zu verabreichen, war unter den gegebenen Umständen eine vollständig verständliche und einsichtige Reaktion von seiten der Gesellschaft und der Herrschenden, abgesehen davon, daß es sich um ein traditionelles Verfahren handelte. An diesem Punkt erkennen wir deutlicher, wie die zwei auf den ersten Blick gegensätzlichen

Themen im Kult des Fahrenden Ritters – das Ideal des Dienstes und der individuellen Leistung bei selbstauferlegten Proben und Unternehmungen – zusammenkommen und eine Einheit bilden. Die Notwendigkeit des Dienstes verlangte geradezu nach individualistischem Fahrenden Rittertum. Dieses wiederum verlangte und erhielt Anerkennung von solchen Mächten, die Dienstleistungen forderten und die Wege dazu öffneten. Diese sozialen Tatsachen und Kräfte unterstützten den mittelalterlichen Kult des aristokratischen Kämpfers und zollten ihm Beifall bei seiner Suche nach Rechtfertigung – in den Augen seines Gottes, seines Herrn und seiner Dame –, daß er sich dem Waffenhandwerk verschrieben hatte. Deswegen ist der Ritter, der sich zugleich allen drei Formen des Dienstes geweiht hat, das immer wiederkehrende Ideal der reichen Literatur des Rittertums. Deswegen auch ermunterten die Herren ihre Leute, weite Expeditionen zu unternehmen, nach Preußen und anderswohin, und finanzierten sie auch. Das machte ihren Dienst wertvoller und verschaffte ihnen zudem höheres Ansehen.

*

Eine ernsthafte Gefahr müssen wir indessen zur Kenntnis nehmen. Es war eine Sache, individualistisches Fahrendes Rittertum zu fördern, eine andere – und unter Umständen recht schwierige –, es zu kontrollieren. Konrad von Megenberg drängte junge deutsche mittellose Adelige dazu, Lohn in den italienischen Kriegen zu suchen, um ihren Status zu erhalten.[28] Der Herold »Gelre« nannte die Lombardischen Kriege »Schule der Waffen«[29] (mit demselben Ausdruck bezeichnete man übrigens auch die Turniere). So weit so gut: hier haben wir es jedenfalls mit einer Schule des Dienstes zu tun. Fahrendes Rittertum in Italien würde aus den Männern erfahrenere Kämpfer gemacht haben und sie könnten zu Hause dann von größerem Nutzen sein, insoweit wäre alles von Vorteil. So stellte es sich aber keineswegs aus italienischer Sicht dar. Aus diesem Blickwinkel waren die fremden Abenteurer schlimmer als die Pest. Sacchetti erzählt die anschauliche Geschichte, wie der große englische Condot-

tiero Sir John Hawkwood am Stadttor von Montecchio zwei Bettel-
mönchen begegnete, die ihm Frieden wünschten. »Möge Gott euch
eure Almosen wegnehmen«, war seine Antwort auf ihren Segens-
spruch. »Wißt ihr nicht, daß ich vom Krieg lebe und Frieden mein
Verderben wäre?« – »So gut verstand er sein Geschäft«, fügte der
Erzähler hinzu, »daß in seinen Tagen wenig Friede herrschte.«[30] Er
und seine Leute waren eine Geißel für das Land, in dem sie kämpften und es waren sie und ihresgleichen, die Anlaß gaben zu dem empörten Aufschrei des Advokaten Bartholomäus von Saliceto, eines
Zeitgenossen Hawkwoods: »Was soll ich sagen zu solchen Soldaten-
kompanien, die die Territorien unserer Städte überrennen? Ich ant-
worte, daß es da über sie keinerlei Zweifel gibt, denn sie sind Räuber... und als Räuber sollten sie für alle ihre Verbrechen bestraft
werden.«[31] Die Schule der Waffen und des Fahrenden Rittertums
konnte so allzu leicht zur Schule des Banditentums werden.

So geraten wir erneut in die Erörterung einer weiteren komplizierten Frage: Wie vereinbarten die Zeitgenossen ihren Kult des reisigen Kriegers mit all den Schrecken, die sie der zivilen Gesellschaft
verursachten? Die von durchziehenden Armeen verursachten Verwüstungen und Zerstörungen gesellschaftlicher Bande sind häufig
beschrieben worden und können kaum übertrieben werden. Sie
machten die Verheerungen des Krieges zu einem sozialen und ökonomischen Faktor, der durchaus mit dem Effekt einer Seuche vergleichbar ist. Thomas Basins Zustandsbeschreibung der mit Krieg
überzogenen Länder während der englisch-französischen Kämpfe
im 15. Jahrhundert ist vielleicht etwas überzeichnet, aber es ist eine
kummervolle Vignette über die Folgen des Krieges und sollte hier
angeführt werden:

*Ich habe mit eigenen Augen die großen Ebenen der Champagne, der Beauce, der Brie,
des Gâtinais, der Lande um Chartres und Dreux, der Maine, Perche und des Vexin
gesehen. Französische und normannische Lande gleichermaßen, das Beauvaisis, das
Pays de Caux, von der Seine nach Amiens und Abbeville und selbst im Hennegau, alles ist verwüstet, geleert von Einwohnern, überall überwuchert von Dornensträuchern
und Brombeerhecken und wo Bäume wachsen, werden sie zu großen Wäldern.*[32]

Jean de Bueil beschreibt, wie er als junger Mann auf dem Höhepunkt des Krieges durch einige dieser Länder ritt. Das Land ist »verlassen und verwüstet«, die Häuser der Bauern gleichen dem »Lager wilder Tiere, nicht menschlichen Wohnstätten« und das einzige adelige Lebenszeichen war ein verarmter Edelmann, der in seinem befestigten Landgut aushielt.[33] Solche wirtschaftlichen und sozialen Folgen von Feindseligkeiten, die ganze Landschaften und ihre Bevölkerung entstellten, inspirierten Philippe de Mézière, als er sich daranmachte, mit Worten ein allegorisches Bild von Nimrods »schrecklichem und gefahrvollem Garten des Krieges« zu zeichnen. Er stellte sich ihn als ein verwahrlostes Gehege vor mit einem Herrenhaus ohne Dach in der Mitte, heimgesucht von gierigen Blutsaugern und gigantischen Heuschrecken.[34] Der Durchzug von Soldaten unter Anführern wie Hawkwood oder der Freien Kompagnien, bei denen er das Kriegsgeschäft erlernte oder der *Écorcheurs* (französischen Söldner) des 15. Jahrhunderts glichen dem Durchzug von Heuschreckenschwärmen. Sie fraßen das Land kahl und menschliche Regierung erwies sich ihnen gegenüber als machtlos.[35]

Es gibt eine ganze Reihe von Gründen, warum sich diese Situation einer Kontrolle entzog. Ich nenne nur die beiden wichtigsten Gründe. Der erste hat etwas mit dem inzwischen vertrauten Problem der Kriegskosten zu tun. Angesichts der hohen Kosten und angesichts der Tatsache, daß den Machthabern nichts anderes übrig blieb, als die Kosten für Ausrüstung und Ausbildung auf den einzelnen Kämpfer abzuwälzen, ist es nur natürlich, daß der alte Brauch, die Kriegsbeute – oder doch den Löwenanteil davon – dem Erbeuter (allein oder kollektiv als Gruppe) zu überlassen, nicht in Frage gestellt wurde. Es galt als gerechter Ausgleich für alle Risiken und Ausgaben, daß die damit Belasteten auch die Vorteile aus den Kriegsgewinnen ziehen sollten.[36] Von der Zuteilung von Beute als Kompensation für eingegangene Risiken zum Beutemachen auf eigene Faust war es nur ein kleiner und ganz selbstverständlicher Schritt, nicht zuletzt für den bedürftigen adeligen Soldaten, der Status und Lebensstil beibehalten wollte. Philippe de Mézière legte seinen Finger genau auf das Dilemma solcher Personen, das der »zweit- und drittgeborenen Söhne und anderer, die nur wenig oder überhaupt keinen Anteil an ihrem Vatererbe haben und die aus Armut oft gezwungen sind, in ungerechte und tyrannische Kriege zu ziehen, damit sie ihren Adelsstand bewahren, denn sie kennen nichts anderes als den Ruf der Waffen und dabei begehen sie so viel Schlechtes, daß es entsetzlich wäre, von all den Plünderungen und Verbrechen zu reden, mit denen sie die armen Leute bedrücken.«[37] Für Leute, die kein Lehensgut hatten, um das sie sich kümmern mußten, hatte das alles die gleiche Anziehungskraft. Auch für sie stellte der Krieg eine Beschäftigung dar, und Beute konnte den Weg zu zeitweiligem Reichtum öffnen, vielleicht auch zu dauerhaftem sozialen Aufstieg. Die katalanischen *Almogarves*, die unter Roger Flors Führung das Griechenland der »Franken« in den ersten Jahren des 14. Jahrhunderts eroberten, waren größtenteils nicht von Adel, aber eine Reihe von ihnen machte sich aufgrund ihrer militärischen Fähigkeiten zu Herren und herrschten über Territorien von Adeligen, die sie von ihren Besitzungen verjagt hatten.[38]

Der zweite Grund, warum die Verwüstungen der Soldaten so schwer zu kontrollieren waren, hängt, wie der erste, ebenfalls mit den Kriegskosten und den Verlockungen der Beute zusammen. Viele Machthaber sahen einen Vorteil darin, ganze Kompagnien entwurzelter Söldner anzuwerben, wobei ihre Verpflichtungen den Soldaten gegenüber am Ende eines Feldzuges aufhörten, sobald diese ausbezahlt waren. Für die Söldner im Gegenzug war es von Vorteil, in Diensten zu stehen, die ihnen nicht nur Aussicht auf Sold, sondern auch auf Beute boten, zusammen mit weniger materiellen Vergünstigungen, wie etwa einen kurzen Einblick oder mehr in den Glanz aristokratischen Soldatentums und vielleicht einen Hauch adeligen Lebensstils zu ergattern. In einem Zeitalter, das nicht das Recht aller möglichen Autoritäten – Herzöge, Grafen, Edelleute, Städte, Könige und Königreiche – anzweifelte, mit Waffengewalt ihre territorialen und dynastischen Streitigkeiten zu lösen, war kein Mangel an aussichtsreichen Dienstherren für die Söldner (oder für den jungen Fahrenden Ritter auf der Suche nach Erfahrung). Überall lagen sich souveräne Fürsten in den Haaren – sicherlich eines der besonderen Merkmale dieser Periode. Die eine Konfliktpartei konnte es sich kaum leisten, keine Söldner anzuwerben, wenn sie damit rechnen mußte, daß es der Gegner tat. So vergrößerte sich der Nachschub an Soldaten, was man als eine Art unechter Nachfrage bezeichnen könnte, und ihre Zahl schwoll an und ihre Suche nach fortgesetztem militärischem Dienst entfremdete sie immer mehr von ihren Heimatländern und erhöhte ihre Abhängigkeit vom Plündern, um überleben zu können. Roger Flors Katalanische Kompagnie entstand während der sogenannten Sizilianischen Vesper, in deren Verlauf die Fürsten von Aragón mit den Angiovinen von Neapel um die Herrschaft über Sizilien stritten. Sie zog weiter nach Osten auf der Suche nach neuer Verwendung, denn der Vesper-Krieg war zu Ende gegangen und die Söldner brauchten einen neuen Zahlmeister. Da sie niemand mehr in Sold nehmen wollte, endete die Sache damit, daß sie sich das Griechenland der »fränkischen« Kreuzfahrer aneigneten. Hawkwoods berühmte Weiße Kompagnie bildete sich aus Soldatengruppen, die während einer Pause im englisch-französischen Krieg 1360 Frankreich verließen (nachdem sie mit anderen den päpstlichen Comtat Vennaissin geplündert hatten) und neuen Sold in Italien suchten. Die Kriege der Magnaten mobilisierten Massen von Soldaten und warfen einen Schimmer von Ritterlichkeit über ihre Aktivitäten, wie aus Froissarts farbigen Schilderungen solcher skrupelloser Freibeuter wie Perrot le Béarnois, Merigot Marchés und Ramonet de l'Épée hervorgeht. Die fürstliche Kriegführung brachten solche Leute in Kontakt mit gesellschaftlich höherstehenden Vasallen und Vertrauten ihrer Dienstherrn und immer gelang es einigen, sich einen dauerhaften Platz im Rahmen eines ehrenhaften Dienstverhältnisses zu sichern. Trotzdem gingen die meisten Soldherren davon aus, ihre Söldner nach Beendigung des Feldzuges auszubezahlen. Sie auszubezahlen bedeutete allerdings nicht gleichzeitig, sie aufzulösen – das war die Schwierigkeit. Sie entzogen sich weitgehend – immer noch mit ihren eigenen Waffen und Ausrüstungen versehen – jeder Kontrolle und so wurden ganze Provinzen wahllos von einer Soldateska geplündert, die eine Teilhabe an ritterlicher Kultur zu beanspruchen suchte, deren Lebensweise jedoch das Gegenteil dessen war, wofür Rittertum stand: Schutz der Armen, der Waisen und der Witwen.

Nun genügt es an dieser Stelle nicht zu sagen, es sei dies alles das Gegenteil von Rittertum gewesen. Die idealistische Ritterethik, die die Ehrenhaftigkeit individueller Abenteuersuche und des Waffenhandwerks herausstellte, trug ohne Zweifel ebenfalls zu dem Problem bei. Die freien Söldnerkompagnien waren von ihrer sozialen Zusammensetzung her recht heterogene Gebilde, es ist aber kein Zufall, daß die meisten ihrer Führer dem niederen Adel entstammten, und wenn man Schäffers Analyse der gesellschaftlichen Herkunft der Deutschen Kompagnien in Italien im 14. Jahrhundert folgen will, dann setzte sich eine bedeutende Gruppe auch unter den Soldaten aus Angehörigen des Kleinadels zusammen.[39] Jedenfalls wäre es irreführend zu behaupten, daß Freibeuterei nur eine Sache der Söldner gewesen sei. Eine Expedition wie die große *chevauchée* des Schwarzen Prinzen 1355 durch das Languedoc hatte unter anderem zum Ziel, das Land mit Feuer und Schwert zu verwüsten und Beute zu machen.[40] Es stimmt, daß in der Theorie meist ein Unterschied gemacht wird zwischen Rittern und Edelleuten, die im Dienste ihrer Herren und für die Ehre kämpften und Söldnern, die für jeden kämpften, der sie bezahlte und für Beute. Das war für das Spätmittelalter keine neue Erkenntnis. Der Unterschied wurde bereits im 12. Jahrhundert gemacht, als viele Teile Europas einen ersten Eindruck von haltlosen Scharen berufsmäßiger Soldaten bekam, wie die gefürchteten Brabançons, die Heinrich II. bei seinen Feldzügen in Dienste nahm.[41] In der Praxis waren solche scharfen Trennungslinien indessen nur schwer zu ziehen.

Der Hauptgrund dafür war, daß Beute für den »eigentlichen« Ritter nicht weniger attraktiv war als für den Söldner. Als der englische Altertumsfreund Leland über Sir William Berkeleys Landgut zu Beverston schrieb, es sei von Lösegeldern für Gefangene gebaut worden, die sein Urgroßvater bei Poitiers gemacht habe oder daß Burg Ampthill von Lord Fanhopes französischer Beute gebaut worden sei, dann beschreibt er, auf welche Weise Männer aus guter Familie ihre Vermögen durch Kriegsgewinne vermehrten, und eben nicht den gesellschaftlichen Aufstieg eines ehemaligen Söldners.[42] Eine Übereinkunft aus dem Jahre 1421 zwischen zwei englischen Junkern, John Winter und Nicholas Molyneux, als Waffenbrüder in den französischen Kriegen zu kämpfen, ihre Gewinne zusammenzulegen und nach Hause zu bringen, wo sie für den Ankauf von Ländereien und Gütern verwendet werden sollen, zeigt uns, wie zwei Männer sorgfältig die sozialen und wirtschaftlichen Vorteile ihrer Gewinne im vollkommen ehrenhaften Dienst für ihren Souverän berechneten. Das hat mit Söldnerdiensten im üblichen Sinne nichts zu tun, sondern mit Dienstverhältnissen, die von jeder Herrschaft bereitwillig gefördert wurden.[43] Aber sie konnte die Dienstbereitschaft nicht guten Gewissens bei der einen Sorte Leute fördern und eine andere Sorte Leute davon abhalten, weil ihre Beweggründe etwas niedriger angesiedelt waren. Es gab da keinen wirklichen Unterschied. Es war einfach zu schwierig, eine genaue Trennungslinie in bezug auf Beweggrund, Berechnung und Betragen zwischen adelig-ritterlichem Kämpfer und Söldner zu ziehen.

An den Extrempunkten beider Erscheinungen hat diese Unterscheidung indessen ihre Berechtigung. Für welche Exzesse der Schwarze Prinz bei seinen Feldzügen auch verantwortlich zu machen ist, als Söldner kann man ihn nicht bezeichnen. Wie auch immer seine Herkunft war (er war aus gutem Hause), »Söldner« ist ein fast zu schmeichelhafter Titel für jemanden wie Merigot Marchés: Er erklärte vor dem Gerichtshof von Paris, der ihn wegen Räuberei und Kriegsverbrechen zum Tode verurteilt hatte, er habe seine erbeuteten Schätze an den Ufern des Flusses Vennes an einer Stelle vergraben, die nur ihm und seiner Frau bekannt sei. Das hatte eher den Anklang an das Freibeuterwesen einer späteren Epoche.[44] Die Unterscheidung war im breiten Mittelfeld unwirksam. Nehmen wir etwa die Beispiele von Hawkwood und Du Guesclin. Hawkwood galt als draufgängerischer und erfolgreicher Söldner – und das war er auch. Du Guesclins Name lebt weiter als großer französischer Kämpfer und Patriot, als »zehnter Held«. Hawkwoods zeitgenössischer Ruf war aber noch etwas besser als nur der eines Söldners. Als er 1394 starb, setzten die dankbaren Florentiner ihren einstigen Generalkapitän in einem prächtigen Marmorgrab in ihrer Kathedrale bei.[45] Hundert Jahre später zählte ihn Caxton zu den Rittern vergangener Zeiten, dessen edle ritterliche Taten seinen heutigen Zeitgenossen noch als Vorbild dienen könnten.[46] Bei Du Guesclin dagegen, der zum berühmten Connétable von Frankreich geworden war, fällt es schwer, ihn von dem Söldnervolk zu trennen, mit dem er so oft in seinen Feldzügen zusammen war. Auf seinem Feldzug nach Spanien 1365–66 begründete er seinen Ruf: Unter seiner Führung standen die blutrünstigsten aller französischen Söldnerkompanien, die seinerzeit zu finden waren, Männer genau desselben Schlages, die Hawkwood einige Jahre früher in Italien angeführt hatte. Du Guesclins Biograph Cuvelier bemühte sich zwar, ihn als Typus des ehrenhaften Fahrenden Ritters, dem Dienst Gottes und seines Vaterlandes hingegeben, darzustellen, aber er war ein zu genauer Beobachter, als daß er das wahre Gesicht der Welt seines Helden hätte verbergen können, und das zeigt sich in einer Reihe bizarrer Episoden über ihn und seine Gesellschaft: Einmal saß Bertrand Du Guesclin beim Essen mit einigen reisigen Hauptleuten, die er zur Teilnahme an seinem spanischen Feldzug (auf seiten Heinrichs von Trastamara, des unehelich geborenen Aspiranten auf den Kastilischen Thron) überreden wollte. »Das ist ein ausgezeichneter Wein«, bemerkte Bertrand, »wieviel hast du dafür bezahlt?« – »Die Frage kann ich nicht beantworten«, erwiderte der Wortführer seiner Gäste, »der Verkäufer war nicht mehr am Leben, als wir den Wein mitnahmen.«[47]

Hier begegnen wir dem »zehnten Helden« in ausgesprochen zweifelhafter Gesellschaft. Von da ist es nur ein kleiner Schritt zu einer Szene, die von einem anderen Gewährsmann etwa zur gleichen Zeit beschrieben wird: Wir sehen den englischen Ritter Sir John Harleston und einige Hauptleute, wie sie miteinander Wein aus Silberkelchen trinken, die sie aus Kirchen geraubt hatten.[48] Wir müssen auf der Hut sein vor dem Klang des guten Rufes und vor zeitgenössischer Mythisierung. Kratzt man die Farbe vom Bild des Fahrenden Ritters, wird man darunter nur allzu oft etwas ganz anderes finden. Das ist eine solide Basis für die Fragestellung, ob nicht der ganze spätmittelalterliche Ritterkult eine einzige Augenwischerei ist – die Scheußlichkeiten des Krieges und politischer Hader unter einer dünnen Decke verborgen –, damit der Adel seine Untaten, mit denen adelige Ritter und Söldner ja häufig ihren gesellschaftlichen Status aufrechterhielten, in glänzender Weise glorifizieren konnte. Unglücklicherweise bestand keine Aussicht, den loyalen Dienst der einen zu erlangen, ohne die Ausschreitungen der andern zu fördern, oder doch wenigstens zu dulden. Solange die Fürsten Soldaten brauchten, stützten sie sich auf beide Gruppen und überließen es Gottes letztem und unerforschlichem Gericht, die Spreu vom Weizen zu trennen.

Auf diese Weise wurde das Problem, den Kult des Fahrenden Ritters mit den durch reisiges Soldatentum verursachten Leiden zu vereinbaren, weitgehend umgangen. Man erkannte, daß der Werdegang einiger Leute mehr von der idealen Ritterlichkeit der Literatur an sich hatte und einige eher jenen schwarzen Rittergestalten glichen, die in der Literatur ihren verdienten Lohn erhielten. Die Schwierigkeit, die einen von den andern in der Praxis zu unterscheiden, erwies sich indessen als unüberwindbar. Das ist keineswegs sonderlich überraschend: Es ist ein durchgängiger Zug bei allen menschlichen Idealen, daß sie ebenso viele Probleme schaffen wie lösen. Wenn dies auf das Rittertum zutrifft, dann darf man es deswegen nicht verurteilen, denn wir haben es dabei mit einer stets waltenden menschlichen Situation zu tun. Wir alle müssen mit den Spannungen und Widersprüchen leben, die von den Ideologien unserer Zeit verursacht werden. Gerade weil dieses Problem auch im späten Mittelalter selbst erkannt wurde, muß es weiter untersucht werden. Wir müssen also im folgenden genau darauf achten, wie die

Reaktionen derer aussahen, die das Problem erkannten und deutlich sahen, daß Ritter und Edelleute genauso oft für Ausschreitungen verantwortlich waren wie einfache Söldner und die eine Situation beklagten, in der »ein Mann, der nicht weiß, wie man Siedlungen in Brand steckt, Kirchen ausraubt, sich ihrer Rechte anmaßt und die Priester gefangensetzt, nicht geeignet ist, Krieg zu führen.«[49] Erschütterten die Verhältnisse, die sie mit wahren Schrecken verfolgten, ihr Vertrauen in die Ethik des Rittertums, und wenn nicht, was veranlaßte sie, es nicht zu verlieren?

*

Die Kritiker beschönigten nichts. Sie attackierten Ritterschaft und Adel nicht allein wegen ihrer Beteiligung an den großangelegten Plünderungen im Krieg, vielmehr noch, weil etwas verleugnet wurde, was nach Meinung der Kritiker zu der genügsamen, asketischen Disziplin und Tradition des Rittertums vergangener Zeiten gehörte. Sie kritisierten die Bequemlichkeit des Adels, die Verschwendung in seiner Lebensführung, seine Arroganz und Großspurigkeit, seine Vorliebe für Luxus und seine fortwährenden Geldforderungen, um seine permanenten Vergeudungen zu finanzieren.[50] Diese wortgewaltigen Beschimpfungen wertete man häufig als Angriff auf das Ideal des Rittertums, als ein Symptom dafür, wie die chaotischen Zustände des Rittertums zu einem immer stärkeren Verlust des Vertrauens in ritterliche Werte führten.

Bei näherem Hinsehen scheint es sich doch nicht ganz so zu verhalten. Zunächst einmal sind solche kritischen Angriffe am Ende des Mittelalters nichts Neues: Sie sind so alt wie das Rittertum selbst. Schon im 12. Jahrhundert beklagten Ordericus Vitalis, Wilhelm von Tyrus und Peter von Blois, daß die Ritterschaft ihrer Tage ihre Kraft verloren hätte und durch kraftlose Sitten entmannt worden sei.[51] Der heilige Bernhard schlägt in die gleiche Kerbe, indem er die säkulare Ritterschaft mit ihren goldenen Sporen, den bunt bemalten Schilden und ihrer aufgeputzten Kleidung – besser geeignet, die Weiber zu blenden, als den Feinden Furcht einzujagen – dem

kraftvollen und asketischen Idealismus der Templer gegenüberstellt.[52] Es sind aber nicht nur die großen Kleriker, die als Kritiker
auftreten: Da ist zum Beispiel Girart de Bornelh, ein provenzalischer Trobador und ein Mann aus anderem Holz. Er kommentiert
im frühen 13. Jahrhundert leidenschaftlich die Beutelust, die die Bezeichnung »ritterlich« nicht verdiene: »Ich sah häufig Barone in
schöner Rüstung auf Turnieren und ich hörte, daß über den, der die
besten Schläge ausgeteilt hatte, noch tagelang gesprochen wurde.
Jetzt liegt die Ehre beim Raub von Rindern, Schafen und Ochsen
und beim Plündern von Kirchen und Reisenden. Schande über einen Ritter, der Schafe davontreibt, Kirchen und Reisende ausraubt
und dann vor einer Dame erscheint.«[53] Ein durchgängiges Thema
vieler früher Romane ist der Kampf des wahren Rittertums gegen
falsches Rittertum, der »Schwarzen Ritter«, der glorifizierten literarischen Version räuberischer Ritter des wirklichen Lebens, gegen
die die Helden anzutreten hatten. Die spätmittelalterlichen Kritiker
griffen kein neues Thema auf, sondern insistierten auf einem altbekannten, denn dem Rittertum war immer bewußt, daß es immer im
Kampf mit seinem Zerrbild war. Das machte einen wesentlichen
Bestandteil seines Ideals aus.

Die spätmittelalterliche Antwort auf das üble Betragen und das
Verbrechen des Kriegerstandes, und auch die entsprechende Dia-
gnose, bedeuteten ebenfalls nichts Neues, obwohl noch vor dem
Ende des Mittelalters ein neuer Ton in der Diskussion anklingt. Es
ging dabei nicht um den Verlust ritterlicher Werte, sondern um eine
Rückbesinnung auf den traditionellen Wert des loyalen und treuen
Dienstes, der von Anfang an das Herzstück des ritterlichen Ethos
war. So kontrastieren die spätmittelalterlichen Kritiker in altbe-
kannter Weise die Leichtfertigkeit, Beutegier und Luxusliebe zeitgenössischer Ritter mit der disziplinierten Hingabe der alten Helden.
Deschamps ruft nach einer Wiedereinführung des Turniers als ent-
behrungsreiche Gesellenzeit des Waffenhandwerks und drängt
dazu, den Beispielen der Antike nachzueifern. Gerson weist auf das
Vorbild des Heiligen Ludwig und der Römer. Auch Alain Chartier

blickt bei seiner Verdammung der Ritterschaft seiner Zeit auf die Antike zurück:»Nicht Kriegsdienst wird in diesem Königreich belohnt, sondern Räuberei.«[54] Der neue Akzent ist erkennbar in einer genaueren Definition des treuen Dienstes als der Dienst eines gesetzestreuen Herrschers, der in seiner Autorität das allgemeine Wohl eines Volkes oder einer Stadt verkörpert. In diese Definition war ausdrücklich die Kirche mit ihrem eigenen Krieg, dem Kreuzzug, eingeschlossen. Sie grenzte auch, was vielleicht noch wichtiger ist, die Privatkriege der kleinen Herrscher aus und entsprechend alle anderen, bis auf die allerhöchsten Machthaber. Das erscheint alles wohldurchdacht in den Schriften der großen Rechtsgelehrten, wie Bartolus oder Johannes von Legnano, die nachdrücklich darauf hinweisen, daß niemand das Recht habe, zu den Waffen zu greifen außer in einem gerechten Krieg und eliminieren aus dieser Kategorie alle Kriege, die von geringeren Leuten als einem souveränen Fürsten geführt werden.[55] Auch in klerikalen Polemiken wie der des Alvaro Pelayo aus dem frühen 14. Jahrhundert werden diese Probleme reflektiert. Er verurteilt in seinen Angriffen die Ritterschaft, weil sie ihre Waffen gegen ihre Herren richten, weil sie ohne Bedenken aus der Schlacht fliehen und ihren Herrn den Feinden überlassen und damit ihrem Versprechen untreu werden, für das allgemeine Wohl tapfer zu sterben, weil sie nicht für Gott, sondern für die Beute kämpfen, für ihre privaten Interessen und nicht für die der Allgemeinheit, dazu noch ohne Erlaubnis ihres Souveräns.[56] Die ganze Fragestellung ist auch in der nach und nach entstehenden Idee enthalten, daß ein Soldat mit den Privilegien eines Kombattanten (die einen Anteil an Beute und Lösegeldern einschlossen) in einem offiziellen Soldverzeichnis stehen soll oder sich zumindest einer offiziellen Musterung unterziehen müsse.[57] Sehr wichtig ist die Folgerung, die der Kanonist Bonet im 14. Jahrhundert hieraus in seinem Buch *Arbre des batailles* zieht, das in der Ritterschaft als Autorität für das Kriegsrecht galt:»Alles, was er (der Soldat) tut, tut er als Bevollmächtigter seines Königs oder Herrn, in dessen Sold er steht«[58], sozusagen als Dienstmann des Fürsten. Dieser Gedanke entspricht der

Lehre des Bartolus und anderer, daß der Fürst die »Quelle« aller Ehren sei, von dessen Bestätigung der Adelstitel abhänge und daß Dienst für den Fürsten und das Allgemeinwohl der richtige Weg für einen Anwärter zu Adel und Ehre sei. Der Bewegungsspielraum für den Fahrenden Ritter bei seinem Streben nach gutem Ruf und gerechtfertigter Anerkennung beginnt zu schrumpfen.

In einem ähnlichen Zusammenhang erscheint das Problem bei dem Rekurs, in ritterlichen Handbüchern und Fürstenspiegeln, auf die klassischen Beispiele, wo der Charakter des Dienstes als eine öffentliche Obligation deutlicher ist als in den Geschichten über die Artuszeit mit ihrer Neigung zum Individualismus. Einer der häufig in heraldischen Sammlungen des 15. Jahrhunderten kopierten Texte enthält die fiktive Debatte zwischen »drei ritterlichen Fürsten«, Hannibal, Alexander, Scipio Africanus, die vor Minos, dem Richter der Unterwelt, darüber stritten, wer von ihnen »durch seine ritterlichen Taten alle sterblichen Menschen übertroffen hätte«. Minos Urteil fiel nach einem langen Streitgespräch auf Scipio: Nachdem dieser die ritterlichen Leistungen in seiner Jugend, als Feldherr und Konsul aufgezählt hatte, entschied er seine Sache mit dem zwingenden Argument: »Alles was ich erreicht habe, entsprang nicht im geringsten dem Wunsch, andere zu überstrahlen, sondern ich tat alles in dem Willen, für alle Zeiten die Würde Roms hochzuhalten.«[59] Das war ein Seitenhieb auf die Hoffahrt, die Hannibal und Alexander angetrieben hatte und zu ihrem Verderben wurde und die bei den Kritikern als Gewohnheitssünde des Rittertums galt. Die Moral der Szene ist klar, der Akzent liegt auf dem hohen Wert des öffentlichen Dienstes, der darauf abzielt, nicht für den Ruf eines einzelnen dazusein, sondern für Ehre und Glück eines Volkes.

Erneut müssen wir auf der Hut sein, diese neue Akzentuierung des Dienstes notwendigerweise als Gegensatz zum traditionellen Individualismus des Rittertums zu sehen. Ein Hinweis darauf ist sogar in dem eben genannten Streitgespräch enthalten, zumindest in der auf dem lateinischen Original des Buonsignori von Siena fußenden französischen Version. Er habe diese Dinge gerne aufgezeichnet, sagt der Übersetzer in seiner Vorrede, denn »es ist angenehm, edle ritterliche Unternehmungen und Taten zu preisen«[60] – eine sehr individualistisch geprägte Einführung in ein zutiefst anti-individualistisches Exemplum. Die Themen Individualismus und Dienst für die Allgemeinheit erscheinen auch kombiniert in anderen Zusammenhängen und einige davon scheinen recht wichtig zu sein. Das Turnier wurde von den Kritikern als der Höhepunkt der Hoffahrt bezeichnet. Es konnte aber auch ganz anders aufgefaßt werden und das von den offenkundigen Apologeten des Dienstes für die Allgemeinheit. Damit die französische Aristokratie auf ein Wiederaufflackern des Krieges gegen ihre englischen Feinde vorbereitet wäre, schlug Christine de Pisan 1412 vor, es sollten in jeder französischen Diözese zwei- bis dreimal pro Jahr Turniere veranstaltet werden. Die Kosten sollte man durch öffentliche königliche Steuern bestreiten.[61] Caxton gab König Richard III. von England den gleichen Ratschlag:

Er soll zwei- oder dreimal im Jahr oder wenigstens einmal Friedensturniere ausrufen zu dem Zweck, daß jeder Ritter Roß und Rüstung bereit habe und auch Gewohnheit und Können eines Ritters; auch sollen einer gegen einen anderen oder zwei gegen zwei turnieren und der Beste möge einen Preis erhalten, einen Diamanten oder einen Juwel, ganz wie es der Fürst will. Das soll die Edelleute dazu bewegen, zu den alten Sitten des Rittertums zurückzukehren, zu hohem Ruhm und Ansehen, und auch sollen sie immer bereit sein, ihrem Fürsten zu dienen, wenn er sie ruft oder sie braucht.[62]

Hier wird der Diamant als Preis für persönliche Tapferkeit elegant in ein Schema eingepaßt, das auf den öffentlichen Dienst abzielt. Etwas Ähnliches ist in klassischen Bemerkungen Oliviers de la Marche über den Adel enthalten:

Er wird erworben zum Ersten von solchen, die hohe Ämter unter ihrem Fürsten innehaben... zum Dritten, wenn ein Dienstmann des Fürsten oder irgendein anderer ein ehrenhaftes Leben geführt und der Fürst ihn zum Ritter gemacht hat, das adelt ihn und seine Nachkommen... zum Vierten, das Waffenhandwerk zu ergreifen und dem Fürsten tapfer zu dienen, das adelt einen Mann.[63]

Hier werden erneut Dienst und hervorragende persönliche Leistungen in Harmonie und als Teil desselben Entwurfs präsentiert. Die

Statuten einiger weltlicher Ritterorden betonen diesen Punkt noch deutlicher. Auf der einen Seite sehen sie die Erweiterung des Wappens eines Mitglieds vor, der irgendwelche Waffentaten vollbracht hat, und enthalten Vorkehrungen für »Bücher der Abenteuer« zur Dokumentation der Taten Fahrender Ritter. Auf der anderen Seite werden die Ordensmitglieder durch feierliche Eide gebunden, dem Souverän des Ordens oder seiner Familie zu dienen.[64] Wir erkennen, wie extravagantes Verhalten, dem man vorwarf, es trenne die Ritterschaft von der Realität, und Individualismus, den man als Faktor der Unruhe angriff, in der Weise kanalisiert werden, daß beide eine neue Richtung bekommen: hin zu der Verpflichtung eines Dienstes für den souveränen Fürsten. Wenn sich bei der Diskussion des Dienstes in der spätmittelalterlichen Literatur und Kultur ein neuer Ton geltend macht, der in unmittelbarer Verbindung zu den aufgrund endemischer Kriege entstandenen drängenden sozialen Problemen stehen, dann nicht auf Kosten des traditionellen Individualismus. Eher versuchte man, ihn harmonisch zu integrieren.

Daran ist nichts wirklich Überraschendes. Das individuelle Fahrende Rittertum war, wie wir oben gesehen haben, eine reale und nützliche Sache und blieb es auch, solange für die Machthaber die Notwendigkeit bestand, einen Teil der Kosten für den Ritterdienst und die gesamte Verantwortung für das Kampftraining auf den Adel abzuwälzen. Wollte man diesen Machthabern so dienen, wie sie es wünschten, bedeutete das in den sozialen und politischen Umständen der Zeit, weiterhin auf ein starkes individuelles Fahrendes Rittertum zu bauen. Es bedeutete auch, den Adel dazu zu ermuntern, Fertigkeiten und Tugenden einer Kriegerklasse zu kultivieren: Freigebigkeit, Tapferkeit, Höfischkeit und gute Reitkünste. Der ständige Wettbewerb unter den Fürstenhöfen – die Mittelpunkte des damaligen politischen Lebens – förderte Verschwendung und Repräsentationssucht im Rahmen einer gesellschaftlichen Mode, die nach dem Geschmack des Adels war. Dessen Dienstpotential sollte damit ausgeschöpft und die Verpflichtung zum Dienst akzentuiert werden. Deswegen waren die Herrschenden bereit, bisweilen sogar mit großem Eifer, zumindest einen Teil der Zeche für all diese Extravaganzen zu zahlen.

Es gab keinen wirklichen Verlust des Vertrauens in das Rittertum: Dieselben Leute, die die Verbrechen des Rittertums ihrer Zeit beklagten, drängten nicht zum Verlassen des ritterlichen Weges, sondern appellierten an das Beispiel des alten Rittertums und boten so ein Muster für die Erneuerung. Die Herolde und ihre Auftraggeber glorifizierten diese Vergangenheit, um jeden mit der Lektion vertraut zu machen. Die Wiedergeburt der loyalen und wahren Ritterlichkeit, dem traditionellen Ziel der Verteidigung der Schwachen und der Beachtung des allgemeinen Wohls verpflichtet, schien immer noch das am besten geeignete Gegenmittel gegen das Rittertum der falschen Werte zu sein, das die Söhne Adliger zu Freibeutern machte und wodurch die Freibeuter versuchten, sich in die Welt der Aristokratie durchzuboxen. Wenn die Botschaft häufig auf taube Ohren stieß, dann nicht, weil die Leute die Realität nicht erkannt hätten, sondern aus einem einfacheren Grund. Was immer auch die Kritiker mit ihrem Appell an das Beispiel der Antike erreichen konnten und was diejenigen ausrichteten, die das antike Exempel im Rahmen eines didaktischen Kults glorifizierten, war lediglich Ermunterung – in einer Situation, die Kontrolle erfordert hätte. Der Kampf des Rittertums gegen sein eigenes Zerrbild, wie ich es genannt habe, die ungünstige Balance zwischen Nutzen und Mißbrauch, konnte erst verschoben werden, sobald die Kontrolle mit der Ermunterung besser Schritt halten konnte. Solche Verhältnisse setzten erst nach der Mitte des 15. Jahrhunderts ein, und als es geschah, begann vieles, was typisch zumindest für die schmuckvolle Seite ritterlicher Lebensweise war – wenn nicht gar ihr Kern –, nach und nach an Bedeutung zu verlieren. Auf paradoxe Weise waren teilweise gerade die Verwirrungen, die durch den Mißbrauch des Rittertums entstanden waren, wiederum Quellen seiner Kraft. Huizingas »harsche Realitäten« versetzten diese Kräfte zielstrebig und nutzbringend in die Lage, das Ideal, das jene zerstörten, am Leben zu erhalten.

13. KAPITEL

Ausblick

AM ANFANG DES Buches sagte ich, daß sich die Darstellung auf die Zeitspanne zwischen ungefähr 1100 und ungefähr 1500 konzentrieren werde. Zu Beginn des 16. Jahrhunderts gibt es wahrhaftig noch nicht viele Anzeichen einer Abschwächung ritterlicher Kultur. Ferguson schrieb von dem »Altweibersommer« des Rittertums im frühen England der Tudor, und zur gleichen Zeit stand das Rittertum auch anderswo in Blüte.[1] Franz I. suchte bei Bayart, dem »Ritter ohne Furcht und Tadel« um den Ritterschlag nach und er und sein Zeitgenosse, der englische König Heinrich VIII., waren große Meister des Turniers. Im Deutschen Reich versetzte sich Kaiser Maximilian, der Erbe Österreichs und Gemahl der Erbin von Burgund, in seiner Autobiographie ganz bewußt in die Rolle des Fahrenden Ritters[2] und zeigte sich als ein noch größerer Liebhaber des Turniers als Franz und Heinrich. Sein Enkel Philipp II. von Spanien war Held eines mindestens ebenso ausgefeilten und phantasievollen *pas d'armes* wie die burgundischen »Feste« des 15. Jahrhunderts.[3] Der bevorzugte Ort der Ritterromane und Handbücher über Rittertum, wie Ramón Lulls Buch, unter den frühesten Druckwerken sowie eine Welle neuer Ritterdichtungen, wie *Amadis von Gaule* im 16. Jahrhundert, geben ebenfalls Auskunft von der andauernden Kraft der mittelalterlichen Mode noch in der Renaissancezeit. Dennoch gibt es gute Gründe, einen Überblick über Rittertum irgendwo um das Jahr 1500 enden zu lassen.

Zum einen gab es in diesem »Altweibersommer« des Rittertums keine wirklich neuen Ansätze mehr. Es war, als ob sich eine reiche Erzader plötzlich erschöpft hätte und den Münzern nichts mehr anderes übrig geblieben wäre, als alte Münze umzuprägen. Neue Ritterorden wurden gegründet (wie König Heinrichs III. Orden vom Heiligen Geist in Frankreich), jedoch nach alten Mustern. Die Herausforderer beim Turnier von Blois 1550 orientierten sich an literarischen Moden und erschienen im Kostüm der Figuren aus Boiardo und Ariost, aber etwas wirklich Neues brachten sie in ihren Verkleidungen nicht zuwege.[4] Noch folgenschwerer als das waren jedoch Veränderungen im 16. Jahrhundert, die sich auf einer tieferliegenden Ebene vollzogen und den Rahmen der sozialen und politischen Bedingungen verschoben, in dem sich Rittertum in der Vergangenheit entfalten konnte. Was wir am Ausgang des Mittelalters beobachten, ist nicht so sehr der Niedergang des Rittertums, als die Veränderung seiner Erscheinung: Cervantes nachsichtige Haltung in seinem *Don Quijote,* sein Verständnis für Größe und Torheiten des Rittertums lassen eine solche Entwicklung erwarten. Die Kräfte, die in der Vergangenheit dem Rittertum Leben und Impulse verliehen hatten, waren immer noch wirksam, aber die sie tragenden äußeren Bedingungen hatten sich verändert, und der alte Name war nun nicht mehr angemessen. Veränderung und nicht Niedergang wird deswegen das Thema dieses abschließenden Kapitels sein.

Das Wort »Rittertum« wurde dazu verwendet, Ehrenkodex und Kultur eines Kriegerstandes zu bezeichnen, der das Kriegshandwerk als seinen angestammten Beruf betrachtete. Um den Beginn des 16. Jahrhunderts herum beeinflußten wichtige Entwicklungen auf tiefgreifende Weise die Ausführung dieser militärischen Profession. Auf der einen Seite wurde die Kriegführung von neuen Taktiken und Fortschritten in der Waffentechnik bestimmt, auf der anderen Seite durch die Ausweitung des öffentlichen und insbesondere königlichen Steuerwesens. Diese Erscheinungen müssen gemeinsam erörtert werden, denn nur ihr kombiniertes Auftreten förderte die wirklich bedeutenden Ereignisse zutage. Für sich allein genommen hätten sie niemals so wirksam sein können.

Die Armeen des späten 15. und frühen 16. Jahrhunderts waren in zwei bisher nur am Rande erwähnten Waffengattungen wesentlich stärker als die Armeen bis ungefähr 1450: in der Infanterie und der Artillerie. Sie waren auch größer als in der vorhergehenden Periode. Hauptgrund dafür war die Vergrößerung der Infanterie (eine Konsequenz aus dem verbesserten Exerzierreglement für einen koordinierten Einsatz der Pikeniere, deren lange Piken die Kavallerie auf Distanz halten konnte, ebenso wie Bogenschützen und Soldaten mit Handfeuerwaffen). Gegen Ende der Regierungszeit Karls des Kühnen von Burgund war das Verhältnis von Kavallerie zu Infanterie in der Grundeinheit der Armee, der sogenannten »Lanze«, neun Fußsoldaten (drei Bogenschützen, drei Pikeniere und drei Musketiere) zu einem Berittenen.[5] Hundert Jahre früher wird das Verhältnis wohl eins zu eins oder höchstens eins zu zwei gewesen sein. Die von den katholischen Königen Spaniens 1489 gegen Granada geführte Armee zählte vierzigtausend Mann Infanterie und dreizehntausend Mann Reiterei, von denen allerdings nur ein kleiner Teil vollständig als Kavalleristen ausgerüstet waren. Die meisten waren *genétaires,* leichte spanische Reiterei.[6] Ähnlich wurde auch in der französischen Armee des 15. Jahrhunderts die Infanterie verstärkt, zunächst durch die *francs-archers,* die auf lokaler Ebene in den Kommunen gemäß einer Ordonnanz Karls VII. rekrutiert wurden, später dann durch Landsknechte aus der Eidgenossenschaft und Deutschland. Die so gebildeten neuen Armeen sahen anders aus als die alten Heere, wie dem Kommentar Jean de Bueils, einem Veteranen des Hundertjährigen Krieges, über die französische Armee gegen die Burgunder 1471 zu entnehmen ist: »Der Krieg hat sich sehr geändert. Wenn man damals acht- oder zehntausend Mann gehabt hat, hielt man das für eine große Armee. Heute ist das etwas ganz anderes... Für meinen Teil bin ich es nicht gewohnt, so viele Truppen auf einem Haufen zu sehen.«[7]

Es waren nicht einfach diese bedeutend zahlreicheren Fußsoldaten, die den Unterschied ausmachten. Ritter haben auch früher oft zu Fuß gekämpft, und im 15. Jahrhundert bedeutete »ritterlich« zu kämpfen nicht unbedingt hoch zu Roß zu kämpfen. »Ich sah zwei Edelleute mit Namen und Wappen zu Fuß«, sagt Olivier de la

Marche bei seiner Schilderung des Treffens von Gavre 1453, »der eine war Messire Philibert de Jacucourt, Seigneur von Villarnon, der andere war Messire Jacques de Foucquessoles: diese beiden gingen ritterlich gegen den Feind vor.«[8] Der Unterschied bestand eher im Wesen der neuen Infanterie und in der veränderten Rolle des Adels in diesen Armeen. Als Fußsoldaten waren die Schweizer und die Landsknechte Berufssoldaten und hatten ein Training, das die alte städtische Infanterie, rekrutiert meist aus der Stadtbevölkerung, niemals erreichen konnte. Das gleiche gilt für die Infanterie der spanischen Armeen, die Gonsalvo de Cordoba mit so viel Geschick in den ersten Jahren der italienischen Kriege kommandierte. Sowohl die eidgenössischen wie die deutschen Söldner und die einheimische Infanterie, ihr Gegenstück in den spanischen Armeen, die auch in der französischen Armee die Söldner letztlich ersetzte, rekrutierte sich nicht aus dem Adel. Die sie kommandierenden Hauptleute, konfrontiert mit der höchst schwierigen Aufgabe, eine gewisse Ordnung unter ihnen aufrechtzuerhalten, konnten durchaus dem Adel entstammen, und ein Infanteriekommando galt auch für einen Adeligen als annehmbares und ehrenhaftes Amt. Bayart, Blaise de Monluc und Gaspard de Saulx Tavannes hatten alle eine Zeitlang in der Infanterie gedient. Die Mannschaftsdienstgrade hatten indessen nichts mit der Welt des Rittertums zu tun – das war nur etwas für die Offiziere. So begann sich das Ideal des Fahrenden Ritters mit dem des adeligen Offiziers zu vermischen: Der Ehrenkodex des Ritters entwickelte sich zu einem Ehrenkodex des Offiziers. Unter der Führung des Ritterwesens hatte der Adel schon zuvor eine lange Lehrzeit für diese Rolle hinter sich gebracht, denn ein Ritter oder adeliger Kriegsmann zog niemals alleine in den Krieg, sondern hatte immer das Kommando über die kleine Truppe in seiner Begleitung und kümmerte sich um Pferde und Ausrüstung. Außerdem hatten Ritter in den mittelalterlichen Schlachten häufig zu Fuß in den Reihen der Infanterie gekämpft, um deren Kampfmoral zu stärken – eine typische Aufgabe des Offiziers. Dennoch bestand und besteht ein Unterschied zwischen einem Ritter und einem Offizier.

Das Offiziersamt hat, neben den Aktivitäten im Kampf, dezidiert etwas mit Verwaltung zu tun, mit ordentlichen Unterkünften, mit Problemen der Besoldung und des Nachschubs, und seine Position hielt der Offizier aufgrund eines Offizierspatents und kaum wegen eines natürlichen Rechtsanspruches. Es kann jemand von adeliger Geburt sein und allein deswegen ritterfähig, das Offizierspatent kann dagegen nur von einer Obrigkeit vergeben werden.

Der einzige Weg, die Kosten für die größeren Armeen des späten 15. und 16. Jahrhunderts zu bestreiten, bestand in öffentlichen Steuern, die auf fürstliche Autorität hin erhoben wurden. Natürlich bedeutete es nichts Neues, für erwiesene Dienste zu zahlen oder Steuern zur Deckung von Kriegskosten auszuschreiben – beides findet sich schon im 12. Jahrhundert und früher. Es war vielmehr die neue Dimension militärischer Operationen, die gegen Ende des Mittelalters den Unterschied ausmachte und die Unterhaltung von Armeen außerhalb der Reichweite privater Geldmittel rückte – mit Ausnahme der öffentlichen, das heißt der fürstlichen. Die Entwicklung der Artillerie wirkte in die gleiche Richtung. Kanonen kamen seit der Mitte des 14. Jahrhunderts in Gebrauch, erlangten aber erst im 15. Jahrhundert Bedeutung. Bei Belagerungen am Ende des Hundertjährigen Krieges hatte ihr Einsatz entscheidende Auswirkungen. Der Durchbruch kam etwas später, gegen Ende des 15. Jahrhunderts, mit der Entwicklung der Feldartillerie und dem zunehmenden Gebrauch von Handfeuerwaffen durch das Fußvolk. Die Zahl der Kanonen, die eine Stadt für ihre Verteidigung oder ein Fürst bei einer Belagerung oder für den Artilleriepark seiner Armee brauchte, schnellte sprunghaft in die Höhe, ebenso der Bedarf an Schießpulver, Kanonenkugeln und anderen Geschossen, sowie an Zugtieren, die diese schweren Waffen auf Karren, gegen Ende des Jahrhunderts dann auf Lafetten, bewegen mußten. Darüber hinaus brauchte man jetzt Leute, die in der Handhabung der neuen Waffen ausgebildet waren. Eine neue Wissenschaft hatte in der Kriegskunst Einzug gehalten: Es ging um die richtige Plazierung einer Kanone, um die Verbindung der Artilleriestellungen mit einem Netz von

Laufgräben und im Laufe der Zeit um die Möglichkeit, marschierende Kolonnen mit Flankenfeuer zu belegen. Es war eine recht kostspielige Wissenschaft. Dabei war es eine Sache, nach alter Gepflogenheit von einem Soldaten zu fordern, in eigenen Waffen und mit eigenem Pferd zu erscheinen, aber niemand erwartete unter diesen Umständen von einem Geschützmeister, mit seiner eigenen Kanone zu kommen. Solche Ausgaben überstiegen die Möglichkeiten einer privaten Geldbörse.

Es ist gesagt worden, »der unterschiedslose Tod durch Geschosse und Kugeln habe den Krieg als letzte Schule des ritterlichen Charakters ruiniert.«[9] Das stimmt nicht ganz, zumindest nicht im Hinblick auf das Spätmittelalter. Bei Poitiers und Agincourt haben englische Bogenschützen den französischen Soldaten wahllosen Tod gebracht, indem sie sie aus großer Distanz zusammenschossen.[10] Es war wahrhaftig nichts Neues, von unbekannter Hand zu sterben. Die ritterliche Gesellschaft hatte keine Schwierigkeiten, sich mit der Artillerie abzufinden. Kanonen wurden mit Ornamenten, Wappen, Wahlsprüchen und Inschriften verziert und bekamen Namen, wie einst die Schwerter. Sie konnten nach antiken Helden benannt werden, wie die beiden Bombarden Ludwigs XI., »Jason« und »Medea«, oder – wie einige seiner Kanonen –, nach großen Heerführern neuerer Zeiten: »La Hire«, »Barbasan«, »Flavy«. Der Adel führte Kanonen in seine Wappen und Insignien ein, wie etwa der Kenner des Ritterwesens Louis de la Gruthuyse, der als sein persönliches Emblem eine Bombarde mit dem Motto *Plus en vous* wählte. Hauptleute wie Jean de Bueil sahen es als Teil ihres Berufes an, Kenntnisse über Kanonen zu besitzen und zu wissen, wie man sie handhabe. Der große französische Artilleriemeister Jean Bureau wurde wegen seiner »Fähigkeit und Kühnheit« geadelt und aufgrund seiner artilleristischen Kenntnisse zum Ritter geschlagen.[11] Auch in der Ritterliteratur fanden Kanonen ihren Platz, wie im vierten Buch von *Amadis de Gaule,* wo im Krieg von Lisuard und Perion das Donnern der Kanonen zu hören ist.[12] Auf lange Sicht freilich, konnten Versuche wie diese, das Rittertum an das Artilleriewesen anzupassen, nicht mehr sein als Zucker auf eine bittere Pille, aber es dauerte lange, bis das Auftauchen »dieser teuflischen Instrumente der Artillerie« in ihrer vollen Tragweite erfaßt wurde. Kurzfristig gesehen bewirkten die Kanonen, aus dem Krieg ein Großunternehmen zu machen, insbesondere in Hinblick auf die Kosten, und er wurde auch eine mehr spezialisierte und technisierte Angelegenheit. Ein Karrieresoldat mußte jetzt mehr Professionalität an den Tag legen als in den großen Tagen des Fahrenden Rittertums. Auf diese Weise begannen die Kanonen, den Krieg als Hohe Schule des Rittertums zu zerstören, genauso wie sie dazu beitrugen, den Krieg zu einer definitiv öffentlichen Sache zu machen, in der die Führungsrolle des fürstlichen Kriegsherrn von entscheidender Bedeutung war.

Das späte 15. Jahrhundert erlebte auch die Anfänge nationaler stehener Armeen. Hier waren die Franzosen die Wegbereiter, als sich in den 1440er Jahren Karl VII. etwas entschiedener den alten königlichen Anspruch auf das alleinige Recht zum Aufbieten von Truppen zu eigen machte und die *compagnies d'ordonnance* aufstellte, aus denen das französische stehende Heer erwachsen sollte. Der Erlaß Karls des Kühnen von 1473 zur Einrichtung eines burgundischen stehenden Heeres folgte dem französischen Vorbild. Etwas früher, wenn auch nur vorübergehend, machten die Engländer aus ihrer Okkupationsarmee in Nordfrankreich so etwas ähnliches wie ein stehendes Heer, mit festen Garnisonen und einem komplizierten Aushebungs- und Musterungssystem. Nachdem das Experiment zusammengebrochen war, wohl wegen unzureichender Finanzmittel, behielt der englische König nur ausnahmsweise kleinere stehende Kontingente bei. Den italienischen Staaten war zur selben Zeit vergleichsweise besonders deutlich bewußt, daß es notwendig sei, Söldnertruppen auf mehr oder weniger dauerhaften Abruf zu unterhalten und in den Festungen des Umlandes im Krieg und im Frieden Garnisonen zu haben.[13] Die Entwicklung in diese Richtung war allgemein, auch wenn sie an den verschiedenen Orten mit unterschiedlicher Geschwindigkeit und anderen Akzentuierungen voranschritt.

Nur wenigen waren zunächst die Folgen bewußt. Viele seiner Untertanen hatten erwartet, Karl VII. würde nach Beendigung des englischen Krieges seine Armee entlassen und sahen diesem Tag freudig entgegen, denn nach der Entlassung der Armee sollten auch die Steuern aufgehoben werden, die zu ihrem Unterhalt nötig gewesen waren. Aber die Armee wurde nicht entlassen und die *taille,* die notwendige Unterhaltungssteuer für das Heer, blieb bestehen. In Spanien wären die katholischen Könige nicht in der Lage gewesen, eine permanente Armee in ihren italienischen Kriegen zu unterhalten, hätten sie nicht ihr Finanzwesen reformiert, das die Einkünfte der Krone um ein Vielfaches erhöht hätte. In Deutschland und Italien, wo weniger begüterte Herrscher kleinere Länder regierten, lösten kleinere Territorialherren oder *signori* das Problem mangelnder Ressourcen zum Unterhalt einer stehenden Armee, indem sie sich selbst zu »Maklern« von Söldnern machten und deren Dienste und die Dienste ihrer Untertanen an reiche Fürsten vermieteten, wie es auch die schweizer Kantone handhabten. Die Folge größerer und dauerhafterer Armeen war, daß Geld – stets die Hauptstütze des Krieges – für militärische Belange in immer gewaltigerem Ausmaß gebraucht wurde.

An diesem Punkt wird die ganze Bedeutung des fürstlichen Steuerwesens deutlich. Immer wirksamere, allgemeinere und lebensfähigere Besteuerungssysteme eröffneten die Möglichkeit der Kontrolle des kriegerischen Potentials, ein Problem, das die Obrigkeiten des Mittelalters ständig verfolgt hatte. Wenn es einer Obrigkeit gelang, genügend Geld zusammenzubringen, konnte das den Beginn einer militärischen Monopolstellung bedeuten. Aus »ritterlicher« Perspektive waren die damit verbundenen Änderungen von großer Tragweite. Es genügte jetzt nicht mehr, von adeliger Geburt zu sein und Anspruch auf das Wappen zu haben, das die Vorfahren in der Schlacht getragen hatten, damit sich auch die Nachkommen als Angehörige des Kriegerstands betrachten konnten. Wollte jetzt jemand Soldat sein, mußte er einer militärischen Einheit angehören, sonst galt er nicht als Soldat. Wo die Obrigkeiten früher im Kriegsfall den Adel der bedrohten Provinzen zu den Waffen rufen mußten und andere Herren dazu bewegen oder auffordern mußten, ihre Untertanen zu mobilisieren, hatten sie sich jetzt darum zu kümmern, daß Garnisonen und stehende Kompanien im Kriegsfall bereitstanden, daß die »Lanzen« volle Kriegsstärke hatten, daß genügend Infanterie zur Verfügung stand und, wenn nötig, Söldner angeworben würden. Zu den sichtbaren Symbolen des hier stattfindenden Wandels gehört, daß die ritterlichen Insignien des Wappens und des Wappenrocks als Mittel der Identifizierung im Feld ihre Bedeutung einbüßten. Das bedeutete auch, daß die militärische Rolle der Herolde obsolet wurde. Dafür wurden Uniformen zur Unterscheidung der einen militärischen *Einheit* von der anderen wichtig. Die kommandierenden Offiziere von Einheiten oder Untereinheiten oder die Elitesoldaten der schweren Kavallerie waren sehr häufig wappentragende Leute, sie waren Offiziere aber nicht wegen ihres Wappenrechts, sondern wegen ihrer »offiziellen« militärischen Rangstellung. So wurde die Konzeption eines Ritterstandes mit dem allgemeinen Auftrag, die Gerechtigkeit aufrechtzuerhalten und die Schwachen zu schützen, auf die Konzeption vom Offizier, der gegen die Feinde des Königs zu kämpfen hatte, zurückgestutzt. Die Heere wurden größer, aber die Pfade zu militärischem Ruhm enger – und sie waren besser zu kontrollieren.

*

So begann eine intensivere und besser organisierte Erschließung von Einkunftsquellen, in Verbindung mit dem dadurch ermöglichten Unterhalt größerer Heere und technischen Fortschritten auf militärischem Gebiet, sowohl das Bild vom Krieg als auch die Rolle des Krieges zu verändern, um den sich der kriegerische Kult des Rittertums drehte. Die entsprechenden Auswirkungen wären vielleicht weniger deutlich gewesen und hätten sich eher graduell geltend gemacht, käme nicht noch ein dritter, für unsere Fragestellung ebenso wichtiger Faktor hinzu. Es ist die sogenannte »Krise grundherrlicher Einkünfte« im Spätmittelalter. Wir geraten hier mit sehr langfristigen Prozessen in Berührung, die sich nicht auf die Periode um 1500 beschränken. Das ganze ist ein äußerst komplexer Vorgang mit einer Vielzahl von Ursachen, deren Charakter, Ausmaß und Bedeutung unter Historikern durchaus umstritten sind. Es geht mir deshalb nur darum, einige diesbezügliche Probleme zu skizzieren.

Grundherrliche Einkünfte – insbesondere die des niederen Adels – gerieten schon in einer recht frühen Phase, örtlich bereits im 12. Jahrhundert, unter Druck. Die Einkünfte aus dem Landbesitz eines feudalen Grundeigentümers hingen von den Abgaben der Pächter und der Produktivität seiner Domänengüter ab, und Probleme kamen unwillkürlich dann auf, wenn ein Ausbau der Grundherrschaft nicht mehr möglich war, wenn Rodungen und Kultivierung von Wald- und Ödland und die Zunahme der Bevölkerung innerhalb der Pächterschicht zum Stillstand gekommen waren. Gleichzeitig stiegen, wie wir in einem frühen Kapitel gesehen haben, die Kosten für die Aufrechterhaltung eines aristokratischen Lebensstandards. Im übrigen war die ganze Periode seit 1100 von Inflation geprägt, die für unsere Begriffe zwar nur langsam voranschritt, aber doch bemerkenswerte Folgen hatte. Die Höhe der Abgaben, ob in Naturalien oder Geld, war nach gewohnheitsrechtlichen Regelungen festgesetzt. Die Geldabgaben konnten mit dem fallenden Wert des Silbers nicht Schritt halten und die Naturalabgaben (sofern sie nicht auch schon, was sehr häufig vorkam, in Geldleistungen umgewandelt worden waren) erwiesen sich als weniger einträglich als in früherer Zeit. Andere Einkunftsquellen, wie die konsequente Inanspruchnahme grundherrlicher Monopole (wie beispielsweise das Privileg, Mühlen zu betreiben) oder jurisdiktioneller Herrschaftsrechte konnten die angespannte Wirtschaftslage nur notdürftig kaschieren. Sie zeigte sich in einer allgemeinen Verschuldung, in der Verpfändung und Veräußerung von Gutsbesitz und dem sozialen Abstieg alter Adelsgeschlechter. Geschwindigkeit und Intensität dieses Prozesses sollten nicht übertrieben werden: Persönliche Verschwendungssucht und einfach auch persönliches Pech waren in vielen Fällen zweifellos die eigentlichen Gründe des Niedergangs.

Im 14. und 15. Jahrhundert indessen wurden die eben skizzierten allgemeinen Entwicklungen besonders akut durch ein Zusammentreffen verschiedener Faktoren: Ein drastischer Rückgang der Bevölkerung nach den Hungersnöten von 1314–1317 und einer Serie von Epidemien, die 1348 mit dem Schwarzen Tod einsetzte; Verödung des Landes (besonders der grundherrlichen Domänen) durch Kriege und Verteuerung der Arbeit (die immer knapper wurde), begleitet von einem relativen Preisverfall für agrarische Produkte. Die Preise für industriell gefertigte Waren (wie wir es heute nennen würden), insbesondere der für eine aristokratische Lebensführung wichtigen Luxusartikel, fielen unglücklicherweise nicht in gleichem Maße. So wurde es für einen Adeligen immer schwieriger, einen seinem Status angemessenen Lebensstil zu pflegen und erst recht für den kleineren Adeligen, der nicht seine sinkenden Einkünfte aus Landbesitz durch Erweiterung seiner Herrschaft oder Besteuerung seiner Pächter und Untertanen zu kompensieren vermochte. Diese hatten ihm gegenüber jetzt eine stärkere Stellung und konnten aufgrund der prekären Lage des Grundherrn die Aufhebung oder Modifizierung alter Abgaben verlangen, oder auch einen höheren Anteil am Ernteertrag.

All das verlief nicht in einem kontinuierlichen Prozeß – es gab auch hier ein Auf und Ab, wie immer im Wirtschaftsleben – und es ist alles andere als leicht, die Härte der sogenannten »Krise« zu bemessen. Außer Frage ist, daß der Adel allgemein der Ansicht war, die aus ihrer Territorialherrschaft abgeleiteten Ressourcen durch Einkünfte aus anderen Quellen erhöhen zu müssen. Die zusätzliche Einkunftsquelle, auf die sie in erster Linie angewiesen waren und auf die sie in ihrer Welt von Herrschaft und Klientel schon immer zurückgegriffen hatten, war der Dienst, respektive die Nebenprodukte des militärischen und administrativen Dienstes bei der Krone oder mächtigeren Adeligen als sie es selbst waren. Pensionen, Ämter, Kriegslohn und Kriegsbeute, zusammen vielleicht mit einer durch die Herrschaft vermittelten guten Partie und Kirchenpfründen für die jüngeren Söhne – das waren die augenfälligsten, wenn nicht einzigen Möglichkeiten, mit denen sich die weniger wohlhabenden Adeligen wirtschaftlich verbessern konnten. Aus diesen Gründen war es auch kein Problem, den Adel für die *compagnies d'ordonnance* Karls VII. von Frankreich zu gewinnen: Die auf königlichen Sold begierigen Standespersonen waren Legion. La Marche erzählt, daß 1445, als die königliche Truppe gegründet wurde, in Frankreich die Preise für gute Reitpferde enorm in die Höhe schnellten, weil sich so viele Edelleute gut beritten der königlichen Musterung stellen wollten.[14] Überall machten sich die Anziehungskraft des Hofes und des Dienstes in den »nationalen« und stehenden Armeen mit Macht geltend. Die Kraft, die am Ausgang des Mittelalters aus dem alten Ritterstand ein »nationales« Rittertum (wie es Nicholas Wright bezeichnete)[15] hervorbrachte, leitete sich somit nicht aus einer Veränderung der Sitten oder der politischen Ideologie her: Geburtshelferin des Wandels war die blanke Not.

Das klingt alles recht einseitig, aber der Schein trügt. Der Adel – auch der Kleinadel – war reich im Vergleich zu den meisten anderen Menschen, selbst wenn die wirtschaftliche Situation einzelner Adelsfamilien angespannt war. Er war der einzige weltliche Stand, dem es aufgrund gemeinschaftlichen Handelns wirklich gelungen war, die Ansprüche der Obrigkeit (allen voran die Steuerforderungen) abzuweisen. Über lange Generationen hin war der Adel die Gewohnheit eines bisweilen auch brachialen unabhängigen Verhaltens eingegeben worden. Ihre Schwerter und ihre Dienste standen darüber hinaus gleichermaßen den höheren Adeligen zur Verfügung wie den fürstlichen Autoritäten – jenen »höchstadeligen« Familien, die auf der Basis eines ausgedehnten Stammvermögens noch reicher geworden waren durch die dynastische Akkumulierung von Landbesitz, Herrschaften und Krondomänen und die so oft in Rivalität zu ihren nominellen Obrigkeiten standen. Diese wiederum trugen ihren Teil dazu bei, daß solche Adelsdynastien noch mächtiger und ehrgeiziger wurden, so daß die Geschichte des Spätmittelalters häufig so aussieht, als sei sie vollständig von den Auseinandersetzungen der Monarchen mit der höheren Schicht ihrer Aristokratie geprägt, wie etwa im englischen Rosenkrieg, zwischen Burgundern und Armagnacs in Frankreich, in den kastilischen Bürgerkriegen vor der Thronbesteigung der katholischen Könige Ferdinand und Isabella. Diese Kämpfe wiederum halfen, das Leben und die Aktivitäten der freien Söldnerkompanien zu verlängern, in deren Reihen viele Adelige ihre ritterliche Reputation befleckten und die so viel zu dem allgemeinen Eindruck ständiger lokaler Unruhen in dieser Periode beitrugen. Indessen war die Unruhe nicht so groß wie es den Anschein hatte. Es war, einfach ausgedrückt, eine Epoche, in der sich weltliche Macht auf die besten Zahlmeister konzentrierte. Das bedeutete meist auf den regierenden Fürsten oder den mächtigen Hochadel, und deren Kämpfe gingen um die jeweiligen Anteile an Territorium, Einkünften und Privilegien, die sie in die Lage versetzen würden, eine politische Schlüsselrolle zu spielen. Der Fürst hatte den Vorteil, immer ein wenig reicher zu sein als die anderen und über mehr traditionelle Rechte zu verfügen und konnte sich deswegen meist der Unterstützung, zumindest einer Fraktion unter den Großen versichern. Folglich setzte sich die Königsmacht fast überall langsam aber stetig durch. (Eine bemerkenswerte Ausnahme war Deutschland, wo der Prozeß der Machtkonzentration eher die Territorialfürsten begünstigte als ihren jeweiligen nominellen Souverän, den Kaiser. Es ging daher auch in auffälliger territorialer Zersplitterung aus dem Mittelalter hervor, im Gegensatz zu den westlichen Monarchien Frankreich, Spanien und England.)

Dort, wo sich Königsmacht durchsetzte, geschah es aufgrund eines Kompromisses der hinter der dünnen Fassade der Unruhen bewerkstelligt wurde und der ungeheure Auswirkungen auf die Zukunft hatte. Die Kompromißparteien bestanden aus der zentralen, von einer entstehenden Bürokratie unterstützten Regierungsgewalt auf der einen Seite und der Aristokratie, dem dominierenden weltlichen Stand, auf der anderen Seite. Der zwischen ihnen ausgemachte Handel wurde zur Grundlage effektiver Autorität der meisten Monarchien der frühen Neuzeit. Das Steuerwesen stand erneut im Mittelpunkt dieses Kompromisses, denn dieser stellte im Prinzip ein weitgehend stillschweigendes Einvernehmen darüber dar, daß ein Gutteil der Steuereinnahmen wieder in die Taschen der Aristokratie zurückfließen sollte, teilweise in Form von Bezahlung für soldatische Dienste in den neuen, größeren Armeen, aber auch auf einer Vielzahl anderer Wege, über Pensionen, Hofämter und Positionen in der lokalen und zentralen Verwaltung. Dadurch blieb ihr aristokratischer Status gewahrt. Die Steuern ließen natürlich auch den Pegel königlicher Aufwendungen für Luxus und *largesse* mächtig ansteigen.

Die Anfänge dieser Prozesse machten sich schon im ausgehenden Mittelalter geltend. Sie sind Ursache für die Ausweitung der königlichen und fürstlichen Hofhaltungen im Frankreich des 14. und 15. Jahrhunderts, über die die Steuerpflichtigen so häufig murrten, und stehen auch hinter den Verschwendungen des burgundischen Hofes. Ein Gutteil der üppigen Ausgaben dieses Hofes floß in die Zelebrierung ritterlicher Feste und Zeremonien und es ist eine notwendige und nützliche Erinnerung, daß das »Geschäft«, von dem die Rede ist, mehr beinhaltete als nur finanzielle Abmachungen. Es ist kein Zufall, daß im spätmittelalterlichen Genre des polemischen Traktats, meist in der Form eines Streitgesprächs zwischen Ritter und Priester (der *Songe du vergier* ist das bekannteste Beispiel), der Ritter als Sprecher für seinen eigenen weltlichen Stand und für die säkulare königliche (oder kaiserliche) Autorität auftritt. Das ist ein Zeichen dafür, daß die Grundlage für eine zukünftige Partnerschaft gelegt wurde, die auf einer breiteren Basis beruhte als allein auf den finanziellen Interessen der weltlichen Aristokratie. Und es gab noch einen anderen wichtigen Aspekt des Preises, den die Zentralgewalt für eine erfolgreiche Selbstbehauptung zahlen mußte: Es war die Zusage dieser Autorität, den dominierenden gesellschaftlichen Rang des Adels und seine Privilegien zu garantieren sowie aristokratischen Ehrgeiz, insbesondere seine kriegerischen Ambitionen, die wir noch »ritterlich« nennen können, zu dulden.

Dieser letzte Aspekt des ungeschriebenen Kompromisses zwischen Regierung und Aristokratie muß besonders betont werden.

Gesellschaftliche Vorrangstellung und Ehren waren für den Adel ebenso wichtig wie Vermögen. Neben Pensionen oder solche Privilegien wie Befreiung von Steuern (die sich die Aristokratie des *ancien régime* außerhalb Englands ganz allgemein sichern konnte) und neben das Monopol für eine ganze Palette von Ämtern, müssen solche Privilegien gestellt werden wie das Recht, ein Schwert zu tragen, seine persönliche Ehre in einem Duell zu verteidigen, Schutz des aristokratischen Jagdprivilegs und des Wappenprivilegs. Bei all dem mußte das Königtum den Wünschen der Aristokratie ein gutes Stück entgegenkommen. Der finanzielle Preis, den die Zentralgewalt für ein ausreichendes Maß an Duldung und Mitarbeit der Aristokratie zahlen mußte, war vielleicht kalkulierbarer als dieser soziale und psychologische Teil des Handels. Das macht aber den letzteren nicht weniger wichtig. Es bürdet der Monarchie die Sorge für den Status und die Funktion des Adels auf: die Monarchie machte die aristokratischen Normen zu den ihren. Das bedeutete in einem nationalen Kontext, den Idealen des Adels, die spätmittelalterlichen Autoren häufig mit *noblesse* gleichgesetzt haben, freien Lauf zu lassen. Vom Kriegerischen her gesehen wurden Offizier und Edelmann der nachmittelalterlichen Periode dazu ermuntert, den gleichen Stolz im Dienst für den König zu empfinden wie der Ritter im Dienst für seinen Lehnsherrn oder seinen Orden. Sozial gesehen beanspruchte der Adelige die gleichen Vorrechte, verbunden mit dem gleichen Maß an Pflichten der Gesellschaft gegenüber, wie seine ritterlichen Vorfahren. Diese Ansprüche galten als völlig legitim, und die Ermunterung dazu war so ernst gemeint und dezidiert, daß sie auch solche führenden Gesellschaftsgruppen der frühen Neuzeit mit den Werten und Haltungen der alten Aristokratie ansteckte, deren Einflüsse ganz andere Ursprünge hatten. Die wichtigste dieser Gruppen waren die Juristen und Verwaltungsbeamten, die einen gelehrten Hintergrund hatten und keinen militärischen, ferner das städtische Kaufmannspatriziat. Bereits im 15.Jahrhundert läßt sich beobachten, daß hohe Finanzbeamte der französischen Krone Adelspatente und Ritterwürde, Kastellaneien und Jurisdiktionsrechte erwerben. Die Räte und *gens de finances* der Herzöge von Burgund hatten die gleichen Vorteile. In der Folge wurden die Ambitionen und Erwartungen dieser Vorläufer der höheren *noblesse de robe* späterer Zeiten von einer an den Höfen, denen sie dienten, vorherrschenden ritterlichen Mentalität beeinflußt. Eine ähnliche Tendenz ist in Flandern zu beobachten, wo das höhere Stadtbürgertum in den Adel einheiratete, Adelspatente erwarb und die Wertvorstellungen des Landadels übernahm.[16] Ähnliche Entwicklungen finden sich auch anderswo, und in Italien ist dieser Prozeß schon seit dem 12. Jahrhundert und früher im Gange. Das Vermächtnis des Rittertums übte seine Wirkung auf wesentlich weitere Teile der Gesellschaft als lediglich den alten Schwertadel aus.

Einige charakteristische äußere Erscheinungsbilder des mittelalterlichen Rittertums verloren ihre Bedeutung in den veränderten Bedingungen der frühneuzeitlichen Periode. Wie wir schon gehört haben, hatten die Herolde in den Armeen keine wichtigen Funktionen mehr, denn es war nicht mehr nötig, in der Schlacht die Wappen der Kämpfer zu identifizieren. Im Laufe des 16. Jahrhunderts ging die Popularität des Turniers unwiederbringlich zu Ende, denn nachdem die neue Kriegstechnik zu einer Abschaffung der Reiterlanze und des geschlossenen Körperharnischs geführt hatte, bot das Turnier kaum mehr ein besseres Reitertraining als beispielsweise die Jagd. Die alten Rittergeschichten von Artus und Karl dem Großen büßten aus den gleichen Gründen viel von ihrem Reiz ein; ihre Stoffe konnten nicht mehr so weit modifiziert werden, daß ihnen noch irgendeine zeitgenössische Realität geblieben wäre. (Noch im 15. Jahrhundert konnte Malory seine Turnier- und Zweikampfschilderungen so zurechtschneidern, daß sie einen zeitbezogenen, realistischen Zuschnitt hatten. Anderthalb Jahrhunderte später war eine solche Aufbereitung unmöglich geworden, denn es gab keine zeitgenössischen Vorbilder, von denen man hätte ausgehen können.) Diese Umstände waren fast ebenso ausschlaggebend für den Niedergang als ernstzunehmendes literarisches Sujet, wie die neue klassische Mode, für die das wachsende Interesse am klassischen Altertum in der späten Ritterzeit in jedem Falle den Weg gebahnt hatte. Im Prinzip verschwanden vornehmlich solche Aspekte der ritterlichen Praxis und Kultur, die nicht mit zeitgenössischem Leben in Beziehung gesetzt werden konnten. Die weltlichen Ritterorden, wie der Hosenbandorden, das Goldene Vlies, der Michaelsorden, blühten weiterhin, weil sie ihren Zweck – dem Herrendienst Glanz zu verleihen – auch weiterhin beibehielten. Das System der Beförderung und des Ehrenlohns, das Ritterwesen und Herolde gewährt hatten, überlebte ebenfalls, weil es einem wichtigen Zweck diente. In England wurde auch weiterhin die Ritterwürde an verdiente Generale verliehen und Orden und Dekorationen an verdiente Soldaten. Das ritterliche Konzept des Adels hatte nichts von seiner Kraft verloren und seine konstituierenden Elemente – Loyalität, Freigebigkeit und Tapferkeit – hatten sich kaum geändert. Wo die entsprechend modifizierten alten Vorstellungen mit veränderten Strukturen in Verbindung gebracht werden konnten, da verschwand das Rittertum auch zu Beginn der Renaissance nicht. Es mochte in neuem Gewande daherkommen, von den Höflingen Castigliones mochten mehr klassische Kenntnisse verlangt werden als Kenntnisse solcher romantischer Ideale, wie der Eidschwur auf einen Pfau. Dies aber deutete eher auf ein verändertes Gewand des ritterlichen Höflings hin als auf eine Änderung seiner Gesinnung. Aus diesem Grunde muß der Abschluß dieser Betrachtungen über Rittertum, wie schon am Anfang des Kapitels gesagt, als Ausblick auf einen Wandel – und nicht auf einen Niedergang – geschrieben werden.

*

Das wichtigste Vermächtnis des Rittertums an spätere Zeiten war seine Konzeption der Ehre und insbesondere seine Beziehung zum Adel. Ehre stellt auf der psychologischen Ebene eine Verbindung her zwischen den Idealen der Gesellschaft und ihrer Reproduktion in den Handlungen des Individuums – Ehre bringt die Menschen dazu zu handeln, wie sie sollten (selbst wenn es – von Gesellschaft zu Gesellschaft – verschiedene Auffassungen darüber gibt, wie sie handeln sollen), so die Formulierung eines modernen Anthropologen.[17] Hier lag der besonders tiefgehende Einfluß des Rittertums: Es drückte den als adelig anerkannten Verhaltensnormen seinen Gütesiegel auf, wenn sie durch individuelle Handlungen in einem besonderen Stil reproduziert wurden. Das Rittertum spielte eine Schlüsselrolle bei der Konturierung der Idee vom Edelmann, dem »Gentleman«, der als Typus die Verkörperung des führenden sozialen und politischen Standes und seiner Lebensweise im *ancien régime* darstellte. Es erreichte diesen Effekt, indem es seine geistig-gesellschaftlichen Errungenschaften und Fertigkeiten wie in einem engen Geflecht miteinander verwob: seine »Höflichkeit« (insbesondere in bezug auf die Frauen) und seine Fertigkeiten in der Reitkunst, der Jagd und den Übungen mit dem Schwert und seine gesellschaftlichen Tugenden: seine Tapferkeit und Freigebigkeit, seine Treue zum einmal gegebenen Wort und seine unabhängige und freie Sinnesart (die von den alten Autoren des Ritterwesens *franchise* genannt wurde). Das Rittertum verlieh den Werten des Adels einen ausgesprochen kriegerischen Anstrich, vor allem wegen seiner ausdrücklichen Wertschätzung kriegerischer Qualitäten und des Kriegsdienstes: »Das angemessene, alleinige und wirkliche Leben für einen Adeligen in Frankreich ist das des Soldaten«, schrieb Montaigne.[18] Auf den Einfluß des Rittertums geht es auch zurück, daß die kriegerischen Abzeichen, die Wappen, die Helme mit der Helmzier, die auf dem Tafelsilber und den Grabplatten des Adels erscheinen, zum Kennzeichen dieses Standes werden. Auch die durch das Rittertum geschmiedete Verbindung zwischen dem Gewinn sozialer Anerkennung durch ehrenvolle Taten und dem Gewinn des Herzens einer geliebten Frau, erwies sich als kräftig und langlebig. Die westliche Kultur hat sich davon nie ganz freimachen können. Vor allem aber lehrte das Rittertum den Aristokraten nachfolgender Epochen, die Ehre als den Mittelpunkt seiner geistigen und sozialen Welt zu betrachten, als ein Gut, kostbarer als das Leben. Deshalb bestand der Adel so lange und so zäh auf dem Recht, ein Schwert zu tragen und seine persönliche Ehre im Duell zu verteidigen.

Die starke Betonung des Individualismus in der ritterlichen Kultur, die ihren gefühlsgetragenen Ausdruck im Ideal des Fahrenden Ritters fand, hinterließ ebenfalls deutliche Spuren in der Grundhaltung der europäischen Kultur späterer Zeiten. Das zeigt der Stolz des Adels im *ancien régime* auf seine geistig-persönliche Unabhängigkeit (auch wenn sie ihn oft überbetonten) und der sie davon abhielt, jemals ihre Unterwerfung unter staatliche Autorität vollständig anzuerkennen. In allen Generationen des *ancien régime* brachten sie deshalb ihre Rebellen und Radikalen, ihre natürlichen Jakobiner und Frondeure hervor. Dieser Hang zum Individualismus ist deutlicher und auch dramatischer sichtbar im ritterlichen Kult persönlichen Strebens und Leidens an fernen Orten – im Fahrenden Rittertum also –, der allen technischen Überlegenheiten im Zuge der, wie wir es nennen, europäischen Expansion an die Seite gestellt werden muß. Keine andere Kultur hat einen so ausgebildeten und gelehrten Kult individueller Odysseen geschaffen wie die westeuropäische, und diese Tatsache geht auf den Kult des Fahrenden Ritters im Zeitalter des Rittertums zurück, das die Ideen der Wanderung und der Ehre in diesem speziellen Kontext verknüpft. In den frühen Kapiteln der europäischen Expansion, in den Tagen eines Pizarro und Cortes und eines Lope de Aguirre, der sich damit rühmte, seine Lanze nach Peru getragen zu haben auf der Suche nach *mas valer* (»mehr Ehre«) [19] – das ist die *bonne renommé* ritterlich-höfischer Autoren – ist das Erbe des Fahrenden Ritters noch augenfälliger als in den Worten und Karrieren späterer Entdecker und Reichsgründer, die sich selbst einen Namen (und Reichtümer) machten, indem sie das Banner viel weiter trugen als ihr politischer Auftrag besagte. Aber noch einmal: Ein Gutteil des Unterschiedes liegt im äußeren Habit, nicht in der Geisteshaltung. Mit einem Kunstgriff wurde im Zeitalter des Rittertums der Kult des auf sich gestellten Abenteurers in die Literatur eingepflanzt: Seine Odyssee war gleichzeitig eine Liebesgeschichte.

Das Leben in Ehre mußte bis zu seinem Ende geführt werden: Sein letzte Bestätigungssiegel ist das Grabmonument. Sucht man nach Denkmälern des Ruhms und der Ehre, gewonnen von Männern adeliger Herkunft unter der alten Ordnung in Krieg und zivilen Ämtern, so wird man sie in den Kirchen finden. Im Zeitalter des Rittertums und danach erwartete man von der Kirche, der Ehre letzte rituelle Erhöhung zu erweisen und dabei die Auffassung der Gesellschaft vom Wert des adeligen säkularen Dienstes zu sanktionieren. Hier liegt ein Teil der Antwort auf die häufig erhobene Vorhaltung, daß das Rittertum gegen Ende des Mittelalters seine Verbindung zur Religion verloren habe. Und noch einmal: Wandel und Modifikation muß mein Thema heißen, nicht Niedergang. Es stimmt, daß der Ehrenkodex der frühen Neuzeit die religiösen und weltlichen Pflichten des Aristokraten nicht in dem Ausmaß als eigenständige Größen ansieht wie der Ehrenkodex eines Ritters im Zeitalter des Rittertums. Spätere aristokratische Verhaltensregeln betonen keineswegs so stark die persönliche Religiosität wie etwa in Ramón Lulls Buch über den Ritterstand oder Geoffroy de Charnys Abhandlung über die Ritterwürde. Das aber ist weitestgehend ein Reflex der Tatsache, daß im Spätmittelalter kirchliche und weltliche Autorität weit weniger voneinander unabhängig waren als im Hochmittelalter. Die Kirche, wie auch die Aristokratie, stand entschiedener unter der Kontrolle der weltlichen Autorität, und das Postulat der meisten mittelalterlichen Ritter, Dienst für den König sei gleichzeitig Dienst für Gott, verfestigte sich in der Folgezeit immer mehr. Im übrigen war der mittelalterliche Adelige etwas unabhängiger gegenüber der weltlichen wie der kirchlichen Obrigkeit als seine Nachkommen in der frühen Neuzeit. Deshalb mußten die Wächter über des Ritters Seelenheil etwas genauer auf seine persönliche Verantwortlichkeit bei der Befolgung der Gebote – der Gebote ihres angestammten Arbeitsgebietes versteht sich – achten.

Ähnliches läßt sich in bezug auf den Niedergang der Kreuzzüge sagen, der ebenfalls als Zeichen schwindender religiöser Prioritäten auf seiten des Rittertums gedeutet wurde. Die Kreuzzüge verschwanden nicht aus dem Blickfeld der Politik wegen mangelnden religiösen Eifers. Was man der Aristokratie der beginnenden Neuzeit auch vorwerfen konnte, damit jedenfalls hatte sie nichts zu tun. Eher besaß sie etwas zu viel religiösen Eifer, wie die Religionskriege der Reformationszeit bezeugen. Die Dinge lagen einfacher: Die Idee von einem allgemeinen Kreuzzug, die noch im ausgehenden Mittelalter die Phantasie eines Marino Sanudo, eines Philippe de Mézières beflügelte und sogar noch den Autor des *Enseignement de la vraye noblesse,* verlor ihre praktische politische Relevanz. Folglich interessierten sich Fürsten, Ritter und Adelige auch nicht mehr dafür, obwohl die Kreuzzugsidee noch bis ins 16. Jahrhundert hinein viele Hoffnungen und Befürchtungen nährte. Die Tatsache, daß es am Rande der Christenheit kein Betätigungsfeld mehr für Kreuzzugsaktivitäten gab, um den Enthusiasmus frisch zu halten, wie bei den Kriegen der Deutschordensritter oder der spanischen Reconquista, trug natürlich zum Absterben der Idee bei: Die Litauer waren gegen Ende des 14. Jahrhunderts zum Christentum bekehrt worden, die Mauren von Granada streckten Ende des 15. Jahrhunderts die Waffen. Zwei andere Faktoren waren in diesem Zusammenhang ebenfalls von Bedeutung. Erstens: Viel von der Energie, die vorher auf die Kreuzzüge verwandt worden war, steckte jetzt in abenteuerlichen Unternehmungen, die weiter von Europa wegführten als nach Syrien und Ägypten, nämlich nach Amerika, Indien und Afrika. Zumindest in der Frühzeit der Eroberung Amerikas ist der Einfluß des alten Kreuzzugideals auf die neuen Aktivitäten ganz deutlich. Zweitens: Im 16. Jahrhundert waren die Christen eifriger dabei, sich gegenseitig zu bekriegen, und wenn die beiden getrennten Kirchen genauso bereit waren, diese Aktivitäten zu segnen wie die ungeteilte Kirche einst den Kreuzzug predigte, dann war zu erwarten, daß Europa religiös und politisch auseinanderfiel. Vor langer Zeit hatte die kirchliche Gepflogenheit, Kriege gegen exkommunizierte Kaiser zu segnen, einen formativen Einfluß auch auf die Gepflogenheiten, Kriege gegen die Ungläubigen zu segnen. Wichtiger noch war der Aspekt, daß die Kirchen zwar aufhörten, den Kreuzzug zu predigen, nicht aber von der Predigt ließen, der wahre Edelmann solle ein christlicher Edelmann sein. Ein Mann von Ehre soll ein christliches

Gewissen über alle anderen Verpflichtungen stellen, und selbst wenn es formal illegitim wäre, sollte es als informell ehrenvoll gelten, von einem christlichen Gewissen gelenkt zu werden – diese Vorstellung erwies sich als eine Idee, die nur langsam starb. Vielleicht, so kann man hoffen, ist sie auch heute noch nicht ganz tot.

In der Blütezeit des Rittertums betrachtete man den Kreuzzug als die Essenz ritterlicher Aktivitäten. Aus diesem Grunde ist es das geeignete Thema für eine abschließende Betrachtung. In seiner Preußischen Chronik erzählt Peter von Dusberg die Geschichte von der Vision einer Einsiedlerin, deren Klause in der Nähe der Marschroute eines Kreuzfahrerheeres lag, das im Jahre 1261 gegen die Heiden zog. Von ihrer Einsiedelei aus hörte sie in den Lüften das Schreien von Dämonen und sie fragte die Dämonen, was sie wollten. Sie sagten ihr, sie würden am folgenden Tage eine große Schlacht erwarten, und die Einsiedlerin bat sie, sie sollten ihr dann auf ihrem Rückweg den Ausgang der Schlacht mitteilen. Und so geschah es. Die Dämonen berichteten, alle Christen seien gefallen und die Seelen der Gefangenen seien jetzt ihre Beute, außer dreien, denn alle außer diesen seien in den Tod gegangen nicht aus religiöser Begeisterung, sondern in der Hoffnung, ihren Ruhm als Ritter zu erhöhen.[20]

Diese Geschichte ist ein guter Zugang zur Geschichte des mittelalterlichen Rittertums. Von seinem Anfang bis zu seinem Ende agieren Männer in der Hoffnung, ihren Namen und ihr Vermögen als Ritter zu erhöhen: Das ist das fundamentale Thema dieser Geschichte. Peter von Dusberg und seine Einsiedler hatten klar erkannt, daß Religiosität nicht die treibende Kraft der ritterlichen Ethik war, die in ihren Augen auf prekäre Weise das Streben nach geistlichem Lohn mit dem Streben nach weltlichen Ehren vermischte. Selbst bei den Kreuzzügen war es nicht die neue Wertschätzung, Bestätigung und Duldung des Kriegerstandes durch die Kirche des 11. und 12. Jahrhunderts, die neun von zehn Rittern mobilisierten, sondern der Glanz des Kriegsruhms und der gesellschaftlichen Anerkennung. Rittertum war der weltliche Ehrenkodex einer kriegerisch orientierten Aristokratie. Seine weitesten Wurzeln

reichen zurück bis zum Aufkommen eines gesellschaftlichen Ehrenkodex bei den Kriegerverbänden des frühen Mittelalters. Die christliche Färbung leitet sich von der Tatsache ab, daß sich diese Gruppen innerhalb der christlichen Gesellschaft bewegten, in der der
christliche Kultus der Brennpunkt des sozialen und religiösen Lebens war. Das Rittertum blühte in der Periode zwischen der Mitte
des 12. bis zur Mitte des 16. Jahrhunderts als das Ethos des herrschenden weltlichen Standes in Europa und sein charakteristischer
äußerer Habitus wurde von den sozialen, politischen und kulturel-
len Bedingungen dieser Zeit gewirkt: Der Kult kriegerischer Tugenden zog seine Kraft aus der Unruhe dieser Epoche, der Kult des Individualismus erhielt seine Stärke aus der Brüchigkeit obrigkeitlicher Kontrolle, die den Adel auf seine eigenen Ressourcen verwies.
Das Rittertum konnte sich als internationale Kultur weitgehend
deswegen entwickeln, weil Grenzen in dieser Periode weniger deutlich markiert und weniger wichtig waren als später. Die Entstehung
der weltlichen Höfe als Zentren der Kultur und Treffpunkte von Gelehrten und Rittern bildete den Rahmen für die Fortentwicklung des
Rittertums vom Verhaltenskodex einer Kriegerschicht zu einer gelehrten säkularen Ethik mit einer eigenen Mythologie, einer eigenen
Gelehrsamkeit und eigenen Ritualen, die der Ideologie der Ehre einen konkreten Ausdruck verliehen. Damit übte das Rittertum nicht
nur einen mächtigen Einfluß auf die mittelalterliche Welt aus, sondern prägte auch, wie wir gesehen haben, die folgende Epoche.

Die durch Preußen reitenden Ritter Peters von Dusburg absol-
vierten eines der Rituale der gesellschaftlichen Ideologie des Rittertums: Genau das war die Klage der Einsiedlerin. Sie strebten nach
weltlicher Ehre durch eine nach ihren Wertvorstellungen ehrenhafte Handlung, sie strebten aber nicht nach Erlösung. Wenn sie –
und andere – es jedoch auf etwas weniger abgesehen hatten als den
wahren christlichen Geist der Hingabe an Gott (deren Ausdrucks-
formen weder durch Raum und Zeit, noch durch eine bestimmte
Tätigkeit oder eine soziale Klasse beschränkt sind), so zielten sie
doch auf eine Haltung, der man nur schwer den Respekt versagen

kann. Es scheint mir, daß einiges über die Art weltlicher Ehren gesagt werden muß, die das Rittertum der herrschenden Schicht des nachfolgenden Zeitalters hinterlassen hat. Hätten sie ihr nichts zu sagen gehabt, wären sie sicher schneller in Vergessenheit geraten. Man erinnerte sich an sie noch lange Zeit und viele – bei weitem der größere Teil des damaligen Establishments – erkannte wie selbstverständlich an, daß beispielsweise die Leistungen der Vorfahren richtungweisend für die Nachkommen seien – ganz im Sinne alter ritterlicher Vorstellungen. Das gilt auch für das Ideal der Ehre, für das Prinzip der persönlichen Integrität mit dem Anspruch auf gesellschaftlichen Respekt, für das Postulat, daß adeliges Geburtsrecht die erbliche und ehrenvolle Pflicht bedeutet, bereit zu sein, das Schwert zur Verteidigung der Schwachen und Unterdrückten zu ziehen. Solche vom Rittertum genährten Forderungen stützten in weiterem Sinne die Ordnung des *ancien régime,* und sie behielten ihren Einfluß auf die Oberschichten der europäischen Gesellschaften bis weit ins 19. Jahrhundert hinein. Aus diesem Grunde ist »Rittertum« ein Thema, das mit Fug und Recht die Aufmerksamkeit des Historikers auf sich lenkt. In unserem 20. Jahrhundert wurde vieles davon in Zweifel gezogen. Ich bin mir nicht ganz sicher, ob wir deswegen reicher geworden sind – aber vielleicht heißt das nur, daß ich die gewohnte Sünde des Biographen begangen habe – dem eigenen Thema verfallen zu sein.

ANHANG

ABKÜRZUNGEN

AHS	Archives Heraldiques Suisses
Annales	Annales, Economie, Société, Civilisation
BEC	Bibliothèque de l'Ecole des Chartes
BL	British Library
BN	Bibliothèque Nationale, Paris
BR	Bibliothèque Royale, Brüssel
CCM	Cahiers de Civilisation Médiéval
EHR	English Historical Review
EETS	Early English Text Society
JEH	Journal of Ecclesistical History
MA	Le Moyen Age
Mansi	G. D. Mansi, Sacrorum conciliorum nova et amplissimà collectio (Venedig, 1759 ff.)
MGH	Monumenta Germaniae Historiae
PBA	Proceedings of the British Academy
PL	J. P. Migne, Patrologia Latina (Paris, 1844 ff.)
RS	Rolls Series
TRHS	Transactions of the Royal Historical Society

Anmerkungen

ANMERKUNGEN ZU KAPITEL 1

1 E. Burke, Reflections on the Revolution in France (London, 1846), III, 98.
2 Vgl. J. Flori, ›La notion de chevalerie dans les chansons de geste du XIIme siècle‹, MA 81 (1975), 211 ff., 407 ff.
3 Zit. bei C. E. Pickford, L'Évolution du Roman Arthurien en prose vers la fin du moyen âge (Paris, 1966), 265; vgl. die Einf. zu Tristan, zit. ibid., 266–8.
4 Vgl. G. Mathew, The Court of Richard II (London, 1968), 118 ff.
5 Diese seltenen Beispiele sind entnommen aus Chrétiens Chevalier de la Charrette (Schwertklingen-Brücke); aus Perlesvaus (Glas-Brücke und Einsiedelei); und aus Malory (Buch IX, Kap. 12: fragenstellende Bestie).
6 J. Huizinga, Herbst des Mittelalters (Stuttgart, 1975), Kap. 4–7.

7 Vgl. G. Duby, Die drei Ordnungen. Das Weltbild des Feudalismus. (Ffm., 1985).

8 W. J. Sedgefield (Hg.), King Alfred's Old English Version of Boethius (Oxford, 1899), 40.

9 Vgl. G. Duby, ›The origins of knighthood‹, in idem, The Chivalrous Society (London, 1979), 165–6.

10 E. de Fougères, Le Livre des manières, hg. v. F. Talbert (Angers, 1877), 24–26 ff.

11 Bonizo von Sutri, Liber de vita Christiana, hg. v. E. Perels (Berlin, 1930), 56, zit. bei I. S. Robinson, ›Gregory VII and the soldiers of Christ‹, History 58 (1973), 190.

12 PL CLXXXII, 926.

13 Chrétien de Troyes, Cligés, Z. 30–44.

14 John of Salisbury, Policraticus, hg. v. C. C. Webb (Oxford, 1909), II, 16.

15 Ibid., II, 9; vgl. auch J. A. Wisman, ›L'Epitoma rei militaris Végèce et sa fortune au moyen âge‹, MA 85 (1979); 13–31.

16 Zu Thomasin vgl. D. Rocher, Thomasin von Zerklaere: Der wälssche Gast, 1215–16 (Paris, 1977), 2 Bde.: e. sehr gründliche Unters.

17 Vgl. E. Barbazan, Fabliaux et contes des poètes français de 11me, 13me, 14me, et 15me siècles (Paris, 1808), I. 59–82.

18 P. Meyer, ›Notice et extraits du MS 8336 de la Bibliothèque de Sir Thomas Philipps‹, Romania XIII (1884), 530 idem., ›Les Manuscrits français de Cambridge‹, Romania XV (1886) 346, und XXXVI (1907) 529.

19 Ordene de chevalier, Z. 106–27 (Das Bad); 128–38 (Das Bett); 139–63 (Die Decke); 164–72 (Die Strümpfe); 181–94 (Der Gürtel); 195–209 (Die Sporen); 211–25 (Das Schwert); 250–61 (Das Kollier); 263–303 (Die vier Gebote).

20 Zu Lull vgl. E. A. Peers, Ramon Lull (London, 1929).

21 R. Lull, Libre de Contemplació, Kap. 104, in Obres de Ramon Lull (Mallorca, 1906 ff.), IV, 11.

22 A life of Ramon Lull, hg. u. übers. v. E. A. Peers (London, 1927), 2.

23 R. Lull, Libre de l'ordre de cavayleria, hg. v. J. Ramon de Luanco (Barcelona, 1901). Caxton übersetzte das Buch aus e. franz. Vorlage als The Book of the Ordre of Chyvalry, hg. v. A. T. P. Byles (EETS, London, 1926). Ich beziehe mich auf die engl. Ausg. Zur Entstehungsgeschichte des Originals vgl. Peers, Ramon Lull, 120–1. Als neuere Edition vgl. Le Livre de L'ordre de Chevalerie, hg. v. Minervini (Bari, 1972).

24 Lull, Ordre of Chyvalry, 15.

25 Ibid., 22–3.

26 Ibid., 24 ff.

27 Ibid., 37.

28 Ibid., 51.

29 Ibid., 113.

30 Ibid., 47 ff.

31 Gilbert of the Hayes sehr freie schottische Version ist abgedruckt in Gilbert of the Haye's Prose MS, Bd. 2, hg. v. J. H. Stevenson (Edinburg, 1914).

32 Vgl. E. Kennedy, ›Social and political ideas in the French prose Lancelot‹, Medium Aevum, 26 (1957), 103.

33 Zu Einzelheiten über Charnys Laufbahn, vgl. J. Rossbach, ›Les demandes pour la

jouste, le tournoi et la guerre de Geoffroi de Charny‹ (Diss. vorhanden in der BR Brüssel), 8ff; und P. Savio in Salesianum 1 (1955), 120–41.

34 Die Prosa Livre de chevalerie ist abgedruckt in Œuvres de Froissart, hg. v. K. de Lettenhove, Teil 1, Bd. 111 (Brüssel, 1873), 463–533.

35 ›Qui plus fait, miex vault‹, Livre de chevalerie, in Froissart, Œuvres 1, 111, 464, 465, 468, 469, 470, 471, 472.

36 Ibid., 466.

37 Ibid., 467–8.

38 Ibid., 472.

39 Ibid., 471, 475–6.

40 Ibid., 483–5.

41 Ibid., 508–10.

42 Ibid., 511–13.

43 J. de Bueil, Le Jouvencel, hg. v. C. Favre und L. Lecestre (Paris, 1887–9), 11, 21.

44 Charny in Œuvres de Froissart, 1, Teil 111, 514–15: vgl. Ordene, op. cit.

45 S. unten Kap. viii, 220.

46 Zu Roth s. J. Petersen, Das Rittertum in der Darstellung des Johannes Roth (Straßburg, 1909); Zu Roths Beschreibung der Ritterrüstung s. G. Seyler, Geschichte der Heraldik (Nürnberg, 1885–9), 1, 18.

47 Lannoys Instruction ist abgedruckt in Œuvres de G. de Lannoy, hg. v. C. Potvin (Löwen, 1878), 335 ff.: Das Enseignement ist nicht gedruckt und nur in einer Anzahl von Mss. vorhanden; meine Belege stammen aus BR 11 407.

48 Zur Originalfassung s. D. de Valera, Espejo de Verdadera Nobleza, hg. v. M. Penna, in Prosistas Castellanos del Siglo xv (Madrid, 1959). Das Buch war weit verbreitet in der franz. Übers. von Hugues de Salves, eine unvollst. Ausg. des Buches wurde 1497 gedruckt; ich beziehe mich auf den vollst. Text der frz. Fassung in Louis de Bruges' MS, BN, MS Fr. 1280. Eine andere Ausgabe (BR, MS 10 979) erschien nach Fertigstellung meines Ms. in A. J. Vanderjagt, Qui sa vertu anoblist (Groningen, 1981), 237–83.

49 G. Lannoy, Œeuvres, 450.

50 Ibid., 453.

ANMERKUNGEN ZU KAPITEL 2

1 Zu Thomas 111 of Saluzzo s. N. Jorga, Thomas 111. Marquis de Saluces: étude historique et littéraire (St. Denis, 1893). Der Chevalier Errant wurde nie publiziert; meine Belege stammen aus BN, MS Fr. 12559. Die unten zit. Passage findet sich bei C. Legrand d'Aussy in Notes et Extraits des MSS de la Bibliothèque Nationale, v (Paris, Ann. vii).

2 Notes et Extraits, op. cit., v. 576.

3 Ibid., 578.

4 Lambert von Ardres, Historia Comitum Ghisnensium (MGH, SS xxiv, 557–642). Arnolds Laufbahn ist Gegenstand von Dubys gründlicher Unters. ›Youth in aristocratic society‹, The Chivalrous Society, 112–22.

5 Lambert von Ardres, op. cit., 603.

6 Chrétien de Troyes, Perceval, Prolog, 7 ff.

7 Lambert von Ardres, op. cit., 603.

8 Ibid., 604.

9 Ibid., 604.

10 Ibid., 607.

11 L'Histoire de Guillaume le Maréchal, hg. v. P. Meyer, 2 Bde. (Paris, 1891); vgl. auch S. Painter, William Marshal (Baltimore, 1933).

12 L'Histoire de Guillaume le Maréchal, Z. 5940–6170, 6260–84.

13 Ibid., Z. 7275–95.

14 Ibid., Z. 2875–3164.

15 Chrétien de Troyes, Chevalier de la Charrette, Z. 1 ff. (Karrenritter, hg. v. W. Foerster, Halle, 1899, 1); Andreas Capellanus, The Art of Courtly Love, übers. v. J. J. Parry (New York, 1941), 168–76.

16 L'Histoire de Guillaume le Maréchal, Z. 3437–520.

17 MGH SS xx, 317; vgl. auch J. Fleckenstein, ›Friedrich Barbarossa und das Rittertum‹ in A. Borst (Hg.), Rittertum im Mittelalter (Darmstadt, 1976), 392–418.

18 Zit. in E. Prestage (Hg.), Chivalry (London, 1928), 85.

19 Orderic Vitalis, Historiae ecclesiasticae, Book VI, Kap. 2, hg. v. A. Le Prevost, (Paris, 1838–55), III, 4.

20 Zum Steigbügel vgl. Lynn White Jr., Medieval Technology and Social Change (Oxford, 1962), 14–28. Lynn White untersucht auch den Kampf mit der eingelegten Lanze (28 ff.) u. den massierten Kavallerieangriff, aber seine Zeitzuordnung ist nicht überzeugend. Dazu vgl. auch D. J. A. Ross, ›L'originalité de Turoldus – le maniement de la lance‹, CCM, 6 (1963), 127 ff.: und R. C. Smail, Crusading Warfare (Cambridge, 1967), 113 ff.

21 Vgl. Smail, op. cit., 115 n. 1.

22 Ross, op. cit., 133–4.

23 G. Malaterra, Historia sicula, Lib I. Ch. XXXIX (R.I.S., V 558).

24 Anna Comnena, The Alexiad, übers. v. E. A. S. Dawes (London, 1928), 122–3.

25 J. F. Verbruggen, The Art of Warfare in Western Europe during the Middle Ages, übers. v. S. Willard und S. C. M. Southern (Oxford, 1977), 22–8.

26 Zit. in P. Guilhiermoz, Essai sur l'origine de la noblesse en France au moyen âge (Paris, 1902), 425, 432.

27 P. Van Luyn, ›Les milites dans la France du XI' siècle, MA, 77 (1971), 5 ff., 193 ff.; vgl. bes. 19 ff.

28 Duby, The Chivalrous Society, 127 ff., 169; vgl. auch den Text zit. in L. Huberti, Studien zur Rechtsgeschichte der Gottesfrieden und Landesfrieden (Ansbach, 1892), 40, 125, 157, 187, 206, 214, 304, 320.

29 Duby, op. cit., 77 ff., 84 ff., 106 ff., 159 ff., 178 ff.

30 J. Bumke, Studien zum Ritterbegriff im 12. und 13. Jh. (Heidelberg, 1977).

31 Huberti, op. cit., 37, 157, 182.

32 Adalbero de Laon, Poème au Roi Robert, verses 275–305 (hg. v. C. Carozzi, Paris 1979, 20–2).

33 Duby, op. cit., 42, 106–7.

34 Zur genealogischen Geschichte der großen Territorialherren vgl. K. F. Werner,

›Untersuchungen zur Frühzeit des Französischen Fürstentums (9–10 Jahrhundert)‹, Die Welt als Geschichte, XVIII, 256–89: XIX, 146–93; XX, 87–119.

35 Suger, Vie de Louis VI le Gros, hg. v. H. Waquet (Paris, 1964), 30–2, 172–8, 250–4.

36 La Mort de Garin, hg. v. E. du Meril (Paris, 1846) 74; Le Couronnement de Louis Z. 2254–2266 (hg. v. Langlois, Paris, 1888, 157–8.)

37 Li Romans d'Alixandre, hg. v. H. Michelant (Stuttgart, 1846), 17.

38 H. O. Sommer, The Vulgate Version of the Arthurian Romances (Carnegie Institute, Washington, 1909 ff.), III, 30.

39 Li Romans d'Alixandre, hg. v. Michelant, 250, 255; vgl. auch G. Cohen, Histoire de le chevalerie en France (Paris, 1949), 58; und Köhler, Ideal und Wirklichkeit in der höfischen Epik (Tübingen 1970).

40 William of Malmesbury, De gestis regum anglorum, hg. v. W. Stubbs (RS, 1887–9), II, 510.

41 R. Bezzola, Les Origines et la formation de la littérature courtoise en Occident (Paris, 1944–63), 1 Teil 2, 245.

42 Andreas Capellanus, I. vi, zit. in C. S. Lewis, The Allegory of Love, 34.

43 Zit. in Bumke, Studien zum Ritterbegriff im 12. und 13. Jh. (Heidelberg, 1977).

44 E. Köhler, ›Observations historiques et sociologiques sur la poèsie des troubadours‹, CCM, VII (1964), 32.

45 S. Painter, French Chivalry, (Baltimore, 1940), 32.

46 Andreas Capellanus, The Art of Courtly Love, übers. v. Parry, 81.

47 Bezzola, op. cit., I, Teil 2, 242.

48 Chrétien de Troyes, Erec et Enide, Z. 6734 ff.

49 Chroniques des Comtes d'Anjou, hg. v. L. Halphen und R. Poupardin (Paris, 1913), 194–6, 218.

50 PL, CLXXVIII, 114–15.

51 Zur Familiengeschichte vgl. bes. Duby, ›French genealogical literature‹, in The Chivalrous Soicety, 149 ff.

52 MGH, SS III, 422, 425.

53 Zu Lambert von Wattrelo vgl. F. Vercauteren, ›Une parentèle dans la France du nord au XIme et XIIme siècles‹, MA, 69 (1963), 223–45; und Duby, The Chivalrous Society, Kap. 8 (138–48). Zum genealogischen Abschnitt in Lamberts Annalen s. MGH, SS XVI, 511–12.

54 Lambert von Ardres, MGH, SS, XXIV, 566–8; Historia pontificum et comitum engolismensium, hg. v. J. Boussard (Paris, 1957), 11–12; Chroniques d'Anjou, hg. v. P. Marchegay und A. Salmon (Paris, 1856), I, 35, 354–5.

55 MGH, SS XVI, 512.

56 Ritter, Ministerialité et chevalerie, 22 ff., 32, 51–2: J. B. Freed, ›The origins of the European nobility: the problem of the ministerials‹, Viator, 7 (1976), 211–41; s. auch J. Bumke, Studien zum Ritterbegriff im 12. und 13. Jahrhundert (Heidelberg, 1977), Kap. III.

57 MGH, SS XVI, 82; vgl. auch Ritter, op. cit., 87. Aufschlußreiche Ausführungen über die Stellung der Ministerialen während des Investiturstreits in K. J. Leyser ›The German aristocracy in the early middle ages‹, Past and Present, 41 (1968), 25–53: s. bes. 47 ff.

58 Zu Werner vgl. Ritter op. cit., 92–3; und K. Bosl, ›Noble unfreedom: the rise of the ministeriales in Germany‹, in T. Reuter (Hg.), The Medieval Nobility (Oxford, 1978), 291–311.

59 J. Fleckenstein, ›Die Entstehung des niederen Adels und das Rittertum‹, in J. Fleckenstein (Hg.), Herrschaft und Stand (Göttingen, 1977), 22–3: J. Johrendt, ›Miles und Milicia im xii Jahrhundert in Deutschland‹, in A. Borst (Hg.), Das Rittertum im Mittelalter (Darmstadt, 1976), 419–36.

60 Bosl, in Reuter (Hg.), The Medieval Nobility, 302; Ritter op. cit., 87. Zur Frühzeit der Ministerialen u. ihrer Statussicherung s. Leyser, op. cit., Past and Present, 41 (1968), 25 n. ².

61 MGH, SS xxiii, 432, zit. in Bosl, op. cit., 300.

62 Fleckenstein, Herrschaft und Stand, 30, 32–4.

63 MGH, SS 18 (Waitz), 103.

64 Wolfram von Eschenbach, Willehalm, hg. v. K. Lachmann (Berlin, 1926), 229.

65 Zu Folgendem bin ich Prof. J. Larner zu großem Dank verpflichtet.

66 P. J. Jones, zit. in B. Pullan, A History of Early Renaissance Italy (London, 1973), 86.

67 J. Plesner, L'Emigration de la campagne à la ville libre de Florence au xiiiᵉ siècle (Kopenhagen, 1934), zit. in J. Catto, ›Florence, Tuscany and the World of Dante‹, in The World of Dante, hg. v. C. Grayson (Oxford, 1980), 4.

68 G. Villani, Cronica, vii, 120, zit. in D. Waley, ›The army of the Florentine Republic from the twelfth to the fourteenth century‹, in N. Rubenstein (Hg.), Florentine Studies (London, 1968), 93.

69 MGH, SS xx, 397.

70 Zit. in D. Waley, The Italian City-Republics (London, 1969), 44.

71 G. Villani, Cronica, vii, 89.

72 RIS, xv Teil 3, 51; ix, Teil 9, 68–9.

73 Zum gesicherten Wissen über die ordene de chevalerie in Italien vgl. ›Libro di Novelle e di bel parlar gentile‹, in Novelline, hg. v. di Francia (Turin, 1930), 187–92, und ›Fortunatus Siculus ossia l'Avventuroso Ciciliano‹, hg. v. G. F. Nott (Florence, 1832), iii, 310–18 (die Namen der Akteure wurden geändert von Saladin und Hugh von Tiberias in Sultan von Babylon und Ulivo da Fontana). Vgl. auch Fulgore di San Gimignano, ›Sonnetti pel cavaliere‹, in F. di San Gimignano, Sonnetti, hg. v. F. Neri (Turin, 1925), 65–9 (freundlicher Hinweis von Prof. Larner).

74 RIS viii, Teil 2, 30.

75 Salimbene, Cronica, hg. v. G. Scalia (Bari, 1966), i, 85.

76 Purgatorio, xxvi, Z. 140–7.

77 J. Catto, op. cit., in The World of Dante,, hg. v. Grayson, 9.

78 Ibid., 10.

79 F. di San Gimignano, Sonnetti, hg. v. Neri, 25.

80 Vgl. G. Rajna, ›Le origini delle famiglie Padovane e gli eroi dei romanzi cavallereschi‹, Romania, iv (1875), 161–83, bes. 169–75.

81 L. Paterson ›Knights and the concept of knighthood in the twelfth-century Occitan epic‹, Forum for Modern Language Studies, 17 (1981), 115–30. Ich zit. ihre Übers. von Girart, Z. 4958–5009, die sie auf einem Oxforder Seminar vorstellte.

1 cf. zwei hervorragende Arbeiten in diesem Zshg. J. A. Brundage, Medieval Canon Law and the Crusader (Madison, Wisconsin, 1969) und M. Villey, La Croisade: essai sur la formation di'une théorie juridique (Paris, 1942).

2 Wesentlich dazu vgl. C. Erdmann, Die Entstehung des Kreuzzugsgedankens (Darmstadt, 1980); vgl. auch F. H. Russell, The Just War in the Middle Ages (Cambridge, 1975), sowie die Werke von Brundage und Villey, op. cit., Nr. 1, und R. Regout, La Doctrine de la guerre juste de St Augustin à nos jours (Paris, 1935).

3 Vgl. F. H. Russell, The Just War in the Middle Ages (Cambridge, 1975), Kap. 1, 16 ff., mit weiteren Verweisen.

4 Ibid., 31 ff.

5 Mansi, xx, 816.

6 PL cxv, 656–7; vgl. auch J. A. Brundage, Medieval Canon Law and the Crusader (Madison, Wisconsin, 1969), 22 ff.

7 Erdmann, op. cit., 333.

8 Ibid., 330.

9 Ibid., 17–19.

10 Ibid., 255–60.

11 RIS v. 569.

12 Zur Friedensbewegung vgl. Erdmann, op. cit., Kap. 2: Huberti, Studien, cit. ante (Kap. 2, Nr. 26); Duby, The Chivalrous Society, Kap. 8; H. E. J. Cowdrey, ›The eleventh-century peace and truce of God‹, Past and Present 46 (1970), 42–67. Die bedeutendste moderne Untersuchung ist die von H. Hoffmann, Gottesfrieden und Treuga Dei (Schriften der MGH, xx, 1964).

13 Huberti, Studien, 125, 218.

14 Mansi, xx, 816.

15 M. Villey, La Croisade: essai sur la formation d'une théorie juridique (Paris, 1942), 59 ff; Erdmann, op. cit., Kap. 2.

16 I. S. Robinson, ›Gregory vii and the soldiers of Christ, History 58 (1973), 169–92.

17 Ibid., 187.

18 Bonizo, Liber de vita christiana, hg. v. E. Perels (Berlin, 1930), 56.

19 Erdmann, op. cit., 189–90.

20 Fulcher of Chartres, Historia Hierosolymitana, hg. v. H. Hagenmeyer (Heidelberg, 1913), 136.

21 PL clvi, 685.

22 PL cli, 567; Ritter, Ministérialité et chevalerie, 137–8.

23 PL clxxxii, 921–7.

24 Zur Ordensregel der Templer, von der es eine Reihe von Abänderungen gibt, die alle auf die urspr. Lateinische Regel von 1128 zurückgehen, vgl. H. de Curzon, La Règle du Temple (Paris, 1886).

25 La Chanson de Roland, Z. 2384 ff (hg. v. G. J. Brault, London, 1978), ii, 146.

26 La Chanson de Guillaume, Z. 818–22 (hg. v. J. Wathelet-Willem, Paris, 1975, ii, 813).

27 Ibid., Z. 2035–40 (hg. v. Wathelet-Willem, II, 933).

28 A. Waas, Geschichte des Kreuzzuges (Freiburg, 1956), I, 33 ff., 41 ff.

29 Duby, The Chivalrous Society, 166–7; s. auch J. Fechter, Cluny, Adel und Volk. Studien über das Verhältnis des Klosters zu den Ständen (Stuttgart, 1966).

30 PL CXLII, 682. .

31 Einen guten Überblick über die umstrittene Beowulf Datierung gibt C. Chase (Hg.), The dating of Beowulf (Toronto, 1981).

32 Zu den lateinischen Heldengeschichten vgl. K. J. Leyser, ›The German aristocracy in the early middle ages‹, Past and Present, 41 (1968), 30, 42 ff.

33 J. R. R. Tolkien, ›Beowulf: the monsters and the critics‹, PBA 22 (1936), 245–94.

34 E. V. Gordon, Anglo-Saxon Poetry (Everyman, 1967), 99.

35 Zu Beispielen vgl. J. Flori, ›Chevalerie et liturgie‹, MA 84 (1978), 435–9.

36 Gordon, Anglo-Saxon Poetry, 65.

37 La Chanson de Roland, Z. 2344 ff. (hg. v. Brault, II, 144); und H. R. E. Davidson, The Sword in Anglo-Saxon England (Oxford, 1962), 212–13.

38 P. Wormald, ›Bede, Beowulf, and the conversion of the Anglo-Saxon aristocracy‹, British Archaeological Reports, 46 (1978), 32–90; zu Alkuin, vgl. 45 ff.

39 Vgl. K. Hauck, ›The literature of house and kindred‹, in T. Reuter (übers.), The Medieval Nobility (Oxford, 1978), 66 ff. Zu den Lehen der Liudolfinger vgl. K. J. Leyser, Herrschaft und Konflikt. König und Adel im ottonischen Sachsen (Göttingen, 1984), Kap. 1.

40 Bede, Historia Ecclesiastica, hg. v. C. Plummer (Oxford, 1896), I, 148.

41 J. Bédier, Les Légendes épiques, (Paris, 1929), IV, 403 ff.

42 Gordon, Anglo-Saxon Poetry, 20.

43 La Chanson de Roland, Z. 2362–3 (hg. v. Brault, II, 144).

44 Huizinga, Herbst des Mittelalters (Stuttgart, 1975), 59.

45 Charny, in Œuvres de Froissart, 1 Teil, III, 510.

46 Tacitus, Germania, Kap. 13–14.

47 G. de Villehardouin, La Conquête de Constantinople, hg. v. E. Faral (Paris, 1939), I, 20.

48 Ibid., II, 169.

49 Ibid., II, 73.

50 Ibid., I, 67.

51 J. Bédier, Les Chansons de Croisade (Paris, 1909), 172.

52 Ibid., 32–5, 92.

53 B. de Condé, Le Dit dou Baceller, in A. Jubinal (Hg.), Recueil des contes, fabliaux et autres pièces inédites (Paris, 1839), I, 327 ff.

54 Zum Chanson d'Antioche s. S. Duparc-Quioc, ›La composition de la Chanson d'Antioche‹, Romania 83 (1962), 1 ff., 210 ff. S. auch G. Paris, ›La Chanson d'Antioche provençale et la Gran Conquista de Ultramar‹, Romania 17 (1888), 513–41 und 19 (1890), 562 ff.; und E. Roy, ›Les poèmes français relatifs à la première croisade: le poème de 1356 et ses sources‹, Romania 55 (1929), 411–68. Allg. über die Zeit der Kreuzzüge vgl. S. Duparc Quioc, Le Cycle de la Croisade (Paris 1955), und C. Cahen ›Le premier cycle de la croisade‹, MA 63 (1957), 311–28.

55 La Conquête de Jerusalem hg. v. C. Hippeau (Paris, 1868), Z. 3552 ff., 3693 ff., 4769 ff.
56 Ich habe hier die sog. Elioxe Version übernommen; zum dramatischen Effekt s. H. Todd (Hg.), La Naissance du chevalier (Baltimore, 1889), und G. Paris's review in Romania 19 (1890), 314–40.
57 Chanson d'Antioche, hg. v. P. Paris, p. 12.
58 Wolfram von Eschenbach, Parzival, IX, Abschnitte 443–4.
59 The High Book of the Grail (Perlesvaus), übers. v. N. Bryant (Cambridge, 1978), 19, 20.
60 Als Einf. in de Borons Werk vgl. P. le Genti, ›The work of Robert de Boron und the Didot Percival‹ in R. S. Loomis (Hg.), Arthurian Literature in the Middle Ages (Oxford, 1959), Kap. 19.
61 Ibid., Kap. 19, 20; s. auch N. Bryants Einf. zu The High Book of the Grail, op. cit.
62 Vgl. A. Pauphilet, Etudes sur la ›Queste del Sant Graal‹ (Paris, 1921), 53–83; E. Gilson, ›La mystique de la Grâce dans la Queste del St Graal‹, Romania 51 (1925), 321–47.
63 J. Frappier, ›Le Graal et la chevalerie‹, Romania 75 (1954), 165–210.
64 A. de Pegulhan, zit. in S. Painter, French Chivalry (Baltimore, 1940), 87.

ANMERKUNGEN ZU KAPITEL 4

1 L. Gautier, La Chevalerie (Paris, 1884), 250, 286 ff.
2 Chroniques des Comtes d'Anjou, hg. v. Halphen and Poupardin, 179–80.
3 M. Andrieu, Le Pontifical Roman (Studi e Testi 86, Rome 1938–40), II, 579–81.
4 Ibid., III, 447–50.
5 C. Erdmann, Die Entstehung des Kreuzzuggedankens (Darmstadt, 1980).
6 Orderic Vitalis, Historiae ecclesiasticae, hg. v. Le Prevost, II, 389.
7 Ibid., II, 40.
8 Zit. in P. Guilhiermoz, Essai sur l'origine de la noblesse en France au moyen âge (Paris, 1902), 404.
9 Beowulf, Z. 2864 ff. (hg. v. Fr. Klaeber, 108); Gordon, Anglo-Saxon Poetry, 57.
10 Tacitus, Germania, Kap. 13.
11 Dazu vgl. weiter J. Flori, ›Les origines de l'adoubement chevaleresque: étude des remises d'armes et du vocabulaire qui les exprime‹, Tradition 35 (1979).
12 Vgl. J. Flori, ›Sémantique et société médiévale: le verbe adouber et son évolution au XIIme siècle‹, Annales 31 (1976), 915 ff. Flori befaßt sich hier mit frz. Dialekttexten, er geht aber nicht auf die sehr frühe Beziehung von ›dubbing‹ (Ritterschlag) zu ›Knighthood‹ (Ritterstand) ein im Anglo-Saxon Chronicle (MS E) sub anno 1085: ›he... dubbade his sunu Henric to ridere‹.
13 W. Erben, ›Schwertleite und Ritterschlag‹, Zeitschrift für historische Waffenkunde, 8 (1918–20), 109 (zit. MGH, SS x, 150, 152); Guilhiermoz, Essai sur l'origine de la noblesse en France au moyen âge, 396, Nr. 9.
14 MGH, SS XXI, 514.
15 Guilhiermoz, op. cit., 331–45.

16 Le Charroi de Nîmes, Z. 637–56, hg. v. D. McMillan (Paris, 1972), 89.
17 Vgl. N. P. Brooks, ›Arms, status and warfare in late Saxon England‹, in D. Hill (Hg.), Ethelred the Unready: papers from the Millenary Conference (Oxford, 1978), 81 ff.
18 Orderic Vitalis, Historiae ecclesiasticae, ed Le Prevost, IV, 410, 422.
19 S. oben, Kap. 2, Anm. 46.
20 Assises von Arriano, Klausel 19; und MGH, Const: I, 197, Nr. 140; 451, Nr. 318 (oder Leg: II, 103, 185). Zur weiteren Behandlung s. E. Otto, ›Von der Abschließung des Ritterstands‹, Historische Zeitschrift, 162 (1940), 19–39; und J. Flekkenstein, ›Zum Problem der Abschließung des Ritterstandes‹, Historische Forschungen für W. Schlesinger, hg. v. H. Beumann (Köln, 1974), 252–71.
21 J. Boussard, ›L'origine des familles seigneuriales dans la région de la Loire moyenne‹, CCM, V (1962), 306 Nr. 28.
22 Renaud de Montauban, Vers 256, zit. in Guilhiermoz, op. cit., 238, Nr. 7.
23 MGH, SS VI, 498.
24 Recueil des historiens des Gaules et de la France, hg. v. M. Bouquet (Paris, 1738...), XV, 608.
25 Ritter, Ministérialité et chevalerie, 11.
26 S. oben, Anm. 8.
27 MGH, SS IX, 452.
28 RIS V, 643.
29 P. Bonenfant und G. Despy, ›La noblesse en Brabant au XIIme–XIIIme siècles; MA 64, (1958), 39.
30 Chrétien de Troyes, Perceval le Gallois, hg. v. C. Potvin (Mons, 1866–71), Z. 2824.
31 BR, MS 11407, fo 29; vgl. Oeuvres de G. de Lannoy, hg. v. Potvin, 403.
32 John of Salisbury, Policratius, hg. v. Webb II, 16, 25; PL CCXII, 743–4.
33 Z. B. BN, MS Fr 1280, fo 44vo (Diego de Valeras Traité de noblesse); sowie die Eidesformen, die den Rittern der Artus-Runde zugeschrieben werden, abgedr. bei E. Sandoz ›Tourneys in the Arthurian tradition‹, Speculum 19, (1944), 401–2.
34 Erdmann, Entstehung des Kreuzzugsgedankens.
35 Ibid., 74 Nr. 62; vgl. auch J. Flori, ›Chevalerie et liturgie‹, MA 84 (1978), 247–78, 409–42.
36 MGH, SS I, 432; II 609, 643–4; s. auch Erben, Schwertleite und Ritterschlag (cit. ante., Anm. 13), 108.
37 Flori, in Traditio 35 (1979), op. cit., Nr. 11.
38 Lull, Ordre of Chyvalry, 28.
39 Vgl. J. L. Nelson, ›Inauguration rituals‹, in Early Medieval Kingship, hg. v. P. H. Sawyer und I. N. Wood (Leeds, 1977), 50 ff.
40 MGH, SS LX, 63–7.
41 Erdmann, Entstehung des Kreuzzugsgedankens.
42 Ibid., Kap. 7.
43 Andrieu, Le Pontifical Romain, I, 579–81.
44 E. H. Massmann, Schwertleite und Ritterschlag, (Hamburg, 1932), 164 ff.; vgl. auch Guilhiermoz, zit. oben, Anm. 45.

45 P. de Vaux-Cernay, Hystoria Albigensis, hg. v. P. Guébin und E. Lyon (Paris, 1930), II, 123–4.
46 La Chanson de Roland, Z. 1116–21. 2315–37, hg. v. Brault, II, 70, 142.
47 Zit. in Ritter, Ministérialité et chevalerie, 145.
48 Ibid., 144 ff.
49 W. G. Sedgefield (Hg.), King Alfred's Old English Version of Boethius, 40; MGH, SS XV, 513; vgl. auch J. M. Wallace-Hadrill, ›War and peace in the earlier middle ages‹, TRHS, 5. Folge, 25 (1975), 157–74.
50 S. oben, Anm. 29.
51 Lull, Ordre of Chyvalry, 27–8.
52 Erben, Schwertleite und Ritterschlag, 150.
53 G. de Lannoy, Voyages et ambassades 1390–1450 (Mons, 1840), 15.
54 Histoire du gentil Seigneur de Bayart, hg. v. M. J. Roman (Paris, 1878), 385–6.
55 E. Prestage, ›The Chivalry of Portugal‹, in E. Prestage (Hg.), Chivalry (London, 1928), 143.
56 Zit. in Massmann, Schwertleite und Ritterschlag, 31.
57 Erben, Schwertleite und Ritterschlag, 155–6.
58 Z. B. BL, Cotton MS Nero C IX; Buccleuch MS und MS Anm. in der Kopie von Caxtons eigener Ausg. der Ordre of Chyvalry, BL, 1 A, 55071.
59 Vgl. K. Elm, ›Kanoniker und Ritter vom Heiligen Grab‹, in J. Fleckenstein und M. Hellmann (Hgg.), Die geistlichen Ritterorden Europas (Sigmaringen, 1980), 141 ff.; F. Pietzner, Schwertleite und Ritterschlag (Heidelberg, 1934), 83 ff.; und Erben zit. oben, Anm. 57, 138, 151.
60 A. Schultz, Deutsches Leben in XIV und XV Jahrhundert (Leipzig, 1892), 547, und Abb. 559–61.
61 Chanson d'Antioche, hg. v. P. Paris, I, 225; vgl. Z. 3729 ff. von Li Bastars de Buillon, hg. v. A. Scheler (Brüssel, 1877), und K. Treis, Die Formalitäten des Ritterschlags (Berlin, 1877), 20, 25.
62 Vgl. P. Contamine, ›Points de vue sur la chevalerie en France à la fin du moyen âge‹, Francia 4 (1976), 272 ff.
63 MGH, SS IX, 644; s. auch Erben, op. cit., 135–6 mit weiteren Verweisen.
64 Annales monastici, hg. v. H. R. Luard, (RS, 1865–9), II, 357; IV, 451.
65 Orderic Vitalis, Historiae ecclesiasticae, hg. v. Le Prevost, II, 254–5.
66 Fulcher von Chartres, Historia hierosolymitana, hg. v. Hagenmeyer, 408–9; Orderic Vitalis, Historiae ecclesiasticae, hg. v. Le Prevost, IV, 245.
67 Li Romans de Durmart le Galois, hg. v. E. Stengel (Stuttgart, 1873), Z. 12 125 ff.
68 Oeuvres de Froissart, hg. v. K. de Lettenhove, XI, 166.
69 Sommer, The Vulgate Cycle of Arthurian Romances, III, 113 ff.

ANMERKUNGEN ZU KAPITEL 5

1 Sir T. Malory, Le Monte d'Arthur, XVII. 1.
2 Recueil des historiens des Gaules, et de la France, hg. v. Bouquet, XII, 462.
3 Z. B. MGH, SS XXIV, 299; PL CLVII, 1272; PL CLVXXV, 287.

4 G. F. Warner und H. J. Ellis, Facsimiles of Royl and other Charters in the British Museum (London, 1903), 1 Nr. 12.

5 Galbert von Brügge, Histoire du meurtre de Charles le Bon, hg. v. H. Pirenne (Paris, 1891), 9; MGH, SS xx, 360.

6 Mansi xxi, 439.

7 Du Cange, Glossarium, hg. v. G. A. L. Henschel (Paris, 1887), x, 20.

8 Nicetas Choniates, Historia: de Manuele Comneno, Lib iii, 3 (Corpus scriptorum historiae Byzantinae, hg. v. B. G. Niebuhr, 141–3).

9 MGH, SS xxiii, 155.

10 MGH, SS xxi, 522; Rymer, Foedera (London, Record Commission 1816). Teil 1, 65.

11 Chrétien de Troyes, Erec et Enide, Z. 2160–70.

12 MGH, SS xxi, 518.

13 Ibid., 519.

14 M. Paris, Chronica majora, hg. v. H. R. Luard (RS, 1880), v, 17–18, 83, 265.

15 Flores historiarum, hg. v. H. R. Luard (RS, 1890), iii, 30–1: W. Rishanger, Chronica et Annales, hg. v. H. T. Riley (RS, 1865), 79–80.

16 Rymer, Foedera (1816), Teil 1, 65.

17 Statutes of the Realm, 1. 230–1.

18 M. E. lag Louis vii und Philip Augustus in A. Favyn, Le Theâtre d'honneur et de chevalerie (Paris, 1620), ii, 1802–3, kein unverfälschter Text bezgl. der Turnierregeln zugrunde.

19 M. Delbouille (Hg.), Jacques Bretel: Le tournoi de Chauvency (Paris, 1932).

20 R. Coggeshall, Chronicon Anglicanum, hg. v. J. Stevenson, (RS, 1875), 179.

21 MGH, SS xxiii, 595; R. Harvey, Moriz von Craûn and the chivalric world (Oxford, 1961), 150–1; Du Cange, Glossarium, x, 170.

22 Recueil des historiens des Gaules et de la France, xx, 512.

23 MGH, SS xxiv, 521.

24 M. Paris, Chronica Majora (RS, 1877), iv, 135–6.

25 R. Hoveden, Chronica, hg. v. W. Stubbs (RS, 1869), ii, 166–7.

26 William of Newburgh, Historia rerum anglicarum, in Chronicles of the Reigns of Stephen, Henry ii and Richard i, hg. v. R. Howlett (RS, 1885), ii, 422–3.

27 J. de Meun, L'Art de chevalerie, hg. v. U. Robert (Paris, 1897), 14.

28 Henri de Laon, Le Dit des hérauts, Z. 50ff., in A. Langfors, ›Le Dit des hérauts par Henri de Laon‹. Romania, 43 (1914), 216ff.

29 C. Oulmont, Les Débats du clerc et du chevalier (Paris, 1911), 113.

30 L'Histoire du Guillaume le Maréchal, Z. 3381 ff.

31 Ibid., Z. 5941–6171, 6260–84.

32 Le Roman du Castelain de Couci, hg. v. M. Delbouille (Paris, 1936), Z. 6832–99.

33 MGH, SS xxi, 534.

34 The Legend of Fulk Fitzwarin, hg. v. J. Stevenson in R. Coggeshall, Chronicon Anglicanum (RS), 325–6.

35 G. A. Seyler, Geschichte der Heraldik (Nürnberg, 1885), 48–9; Parties inédites de l'oeuvre de Sicile Héraut, hg. v. P. Roland (Mons, 1867), 98.

36 Zum Fest des Espinette s. L. de Rosny L'Epervier d'Or (Valenciennes, 1839). Ju-

liet Vale, in Edward III and Chivalry (Boydell, 1983), hat in Kap. 2 eine äußerst erhellende Unters. über die bürgerlichen Feste in den Niederlanden u. Nordfrankreich vorgelegt, die die beste moderne Erörterung des Espinette Festes.

37 A. Schultz, Das Höfische Leben zur Zeit der Minnesinger (Leipzig, 1889), II, 117 ff.

38 Z. B. BR, MS 14395 fos 39 ff.; weiterführend s. J. Vale, Edward III and Chivalry (1983). Kap. 1 und Appendix 6.

39 Geoffrey of Monmouth, Historia regum Britaniae, in E. Faral (Hg.), La Légende Arthurienne (Paris, 1929), III, 246.

40 Wace, Li Roman de Brut, hg. v. Le Roux de Lincy (Rouen, 1836–8), Z. 10803 ff.; s. auch R. W. Hanning, ›The social significance of 12th-century chivalric romance‹, Medievalia et Humanistica, N. F., 3 (1972), 3–29.

41 L'Histoire de Guillaume le Maréchal, Z. 3426 ff.

42 Chrétien de Troyes, Chevalier de la Charrette, Z. 5379 ff.

43 Zu Ulrich vgl. R. Harvey, Moriz von Craûn and the Chivalric World (Oxford, 1961); Ich habe mich in starkem Maß auf ihre Untersuchung gestützt.

44 Harvey, op. cit., 101.

45 Zu Ulrichs Laufbahn vgl. die Einf. zu der Versübers. von J. W. Thomas, Ulrich von Lichtensteins's Service of Ladies (Chapel Hill, 1969).

46 P. de Novare, Mémoires, hg. v. C. Kohler (Paris, 1913), 7, 134; vgl. auch R. S. Loomis, ›Chivalric and dramatic imitations of Arthurian romance‹, Medieval Studies in memory of A. K. Porter (Cambridge, Mass. 1939), I. 79.

47 A. Henry (Hg.), Sarrasin: Le Roman du Ham (Paris, 1939).

48 Ibid., Z. 3200 ff.

49 Vgl. R. S. Loomis, ‹Edward I, Arthurian Enthusiast‹, Speculum, 28 (1953), 114–27.

50 Zu den Tafelrunden vgl. R. H. Cline, ›The influence of romances on tournaments of the middle ages‹, Speculum, 20 (1945), 204–11.

51 W. Dugdale, Monasticon nglicanum (London, 1830), VI. Teil 1, 350; s. auch J. Smyth, Lives of the Berkeleys, hg. v. J. Maclean (Gloucester, 1883), I, 147.

52 Annales Monastici, hg. v. H. R. Luard (RS 1865–9), II, 402; IV, 489.

53 Le Roman du Ham, hg. v. Henry, Z. 2653 ff.

54 Le Tournoi de Chauvency, hg. v. Delbouille, Z. 4305–443.

55 Ibid., Z. 936 ff.; 2707–17.

56 C. J. Hefele und H. Leclercq, Histoire des conciles (Paris, 1912–13), V. Teil 1, 688, 729, 825; Teil 2, 1394, 1660.

57 Corpus juris canonici, hg. v. A. Friedberg (Leipzig, 1881), II, 1215.

58 Caesarius von Heisterbach, Dialogus miraculorum, hg. v. J. Strange (Köln, 1851), II, 327–8.

59 Recueil des Historiens des Gaules et de la France, hg. v. Bouquet, XXI, 629.

60 M. Paris, Chronica majora, (RS 1876), III, 143–5.

61 J. de Vitry, Exempla hg. v. T. F. Crane (London, 1890), CXLI.

62 Oeuvres de Jacques de Hemricourt, hg. v. C. de Borman und A. Bayot (Brüssel, 1910), I (Le Miroir des Nobles de Hesbaye), 171 ff.

63 Harvey, Moriz von Craûn and the Chivalric World, 148, zit. die wichtige Passage.

64 Henri de Laon, Le Dit des hérauts in Romania 43, cit. ante, Anm. 28.
65 S. oben, 47–8.
66 Annales monastici, (RS 1866), III, 51.
67 N. Denholm-Young, ›The tournament in the thirteenth century‹, Studies in Medieval History presented to F. M. Powicke, hg. v. R. W. Hunt, W. A. Pantin und R. W. Southern (Oxford, 1948), 240–68, bes. 245–8; idem, Richard of Cornwall (Oxford, 1947), 56.
68 Vita Edwardi Secundi, hg. v. N. Denholm-Young (London, 1957), 23; s. auch J. Maddicott, Thomas of Lancaster (Oxford, 1970), 99–102.
69 Denholm-Young, ›The tournament in the thirteenth century‹, op. cit., Nr. 67, 267–8.
70 Du Cange, Glossarium, hg. v. Henschel, X, 23.
71 Hefele und Leclercq, Histoire des conciles, V. Teil 2, 1394, 1660; Du Cange, Glossarium, hg. v. Henschel, X, 22.
72 G. Villehardouin, La Conquête de Constantinople, hg. v. Faral, I, 3–7.
73 Cline, ›The influence of romances on tournaments of the middle ages‹, Speculum, 20 (1945), 205.
74 MGH, SS XXV, 543.
75 Roman du Ham, hg. v. Henry, Z. 183 ff.
76 B. de Condé, Le Dit dou Baceller, in A. Jubinal (Hg.), Recueil des contes, dits, fabliaux et autres pieces inédites, 340–1.
77 Le Roman du Castelain de Couci, hg. v. Delbouille, Z. 7308 ff., 7444 ff.
78 Caesarius von Heisterbach, Dialogus miraculorum, hg. v. Strange, II, 49 ff.
79 Huon de Méry, Le Tournoiement de L'Antechrist (Rheims, 1851), 17, 38, 41 f., 49 f., 59 ff.
80 Roman du Ham, hg. v. Henry, Z. 322 ff.
81 Le Tournoi de Chauvency, hg. v. Delbouille, Z. 426 ff.
82 N. H. Nicolas, The Controversy between Sir Richard Scrope and Sir Robert Grosvenor in the Court of Chivalry (London, 1832), I, 155.
83 Perceforest, I, fo 23 r.
84 Le Tournoi de Chauvency, hg. v. Delbouille, Z. 2617–24.
85 B. de Condé, Le Dit dou Bacellor, in Jubinal, Recueil des contes... op. cit., 341; G. de Charny in Œuvres de Froissart, hg. v. K. de Letternhove, I, Teil III, 464–72.

ANMERKUNGEN ZU KAPITEL 6

1 La Chanson des Saisnes, hg. v. F. Michel (Paris, 1832), I, 1–2.
2 Bédier, Les Légendes épiques, IV, 452 ff.
3 La Chanson de Roland, laisses 271–89, (hg. v. Brault, II, 228–42).
4 Li Romans d'Alixandre, hg. v. Michelant, 99 ff.
5 Zum wiederaufgelebten Interesse an dem Chanson-Inhalt vgl. G. Doutrepont, La Littérature française à la cour des Ducs de Bourgogne (Paris, 1909), bes. Kap. 1; und idem... ›Les Mises en prose des épopées et des romans chevaleresques‹, Mémoires de l'Académie Royale de Belgique, Schriften Bd. 40 (Brüssel, 1939).

6 R. N. Walpole (Hg.), The Old French ›Johannes‹ translation of the Pseudo Turpin Chronicle (California, 1976), 174.

7 Bédier, Les Légendes épiques, IV, 403 ff.

8 R. Lejeune und J. Stiennon, La Légende de Roland das l'art du moyen âge (Brüssel, 1966), I, 61 ff., und II, Bildtafeln 35–40 (Verona); und I, 192 ff. und Bildtafeln VII–XVIII (Chartres).

9 Vgl. dazu R. N. Walpole, ›Philip Mouskés and the Pseudo-Turpin Chronicle‹, University of California Publications in Modern Philology (1947), 364 ff.

10 Ambroise, L'Estoire de la Guerre Sainte, hg. v. G. Paris (Paris, 1897), Z. 4665–6; vgl. auch M. Keen, ›Chivalry, heralds, and history‹, The Writing of History in the Middle Ages: essays presented to R. W. Southern, hg. v. R. H. C. Davis und J. M. Wallace-Hadrill (Oxford, 1981), 393–414.

11 Vgl. G. M. Spiegel, The Chronicle Tradition of St Denis: a Survey (Brookline, Mass., 1978); s. auch R. N. Walpole, ›The Pèlerinage de Charlemagne: poem, legend and problem‹, Romance Philology, VIII (1954), 173–86; und A. de Mandach, La Naissance et développement de la chanson de geste en Europe, I (Paris, 1961), 83 ff., und II (Geneva, 1963), intro.

12 Humbert de Romans, Tractatus solemnis de praedicatione sanctae crucis, Kap. 16, 36, 37, in T. Kaeffele, Scriptores ordinis praedicantium medii aevi, II (Rome, 1975), 288 ff.

13 The Old French ›Johannes‹ translation of the Pseudo-Turpin Chronicle, hg. v. Walpole, 146–7.

14 Vgl. E. Köhler, Ideal und Wirklichkeit, Kap. 2.

15 Vgl. J. Frappier, ›Remarques sur la peinture de la vie des héros antiques dans la littérature française de XIIme et XIIIme siècles, in A. Fourrier (Hg.), L'Humanisme médiéval dans les littératures romanes du XIIme au XIVme siècles (Paris, 1964).

16 B. de Ste Maure, Roman de Thébes, Z. 97–100.

17 Villehardouin, La Conquête de Constantinople, hg. v. Faral, I, 130.

18 Zur Diskussion über diesen Aspekt, vgl. Frappier (op. cit., Nr. 13), 19 ff.

19 Frappier, op. cit., 34 (er zit. den Roman de Thébes, Z. 4789–90), 44.

20 Li Romans d'Alixandre, hg. v. Michelant, 114, 115, 416.

21 Ibid., 138.

22 Ibid., 489.

23 Ibid., 186.

24 Ibid., 8, 17, 251.

25 Frappier, op. cit., (Nr. 15), 46; zur weiteren Diskussion allgemein vgl. Hanning, ›The social significance of 12th-century chivalric romances‹, Medievalia et Humanistica, N. F. 3 (1972), 3–29.

26 Zum Fait des Romains s. L. F. Flutre, ›Li Fait des Romans‹ dans les littératures françaises et italiennes du XIIIme au XVIme siècle (Paris, 1932).

27 Vgl. J. Monfrin, ›Humanisme et traductions au moyen âge‹, in Fourrier, L'Humanisme médiéval... (op. cit., Anm. 15), 217 ff. In einer zweiten Studie ibid., 246–62 (›Les traducteurs et leur public en France au moyen âge‹), unters. Monfrin die Förderer, die Übersetzungen in Auftrag gaben und ihre Leser.

28 Zit. in Monfrin, op. cit., 228–9.

29 Zu den Übers. des Vegetius und ihrer Beliebtheit, vgl. J. A. Wisman ›L'Epitoma Rei Militaris de Végèce et sa fortune au moyen âge‹, MA, 85 (1979), 13–31.

30 Zu Bonet, Christine und ihren Übersetzungen der Schriften der Rechtsgelehrten, vgl. Einf. zu H. Bonet, The Tree of Battles (Liverpool, 1949); s. auch M. H. Keen, The Laws of War in the Late Middle Ages (London, 1965), Kap. 2.

31 Vgl. Scropes Übers. von C. de Pisan, The Epistle of Othea, hg. v. C. F. Bühler, (EETS, Oxford, 1970), 15, 36.

32 Le Livre des faictz du bon Messire Jehan Le Maingre, dit Boucicaut, hg. v. M. Petitot in Collection des mémoires rélatifs à l'histoire de France, VI (Paris, 1825), 390–1, 393.

33 Geoffrey of Monmouth, in Faral (Hg.), La Légende Arthurienne, III, 71.

34 Sommer, The Vulgate Version of the Arthurian Romances, VI, 198–9; s. auch Howard Bloch, Medieval French Literature and Law (California, 1977), 203–6.

35 Vgl. A. Gransden, ›The growth of the Glastonbury traditions and legends‹, JEH, 27 (1976), 335–358 (bes. 352 ff.).

36 Vgl. E. Sandoz, ›Tourneys in the Arthurian tradition‹, Speculum, 19 (1944), 389–420. S. auch Bibliotheque Municipale de Lille, MS 329 and BN, MS Fr. 12597.

37 Bib. Municipale de Lille, MS 329, fo 74.

38 La Chanson des Saisnes, hg. v. Michel, I, 1–2.

39 P. de Mézières, Le Songe du vieil pèlerin, hg. v. G. W. Coopland (Cambridge, 1969), II, 222.

40 Vgl. R. S. Loomis, ›The oral diffusion of the Arthurian legend‹, in Loomis (Hg.), The Arthurian Legend in the Middle Ages, 52–63, und weitere Lit. dort.

41 Vgl. Abb. 2 in Loomis (Hg.), Arthurian Literature in the Middle Ages.

42 Zu Quellenangaben S. Loomis (Hg.), The Arthurian Legend in the Middle Ages.

43 Geoffrey of Monmouth, in Faral (Hgg.), La Légende Arthurienne, III, 245; s. auch Frappier in Fourrier (Hg.), L'Humanisme médiéval..., 25 ff.

44 Wolfram von Eschenbach, Parzival § 53.

45 Zwei Ovid Übers., Les Commandemenz Ovide und L'Art d'amours, waren offenbar unter Chrétien's frühesten Werken (s. Cligès, Vers 1); s. weiter F. E. Guyer, ›The influence of Ovid on Chrétien de Troyes‹, Romanic Review, 11 (1921), 97–134, 216–47.

46 G. de Charny in Œuvres de Froissart (Hg.), K. de Lettenhove, 1 Teil III, 483–6.

47 G. Diaz de Gamez, The Unconquered Knight: a chronicle of the deeds of Don Pero Niño, übers. v. J. Evans (London, 1928), 149.

48 Le livre des faicts du Marechal de Boucicaut, hg. v. M. Petitot in Collection complète de des mémoires rélatifs à l'histoire de France, 6 (Paris, 1825), 393.

49 Chronique des quatre premiers Valois, hg. v. S. Luce (Paris, 1872), 123–5.

50 Sir T. Gray, Scalacronia, hg. v. J. Stevenson (Edinburgh, 1836), 145 ff.

51 Geoffrey of Monmouth, in La Légende Arthurienne, hg. v. Faral, III, 232–3.

52 Wolfram von Eschenbach, Parzival, §§ 444, 445.

53 The High Book of the Grail, übers. v. Bryant, 168–173.

54 F. Vielliard, ›Un texte interpolé du cycle du Graal (Bibliothèque Bodmer MS 147)‹, Revue d'histoire des textes, 4 (1974), 289–337.

55 S. oben, Kap. 3, Anm. 4.
56 The Old French ›Johannes‹ translation of the Pseudo Turpin Chronicle, hg. v. Walpole, 174.
57 Sommer, The Vulgate Version of the Arthurian Romances, III, 116–17.
58 Zu den frz. Bibelübers. s. S. Berger, La Bible française au moyen âge (Paris, 1884); und C. A. Robson, ›Vernacular Scriptures in France‹, The Cambridge History of the Bible, hg. v. G. W. H. Lampe (Cambridge, 1969), II, 436–52, 528–32. S. auch C. R. Sneddons Einf. in seine ›Critical Edition of the Four Gospels in the 13th-century Old French translation of the Bible‹ (Bodleian MS D. Phil. C 2737–8).
59 Sneddon, op. cit., I, 46.
60 Gournay besaß eine Kopie, die heute archiviert ist in BL, MS Royal 19 Div-v; s. Sneddon, op. cit., 44.
61 Robson, op. cit., in der Cambridge History of the Bible, II, 443; vgl. auch H. Buchtal, Miniature painting in the Latin Kingdom of Jerusalem (Oxford, 1957), 54–8.
62 Le Marquis d'Albon (Hg.), Le Livre des juges (Lyons, 1913). Diese Übers. wurde für die Templer Richard Hastings und Otho de Omer angefertigt u. wird datiert zwischen 1151 und 1171.
63 Zum Text, vgl. R. L. Graeme Ritchie (Hg.), The Buik of Alexander (Cambridge, 1925), III, Z. 3910 ff.
64 Zu den ›Neun Helden‹ s. K. J. Hölgen, ›Die »Nine Worthies«‹, Anglia, 77 (1959), 279–309; zu ihrer Ikonographie vgl. R. L. Wyss. ›Die Neun Helden‹, Zeitschrift für Schweizerische Archäologie und Kunstgeschichte, 17 (1957), 73–106. Eine interessante Abhandlung über die ›Neun Heldinnen‹ bei M. Warner, Joan of Arc (London, 1981), 205 ff.
65 Vgl. die Passage zit. in I. Gollancz (Hg.), The Parlement of the Thre Ages, (Roxburghe Club, 1897), 120.
66 S. oben, Kap. 3, 58–61.
67 Cuvelier, Chronique de Bertrand du Guesclin, hg. v. Charrière (Paris, 1839), I. Z. 9875.
68 ›Ane ballet of the Nine Nobles‹ in The Parlement of the Thre ages, hg. v. Gollancz, 134.
69 BL, MS Royal 14 E II, fo 9vo. Zum Chemin und seinem Autor Jean de Courcy, vgl. A. Piaget in Romania, 27 (1898), 582–607.
70 Christine de Pisan. Ditié de Jehanne d'Arc, hg. v. A. J. Kennedy und K. Varty (Oxford, 1977), Z. 217–24, 285–7.

ANMERKUNGEN ZU KAPITEL 7

1 Chrétien de Troyes, Chevalier de la Charrette (Karrenritter), Z. 5793–812.
2 Vgl. A. R. Wagner, Heralds and Heraldry in the Middle Ages (Oxford, 1956), 12.
3 Chroniques des Comtes d'Anjou, hg. v. Halphen and Poupardin, 179–80.
4 Wagner, Heralds and Heraldry, 14–15; D. L. Galbreath, Manuel de blason (Lausanne, 1942), 34–9; L. Bouly de Lesdain, ›Etudes héraldiques sur le XIIme siècle, Annuaire du conseil héraldique de France, xx (1907), 208 ff.

5　Galbreath, Manuel de blason, 38. Das Gefolge durfte die Wappenschilder od. Insignien seiner Führer tragen, als Bsp. s. E. von Berchen, D. L. Galbreath und O. Hupp, Die Wappenbücher des Deutschen Mittelalters (1939), Fig. 1 aus Peter von Eboli, Carmen de motibus siculis.

6　Zu den frühen frz. und engl. Wappenbüchern vgl. A. R. Wagner, A Catalogue of English Mediaeval Rolls of Arms (Oxford, 1950), und P. Adam Even, Catalogue des armoriaux français imprimés (1946); der Clipearius Teutonicorum wird beschrieben bei von Berchen, Galbreath und Hupp, op. cit., Nr. 71 (91–2).

7　Von Berchen, Galbreath und Hupp, op. cit., Nr. 3 (4–6).

8　Ibid., Nr. 9 (p. 10–11).

9　F. Hauptmann, Das Wappenrecht (Bonn, 1896), 242.

10　Medieval England: a new edition of Barnard's Companion to English History, hg. v. H. W. C. Davis (Oxford, 1924), 221; und M. Maclagan, ›The heraldry of the House of Clare‹, Papers of the XIII international congress of genealogical and heraldic sciences (1982), 3–11.

11　Vgl. C. Coulson, Structural symbolism in medieval castle architecture‹, Journal of the British Archaeological Association, cxxxii (1979), 74–7.

12　Wagner, A Catalogue of English Medieval Rolls of Arms, 3; P. Adam Even, ›Un armorial français, du xiiime siècle – le role Bigot, 1254‹, AHS, 63 (1949), 15–22, 68–75, 115–21.

13　R. J. Dean, ›An early treatise on heraldry in Anglo-Norman‹, Romance Studies in memory of Edward Billings Ham (California, 1967), 21–9; weiter dazu s. R. Dennys, The Heraldic Imagination (London, 1975), 60–1. G. J. Brault, Early Blazon (Oxford, 1972) datiert die Entwicklung der »klassischen« Wappenkunde in die Mitte des 13. Jhds.

14　Benoit de Ste Maure Le Roman de Troie, hg. v. L. Constans (Paris 1904–12), Z. 7715, 7756–7, 23 889; s. auch P. Adam Even, ›Les usages héraldiques au milieu du xiime siècle‹, Archivum Heraldicum, lxxvii (1963), 18–29.

15　Book of St Albans, hg. v. Wynkyn de Worde, d., vii–viii.

16　BL, MS Harl. 2259, fo 21. Diego de Valera nimmt an, daß Wappenschilder nur dann »eingezogen« werden konnten, wenn der Gefangene auf der Flucht gestellt wurde oder wenn er Titel wie auch seine Freiheit verwirkt hatte. (BN, MS Fr. 1280, fo 54).

17　Wagner, Heralds and Heraldry, 65, 122.

18　N. Upton, De studio militari, hg. v. E. Bysshe (London, 1654), 257–8.

19　Bartolus, Die insigniis et armies tractatus, hg. v. in E. Jones, Medieval Heraldry (Cardiff, 1943), 228–9, 234–5.

20　Galbreath, Manuel de blason, 34; s. auch Duby, The Chivalrous Society, 138–40.

21　E. E. Dorling, ›Canting arms in the Zurich Roll‹, The Ancestor, xii (1905), 18–41.

22　Upton, De studio militari, 200; und Dennys, The Heraldic Imagination, 50.

23　S. z. B.: BN, MS Fr 5242 fo 23; vgl. BN, MS Fr 1953, fos 46, 54; s. auch Sicily Herald, Le Blason des couleurs, hg. v. H. Cocheris (Paris, 1860), 54–67.

24　H. de Méry, Le Tournoiement del' Antechrist (Rheims, 1851), 59; vgl. auch Brault, Early Blazon, 49; und zur heraldischen Diktion de Méry, M. Prinet, ›Le language héraldique dans le Tournoiement Antechrist‹, BEC, 83 (1922), 43–53.

25 BN, MS Fr 5936, fos 18–18vo.
26 C. F. Menestrier, Le Veritable Art du blason (Lyon, 1672), 250.
27 BN, MS Fr 16988, fos 167–168vo.
28 Hemricourt, Œuvres, i, 131, 258.
29 Ibid., iii, 39.
30 BN, MS Fr 1280, fo 54vo, (Vanderjagt, 270).
31 Coll. of Arms MS, Processus in curia marescalli, i, 462–3.
32 BR, MS 11407, fos 32vo–33; G. de Lannoy, Œuvres, hg. v. Potvin, 410.
33 BN, MS Fr 1997, S. 11; B. Prost, Traités du duel judiciaire (Paris, 1872), 202.
34 BN, MS Fr 1997, S. 6; Prost, op. cit., 197.
35 R. S. und L. R. Loomis, Arthurian Legends in Medieval Art (Oxford, 1938), 48–50, und Abb. 61 u. 62.
36 Nicholas, The Scrope and Grosvenor Controversy, i, 111.
37 Froissart, Œuvres, hg. v. K. de Lettenhove, xv, 181.
38 Parties inédites de l'œuvre de Sicile héraut d'Alphonse v Roi d'Aragon, hg. v. P. Roland (Mons, 1867), 42–6.
39 C. Bullock-Davies, Menestrellorum Multitudo (Cardiff, 1978), 42, zit. Wace, Le Roman de Rou, Z. 11.949–50; Wagner, Heralds and Heraldry, 46–7 zit. Chrétien de Troyes, Le Chevalier de la Charette, Z. 5553–65; P. Adam Even, ›Les fonctions militaires des hérauts d'armes‹, AHS, lxxi (1957), 2–33, unters. die Nachweise auf Herolde in der Schlacht von Las Navas de Tolosa. Dennys, Heraldic Imagination, 33, nimmt an, daß die zeitgleiche Erwähnung eines Wächters, der 1098 Soldaten weckt, in Anonymi Gesta Francorum, hg. v. R. Hill (London, 1962), der erste authentische Nachweis auf einen Herold ist; dies scheint durchaus möglich.
40 Dennys, op. cit., 36.
41 The Chronicle of Walter of Guisborough, hg. v. H. Rothwell (Camden Soc. Bd. lxxxix, 1957), 200.
42 Wagner, Heralds and Heraldry, 25 ff.
43 Chrétien de Troyes, Chevalier de la Charette (Karrenritter) Z. 5555–84.
44 L'Histoire de Guillaume le Maréchal, Z. 5222 ff.
45 Wagner, Heralds and Heraldry, 134–5.
46 P. Adam Even, ›Les fonctions militaires des hérauts d'armes‹, AHS, lxxi (1957), 22–4.
47 Roman du Ham, hg. v. Henry, Z. 100 ff.
48 Wagner, Heralds and Heraldry, 30–1, 133–4.
49 Bullock-Davies, Menestrellorum Multitudo, 38–44; Wagner, Heralds and Heraldry, 26–7; N. Denholm-Young, History and Heraldry (Oxford, 1965), 54–60.
50 Statutes of the Realm, i, 231; Ordonnances des Roys de France, i (Paris, 1723), 435–41.
51 Dennys, Heraldic Imagination, 61.
52 Bodley, Rawlinson MS C 399, fos 78–78vo.
53 Ibid., fos 77–77vo.
54 Ibid., fo 77vo; Wagner, Heralds and Heraldry, 56.
55 Wagner, op. cit., 133.

56 Ibid., 53–4; Adam Even, ›Les fonctions militaires des hérauts d'armes‹, AHS, LXXI, 26–33.

57 Le Débat des hérauts d'armes de France et d'Angleterre, hg. v. L. Pannier und P. Meyer (Paris, 1877), 1.

58 Froissart, Œuvres, hg. v. K. de Lettenhove, II, 11.

59 The Black Book of the Admiralty, hg. v. T. Twiss (RS 1871), I 297, 298.

60 Bodley, Rawlinson MS C 399, fo 76ᵛᵒ.

61 Froissart, Œuvres, hg. v. Kervyn de Lettenhove, II, 394–5.

62 R. de Houdenc, Les Ailes de prouesse, zit. in G. Cohen, Histoire de la chevalerie en France (Paris, 1949), 146 ff.

63 The Roll of Caerlaverock, hg. v. T. Wright (London, 1864), 11–12, 21, 22–3; s. auch N. Denholm-Young, ›The Song of Carlaverock and the Parliamentary Roll of Arms‹, PBA, 47 (1961), 251–62.

64 Chandos Herald, Life of the Black Prince, hg. v. M. K. Pope und E. C. Lodge (Oxford, 1910); s. auch Mathew, The Court of Richard II, 118–24.

65 Wapenboek ou Armorial de 1334 a 1372… par Gelre Héraut d'Armes, hg. v. V. Bouton (Paris, 1881), I, 67 ff.

66 Ibid., 90, 97.

67 Ibid., 7 ff. (Staveren); 41 (Rutger Raets); 49 (Dietrich of Elnaer).

68 P. Suchenwirt, Werke, hg. v. Primisser (Wien, 1827); als Bsp. der erwähnten Art vgl. IV, VII, VIII, XXIV.

69 Vgl. P. Adam Evens Einf. zu seiner Ed. ›L'armorial universel du Hérault Gelre, Claes Haenen, Roi des Armes des Ruyers‹, AHS, 75 (1961). Adam Even weist darauf hin, daß Haenen etwa 25 Jahre (ca. 1370–ca. 1395) an seinem Wappenbuch gearbeitet hat und daß die Abschnitte über die versch. Länder Rückschlüsse darüber erlauben, wann er Kenntnisse über sie erlangte (frz. Wappenschilder sind z. B. zeitl. einzuordnen zwischen 1359–75; engl. zwischen 1382–85; bretonische nach 1384 etc.). Er scheint zuerst in den Diensten von Jean de Chatillon, später des Bischofs von Utrecht (der ihn wahrscheinlich zum Herald Gelre ernannte), der Wittelsbacher, des Hennegaus und Hollands sowie zum Schluß von Albert und Wilhelm VI von Bayern gestanden zu haben. Er starb ca. 1415.

70 Denholm-Young, History and Heraldry, 52.

71 Z. B. Besançon, Bibl. Municipale, Coll. Chifflet MS 186 (Kopie einer Wappenrolle aus dem späten 14./15. Jhd.), 114–15 (Wappen Karls d. Großen u. Seiner Paladine); 115 (Artus u. ausgew. Ritter); 116 (Alexander u. griechische Paladine). Unter den MS., die die Wappen der Ritter der Tafelrunde mit biogr. Details ausmalen, vgl. Lille, Bibl. Municipale MS 329, und BN, MS Fr 12 597; andere sind aufgef. bei Sandoz, Speculum 19 (1944). R. L. Wyss verw. auf Wappenrollen u. Wappenbücher, die die Wappen der ›Neun Helden‹ heraldisch erklären, in Zeitschr. für Schweiz. Archäologie und Kunstgeschichte, XVII (1957), 98–102.

72 BN, MS Fr 112: s. auch C. Pickford, L'Evolution du Roman Arthurien en prose vers la fin du moyen âge, d'aprés le MS 112 du fonds française de la Bibliothèque Nationale (Paris, 1966).

73 S. unten S. 213.

74 Wagner, Heralds and Heraldry, Appx. F. 150 ff.

1 BN, MS Fr 1280, fo 54 vo in Vanderjagts Edition 270.

2 J. Boussard, ›L'origine des familles seigneuriales dans la région de la Loire moyenne‹, CCM, v (1962), 306 Nr. 28.

3 Seyler, Geschichte der Heraldik, 9.

4 P. de Beaumanoir, Les Coutumes du Beauvoisis, hg. v. le comte Beugnot (Paris, 1842), II, 54–5; s. auch Ibid., 223, 232–3.

5 La Règle du temple, hg. v. Curzon, 22, 25–6, 66–7, 343.

6 Duby, The Chivalrous Society, 183; vgl. auch R. Fossier, ›La noblesse picarde au temps de Philippe le Bel‹, in P. Contamine (Hg.), La Noblesse au moyen âge (Paris, 1976), 105–27, bes. 118ff.

7 P. Adam Even, ›Les scéaux d'écuyers au xiiime siècle‹, AHS, LXV (1951), 19–29.

8 J. A. Buchon (Hg.), Collection des chroniques françaises – du xiiime au xivme siècle (Paris, 1826), Bd. 23, 312.

9 Seyler, Geschichte der Heraldik, 8 (zit. eine Urkunde des Grafen von Kiburg aus dem Jahr 1256).

10 N. Denholm-Young, The Country Gentry in the Fourteenth Century (Oxford, 1969), 141 Nr. 2 (zu frühen Nachw. über Turnierritter); Vulson de la Colombière, Le Vray Théâtre d'honneur et de chevalerie, 104, 119 (zu den Rittern des Halbmondordens); Charny, Livre de chevalerie in Œuvres de Froissart, hg. v. K. de Lettenhove, I Teil III, passim (zu Waffenträgern allgemein, die Ritter sind).

11 BN, MS Fr. 2765, fo 45; zit. in Guilhiermoz, L'Origine de la noblesse en France au moyen âge, 374, n. 18.

12 Zu den Adelserhebungen s. R. H. Lucas, ›Ennoblement in late medieval France‹, Medieval Studies, 39 (1977), 239–60, bes. 247ff.; A. de Barthélemy ›Etude sur les lettres d'annoblissement‹, Revue Historique Nobiliaire, 7 (1869), 193–208, 241–52; und P. Contamine, ›The French Nobility and the war‹ in K. Fowler (Hg.), The Hundred Years War (London, 1971), 135–62, bes. 143ff.

13 Wagner, Heralds and Heraldry in the Middle Ages, 65, 122–3.

14 Seyler, Geschichte der Heraldik, 189.

15 Duby, The Chivalrous Society, 183.

16 A. Murray, Reason and Society in the Middle Ages (Oxford, 1978), 320–1; vgl. a. A. Schulte, Der Adel und die dtsch. Kirche im Mittelalter (Darmstadt, 1922).

17 Zu einer ausgez. Behandlung der Vorstellungswelt des Adels in den gewohnheitsrechtlichen Sammlungen, s. Ritter, Ministerialité et chevalerie, Kap. v.

18 Li Romans d'Alixandre, hg. v. Michelant, 251, 254.

19 Köhler, Les Aventures chevaleresques, 16–17.

20 Ibid., 19, 22–7.

21 P. Wolff hat eine sehr aufschlußreiche Untersuchung über ›La Noblesse Toulousaine: essai sur son histoire médiévale‹ verfaßt in Contamine (Hg.), La Noblesse au moyen âge, 153–74. Zu Flandern vgl. D. M. Nicholas, Town and Countryside: Social, Economic and Political Tensions in Fourteenth-Century Flanders (Brügge, 1971), 250–66.

22 E. Dravasa, ›Vivre noblement: recherches sur la dérogeance de noblesse du xiv^e

au xvie siècles<, Revue juridique et économique du Sud Ouest, série juridique, xvi (1965), 23–119, und xvii (1966), 187–237.

au xvie siècles‹, Revue juridique et économique du Sud Ouest, série juridique, xvi (1965), 23–119, und xvii (1966), 187–237.

23 Bartolus, Comment in Cod. 12, 1.1 (in der Ausg. Basel 1562, S. 941 ff. der Komm. des Bartolus).

24 BN, MS Fr 1280, fos 38, vo ff (Vanderjagt, 257, s. auch 241–3); Le Songe du vergier, I, Kap. 150; N. Upton, De studio militari, hg. v. Bysshe, 64 ff; F. Hemmerlein De rusticitate et nobilitate (Straßburg, ? 1490), fo 28–9.

25 Vgl. Bartolus Kommentar (Ausg. Band 1562, S. 943: ›ex predictis sequitur quod dignitas seu nobilitas cadit quandocumque in ignorantem, quod patet, quia ut dictum est, nobilitas consistit in acceptatione ejus, qui dignitatem confert – ut apparet expresse in puero nato ex nobili, quia statim est nobilis, licet nihil intelligat‹).

26 B. Prost (Hg.), Traités du duel judiciaire etc. (Paris, 1872), 45–6.

27 Bartolus, op. cit., S. 941 der Ausg. Basel 1562.

28 Beaumanoir, Les Coutumes du Beauvoisis, hg. v. Beugnot, II, 234; s. auch E. Kennedy, ›Social and political ideas in the French prose Lancelot‹, Medium Aevum, 26 (1957), 90–106, bes. 102–3.

29 BN, MS Fr. 1280, fo 23–4 (Vanderjagt, 247).

30 BR, MS 11407, fo 10 vo.

31 Ibid., fo 39 ff.

32 P. Contamine, Guerre, état et société: études sur les armées des rois de France 1337–1494 (Paris, 1972), 174 ff., 471 ff.

33 S. Krüger, ›Das Rittertum in den Schriften des Konrad von Megenberg‹, in J. Fleckenstein (Hg.), Herrschaft und Stand (Göttingen, 1977), 312; K. H. Schäfer, Deutsche Ritter und Edelknechte in Italien (4 Bde. Paderborn, 1911–40), bes. I, 110 ff.

34 J. de Bueil, Le Jouvencel, hg. v. C. Favre und L. Lecestre (Paris, 1889), II, 80.

35 N. Upton, De studio militari, hg. v. Bysshe, 257–8.

36 Besançon, Bib. Municipale, Coll. Chifflet MS 81, fo 93vo–94; vgl. auch A. de la Rocque, Traité de la noblesse (Rouen, 1735), 192.

37 Sommer, The Vulgate Version of the Arthurian Romances, III, 30; Li Romans d'Alixandre, hg. v. Michelant, 14, 16.

38 Charny, Livre de chevalerie in Œuvres de Froissart, hg. v. K. de Lettenhove, I. Teil III, 475.

39 BR, MS 11407, fo 76.

40 Ibid., fo 73.

41 G. de Machaut, Le Confort d'Ami, Z. 2950 ff. (in Œuvres de G. de Machaut, hg. v. E. Hoepffner (Paris, 1921), III, 104–5.

42 Vgl. die oben zit. Passagen, Anm. 37, die recht typisch für diesen Aspekt sind.

43 P. de Novara, Les Quatre Ages de l'homme, hg. v. M. Fréville (Paris, 1888), 39 (§ 66).

44 G. de Lannoy, Les Enseignements paternels, in Œuvres de G. de Lannoy, hg. v. C. Potvin (Louvain, 1878), 470–1.

45 Zilletus, Tractatus juris universi (Wien, 1584), xvi, 19 (Boni de Curtili Brixiensis, De nobilitate).

46 BR, MS 11 407, fo 81 vo.
47 Vgl. C. Coulson, ›Structural symbolism in medieval castle architecture‹, Journal of the British Archaeological Association, CXXXII (1979), 74–7.
48 Poggio, Opera (Basel, 1537), II, 67.
49 Le Roman du Castelain de Couci, hg. v. Delbouille, Z. 460 ff.
50 BR, MS 9632, fo 2vo.
51 J. de Hemricourt, Œuvres, I, 226–8.
52 R. Boutruche, La Crise d'une société: seigneurs et paysans en Bordelais pendant la Guerre de Cent Ans (Paris, 1947), 273 ff.: M. Vale, War and Chivalry (London, 1981), 88–94.
53 G. de Lannoy, Œuvres, hg. v. Potvin, 465 ff.
54 BR, MS 11 407 fos 67vo–68; u. vgl. BL, Egerton Ms 3149, fo 32vo.
55 Duby, The Chivalrous Society, 184.
56 J. de Hemricourt, Œuvres, I, 6–9.
57 Ibid., I, 170–2.
58 Ibid., I, 13–14.
59 Ibid., I, 255.
60 Ibid., I, 46, 51.
61 Ibid., I, 76, 131, 204, 206, 228.
62 Ibid., I, 430.
63 Ibid., I, 159.
64 Ibid., I, 198.
65 Sommer, The Vulgate Version of the Arthurian Romances, III, 59; E. Kennedy ›Social and political ideas in the French prose Lancelot‹, Medium Aevum, 26 (1957), 102–4.
66 Dante, Convivio, Trattato IV, xix-xxi.
67 Andreas Capellanus, The Art of Courtly Love, übers. v. Parry, 38.
68 Jean de Meun, Le Roman de la Rose, Z. 18755–8.
69 Œuvres de Froissart, hg. v. K. de Lettenhove, II, 8.
70 Charny, Livre de chevalerie, in Œuvres de Froissart, hg. v. K. de Lettenhove I, Teil III, 494, 495.
71 BR, MS 11 407, fo 12 vo; BN, MS Fr. 1280, fos 3–4 vo.
72 BN, MS Fr. 1280, fo 26 (Vanderjagt, 243).
73 Ibid., fo 24 vo; vgl. BR, MS 10 497 fo 114: ›je repute ceulx estre digne de... incomparable memoire et loenge lesquelz de petit estat sont parvenu a puissance et a haulte seigneuries‹.
74 BN, MS Fr. 1280, fo 1vo.
75 La Fleur des batailles, zit. in C. C. Willard, ›The concept of true nobility at the Burgundian court‹, Studies in the Renaissance, XIV (1967), 43 Nr. 28.
76 BR, MS 11 407 fos 10vo, 11vo.
77 Zit. aus BR, MS 21 552, fos 19–21vo. Das Gedicht ist augenscheinlich eng verwandt mit A. Chartiers Breviaire de nobles (s. J. C. Laidlaw, [Hg.], The Poetical Works of Alain Chartier, Cambridge 1974, 395–409).
78 Cf. BR, MS 11 407, fo 14 vo: ›se ainsi estoit que vertus... puissent succeder de pere aux enfans comme font tenemans et richesses les saiges auroient tousjours saiges

enfans... mais on voit journelement le contraire... (mais) on voit tres souvent et le plus que ceulx qui sont yssus de noble lignie sont plus enclins a vertu que autres‹.

79 BN, MS Fr 1280, fo 37 (Diego beruft sich auf Aristoteles); Upton, De studio militari, hg. v. Bysshe, 66 (Vererbungslehre der Tiere).

80 BN, MS Fr. 1280, fo 39 (Vanderjagt, 258).

81 J. de Bueil, Le Jouvencel, hg. v. Favre und Lecestre, II, 82.

82 BN, MS Fr. 1280, fos 40–1 (Vanderjagt, 259–60).

83 Dante, Convivio, Trattato IV, xx.

84 J. de Meun, Le Roman de la Rose, Z. 18792–99.

85 J. de Hemricourt, Œuvres I, 2.

86 BR, MS 11407, fo 14vo.

87 BN, MS Fr. 1280, fo 39 vo (Vanderjagt, 258).

88 P. de Novara, Les Quatre Ages de l'Homme, hg. v. Fréville, 45–6 (§ 79).

89 BR, MS 10238, fo 8; vgl. Guillaume de Lalaings Rat an seinen Sohn, in G. Chastellain, Chronique de Jacques de Lalaing, hg. v. J. A. C. Buchon (Paris, 1836), 607.

90 Ibid.

ANMERKUNGEN ZU KAPITEL 9

1 BN, MS Fr. 1280, fos 16 vo ff., 38 vo ff. (Diego); N. Upton, De studio militari, hg. v. Bysshe, 64ff.: J. de Bueil, Le Jouvencel, hg. v. Favre und Lecestre, II, 68ff.

2 G. W. Goopland, ›Le Jouvencel (überarbeitet): Symposium, v (1951), 137–86.

3 Wagner, Heralds and Heraldry in the Middle Ages, 77, 125–6.

4 Ibid., 79.

5 Coll. of Arms MS, Processus in curia marescalli, I. 280.

6 N. Upton, De studio militari, hg. v. Bysshe, 154, 200; u. vgl. Dennys, The Heraldic Imagination, 50, 77.

7 Vgl. R. H. Lucas, ›Ennoblement in late medieval France‹, Medieval Studies, 39 (1977), 239–60.

8 BN, MS Fr 1280, fo 53 (Vanderjagt, 269; das Ms., dem sein Text zugrunde liegt, enthält keinen Verweis auf Jean Bureau).

9 A. de la Rocque, Traité de Noblesse, 166–7.

10 Ibid., 65.

11 BR, MS 21552, fos 23–23vo: Menestrier, Le Véritable Art du blason, 246; s. auch Warner, Joan of Arc, 165, 186–7.

12 BL, MS Harl. 2259, fo 11.

13 BN, MS Fr. 1280, fo 53 and vo (Vanderjagt, 269): La Marche in Prost (Hg.), Traités du duel judiciaire, 45.

14 BR, MS 11407, fos 55, 76.

15 BL, MS Harl. 2259, fo 70 vo.

16 Hemricourt, Œuvres, I, 41, 258.

17 Dennys, The Heraldic Imagination, 30, 31.

18 J. Schneider, ›Sire Nicole Louve: citain de Metz‹, in Contamine (Hg.), La Noblesse au moyen âge, 183 Nr. 2.

19 Vgl. oben, Kap. IV, 79–80.
20 Besançon, Bibl. Municipale, Collection Chifflet MS 83, fo 58.
21 Chronique de Mathieu d'Escouchy, hg. v. G. Du Fresne de Beaucourt, II (Paris, 1863), 220.
22 Besançon, Bibl. Municipale, Coll. Chifflet MS 90, fo 9.
23 J. de Joinville, Histoire de St. Louis, hg. v. M. Natalis de Wailly (Paris, 1868), 55.
24 Œuvres de Froissart, hg. v. K. de Lettenhove, VII, 195–6; vgl. La Marches Bericht über die Erhebung von Louis de la Viévile 1452, der nahezu identisch ist: Mémoires, hg. v. J. A. C. Buchon (Paris, 1836), 468.
25 J. de Bueil, Le Jouvencel, hg. v. Favre und Lecestre, II, 113.
26 BR, MS 21552, fos 27–8.
27 P. S. Lewis, ›Une Devise de chevalerie inconnue, créée par un comte de Foix: le Dragon‹, Annales du Midi, 76 (1964), 77–84.
28 BR, MS 11125, fos 54 vo, 59–60, 77 vo; vgl. weiter J. Rossbach, Les Demandes pour la jouste, le tournoi et la guerre de Geoffroi de Charny (Diss. Ms. in der BR, Brüssel).
29 D'Orronville, Chronique du Bon Duc Loys de Bourbon, hg. v. A.-M. Chazaud (Paris, 1876), 248.
30 J. Barbour, The Bruce hg. v. W. W. Skeat (EETS, London, 1870) II, 318.
31 Wapenboek, hg. v. Bouton, I. 34.
32 Hemricourt, Œuvres, I, 13–14.
33 Cuvelier, Chronique de Bertrand du Guesclin, hg. v. Charrière, Z. 9875; ›Ane ballet of the Nini Nobles‹ in The Parlament of the Thre Ages hg. v. Gollancz, 134.
34 S. oben Kap. VI, 121.
35 Œuvres de Froissart, hg. v. K. de Lettenhove, XVII, 269–70. Zu einem wesentlich früheren Nachweis über den Gewinn eines Preises für Heldenmut, s. Li Romans d'Alixandre, hg. v. Michelant, 89.
36 Œuvres de Froissart, hg. v. K. de Lettenhove, V, 457.
37 O. de La Marche, Mémoires, hg. v. Buchon, 463.
38 E. Christiansen, The Northern Crusades (London, 1980), bietet eine hervorragende Übersicht über die Kriege in diesem Gebiet; vgl. bes. Kap. 6, s. auch F. R. H. Du Boulay, ›Henry of Derby's Expeditions to Prussia, 1390–1 and 1392‹, in F. R. H. Du Boulay und C. M. Barron (Hgg.), The Reign of Richard II (London, 1971), 153–72; W. Paravicini, ›Die Preußenreisen des Europäischen Adels‹, Historische Zeitschrift, 232 (1981), 25–38; und E. Maschke, ›Burgund und der preußische Ordensstaat. Ein Beitrag zur Einheit der ritterlichen Kultur Europas im späteren Mittelalter‹, Syntagma Friburgense (Konstanz, 1956), 147–72.
39 C. Higounet, ›De La Rochelle à Torun: aventure de barons en Prusse et relations économiques‹, MA, 69 (1963), 529–40.
40 Suchenwirt, Werke, hg. v. Primisser, IV.
41 Ich habe Chaucers Ritter und seinen Anteil am Kreuzzug in einem Beitrag untersucht in English Court Culture in the Late Middle Ages, hg. v. V. J. Scattergood und J. W. Sherborne (London, 1983), 45–61.
42 A. S. Cooke, ›Beginning the Board in Prussia‹, Journal of English and German Philology, XIV (1915), 376, Nr. 3.

43 D'Orronville, Chronique du Bon Duc Loys de Bourbon, hg. v. Chazaud, 65–6.
44 M. Vale, ›A fourteenth-century order of chivalry: the »Tiercelet«‹ EHR, 82 (1967), 340–1.
45 BN, MS Fr. 1997, S. 19.
46 Keen, The Laws of War in the late Middle Ages, Kap. III. Zu einer guten Darstellung eines Duells, ausgetragen, um einen Anspr. gegen einen Gefangenen zu begründen, vgl. den Bericht über ein Duell, ausgetragen zwischen Jacques Breton und Louis de Cera bei Rodez, in BN, Collection Doat 203, fos 267 ff.
47 Keen, The Laws of War in the late Middle Ages, 173; und Arch. Nat. X^{iA}74, fo 91; X^{i}A84, fo 225.
48 Régistres de la Toison d'Or, I, fos 15vo, 25vo.
49 D'Orronville, Chronique du Bon Duc Loys de Bourbon, hg. v. Chazaud, 89.
50 E. de Monstrelet, Chronique, hg. v. L. Douët d'Arcq (Paris, 1857–62), IV, 331–2.
51 Régistres de la Toison d'Or, I, fo 2 vo.
52 J. Warkworth, A Chronicle of the first thirteen Years of the Reign of King Edward IV, hg. v. J. O. Halliwell (Camden Soc., 1839), 39.
53 The Burt, hg. v. F. W. D. Brie (EETS, London, 1906), I, 227–8.
54 J. F. Kirk, History of Charles the Bold (London, 1863), II, 439.
55 Nicolas, The Scrope and Grosvenor Controversy, I, 139, 146.
56 J. de Bueil, Le Jouvencel, hg. v. Favre und Lecestre, II, 21.

ANMERKUNGEN ZU KAPITEL 10

1 Zur wichtigsten neueren Arbeit über die Ritterorden, vgl. D. A. J. Boulton, ›The origin and development of the curial orders of Chivalry‹ (Oxford Diss. phil. 1975). M. Vale, War and Chivalry, Kap. 2 unters. ihre Rolle im 15. Jhd. sehr scharfsichtig. Sehr wichtig auch zwei ältere Arbeiten, Vulson de la Colombière, Le Vray Theatre d'honneur et de chevalerie, und F. von Biedenfeld, Geschichte und Verfassung aller geistlichen und weltlichen, erloschenen und blühenden Ritterorden (Weimar, 1841), 2 Bde. Zu den einzelnen oben erwähnten Orden, vgl. neben den unten zit. Werken, (I) zum Hosenbandorden, E. Ashmole, The Institutions, Laws and Ceremonies of the Most Noble Order of the Garter (London, 1672); und N. H. Nicolas, A History of the Orders of Knighthood of the British Empire (London, 1842); (II) zum Sternenorden, L. Pannier, La Noble Maison St Ouen, la Villa Clipiacum et l'Ordre de l'Etoile (Paris, 1878); (III) zum Knotenorden, E. Léonard Histoire de Jeanne Ire Reine de Naples (Paris, 1937), Teil II, Kap. 1, 12–25; (IV) zum Halsbandorden, und zur Bruderschaft vom schwarzen Schwan, E. L. Cox, The Green Count of Savoy (Princeton, 1967); (V) zum Goldenen Vlies, H. de Reiffenberg, Histoire de l'Ordre de la Toison d'Or (Brüssel, 1830); L. Hommel, L'Histoire de Noble Ordre de la Toison d'Or (Brüssel, 1947); (VI) zum Schwan, R. G. Stillfried, Der Schwanenorden (Halle, 1845); (VII) zu St. Michael, P. Contamine, ›Sur l'ordre de St. Michel au temps de Louis XI et Charles VIII‹, Bulletin de la Société Nationale des Antiquaires de France (1976), 212–36.
2 Zum Narrenorden, s. von Biedenfeld, op. cit., I, 109.

3 Vale, War and Chivalry, 38, 41.

4 R. Barber, The Knight and Chivalry (2. Aufl., 1974), 342–4.

5 J. Reygersbergh, Dye Cronijke van Zeelandt (Antwerpen 1551), xxix. Chifflet gibt an, daß er mehr Informationen darüber in einem alten Turnierbuch der Grafen von Holland gefunden habe (Besançon, Coll. Chifflet MS 83, fos 151 ff.).

6 S. unten 283 (die Schärpe); und J. Vale, Edward iii and Chivalry (Boydell, 1983), 86 ff.

7 G. Monti, Le Confraternite, Medievali (Venedig, 1927), i, 7–9; s. auch N. J. Houseley, ›Politics and Heretics in Italy: Anti-Heretical Crusades, Orders and Confratenities, 1200–1500; JEH, 33 (1982), 193–208.

8 Mansi, Concilia, xxv, 763–4.

9 Mémoires d'Olivier de La Marche, hg. v. H. Beaune und J. D'Arbaumont, iv (Paris, 1888), 161–2.

10 J. D'Arcy Boulton. Diss. Phil. op. cit., 19; s. auch Anon, ›Lettres du Duc d'Orleans, qui conferent l'ordre du Camail‹, Revue Historique Nobiliare (1886), 13.

11 Schultz, Deutsches Leben in xiv und xv Jahrhundert, 544; vgl. auch ibid., Abb. 551, 552, 558, 561.

12 A. Hartshorne, ›Notes on collars of SS‹, Archaeological Journal, xxxix (1882), 376–83. Eine Auflistung derjenigen, denen der Herzog von Orleans den Schulterkragen verlieh, in BN, MS Clairembault 1241, zeigt, daß es sich um einen Livréekragen handelt; vgl. auch weiter C. d'Orlac, ›Les chevaliers du Porc Epic ou du Camail‹, Revue Historique Nobiliaire, 3 (1867, 337–50.)

13 T. Aign, Die Ketzel: ein Nürnberger Handelsherrn- und Jerusalempilgergeschlecht (Neustadt, 1961), 82 ff.

14 J. D'Arcy Boulton, Diss. Phil., Einf. 2–5.

15 Zu den Statuten der Orden, s. M. Vulson de la Colombière, Le Vray Théâtre de l'honneur et de chevalerie (Paris, 1648), i, 113. Das Bsp. des Ordens von der Goldenen Gürtelschnalle, begründet von Kaiser Karl iv, ist vergleichbar mit dem Halbmondorden: beide hatte Statuten, regelmäßige Kapitelzusammenkünfte, eine auf 27 begrenzte Mitgliederzahl und wählten ihren eigenen Hauptmann; von Biedenfeld, Geschichte und Verfassung aller... Ritterorden, i, 226.

16 Gesta Henrici Quinti, hg. v. B. Williams (London, 1850), 78; St. Albans Chronicle, hg. v. V. H. Galbriath (Oxford, 1937), 100.

17 Rymer, Foedera, ix, 435.

18 Chronique de Jean Le Févre, Seigneur de St. Remy, hg. v. F. Morand (Paris, 1881), ii, 212.

19 C. A. J. Armstrong, ›Had the Burgundian government a policy for the nobility? in J. S. Bromlex und E. H. Kossmann (Hgg.), Britain and the Netherlands (Groningen, 1964), ii, 9–32, bes. 25 ff.

20 M. Vale, War and Chivalry (London, 1981), 62; A. Lecoy de la Marche, Le Roi René (Paris, 1875), i, 161.

21 G. Machaut, La Prise d'Alexandrie, hg. v. M. L. de Las-Matrie (Genf, 1877), Z. 349 ff.

22 Vale, War and Chivalry, 49–51

23 J. Stevenson, Letters and Papers Illustrative of the Wars of the English in France

(RS 1861–4), I, 295–8. Besançon, Bib. Municipale, Coil. Chifflet MS 87, fo 80, enthält eine Abschr. eines Briefes von fünf ital. Adeligen, die Ordensinsignien des Ordens vom Hl. Michael an Ludwig XII. 1512 zurückgaben.

24 BN, MS Esp. 33. Die Statuten des Ordens von der Schärpe sind aus diesem frühesten Ms. abgedruckt bei G. Daumet, ›L'ordre Castillan de l'Écharpe (Banda)‹, Bulletin Hispanique, XXV (1923), 21–32; vgl. auch J. D'Arcy Phil. Diss. 49 ff.

25 Zu dieser Regelung vgl. die zweite Fassung der Statuten, in L. T. Villanueva, ›Memoria sobre la orden de caballeria de la Banda de Castilla‹, Boletin de la Real Academia de la Historia LXXII (1918), 561.

26 Zu den Statuten des Ordens von Fer de Prisonnier s. L. Douët d'Arcq, Choix de pièces inédites relatives au règne de Charles VI (Paris, 1863, I, 370–4; zu denen von der Dame Blanche à l'Escu Vert s. Livre des Faits du Maréchal de Boucicaut, hg. v. M. Petitot (Collection complète des mémoires rélatifs à l'histoire de France, vol. 6), 507–12.

27 Schultz, Deutsches Leben im XIV. und XV. Jahrhundert, 487 ff. 549 ff.

28 Ich beziehe mich hier auf die Statuten der Brudergemeinschaft vom Falken und vom Fisch, in C. Lünig, Teutsches Reichs Archiv (Leipzig, 1710), I, I, 2, 66–70.

29 Schultz, op. cit., 549.

30 H. Obenaus, Recht und Verfassung der Gesellschaften mit St. Jörgen Schild in Schwaben (Göttingen, 1961), 79 ff.; s. auch Landau, Anm. 31.

31 G. Landau, Die Ritter Gesellschaften in Hessen (Kassel, 1840: Erg. zu Bd. 1 der Zeitschrift des Vereins für hessische Geschichte und Landeskunde, 1840), 98.

32 Ibid., 99, 192.

33 Ibid., 98, 191.

34 Obenaus, op. cit., Anm. 25.

35 Zu diesen Adelsbünden A. Artonne, Le Mouvement de 1314 et les chartes provinciales de 1315 (Paris, 1912).

36 S. oben, Kap. 2, 35.

37 Zum Falkenorden s. M. Vale, ›A fourteenth-century order of chivalry: the »Tiercelet«‹, EHR, 82 (1967), 332–41; zum Orden vom Goldenen Apfel s. A. Bossuat, ›Un ordre de chevalerie Auvergnat: l'ordre de la Pomme d'Or‹, Bulletin Historique et Scientifique de l'Auvergne, 64 (1944), 83 ff. Die Statuten sind abgedruckt bei A. Jacotin, Preuves de la Maison de Polignac (Paris, 1898–1906), II, 172 (Nr. 283). S. auch M. Keen, ›brotherhood in arms‹, History, 47 (1962), 1–17.

38 Der hier enthaltene Gegensatz ist natürlich nur scheinbar. Wenn die Statuten der deutschen Bruderschaften nicht mit denen der weithin bekannten frz. Orden, sondern z. B. mit denen des Hosenbandordens verglichen werden, dann ist die Ähnlichkeit mit denen der fürstlichen Hoforden evident (von Biedenfeld, Geschichte und Verfassung aller… Ritterorden, I, 226).

39 L. Gollut, Mémoires historiques de la republique, séquanoise et des princes de la Franche Comté, hg. v. C. Dauvernoy (Arbois, 1846), cols 1439–42.

40 Vale, op. cit., EHR, 82 (1967), 340–1.

41 Merlin, hg. v. G. Paris und J. Ulrich (Paris, 1886), I, 94–8.

42 Y. Renouard, ›L'ordre de la Jarretière et l'ordre de l'Etoile‹, MA, 55 (1949), 281–300 bes. 292, Nr. 3; 294, Nr. 23.

43 Chronique de Jean le Bel, hg. v. J. Viard und E. Déprez (Paris, 1905), II, 26–7. T. Gray, Scalacronica, hg. v. J. Stevenson (Edinburg, 1836), scheint die Geschichte vom Tafelrundenturnier und der Gründung des Hosenbandordens völlig zu verschmelzen.

44 BL, Add. MS 21370, fo 1.

45 Zu den Statuten vgl. von Biedenfeld, Geschichte und Verfassung aller… Ritterorden, I., 103.

46 Präambel zu den Statuten in BN, MS Fr. 4274, fo 3. Die Statuten sind auch abgedruckt in Abbé le Febvre, Mémoire pour servir à l'histoire de France du XIVme siècle, contenant les status de l'ordre du St Esprit (Paris, 1764).

47 Le Febvre, op. cit., 28–9.

48 Bossuat, op. cit., Nr. 32.

49 R. Vaughan, Philip the Good (London, 1970), 152, 162, 334; und V. Tourneur ›Origine et symbolique de la Toison d'Or‹, Bulletin de l'Académie Royale de Belgique, Schriften, Serie 5, XLII (1956), 300–23. Jean Germain, Kanzler des Ordens vom Vlies und zugleich ein Kreuzzugsenthusiast, hatte viel zu tun mit der Verbreitung der Vorstellung des Emblems als des Vlieses von Gideon; zu seinen Aktivitäten, vgl. Y. Lacaze, ›Un réprésentat de la politique anti-mussulmane du XVme, Jean Germain‹, Positions des Thèses: École de Chartes (1958), 67–75.

50 Von Biedenfeld, Geschichte und Verfassung aller… Ritterorden, I, 103.

51 Chronique de Jean le Bel, hg. v. Viard, II, 205 (Star): BN, MS Fr 4274 und Le Febvre, zit. oben (Knotenorden); Chronique de Jean Le Févre, Seigneur de St Remy, hg. v. Morand, II, 249, 250 (Orden vom Goldenen Vlies); Vulson de la Colombière, Le Vray Théâtre de l'honneur et de chevalier, I, 111, 116, 117 (Halbmondorden).

52 BM MS Clairembault 1241, 920.

53 F. Corazini, La Lettere edite e inedite di Messer Giovanni Boccacio (Florenz, 1877), 161 (zit. in J. D'Arcy Boulton, dem ich für den Nachweis danke.)

54 Merlin, hg. v. Paris und Ulrich, II, 98.

55 R. Howard Bloch, Medieval French Literature and Law (Berkeley, California, 1977), 202 ff.; vgl. Lydgates Fall of Princes, VIII, Z. 2780 ff. wo Unterherolde als Chronisten der Artusgeschichte beschrieben werden.

56 Livre des faicts du Marechal de Boucicaut, hg. v. Petitot (Collection des mémoires, Bd. 6), 504 ff.

57 Zit. in Huizinga, Herbst des Mittelalters.

58 Douët d'Arcq, Choix de pièces relatives au règne de Charles VI, I, 373.

59 P. S. Lewis, ›Une devise de chevalerie inconnue, créée par un Comte de Foix?‹ le Dragon‹, Annales du Midi, 76 (1964), 77–84.

60 BR, MS Goethals 707, fo 33 vo (Vorschriften, die das Tragen von Sinnsprüchen bei Rittern, Edelleuten und Frauen des St. Anthony Ordens betreffen), fo 39 ff. (Namen, und in manchen Fällen die Wappen der Ritter, Edelleute und Frauen des Ordens); zum Hosenbandorden, G. F. Beltz, Memorials of the most noble Order of the Garter (London, 1841), CCXXI–IV, 10.

61 D'Orronville, Chronique du Bon Duc Loys de Bourbon, hg. v. Chazaud, 12–13.

62 M. Galway, ›Joan of Kent and the Order of the Garter‹, University of Birming-

ham Historical Journal, 1 (1947), 13–50. Galways Versuch zu zeigen, daß die Geschichte nicht nur früh, sondern auch authentisch sei, ist nicht völlig überzeugend.

63 Von Biedenfeld, Geschichte und Verfassung aller... Ritterorden 1, 229–31; M. Letts, The Diary of Jörg von Ehingen (London, 1929), 13.

64 Zu den Kreuzzugsideen des Schwertordens, s. G. Machaut, La Prise d'Alexandrie, hg. v. Mas-Latrie, Z. 349–50; Zum Kannenorden vgl. den Bericht über seine Zusammensetzung und Kreuzzugspläne, in BR, MS 19132, fo 8–9.

65 Die Statuten sind unveröffentlicht; der einzig bekannte Text ist die University of Pennsylvania Ms. Fr. 83, zu der J. D'Arcy Boulton eine Zsfssg. liefert (Diss. Phil., 224–59), der ich mich anschließe.

66 S. oben, Anm. 37.

67 Vulson de la Colombière, Le Vray Théâtre d'honneur et de chevalerie, 1, 108.

68 J. D'Arcy Boulton, Diss. Phil., 235.

69 BL, Add. MS 28628, fo 2vo, 3–3vo. Ich kenne keine Studie über diesen Orden (dessen Statuten in dieser Ms. aufgeführt sind), dem nachgesagt wird, von Ferdinand von Neapel 1465 gegründet worden zu sein. Zu einer Notiz über die Festfeier am 29. 9. 1497 s. Besançon, Bib. Municipale, Coll. Chifflet MS 83, fo 109.

70 J. Anstis, Register of the Most Noble Order of the Garter (London, 1724), 1, 44 (cl. 16).

71 BL, Add. MS 28628, fo 4vo–5.

72 Besançon, Bib. Municipale, Coll. Chifflet MS 90, fo 12 ff.

73 Vgl. z. B. die Statuten des Ordens vom Halbmond, Vulson de la Colombière, Le Vray Théâtre d'honneur et de chevalerie, 1. 107, 110. Die Statuten der St. Anthony-Brudergemeinschaft in Barbefosse legen fest, daß der Kandidat bei der Aufnahme schwören mußte (Besançon, Bib. Municipale, Coll. Chifflet MS 90, fo 15) ›quod non sit captor puellarum, oppressor viduarum et pupillorum, incendiator ecclesiarum et sanctorum locum, interfector clericorum... nec praedo publicorum viarum aut honoris et nobilitatis prophanator‹.

74 Chronique de Jean Le Févre, Seigneur de St Remy, hg. v. Morand, 211 (Orden vom Goldenen Vlies); Vulson de la Colombière, Le Vray Théâtre d'honneur et de chevalerie, 1, 107 (Halbmondorden); Besançon, Bib. Municipale, Coll. Chifflet MS 90, fo 14vo (St. Anthony in Barbefosse).

75 BL, Add. MS 28628, fo 1ovo: ›decernimus hunc ordinem eis qui viri clari et nobiles fuerunt non in innobilibus et minus claris esse conferendum: sive nobilitate a majoribus accepta sive a se labore et industria potita‹.

76 Vulson de la Colombière, Le Vray Théâtre d'honneur et de chevalerie, 1, 119.

77 J. Anstis, The Register of the Most Noble Order of the Garter, 1, 44 (cl. 17).

78 S. oben, Kap. 2: und auch Keen, ›Brotherhood in arms‹, History, 47 (1962), 1–17, zur Idee der loyalen Brüderlichkeit.

79 Vgl. Texte zit. in von Biedenfeld, Geschichte und Verfassung aller... Ritterorden, 1, 130–2, betr. die Exzesse, begangen von den Rittern der Bruderschaften vom Horn, Stern, Falken und von der Alten Minne.

80 Vulson de la Colombière, Le Vray Théâtre d'honneur et de chevalerie, 1, 112.

81 Bossuat und Vale unters. in ihren Art., op. cit., Nr. 37 die Lebensläufe von Rittern

dieser zwei Orden, die ihr ritterliches Ansehen und Interessen sowie Erfahrung
bei Kreuzzügen veranschaulichen.

82 BN, MS Clairembault 1241, S. 907.
83 Régistres de la Toison d'Or, I, fo 2vo.
84 G. de Lannoy, Œuvres, hg. v. Potvin, 457–9.
85 Huizinga, Herbst des Mittelalters.
86 S. oben, Kap. 8, 149.

ANMERKUNGEN ZU KAPITEL 11

1 A. Planche, ›Du tournoi au théâtre en Bourgogne: le Pas de la Fontaine des Pleurs
à Chalon-sur-Saône, 1449–50‹, MA, 81 (1975), 117.
2 O. de la Marche, Mémoires, hg. v. Buchon, 433.
3 Le Livre des faits de Jacques de Lalaing, in Œuvres de G. Chastellain, hg. v. K. de
Lettenhove, VIII (Brüssel, 1866), 48–55.
4 O. de la Marche, Mémoires, hg. v. Buchon, 463.
5 Zum vollst. Text der Kap. der pas, s. Œuvres de Chastellain, hg. v. K. de Lettenhove, VIII, 189–197.
6 Ibid., 214.
7 Vgl. oben, Kap. 5, 93–94.
8 Œuvres de Chastellain, VIII, 190.
9 Anna Comnena, The Alexiad, X, 10.
10 Zum Arbre de Charlemagne, s. O. de la Marche, Mémoires, hg. v. Buchon,
378 ff., und BN, MS Fr. 16988 zu Ende Kap. XI; zum Rocher Périlleux, G. Du
Fresne de Beaucourt, Histoire de Charles VII, IV (Paris, 1888), 183–4; zu La Bergière, Œuvres complètes du Roi René, hg. v. le comte de Quatrebarbes (Angers,
1844), II, 49–83; zu La Belle Maurienne, BN, MS Fr. 16988, fos 197 ff.; zum Perron Fée, s. Le Pas du Perron Fée, hg. v. F. Brassart (Douai, 1874); und zum Arbre
d'Or, O. de la Marche, Mémoires, hg. v. Beaune und D'Arbaumont, III, 123 ff.,
und S. Bentley, Excerpta Historica (London, 1833), 238 ff.
11 Planche, art. cit. MA, 81 (1975), 102, Nrn. 27, 28.
12 Vulson de la Colombière, Le Vray Théâtre d'honneur et de chevalerie, I, 147–58.
13 BN, MS Fr. 1997 p. 81 ff.: dies Ms. ist beschädigt, der ganze Teil kann einer späteren Kopie entnommen werden, BN, MS Fr. 5241, aus fo 105vo.
14 Vgl. Prost, Traités du duel judiciaire...: s. auch The Black Book of the Admiralty
(RS) I, 300 ff., 330 ff. (Verordnungen zum Duell von Thomas of Woodstock, Konnetabel von England, und von Philip IV, König v. Frankreich, beide Texte sind
häufig in heraldische Ms. übertragen worden.
15 Der ›Perron‹ ist höchst interessant untersucht worden S. Anglo, ›L'arbre de chevalerie et le perron dans les tournois‹, Les Fêtes de la Renaissance, hg. v. J. Jacquot und E. Konigson, III (Paris, 1975), 283–98.
16 Chrétien de Troyes, Le Chevalier au Lion (Löwenritter in Foersters Ausg.), Z.
410 ff., 800 ff.
17 C. Blair, European Armour, c.1066–c.1700 (London, 1958), Kap. 7; zu den
Froschmaulhelmen, s. 157–8.

18 Vale, War and Chivalry, 84.

19 Nicolas, The Scrope and Grosvenor Controversy,, I, 155.

20 Cuvelier, Chronique de Bertrand du Guesclin hg. v. Charrière, I, Z. 11070ff.

21 Ibid., Z. 1670ff.; Œuvres de Froissart, hg. v. K. de Lettenhove IX, 248, 275–7, 281, 323–30.

22 Histoire du gentil Seigneur de Bayart, hg. v. Roman, 110ff.

23 Ibid., 24–38.

24 Œuvres de Froissart, hg. v. K. de Lettenhove, XIV, 105–51 (zu St. Inglevert); und zu Boucicaut in Italien, A. de la Sale, Histoire du petit Jehan de Saintré, Kap. 55 und 56, übers. v. I, Gray (London, 1931), 210–14.

25 Pageant of the Birth, Life and Death of Richard Beauchamp Earl of Warwick, hg. v. Viscount Dillon und W. H. St. John Hope (London, 1914), eg. Plates XIV, XXII, XXIX–XXXI (Turniere); VI, VII, XXXVI–VIII, XL (Kriegsszenen).

26 Vulson de la Colombière, Le Vray Théâtre d'honneur et de chevalerie, I, 89, 90.

27 J. de Bueil, Le Jouvencel, hg. v. Favre und Lecestre, II, 99ff.; s. auch R. L. Kilgour, The Decline of Chivalry (Cambridge, Mass. 1937), 330; und Huizinga, Herbst des Mittelalters, Kap. 4.

28 L. D. Benson, Malory's ›Morte Darthur‹ (Cambridge, Mass. 1976), 182–4.

29 A. de la Sale, Histoire du petit Jehan de Saintré, Kap. 21, 29, 50, 54, 65 (Zweikampf); 58–62 (Krieg in Preußen); in Grays Übers., S. 115, 132, 186, 202ff., 246ff.; und 216–41.

30 L. de Rosny, L'Epervier d'Or (Paris, 1839), bes. 27–45; und F. H. Cripps-Day, The History of the Tournament in France and England (London, 1918), 21–2. Eine neue und detailliertere Übersicht über bürgerlich-städtische Turniere einschließlich des Espinette Festes ist von J. Vale vorgelegt worden in Edward III and Chivalry (1983), Kap. 2.

31 BR, MS 14935, 39ff.; s. auch J. Vale, op. cit., zu einem umfassenden Verz. der Ms., die die Urkunde enthält.

32 De Rosny, L'Epervier d'Or, 46–56.

33 Zu einem schönen Bsp. eines aufwendigen spanischen Zweikampfs, vgl. den Bericht über den Turnierkampf, abgehalten in Valladolid 1454, bei dem der oberste Schiedsrichter als Gott der Liebe gekleidet war, in R. Boase, Troubadour Revival (London, 1978), 145–7.

34 Seyler, Geschichte der Heraldik, 49.

35 Die Geschichte und Taten Wilwolts von Schaumburg, hg. v. A. von Keller (Stuttgart, 1859) gibt einen anschaulichen Bericht seiner Lebensgeschichte, auf der die Unters. von H. Cust, in Gentlemen Errant (London, 1909), 123–240 basiert.

36 G. Rüxner, Turnierbuch (Frankfurt, 1566), CLXXXIII vo, CCXXVII.

37 BN, MS Fr. 1997, S. 16; Prost, Traités du duel judiciaire, 206.

38 The Alliterative Morte Arthur, Z. 1688.

39 BN, MS Fr. 1997, 34–5; Prost, Traités du duel judiciaire, 216–17.

40 BN, MS Fr. 1997, 18–19; Vulson de la Colombière, Le Vray Théâtre d'honneur et de chevalerie, I, 64ff.; Rüxner, Turnierbuch, XI–XV, CLXXXIV vo, CCII vo. Ich habe mich auf das Ms. von La Sale in BN gestützt.

41 BN, MS Fr. 1997, 16–17. Dieser Textausz. und der in den vorangehenden und

nachfolgenden Anm. zitierte sind nicht bei Prost enthalten. Prost übernahm aus einem autographischen Abdruck von La Sale, so daß diese Anm. Ergänzungen bleiben müssen oder als Material in einer endgültigen Skizze ganz weggelassen werden müssen.

42 Ibid.

43 J. Petersen, Das Rittertum in der Darstellung des Johannes Roth (Straßburg, 1909), 169, zit. Roth, Der Ritterspiegel, v. 963 ff.

44 Ibid., 39.

45 Vulson de la Colombière, Le Vray Théâtre d'honneur et de chevalerie, I, 110.

46 S. oben, Kap. x.

47 A. de la Sale, Histoire du petit Jehade Saintré, Kap. 48 (in Grays Übers., S. 174).

48 Œuvres de G. Chastellain, hg. v. K. de Lettenhove, VIII, 70 ff.

49 Bentley, Excerpta historica, 178.

50 T. Gray, Scalacronica, hg. v. J. Stevenson (Edinburg, 1836), 145 ff.

51 J. Barbour, The Bruce, Buch VIII, Z. 488 ff.

52 Arsenal MS 2251, fo 13. Der Name des Ritters ist überl. als Albert Pachost.

53 Œuvres de Froissart, hg. v. K. de Lettenhove, II, 372.

54 T. Wright, Political Poems and Songs (RS, 1859), I, 10–12; s. auch B. J. Whiting, ›The Vows of the Heron‹, Speculum, 20 (1945), 261–78. Ich bin nicht ganz glücklich über die Ansicht, daß das ganze Gedicht seiner Intention nach satirisch sein soll.

55 N. Triveti Annales, hg. v. T. Hog (London, 1845), 408–9; Flores historiarum, hg. v. Luard (RS), III, 131–2. s. weiter N. Denholm-Young, ›The Song of Carlaverock and the Parliamentary Roll of Arms‹, PBA, 47 (1961), 251–62; und C. Bullock-Davies, Menestrellorum Multitudo (Cardiff, 1978).

56 The Buik of Alexander, hg. v. R. L. Graeme-Ritchie (Edinburg, 1921–9), I, XXXVI–XLVII.

57 O. de la Marche, Mémoires, hg. v. Buchon, 488, 490, 494–504.

58 Chronique de Mathieu d'Escouchy, hg. v. G. Du Fresne de Beaucourt (Paris, 1863), II, 165–222.

59 S. oben, Kap. x, 284.

60 Ich habe mich vergebens um eine literarische oder historische Quelle zum Ritual des Vogelgelübdes bemüht. Es liegt nahe, dies Ritual mit der Geschichte der Herausforderung des Ritters vom Sperberorden zu verbinden, die in versch. Artusromanen erwähnt wird (vgl. bes. den Nachweis bei Graeme Ritchie zu dem Sperbergelübde 1315). Aber der genaue Sinn hat sich meinem Verständnis entzogen.

61 R. Vaughan, Philip the Good (London, 1970), 360 ff.; s. auch G. Doutrepont, ›La croisade projetée par Philippe le Bon contre les Turcs‹, Notes et Extraits de la Bibliothèque Nationale, 41 (1923), 1–28.

62 S. oben, Kap. IX, 255.

63 D. A. Bullough, ›Games people played: drama and ritual as propaganda in medieval Europe‹, TRHS, 5th series, 24 (1974), 97–122.

64 BN, MS Fr. 16988 fo 213vo und ff.

65 P. de Mézières, Le Songe du vieil pèlerin, hg. v. G. W. Coopland (Cambridge, 1969), I, 507.

1 Zu Huizingas Behandlung des Rittertums vgl. Vale, War and Chivalry, 1–12, eine sehr scharfsichtige Unters.; vgl. auch Keen, ›Huizinga, Kilgour and the decline of chivalry‹, Medievalia et Humanistica, New Series, 8 (1977), 1–20.

2 P. Contamine, La Guerre au moyen âge (Paris, 1980) 232–41.

3 H. Delpech, La Tactique au XIIIme Siècle (Paris, 1886), 1, 374, NN. 1 und 3; Verbruggen, The Art of Warfare in Western Europe during the Middle Ages, übers. v. Willard and Southern, 62–4.

4 M. Vale, War and Chivalry (London, 1981), 105–14, und die dort zit. Verweise, bes. C. J. Ffoulks, The Armourer and his craft from the XIth to the XVIth Century (London, 1912).

5 Vale, op. cit., 119. Cornelius, burgundischer Bastard, wurde in der Schlacht von Rupelmonde 1452 getötet, als er einen Teil der Rüstung am Hals öffnete; und Karl der Kühne wurde bei Monthléry aus dem gleichen Grund verwundet.

6 A. Boussuat veröffentlichte zwei detaillierte und aufschlußreiche Unters. über die wirtschaftlichen Folgen der Auslösung für einzelne Familien, in: ›La rançon de Guillaume de Chateauvillain‹, Annales de Bourgogne (1951); und ›La rançon de Jean, Seigneur de Rodemack‹, Annales de l'Est (1951), 145 ff.

7 J. H. Wylie und W. T. Waugh, The Reign of Henry v (Cambridge, 1914–29), II, 171 ff. Ein fast gleicher Vorfall ereignete sich bei Aljubarotta 1385, als Portugiesen ihre Gefangenen in einer Notlage auf Befehl König Jacobs töteten, s. Œuvres de Froissart, hg. v. K. de Lettenhove, XI, 179–81.

8 Keen, The Laws of War in the Late Middle Ages, 127 ff.

9 Wylie und Waugh, The Reign of Henry v, II, 66–73.

10 Wylie und Waugh, The Reign of Henry v, III, 337–357; vgl. auch K. B. McFarlane, Lancastrian Kings and Lollard Knights (Oxford, 1972), 127.

11 Joinville, Histoire de St. Louis, hg. v. Natalis de Wailly, 108.

12 Contamine, La Guerre au moyen âge, 417.

13 Zu den Verlusten bei Agincourt, s. Wylie und Waugh, The Reign of Henry v, II, 217–29, bes. 225 ff.

14 Vgl. B. Thordeman, Armour from the battle of Wisby 1361 (Stockholm, 1939), 2 Bde.

15 Political Songs, hg. v. T. Wright, I, 21.

16 O. de la Marche, Mémoires, hg. v. Buchon, 463.

17 The Diary of Jörg von Ehingen, hg. v. Letts, 38.

18 G. Diaz de Gamez, The Unconquered Knight: a Chronicle of the Deeds of Don Pero Niño, übers. v. J. Evans (London, 1928), 99–100.

19 G. de Chastellain, Œuvres, hg. v. K. de Lettenhove, VIII, 249; The Diary of Jörg von Ehingen, hg. v. Letts, 67; G. Diaz de Gamez, The Unconquered Knight, 141–2.

20 Vgl. M. Powicke, Military Obligation in Medieval England (Oxford, 1962), 54–6, 82–3, 85, 87.

21 Contamine, La Guerre au moyen âge 285–91; D. Waley, ›The army of the Florentine republic from the 12th to the 14th century‹, in N. Rubenstein, Florentine Stu-

dies (London, 1968), 83 ff.; zu späteren Zeitabschnitten und Texten, vgl. A. da Mosto, Ordinamenti Militari delle soldatesche dello stato Romano dal 1430 al 1470 (Rom, 1903).

22 Vale, War and Chivalry, 113.

23 P. Contamine, Guerre, état et société (Paris, 1972), 17–21; Vale, War and Chivalry, 122–8; V. Chomel ›Chevaux de bataille et ronçins en Dauphiné au xivme siècle‹, Cahiers de l'histoire, vii (1962), 5–23.

24 Verbruggen, The Art of Warfare in Western Europe during the Middle Ages, übers. v. Willard and Southern, 26–7.

25 Vale, War and Chivalry, 126.

26 BR, MS 11407, fo 82.

27 Ibid., fo 35.

28 S. Krüger, ›Das Rittertum in den Schriften des Konrad von Megenberg‹, in J. Fleckenstein (Hg.), Herrschaft und Stand, 312.

29 Gelre, Wappenboek, hg. v. Bouton I, 203.

30 F. Saccheti, Novelle (Mailand, 1804–5), iii, 91–3.

31 Bartholomew de Saliceto, Super viii Cod. Tit 51, i. 12.

32 T. Basin, Histoire de Charles vii, hg. v. C. Samaran (Paris, 1964), i, 86.

33 J. de Bueil, Le Jouvencel, hg. v. Favre und Lecestre, i, 19.

34 P. de Mézières, Letter to King Richard ii, hg. und übers. v. G. W. Coopland (Liverpool, 1975), 57–9.

35 Zu den Auswirkungen des Krieges, s. H. Denifle, La Guerre de Cent Ans et la Désolation des églises, monastères et hôpitaux en France, 2 Bde. (Paris, 1899); und R. Boutruche, La Crise d'une société: seigneurs et paysans du Bordelais pendant la Guerre de Cent Ans (Paris, 1947).

36 Keen, The Laws of War in the Late Middle Ages, 146 ff.

37 Bodleian, MS Ashmole 865, fo 423.

38 Die Aktivitäten der Katalanen sind glänzend beschrieben in Muntaners Chronik, übers. v. Lady Goodenough (London, 1920–1).

39 Schäfer, Deutsche Ritter und Edelknechte in Italien, i, 110 ff.

40 Vgl. H. J. Hewitt, The Black Prince's Expedition of 1355–7 (Manchester, 1958), bes. 10 ff. und Kap. vii.

41 Contamine, La Guerre au moyen âge, 396–404; s. auch J. Boussard, ›Les mercenaries au xiime siècle: Henri ii Plantegenet et les origines de l'armée du métier‹, BEC 106 (1945–6), 189–224.

42 The Itinerary of John Leland, hg. v. L. Toulmin-Smith (London, 1907–10), i, 102–3 (Ampthill), iv, 133 (Beverstone); vgl. auch K. B. McFarlane, ›The investment of Sir John Falstolf's profits of war‹, TRHS, 5th series, 7 (1957), 91–116.

43 K. B. McFarlane, ›A businesspartnership in war and administration, 1421–45‹, EHR 78 (1963), 290–310.

44 H. Duplès-Agier (Hg.), Régistre Criminel du Chatelet de Paris 1389–92 (Paris, 1861–64), ii, 210.

45 Zu Hawkwoods Laufbahn, vgl. J. Temple-Leader and G. Marcotti, Sir John Hawkwood (London, 1889).

46 Caxton, Book of the Ordre of Chyvalry, 123. Vgl. Thomas von Saluzzos Chevalier

Errant, wo von Hawkwood gesagt wird, daß ›en Ytale ne fu cent ans devant plus vaillant capitain ne plus sage delbi‹ (BN, MS Fr. 12559, fo. 150vo). Hawkwood ist hier einer von zwei Führern, die besondere Plätze in Fortunas Palast besetzen – der andere ist Bertrand Du Guesclin!

47 Cuvelier, Chronique de Bertrand du Guesclin, I, 261–2.

48 M. Fréville, ›Les grandes compagnies au xivme siècle‹, BEC v (1843–4), 246.

49 H. Bonet, The Tree of Battles, übers. v. Coopland, 189.

50 Die abschließendste Würdigung dieser Kritik findet sich bei R. L. Kilgour, The Decline of Chivalry (Cambridge, Mass., 1937).

51 Keen, ›Huizinga, Kilgour and the decline of chivalry‹, Medievalia et Humanistica, New Series, 8 (1977), 5–6.

52 Bernard, Opera, hg. v. Leclercq und H. M. Rochais, III (Rom, 1963), 216–17.

53 Girart de Bornelh, zit. in Kilgour, The Decline of Chivalry, 5–6.

54 Kilgour, op. cit., Kap. III–IV. Zu den Quellen, die er zit., s. bes. E. Deschamps, Œuvres, hg. v. Le Marquis de Queux de St.-Hilaire und G. Raynaud (Paris, 1878–1903), II, 214–26; III, 141–2; Gersob, Opera, hg. v. E. Dupin (Antwerpen, 1706), I, 457–67; IV, 607–11. Die von mir zit. Anm. von A. Chartier wird bei Kilgour, S. 206 aufgegriffen.

55 N. A. R. Wright, ›The Tree of Battles of Honoré Bouvet and the Laws of War‹, in C. T. Allmand (Hg.), War, Literature, and Politics in the late Middle Ages (Liverpool, 1976), 12–31; vgl. auch Keen, The Laws of War in the Late Middle Ages, 69–81.

56 Alvarez Pelayo, De Planctu Ecclesiae (Lyons, 1517) art. 31, zit. in Contamine, La Guerre au moyen âge, 440–1.

57 Vgl. z. B. Ordonnances des Roys des Frances, v, 657–661; XIII, 306–13.

58 Bonet, The Tree of Battles, hg. v. Coopland, 135.

59 BR, MS 10497, fo 120vo.

60 Ibid., fo 111.

61 C. de Pisan, The ›Livre de la Paix‹, hg. v. C. C. Willard (The Hague, 1958), 134; zit. in Vale, War and Chivalry, 63.

62 Caxton, Book of the Ordre of Chyvalry, hg. v. Byles, 124.

63 La Marche, op. cit., Kap. VIII, 150.

64 S. oben, Kap. x.

ANMERKUNGEN ZU KAPITEL 13

1 A. B. Ferguson, The Indian Summer of English Chivalry (Durham, 1960); E. Bourciez, Les moeurs polies et la littérature de cour sous Henri II (Paris, 1886).

2 Vgl. J. Strobl, Kaiser Maximilians I Anteil am Teuerdank (Innsbruck, 1907).

3 D. Devoto, ›Folklore et politique au château ténébreux‹, Les Fêtes de la Renaissance, hg. v. J. Jacquot, II (Paris, 1960), 311–28.

4 Bourciez, op. cit. 20.

5 Contamine, La Guerre au moyen âge, 254.

6 Ibid.

7 J. de Bueil, Le Jouvencel, hg. v. Favre und Lecestre, I, CCLXXXI, zit. in Vale, War and Chivalry, 148–9.

8 La Marche, Mémoires, hg. v. Buchon, 484.

9 J. Hale, ›War and public opinion in the fifteenth and sixteenth centuries‹, Past and Present, 22 (1962), 23.

10 The Brut, hg. v. F. W. D. Brie, II (London, 1908), 378.

11 Zu Artillerie und Rittertum, s. Vale, War and Chivalry, 143–6.

12 Bourciez, Les Moeurs polies et la littérature de cour sous Henri II, 81.

13 Contamine, La Guerre au moyen âge, 305–6.

14 La Marche, Mémoires, hg. v. Buchon, 407–8.

15 N. A. R. Wright, ›The Tree of Battles of Honoré Bouvet and the Laws of War‹, in C. T. Allmand (Hgg.), War, Literature, and Politics in the Late Middle Ages (Liverpool, 1976), 31.

16 D. M. Nicholas, Town and Countryside: Social, Economic and Political Tensions in Fourteenth-Century Flanders (Brügge, 1971), 250–66.

17 J. Pitt-Rivers, ›Honour and social status‹, in J. G. Peristiany (Hg.), Honour and Shame (London, 1965), 38.

18 M. de Montaigne, Essais, II, 7.

19 Zit. in J. C. Baroza, ›Honour and shame: a historical account of several conflicts‹, in Peristiany, op. cit., 95.

20 Peter v. Dusburg, Chronicon terrae Prussiae, hg. v. M. Töppen (Scriptores rerum Prussicarum I, 101). Zit. und diskutiert in W. Paravicini, ›Die Preußenreisen des europäischen Adels‹, Historische Zeitschrift, 232 (1981), 28 ff.

423

Bibliographie

I. HANDSCHRIFTLICHE QUELLEN

BESANÇON, Bibliothèque Municipale, Collection Chifflet, MSS 81, 83, 86, 90, 91

BRÜSSEL, Bibliothèque Royale MSS 9632, 10238, 10497, 11124-6, 11407, 14395, 21522; MS Goethals 707

EPINAL, Bibliothèque Municipale MS 217

LILLE, Bibliothèque Municipale MS 329

LONDON, British Library; Cotton MSS, Nero C IX, D VI; Egerton MS 3149; Harleian MS 2259; Royal MS 14 E II; Additional MSS 21370, 28628

LONDON, College of Arms Processus in Curia Marescalli, I and II

OXFORD, Bodleian Library Ashmole MS 865; Rawlinson MS C 399

PARIS, Archives Nationales X Ia, 74, 84

PARIS, Bibliothèque de l'Arsenal MS 2251

PARIS, Bibliothèque Nationale MSS Français 112, 1280, 1953, 1997, 2765, 4274, 5241-2, 5936, 12559, 12597, 16988; MSS Français, Nouvelles Acquisitions 1075; MS Espagnol 38; MS Clairembault 1241; Sammlung Doat 203

II. GEDRUCKTE QUELLEN

Adalbero de Laon, Poème au Roi Robert, Hg. C. Carozzi (Paris, 1979).

Alexander, Li Romans d'Alixandre, Hg. H. Michelant (Stuttgart, 1846).

Alexander, The Buik of Alexander, Hg. R. L. Graeme Ritchie (Edinburg, 1925–29).

Alfred, King Alfred's Old English Version of Boethius, Hg. W. J. Sedgefield (Oxford, 1899).

Ambroise, L'Estoire de la Guerre Sainte, Hg. G. Paris (Paris, 1897).

Andreas Capellanus, The Art of Courtly Love, übers. v. J. J. Parry (New York, 1941).

Anna Comnena, The Alexiad, übers. v. E. A. S. Dawes (London, 1928).

Annales monastici, Hg. H. R. Luard (RS, 1865–69).

Anonymi gesta francorum, Hg. R. Hill (London, 1962).

Anstis, J., Register of the Most Noble order of the Garter (London, 1724).

Antiochos: La Chanson d'Antioche, Hg. P. Paris (Paris, 1848).

Barbour, J., The Bruce, Hg. W. W. Skeat (London, 1870).

Bartolus de Saxoferrato, De insigniis et armis, in E. Jones (Hg.), Medieval Heraldry (Cardiff, 1943).

Bartolus de Saxoferrato, Comment. in cod. (Basel, 1562).

Basin, T., Histoire de Charles VII, Hg. C. Samaran (Paris, 1964).

Bayart: Histoire du Gentil Seigneur de Bayart, Hg. M. J. Roman (Paris, 1878).

Beaumanoir, Les Coutumes du Beauvaisis, Hg. Comte de Beugnot (Paris, 1842).

Bentley, S., Excerpta historica (London, 1831).

Black Book of the Admiralty, Hg. T. Twiss (RS, 1871–76).

Bonet, H., The Tree of Battles, hg. u. übers. v. G. W. Coopland (Liverpool, 1949).

Bonizo von Sutri, Liber de vita Christiana, Hg. E. Perels (Berlin, 1930).

Boucicaut: Le Livre des faictz du bon Messire Jehan le Maingre, dit Boucicaut, Hg. M. Petitot, in Collection des Memoires relatifs a l'histoire de France (Paris, 1825), VI und VII.

Bretel, J., Jacques Bretel: Le Tournoi de Cauvency, Hg. M. Delbouille (Paris, 1932).

Brut, The, Hg. F. W. D. Brie (EETS, London, 1906).

Bueil, Jean de, Le Jouvencel, Hg. C. Favre und L. Lecestre (Paris, 1887–89).

Caesarius von Heisterbach, Dialogus miraculorum, Hg. J. Strange (Köln, 1851).

Chandos Herald, Life of the Black Prince, Hg. M. K. Pope und E. C. Lodge (Oxford, 1910).

Charny, Geoffroi de, Livre de chevalerie, in Œuvres de Froissart, Hg. K. de Lettenhove, Bd. I., Teil III (Brüssel, 1873).

Charroi de Nîmes, Le, Hg. D. MacMillan (Paris, 1972).

Chartier, A., The Poetical Works of Alain Chartier, Hg. J. C. Laidlaw (Cambridge, 1974).

Chrétien de Troyes, Erec und Enide, Hg. W. Foerster (Halle, 1896).

Chrétien de Troyes, Der Karrenritter (Chevalier de la Charrette), Hg. W. Foerster (Halle, 1899).

Chrétien de Troyes, Cligès, Hg. W. Foerster (Halle, 1884).

Chrétien de Troyes, Perceval le Gallois, Hg. C. Potvin (Mons, 1866–71).

Chrétien de Troyes, Der Löwenritter (Yvain), Hg. W. Foerster (Halle, 1887).

Christine de Pisan, Le Ditié de Jeanne d'Arc, Hg. A. J. Kennedy und K. Varty (Oxford, 1977).

Christine de Pisan, The Epistle of Othea to Hector, Hg. C. F. Buhler (Oxford, 1970).

Christine de Pisan, Le livre de la paix, Hg. C. C. Willard (Den Haag, 1958).

Chronicon W. Rishanger, Hg. H. T. Riley (RS, 1885).

Chronique des quatre premiers Valois, Hg. S. Luce (Paris, 1872).

Chroniques d'Anjou, Hg. P. Machegay und P. Salmon (Paris 1856).

Chroniques des Comtes d'Anjou, Hg. L. Halphen und R. Poupardin (Paris, 1913).

Coggeshall, R., Chronicon Anglicanum, Hg. J. Stevenson (RS, 1875).

Condé, B. de, Le Dit dou Baceller, in A. Jubinal Hg., Recueil des contes, fabliaux et autres pieces inédites (Paris, 1839), Bd. I.

Couci: Le Roman du Castelain de Couci, Hg. M. Delbouille (Paris, 1936).

Couronnement Louis, Le, Hg. E. Langlois (Paris, 1888).

Cuvelier, Chronique de Bertrand du Guesclin, Hg. E. Charrière (Paris, 1839).

Dante, Le Opere di Danti Alighieri, Hg. E. Moore und P. Toynbee (Oxford, 1924).

Débat des hérauts d'armes de France et d'Angleterre, Hg. L. Pannier und P. Meyer (Paris, 1872).

Deschamps, E., Œuvres, Hg. Marquis de Queux de St. Hilaire und G. Raynaud (Paris, 1878-1903).

Díaz da Games, G., The Unconquered Knight: a chronicle of the deeds of Don Pero Niño, übers. J. Evans (London, 1928).

Douet d'Arcq, L., Choix des pièces inédites rélatives au règne de Charles VI (Paris, 1863).

D'Orronville, Chronique du Bon Duc Loys de Bourbon, Hg. A.-M. Chazaud (Paris, 1876).

DuCange, Glossarium, Hg. G. A. L. Henschel, x (Paris, 1887).

Dugdale, W., Monasticon Anglicanum (London, 1830).

Duplès-Agier, H. Hg., Régistre criminel du Chatelet de Paris, 1389-92 (Paris, 1861-64).

Durmart: Li Romans de Durmart le Galois, Hg. E. Stengel (Stuttgart, 1873).

Ehingen, J. von, The Diary of Jörg von Ehingen, Hg. M. Letts (London, 1929).

Escouchy, M. de, Chronique de Mathieu d'Escouchy, Hg. G. Du Fresne de Beaucourt (Paris, 1863).

Fitzwarin: The Legend of Fulk Fitzwarin, in R. Coggeshall, Chronicon Anglicanum, Hg. J. Stevenson (RS, 1875).

Flores Historiarum, Hg. H. R. Luard (RS, 1890).

Fougères, Etienne de, Livre des Manières, Hg. F. Talbert (Angers, 1877).

Fulcher of Chartres, Historia Hierosolymitana, Hg. H. Hagenmeyer (Heidelberg, 1913).

Fulgore di San Gimignano, Sonnetti, Hg. F. Neri (Turin, 1925).

Galbert de Bruges, Histoire du meurtre de Charles le Bon, Hg. H. Pirenne (Paris, 1891).

Garin, La Mort de, Hg. E. du Meril (Paris, 1846).

Gelre Herald, Wapenboek ou Armorial du 1334 à 1372 ... par Gelre Héraut d'Armes, Hg. V. Bouton (Paris, 1881).

Geoffrey of Monmouth, Historia regum Britanniae, in E. Faral (Hg.), La Légende Arthurienne (Paris, 1929).

Gerson, J., Opera, Hg. E. Dupin (Antwerpen, 1706).

Gesta Henrici Quinti, Hg. B. Williams (London, 1850).

Ghislebert de Mons, Chronicon Hanoniense (MGH, SS XXI).

Gilbert of the Haye's Prose MS, Hg. J. H. Stevenson (Edinburg, 1914).

Gollancz, I., (Hg.), Parlement of the Thre Ages, London, 1897.

Gray, Sir T., Scalacronica, Hg. J. Stevenson (Edinburg, 1836).

Héfele, C. J., und Leclercq, H., Histoire des conciles, v (Paris, 1913).

Hemmerlein, F., De rusticitate et nobilitate (Straßburg, ? 1490).

Hemricourt: Œuvres de Jacques de Hemricourt, Hg. C. de Borman und A. Bayot (Brüssel, 1910).

Histoire de Guillaume le Maréchal, Hg. P. Meyer (Paris, 1891).

Historia Pontificum et Comitum Engolismensium, Hg. J. Boussard (Paris, 1957).

Hoveden, R., Chronica, Hg. W. Stubbs (RS, 1869).

Humbert de Romans, Tractatus solemnis de praedicatione sanctae crucis, in T. Kaeffele (Hg.), Scriptores Ordinis Praedicantium Medii Aevi, II (Rom, 1975).

Huon de Méry, Le Tournoiement d'Antechrist (Reims, 1851).

Jacotin, A., Preuves de la Maison de Polignac (Paris, 1898–1906).

Jacques de Vitry, Exempla, Hg. T. Crane (London, 1891).

Jerusalem: La Conquête de Jerusalem, Hg. C. Hippeau (Paris, 1868).

John of Salisbury, Policraticus, Hg. C. G. Webb (Oxford, 1909).

Joinville, J. de, Histoire de St. Louis, Hg. M. Natalis de Wailly (Paris, 1868).

Juges: Le Livre des Juges, Hg. d'Albon, le Marquis de (Lyon, 1913).

La Marche, O. de, Mémoires, Hg. J. A. C. Buchon (Paris, 1836).

La Sale, A. de, L'Histoire du petit Jehan de Saintré, übers. v. I. Gray, (London, 1931).

Lalaing, J., Livre des faits de Jacques de Lalaing, in Œuvres de G. Chastellain, Hg. K. de Lettenhove (Brüssel, 1866).

Lambert von Ardres, Historia Comitum Ghisnensium (MGH, SS xxiv).

Lambert von Wattrelo, Annales Cameracenses (MGH, SS xvi).

Lannoy, Ghillebert de, Oeuvres de G. de Lannoy, Hg. C. Potvin (Louvain, 1878).

Le Bel, J., Chronique de Jean le Bel, Hg. J. Viard und E. Deprez (Paris, 1905).

Le Fébvre, Abbé, Memoire pour servir a l'histoire de France du xivᶜ-siecle, contenant les statuts de l'ordre du St. Esprit (Paris, 1764).

Le Févre, J., Chronique de Jean Le Févre, Seigneur de St. Remy, Hg. F. Morand (Paris, 1881).

Leland, J., The Itinerary of John Leland, Hg. L. Toulmin-Smith (London, 1907–10).

Lull, R.: Peers, E. A., (Hg.) A Life of Ramon Lull (London, 1929).

Lull, R., The Book of the Ordre of Chyvalry, Hg. A. T. P. Byles (EETS, 1926).

Luning, J. C., Teutsches Reichs Archiv (Leipzig, 1710).

Machaut, G., Oeuvres de G. de Machaut, Hg. E. Hoepffner (Paris, 1921).

Machaut, G., La Prise d'Alexandrie, Hg. M. L. de Las-Matrie (Genf, 1877).

Malaterra, G., Historia Sicula (RIS, v).

Malory, Sir T., The Works of Sir Thomas Mallory, Hg. E. Vinaver (Oxford, 1947).

Merlin, Hg. G. Paris und J. Ulrich (Paris, 1866).

Méry, H. d, s. Huon de Méry.

Meun, J. de, L'Art de chevalerie, Hg. U. Robert (Paris, 1897).

Meun, J. de, Le Roman de la Rose, Hg. E. Langlois (Paris, 1914–24).

Mézières, P. de, Le Songe du vieil pèlerin, Hg. G. W. Coopland (Cambridge, 1969).

Mézières, P. de, Letter to King Richard ii, hg. u. übers. v. G. W. Coopland (Liverpool, 1975).

Monstrelet, E. de, Chronique, Hg. L. Douet d'Arcq (Paris, 1857–62).

Nicolas, N. H., The Controversy between Sir Richard Scrope and Sir Robert Grosvenor in the Court of Chivalry (London, 1832).

Novara, P. de, Mémoires, Hg. C. Kohler (Paris, 1913).

Novara, P. de, Les Quatre Ages l'homme, Hg. M. Fréville (Paris, 1888).

Ordene de chevalerie, in E. Barbazan (Hg.), Fabliaux et contes de poètes français des 11ᶜ-, 12ᶜ-, 13ᶜ-, 14ᶜ- et 15ᶜ-siècles (Paris, 1808), Bd. 1.

Orderic Vitalis, Historiae ecclesiasticae, Hg. A. Le Prevost (Paris, 1838–55).

Ordonnances des Roys de France de la Troisième Race (Paris, 1723–1849).

Otto von Freising, Gesta Frederici Imperatoris (MGH, SS xx).

Oulmont, C., Les Débats du Clerc et du Chevalier (Paris, 1911).

Paris, Matthew, Chronica Majora, Hg. H. R. Luard (RS, 1877).

Perlesvaus: The High Book of the Grail, übersetzt v. N. Bryant (Cambridge, 1978).

Pero Niño, s. Díaz da Gamez, G.

Pisan, C. de, s. Christine de Pisan.

Pontificals: M. Andrieu, Le Pontifical Romain (Studi e Testi, 86, Rom, 1938–40).

Prost, B. (Hg.), Traités du duel judiciare, relations de pas d'armes et tournois: par O. de la Marche, J. de Villiers, H. de la Jaille, A. de la Sale (Paris, 1878).

Roland: La Chanson de Roland, Hg. G. J. Brault (London, 1978).

Roll of Caerlaverock, Hg. T. Wright (London, 1864).

Rüxner, G., Turnierbuch (Frankfurt, 1566).

Rymer, T., Foedera (London, 1704–26).

Sacchetti, F., Novelle (Mailand, 1804–05).

Saisnes: La Chanson des Saisnes, Hg. F. Michel (Paris, 1832).

Sarasin: Sarasin, Le Roman du Ham, Hg. A. Henry (Paris, 1939).

Schaumburg, W. von, Die Geschichten und Taten Wilwolts von Schaumburg, Hg. A. von Keller (Stuttgart, 1859).

Sicily Herald, Le Blason des couleurs, Hg. H. Cocheris (Paris, 1860).

Sicily Herald, Parties inédites de l'oeuvre de Sicile héraut d'Alphonse v. Roi d'Aragon, Hg. P. Roland (Mons, 1867).

Sommer, H. O., The Vulgate Version of the Arthurian Romances (Washington, 1909 ff.).

Songe du vergier, Hg. Brunet (Paris, 1731) und abgedr. in Revue du Moyen Age Latin, XIII (1957).

Stevenson, J. (Hg.), Letters and Papers illustrative of the Wars of the English in France (RS, 1861–64).

St. Albans Chronicle, Hg. V. H. Galbraith (Oxford, 1937).

St. Albans: Book of St. Albans, Hg. Wynkyn de Worde.

Suchenwirt, P., Werke, Hg. A. Primisser (Wien, 1827).

Suger, Vie de Louis VI le Gros, Hg. H. Waquet (Paris, 1929).

Temple: Le Règle du temple, Hg. H. de Curzon (Paris, 1886).

Trivet: N. Triveti Annales, Hg. T. Hogg (London, 1845).

Troyes, Chrétien de, s. Chrétien de Troyes.

Turpin: The Old French ›Johannes‹ translation of the Pseudo Turpin Chronicle, Hg. R. N. Walpole (California, 1976).

Ulrich von Lichtenstein: Ulrich von Lichtenstein's Service of Ladies, übers. v. J. W. Thomas (Chapel Hill, 1969).

Upton, N., De studio militari, Hg. E. Bysshe (London, 1654).

Vieillard, F., ›Un texte interpolé du cycle du Graal (Bibliothèque Bodmer MS 147)‹, Revue d'histoire des textes, 4 (1974).

Villehardouin, G. de, La Conquête de Constantinople, Hg. E. Faral (Paris, 1939).

Vita Edwardi Secundi, Hg. N. Denholm-Young (London, 1957).

Vitry, J. de, s. Jacques de Vitry.

Wace, Li Roman de Brut, Hg. le Roux de Lincy (Rouen, 1838).

Walter of Guisborough, The Chronicle of Walter of Guisborough, Hg. H. Rothwell (London, 1957).

Warkworth, J., A Chronicle of the first thirteen years of the reign of King Edward IV, Hg. J. O. Halliwell (London, 1938).

Warwick: Pageant of the Birth, Life and Death of Richard Beauchamp Earl of Warwick, Hg. Viscount Dillon und W. H. St. John Hope (London, 1914).

Widukind von Corvey, Res gestae Saxonicae (MGH, SS III).

William of Malmesbury, De gestis regum Anglorum, Hg. W. Stubbs (RS, 1887–89).

William of Newburgh, Historia rerum Anglicarum, Hg. R. Howlett (RS, 1885).

William of Orange: La Chanson de Guillaume, Hg. J. Wathelet-Willem (Paris, 1975).

Wolfram von Eschenbach, Willeham, Hg. K. Lachmann (Berlin, 1926).

Wolfram von Eschenbach, Parzival, Hg. A. Leitzmann (Tübingen, 1961).

Wright, T. (Hg.), Political Poems and Songs (RS, 1859).

III. LITERATUR

Lexikon des Mittelalters, 9 Bde. (München und Zürich, 1977–1998), mit ausführlichen bibliographischen Angaben, bes. die Beiträge: Bd. II: Contamine, P., *Chevalier*, Sp. 1802f.; Bd. VII: Fleckenstein, J., Cardini, F., Ladero Quesada, M. A., Schreiner, P., *Ritter*, Sp. 865–876; Ranft, A., *Ritterbünde*, Sp. 876–878; Hiestand, R., *Ritterorden*, Sp. 878f.; Rösener, W., *Schwertleite*, Sp. 1646f.; Bd. VIII: Contamine, P., Ranft, A., Cardini, F., Schreiner, P., *Turnier*, Sp. 1113–1118; Filip, V., *Wappen*, Sp. 2031–2034; u.a.

Adam Even, P., s. Even, P. Adam.

Aign, T., Die Ketzel: ein Nürnberger Handelsherren- und Jerusalempilgergeschlecht (Neustadt, 1961).

Allmand, C. T. (Hg.), War, Literature and Politics in the late Middle Ages (Liverpool, 1976).

Anglo, S., ›L'arbre de chevalerie, et le perron dans les tournois‹, in Les Fêtes de la Renaissance, Hg. J. Jacquot und E. Konigson, III (Paris, 1975).

Armstrong, C. A. J., ›Had the Burgundian government a policy for the nobility?‹, in J. S. Bromley und E. H. Kossmann (Hgg.), Britain and the Netherlands, II (Groningen, 1964).

Artonne, A., Le mouvement de 1314 et les chartes provinciales de 1315 (Paris, 1912).

Ashmole, E., Institution, Laws and Ceremonies of the most noble Order of the Garter (London, 1672).

Barber, R., The Knight and Chivalry (London, 1970).

Barnie, J., War in Medieval Society: Social Values and the Hundred Years War 1337–99 (London, 1974).

Barthélmy, A. de, ›Etude sur les lettres d'annoblissement‹, Revue Historique Nobiliaire, 7 (1869).

Bédier, J., Les Legendes épiques (Paris, 1908–13).

Bédier, J., Les Chansons de Croisade (Paris, 1909).

Beltz, G. F., Memorials of the Garter (London, 1841).

Benson, L. D., Malory's Morte d'Arthur (Cambridge, Mass., 1976).

Berger, S., La Bible française au moyen âge (Paris, 1884).

Bezzola, R., Les origines et la formation de la littérature courtoise en occident (Paris, 1944–63).

Blair, C., European Armour, c. 1066–c.1700 (London, 1958).

Bloch, M., Feudal Society, übers. v. L. A. Manyon (London, 1961).

Bloch, R. Howard, Medieval French Literature and Law (Berkeley, 1977).

Boase, R., The Troubadour Revival (London, 1978).

Bonenfant, P., and Despy, G., ›La noblesse en Brabant (xiiᶜ–xiiiᶜ siècles)‹, MA, 64 (1958).

Borst, A., (Hg.), Das Rittertum im Mittelalter (Darmstadt, 1976).

Bosl, K., ›Noble unfreedom: the rise of the ministeriales in Germany‹, in T. Reuter (Hg.), The Medieval Nobility (Oxford, 1978).

Bossuat, A., ›Un ordre de chevalerie Auvergnat: l'ordre de la Pomme d'Or‹, Bulletin Historique et Scientifique de l'Auvergne, 64 (1944).

Bossuat, A., ›La rançon de Guillaume de Chateauvillain‹, Annales de Bourgogne (1951).

Bossuat, A., ›La rançon de Jean Seigneur de Rodemak‹, Annales de l'Est (1951).

Boulton, D. A. J., The Origin and Development of the Curial Orders of Chivalry (Oxford, Phil. Dissl, 1975).

Bouly de Lesdain, L., ›Etudes héraldiques sur le xiiᶜ siècle‹, Annuaire du Conseil Héraldique de France, xx (1907).

Bourciez, E., Les Moeurs polies et la littérature de cour sous Henri ii (Paris, 1886).

Boussard, J., ›Les mercenaires au xiiᶜ siècle: Henri ii et les origines de l'armée du mêtier‹, BEC (1945–46).

Boussard, J., ›L'origine des familles seigneuriales dans la région de la Loire moyenne‹, CMM, v (1962).

Boutruche, R., La Crise d'une société: seigneurs et paysans en Bordelais pendant la Guerre de Cent Ans (Paris, 1963).

Brault, G. J., Early Blazon (Oxford, 1972).

Brooks, N. P., ›Arms, status, and warfare in late Anglo-Saxon England‹, in D. Hill (Hg.), Ethelred the Unready: Papers from the Millenary Conference (Oxford, 1978).

Brundage, J. A., Medieval Canon Law and the Crusader (Madison, Wisconsin, 1969).

Buchtal, H., Miniature Painting in the Latin Kingdom of Jerusalem (Oxford, 1957).

Bullock Davies, C., Menestrallorum multitudo (Cardiff, 1976).

Bullough, D. A., ›Games people played: drama and ritual in medieval Europe‹, TRHS, 5ᵗʰ series, 24 (1974).

Bumke, J., Studien zum Ritterbegriff im 12. und 13. Jahrhundert (Heidelberg, 1977).

Bumke, J., Höfische Kultur. Literatur und Gesellschaft im hohen Mittelalter. 2 Bde. (München, 1986).

Bumke, J., Höfische Körper – Höfische Kultur in J. Heinzle (Hg.), Modernes Mittelalter (Frankfurt a. M., 1994).

Cahen, C., ›Le premier cycle de la croisade‹, MA, 63 (1957).

Catto, J., ›Florence, Tuscany and the world of Dante‹, in C. Grayson (Hg.), The World of Dante (Oxford, 1980).

Cavaciocchi, S. (Hg.), Il tempo libero. Atti della xxvi Settimana di Studi Istituto F. Datini Prato, bes. die Beiträge von Keen, M., und Ranft, A. (Prato, 1995).

Chase, C. (Hg.), The Dating of Beowulf (Toronto, 1981).

Chomel, V., ›Chevaux de bataille et roncins en Dauphiné au xiv^c siècle‹, Cahiers de l'Histoire, vii (1962).

Christiansen, E., The Northern Crusades (London, 1980).

Cline, R., ›The influence of romances on tournaments of the middle ages‹, Speculum 20 (1945).

Cohen, G., Histoire de la chevalerie en France (Paris, 1949).

Contamine, P., Guerre, état et société: Etudes sur les armées des Rois de France, 1337–1494 (Paris, 1972).

Contamine, P., ›The French nobility and the war‹, in K. Fowler (Hg.), The Hundred Years War (London, 1971).

Contamine, P., ›Points de vue sur la chevalerie en France en la fin du moyen âge‹, Francia, 4 (1976).

Contamine, P., (Hg.), La Noblesse au Moyen âge (Paris, 1976).

Contamine, P., ›Sur l'Ordre de St. Michel au temps de Louis xi et Charles viii‹, Bulletin de la Société Nationale des Antiquaires de France (1976).

Contamine, P., La Guerre au moyen âge (Paris, 1980).

Cook, A. S., ›Beginning the board in Prussia‹, Journal of English and German Philology, xiv (1915).

Coopland, G. W., ›Le Jouvencel (überarbeitet u. verbessert)‹, Symposium, v. (1951).

Coulson, C., ›Structural symbolism in medieval castle architecture‹, Journal of the British Archaeological Association, cxxxii (1979).

Cowdrey, H. E. J., ›The eleventh-century peace and truce of God‹, Past and Present, 46 (1970).

Cox, E., The Green Count of Savoy (Princeton, 1967).

Cripps-Day, F. H., The History of the Tournament in England and France (London, 1918).

Cust, Mrs. H., Gentlemen Errant (London, 1909).

Daumet, G., ›L'ordre Castillan de l'Echarpe (Banda)‹, Bulletin Hispanique, xxv (1923).

Davidson, H. R. E., The Sword in Anglo-Saxon History (Oxford, 1962).

Dean, R. J., ›An early treatise on heraldry in Anglo Norman‹, in Romance Studies in memory of Edward Billing Ham (California, 1967).

Delpech, H., La Tactique au xiii^c-siècle (Paris, 1886).

Denholm-Young, N., History and Heraldry (Oxford, 1965).

Denholm-Young, N., ›The tournament in the thirteenth century‹, in Studies in Medieval History presented to F. M. Powicke, Hg. R. W. Hunt, W. A. Patin and R. W. Southern (Oxford, 1948).

Denifle, H., La Désolation des églises, monastères et hôpitaux en France pendant la Guerre de Cent Ans (Paris, 1897–9).

Dennys, R., The Heraldic Imagination (London, 1975).

Devoto, D., ›Folklore et politique au chateau Ténébreux‹, in Les Fêtes de la Renaissance, Hg. J. Jacquot, II (1960).

Dorling, E. E., ›Canting arms in the Zurich Roll‹, The Ancestor, XII (1905).

Doutrepont, G., La Litterature française à la cour des ducs de Bourgogne (Paris, 1909).

Doutrepont, G., ›La croisade projetée par Philippe le Bon contre les Turcs‹, Notes et Extraits de la Bibliothèque Nationale, 41 (1923).

Doutrepont, G., ›Les mises en prose des épopées et des romans chevaleresques‹, Mémoires de l'Académie Royale de Belgique, Lettres, 40 (1939).

Du Boulay, F. R. H., ›Henry of Derby's expeditions to Prussia‹, in F. R. H. Du Boulay and C. M. Barron (Hgg.), The Reign of Richard II (London, 1971).

Duby, G., La Société du XIe et XIIe siècles dans la région maçonnaise (Paris, 1953).

Duby, G., Die drei Ordnungen. Das Weltbild des Feudalismus (Frankfurt, 1985).

Duby, G., The Chivalrous Society, übers. v. C. Postan (London, 1979).

Du Fresne de Beaucourt, G., Histoire de Charles VII (Paris, 1881–91).

Duparc-Quioc, S., Le Cycle de la Croisade (Paris, 1955).

Duparc-Quioc, S., ›La composition de la Chanson d'Antioche‹, Romania, 83 (1962).

Elm, K., ›Kanoniker und Ritter von Heiligen Grab‹, in J. Fleckenstein und M. Hellmann (Hgg.), Die Geistlichen Ritterorden Europas (Sigmaringen, 1980).

Erben, W., ›Schwertleite und Ritterschlag‹, Zeitschrift für historische Waffenkunde, 8 (1918–20).

Erdmann, C., Die Entstehung des Kreuzzugsgedankens (Darmstadt, 1980).

Even, P. Adam, Catalogue des armoriaux français imprimés (1946).

Even, P. Adam, ›Un armorial français du XIIIe siècle: le rôle Bigot, 1254‹, AHS, 63 (1949).

Even, P. Adam, ›Les sceaux d'écuyers au XIIIe siècle, AHS, 65 (1951).

Even, P. Adam, ›Les fonctions militaires des hérauts d'armes‹, AHS, 71 (1957).

Even, P. Adam, ›Les usages héaldiques au XIIe siècle, Archivum Heraldicum, LXXVII (1963).

Even, P. Adam, ›L'armorial universel du Hérault Gelre, Claes Haenen, Roi des Armes des Ruyers‹, AHS, LXXV (1961).

Favyn, A., Le Théâtre d'honneur et de chevalerie (Paris, 1620).

Fechter, J., Cluny, Adel und Volk. Studien über das Verhältnis des Klosters zu den Ständen (Stuttgart, 1966).

Feruguson, A. B., The Indian Summer of English Chivalry (Durham. North Carolina, 1960).

Fleckenstein, J., ›Zum Problem der Abschließung des Ritterstandes‹, in Historische Forschungen für W. Schlesinger, Hg. H. Beumann (Köln 1974).

Fleckenstein, J., ›Friedrich Barbarossa und das Rittertum‹, in A. Borst (Hg.), Rittertum im Mittelalter (Darmstadt, 1976).

Fleckenstein, J., Herrschaft und Stand (Göttingen, 1977).

Fleckenstein, J., und Hellmann, M. (Hgg.), Die Geistlichen Ritterorden Europas (Sigmaringen, 1980).

Fleckenstein, J., ›Die Entstehung des niederen Adels und das Rittertum‹, in J. Fleckenstein (Hg.), Herrschaft und Stand.

Fleckenstein, J. (Hg.), Das ritterliche Turnier im Mittelalter (Göttingen, 1987).

Fleckenstein, J. (Hg.), Curialitas. Studien zu Grundfragen der höfisch-ritterlichen Kultur (Göttingen, 1990).

Fleckenstein, J., Vom Rittertum im Mittelalter. Perspektiven und Probleme (Ruggell, 1997).

Flori, J., ›La notion de chevalerie dans les chansons de geste du xiie siècle, MA, 81 (1975).

Flori, J., ›Sémantique et société médiévale: la verbe adouber et son évolution au xiie siècle‹, Annales, 31 (1976).

Flori, J., ›Chevalerie et liturgie‹, MA, 84 (1978).

Flori, J., ›Les origines de l'adoubement chevaleresque: étude des remises d'armes et du vocabulaire qui les exprime‹, Traditio, 35 (1979).

Flutre, L., »Le Fait des Romains« dans les littératures françaises et italiennes du xiie au xvie siècle (Paris, 1932).

Fossier, R., ›La noblesse picarde du temps de Philippe le Bel‹, in P. Contamine (Hg.), La Noblesse au moyen âge.

Fourrier, A. (Hg.), L'Humanisme médiéval dans les littératures françaises et italiennes du xiiie au xvie siècle (Paris, 1964).

Frappier, J., ›Remarques sur la peinture de la vie des héros antiques dans la littérature française des xiie et xiiie siècles, in A. Fourrier (Hg.), L'Humanisme médiéval.

Frappier, J., ›Le Graal et la chevalerie‹, Romania, 75 (1954).

Freed, J. B., ›The origins of the European nobility: the problem of the ministeriales‹, Viator, 7 (1976).

Fréville, M., ›Les grandes compagnies au xive siècle‹, BEC, v (1843–4).

Galbreath, D. L., Manuel de blason (Lausanne, 1942).

Galway, M., ›Joan of Kent and the Order of the Garter‹. University of Birmingham Historical Journal, 1 (1947).

Gautier, L., Le Chevalerie (Paris, 1884).

Gilson, E., ›La mystique de la Grâce dans la Queste del St. Graal‹, Romania, 51 (1925).

Gollut, L., Mémoires historiques de la République Sequanoise et des princes de la Franche Comté, Hg. C. Dauvernoy (Arbois, 1846).

Gransden, A., ›The growth of the Glastonbury traditions and legends‹, JEH, 27 (1976).

Guilhiermoz, P., Essai sur l'origine de la noblesse en France au moyen âge (Paris, 1902).

Guyer, F. E., ›The influence of Ovid on Chrétien de Troyes‹, Romantic Review, 11 (1921).

Hale, J. R., ›Fifteenth and sixteenth century public opinion and war‹, Past and Present, 22 (1962).

Hanning, R. W., ›The social significance of 12th-century chivalric romance‹, Medievalia et Humanistica, new series, 3 (1972).

433

Hartshorne, A., ›Notes on collars of SS‹, Archaeological Journal, xxxIx (1882).

Harvey, R., Moriz von Craun and the Chivalric World (Oxford, 1961).

Hauck, K., ›The literature of house and kindred‹, in T. Reuter (Hg.), The Medieval Nobility.

Hauptmann, F., Das Wappenrecht (Bonn, 1896).

Hewitt, H. J., The Black Prince's Expedition of 1355–7 (Manchester, 1958).

Higounet, C., ›De la Rochelle à Torun: aventure de barons en Prusse et relations économiques‹, MA, 69 (1963).

Hoffmann, H., Gottesfrieden und Treuga Dei (Schriften der MGH, xx, 1964).

Holtgen, K. J., ›Die »Nine Worthies«‹, Anglia, 77 (1959).

Hommel, L., L'Histoire du noble Ordre de la Toison d'Or (Brüssel, 1947).

Houseley, N. J., ›Politics and Heretics in Italy: anti-Heretical Crusades, Orders and Confraternities, 1200–1500‹, JEH, 33 (1982).

Huberti, L., Studien zur Rechtsgeschichte der Gottesfrieden und Landesfrieden (Ansbach, 1892).

Huinzinga, J., Herbst des Mittelalters (Stuttgart, 1975).

Johrendt, J., ›Miles und milicia im 11. Jahrhundert in Deutschland‹, in A. Borst (Hg.), Das Rittertum im Mittelalter.

Jorga, N., Thomas III, Marquis de Saluces: études historique et littéraire (St. Denis, 1893).

Kennedy, E., ›Social and political ideas in the French prose Lancelot‹, Medium Aevum, 26 (1957).

Kilgour, R. L., The Decline of Chivalry (Cambridge, Mass. 1937).

Kirk, J. F., History of Charles the Bold (London, 1863).

Köhler, E., Ideal und Wirklichkeit in der höfischen Epik (Tübingen, 1970).

Köhler, E. ›Observations historiques et sociologiques sur la poésie des troubadours. CCM, vII (1964).

Krüger, S., ›Rittertum bei Konrad von Megenburg‹, in J. Fleckenstein (Hg.), Herrschaft und Stand.

le Genti, P., ›The work of Robert de Boron and the Didot Percival‹, in R. S. Loomis (Hg.), Arthurian Literature in the Middle Ages.

La Curne de Ste. Palaye, J. B., Mémoires sur l'ancienne chevalerie (Paris, 1759).

La Rocque, A. de, Traité de la Noblesse (Rouen, 1735).

Landau, G., Die Rittergesellschaften in Hessen (Kassel, 1840).

Langfors, A., ›Le dit des Hérauts par Henri de Laon‹, Romania, 43 (1914).

Lecoy de la Marche, A., Le Roi René (Paris, 1875).

Lejeune, R., und Stiennon, J., La Légende de Roland dans l'art du moyen âge (Paris, 1966).

Léonard, E., Histoire de Jeanne Iᵗᵉ-Reine de Naples (Paris, 1937).

Lewis, P. S., ›Un ordre de chevalerie inconnue, créée par un comte de Foix: le Dragon‹, Annales du Midi, 76 (1964).

Leyser, K. J., Herrschaft und Konflikt. König und Adel im ottonischen Sachsen (Göttingen, 1984).

Leyser, K. J., ›The German aristocracy in the early middle ages‹, Past and Present, 41 (1968).

Loomis, R. S. (Hg.), Arthurian Literature in the Middle Ages (Oxford, 1959).

Loomis, R. S., ›Chivalric and dramatic imitations of Arthurian romance‹, in Medieval Studies in memory of R. K. Porter (Cambridge, Mass., 1939).

Loomis, R. S., und L. R., Arthurian Legends in Medieval Art (Oxford, 1938).

Loomis, R. S., ›Edward i., Arthurian enthusiast‹, Speculum, 28 (1953).

Lucas, R. H., ›Ennoblement in late medieval France‹, Medieval Studies, 39 (1977).

Maclagan, M., ›The heraldry of the house of Clare‹, Papers of the XIII international congress of genealogical and heraldic sciences (1982).

Mandach, Ade, La Naissance et développement de la chanson de geste en Europe (Paris, 1961 f.).

Maschke, E., ›Burgund und der preußische Ordensstaat. Ein Beitrag zur Einheit der ritterlichen Kultur Europas im späteren Mittelalter‹, Syntagma Friburgense (Konstanz, 1956).

Massmann, E. H., Schwertleite und Ritterschlag (Hamburg, 1932).

Mathew, G., The Court of Richard ii (London, 1968).

McFarlane, K. B., ›The investment of Sir John Fastolf's profits of war‹, TRHS, 5th series, 7 (1957).

McFarlane, K. B., ›A business partnership in war and administration, 1421–45‹, EHR, 78 (1963).

McFarlane, K. B., Lancastrian Kings and Lollard Knights (Oxford, 1972).

Menestrier, C. F., Le Véritable Art du blason (Lyon, 1672).

Meyer, P., ›Notices et extraits du MS 8336 de la bibliothèque de Sir Thomas Phillips‹, Romania XIII (1884).

Meyer, P., ›Les manuscrits français de Cambridge, Romania xv (1886) u. xxxvi (1907).

Mofrin, J., ›Humanisme et traductions au moyen âge‹, in A. Fourrier (Hg.); L'Humanisme médiéval ...

Monfrin, J., ›Les traducteurs et leur public en France au moyen âge‹, in A. Fourrier, L'Humanisme médiéval.

Monti, G., Le Confraternite Medievali (Venedig, 1927).

Morris, C., ›Equestris Ordo: chivalry as a vocation in the twelfth century‹, Studies in Church History 15 (1978). Hg. D. Baker, 87–96.

Nelson, J. L. ›Inauguration rituals‹, in Early Medieval Kingship, Hg. P. H. Sawyer und I. N. Wood (Leeds, 1977).

Nicholas, D. M., Town and Countryside in Fourteenth-Century Flanders (Brügge, 1971).

Nicolas, N. H., History of the Orders of Knighthood of the British Empire (London, 1841–2).

Obenaus, H., Recht und Verfassung der Gesellschaften mit St. Jörgen Schild in Schwaben (Göttingen, 1961).

Otto, E., ›Von der Abschließung des Ritterstands‹, Historische Zeitschrift, 162 (1940).

Painter, S., William the Marshal (Baltimore, 1933).

Painter, S., French Chivalry (Baltimore, 1940).

Pannier, L., La Noble Maison de St., Ouen, la Villa Clipiacum et l'Ordre de l'Etoile (Paris, 1878).

Paravicini, W., Die Preußenreisen des europäischen Adels, 1, 1989 ff.

Paris, G., ›La Chanson d'Antioche et la Gran Conquista d'Ultramare‹, Romania, 17 (1888).

Paterson, L., ›Knights and the concept of knighthood in the twelfth century Occitan epic‹, Forum for Modern Language Studies, 17 (1981).

Pauphilet, A., Etudes sur la ›Queste del Sant Graal‹ (Paris, 1921).

Peers, E. A., Ramon Lull (London, 1929).

Petersen, J., Das Rittertum in der Darstellung des Johannes Roth (Straßburg, 1909).

Piaget, A., ›Le Livre Messire Geoffroi de Charny‹, Romania, XXVI (1897).

Pickford, C. E., L'Evolution du roman Arthurien en prose vers la fin du moyen âge (Paris, 1966).

Pietzner, F., Schwertleite und Ritterschlag (Heidelberg, 1934).

Pitt-Rivers, J., ›Honour and social status‹, in J. G. Peristiany (Hg.), Honour and Shame (London, 1965).

Planche, A., ›Du tournoi au théâtre en Bourgogne: le Pas de la Fontaine des Pleurs à Chalon-sur-Saône, 1449–50‹, MA, 81 (1975).

Powicke, M., Military Obligation in Medieval England (Oxford, 1962).

Prestage, E., Chivalry (London, 1928).

Prinet, M., ›Le langage héraldique dans le Tournoiement Antechrist‹, BEC, 83 (1922).

Rajna, G., ›Le origine delle famiglie Padovane, e gli eroi dei romanzi cavallereschi‹, Romania, IV (1875).

Regout, R., La doctrine de la guerre juste de St. Augustin à nos jours (Paris, 1935).

Reiffenberg, H. de, Histoire de l'Ordre de la Toison d'Or (Brüssel. 1830).

Renouard, Y., ›L'ordre de la Jarretière et l'ordre de l'Etoile‹, MA, 55 (1949).

Reuter, T. (Hg.), The Medieval Nobility (Oxford, 1978).

Ritchie, R. L. Graeme, The Buik of Alexander (Edinburg, 1925–29).

Ritter, J., Ministérialité et Chevalerie (Lausanne, 1955).

Robinson, I. S., ›Gregory VII and the soldiers of Christ‹, History, 58 (1973).

Robson, C. A., ›Vernacular Scriptures in France‹, in G. W. H. Lampe (Hg.), The Cambridge History of the Bible, II (Cambridge, 1969).

Rocher, D., Thomasin von Zerclaere: der wälsche Gast (Paris, 1977).

Rosny, L. de, L'Epervier d'Or (Paris, 1839).

Ross, D. J. A., ›L'originalité de Turoldus – le maniement de la lance‹. CCM, 6 (1963).

Rossbach, J., Les demands pour la jouste, le tournoi et la guerre de Geoffroi de Charny‹ (Diss. vorhanden in BR, Brüssel).

Russell, F. H., The Just War in the Middle Ages (Cambridge, 1975).

Sandoz, E., ›Tourneys in the Arthurian tradition‹, Speculum, 19 (1944).

Schäfer, K. H., Deutsche Ritter und Edelknechte in Italien (Paderborn, 1911–40).

Schneider, J., ›Sire Nicole de Louve: citain de Metz‹, in P. Contamine (Hg.), La Noblesse au moyen âge.

Schreiner, P., ›Ritterspiele in Byzanz‹, Jahrbuch der Österreichischen Byzantinistik, 46, 1996.

Schulte, A., Der Adel und die deutsche Kirche im Mittelalter (Darmstadt, 1909).

Schultz, A., Das Höfische Leben zur Zeit der Minnesinger (Leipzig, 1889).

Schultz, A., Deutsches Leben im XIV. und XV. Jahrhundert (Leipzig, 1892).

Seyler, G., Geschichte der Heraldik (Nürnberg, 1885–89).

Smail, R. C., Crusading Warfare (Cambridge, 1967).

Sneddon, C. R., ›A Critical Edition of the Four Gsopels in the 13th-century Old French translation of the Bible‹ (Oxford, Diss. Phil.).

Spiegel, G. M., The Chronicle Tradition of St. Denis; a survey (Brooklane, Mass., 1978).

Stillfried, R. A., Der Schwanenorden (Halle, 1845).

Temple-Leader, J. und Marcotti, G., Sir John Hawkwood (London, 1889).

Thomas, J. W., Ulrich von Lichtensteins's Service of Ladies (Chapel Hill, 1969).

Thordeman, B., Armour from the Battle of Wisby, 1361 (Stockholm, 1939).

Tolkien, J. R. R., ›Beowulf: the monsters and the critics‹, PBA, 22 (1936).

Tourneur, v., ›Origine et symbolique de la Toison d'Or‹, Bulletin de l'Académie Royal de Belgique, Lettres, serie 5, XLII (1956).

Treis, K., Die Formalitäten des Ritterschlags (Berlin, 1877).

von Berchen, E., Galbreath, D. L., und Hupp, O., Die Wappenbücher des Deutschen Mittelalters (1939).

von Biedenfeld, F., Geschichte und Verfassung aller geistlichen und weltlichen, erloschenen und blühenden Ritterorden (Weimar, 1841).

Vale, J., Edward III and Chivalry, (Boydell, 1983).

Vale, M., War and Chivalry (London, 1981).

Vale, M., ›A fourteenth century order of chivalry: the Tiercelet‹, EHR. 82 (1967).

Van Luyn, P., ›Les milites dans la France du XIᵉ siècle, MA, 77 (1971).

Vanderjagt, A., Qui sa vertu anoblist (Groningen, 1981).

Vaughan, R., Philip the Good (London, 1970).

Verbruggen, J. F., The Art of Warfare in Western Europe during the Middle Ages, übers. S. Willard und S. C. M. Southern (Oxford, 1977).

Vercauteren, F., ›Un parenté dans la France, du nord au XIᵉ et XIIᵉ siècles‹, MA, 69 (1963).

Villanueva, L. T., ›Memoria sobre la orden de caballería de la Banda de Castilla‹, Boletín de la Real Academia de la Historia, LXXII (1918).

Villey, M., La Croisade: essai sur la formation d'une théorie juridique (Paris, 1942).

Vulson de la Colombière, M., Le Vray Théâtre d'honneur et de chevalerie (Paris, 1648).

Waas, A., Geschichte des Kreuzzuges (Freiburg, 1956).

Wagner, A. R., Catalogue of English Medieval Rolls of Arms (Oxford, 1950).

Wagner, A. R., Heralds and Heraldry in the Middle Ages (Oxford, 1956).

Waley, D., ›The army of the Florentine Republic‹, in N. Rubinstein (Hg.), Florentine Studies (London, 1968).

Waley, D., The Italian City Republics (London, 1969).

Wallace-Hadrill, J. M., ›War and peace in the earlier middle ages‹, TRHS, 5th series, 25 (1975).

Walpole, R. N., ›The Pélérinage Charlemagne: poem, legend, and problem‹, Romance Philology, VIII (1954).

Walpole, R. N., ›Philip Mouskés and the Pseudo-Turpin Chronicle‹, University of California Publications in Modern Philology (1947).

Walpole, R. N. (Hg.), The Old French ›Johannes‹ Translation of the Pseudo Turpin Chronicle (California, 1976).

Warner, M., Joan of Arc (London, 1981).

Werner, K. F., ›Untersuchungen zur Frühzeit des Französischen Fürstentums‹, Die Welt als Geschichte, XVIII, XIX, XX, 1958–60.

White, Lynn, Jr., Medieval Technology and Social Change (Oxford, 1962).

Whiting, B. J., ›The Vows of the Heron‹, Speculum, 20 (1945).

Willard, C. C., ›The concept of true nobility at the Burgundian Court‹, Studies in the Renaissance, XIV (1967–68).

Wisman, J. A., L'Epitoma Rei Militaris de Végèce et sa fortune au moyen âge, MA, 85 (1979).

Wolff, P., ›La noblesse Toulousaine: essai sur son histoire médiévale‹, in P. Contamine (Hg.), La Noblesse au Moyen âge.

Wormald, C. P., ›Bede, Beowulf, and the conversion of the Anglo-Saxon aristocracy‹, British Archaeological Reports, 46 (1978).

Wright, N. A. R., ›The Tree of Battles of Honoré Bouvet and the laws of war‹, in C. T. Allmand (Hg.), ›War, Literature and Politics in the late Middle Ages‹.

Wylie, J. und Waugh, W. T., The Reign of Henry V (Cambridge, 1914–29).

Wyss, R. L., ›Die Neun Helden‹, Zeitschrift für Schweizerische Archäologie und Kunstgeschichte, 17 (1957).

Register

Abaelard 54
Acciaivoli, Niccolo 293
Adalbero von Laon 11, 48f., 111
Adam von Moppertingen 214
Adel Kap. 8, passim
– brief 223
– Geburts- 223, 230, 232f., 240ff.
– nachweis 233
– patente 223, 230f., 250ff.
– und Rittertum 229
– stand 222
– Ursprung des – 231
– verleihungen 223, 251ff.
–, wirtschaftliche Schwierigkeiten des 372ff.
Adenhoven 148
Adlerorden 289
Admont-Bibel 42
Adolf von Kleve 326
adouber 105
Affenstein, Geschlecht der 199
Agincourt 338–340, 368
Aimo, Bischof von Bourges 76
Akkra 162
Alberic des Trois Fontaines 151
Albert III., Herzog von Österreich 262
Albigenserkreuzug 117
Alberti Graf 65
Albrecht Achilles, Herzog von Brandenburg 274
Albrecht, Herzog von Österreich 214
Alcuin 86
Alexander II., Papst 77

Alexander VI., Papst 123
Alexanderroman 23, 50, 160, 164ff., 185, 215, 224, 326
Alfons XI., König von Kastilien 273, 275
Alfred, König 11, 120
Amaury de Montfort 117
Ameil de Lexhy 239
Armaury von Narbone 67
Amadis von Gaule 363
Ambrosius 162
Ampthill, Burg 353
Andreas Capellanus 39, 52, 241
Angers, Kathedrale von 289, 299
Anghiari, Schlacht von 340
Angoulême, Grafen von 56
Anjou 131, 138, 164, 225
Anjou, Grafen von 49, 56, 105, 193, 331
Anselm von Lucca 77
Anthoine de la Salle 203, 316, 317, 320
Antiochia 36, 91, 131
Antonius-Orden 294
Aquilea, Patriarch von 67
Aragon 238
Aragon, Könige von 279, 351
Arbre de Charlemagne pas, 310, 330
Arbre d'Or, pas 310
Arezzo 65
Aristoteles 23, 50, 227, 242f.
Armeen 364ff., 370
Arnold von Ardres 35f., 37, 53, 55, 70f., 167

Artus, König, und Literatur 50f., 53, 56, 67, 83, 90, 94, 107, 129, 141, 153, 157, 158, 161, 173ff., 180ff., 186, 188, 213, 234, 264, 290, 293f., 303, 311, 378
Askalon, Schlacht von 91
Aubert, David 161
Aubert de Longueval 144, 153
Audley, James 261
Augustinus, hl. 73f.
Avignon, Konzil von 276
Aymer de Pegulhan 99
Azzo VIII. von Este 66

Bajezit, Sultan 338
Balduin, Graf von Edessa 92
Balduin, Graf von Hainault 131, 133, 138f.
Balthasar von Thüringen 323
Bamborough 87
Banner 142, 206
Barbour, John 260, 325
Bardney, Kirche von 86
Bartholomäus von Saliceto 348
Bartolus de Saxoferrato 170, 198f., 216, 227ff., 240, 247, 250, 269, 303, 358f.
Basin, Thomas 348
Bath 181
Baudouin de Condé 89, 97, 152, 154, 208, 210
Baudry de Dol 79
Bayard 7, 121, 316, 363, 366
Beatrice von Bouillon 93

439

Beatrice von Bourbourg 36
Beaumanoir 87, 221, 231
Beda 175
Beda Venerabilis 86
Bek, Anthony 213
Belle Maurienne, pas 310
Benoît de Sainte-Maure 54, 164, 166, 169, 173, 197
Beowulf 84, 86, 104 f., 160
Bequet, Jean 251
Bergière, pas 310
Berkeley, Sir William 352
Bernardino de la Sale 318
Bernhard von Clairvaux 13, 17, 49, 96 f., 108, 120
Bertrand de Born 52
Bevis von Southampton 215
Bezzola, R. 51
Bigot-Rolle 197
Blaise de Monluc 366
Blason des Couleurs 210
Blehen, Godeforde 238
Blois, Robert von 49, 224
Blumenau, Geschlecht der 195
Boccaccio 293
Bodmer-Manuskript 182, 184
Boethiusübersetzung 120
Bohort 96
Boke of St. Albans 198
Bolanden, Werner von 59
Boleslav, König von Polen 108
Bonet, Honoré 170, 216, 247, 358
Bonizo von Sutri 13, 77
Boucicaut, s. Jean de Boucicaut
Bouillon, Herzogin von 93
Boulogne, Grafen von 93
Boulton, D'A. J. 280, 283, 286
Bourgueil, Abt von 219
Brabançons (Söldner) 352
Brabant 109
Brabant, Herzog von 138
Brackley 133, 150
Braine 138

Bretel, Jacques 145, 153 f., 207, 309
Briefadel 223 f.
Browne, Wiston 253
Bruiant (Herold) 145
Bruidy, Jean 253
Brunetto, Latini 169
Buckingham, Graf von 316
Buonsignori von Siena 359
Burke, Edmund 7
Burgund, Herzog von 56
Bußbücher 74
Bureau, Jean 251, 368
Burgund, Herzog von 37
Byzanz 165

Caerlaverock, Burg 213
Caerleon 177
Caesarius von Heisterbach 146
Caffaro (Chronist) 65
Calabre, Wappenkönig von Anjou 209 ff.
Calais 24, 261
Calverley, Hugh 189
Cammino, Ghirardo da 66
Campaldino 67
Camposampiero, Tisolino da 66
Candavène, Anselm, Enguerrand und Hugh 193
Carleon 141
Carlisle, Herold 212, 216
Cassel, Schlacht von 340
Castelnuovo (Neapel) 292
Cattanei (Familie) 68
Caxton, William 22, 354, 360
Cervantes 364
Ceuta, Belagerung von 341
Chalons, Graf von 133
Chalons, Turnier von 133, 341
Chalons-sur-Saône 306 f., 320
Chandos, Harold 213
Chanson d'Antioche 91, 123
Chanson de Roland, s. Rolandslied

Chansons de Geste 50, 52–56, 69 f., 81 ff., 106, 107, 126, 130, 157, 158 ff., 168, 177
Chansons des Saisnes 170, 173 f., 183, 185, 216
Charny, s. Geoffrey de Charny
Chartier, Alain 243, 357
Chartres 162
Châtelain de Coucy 89, 138, 152, 236
Châteauvillain, Herren von 253, 266
Chaucer 262
Chauvency, Turnier von 135, 145, 152, 154, 207, 308 f.
Chepstow, Turnier in 150
Chevalier Errans 40
Chevalier au Cygne 90 ff.
Crétien de Troyes 9, 35, 39, 53, 95, 110, 120, 131, 132, 141, 144, 158, 161, 167, 177 f., 180, 189, 192, 207, 208, 312
Christine de Pisan 170, 247, 360
Cid Campeador 63
Claes van Heynen 213
Clarenceux, Wappenkönig 216 f.
Claude de Vauldray 316
Clemens v., Papst 146, 151
clergie 190
Clermont 71, 74, 76
Clermont, Konzil von 130, 146
Clifford, Roger 213
Clipearius Teutonicorum 194
Cluny, Abtei 69, 83
Cola di Rienzo 122
collée 17, 102, 103, 113, 220
Comestor, Petrus 184
Condottiere 340
Conon de Béthune 89
Conrad (Wappenkönig) 208
Cordobas 92

Cornumarant 92
Coucy, Geschlecht der 201
courtoisie 9, 52, 57, 63
Courtrai, Schlacht von 340
Crécy, Schlacht von 340
Cristed, Henry 205
Cuvelier 315

Dame blanche à l'Escu
    Vert, Orden von der
    283, 294
Damiette, Schlacht bei 256
Daniel, Arnaut 67
Dante 64, 67, 228, 241,
    244, 246
Dares 167
Dares Phrygius 165, 169
Daumeau, Jean 251
De Heraudie 197, 209
Débat des hérauts de
    France et d'Angleterre
    211
debonnaireté 153
Dennys, R. 206
dérogeance 226
Deschamps, Eustace 357
Desiderius 68
Devisen 278 ff.
Diego de Guzman 307
Diego de Valera 30, 202,
    227, 232, 243 ff., 247,
    251 f.
Dietrich von Bern 62
Dietrich von Elnaer 214
Didot Perceval 95
Don Quijote 143
Douglas, Sir James 307,
    325
Drachenorden 255, 258,
    294, 297
Drincourt 36
Du Guesclin, Bertrand
    189, 234, 260, 266, 315,
    353 f.
Duby, George 224, 237
Duell 311 ff.
Dumart le Galois 125
Dunstable, Turnier in 150
Dubricius 181
Durendaal, Schwert 118,
    159

Ebersheimmünster, Abtei
    60
Écry, Turnier zu 151
Edelknecht 221 f.
Edmond Mylle 248 f., 253,
    254
Eduard I., König von Eng-
    land 133 f., 144 f., 150,
    208 f., 326, 328
Eduard II., König von
    England 150, 209
Eduard III., König von
    England 24, 212, 261,
    273, 275, 280, 291, 295,
    299, 325
Ehre 202
Ehrentisch 261, 263, 296
Eike von Repgow 159
Eilhart von Olberg 61
Eleonore von Aquitanien
    37 f., 40
Emprise du Dragon 317
Enseignement de la vraye
    noblesse 232, 234, 245,
    252, 269, 345, 383
Erdmann, C. 115
êre 63
Espinette, Fest der 140,
    318
esquierie 221
Etienne de Fougères 34
Eumenides von Arkadien
    167
Eustache de Ribemont 261
Evesham 206

Fahrende Ritter, der 155,
    177, 273, 279, 335 f.,
    340, 342 f., 347 f., 354 f.,
    359, 363, 366, 381
Fait des Romains 182
Falkenorden 265, 274,
    288 f., 297, 301
Falkirk-Rolle 206
Fanhopes, Lord 353
Fasanenfest 326
Fastolf, Sir John 267
Favel 236
Femme sauvage, pas 310 f.
Fer de Prisonnier, Orden
    vom 283 f., 294, 323

Ferdinand, König von
    Spanien 253, 375
Ferrer, Ralph 154, 315
Fitzgilbert, John 36
Flandern-Rolle 206
Fleur de Lys, Herold 251
Flodden, Schlacht von 340
Flor, Roger 350 f.
Florence, Graf von Hol-
    land 135
Florenz 64, 66
Flori, J. 114
Foix, Grafen von 258, 262,
    294
Fossano, Turnier in 34
Folgore di San Gimigniano
    68
Fontaine des Pleurs, Tur-
    nier 306 f., 310
François de Surienne 282
Franz I., König von Frank-
    reich 121, 363
franchise 9, 380
Frappiers, E. 97
Freigebigkeit 9, 17, 23, 50,
    63, 84, 88, 167
Freimütigkeit 23
Freisach 148
Fresnai-le-Vicomte 124
Friedrich II., Kaiser 220,
    223, 228
Friedrich III., Kaiser 122
Friedrich, Pfalzgraf von
    Sachsen 105
Friedrich Barbarossa 39,
    59, 61, 107, 131
Froissart, Jean de 24,
    124 f., 180, 205, 211,
    216 f., 241, 256, 260,
    262, 315 f., 325, 351
Fromond von Flandern
    161
Fulk Fitzwarin 138, 207

Gahmuret 130, 177
Galahad 96, 129, 182, 188
Galbert von Brügge 130
Galeas von Mantua 34 f.,
    316
Gallura, Richter von 65
Ganelon 159

Garin le Loherain 50, 161
Garter, John Smert, Wappenkönig 248, 250, 253, 254
Gaspard de Saulx-Tavannes 366
Gaufredus Malaterra 43, 75
Gautier, Léon 101, 103
Gaveston, Pier 150
Gavre, Treffen von 366
Gawain 161, 176, 235
Gawain and the Green Knight 235
Geldern 214
Gelehrsamkeit 190
Gellone, Kirche von 86
Gelre, Herold 204, 213f., 217, 260, 262, 347
Gelübdeorden 280
Genua 66
Geoffrey von Marmoutier 193
Geoffrey von Monmouth 140f., 173, 175f., 180
Geoffrey von Bretagne 131
Geoffroy de Charny 24–30, 33f., 38, 53, 71, 87, 89, 97, 154, 178, 216, 222, 234, 241, 259, 265, 382
Geoffroy du Lusignan 162
Geoffroy de Mandeville, Earl von Essex 135
Geoffroy de Villehardouin 87f., 151, 165
Georg, Hl. 75
Georg, Hl., Bruderschaft vom 274, 288
Gerald von Wales 164
Geraldus von Aurillac 83
Gerard de Moor, Lord von Wessegem 344
Gerhard von Cambrai 11, 48, 111
Germain, Jean 292
Gerson, Jean 357
Gesta Francor 67
Ghillebert de Lannoy 29–31, 121, 235, 237, 302
Ghistelles, Herren von 315

Giles von Rom 216
Gilles de Chin 161
Girart de Roussillon 161
Ghislebert von Mons 105
Gilbert of the Haye, Sir 22
Gildas 175
Giles d'Argentine 260
Girart de Bornelh 357
Giudi, Grafen von 65
Glaber, Radulph 83
Glastonbury 173
Gloucester, Herzog von, s. Thomas Woodstock
Gloucester, Herzöge von 134, 317
Glover's Roll 197
Goldenen Apfel, Orden vom 274, 288f., 292, 301
Goldenen Gürtelschnalle, Orden von der 273
Goldenen Schild, Orden vom 295
Goldenen Vlies, Orden vom 122, 227, 266f., 274f., 278, 281f., 284, 292f., 301, 307, 327, 342, 379
Gonsalvo de Cordoba 366
Gornemant 110
Gottesfrieden 76, 116, 149
Gottfried von Bouillon 186, 188f., 200, 329
Gottfried der Schöne, Graf von Anjou 102–104, 108, 193, 197
Gottfried von Lothringen 92
Gottfried von Straßburg 204
Gournay 133
Gournay, Sir Matthew 184
Gornemant 110
Gral, heiliger, und Legende 90, 94ff., 173, 181, 294
Grand Coulumier 222
Gray, Thomas 180, 324, 329
Gregor VII., Papst 77, 80, 116, 118, 120
Greindor von Douai 91

Grendel 87
Grey, Sir Ralph 267f.
Grosmont, Henry, Herzog von Lancaster 262
Grosvenor, Robert 204
Gruthuyse, Herren von la 315, 318, 368
Guelfen 67
Gürten, s. Schwert
Guiart de Moulins 184
Guibert de Nogent 78
Guildford, Henry 253
Guilhen, Aarnaut 266
Guillaume d'Orange 82
Guillier, Etienne 251
Guines, Grafen von 35, 39
Guinevere 97, 141, 173, 176, 178
Guiscard, Robert 77

Haarlocke, Orden von der 295
Halbmondorden 222, 274, 277, 280f., 289, 293, 297, 299f., 323
Halidon Hill 270
Harclay, Andrew 268
hardiesse 126, 167
Harfleur 339
Harleston, Sir John 354
Hastings, Hugh 202
Hastings, Schlacht bei 43
Hartmann von Aue 62
Hathagut 86
Hattin 337
Havey, Ruth 143
Hawkwood, Sir John 318, 348f., 351, 353f.
Heerschild 29, 61
Heinrich I., König von England 57, 102, 104, 106, 130
Heinrich I., König von Deutschland 85
Heinrich II., Kaiser 62
Heinrich II., König von England 37, 136, 164, 294, 352
Heinrich III., König von England 133, 135, 150, 364

Heinrich VI., Kaiser 77
Heinrich IV. (Boling-
broke), König von Eng-
land 262
Heinrich V., König von
England 281, 317, 338f.
Heinrich VII., König von
England 363
Heinrich Johann von
Frankreich 292
Heinrich, König von Ka-
stilien 342
Heinrich der Löwe 61, 193
Heinrich, der Junge König
131
Heinrich von Bautersem
238
Heinrich, Graf von Cham-
pagne 38, 108, 131
Heinrich von Laon 137,
149
Heinrich von Nueft 260
Heinrich von Trastamara
354
Heinrich von Veldeke 39
Heinrich von Virnebourg
214
Heinrich der Vogler 62, 75
Heldenepik 85, 178
Heliand 85
Heliandus von Froidmont
111
Helmshoven, Geschlecht
der 199
Hem (Roman) 208
Hem, Turnier zu 144, 152,
308f.
Hemmerlein, Felix 227
Hemricourt, Herren von
148, 238, 260
Henrik von Borselen 282
Herald's Roll 215
Hermann von Habsburg
320
Hermann, Landgraf von
Thüringen 61
Hermelinorden 297ff.
Herolde, Kap. 7, passim,
219, 247ff., 265, 362,
371, 378
Heroldsbilder 199

Heroldseid 209
Hesbaye-Adel 239, 245,
260
Hesdin, Turnier zu 151
Heys de Flamalle, Ge-
schlecht der 201
Hildebrandslied 86, 160
Histoire de Guillaume le
Maréchal, s. Wilhelm
der Marschall
Historia regum Britanniae
140
Höfischkeit 23, 38, 52
Hoforden 280
Holland, Grafen von 275
Homer 165
Hosenbandorden 24, 122,
267, 273, 275–278,
280ff., 284, 289, 291f.,
294f., 298f., 302, 379
Hrothgar, König 84
Huart de Bazentin 144,
153
Hugh von Chester 40
Hugh de Vaucouleurs 256
Huizinga, J. 10, 302, 335f.,
362
Humbert, Dauphin von
Vienne 24
Humbert de Romans 163
Huon de Méry 152f., 200
Hystoire de Jules Cesar
166

Ida, Gräfin von Boulogne
35, 93
Innozenz II., Papst 130,
146, 149
Innozenz III., Papst 151
Innozenz IV., 151
Isabel de Clare 38
Isabella, Königin von Spa-
nien 375
Isolde 178

Jacques de Hemricourt
201f., 236ff., 245, 253,
306
Jacques de Lalaing 261,
306ff., 320, 324, 335,
341f.

Jaime von Aragón, König
18
Jakob von Bourbon 283f.,
323
Jakob von Vitry 147–152
Jean de Beaumont 341
Jean le Bel 236, 291
Jean de Boucicaut 171f.,
179, 294, 316, 320
Jean de Bueil 27, 233, 244,
247, 257, 271, 317, 349,
365, 368
Jean de Chastelmorand
263
Jean de Flixecourt 169
Jean de Joinville 256, 339
Jean de Laydier 253
Jean de Longuyon 185f.,
188, 326
Jean de Meung 137, 241,
245, 269
Jean de Rebreviettes 254f.,
329
Jean de Wavrin 318
Jean Werchin von Hai-
nault 291
Jean de Yvaine 186
Jeanne d'Arc 189, 251, 260
Jehan de Saintré 324
Jerusalem 71, 77, 89, 91,
92, 122, 200, 238, 258,
296, 329
Jesi, Filipuccio von 65
Jörg von Ehingen 341f.
Johann, König von Böh-
men 234
Johann Ohneland, König
von England 38, 150
Johann der Gute, König
von Frankreich 24, 198,
259
Johanna von Akkra 213
Johannes XXII., Papst 146
Johannes Kantakuzenos,
byzantinischer Kaiser
253
Johannes von Armagnac
215
Johannes von Bonifaccio
308, 324
Johannes von Gaunt, 279

443

Johannes von Grailly 236
Johannes von Ibelin 144
Johannes von Legnano
   170, 358
Johannes von Marmoutier
   54, 102–104, 108 f.
Johannes von Salisbury
   14, 17, 54, 111, 164, 231
Johanniter, Orden der
   79 f., 109
John le Botiler 199
John, Prester 215
Joigni, Turnier von 39
Joseph von Arimathea
   95 f., 98
Juliers 148
Juliers, Herzöge von 34,
   214
Julius, Wappenkönig 242
Juliet, Kirche von 86
Justinian 227

Kaiserrecht 118
Kampf der Dreißig 87
Kannenorden 279, 296
Karl der Große 56, 67–69,
   81, 113, 118, 157 ff., 174,
   183, 186, 188 f., 378
Karl IV., Kaiser 274, 329
Karl V., König von Frank-
   reich 209, 329
Karl VI., Kaiser 122
Karl VI., König von Frank-
   reich 174
Karl VII., König von
   Frankreich 251, 301,
   365, 369, 370, 374
Karl der Gute, Graf von
   Flandern 130
Karl der Kühne, Herzog
   von Burgund 56, 113,
   161, 169, 227, 268, 282,
   365, 369
Karl von Anjou 67, 238
Karl von Durazzo 296
Karl von Orléans 278
Karlsepik 157, 160 ff., 178
Karlslegende 186
Knotenorden 273, 277,
   292 f.
Konrad III., König 59

Kay 144, 176
Kenilworth 132, 145
Ketzel, Ulrich 279
Kipling, Rudyard 268
Kleve, Herzog von 307
Knights of the Bath 124
Königsberg 262
Komnene, Anna 309
Konrad von Megenberg
   232 f., 235, 347
Konstantin, Kaiser 73
Konstantinopel 165, 309,
   326
Konstanz, Konzil von 281
Kreuzfahrer und Kreuz-
   züge 13, 69, 119, 121,
   126, 148 ff., 165 f., 181,
   185, 189, 256, 296 f.,
   358, 382 ff.
Kreuzfahrerorden 274 ff.,
   296
Krieg 24, 25
–, Hundertjähriger 288
–, Lombardische 347
Kriegerheilige 75
Krönung, Zeremoniell
   112 ff., 205
Kühnheit 126, 127

La Hire 266
La Squama-Orden 342
Ladislas, König von Polen
   108
Laienbruderschaften
   276 ff., 290
Lambert von Ardres 35 f.,
   39, 54, 55, 167
Lambert von Wattrelo 55,
   57, 106
Lanark, Burg 325
Lanval 175
Lanze 41 ff., 127, 130, 132,
   136
Lanzelot 96 f., 107, 141,
   161, 171, 178 f., 183,
   207, 239, 317
Lanzelot-Roman 23, 94,
   126, 184, 215, 234, 240
largesse 23, 50, 63, 153,
   208, 225, 230, 237, 332,
   376

largesse, s. a. Freigebigkeit
Las Navas de Tolosa 200,
   206
Latini, Brunetto 216
Laton, Robert 204
Le Scrope, Richard 204
Leges Henrici Prime 159
Lehnswesen 51, 105 ff.,
   110, 136, 194 f., 198, 343
Leo IV., Papst 75
Le Pélérinage de Charle-
   magne 163
Le Puy, Bischof von 76
Lesner, P. 64
Lewes, Schlacht bei 124
Liebe, höfische 51, 52, 70,
   88, 283, 294
Lille 215, 225, 255, 326,
   327, 330
Limerick 125
Listenois, Herren von 274
Löwen, Gesellschaft vom
   274
Lohengrin 93
Loos, Graf von 146, 201,
   253
Lothar (Held der Schwa-
   nenrittergeschichte) 92
Louis de Béthune 88
Luois, Graf von Bourbon
   259
Luois de Gavres 246
Luois de Looz 145
Luois de Sancerre 189
loyauté 63, 162
loyauté, s. a. Treue
Ludwig I., der Fromme,
   Kaiser 113
Ludwig IV., Kaiser (»Der
   Bayer«) 198
Ludwig VI., König von
   Frankreich 49
Ludwig IX., der Heilige,
   König von Frankreich
   185, 256, 306, 340, 357
Ludwig XI., König von
   Frankreich 161, 274,
   282, 368
Ludwig, König von Nea-
   pel 273

Ludwig, Herzog von Bourbon 295
Lüneburg 186
Lull, Ramón, und Werke 18–24, 28–30, 49, 53, 71, 101 f., 120, 217, 224, 231, 297, 345, 363, 382

Macair de Flemalle 253
Machiavelli, Niccolo 340
Machant 234
Macrobius 53
Madaglan von Oriande 97
Marius 317
Magna Charta 150, 173
Mainz, Turniere von 39
Malaspina, Marquis 65 f.
Malory, Sir Thomas 378
Manessische Handschrift 194
manheit 63
Manny, Sir Walter 24
Manuel Komnenos, Kaiser 108, 131
Map, Walter 164, 294
March, Herold 205
Marchés, Merigot 351, 353
Margarete, Königin von Frankreich 37
Marie Antoinette 7
Marienberg 262
Marmion, Sir William 180, 324 f., 329
Marschall Wilhelm, s. Wilhelm der Marschall
Martinvogel, Bruderschaft vom 274, 277, 286, 288
Marton, Prior von 270
Massenturnier 315 f., 319
Mathieu d'Escouchy (Chronist) 327
Matthias von Ungarn 255
Maximilian, Kaiser 242, 319, 363
Merlin 182, 213, 290, 293
Metz 253
Michael, Hl. 75
Michaelsorden 379
miles 55, 61, 106
Milo von Sevelingen 108
milte 63

Ministerialen und Ministerialität 58–63
Minnesang 62
Miramar 19 f.
Modena 67, 176
Molyneux, Nicholas 353
Montagu, Herren von 267, 301
Montaigne, M. de 380
Montecchio 348
Montferrat 67
Montjean, Herren von 301
Mort Artu 94
Mortal, Burg 98, 181
Montbéliard 132
Mousard d'Aisne 266
Mowbray, Alexander 324
Munsalvaesche 94, 181

Najera, Schlacht bei 256, 340
Namenrecht 199
Narrenorden 54
Navarre, Herold 211
Nefyn, Turnier in 145
Nennius 175
Neun Helden 186, 188, 215, 293
Neuss, Turnier von 135, 146
Neville, Sir Alexander 270
Newbury, Turnier von 133
Nijmegen 93 f.
Nikodemusevangelium 95
Nikopolis, Schlacht von 338
Nimrod 349
Noauz 192
Nono, Giovanni da 68
Norham Castle 180, 324
Notre Dames des Martres Tolosans, Kirche von 86

Odo von Cluny 83
Ogier der Däne 107
Ogier der Heldenmütige 159
Oliver de la Marche 227, 229 ff., 233, 239, 252, 278 f., 307, 360, 365 f., 374

Olivier 56, 161
Orden des Heiligen Grabes 123
Orden von der Schärpe 273, 275, 282 f.
Ordene de Chevalerie 15–19, 22, 27, 30, 34, 66 101, 102
Order of the Bath 122
Ordericus Vitalis 40, 104, 106, 124
Oriflamme von St. Denis 24
Origenes 73
Orléans, Herzöge von 278 f., 311, 342
Orosius 169
Osbert von Arden 130
Osthryd, Königin von Mercien 86
Oswald, König 86
Otto I., Kaiser 75, 85, 115
Otto von Freising 65, 130
Ottes de Warfusiez 238
Ottokar, König von Böhmen 124
Outremer 90
Ovid 53

Pagani, Enrico da 66
Palästina 90
Palamedes 34
Paris de Dauphiné 236
Paris, Matthew 147
Parzival (des Wolfram von Eschenbach) 94, 96, 110, 131, 177, 181, 204
pas d'armes 306 ff., 328 ff., 363
Patay, Schlacht bei 267
Paujoise, Guillaume 253
Paulus Diaconus 104, 108
paumée 102, 113
Pelayo, Alvaro 358
Perceforest (Roman) 291
Perceval 95 ff., 188
Perlesvaus-Roman 94 f., 181
Pero Niño, Don 179, 342
perron, Bedeutung des 312 f., 328

Perron Fée, pas 310
Perrot le Béarnois 351
Persevanten 209
Peter von Blois 164
Peter von Dusberg 384 f.
Petrus von Vinea 223
Philibert de Molans 274,
288
Philipp III., König von
Frankreich 135
Philipp IV., König von
Frankreich 209
Philipp der Gute, Herzog
von Burgund 255, 274,
292, 297, 307, 319, 328,
330
Philipp der Schöne, Her-
zog von Burgund 150,
229, 287, 326
Philippe Contamine 335
Philipp, Graf von Flan-
dern 35 ff., 131, 133
Philipp von Hagenbach
268
Philippe de Mézières 174,
325, 329, 331, 349, 383
Philipp de Mouskés 169,
186
Philipp von Novara 144,
245
Pierre de Bauffremont 330
Pierre de Brézé 317
Pierre de Vaux de Cernay
117
Pippin, König 115
Plantagenet, Höfe der 164
Pleurs, Turnier von 38
Pogios 236
Poitiers, Schlacht bei 24,
340, 353, 368
Pomelegloi 192
Pont de l'Arche 251
Pontifikale 103, 112 ff.
– von Mainz 103, 112 ff.
– des Wilhelm Durandus
103, 113, 115
– Romanum 111, 115 f.
Poton de Xaintrailles 317
Pouques, Belagerung von
341
preudhomme 152

prouesse 63, 126, 162, 153
168
prouesse, s. a. Tapferkeit
Provenzalisch 67

Queste del Saint Gral
95 ff., 182

Radout de Colombe 238
Raets, Rutger 214
Raimund Berengar, Graf
von Barcelona 105
Raimbaut de Vaqueiras
67
Ralph de Houdence 212
Ralph de Monthemer 213
Ralph de Thony 147
Ralph von Vermandois
193
Ramleh, Schlacht von 124
Ramón Lull, s. Lull, Ra-
món
Ramonet de l'Épée 351
Raoul de Cambrais 158
Reimboldelin, Geschlech-
ter der 195
Renart de Falcomont 238
Renaud de Montauban 68,
107
René, Herzog von Anjou
222, 274, 281, 293, 323
Resson le Mals 133
Richard I., Löwenherz,
König von England 38,
131 ff., 138 f., 152
Richard II., König von
England 202, 205
Richard der Pilger 91, 93
Richard Beauchamp, Graf
von Warwick 316
Richard de Lucy 199
Ritterfrömmigkeit 82, 90,
97
– gesellschaften 273 ff.,
287 f., 300 f.
Ritterorden 79 f., 110 ff.,
Kap. 10 passim, 379
– und höfische Liebe
283 ff.
Ritterschlag 8, 75, Kap. 4,
129, 220 f., 233, 254 ff.

Ritterschlag und Waffen-
übergabe 104 ff.
Rittertum 63, 110
– und Dienst 357 ff.
– und Kirche, Kap. 3 u. 4
– und Kreuzzug, Kap. 3
–, Mythologie des, Kap. 6,
passim
– und Vasallität 110
Ritterwürde 229
Robert von Artois 144
Robert von Bellème 124
Robert de Boron 95
Robert the Bruce 189, 260
Robert von Clermont 135
Robert de Commercy 266
Robert von Grantmesnil
104
Robsart, Louis 302
Rocher Périlleux, pas 310
Rochester 133
Römisches Reich 73
Roger de Gangie 137
Roger II., König von Sizi-
lien 107 f.
Roger von Hoveden 136
Roger Mortimer 144
Roland 56, 68, 81, 85, 87,
113, 212 ff.
Roland der Tapfere 161
Rolandino von Parma 66
Rolandslied 7, 43, 81, 118,
159 ff.
Roman de Troie 292
Roncesvalles 87, 161, 183
Ronchi, da (Familie) 68
Rosenkrieg 375
Rosenroman 311
Roth, Johannes 29 f., 323
Rouen 103
Rougemont 132
Rüstung 127, 142, 337 f.,
343 f.
Rüxner, Georg 320 ff.
Rumelnheim, Geschlecht
der 195
Runkelstein, Burg 186
Rusticiano da Pisa 67
Ruodlieb 84
Ryther, John 270

446

Sacchetti 347
Sachsen, Herzog von 93
Saluzzo 67, 186
Salisbury, Herzöge von
  134
Sanchos der Starke, König
  200
Sandos, John 256
Sandricourt 311
Sanudo, Marino 383
Sarasin 145, 152, 153
Sarazenen 118
Sardinien 77
Scales, Lord 324
Scope, Geoffrey Le 270
Schäfer, J. 232, 352
Schiffsorden 297
Schild 106, 127, 142
Schwanenorden 274, 277
Schwanenritter 90, 93 f.,
  98, 270
Schwert 75, 123, 127, 132,
  159
– weihe 85, 112 ff.
– leite, Ritual 12, 29, 39,
  101 ff., 109 ff., 113 ff.,
  119, 126, 205
Schwertorden 274, 281,
  296
Shrewsbury, Schlacht bei
  317
Sichel, Gesellschaft von
  der 274, 286, 288
Sicile, Herold 210 f.
Sigismund, Kaiser 122,
  251, 274, 281
Sigmund von Gebsettl
  320 f.
Simon, Barbier 206
Simon de Montford 117,
  124
Sizilien 77
Söldner 351 ff., 371
Soissons 138
Soldich de la Trau 260
Song of Caerlaverock 212
Songe du Vergier 240, 376
Speer 41 ff., 106
Sporen 102
Stammbaum 202
Statius 167

St. Antonius-Orden 298
St. Denis, Abtei von 163
St. George's Chapel,
  Windsor 270, 276
St. Honorat des Alis-
  camps, Kirche von 86
St. Jean des Sordes, Kirche
  von 86
St. Jörgenschild, Ritter-
  bruderschaft vom 268,
  274, 286
St. Ouen 292
Steigbügel 41
Sternenorden 24, 259, 273,
  277, 284, 292 f.
Steuern 367 ff.
Suchenwirt, Peter 121,
  213, 217
Susinana, Mainardo da 65
Syrien 71, 80, 89

Tacitus 87, 105
Tafelrunde 144
Taillefer, Wilhelm 56
Talbot, John Lord 251
Tankarville, Graf von 36
Tannenberg, Schlacht von
  340
Tapferkeit 23, 84, 88, 126,
  127, 167
Templer, Orden der 79 f.,
  90, 94, 109 f., 181, 185,
  220, 261, 274 f., 303, 357
Tenebroc 132
Thebenroman 166
Theobald von Champagne
  88, 90
Thibaut, Bischof 326
Thibaut des Termes 266
Thomas III., Marquis von
  Saluzzo 33, 35, 186
Thomas von Marle 49, 201
Thomas Woodstock, Her-
  zog von Gloucester 317
Thomasin von Zerclaire
  14, 67
Thouars, Vicomte de 274
Tiptoft, John 267
Tjost 20, 23–25, 99, 134 f.,
  139, 144 f., 152, 205,
  207, 312 ff.

Toison d'Or, Wappenkö-
  nig 327
Tortulfus 56
Toulouse 225
Tournai 24
Tournoiement d'Ante-
  christ 224
Trazegnis, Turnier von
  133, 151
Treue 23, 84, 88, 126 f.
Tristan 171, 175, 178 f.,
  204
Tristan von Lyonesse 34
Trojaroman 182
Troubadours 23, 38, 40,
  51 f., 62, 67, 69 f., 142,
  168, 178
trowve 63
Troyes, Konzil von 79
Turnier, 20, 23–25, 39, 43,
  88 f., 99, Kap. 5 passim,
  177, 191, 203, 205,
  207 f., 306, 308 ff., 313,
  323, 378
–, in Artuskostümen 144 ff.
–, und Verbot der Kirche
  146 ff.
–, und Kreuzzug 151 ff.
Turniergesellschaften 275,
  280, 284 ff., 319
Turpin, Erzbischof 87
Turpin, Pseudo, Chronik
  von 161, 163, 183

Upton, Nicholas 198 f.,
  227, 233, 247, 250
Urban II., Papst 72, 74, 76,
  78, 116
Ulrich von Lichtenstein
  143, 148, 275
Uther Pendragon 174, 290

Vasallität 105 ff., 195, 282,
  343
Vegetius 14, 54, 137, 170 f.,
  216, 247, 335
Vale, Malcolm 345
Vergil 53, 167, 292
Verona 162
Vesper-Krieg 351
Villani, Giovanni 65, 66

Vienne, Kirche von 86
Visby, Schlacht von 340
Vivien 86
Vows of the Heron 325

Waas 82
Wace 54, 141, 175, 206
Waffenübergabe, Zeremo-
    nie der 104 ff.
Wagner, Anthony 207
Waldhere 85
Waleran von Meulan 193
Waltharius 84
Walther von der Vogel-
    weide 61
Wappen 30, Kap. 7, pas-
    sim, 219, 221, 223 f.,
    227, 248, 250, 258, 285,
    371
– Bild 223, 248
– Beschreibung 197
– Farben 196
– Feld 197
– könige 207 ff., 248
– Kunde 196, 204
– Rock 201 f.
– Rolle 194, 201 ff., 207,
    209
– Schild 202, 258, 313
– Siegel 202

– Tier 193, 216
– Zeichen 20
Warenne, Herzöge von
    134
Wary de Rochefort 201
Warwick 132
Warwick Pageant 316
Waufflars de Momalle 260
Wauquelin, Jean 161
Weberton, Sir John 325
Welf von Tuszien 193
Wenceslas, König der Rö-
    mer 33
Werner von Bolanden, s.
    Bolanden, Werner von
Wichman, Erzbischof von
    Magdeburg 131
Wieland 102
Widukind 54, 86, 115
Wiglaf 104
Wilhelm, Hl., Orden vom
    274
Wilhelm ix., Herzog von
    Aquitanien 51
Wilhelm der Eroberer 40,
    104
Wilhelm Durandus von
    Mende 103
Wilhelm von Orange 50,
    86, 106

Wilhelm von Flandern 151
Wilhelm de Malclerre 260
Wilhelm der Marschall
    36–40, 53, 70, 71, 130 f.,
    134, 138, 141, 207, 314
William von Newburgh
    136
Wilhelm Montagu, Graf
    von Salisbury 193, 199,
    250, 293, 325, 329
Wilhelm von Tyrus 356
Wilhelm von Valence 133
Wilhelm de Warous 238
Wilwolt von Schaumburg
    320
Winrich von Kniprode 262
Winter, John 353
Wolfram von Eschenbach
    52, 62, 94 f., 130, 177,
    181, 204
Wright, Nicholas 374

Ywain (Chrétien de
    Troyes) 312

zuht 63
Zurara (Chronik) 121
Zypern, Könige von 278,
    281, 296

VERZEICHNIS DER ABBILDUNGEN

Archiv Gerstenberg, Wietze 6, 16–23, 25, 26, 28 u. Vorsatz. – Archiv für Kunst und Geschichte, Berlin 27. – Bayerische Staatsbibliothek, München 5. – British Library, London 13, 24. – Bibliothèque Nationale, Paris 9, 11, 12, 15. – Burgerbibliothek, Bern 14. – College of Arms, Oxford 8. – Corpus Christi College, Corpus Christi 4. – Museum Bayeux 3, 7. – Österreichische Nationalbibliothek, Wien 10. – Pierpont Morgan Library, Boston 1, 2.

Abbildung auf dem vorderen Vorsatz

Schlacht bei Crécy am 26. August 1346; vorne rechts englische Bogenschützen.